E. TAUSCHER · E.-G. KIRSCHBAUM

Grammatik der russischen Sprache

15., unveränderte Auflage

BRÜCKEN-VERLAG · DÜSSELDORF · 1983

GRAMMATIK DER RUSSISCHEN SPRACHE

Die Abschnitte „Das Adjektiv“, „Die Zahlwörter“, „Die Pronomen“, „Das Verb“, „Das Adverb“, „Die Präpositionen“, „Die Konjunktionen“, „Die Partikeln“, „Die Interjektionen“ und den Teil „Aus der Syntax“ verfaßte Elisabeth Tauscher, die Abschnitte „Phonetik“, „Zur Formen- und Wortbildung“, „Das Substantiv“ und „Zur Orthographie und Interpunktion“ Ernst-Georg Kirschbaum, den Abschnitt „Zur Folge der Satzglieder“ Nikolai Nikolajew. Die Zusammenstellung des Registers besorgte Marie-Elisabeth Rauschenbach.

Lizenzausgabe des Brücken-Verlages GmbH, Düsseldorf 1983
Printed in the German Democratic Republic

ISBN 3-87 106-002-X

Vorwort

Die vorliegende Darstellung soll dem Lernenden eine systematische Übersicht über die wichtigsten Erscheinungen der russischen Grammatik vermitteln und gleichzeitig als Nachschlagewerk dienen. Im Hinblick auf diese Zielsetzung ist die Stoffauswahl vorgenommen worden; ein ausführliches Inhaltsverzeichnis (S. V bis XVI) und ein Register (S. 544 bis 557) sollen schnelles Nachschlagen ermöglichen.

Gegenstand der Arbeit ist die russische Literatursprache der Gegenwart. Erscheinungen, die einer besonderen Stilschicht angehören, sind – sofern sie überhaupt Aufnahme gefunden haben – stets mit einem entsprechenden Vermerk versehen. Die Darstellungsweise ist grundsätzlich deskriptiv, sprachgeschichtliche Entwicklungen bleiben unberücksichtigt. Die russischen Beispiele folgen der jeweiligen Regel. Sämtliche Beispiele sind mit Betonungszeichen versehen; grundsätzlich wird die deutsche Übersetzung angegeben.

Der vorliegenden Darstellung liegen vor allem die in der Sowjetunion erschienenen Standardwerke zur russischen Sprache der Gegenwart zugrunde, darunter in erster Linie die in den Jahren 1953/54 erschienene Akademie-Grammatik sowie die einsprachigen normativen Wörterbücher (im einzelnen siehe zur verwendeten Literatur S. 558 bis 560).

Die Verfasser möchten an dieser Stelle allen, die an der Gestaltung des Buches mitgewirkt haben, ihren herzlichen Dank aussprechen. Er gebührt vor allem den Mitgliedern des Redaktionskollegiums zur 1. Auflage, Herrn Professor Dr. Otto Hermenau, Herrn Dr. Nikolai Nikolajew und Herrn Dr. Helger Vogt, sowie Fräulein Marie-Elisabeth Rauschenbach, die die Zusammenstellung des Registers besorgte.

Die erste Auflage des Buches erschien im Jahre 1958[1]. Inzwischen sind in Fachzeitschriften verschiedene Rezensionen veröffentlicht worden[2]. Eine Reihe von Stellungnahmen sind Autoren und Verlag aus Kreisen von Fachwissenschaftlern und Praktikern zugegangen. Zudem sind in der Zwischenzeit neue Standardwerke zur russischen Sprache der Gegenwart entstanden (so z.B. das vierbändige sowjetische Akademie-Wörterbuch).

[1] 2. Auflage 1959, 3. Auflage 1960, 4. Auflage 1961, 5. Auflage 1962, 6. Auflage 1963, 7./8. Auflage 1968, 9./10. Auflage 1970.

[2] Rezensionen erschienen u.a. in folgenden Zeitschriften:
Zeitschrift für Slawistik. Bd. 4, Heft 1/1959, S. 118–128 (Professor Dr. H. H. Bielfeldt).
Fremdsprachenunterricht. 2. Jg., Heft 12/1958, S. 617–625 (Dr. G. Dick und W. Hübner).
Wiener Slavistisches Jahrbuch. 10. Bd., S. 140–142 (Alfred Schmid).

Für die 5. und 7. Auflage haben die Autoren den gesamten Text einer sorgfältigen Überprüfung unterzogen[1] und waren dabei bemüht, den in den Rezensionen und Stellungnahmen gegebenen Anregungen weitgehend zu folgen[2].

Es sei darum auch allen denen gedankt, die durch Rezensionen, durch schriftliche und mündliche Hinweise an der Verbesserung der Grammatik mitwirkten.

Die Autoren sind für weitere Anregungen und kritische Hinweise stets dankbar.

Die Verfasser

Hinweise für die Benutzung:

1. Neben der durch die Überschriften gekennzeichneten Kapiteleinteilung soll eine durchgehende Numerierung am Seitenrand die Orientierung innerhalb der Grammatik erleichtern. Bei Verweisen beziehen sich die in Klammern stehenden Zahlen auf die Leitzahlen am Seitenrand; z.B. (22,3) = Leitzahl 22, Ziffer 3. Seitenverweise sind mit S. angegeben.

2. Die Haupttypen der Flexion sind durch Umrandung hervorgehoben. Die produktiven Typen der Wortbildung und Aspektbildung sind durch Sternchen (*) kenntlich gemacht (vgl. hierzu auch die Fußnoten auf den Seiten 117, 180, 254, 374).

3. Die Kennzeichnung des Verbalaspekts wurde wie folgt vorgenommen: Der vollendete Aspekt ist durch vo. kenntlich gemacht. Unvollendete Verben bleiben unbezeichnet. In den Abschnitten „Die Klassifizierung der Verben“ und „Zur Rektion der Verben“ sind Verben mit doppelter Aspektfunktion durch (vo.) gekennzeichnet.

[1] Schwierigkeiten bereitete in einigen Fällen die Betonungsangabe; Veränderungen gegenüber der ersten Auflage wurden hier nur vorgenommen, wenn die neue Betonungsangabe in dem vierbändigen Akademie-Wörterbuch mit der in dem einbändigen Wörterbuch von Oshegow (⁴1960) übereinstimmte.

[2] Wesentlichere Änderungen für die 5. Auflage sind auf folgenden Seiten vorgenommen worden: S. 3–5, 12–13, 28, 31, 77, 102, 109, 117–136, 138, 149, 172, 174, 179–197, 201–206, 211–214, 216, 240–241, 243, 256, 270, 276–281, 286, 296, 299, 306–307, 308, 312–314, 319–320, 321, 331–332, 334–335, 341, 349, 352, 374–375, 378, 381, 384–385, 387, 390–393, 398, 403, 415, 420, 459, 463–464, 473–474, 479, 492, 494, 496, 500, 501–503, 512, 517.
Wesentlichere Änderungen für die 7. Auflage sind auf folgenden Seiten vorgenommen worden: S. 41, 58, 74, 100–101, 113, 123, 136–137, 148–149, 158, 164, 204–205, 211–212, 229, 250–252, 271–275, 278, 306, 312–313, 315, 340, 387, 393–394, 441, 467, 474, 478, 485–486, 495, 504.

Inhaltsverzeichnis

Phonetik

LAUTVERBINDUNGEN

Morphologie

ZUR FORMEN- UND WORTBILDUNG

DIE WORTARTEN

DAS SUBSTANTIV

DIE ZAHLWÖRTER

DIE PRONOMEN

DAS VERB

DAS ADVERB

DIE PRÄPOSITIONEN

DIE KONJUNKTIONEN

DIE PARTIKELN

DIE INTERJEKTIONEN

Aus der Syntax

ZUR REKTION DER VERBEN

DER GEBRAUCH VON БЫТЬ

PHONETIK

DAS RUSSISCHE ALPHABET UND SEINE UMSCHRIFT INS DEUTSCHE

Druckschrift	Schreibschrift	Buchstabenname	Bibliothekarische Transkription	Duden-Transkription[1]	Beispiele zur Duden-Transkription	
А а	А а	а	a	a	«Пра́вда»	„Prawda“
Б б	Б б	бэ	b	b	Баку́	Baku
В в	В в	вэ	v	w	Воро́неж	Woronesh
Г г	Г г	гэ	g	g	Ри́га	Riga
Д д	Д д	дэ	d	d	Дон	Don
Е е	Е е	е	e	1. e nach Konsonantbuchstaben	Днепр	Dnepr
				2. je in allen anderen Stellungen:		
				im Anlaut	Ерева́н	Jerewan
				nach Vokal	Фаде́ев	Fadejew
				nach ъ, ь	Ю́рьев	Jurjew
Ё ё	Ё ё	ё	(ë)	1. o nach ж, ч, ш, щ	Пугачёв	Pugatschow
				2. jo in allen anderen Stellungen	Орёл	Orjol
Ж ж	Ж ж	же	ž	sh	Жито́мир	Shitomir
З з	З з	зэ	z	s	Каза́нь	Kasan
И и	И и	и	i	i[2]	Кали́нин	Kalinin
Й й	й (Й)	и кра́ткое	j	1. unbezeichnet nach ы und и	Го́рький	Gorki
				2. i in allen anderen Stellungen	Толсто́й	Tolstoi

[1] Die hier gegebene allgemein verständliche deutsche Umschrift des Russischen entspricht der im „Großen Duden (Rechtschreibung)“ verwendeten Transkription russischer Wörter (sie wird daher auch als „Duden-Transkription“ bezeichnet). Wissenschaftlichen Zwecken dient die sogenannte „bibliothekarische Transkription“. – Beide Umschriften gründen sich auf das Schriftbild des Russischen; sie sind klar von der phonetischen Transkription zu unterscheiden, mit deren Hilfe das Lautbild der Sprache dargestellt wird (zur phonetischen Transkription siehe 4).

[2] Zur Vermeidung der einsilbigen Verbindung des и mit dem vorangehenden Vokal kann и durch i mit zwei Trennpunkten wiedergegeben werden, z. B.: Кутаиси — Kutaïssi.

Druck-schrift	Schreib-schrift	Buchstaben-name	Biblio-thekarische Transkription	Duden-Transkription	Beispiele zur Duden-Transkription	
К к	*К к*	ка	k	k[1]	Кремль	Kreml
Л л	*Л л*	эль	l	l	Во́лга	Wolga
М м	*М м*	эм	m	m	Му́рманск	Murmansk
Н н	*Н н*	эн	n	n	Минск	Minsk
О о	*О о*	о	o	o	Ока́	Oka
П п	*П п*	пэ	p	p	Пу́шкин	Puschkin
Р р	*Р р*	эр	r	r	Аму́р	Amur
С с	*С с*	эс	s	1. ss im Wortinnern zwischen Vokalen	Тбили́си	Tbilissi
				2. s in allen anderen Stellungen[2]	Росто́в	Rostow
					Со́чи	Sotschi
Т т	*Т т*	тэ	t	t	Ташке́нт	Taschkent
У у	*У у*	у	u	u	Ура́л	Ural
Ф ф	*Ф ф*	эф	f	f	Фергана́	Fergana
Х х	*Х х*	ха	ch	ch	Че́хов	Tschechow
Ц ц	*Ц ц*	це	c	z	Доне́ц	Donez
Ч ч	*Ч ч*	че	č	tsch	Чайко́в-ский	Tschai-kowski
Ш ш	*Ш ш*	ша	š	sch	Шо́лохов	Scholo-chow
Щ щ	*Щ щ*	ща	šč	stsch	Щедри́н	Stschedrin
ъ	*ъ*	ер (oder: твёр-дый знак)	-	unbezeichnet	съезд	sjesd
ы	*ы*	еры́ (oder: ы)	y	y	Крыло́в	Krylow

[1] Die Verbindung кс kann durch x wiedergegeben werden, z. B.: Алекса́ндра — Alexandra.

[2] Die Verbindung сх wird durch s'ch wiedergegeben, z. B.: Восхо́д — Wos'chod.

Druckschrift	Schreibschrift	Buchstabenname	Bibliothekarische Transkription	Duden-Transkription	Beispiele zur Duden-Transkription	
ь	ь	**ерь** (oder: **мя́гкий знак**)	ʼ	unbezeichnet	**Го́голь**	Gogol
Э э	Э э	**э**	ė	e	**Днепрогэ́с**	Dneproges
Ю ю	Ю ю	**ю**	ju	ju	**Аю-Да́г**	Aju-Dag
Я я	Я я	**я**	ja	ja	**Я́лта**	Jalta

Beachte bei der deutschen Umschrift russischer Wörter (nach der Duden-Transkription): **2**

1. Verschiedene russische Wörter, die als feststehende historische oder geographische Begriffe in die deutsche Sprache übergegangen sind, behalten ihre alte traditionelle Umschrift bei (auch wenn diese im Widerspruch zu den Regeln der Duden-Transkription steht),
   z.B.: **Сове́т** – Sowjet, **Ки́ев** – Kiew, **Крым** – Krim.
2. Bei der deutschen Wiedergabe von Eigennamen, die nicht aus der russischen Sprache stammen, ist die ursprüngliche Schreibung wiederherzustellen,
   z.B.: **Гёте** – Goethe, **Шекспи́р** – Shakespeare.

BUCHSTABEN UND LAUTE

Im Deutschen und im Russischen stimmen Schreibweise (Buchstaben) und Aussprache (Laute)[1] häufig nicht überein. **3**

Beispiele für das Auseinanderklaffen von Buchstaben und Lauten:

1. Zahlreiche stimmhafte Konsonantbuchstaben werden im Wortauslaut stimmlos ausgesprochen, z.B.

   deutsch: Tag, Rad – Aussprache: Ta[k], Ra[t];
   russisch: **луг** (die Wiese) – Aussprache: **лу[к]**,
   год (das Jahr) – Aussprache: **го[т]**.

[1] Sämtliche Ausspracheangaben zur russischen Literatursprache beziehen sich auf den „vollen" oder „gehobenen" Sprechstil, der durch eine deutliche, korrekte Artikulation und langsameres Sprechtempo gekennzeichnet ist.

2. Im Deutschen wird die Kürze eines Vokals in der Regel durch die Verdoppelung des folgenden Konsonantbuchstaben bezeichnet, z.B.: kann, denn, Bitte.
Im Russischen wird in vergleichbarer Weise die Erweichung eines Konsonanten durch den folgenden Buchstaben (einen weichen Vokalbuchstaben oder **ь**) bezeichnet, z.B.: **дядя** (der Onkel), **люди** (die Menschen), **делать** (tun).

4 Buchstaben und Laute sind im Russischen wie im Deutschen genau zu unterscheiden. Um die russischen Laute auch schriftlich möglichst genau wiedergeben zu können, bedient man sich für phonetische Zwecke eines besonderen Umschriftsystems, der sogenannten phonetischen Transkription.

Im folgenden werden, soweit erforderlich[1], folgende Transkriptionszeichen verwendet:

[ ]: In eckigen Klammern wird die phonetische Umschrift angegeben,
z.B.: **вода́ = в[а]да́** (das Wasser), **всё = [ф]сё** (alles).

': Durch ein hinter dem Konsonantbuchstaben stehendes ' wird die Erweichung des Konsonanten bezeichnet,
z.B.: **ряд = [р'а]д** (die Reihe), **мать = ма[т']** (die Mutter).

¯: Durch ein über dem Konsonantbuchstaben stehendes ¯ wird die Länge eines Konsonanten bezeichnet,
z.B.: **ка́сса = ка́[с̄]а** (die Kasse), **гру́ппа = гру́[п̄]а** (die Gruppe).

‿: Durch ein zwischen zwei Buchstaben stehendes ‿ wird bezeichnet:

1. bei den Affrikaten die unlösbare Verbindung von Lauten,
z.B.: **ц = [т‿с]**;
2. eine enge Wortbindung,
z.B.: **под окно́м = по[д‿а]кно́м** (unter dem Fenster).

[1] Grundsätzlich wird nur die zu behandelnde phonetische Erscheinung (nicht das ganze Wort) in Umschrift gegeben.

DIE VOKALE

I. Allgemeines

Die Vokale sind (zum Unterschied von den Konsonanten – siehe 23) Laute, bei deren Bildung der Luftstrom auf keinerlei Hindernis im Mundraum stößt. **5**

Sie haben im Russischen wie im Deutschen stets silbische Funktion.

Die Verschiedenheit der Vokale entsteht durch Veränderungen in der Gestalt des Mundraumes. Die russischen Vokale können in bezug auf ihre Bildungsweise nach folgenden drei Eigenschaften[1] bestimmt werden: **6**

1. Nach der Teilnahme des vorderen oder hinteren Teils der Zungenmasse unterscheidet man

   a) vordere Vokale (aktive Teilnahme des vorderen Teils der Zungenmasse): **и, э;**

   b) hintere Vokale (aktive Teilnahme des hinteren Teils der Zungenmasse): **ы, у, о.**

2. Nach dem Abstand des Zungenrückens vom Gaumen unterscheidet man

   a) enge Vokale (enger Abstand des Zungenrückens vom Gaumen = enger Öffnungsgrad des Mundes): **и, ы, у;**

   b) mittelweite Vokale (mittelweiter Abstand des Zungenrückens vom Gaumen = mittelweiter Öffnungsgrad des Mundes): **э, о;**

   Bei dem mittelweiten Vokal **э** unterscheidet man:

   1. offenes **э** (mit weiterem Öffnungsgrad des Mundes), z. B.: **э́тот** (dieser);
   2. geschlossenes **э** (mit engerem Öffnungsgrad des Mundes), z. B.: **э́ти** (Plur., diese)[2].

   c) einen weiten Vokal (weiter Abstand des Zungenrückens vom Gaumen = weiter Öffnungsgrad des Mundes): **а.**

---

[1] Die deutschen Vokale unterscheiden sich noch durch eine weitere Eigenschaft: die Länge bzw. Kürze (vgl. die Aussprache der Vokale in Wortpaaren wie Kahn — kann, bieten — bitten). Für die russischen Vokale ist eine derartige Unterscheidung nicht erforderlich; hier richtet sich die längere bzw. kürzere Dauer eines Vokals lediglich nach der Betonung: betonte russische Vokale sind länger als unbetonte (vgl. 12 und 19).

[2] Vergleiche hierzu die Aussprache der deutschen Vokale in Wörtern wie stellen — stehlen, in — ihn, Sonne — Sohn, Hund — Huhn! Im Deutschen sind in der Regel kurze Vokale offen, lange Vokale geschlossen.

3. Nach der Teilnahme der Lippen unterscheidet man

a) labiale[1] Vokale (Rundung und Vorstülpung der Lippen): **у, о**;

b) nichtlabiale Vokale (keine Rundung und keine Vorstülpung der Lippen): **и, ы, э, а**.

7 Im Deutschen beginnen Vokale, die im Wort- oder Silbenanlaut stehen, mit dem sogenannten Knackgeräusch (hier durch «’» bezeichnet),

z.B.: ’Anzug, ’immer, ge’achtet, Ver’ein.

Im Russischen gibt es dieses Knackgeräusch nicht[2].

8 In der russischen Literatursprache gibt es fünf Vokale[3]. Diese Vokale werden in der Schrift durch insgesamt zehn Buchstaben bezeichnet, wobei fünf harte Vokalbuchstaben in einem bestimmten Verhältnis zu fünf weichen Vokalbuchstaben stehen:

harte Vokalbuchstaben:	**а**	**о**	**у**	**э**	**ы**
	|	|	|	|	|
weiche Vokalbuchstaben:	**я**	**ё**	**ю**	**е**	**и**

9 Die harten Vokalbuchstaben dienen zur Bezeichnung der einzelnen Vokale; sie treten in der Regel auf:

1. im Wortanlaut[4], z.B.: **он** (er);
2. nach hartem Konsonanten, z.B.: **ка́рта** (die Karte);
3. nach Vokal[4], z.B.: **нау́ка** (die Wissenschaft).

10 Die weichen Vokalbuchstaben dienen in der Regel:

1. nach einem Konsonantbuchstaben
zur Bezeichnung der Erweichung des Konsonanten + Vokal,

z.B.: **ря́дом** (nebeneinander) = **[р’а́]дом**,
тёплый (warm) = **[т’о́]плый**;

---

[1] Das Wort „labial“ geht zurück auf lat. labium = die Lippe.

[2] Das Fehlen des Knackgeräusches erklärt auch die Wortbindung im Russischen; vgl. из‿о́перы gegenüber der deutschen Übersetzung „’aus der ’Oper“.

[3] Auf die Frage nach dem Verhältnis von ы zu и (die ja verschieden ausgesprochen werden) kann hier nicht näher eingegangen werden; vgl. zu diesem Problem W. Steinitz: Russische Lautlehre, S. 39ff. –
Nur in betonter Stellung werden fünf Vokale unterschieden; die Zahl der unbetonten Vokale ist geringer (vgl. z.B. o und a, die in betonter Stellung unterschieden werden, in unbetonter Stellung jedoch zusammenfallen).

[4] Eine Ausnahme bildet lediglich ы, das nie im Anlaut steht.

2. sonst (im Wortanlaut[1], nach Vokal, nach **ъ** und **ь**) zur Bezeichnung der Verbindung [j + Vokal],

z.B.: **ёлка** (die Tanne) = **[jó]лка,**
они́ поют (sie singen) = **по[jý]т,**
семья́ (die Familie) = **се[м'já].**

Die betonten russischen Vokale unterscheiden sich deutlich von den unbetonten. Daher werden die betonten und die unbetonten Vokale gesondert behandelt. 11

II. Die betonten Vokale

Die betonten russischen Vokale werden deutlich artikuliert. Sie haben gegenüber den deutschen kurzen und langen Vokalen eine mittlere Länge. 12

Vgl.: Text – **текст** (der betonte russische Vokal hat etwas längere Dauer als der deutsche kurze Vokal);

Rahmen – **ра́ма** (der betonte russische Vokal hat etwas kürzere Dauer als der deutsche lange Vokal).

Die Vokalbuchstaben а – я 13

Buchstabe **а** bezeichnet den Vokal **[а]**,

z.B.: **а́втор** (der Verfasser), **там** (dort), **шаг**[2] (der Schritt), **час**[2] (die Stunde), **вода́** (das Wasser).

Buchstabe **я** bezeichnet:

1. [' + **а**] nach Konsonantbuchstaben,
   z.B.: **ряд** (die Reihe), **дя́дя** (der Onkel);

2. [j + **а**] in allen anderen Stellungen (im Wortanlaut, nach Vokal, nach **ъ, ь**),
   z.B.: **я** (ich), **они́ стоя́т** (zu **стоя́ть,** sie stehen), **друзья́** (Plur., die Freunde).

---

[1] Eine Ausnahme bildet lediglich и, das im Wortanlaut und nach Vokal nur den Vokal [и] bezeichnet (nicht die Verbindung [j + и]); z.B.: и́мя (der Vorname) = [и́]мя, стро́ить (bauen) = стр[о́и]ть.

[2] Nach den stets harten Konsonanten ж, ш und nach den stets weichen Konsonanten ч, щ wird zur Bezeichnung des Vokals [а] immer der Buchstabe а geschrieben.

Zur Aussprache des Vokals [a]

1. In allen Stellungen außer 2. wird russisches [a] – abgesehen von der Dauer des Vokals (siehe 12) – wie deutsches „a" ausgesprochen,
z. B.: **ма́ло** (wenig), **мать** (die Mutter), **пя́тый** (der fünfte).

2. In der Stellung zwischen weichen Konsonanten zeigt [a] eine gewisse Annäherung an deutsches „ä" in „Bären"[1],
z. B.: **пять** (fünf), **часть** (der Teil).

14 **Die Vokalbuchstaben о – ё (е)[2]**

Buchstabe **о** bezeichnet den Vokal [o],
z. B.: **он** (er), **гость** (der Gast), **кино́** (das Kino), **шо́рох**[3] (das Geräusch), **врачо́м**[3] (Instr. Sing. zu **врач** der Arzt).

Buchstabe **ё (е)**[2] bezeichnet:

1. [' + o] nach Konsonantbuchstaben außer Zischlauten,
z. B.: **он вёл** (zu **вести́,** er führte), **мы идём** (zu **идти́,** wir gehen);

2. [o] nach Zischlauten[3],
z. B.: **жёлтый** (gelb), **чёрный** (schwarz);

3. [j + o] in allen anderen Stellungen (im Wortanlaut, nach Vokal, nach ъ, ь),
z. B.: **ёлка** (die Tanne), **он даёт** (zu **дава́ть,** er gibt), **он пьёт** (zu **пить,** er trinkt).

Zur Aussprache des Vokals [o]

1. In allen Stellungen außer 2. wird russisches [o] – abgesehen von der Dauer des Vokals (12) – wie deutsches offenes „o" in „Sonne" ausgesprochen,
z. B.: **дом** (das Haus), **конь** (das Pferd), **сёла** (Plur., die Dörfer).

---

[1] In dieser Stellung beeinflußt der mittlere Teil des Zungenrückens, der sich bei der Bildung der benachbarten weichen Konsonanten gegen den Vordergaumen hebt (vgl. 29), die Bildung des Vokals.

[2] Die beiden Punkte auf dem ё werden gewöhnlich weder in der Schreib- noch in der Druckschrift gesetzt; lediglich in Lehrbüchern, Wörterbüchern usw. (auch in der vorliegenden Grammatik) wird konsequent ё geschrieben.

[3] Nach den stets harten Konsonanten ж, ш und nach den stets weichen Konsonanten ч, щ wird zur Bezeichnung des Vokals [o] teils о, teils ё geschrieben (in betonten Substantiv- und Adjektivendungen jedoch stets о).

2. In der Stellung zwischen weichen Konsonanten zeigt **[o]** eine gewisse Annäherung an deutsches offenes „ö“ in „Köchin“[1],
z.B.: **тётя** (die Tante), **вы идёте** (zu **идти́**, ihr geht).

Die Vokalbuchstaben у – ю 15

Buchstabe **у** bezeichnet den Vokal **[у]**,
z.B.: **у́лица** (die Straße), **нау́ка** (die Wissenschaft), **шум**[2] (das Geräusch), **чу́вство**[2] (das Gefühl).

Buchstabe **ю** bezeichnet:

1. **[' + у]** nach Konsonantbuchstaben,
z.B.: **лю́ди** (die Menschen), **я говорю́** (ich spreche);
2. **[j + у]** in allen anderen Stellungen (im Wortanlaut, nach Vokal, nach **ъ**, **ь**),
z.B.: **юг** (der Süden), **я пою́** (zu **петь**, ich singe), **я пью** (zu **пить**, ich trinke).

Zur Aussprache des Vokals **[у]**

1. In allen Stellungen außer 2. wird russisches **[у]** – abgesehen von der Dauer des Vokals (12) – wie deutsches geschlossenes „u“ in „Mut“ ausgesprochen,
z.B.: **ду́мать** (denken), **путь** (der Weg), **я говорю́** (ich spreche).
2. In der Stellung zwischen weichen Konsonanten zeigt **[у]** eine gewisse Annäherung an deutsches geschlossenes „ü“ in „Mühle“[1],
z.B.: **лю́ди** (die Menschen), **чуть** (kaum).

Die Vokalbuchstaben э – е[3] 16

Buchstabe **э** bezeichnet den Vokal **[э]**[4],
z.B.: **э́тот** (dieser), **поэ́т** (der Dichter), **сэр** (engl. Anrede: Herr).

---

[1] Vergleiche hierzu Fußnote 1 auf S. 10.
[2] Nach den stets harten Konsonanten ж, ш und nach den stets weichen Konsonanten ч, щ wird zur Bezeichnung des Vokals [у] der Buchstabe у geschrieben; nur in wenigen Fremdwörtern steht nach ж bzw. ш der Buchstabe ю, z.B.: парашют = пара[шу́]т (der Fallschirm).
[3] Beachte, daß „е“ auch für den Buchstaben ё stehen kann (vgl. Fußnote 2 auf S. 10).
[4] Der Buchstabe э kommt lediglich im Wortanlaut einzelner Wörter sowie bei einigen Fremdwörtern im Wortinnern (nach Vokal außer и und nach hartem Konsonanten) vor.

Buchstabe **е** bezeichnet:

1. [' + э] nach Konsonantbuchstaben[1] außer Zischlauten und **ц**,
z.B.: **бе́лый** (weiß), **петь** (singen), **музе́й** (das Museum);

2. [э] nach Zischlauten und **ц**[2],
z.B.: **шесть** (sechs), **че́стный** (ehrlich), **це́лый** (ganz);

3. [j + э] in allen anderen Stellungen (im Wortanlaut, nach Vokal[3], nach **ъ, ь**),
z.B.: **я е́ду** (zu **е́хать,** ich fahre), **пое́хать** (vo., fahren), **пье́са** (das Theaterstück).

Zur Aussprache des Vokals [э]

1. Vor harten Konsonanten und im Auslaut wird russisches [э] – abgesehen von der Dauer des Vokals (12) – wie deutsches offenes „e" in „Held" ausgesprochen, z.B.: **э́тот** (dieser), **поэ́т** (der Dichter), **я е́ду** (ich fahre), **де́ло** (die Sache), **на столе́** (auf dem Tisch).

2. Vor weichen Konsonanten wird russisches [э] – abgesehen von der Dauer des Vokals (12) – wie deutsches geschlossenes „e" in „See" ausgesprochen, z.B.: **э́ти** (Plur., diese), **поэ́зия** (die Dichtung), **ты е́дешь** (zu **е́хать,** du fährst), **на де́ле** (wirklich).

17

Die Vokalbuchstaben ы – и

Buchstabe **ы** bezeichnet den Laut [ы][4],
z.B.: **сын** (der Sohn), **быть** (sein), **на цы́почках** (auf Zehenspitzen), **вы** (ihr).

Buchstabe **и** bezeichnet:

1. [' + и] nach Konsonantbuchstaben außer Zischlauten und **ц**,
z.B.: **ти́хо** (leise), **говори́ть** (sprechen), **дни** (Plur., die Tage);

2. [и] nach **ч, щ**[5], im Wortanlaut und nach Vokal,
z.B.: **чи́стый** (rein), **щи** (Plur., die Kohlsuppe), **и́мя** (der Vorname), **он стои́т** (zu **стоя́ть,** er steht);

---

[1] In einigen Fremdwörtern bezeichnet der Buchstabe е nach Konsonantbuchstaben nur den Vokal [э] (nicht [' + э]),
z.B.: темп = [тэ]мп (das Tempo), оте́ль = о[тэ́]ль (das Hotel).

[2] Nach den stets harten Konsonanten ж, ш, ц und nach den stets weichen Konsonanten ч, щ wird zur Bezeichnung des Vokals [э] immer е geschrieben.

[3] In einigen Fremdwörtern bezeichnet der Buchstabe е nach Vokal nur den Vokal [э] (nicht [j + э]),
z.B.: прое́кт = про[э́]кт (das Projekt).

[4] Der Buchstabe ы kommt nur nach harten Konsonanten vor (nie im Anlaut).

[5] Nach den stets harten Konsonanten ж, ш und nach den stets weichen Konsonanten ч, щ wird immer и geschrieben (und zwar nach ж, ш zur Bezeichnung des Lautes [ы], nach ч, щ hingegen zur Bezeichnung des Lautes [и]).

3. [**ы**] nach **ж**, **ш** und **ц**[1],
z.B.: **жить** (leben), **ширь** (die Weite), **ци́фра**[1] (die Ziffer);

4. [j + **и**] nach **ь**,
z.B.: **чьи** (Plur., wessen).

Zur Aussprache von [**и**]

Russisches [**и**] wird – abgesehen von der Dauer des Vokals (12) – wie deutsches geschlossenes „i" in „wieder" ausgesprochen,

z.B.: **им** (Instr. zu **он** er), **чи́стый** (rein), **ти́хий** (leise).

Zur Aussprache von [**ы**]

Im Deutschen gibt es keinen Vokal, der dem russischen [**ы**] entspricht.

Für die Bildung des [**ы**] ist charakteristisch (vgl. 6):

1. der enge Öffnungsgrad des Mundes (wie [**и**] und [**у**]);
2. keine Rundung und keine Vorstülpung der Lippen (wie [**и**], zum Unterschied von [**у**]);
3. die aktive Teilnahme des nichtvorderen Teils der Zungenmasse[2] (wie [**у**], zum Unterschied von [**и**]).

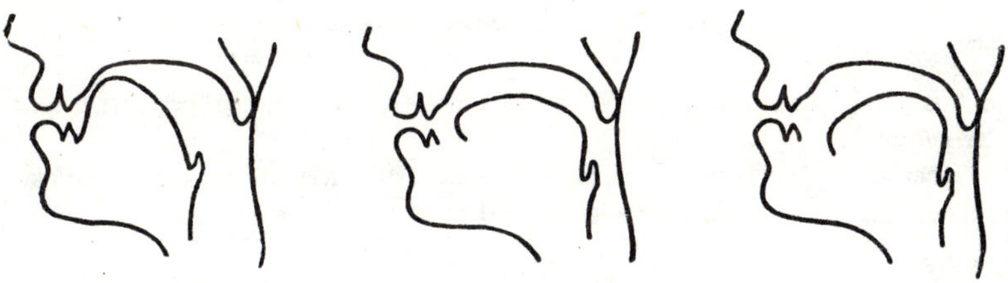

и (enger nichtlabialer vorderer Vokal)

ы (enger nichtlabialer nichtvorderer Vokal)

у (enger labialer hinterer Vokal)

---

[1] Nach dem stets harten Konsonanten ц wird zur Bezeichnung des Vokals [ы] in Endungen und in einzelnen Wörtern ы, sonst и geschrieben.

[2] Zum Unterschied von der Darstellung in der Akademie-Grammatik, wo von der Hebung des hinteren Teils der Zungenmasse gesprochen wird, wird [ы] von Awanessow als mittlerer Vokal definiert (s. Р. И. Аванесов: Фонетика современного русского литературного языка, S. 91).

Bei der Aussprache von [**ы**] sind die Lippen gespreizt wie bei [**и**], die Zunge ist zurückgezogen wie bei [**у**],

z.B.: **мы́ло** (die Seife), **мыть** (waschen), **ты** (du), **жить** (leben), **цирк** (der Zirkus).

18

Das Lautsystem der betonten Vokale

Die betonten Vokale des Russischen können folgendermaßen dargestellt werden[1] (vgl. 5 und 6):

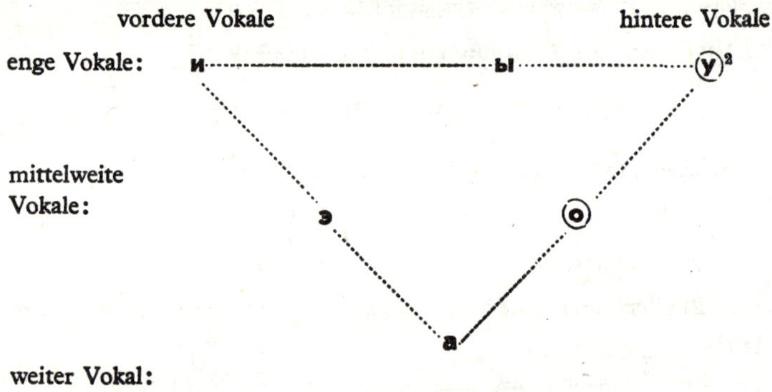

III. Die unbetonten Vokale

19 Die Aussprache der unbetonten Vokale des Russischen ist gegenüber den betonten Vokalen reduziert:

Die unbetonten Vokale werden nicht so deutlich artikuliert wie die betonten Vokale; die Dauer der unbetonten Vokale ist wesentlich kürzer als die der betonten.

20

Die Vokalbuchstaben у—ю, ы—и, э

Die durch die Buchstaben **у—ю, ы—и, э** bezeichneten Vokale werden in unbetonter Stellung sehr kurz gesprochen, unterscheiden sich sonst jedoch nicht wesentlich von den entsprechenden betonten Vokalen,

---

[1] Da dem russischen [ы] im Deutschen kein Vokal entspricht, ist außer [и] auch [ы] in die Tabelle aufgenommen worden.

[2] Durch den Kreis wird hier angedeutet, daß es sich bei [о] und [у] um labiale Vokale handelt.

z. B.: **ученик** (der Schüler), **туда́** (dorthin), **что́-нибудь** (irgend etwas), **юри́ст** (der Jurist), **сюда́** (hierher), **они́ чита́ют** (sie lesen);
открыва́ть (öffnen), **я живу́** (zu **жить,** ich lebe), **инжене́ры** (Plur., die Ingenieure), **иска́ть** (suchen), **он сиди́т** (zu **сиде́ть,** er sitzt), **лю́ди** (Plur., die Menschen);
эта́ж (das Stockwerk), **электри́чество** (die Elektrizität), **поэти́ческий** (poetisch).

Die Vokalbuchstaben a und o 21

Die unbetonten Buchstaben **а** und **о** fallen in einem reduzierten Vokal zusammen, der je nach seiner Stellung im Wort verschieden ausgesprochen wird.

Für die Aussprache der unbetonten Vokalbuchstaben **а** und **о** im Wortanlaut und nach hartem Konsonanten gelten folgende Normen:

1. Im Wortanlaut werden unbetonte **а** und **о** wie kurzes **[а]** ausgesprochen,
   z. B.: **апре́ль** (der April), **англича́нин** (der Engländer), **академи́ческий** (akademisch);
   окно́ (das Fenster), **открыва́ть** (öffnen), **опери́ровать**[1] (operieren), **обыкнове́нный** (gewöhnlich).
2. In der ersten Silbe vor dem Ton werden **а** und **о** wie kurzes **[а]** ausgesprochen,
   z. B.: **трава́** (das Gras), **я даю́** (zu **дава́ть,** ich gebe), **шага́ть** (schreiten), **цари́зм** (der Zarismus);
   вода́ (das Wasser), **поля́** (Plur., die Felder), **профе́ссор**[1] (der Professor), **костю́м** (das Kostüm, der Anzug).
3. In allen anderen unbetonten Silben werden **а** und **о** wie ein sehr kurzer, zwischen **[а]** und **[ы]** stehender Vokal[2] ausgesprochen,
   z. B.: **машини́ст** (der Maschinist), **парово́з** (die Lokomotive), **он рабо́тал** (er arbeitete), **де́ла**[3] (Gen. Sing. zu **де́ло** die Sache);
   молодо́й (jung), **голова́** (der Kopf), **го́лову** (Akk. Sing. zu **голова́** der Kopf), **де́ло**[3] (die Sache).

---

[1] In einzelnen Fremdwörtern wird der unbetonte Vokalbuchstabe о wie kurzes [о] ausgesprochen, z. B.: оте́ль (das Hotel), ра́дио (das Radio).

[2] Für die Bildung dieses sehr kurzen, dem [ы] nahestehenden Vokals ist charakteristisch (vgl. 6):
1. der mittelweite Öffnungsgrad des Mundes (weiter als [ы], jedoch enger als [а]);
2. keine Rundung und keine Vorstülpung der Lippen (wie [ы]);
3. die aktive Teilnahme des nichtvorderen Teils der Zungenmasse (wie [ы]).

[3] Nach den oben angegebenen Aussprachenormen sind unbetonte а und о auch in Endungen in einem Vokal zusammengefallen; dementsprechend werden Fälle wie де́ло (Nom. Sing.) — де́ла (Gen. Sing.) zwar in der Schrift unterschieden, zeigen jedoch die gleiche Aussprache.

Anmerkung:

Zur Aussprache des unbetonten Vokalbuchstaben **а** nach den stets weichen Konsonanten **ч, щ** (z.B. in **часы́** Plur., die Uhr) siehe (22).

22 Die Vokalbuchstaben е und я (а[1])

Die unbetonten Buchstaben **е** und **я (а)** fallen in der Regel in einem reduzierten Vokal zusammen, der je nach seiner Stellung im Wort verschieden ausgesprochen wird.

Für die Aussprache der unbetonten Vokalbuchstaben **е** und **я (а)** gelten folgende Normen:

1. In der ersten Silbe vor dem Ton wird für die Buchstaben **е** und **я (а)** ein kurzer, zwischen **[и]** und **[э]** stehender Vokal ausgesprochen: Transkriptionszeichen **[иᵉ]**[2],

   z.B.: **еди́нство** = **[jиᵉ]ди́нство** (die Einheit), **уезжа́ть** (wegfahren), **бежа́ть** = **[б'иᵉ]жа́ть** (laufen), **техни́ческий** (technisch), **чеса́ть** (kämmen);

   язы́к = **[jиᵉ]зы́к** (die Zunge; die Sprache), **уясня́ть** (erklären), **вяза́ть** = **[в'иᵉ]за́ть** (binden), **обяза́тельно** (bestimmt), **часы́** (Plur., die Uhr), **площаде́й** (Gen. Plur. zu **пло́щадь** der Platz).

2. In allen anderen unbetonten Silben außer in den Endungen (22,3) wird für die Buchstaben **е** und **я (а)** ein sehr kurzer, zwischen **[и]** und **[э]** stehender Vokal[3] ausgesprochen,

   z.B.: **европе́йский** (europäisch), **переходи́ть** (hinübergehen), **челове́к** (der Mensch), **я вы́беру** (zu **вы́брать** vo., ich werde wählen), **ма́ленький** (klein);

   языка́ (Gen. Sing. zu **язы́к** die Zunge; die Sprache), **пятиле́тний** (fünfjährig), **часовщи́к** (der Uhrmacher), **вы́тянуть** (vo., ausdehnen), **па́мять** (das Gedächtnis), **они́ на́чали** (zu **нача́ть** vo., sie fingen an).

---

[1] Nach den stets weichen Konsonanten ч, щ wird nicht я, sondern а geschrieben, das aber denselben Aussprachenormen unterliegt wie я. — Zur Aussprache des unbetonten Vokalbuchstaben а im Wortanlaut und nach hartem Konsonanten siehe (21).

[2] Für die Bildung des kurzen Vokals [иᵉ] ist charakteristisch (vgl. 6):
1. der Öffnungsgrad des Mundes (weiter als [и], jedoch enger als [э]);
2. keine Rundung und keine Vorstülpung der Lippen (wie [и]);
3. die aktive Teilnahme des vorderen Teils der Zungenmasse (wie [и]).

[3] Dieser sehr kurze Vokal steht dem [и] äußerst nahe.

3. In den Endungen werden die unbetonten Buchstaben **е** und **я (а)** unterschieden:

   Für den Buchstaben **е** wird ein sehr kurzer, zwischen [и] und [э] stehender Vokal[1] ausgesprochen,

   z.B.: **в до́ме** (in dem Hause), **краси́вее** (Kompar. zu **краси́вый,** schöner), **он бу́дет** (zu **быть,** er wird sein).

   Für den Buchstaben **я (а)** wird ein sehr kurzer, zwischen [а] und [ы] stehender Vokal ausgesprochen (vgl. 21, 3),

   z.B.: **мо́ря** (Gen. Sing. zu **мо́ре** das Meer), **вре́мя** (die Zeit), **това́рищам** (Dat. Plur. zu **това́рищ** der Genosse), **но́вая** (weibl. Form zu **но́вый** neu).

Anmerkung:

Für die Aussprache des unbetonten Vokalbuchstaben **е** nach den stets harten Konsonanten **ж, ш, ц** gelten folgende besondere Regeln:

1. In der ersten Silbe vor dem Ton wird für **е** nach **ж, ш, ц** ein kurzer, zwischen [ы] und [э] stehender Vokal ausgesprochen,
   z.B.: **жена́** (die Frau), **цена́** (der Preis).
2. In den anderen unbetonten Silben wird für **е** nach **ж, ш, ц** in der Regel ein sehr kurzer, zwischen [а] und [ы] stehender Vokal ausgesprochen (vgl. 21, 3), z.B.: **шерстяно́й** (wollen, Woll-), **я вы́шел** (zu **вы́йти** vo., ich kam heraus), **пти́цей** (Instr. Sing. zu **пти́ца** der Vogel).

[1] Dieser sehr kurze Vokal steht dem [и] äußerst nahe.

DIE KONSONANTEN

I. Allgemeines

23 Die Konsonanten sind (zum Unterschied von den Vokalen – siehe 5) Laute, bei deren Bildung die ausströmende Luft einem Hindernis im Mundraum begegnet, das überwunden wird.

24 Die russischen Konsonanten werden nach folgenden fünf Eigenschaften[1] bestimmt:

1. Nach der Artikulationsart, d.h. nach der Art, wie das Hindernis im Mundraum überwunden wird, unterscheidet man

   a) Verschlußlaute: das Hindernis ist ein vollständiger Verschluß des Mundes, der durch den Luftstrom gesprengt wird, z.B.: **п, б, т, д, к, г**;

   b) Reibelaute: das Hindernis ist eine Enge im Mundraum, durch die der Luftstrom mit Reibungsgeräusch entweicht, z.B.: **ф, в, с, з, ш, ж, х**;

   c) Affrikaten[2]: unlösbare Verbindungen eines Verschlußlautes mit einem an derselben Stelle gebildeten Reibelaut, z.B.: **ц, ч**;

   d) Nasale: das Hindernis ist ein vollständiger Verschluß des Mundes, die Luft kann jedoch frei und ohne Reibungsgeräusch durch die Nase ausströmen, z.B.: **м, н**;

   e) Liquiden[3]:
      1. das Hindernis ist ein Verschluß des Mundes durch die Zungenspitze, die Luft kann jedoch an beiden Zungenseiten frei und ohne Reibungsgeräusch ausströmen, z.B.: **л**;
      2. die Zungenspitze wird durch die ausströmende Luft in Schwingungen versetzt, so daß abwechselnd ein Verschluß und eine Öffnung entstehen, z.B.: **р**.

---

[1] Die deutschen Konsonanten werden nach den drei Eigenschaften: Artikulationsart, Artikulationsstelle, Stimmbeteiligung eindeutig bestimmt. Eine Erweichung von Konsonanten gibt es im Deutschen nicht (durch diese Eigenschaft der Erweichung unterscheidet sich das russische Konsonantensystem wesentlich vom deutschen). Auch eine Unterscheidung von kurzen und langen Konsonanten ist nicht erforderlich, da das Deutsche (abgesehen von einigen zusammengesetzten Wörtern) nur kurze Konsonanten hat; doppelt geschriebene Konsonantbuchstaben bezeichnen nicht die lange Aussprache des Konsonanten, sondern die kurze Aussprache des davorstehenden Vokals (vgl. 3, 2).

[2] Das Wort „die Affrikata" (Plur.: die Affrikaten) geht zurück auf lat. affricare = anreiben; dieser Name weist darauf hin, daß Affrikaten keine reinen Reibelaute sind.

[3] Das Wort „die Liquida" (Plur.: die Liquiden) geht zurück auf lat. liquidus = flüssig, fließend.

Verschlußlaute, Reibelaute und Affrikaten faßt man als Geräuschlaute, Nasale und Liquiden als Sonore[1] zusammen.

2. Nach der Artikulationsstelle, d.h. nach der Stelle, an der die Laute gebildet werden, unterscheidet man

a) Lippenlaute: Laute, die mit aktiver Teilnahme der Lippen gebildet werden,
z.B.: **п, б, ф, в, м;**

b) Zahnlaute: Laute, die mit dem vorderen Teil der Zunge an den Oberzähnen gebildet werden,
z.B.: **т, д, с, з, ц, н, л, р;**

c) Vordergaumenlaute[2]: Laute, die mit dem vorderen bzw. mittleren Teil der Zunge am harten Vordergaumen gebildet werden,
z.B.: **ш, ж, ч, [j];**

e) Hintergaumenlaute[2]: Laute, die mit dem hinteren Teil der Zunge am weichen Hintergaumen gebildet werden,
z.B.: **к, г, х.**

3. Nach der Stimmbeteiligung (25—27) unterscheidet man

a) stimmlose Konsonanten,
z.B.: **п, ф, т, с, ц, ш, к;**

b) stimmhafte Konsonanten,
z.B.: **б, в, м, д, з, л, ж, г.**

4. Nach der Erweichung (28—32) unterscheidet man

a) harte Konsonanten,
z.B.[3]: **[п], [б], [с], [з], [н], [к], [г];**

b) weiche Konsonanten,
z.B.[3]: **[п'], [б'], [с'], [з'], [н'], [к'], [г'].**

5. Nach der Dauer (33—37) unterscheidet man

a) kurze Konsonanten, z.B.: **в, н;**

b) lange Konsonanten, z.B.: **вв, нн.**

---

1 Die Sonore (lat. sonor = der Ton, der Klang) zeichnen sich durch folgende Besonderheit aus: sie haben einerseits ein Hindernis für die ausströmende Luft, andererseits jedoch eine Öffnung, durch die die Luft frei und ohne wesentliches Reibungsgeräusch passieren kann.

2 Der Gaumen besteht aus dem harten Vordergaumen und dem weichen Hintergaumen.

3 Das Verständnis der Erweichung wird dadurch erschwert, daß es im russischen Alphabet keine besonderen Buchstaben für die weichen Konsonanten gibt (vgl. 3, 2 und 31). Aus diesem Grunde sind die Beispiele in phonetischer Umschrift angegeben.

II. Stimmlose und stimmhafte Konsonanten

25

Die Bildung der stimmlosen und der stimmhaften Konsonanten

Stimmlose Konsonanten werden ohne Stimmton, stimmhafte Konsonanten dagegen mit Stimmton gesprochen.

Nach ihrer Stimmbeteiligung lassen sich die russischen Konsonanten (Laute) folgendermaßen einteilen:

	1.	2.	3.
stimmlos	пп' фф' тт' сс' ш кк'	ц ч' щ' хх'	——
stimmhaft	бб' вв' дд' зз' ж гг'	——	мм' нн' лл' рр' j

Zu 1. Zahlreiche stimmlose Geräuschlaute bilden mit stimmhaften Geräuschlauten Paare (z.B.: **п–б, ш–ж**); der stimmlose Konsonant eines solchen Lautpaares unterscheidet sich von dem entsprechenden stimmhaften Konsonanten lediglich durch das Fehlen des Stimmtons.

Zu 2. Einige Geräuschlaute sind stets stimmlos, haben also keine stimmhaften Entsprechungen.

Zu 3. Die Sonore sind stets stimmhaft, haben also keine stimmlosen Entsprechungen.

26

Stimmhafte Geräuschlaute im Wortauslaut

Stimmhafte Geräuschlaute werden im Wortauslaut stimmlos,

z.B.: **хлеб** = **хле[п]** (das Brot), **го́лубь** = **го́лу[п']** (die Taube), **столо́в** = **столо́[ф]** (Gen. Plur. zu **стол** der Tisch), **кровь** = **кро[ф']** (das Blut), **наро́д** = **наро́[т]** (das Volk), **моро́з** = **моро́[с]** (der Frost), **нож** = **но[ш]** (das Messer), **ложь** = **ло[ш]** (die Lüge), **снег** = **сне[к]** (der Schnee).

Anmerkung:

Da eine Präposition mit dem folgenden Wort zusammenhängend gesprochen wird, gilt die obige Regel nicht für Präpositionen:

Stimmhafte Geräuschkonsonanten im Auslaut von Präpositionen bleiben – außer vor stimmlosen Konsonanten (27,1 – Anmerkung) – stimmhaft,

z.B.: **под окно́м** = **по[д‿а]кно́м** (unter dem Fenster), **над ни́ми** = **на[д‿н']и́ми** (über ihnen), **в го́род** = **[в‿г]о́род** (in die Stadt);
jedoch: **в ко́мнату** = **[ф‿к]о́мнату** (in das Zimmer).

Die Angleichung der Stimme

27

Nebeneinanderstehende Geräuschlaute werden entweder stimmhaft oder stimmlos ausgesprochen – in Abhängigkeit von dem zuletztstehenden.

1. Innerhalb eines Wortes werden stimmhafte Geräuschlaute vor stimmlosen stimmlos[1],

   z. B.: **трýбка** = **трý[п]ка** (die Röhre), **зáвтра** = **зá[ф]тра** (morgen),
   всё = **[ф]сё** (alles), **пóдпись** = **пó[т]пись** (die Unterschrift),
   лезть = **ле[с']ть** (klettern), **кни́жка** = **кни́[ш]ка** (das Büchlein).

Anmerkung:
Stoßen in der zusammenhängend gesprochenen Wortgruppe „Präposition + folgendes Wort" ein stimmhafter Geräuschlaut (im Auslaut der Präposition) und ein stimmloser Geräuschlaut (im Anlaut des folgenden Wortes) zusammen, so gilt ebenfalls die obige Regel,

z. B.: **в кóмнату** = **[ф‿к]óмнату** (in das Zimmer),
над селóм = **на[т‿с']елóм** (über dem Dorf).

2. Innerhalb eines Wortes werden stimmlose Geräuschlaute vor stimmhaften (außer vor **в**) stimmhaft[1],

   z. B.: **отбрóсить** = **о[д]брóсить** (vo., zurückschleudern), **сбóрник** = **[з]бóрник** (die Sammlung), **прóсьба** = **прó[з']ба** (die Bitte),
   вокзáл = **во[г]зáл** (der Bahnhof);
   jedoch: **твой** = **[т]вой** (dein).

Anmerkung:
Stoßen in der zusammenhängend gesprochenen Wortgruppe „Präposition + folgendes Wort" ein stimmloser Geräuschlaut (im Auslaut der Präposition) und ein stimmhafter Geräuschlaut (im Anlaut des folgenden Wortes) zusammen, so gilt ebenfalls die obige Regel,

z. B.: **с брáтом** = **[з‿б]рáтом** (mit dem Bruder),
к дóму = **[г‿д]óму** (zu dem Haus).

[1] In der Orthographie wird die Angleichung der Stimme im allgemeinen nicht bezeichnet. Lediglich in den auf -з endenden Präfixen (без-, воз-, вз-, из-, низ-, раз-, через-, чрез-) wird vor stimmlosen Konsonanten -с geschrieben,
z. B.: издавáть (herausgeben) — испускáть (ausstoßen),
разбивáть (zerbrechen) — раскрывáть (öffnen).

III. Harte und weiche Konsonanten

Die Bildung der harten und der weichen Konsonanten

Die harten Konsonanten des Russischen haben etwa die gleiche Artikulationsstelle wie die entsprechenden deutschen Konsonanten[1].

Die weichen Konsonanten werden gebildet, indem sich (zusätzlich zu ihrer sonstigen Bildungsweise) gleichzeitig der mittlere Teil des Zungenrückens gegen den Vordergaumen hebt[2], z.B.:

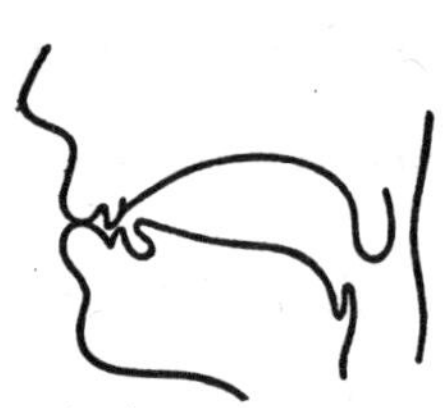

[м]

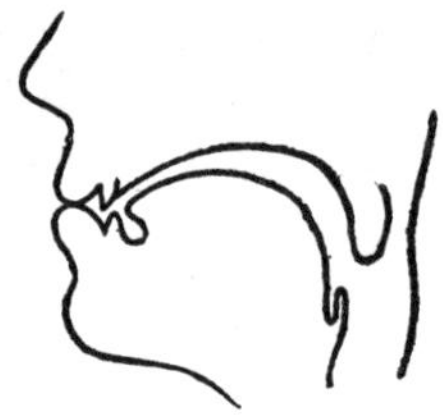

[м’]

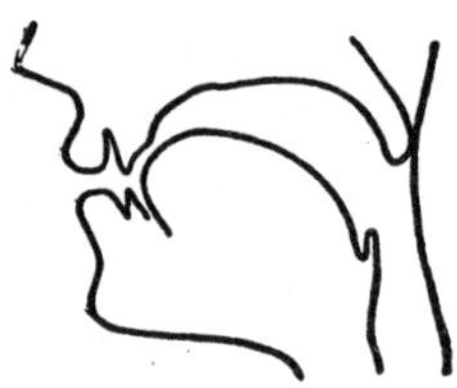

[с]

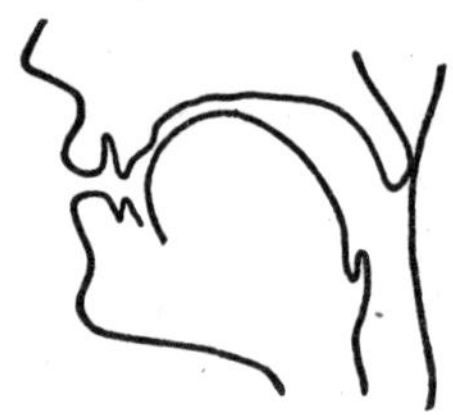

[с’]

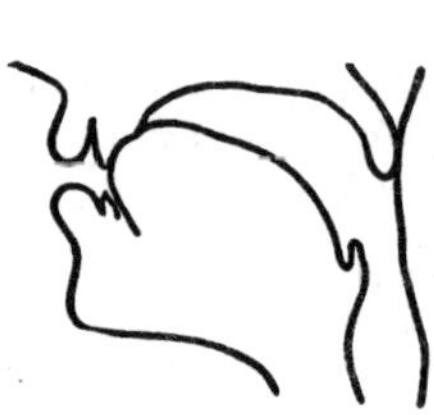

[т]

[т’]

---

[1] Eine Ausnahme bildet nur л (50).

[2] In ähnlicher Weise wird auch der Vokal и gebildet (vgl. 17), weshalb die weichen Konsonanten auch ein i-artiges Element enthalten.

Nach der Erweichung lassen sich die russischen Konsonanten (Laute) folgendermaßen einteilen: **30**

	1.	2.	3.
hart	**п б ф в м т д с з н л р к г х**	**ц ш ж**	—
weich	**п' б' ф' в' м' т' д' с' з' н' л' р' к' г' х'**	—	**ч' щ' j**

Zu 1. Die meisten harten Konsonanten bilden mit weichen Konsonanten Paare (z.B.: [**п**]–[**п'**]); die beiden Konsonanten eines solchen Lautpaares unterscheiden sich lediglich durch das Fehlen bzw. Vorhandensein der Erweichung.

Zu 2. Einige Konsonanten sind stets hart, haben also keine weichen Entsprechungen.

Zu 3. Einige Konsonanten sind stets weich, haben also keine harten Entsprechungen.

Die Wiedergabe der weichen Konsonanten in der Schrift **31**

Für die weichen Konsonanten gibt es (abgesehen von den stets weichen Konsonanten **ч**, **щ**, **й**) im russischen Alphabet keine besonderen Buchstaben (vgl. 3, 2).

Die Erweichung eines Konsonanten wird durch den darauffolgenden Buchstaben bezeichnet[1]:

1. durch einen der weichen Vokalbuchstaben **я**, **ё**, **ю**, **е**[2], **и**
   – wenn ein Vokal folgt (vgl. 10, 1),

   z.B.: **ряд** (die Reihe), **мы идём** (zu **идти́**, wir gehen), **лю́ди** (die Menschen), **петь**[2] (singen), **ти́хо** (leise);

2. durch das Zeichen **ь**
   – am Wortende oder wenn ein Konsonant folgt[3],

   z.B.: **мать** (die Mutter), **льда** (Gen. Sing. zu **лёд** das Eis).

---

[1] Beachte jedoch, daß — unabhängig von dem auf sie folgenden Buchstaben — die Konsonanten ч, щ stets weich, die Konsonanten ш, ж, ц hingegen stets hart sind,
z.B.: врач = вра[ч'] (der Arzt), врачóм = вра[ч'ó]м (Instr. Sing. zu врач); рожь = ро[ш] (der Roggen), ржи = р[жы] (Gen. Sing. zu рожь).

[2] In einigen Fremdwörtern bezeichnet der Buchstabe е nicht die Erweichung des vorangehenden Konsonanten (s. Fußnote 1 auf S. 12).

[3] Siehe jedoch zur Angleichung der Erweichung (32).

32 **Die Angleichung der Erweichung**

Innerhalb eines Wortes werden die Zahnlaute **с, з, н** – mitunter auch **т, д** – vor weichen Zahnlauten[1] erweicht[2],

z.B.: **стих** = [с'т']**их** (der Vers), **часть** = **ча**[с'т'] (der Teil), **снег** = [с'н']**ег** (der Schnee);

entsprechend: **здесь** (hier), **во́зле** (neben); **пя́тница** (der Freitag); **ме́дленно** (langsam); **кандида́т** (der Kandidat).

Der Zahnlaut **н** wird auch vor den weichen Vordergaumenlauten **ч, щ** erweicht,

z.B.: **же́нщина** = **же́**[н'щ']**ина** (die Frau).

IV. Kurze und lange Konsonanten

33 Die kurzen Konsonanten des Russischen haben die gleiche Dauer wie die deutschen Konsonanten[3].

34 Die langen Konsonanten des Russischen haben die Dauer von etwa zwei kurzen Konsonanten.

Anmerkung:
Lange Verschlußlaute und lange Affrikaten werden gebildet, indem der Verschluß des Mundes verlängert, die Sprengung des Verschlusses also verzögert wird,

z.B.: **отта́скивать** (fortziehen).

Kurze und lange Konsonanten sind genau zu unterscheiden,

z.B.: **воз** (die Fuhre) – **ввоз** (die Einfuhr),
стена́ (die Wand) – **стенна́я газе́та** (die Wandzeitung).

[1] Mitunter werden die Zahnlaute с, з, т, д auch vor weichen Lippenlauten erweicht,
z.B.: сме́лый (kühn), твёрдый (fest).
Hierbei sind jedoch oft Schwankungen in der Aussprache zu beobachten; in solchen Fällen gilt gewöhnlich die harte Aussprache des ersten Konsonanten als Norm der Literatursprache.

[2] In der Orthographie wird die Angleichung der Erweichung nicht bezeichnet (vgl. hierzu auch Fußnote 1 auf S. 21).

[3] Im Deutschen gibt es (abgesehen von einigen zusammengesetzten Wörtern) nur kurze Konsonanten; vgl. Fußnote 1 auf S. 18.

Die Wiedergabe der kurzen und der langen Konsonanten in der Schrift

Einfach geschriebene Konsonanten werden kurz gesprochen; lediglich **щ** (45) ist ein langer Konsonant. **35**

Doppelt geschriebene Konsonanten werden in der Regel lang gesprochen, **36**

z.B.: **гру́ппа** = **гру́[п]а** (die Gruppe), **подде́лать** (vo., fälschen), **ввоз** (die Einfuhr), **ка́сса** (die Kasse), **беззабо́тный** (sorglos), **су́мма** (die Summe), **тума́нный** (neblig);
ebenso durch Angleichung der Stimme:
отда́ть = **о[д]а́ть** (vo., abgeben), **сза́ди** = **[з]а́ди** (von hinten).

Anmerkung:

Stoßen in der zusammenhängend gesprochenen Wortgruppe „Präposition + folgendes Wort" zwei gleichartige Konsonanten zusammen, so gilt ebenfalls die obige Regel,

z.B.: **под ду́бом** = **по[д]у́бом** (unter der Eiche), **к кому́** = **[к]ому́** (zu wem), **в воде́** = **[в]оде́** (im Wasser);
ebenso durch Angleichung der Stimme:
к го́роду = **[г]о́роду** (zur Stadt), **в фо́рме** = **[ф]о́рме** (in der Form).

Doppelt geschriebene Konsonanten werden jedoch kurz gesprochen: **37**

1. in der Stellung vor Konsonanten,
   z.B.: **иску́сство** (die Kunst), **ру́сский** (russisch);
2. in zahlreichen Fremdwörtern,
   z.B.: **грамма́тика** (die Grammatik), **мета́лл** (das Metall).

V. Die einzelnen Konsonanten

Die Konsonantbuchstaben п, б **38**

bezeichnen:

1. die harten Verschlußlaute **[п]**, **[б]**,
   z.B.: **пар** (der Dampf), **бук** (die Buche).
   [п] wird etwa wie deutsches „p" (z.B.: Park) ausgesprochen; zum Unterschied von „p" ist russisches **[п]** jedoch stets unbehaucht[1].
   [б] wird wie deutsches „b" (z.B.: Ball) ausgesprochen.

---

[1] Im Deutschen werden die stimmlosen Verschlußlaute „p, t, k" vor betontem Vokal gewöhnlich behaucht (d.h. mit einem nachstehenden h-artigen Hauch) ausgesprochen, z.B.: Kissen, Puppe, Tante. Vor unbetonten Vokalen fehlt die Behauchung in der Regel (so z.B. beim zweiten „t" in „Tante").
Im Russischen sind die stimmlosen Verschlußlaute п, т, к stets unbehaucht.

2. die weichen Verschlußlaute [п'], [б'] (vgl. 30),
   z.B.: **пять** (fünf), **бег** (der Lauf).
   [п'], [б']: Zur Aussprache siehe (29).

39

Die Konsonantbuchstaben ф, в

bezeichnen:

1. die harten Reibelaute [ф], [в],
   z.B.: **футбо́л** (der Fußball), **вот** (hier, sieh' da!).
   [ф], [в] werden wie deutsche „f, w" (z.B.: Fach, Wald) ausgesprochen.
2. die weichen Reibelaute [ф'], [в'] (vgl. 30),
   z.B.: **фи́зик** (der Physiker), **весь** (ganz).
   [ф'], [в']: Zur Aussprache siehe (29).

Anmerkung: zu **вств** siehe (67).

40

Die Konsonantbuchstaben т, д

bezeichnen:

1. die harten Verschlußlaute [т], [д],
   z.B.: **там** (dort), **дым** (der Rauch).
   [т] wird etwa wie deutsches „t" (z.B.: Tanne) ausgesprochen; zum Unterschied von „t" ist russisches [т] jedoch stets unbehaucht[1].
   [д] wird wie deutsches „d" (z.B.: Damm) ausgesprochen.
2. die weichen Verschlußlaute [т'], [д'] (vgl. 30),
   z.B.: **тётя** (die Tante), **дя́дя** (der Onkel).
   [т'], [д']: Zur Aussprache siehe (29).

Anmerkungen:

zu **тч, дч** siehe (59); zu **тц, дц** siehe (60); zu **-тся, -ться** siehe (61);
zu **стн, здн** siehe (65); zu **стл** siehe (66); zu **рдц** siehe (68).

41

Die Konsonantbuchstaben с, з

bezeichnen:

1. die harten Reibelaute [с], [з],
   z.B.: **сын** (der Sohn), **зуб** (der Zahn).
   [с], [з] werden wie deutsches stimmloses bzw. stimmhaftes „s" (z.B.: Kiste, Sand) ausgesprochen.

---

[1] Siehe hierzu Fußnote 1 auf S. 25.

2. die weichen Reibelaute **[с']**, **[з']** (vgl. 30),
   z.B.: **сюда́** (hierher), **зима́** (der Winter).
   [с'], **[з']**: Zur Aussprache siehe (29).

Anmerkungen:
zu **сш, зш** siehe (56); zu **зж, сж** siehe (57);
zu **сч, зч** siehe (58); zu **-тся, -ться** siehe (61).

Der Konsonantbuchstabe ц 42

bezeichnet:

die stimmlose harte Affrikate **[ц]**,
z.B.: **цари́зм** (der Zarismus), **цирк** = **[цы]рк** (der Zirkus).
[ц] wird wie deutsches „z" (z.B.: Zapfen) ausgesprochen; es ist eine unlösbare Verbindung von **[т]** und **[с]** : **[тс]** und hat die Dauer eines einfachen Konsonanten.

Anmerkung: zu **тц, дц** siehe (60).

Die Konsonantbuchstaben ш, ж 43

bezeichnen:

die harten Reibelaute **[ш]**, **[ж]**,
z.B.: **шар** (die Kugel), **шить** = **[шы]ть** (nähen); **жара́** (die Hitze), **жить** = **[жы]ть** (leben).
[ш] wird etwa wie deutsches „sch" (z.B.: Schall) ausgesprochen.
[ж] wird etwa wie „g" in Wörtern wie „Etage", „Plantage" ausgesprochen[1].

Anmerkungen: zu **сш, зш** siehe (56); zu **зж, сж** siehe (57).

Der Konsonantbuchstabe ч 44

bezeichnet:

die stimmlose weiche Affrikate **[ч']**,
z.B.: **чай** (der Tee), **чу́вство** (der Sinn; das Gefühl).
[ч'] ist eine unlösbare Verbindung von **[т']** und **[ш']**[2]: **[т'ш']**; es hat die Dauer eines einfachen Konsonanten.

Im Deutschen gibt es keinen Laut, der dem russischen **[ч']** entspricht; weiches **[ч']** ist von deutschem hartem „tsch" (z.B.: rutschen) genau zu unterscheiden.

Anmerkungen:
zu **сч, зч** siehe (58); zu **тч, дч** siehe (59);
zu **чн** siehe (63); zu **чт** siehe (64).

---

[1] Der dem [ж] entsprechende deutsche Laut kommt nur in Fremdwörtern vor.

[2] [ш] ist im Russischen hart (43); nur als Bestandteil der Affrikate ч = [т'ш'] und als щ = [ш̄'] kommt weiches [ш'] vor.

45 **Der Konsonantbuchstabe щ**

bezeichnet:

den stimmlosen weichen Reibelaut [щ̄']¹,
z.B.: **щи** (Plur., die Kohlsuppe).
[щ'] hat die Dauer eines langen Konsonanten.
Im Deutschen gibt es keinen Laut, der dem russischen [щ'] entspricht.

46 **Die Konsonantbuchstaben к, г**

bezeichnen:

1. die harten Verschlußlaute [к], [г],
   z.B.: **куст** (der Strauch), **год** (das Jahr).
   [к] wird etwa wie deutsches „k" (z.B.: Karte) ausgesprochen; zum Unterschied von „k" ist russisches [к] jedoch stets unbehaucht².
   [г] wird wie deutsches „g" (z.B.: Garten) ausgesprochen.
2. die weichen Verschlußlaute [к'], [г'] (vgl. 30),
   z.B.: **кем** (Instr. zu **кто** wer), **ги́бкий** (biegsam).
   [к'], [г']: Zur Aussprache siehe (29).

Anmerkungen:

1. In der Endung **-ого, -его** der Adjektive, Zahlwörter und Pronomen wird **г** wie [в] ausgesprochen,
   z.B.: **ста́рого** (Gen. Sing. zu **ста́рый** alt), **всего́** (Gen. Sing. zu **весь** ganz).
   In den Wörtern **сего́дня** (heute), **сего́дняшний** (heutig), **итого́** (insgesamt) wird **г** ebenfalls wie [в] ausgesprochen.
2. Im Wort **бог** (Gott) wird **г** wie [х] ausgesprochen; in den Deklinationsformen (**бо́га...**) wird jedoch regelmäßig [г] gesprochen.
3. Zu **гк, гч** siehe (62).

47 **Der Konsonantbuchstabe х**

bezeichnet:

1. den stimmlosen harten Reibelaut [х],
   z.B.: **хо́лод** (die Kälte).
   [х] wird wie der deutsche „ach-Laut" (z.B.: ach, Buche) ausgesprochen.

---

¹ Siehe Fußnote 2 auf S. 27. –
Der Laut [щ'] kann auch als unlösbare Verbindung von [ш'] und [ч']: [ш'‿ч'] gesprochen werden; beide Ausspracheweisen sind in der russischen Literatursprache der Gegenwart zugelassen, jedoch wird die Aussprache als langes weiches [ш̄'] bevorzugt (vgl. hierzu Р. И. Аванесов: О нормах русского литературного произношения. «Русский язык в школе». № 6/1961, S. 9).

² Siehe hierzu Fußnote 1 auf S. 25.

2. den stimmlosen weichen Reibelaut [x'] (vgl. 30),
   z. B.: **хитрый** (schlau, listig).
   Bei der Bildung von [x'] hebt sich nicht nur der hintere Teil der Zunge (der an der Bildung von [x] teilnimmt), sondern auch der mittlere Teil der Zunge gegen den Gaumen[1].

Der Konsonantbuchstabe м 48

bezeichnet:

1. den stimmhaften harten Nasal [м],
   z. B.: **мáло** (wenig).
   [м] wird wie deutsches „m" (z. B.: Mann) ausgesprochen.
2. den stimmhaften weichen Nasal [м'] (vgl. 30),
   z. B.: **мéсто** (der Platz).
   [м']: Zur Aussprache siehe (29).

Der Konsonantbuchstabe н 49

bezeichnet:

1. den stimmhaften harten Nasal [н],
   z. B.: **наш** (unser).
   [н] wird wie deutsches „n" (z. B.: Nacht) ausgesprochen.
2. den stimmhaften weichen Nasal [н'],
   z. B.: **нефть** (das Erdöl).
   [н']: Zur Aussprache siehe (29).

Anmerkung:

Auch in den Buchstabenverbindungen **нк, нг** wird **н** wie deutsches „n" in „Nacht, ankommen = an-kommen" ausgesprochen (keine Angleichung wie bei deutschem „n" in „Bank"!),
z. B.: **банк** (die Bank, wirtsch.), **лóзунг** (die Losung), **лóзунги** (Plur.).

Der Konsonantbuchstabe л 50

bezeichnet:

1. die stimmhafte harte Liquida [л],
   z. B.: **лáмпа** (die Lampe), **лóдка** (das Boot), **лыжа** (der Schneeschuh);
2. die stimmhafte weiche Liquida [л'],
   z. B.: **лéто** (der Sommer), **лёд, льда** (das Eis), **лист** (das Blatt).

---

[1] Die Aussprache von [x'] ähnelt der des deutschen „ich-Lautes" (z. B.: ich, Eiche); jedoch ist zu beachten, daß der deutsche „ich-Laut" ein Vordergaumenlaut, russisches [x'] dagegen ein Hintergaumenlaut ist.

Sowohl [л] als auch [л'] unterscheiden sich von deutschem „l“[1].

Bei der Bildung von deutschem „l“ (z.B.: Land) hebt sich die Zungenspitze an die Rückseite der Oberzähne (oder gegen das obere Zahnfleisch).

Bei der Bildung von russischem hartem [л] hebt sich die Zungenspitze – wie bei deutschem „l“ – an die Rückseite der Oberzähne, während sich der hintere Teil der Zunge – etwa wie bei deutschem geschlossenem „u“ – gegen den Hintergaumen hebt. Die Zunge bildet also zwei Hebungen; dazwischen liegt eine Senke.

Bei der Bildung von russischem weichem [л'] hebt sich nicht nur die Zungenspitze, sondern die gesamte vordere Zungenhälfte gegen den Vordergaumen (vgl. 29); dadurch ist die Berührungsfläche der Vorderzunge mit dem Vordergaumen bei [л'] größer als bei deutschem „l“.

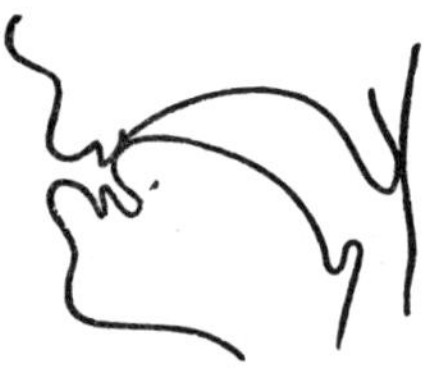

deutsches „l“

russisches [л]

russisches [л']

Anmerkung: zu лнц siehe (69).

51 **Der Konsonantbuchstabe р**

bezeichnet:

1. die stimmhafte harte Liquida [р],

   z.B.: рад (froh).

   [р] wird wie deutsches Zungenspitzen-r (z.B.: Rand) ausgesprochen.

2. die stimmhafte weiche Liquida [р'] (vgl. 30),

   z.B.: ряд (die Reihe).

   [р']: Zur Aussprache siehe (29).

---

[1] Zur Artikulationsart der l-Laute siehe (24, 1 e).

Der Laut [j] 52

Der russische Laut [j] ist ein Konsonant.

Der Laut [j] wird in der russischen Schrift – je nach der Stellung, in der er vorkommt – durch verschiedene Buchstaben wiedergegeben, und zwar:

1. durch **й** nach Vokalbuchstaben (im Silbenauslaut[1]),
   z. B.: **дай, дайте** = **да[j], да́[j]те** (Imperativformen zu **дать** vo. geben);
2. durch **я, ё, ю, е** im Wortanlaut, nach Vokalbuchstaben (im Silbenanlaut), nach **ъ** und **ь**[2],
   z. B.: **яркий** = **[ja̍]ркий** (grell), **ёлка** = **[jó]лка** (die Tanne); **стоя́ть** = **сто[já]ть** (stehen), **они́ пою́т** = **по[jу́]т** (zu **петь**, sie singen); **отъе́хать** = **о[тjэ́]хать** (vo. abfahren), **семья́** = **се[м' já]** (die Familie);
3. durch **и** nach **ь**[2],
   z. B.: **воробьи́** = **воро[б'jи́]** (Nom. Plur. zu **воробе́й** der Sperling).

Der Laut [j] wird ausgesprochen:

1. vor betonten Vokalen etwa wie deutsches „j" (z. B.: Jacke), jedoch mit schwächerem Reibungsgeräusch[3],
   z. B.: **ёлка, стоя́ть, семья́;**
2. in allen anderen Stellungen wie unsilbisches i,
   z. B.: **я мо́ю** (zu **мыть**, ich wasche), **бра́тья** (Nom. Plur. zu **брат** der Bruder), **война́** (der Krieg), **дай, да́йте.**

Der Buchstabe ь (weiches Zeichen) 53

Dem Buchstaben **ь**, der nur nach Konsonantbuchstaben auftritt, entspricht kein selbständiger Laut.

1. In der Stellung am Wortende und vor Konsonantbuchstaben bezeichnet **ь** die Erweichung des vor ihm stehenden Konsonanten,
   z. B.: **мать** (die Mutter), **встань** (Imperativ zu **вставать** vo. aufstehen); **большо́й** (groß), **льда** (Gen. Sing. zu **лёд** das Eis).

---

[1] Nur in einigen Fremdwörtern wird й in der Verbindung йо (statt ё) im Wortanlaut und im Silbenanlaut geschrieben, z. B.: йод (das Jod), райо́н (der Bezirk).

[2] Hiervon genau zu unterscheiden ist die Funktion der Buchstaben я, ё, ю, е, и nach Konsonantbuchstaben (vgl. 10).

[3] Aus diesem Grund wird der russische Laut [j] auch zu den Sonoren gerechnet (vgl. Fußnote 1 auf S. 19).

Anmerkung:

In den Buchstabenverbindungen **шь, жь, чь, щь** hat **ь** keinerlei lautliche Funktion, da ja **ш, ж** stets hart, **ч, щ** dagegen stets weich sind,

z.B.: **ты рабо́таешь** = **рабо́тае[ш]** (du arbeitest), **лечь** = **ле[ч']** (vo. sich hinlegen).

In diesen Fällen dient **ь** lediglich zur orthographischen Kennzeichnung gewisser grammatischer Formen[1].

2. In der Stellung vor weichem Vokalbuchstaben (**я, ё, ю, е, и**)[2] bezeichnet **ь** die Erweichung des vor ihm stehenden Konsonanten und wirkt gleichzeitig als „Trennungszeichen", d.h., **ь** trennt den vorangehenden weichen Konsonanten von der folgenden Lautgruppe [j + Vokal][3],

   z.B.: **семья́** = **се[м'já]** (die Familie), **вью́га** = **[в'jу́]га** (das Schneegestöber), **воробьи́** = **воро[б'jи́]** (Nom. Plur. zu **воробе́й** der Sperling).

Anmerkung:

In der Stellung nach Zischlaut vor weichem Vokalbuchstaben wirkt **ь** lediglich als „Trennungszeichen",

z.B.: **я шью** = **[шjу]**, **ты шьёшь** = **[шjош]** (zu **шить** nähen).

54

Der Buchstabe ъ (hartes Zeichen)

Dem Buchstaben **ъ** entspricht kein selbständiger Laut.

ъ tritt nur in der Stellung nach Konsonantbuchstaben vor weichem Vokalbuchstaben (**я, ё, ю, е**) auf (vornehmlich zwischen Präfix und Wurzel sowie in Fremdwörtern).

ъ gibt an, daß der vor ihm stehende Konsonant hart auszusprechen ist[4], und wirkt gleichzeitig als „Trennungszeichen", d.h., **ъ** trennt den vorangehenden Konsonanten von der folgenden Lautgruppe [j + Vokal],

z.B.: **отъе́хать** = **о[т jэ́]хать** (vo., abfahren), **объе́кт** = **о[б jэ́]кт** (das Objekt).

---

[1] So gibt z.B. bei Substantiven wie мышь (die Maus), рожь (der Roggen), ночь (die Nacht), мощь (die Macht) -ь den Hinweis, daß diese Wörter zur III. Deklination (weibl.) gehören; im Gegensatz hierzu gehören Substantive wie каранда́ш (der Bleistift), нож (das Messer), врач (der Arzt), това́рищ (der Genosse) zur I. Deklination (männl.).

[2] In einigen Fremdwörtern wird ь auch vor о geschrieben, z.B. павильо́н (der Pavillon).

[3] Wörter wie полёт = по[л'о́]т (der Flug) und польёт = по[л'jо́]т (Fut. zu поли́ть vo. begießen) unterscheiden sich also deutlich in der Aussprache.

[4] Vor ъ stehendes с oder з wird jedoch weich gesprochen,
z.B.: съесть = [с'jэ]сть (vo., aufessen), разъясни́ть = ра[з'jиᵉ]сни́ть (vo., erläutern).

Das Lautsystem der Konsonanten

Artikulationsstelle		Lippenlaute				Zahnlaute				Vordergaumenlaute				Hintergaumenlaute			
Erweichung		hart		weich		hart		weich		hart		weich		hart		weich	
Artikulationsart	Stimmbeteiligung	stimmlos	stimmhaft	stimmlos	stimmhaft	stimmlos	stimmhaft	stimmlos	stimmhaft	stimmlos	stimmhaft	stimmlos	stimmhaft	stimmlos	stimmhaft	stimmlos	stimmhaft
Geräuschlaute	Verschlußlaute	п	б	п'	б'	т	д	т'	д'					к	г	к'	г'
	Reibelaute	ф	в	ф'	в'	с	з	с'	з'	ш	ж	щ'		х		х'	
	Affrikaten					ц						ч'					
Sonore	Nasale		м		м'		н		н'								
	Liquiden						р, л		р', л'								
													j				

LAUTVERBINDUNGEN

I. Die Angleichung der Stimme

Hierzu siehe (27).

II. Die Angleichung der Erweichung

Hierzu siehe (32).

III. Lange Konsonanten

Zu den doppelt geschriebenen Konsonanten siehe (36).

56 **Die Buchstabenverbindungen сш, зш**

werden wie langes [ш̄] ausgesprochen,
z.B.: **бесшу́мный** (geräuschlos), **вё́зший** (Part. Prät. Akt. zu **везти́** fahren, führen).

57 **Die Buchstabenverbindungen зж, сж**

werden wie langes [ж̄] ausgesprochen,
z.B.: **по́зже** (später), **сжать** (vo., ernten).

58 **Die Buchstabenverbindungen сч, зч**

werden wie [щ'] ausgesprochen,
z.B.: **бесчи́сленный** (zahllos), **гру́зчик** (der Lastträger).

59 **Die Buchstabenverbindungen тч, дч**

werden wie langes [ч̄'] ausgesprochen,
z.B.: **лётчик** (der Flieger), **нахо́дчивый** (findig).

60 **Die Buchstabenverbindungen тц, дц**

werden wie langes [ц̄] ausgesprochen,
z.B.: **отца́** (Gen. Sing. zu **оте́ц** der Vater), **два́дцать** (zwanzig).

Die Buchstabenverbindungen -тся, -ться, 61

die bei reflexiven Verben auftreten, werden wie [ца] ausgesprochen,
z. B.: **он мóется** = **мóе[ца]** (er wäscht sich), **они́ мóются** = **мóю[ца]** (sie waschen sich), **мы́ться** = **мы́[ца]** (sich waschen).

IV. Andere Konsonantenveränderungen

Die Buchstabenverbindungen гк, гч 62

werden in den Wörtern **лёгкий** (leicht) und **мя́гкий** (weich) und ihren Formen bzw. Ableitungen (z. B.: **лéгче, мя́гче**) wie **[х]к, [х]ч** ausgesprochen.

Die Buchstabenverbindung чн 63

wird wie **[шн]** ausgesprochen:

1. in den weiblichen Vaternamen, die auf **-ична** auslauten,
   z. B.: **Ильи́нична, Ники́тична;**
2. in den Wörtern **конéчно** (gewiß), **ску́чно** (langweilig) und wenigen anderen.

Die Buchstabenverbindung чт 64

wird in den Wörtern **что** (was; daß) und **чтóбы** (daß, damit) wie **[шт]** ausgesprochen[1].

V. Ausfall von Konsonanten

Das т bzw. д der Buchstabenverbindungen стн, здн 65

wird nicht ausgesprochen,
z. B.: **чéстный** (ehrlich), **вéстник** = **вé[с'н']ик** (der Bote), **пóздно** (spät), **прáздник** = **прá[з'н']ик** (das Fest, der Feiertag).

---

[1] Dementsprechend wird auch in чтó-то (etwas) usw. [шт] gesprochen.
In нéчто (etwas) wird jedoch schreibungsgemäß [ч'т] gesprochen.

66 **Das т der Buchstabenverbindung стл**

wird im Wort **счастливый** (glücklich) und seinen Ableitungen nicht ausgesprochen.

67 **Das erste в der Buchstabenverbindung вств**

wird in den Wörtern **здравствуй(те)** (guten Tag) und **чувство** (der Sinn; das Gefühl) und seinen Ableitungen nicht ausgesprochen.

68 **Das д der Buchstabenverbindung рдц**

wird in dem Wort **сердце** (das Herz) nicht ausgesprochen.

69 **Das л der Buchstabenverbindung лнц**

wird in dem Wort **солнце** (die Sonne) nicht ausgesprochen.

70

VI. [ы] nach hartem Konsonanten

Nach hartem Konsonanten kann nicht der Laut [и], sondern nur der Laut [ы] gesprochen werden (vgl. 17).

Im Anlaut vorkommendes [и] wird nach hartem Konsonanten eines Präfixes durch [ы] ersetzt; die Ausspracheänderung wird in der Regel auch in der Schrift bezeichnet (durch den Wechsel der Buchstaben **и** – **ы**);

z.B.: **играть** (spielen) – **сыграть** (vo.),
искать (suchen) – **отыскать** (vo., finden),
идейный (Ideen-) – **безыдейный** (ideenlos).

Anmerkung:
Die obige Ausspracheregel gilt sinngemäß auch für die zusammenhängend gesprochene Wortgruppe „Präposition + folgendes Wort":
Im Wortanlaut vorkommendes [и] wird nach hartem Konsonanten einer Präposition durch [ы] ersetzt; die Ausspracheänderung wird jedoch nicht in der Schrift bezeichnet;

z.B.: **в игре** = [в‿ы]**гре** (in dem Spiel),
с Иваном = [с‿ы]**ваном** (mit Iwan),
из института = **и**[з‿ы]**нститута** (aus dem Institut).

MORPHOLOGIE

Zur Formen- und Wortbildung

FORMENBILDUNG UND WORTBILDUNG

In der Morphologie werden vornehmlich die Formenbildung und die Wortbildung behandelt. 71

Unter Formenbildung versteht man die Bildung verschiedener Formen ein und desselben Wortes; die lexikalische Bedeutung des Wortes bleibt bei der Formenbildung unverändert.

Beispiele für die Formenbildung:

рука́	–	die Hand (Nom. Sing.)
руки́	–	der Hand (Gen. Sing.)
ру́ки	–	die Hände (Nom. Plur.)
...		
чита́ть	–	lesen (Infinitiv)
(я) чита́ю	–	(ich) lese (Präsens)
(я) чита́л	–	(ich) las (Präteritum)
...		

Unter Wortbildung versteht man die Bildung neuer Wörter mit neuer lexikalischer Bedeutung.

Beispiele für die Wortbildung:

дать vo.	–	geben
изда́ть vo.	–	herausgeben, verlegen
изда́ть vo.	–	herausgeben, verlegen
изда́тель	–	der Verleger, der Herausgeber
изда́тель	–	der Verleger, der Herausgeber
изда́тельство	–	der Verlag

DAS WORT UND SEINE BESTANDTEILE

72 Ein Wort kann in Bestandteile, in Strukturelemente zerlegt werden[1].

Vergleiche z. B.: deutsch	russisch
[herbei]laufen	– [при]бега́ть
[herbei]bringen	– [при]носи́ть
die Munter[keit]	– бо́др[ость]
die Selten[heit]	– ре́дк[ость]
des Bruder[s]	– бра́т[а]
des Freund[es]	– дру́г[а]
der Schneefall	– снег[о]па́д
der Wolkenkratzer	– неб[о]скрёб

Man unterscheidet im Russischen folgende Arten von Bestandteilen eines Wortes:

die Wurzel,
das Präfix[2],
das Suffix[3],
die Endung,
den Bindevokal,
die Partikel (hierzu 531).

Außerdem ist im Wort die Abtrennung des Stammes möglich.

I. Stamm und Endung

73 Die **Endung** steht in der Regel am Wortende[4]; sie ist der veränderliche formbildende Teil eines Wortes, der das Verhältnis des betreffenden Wortes zu anderen Wörtern im Satz ausdrückt.

Vergleiche z. B. die folgenden zwei Sätze:

Ста́ршая сестра́ помога́ет мла́дшему бра́ту.	Die ältere Schwester hilft dem jüngeren Bruder.
Мла́дший брат помога́ет ста́ршей сестре́.	Der jüngere Bruder hilft der älteren Schwester.

---

[1] Die Zerlegung eines Wortes in seine Bestandteile entspricht häufig nicht den Regeln der Silbentrennung (hierzu 634).

[2] Das Wort „Präfix" geht zurück auf lat. praefixum = das vorn Angeheftete.

[3] Das Wort „Suffix" geht zurück auf lat. suffixum = das Angefügte.

[4] Lediglich die Partikel -ся (-сь) der reflexiven Verbformen steht hinter der Endung, z. B.: я учу́сь, ты у́чишься, они́ у́чатся (zu учи́ться lernen).

Durch Endungen werden die Kategorien (= grammatischen Bedeutungen) des Genus, Numerus und Kasus ausgedrückt; durch eine Endung werden dabei in der Regel zwei oder mehrere Kategorien komplex wiedergegeben. Zum Beispiel:

1. Genus, Numerus und Kasus sind in folgenden Endungen ausgedrückt:

   нóвая лáмпа = die neue Lampe: weibl., Sing., Nom.
   нóвой лáмпы = der neuen Lampe: weibl., Sing., Gen.

2. Genus und Numerus sind in folgenden Endungen ausgedrückt:

   (онá) читáла = (sie) las: weibl., Sing.
   (мы) читáли = (wir) lasen: alle 3 Geschl., Plur.

3. Person und Numerus sind in folgenden Endungen ausgedrückt:

   читáю = (ich) lese: 1. Pers., Sing.
   читáют = (sie) lesen: 3. Pers., Plur.

Anmerkung:

Manche Wortformen sind endungslos, z.B.:

стол (Nom. Sing.) gegenüber **столá, столý** usw.
учи́тельниц (Gen. Plur.) gegenüber **учи́тельница, учи́тельницы** usw.

Durch die Abtrennung der Endung (und – gegebenenfalls – des formbildenden Suf- 74
fixes, siehe 77,2) erhält man den Stamm oder einen der Stämme des Wortes. Der Stamm ist also – zum Unterschied von der Endung – der unveränderliche Teil eines Wortes oder einer bestimmten Formengruppe, der die lexikalische Bedeutung des betreffenden Wortes enthält.

Z.B.: 1. **учи́тельница** – die Lehrerin:

Nom. Sing.:	**учи́тельниц-а**[1]	Stamm: **учи́тельниц-**
Akk. Sing.:	**учи́тельниц-у**	
Gen. Plur.:	**учи́тельниц**	
Dat. Plur.:	**учи́тельниц-ам**	

[1] Im folgenden (S. 41–43) wird der jeweils zu behandelnde Bestandteil eines Wortes – um seine Hervorhebung zu erreichen – von den übrigen Wortteilen durch Gedankenstriche getrennt. Es ist jedoch zu beachten, daß alle auf den genannten Seiten angeführten russischen Wörter nach den orthographischen Regeln zusammengeschrieben werden!

2. **нести́** – tragen:

Infinitiv:	**нес-ти́**	Stamm: **нес-**
Präteritum:	**они́ нес-ли́**	
Part. Prät. Akt.:	**нёс-ший**	
Präsens:	**я нес-у́**	
Imperativ:	**нес-и́**	
Part. Präs. Akt.:	**нес-у́щий**	

3. **брать** – nehmen:

Infinitiv:	**бра-ть**	Infinitivstamm: **бра-**
Präteritum:	**они́ бра́-ли**	
Part. Prät. Akt.:	**бра́-вший**	
Präsens:	**я бер-у́**	Präsensstamm: **бер-**
Imperativ:	**бер-и́**	
Part. Präs. Akt.:	**бер-у́щий**	

II. Wurzel, Präfix, Suffix

75 Die Wurzel eines Wortes ist der Teil, der allen miteinander verwandten Wörtern gemeinsam ist. Z.B.:

да-ть	(vo., geben)	Wurzel: **-да-**
из-да́-ть	(vo., herausgeben)	
из-да́-тельство	(der Verlag)	
вод-а́	(das Wasser)	Wurzel: **-вод-**
во́д-ный	(Wasser-)	
под-во́д-ный	(unterseeisch)	

76 Das Präfix eines Wortes ist der Teil, der vor der Wurzel steht.

Präfixe sind vorwiegend wortbildend[1], d.h. mit ihrer Hilfe werden neue Wörter mit neuer lexikalischer Bedeutung gebildet, z.B.:

бежа́ть	(laufen):	**при-бежа́ть**	(vo., herbeilaufen)	Präfix: **при-**
е́хать	(fahren):	**при-е́хать**	(vo., ankommen)	
бежа́ть	(laufen):	**у-бежа́ть**	(vo., weglaufen)	Präfix: **у-**
е́хать	(fahren):	**у-е́хать**	(vo., wegfahren)	

[1] Zur Aspektbildung mit bedeutungsleeren Präfixen siehe (321).

Das **Suffix** eines Wortes ist der Teil, der hinter der Wurzel bzw. zwischen Wurzel und Endung steht. **77**

Man unterscheidet:

1. wortbildende Suffixe, d.h. Suffixe, mit deren Hilfe neue Wörter mit neuer lexikalischer Bedeutung gebildet werden, z.B.:

гóрд-ый	(stolz):	**гóрд-ость**	(der Stolz)	Suffix: **-ость**
смéл-ый	(kühn):	**смéл-ость**	(die Kühnheit)	
вод-á	(das Wasser):	**вóд-н-ый**	(Wasser-)	Suffix: **-н-**
гор-á	(der Berg):	**гóр-н-ый**	(Berg-)	

2. formbildende Suffixe, d.h. Suffixe, mit deren Hilfe grammatische Formen ein und desselben Wortes gebildet werden, z.B.:

нóв-ый	(neu):	**нов-éйш-ий**	(Superlativ)	Suffix: **-ейш-**
чúст-ый	(rein):	**чист-éйш-ий**	(Superlativ)	

Anmerkung:

Oft stehen in einem Wort mehrere Suffixe hintereinander, z.B.:

из-дá-тель-ств-о (der Verlag).

III. Bindevokal **78**

Ein **Bindevokal** (**-о-** oder **-е-**) steht gewöhnlich bei der Zusammensetzung von zwei Wortstämmen zu einem neuen Wort:

-о- steht in der Regel, wenn der erste Stamm auf harten Konsonanten auslautet;

-е- steht in der Regel, wenn der erste Stamm auf weichen Konsonanten, auf Zischlaut oder **ц** auslautet. Z.B.:

вод-о-провóд	(die Wasserleitung)	Bindevokal: **-о-**
снег-о-пáд	(der Schneefall)	
стал-е-вáр	(der Stahlgießer)	Bindevokal: **-е-**
птиц-е-вóдство	(die Geflügelzucht)	

DIE HAUPTARTEN DER FORMENBILDUNG UND DER WORTBILDUNG

I. Die Hauptarten der Formenbildung

79 Im Russischen gibt es folgende Hauptarten der Formenbildung:

1. die Bildung mit Endungen, z.B.:

   но́вый стол (der neue Tisch); **но́вого стола́** (Gen. Sing.);
   нести́ (tragen): **я несу́, они́ несу́т** (Präsens);

2. die Suffigierung, d.h. die Bildung mit formbildenden Suffixen[1] (vgl. 77,2), z.B.:

   но́вый (neu): **нове́йший, нове́йшая, нове́йшее** (Superl.);
   чита́ть (lesen): **чита́вший, чита́вшая, чита́вшее** (Part. Prät. Akt.);

3. den Lautwechsel[2] (vgl. 86–90), z.B.:

   друг (der Freund): **друзья́** (Plural);
   писа́ть (schreiben): **я пишу́** (Präsens);

4. die Zusammensetzung von Wortformen, z.B.:

   счастли́вый (glücklich): **са́мый счастли́вый** (Superl.);
   чита́ть (lesen): **я бу́ду чита́ть** (Fut.).

80 Die mit Endungen, mit Suffixen und durch Lautwechsel gebildeten Formen (Hauptarten 1–3) werden als einfache oder synthetische Formen bezeichnet.

Die durch Zusammensetzung gebildeten Formen (Hauptart 4) werden als zusammengesetzte oder analytische Formen bezeichnet.

---

[1] Ein formbildendes Suffix wird an den Stamm bzw. an einen der Stämme des betreffenden Wortes angefügt,
z.B.: но́в-ый : нов-е́йш-ий ;
чита́-ть : чита́-вш-ий.

[2] Der Lautwechsel tritt bei der Formenbildung gewöhnlich nur als Begleiterscheinung auf.

II. Die Hauptarten der Wortbildung

Im Russischen gibt es folgende Hauptarten der Wortbildung: **81**

1. die Suffigierung, d.h. die Bildung mit wortbildenden Suffixen[1] (vgl. 77,1), z.B.:

го́рдый	(stolz):	**го́рдость**	(der Stolz);
вода́	(das Wasser):	**во́дный**	(Wasser-);

2. die Präfigierung, d.h. die Bildung mit wortbildenden Präfixen (vgl. 76), z.B.:

бежа́ть	(laufen):	**прибежа́ть**	(vo., herbeilaufen);
е́хать	(fahren):	**уе́хать**	(vo., wegfahren);

3. die Präfigierung und Suffigierung, d.h. die Bildung mit wortbildenden Präfixen und Suffixen, z.B.:

свеча́	(die Kerze):	**подсве́чник**	(der Leuchter);
забо́та	(die Sorge):	**беззабо́тный**	(sorglos);

4. den Lautwechsel[2] (vgl. 86–90), z.B.:

нога́	(der Fuß):	**но́жка**	(das Füßchen);
страх	(die Angst):	**стра́шный**	(furchtbar);

5. die Zusammensetzung von Wortstämmen, z.B.:

водопрово́д (die Wasserleitung);
сталева́р (der Stahlgießer).

Die mit Suffixen, mit Präfixen, mit Präfixen und Suffixen sowie durch Lautwechsel gebildeten Wörter (Hauptarten 1–4) werden als a b g e l e i t e t e W ö r t e r bezeichnet. **82**

Die durch Zusammensetzung gebildeten Wörter (Hauptart 5) werden als z u s a m m e n g e s e t z t e W ö r t e r oder K o m p o s i t a bezeichnet.

Innerhalb der einzelnen Wortarten unterscheidet man verschiedene Typen der Wortbildung. **83**

Z.B.: Bei den Substantiven werden zahlreiche Wortbildungstypen unterschieden, vgl.:

ка́мень	(der Stein):	**ка́менщик**	(der Maurer);
иссле́довать	(erforschen):	**иссле́дователь**	(der Forscher);
стол	(der Tisch):	**столя́р**	(der Tischler).

---

[1] Ein wortbildendes Suffix wird in der Regel an den Stamm des Ausgangswortes angefügt, z. B.:
го́рд-ый: го́рд-ость;
вод-а́: во́д-н-ый.

[2] Der Lautwechsel tritt bei der Wortbildung gewöhnlich nur als Begleiterscheinung auf.

Ein Typ der Wortbildung umfaßt diejenigen Wörter einer Wortart, die auf die gleiche Weise gebildet sind und bedeutungsmäßig eine Einheit bilden.

84 Ein Typ der Wortbildung wird als produktiv[1] bezeichnet, wenn er auch für die Bildung neuer Wörter als Muster dient.

Z.B.: Produktiv ist der von Substantiven mit dem Suffix **-щик** zur Personenbezeichnung abgeleitete Typ: **ка́мень – ка́менщик.**

85 Ein Typ der Wortbildung wird als unproduktiv[1] bezeichnet, wenn er für die Bildung neuer Wörter nicht mehr als Muster dient.

Z.B.: Unproduktiv ist der von Substantiven mit dem Suffix **-яр** zur Personenbezeichnung abgeleitete Typ: **стол – столя́р.**

DER LAUTWECHSEL

86 Sowohl bei der Formenbildung (79, 80) als auch bei der Wortbildung (81–85) tritt oft ein Lautwechsel in Wortstämmen auf.

Man unterscheidet:

1. den Konsonantenwechsel, z.B.:

писа́ть (schreiben) – **я пишу́** (ich schreibe),
друг (der Freund) – **дру́жба** (die Freundschaft);

2. den Vokalwechsel, z.B.:

обрабо́тать (vo., bearbeiten) – **обраба́тывать** (unvo.),
везти́ (fahren, führen) – **воз** (die Fuhre).

Der Konsonantenwechsel ist im Russischen häufiger als der Vokalwechsel[2].

[1] Die Begriffe „produktiv“ und „unproduktiv“, die hier in bezug auf die Wortbildung gebraucht werden, sind nicht mit den in der Fremdsprachenmethodik verwendeten Begriffen „produktiv“, „rezeptiv“ und „komplementär“ zu verwechseln (hierzu s. Otto Hermenau: Methodik des Russischunterrichts, Teil I, S. 94ff.).

[2] Im Deutschen spielt demgegenüber die Vokalveränderung (Umlaut und Ablaut) eine große Rolle, z. B.:
Land — Länder, Stunde — stündlich (Umlaut);
liegen — lag — gelegen, sprechen — Spruch (Ablaut).

I. Die Hauptarten des Konsonantenwechsels

87

DIE HAUPTARTEN DES KONSONANTENWECHSELS		
	Wechsel der Konsonantbuchstaben[1]	Beispiele aus Formen- und Wortbildung
1	**г-ж-з**	**дорого́й** (teuer) – **доро́же** (Kompar. zu **дорого́й**). **друг** (der Freund) – **дру́жба** (die Freundschaft) – **друзья́** (Plur., die Freunde).
2	**д-ж-жд**	**ви́деть** (sehen) – **я ви́жу** (ich sehe). **освободи́ть** (vo., befreien) – **я освобожу́** (ich werde befreien) – **освобождённый** (Part. Prät. Pass. zu **освободи́ть** vo).
3	**з-ж**	**бли́зкий** (nah) – **бли́же** (Kompar. zu **бли́зкий**).
4	**к-ч-ц**	**пла́кать** (weinen) – **я пла́чу** (ich weine). **кли́кать** (zurufen) – **клич** (der Zuruf) – **восклица́ть** (laut ausrufen).
5	**т-ч-щ**	**отве́тить** (vo., antworten) – **я отве́чу** (ich werde antworten). **свет** (das Licht) – **свеча́** (die Kerze, das Licht) – **освеща́ть** (beleuchten).
6	**ц-ч**	**оте́ц** (der Vater) – **оте́ческий** (väterlich).
7	**с-ш**	**писа́ть** (schreiben) – **я пишу́** (ich schreibe).
8	**х-ш**	**у́хо** (das Ohr) – **у́ши** (Plur., die Ohren).
9	**ск-ст-щ**	**иска́ть** (suchen) – **я ищу́** (ich suche). **просто́й** (einfach) – **про́ще** (Kompar. zu **просто́й**). **пуска́ть** (lassen, erlauben) – **пусти́ть** (vo. zu **пуска́ть**) – **я пущу́** (ich werde erlauben).

[1] Mitunter tritt — sowohl bei der Formen- als auch bei der Wortbildung — auch der Wechsel eines harten Konsonanten mit dem entsprechenden weichen Konsonanten auf, z. B.:
я иду́ = я и[д]у́ (zu идти́, ich gehe) — ты идёшь = ты и[д’о́]шь (du gehst);
сосе́д (der Nachbar) — сосе́ди (Plur., die Nachbarn);
комсомо́л (der Komsomol) — комсомо́льский (Komsomol-).

DIE HAUPTARTEN DES KONSONANTENWECHSELS		
	Wechsel der Konsonantbuchstaben	Beispiele aus Formen- und Wortbildung
10	**б-бл**	**люби́ть** (lieben) – **я люблю́** (ich liebe).
11	**в-вл**	**дешёвый** (billig) – **деше́вле** (Komp. zu **дешёвый**).
12	**м-мл**	**корми́ть** (füttern) – **я кормлю́** (ich füttere).
13	**п-пл**	**купи́ть** (vo., kaufen) – **я куплю́** (ich werde kaufen).
14	**ф-фл**	**разграфи́ть** (vo., linieren) – **разграфля́ть** (unvo. zu **разграфи́ть**).

88 Zum Konsonantenwechsel wird auch der in einzelnen Fällen zu beobachtende Ausfall von Konsonanten gerechnet;

z.B.: **дви́гать** (bewegen) – **дви́нуть** vo.,
кида́ть (werfen) – **ки́нуть** vo..

II. Die Hauptarten des Vokalwechsels

89

DIE HAUPTARTEN DES VOKALWECHSELS		
	Wechsel der Vokalbuchstaben[1]	Beispiele aus Formen- und Wortbildung
1	**е-ё**[2]	**се́льский** (Dorf-), **село́** (das Dorf) – **сёла** (Plur., die Dörfer). **я несу́** (zu **нести́**, ich trage) – **он нёс** (Prät. zu **нести́**).
2	**е-и-о**	**я везу́** (zu **везти́**, ich fahre, führe) – **воз** (die Fuhre). **я беру́** (zu **брать**, ich nehme) – **собира́ть** (versammeln) – **сбор** (das Sammeln).

[1] In der obigen Tabelle sind die Hauptarten des Vokalwechsels nach ihrem Schriftbild zusammengestellt.
[2] Für den Wechsel е—ё gilt folgende Grundregel:
Betontes е wird zu ё, wenn es im Wortauslaut oder im Wortinnern vor hartem Konsonanten steht;
z. B.: село́ — сёла, я несу́ — он нёс.
Von dieser Grundregel gibt es jedoch zahlreiche Ausnahmen (vgl. hierzu Reinhold Trautmann: Kurzgefaßte russische Grammatik, S. 29—32). — Zur Schreibung von ё siehe Fußnote 2 auf S. 10.

DIE HAUPTARTEN DES VOKALWECHSELS		
	Wechsel der Vokalbuchstaben	Beispiele aus Formen- und Wortbildung
3	**о-а**	**стрóить** (bauen) – **устрáивать** (veranstalten). **смотрéть** (sehen) – **посмáтривать** (von Zeit zu Zeit ansehen).
4	**ы-о-у**	**слы́шать** (hören) – **слух** (das Gehör). **мыть** (waschen) – **я мóю** (ich wasche). **дыхáние** (der Atem) – **вздох** (der Seufzer) – **дух** (der Geist).
5	**у-ов**	**я кую́** (zu **ковáть,** ich schmiede) – **ковáть** (schmieden).
6	**ю-ев**	**я горю́ю** (zu **горевáть,** ich gräme mich) – **горевáть** (sich grämen).

Zum Vokalwechsel wird auch der Ausfall bzw. Einschub der Vokale **о** und **е**[1] gerechnet, z.B.: 90

Vokalausfall

рот (der Mund) – **рта** (Gen. Sing.)

кусóк (das Stück) – **кускá** (Gen. Sing.)

день (der Tag) – **дня** (Gen. Sing.)

лев (der Löwe) – **льва** (Gen. Sing.).

Vokaleinschub

окнó (das Fenster) – **óкон** (Gen. Plur.)

ру́чка (das Händchen) – **ру́чек** (Gen. Plur.)

[1] Beim Ausfall oder Einschub der Vokale о und е spricht man auch von „flüchtigem о“ bzw. „flüchtigem е.“

Die Wortarten

91 Man unterscheidet im Russischen zehn Wortarten[1]:

das Substantiv, das Adjektiv, das Zahlwort, das Pronomen, das Verb, das Adverb, die Präposition, die Konjunktion, die Partikel, die Interjektion.

92 Zum Unterschied vom Deutschen gibt es im Russischen weder einen bestimmten noch einen unbestimmten Artikel.

Vergleiche z. B.:

ма́льчик – der Junge oder: ein Junge oder: Junge;
де́вочка – das Mädchen oder: ein Mädchen oder: Mädchen.

Ob bei der Übersetzung ins Deutsche der bestimmte oder der unbestimmte Artikel oder gar kein Artikel zu setzen ist, ergibt sich aus dem Zusammenhang.

93

Flektierte und nichtflektierte Wortarten

Die Wortarten lassen sich in flektierte[2] und nichtflektierte ordnen:

Flektierte Wortarten	Nichtflektierte Wortarten
Substantiv	Adverb[3]
Adjektiv	Präposition
Zahlwort	Konjunktion
Pronomen	Partikel
Verb	Interjektion

Mitunter können Wörter der einen Wortart in eine andere Wortart übergehen, vgl. (241), (391 ff.), (498 ff.), (521).

---

[1] In einigen grammatischen Darstellungen werden noch weitere Wortarten unterschieden, darunter vor allem die Wörter der Kategorie des Zustands (diese Wörter werden in der vorliegenden Grammatik als prädikative Adverbien bezeichnet).

[2] Zur Flexion gehören:
die Deklination der Substantive, Adjektive, Zahlwörter und Pronomen,
die Konjugation der Verben,
die Komparation der Adjektive und Adverbien.

[3] Es ist jedoch zu beachten, daß verschiedene Adverbien die Möglichkeit der Komparation haben, also nicht völlig unveränderlich sind.

Das Substantiv

DIE EINTEILUNG DER SUBSTANTIVE NACH IHRER BEDEUTUNG

Nach ihrer Bedeutung (d.h. nach Art oder Grad der von ihnen ausgedrückten Abstraktion, nach Bedeutungsumfang, nach Bedeutungsinhalt) teilt man die Substantive im Russischen ein in **94**

1. Konkreta[1] und Abstrakta[2] oder
2. Eigennamen und Gattungsnamen (einschließlich der Sammel- und der Stoffnamen) oder
3. Lebewesen und unbelebte Dinge (siehe 128–131).

I. Konkreta und Abstrakta

Zu den Konkreta gehören die mit den Sinnen wahrnehmbaren Dinge, z.B.: **95**

врач der Arzt, **А́нна** Anna, **пти́ца** der Vogel, **ло́шадь** das Pferd, **де́рево** der Baum, **у́голь** die Kohle, **дом** das Haus, **тра́ктор** der Traktor, **ма́сло** die Butter, **песо́к** der Sand, **со́лнце** die Sonne.

Zu den Abstrakta gehören die Substantive, die eine Eigenschaft, eine Handlung, einen Zustand oder eine Beziehung bezeichnen, z.B.: **96**

красота́ die Schönheit, **ра́дость** die Freude, **электрифика́ция** die Elektrifizierung, **пла́вание** das Schwimmen, **хо́лод** die Kälte, **здоро́вье** die Gesundheit, **социали́зм** der Sozialismus.

Abstrakta werden gewöhnlich nur im Singular gebraucht; siehe (116, 1), (117, 1).

II. Eigennamen und Gattungsnamen

Eigennamen sind Bezeichnungen für eine bestimmte Einzelperson oder ein bestimmtes Einzelding. **97**

---

[1] Das Konkretum, Plur.: die Konkreta.

[2] Das Abstraktum, Plur.: die Abstrakta.

Zu den Eigennamen gehören:

1. männliche und weibliche Personennamen (Vor-, Vater- und Familiennamen), Beinamen, Pseudonyme, z. B.:

   Алекса́ндр Серге́евич Пу́шкин Alexander Sergejewitsch Puschkin, **Макси́м Го́рький** Maxim Gorki (Pseudonym für **Алексе́й Макси́мович Пе́шков**);

2. Rufnamen für Tiere, z. B.:

   Кашта́нка Kaschtanka (Rufname für einen Hund), **Му́рка** Murka (Rufname für eine Katze);

3. geographische und astronomische Namen, z. B.:

   Москва́ Moskau, **Крым** die Krim, **А́льпы** die Alpen, **Во́лга** die Wolga, **Чёрное мо́ре** das Schwarze Meer, **Марс** der Mars;

4. Namen von Betrieben, Organisationen usw., z. B.:

   «Серп и мо́лот» „Hammer und Sichel" (Name eines Betriebes), **«Дина́мо»** „Dynamo" (Name einer Sportvereinigung);

5. Titel literarischer und wissenschaftlicher Erzeugnisse, z. B.:

   «Ти́хий Дон» „Der stille Don" (Buchtitel), **«Пра́вда»** die „Prawda" (Name einer Zeitung);

6. Bezeichnungen historischer Ereignisse, z. B.:

   Октя́брь die Große Sozialistische Oktoberrevolution.

Eigennamen werden gewöhnlich nur im Singular oder nur im Plural gebraucht; siehe (116, 4), (117, 4). Sie werden groß geschrieben; siehe (628 ff.).

98 Gattungsnamen sind verallgemeinerte Bezeichnungen für gleichartige Lebewesen, Gegenstände und abstrakte Begriffe[1], z. B.:

брат der Bruder, **о́зеро** der See, **побе́да** der Sieg.

Gattungsnamen werden gewöhnlich sowohl im Singular als auch im Plural gebraucht. Sie werden klein geschrieben.

Besondere Gruppen innerhalb der Gattungsnamen sind:

1. die Sammelnamen (Kollektiva[2]); sie bezeichnen eine Gesamtheit von Personen oder Gegenständen als unteilbares Ganzes, z. B.:

---

[1] Aus dem oben Gesagten geht hervor, daß der Begriff „Gattungsname" in der russischen Grammatik einen größeren Bedeutungsumfang hat als im Deutschen (vgl. hierzu W. Jung: Kleine Grammatik der deutschen Sprache, S. 109ff.).

[2] Das Kollektivum, Plur.: die Kollektiva.

студе́нчество die Studentenschaft, **бельё** die Wäsche, **листва́** das Laub.

Sammelnamen werden nur im Singular gebraucht; siehe (116, 2).

2. die Stoffnamen; sie bezeichnen eine Stoffmasse. Jeder Teil hat den gleichen Namen wie das Ganze, z.B.:

желе́зо das Eisen, **нефть** das Erdöl, **са́хар** der Zucker, **таба́к** der Tabak.

Stoffnamen werden gewöhnlich nur im Singular oder nur im Plural gebraucht; siehe (116, 3), (117, 3).

Wechsel der Substantive von einer Bedeutungskategorie in die andere: **99**

1. Eigennamen werden mitunter zu Gattungsnamen, z.B.:

Ре́нтген Röntgen (deutscher Physiker) – **рентге́н** die Durchleuchtung, die Röntgenaufnahme.

2. Gattungsnamen werden mitunter zu Eigennamen:

октя́брь der Oktober – **Октя́брь** die Große Sozialistische Oktoberrevolution.

DIE GRAMMATISCHEN KATEGORIEN DER SUBSTANTIVE

Die Substantive werden in der Regel nach Genus, Numerus und Kasus bestimmt. **100**
Große Bedeutung für die Deklination der Substantive hat ferner die grammatische Kategorie der Belebtheit bzw. Unbelebtheit.

I. Die Kategorie des Genus[1]

Man unterscheidet im Russischen – wie im Deutschen – drei Geschlechter: das **101**
männliche, das weibliche und das sächliche Geschlecht. Alle Substantive – mit Ausnahme der nur im Plural gebräuchlichen Wörter, die kein grammatisches Geschlecht haben, und der zweigeschlechtigen Substantive (siehe 112) – gehören einem der drei Geschlechter an.

1. Einteilung der Substantive nach ihrem Geschlecht

Nur bei Personenbezeichnungen ist das Geschlecht in der Regel[2] natürlich bestimmt **102**
(natürliches Geschlecht); bei allen übrigen Substantiven ist es aus der Endung bzw. dem Stamm ersichtlich (grammatisches Geschlecht).

[1] Das Genus, Plur.: die Genera.
[2] Zum Gebrauch von Berufsbezeichnungen siehe (114).

A. DAS GESCHLECHT DER DEKLINIERTEN SUBSTANTIVE

103 Männlich sind:

1. die im Nominativ Singular endungslosen Substantive, deren Stamm auf einen Konsonantbuchstaben (einschließlich **й**) ausgeht (I. Deklination), z. B.:

   сын der Sohn, **стол** der Tisch, **дуб** die Eiche, **нож** das Messer, **товáрищ** der Genosse, der Kamerad, **герóй** der Held, **ручéй** der Bach.

2. zahlreiche im Nominativ Singular endungslose Substantive, deren Schriftbild im Nominativ Singular auf **-ь** ausgeht (I. Deklination – Gen. Sing.: **-я**), z. B.:

   учи́тель, -я der Lehrer, **гóлубь, -я** die Taube, **автомоби́ль, -я** der Kraftwagen, **день, дня** der Tag, **рубль,-я́** der Rubel;

   ebenso das Wort **путь, -и́** der Weg (III. Deklination!).

   Siehe jedoch (104, 2)!

3. a) die Substantive, die männliche Personen bezeichnen und im Nominativ Singular auf **-а, -я** enden (II. Deklination), z. B.:

   слугá der Diener, **Ми́ша** Mischa (Verkleinerungsform des männlichen Vornamens **Михаи́л**), **дéдушка** Großväterchen, **дя́дя** der Onkel.

   b) das Wort **подмастéрье** der Handwerksbursche, der Geselle (I. Deklination).

4. die Substantive, die mit Hilfe der Vergrößerungssuffixe **-ина** (II. Deklination), **-ище** (I. Deklination) und des Suffixes des Verachtens **-ишко** (I. Deklination) von männlichen Substantiven abgeleitet sind, z. B.:

   мости́на die große Brücke (zu **мост** die Brücke); **доми́ще** das große Gebäude (zu **дом** das Haus); **городи́шко** das elende Städtchen (zu **гóрод** die Stadt).

104 Weiblich sind:

1. die meisten Substantive, die im Nominativ Singular auf **-а, -я** enden (II. Deklination), z. B.:

   сестрá die Schwester, **стенá** die Wand, **земля́** die Erde, das Land, **ли́ния** die Linie, **статья́** der Aufsatz, der Artikel.

   Siehe jedoch (103, 3 a), (105, 2 und 3), (112).

2. mehrere im Nominativ Singular endungslose Substantive, deren Schriftbild im Nominativ Singular auf **-ь** ausgeht (III. Deklination – Gen. Sing.: **-и**)[1], z. B.:

ло́шадь, -и das Pferd, **мать, ма́тери** die Mutter, **тень, -и** der Schatten, **рожь, ржи** der Roggen, **ночь, -и** die Nacht.

Siehe jedoch (103, 2)!

---

[1] Die im Nominativ Singular endungslosen Substantive, deren Stamm auf -ь ausgeht, sind entweder männlich (I. Deklination) oder weiblich (III. Deklination).

Zu den weiblichen Substantiven gehören im einzelnen folgende Wörter:

1. einige Substantive, die Lebewesen bezeichnen, z. B.:
   мать, ма́тери die Mutter, ло́шадь, -и das Pferd;
2. alle Substantive, die mit dem Suffix -ость gebildet sind, z. B.:
   ра́дость, -и die Freude, мо́лодость, -и die Jugend;
3. alle Substantive, die auf -жь, -шь, -чь, -щь ausgehen (vgl. Fußnote 1 auf S. 32), z. B.:
   мышь, -и die Maus, рожь, ржи der Roggen, ночь, -и die Nacht, мощь, -и die Macht;
4. alle Substantive, die unbelebte Dinge bezeichnen und auf -знь, -сть, -сь, -вь, -бь, -пь ausgehen, z. B.:
   жизнь, -и das Leben, власть, -и die Macht, бровь, -и die Augenbraue, про́рубь, -и das Eisloch, степь, -и die Steppe;
5. folgende gebräuchliche Wörter:

арте́ль, -и das Artel	о́трасль, -и der Zweig; die Branche
боль, -и der Schmerz	о́ттепель, -и das Tauwetter
га́вань, -и der Hafen	о́чередь, -и die Reihe
ги́бель, -и der Untergang	па́мять, -и das Gedächtnis
грудь, -и die Brust	печа́ль, -и die Trauer
грязь, -и der Schmutz	печа́ть, -и das Siegel; die Presse
даль, -и die Ferne	пло́щадь, -и der Platz
дверь, -и die Tür	посте́ль, -и das Bett
ель, -и die Tanne, die Fichte	при́быль, -и der Gewinn
зе́лень, -и das Grün	при́стань, -и die Anlegestelle
колыбе́ль, -и die Wiege	пыль, -и der Staub
ко́поть, -и der Ruß	роль, -и die Rolle
крова́ть, -и das Bett	ртуть, -и das Quecksilber
ладо́нь, -и die Handfläche	связь, -и die Verbindung
лазу́рь, -и das Lasurblau	сеть, -и das Netz
лень, -и die Faulheit	ска́терть, -и die Tischdecke
мазь, -и die Schmiere; die Salbe	смерть, -и der Tod
меда́ль, -и die Medaille	соль, -и das Salz
медь, -и das Kupfer	сталь, -и der Stahl
мете́ль, -и der Schneesturm	тень, -и der Schatten
мора́ль, -и die Moral	тетра́дь, -и das Heft
мысль, -и der Gedanke	ткань, -и der Stoff; das Gewebe
нефть, -и das Erdöl	цель, -и das Ziel
нить, -и der Faden	шине́ль, -и der Mantel
о́зимь, -и die Wintersaat	ширь, -и die Weite
о́сень, -и der Herbst	щель, -и der Spalt, die Ritze u. a.

105 **Sächlich sind:**

1. die Substantive, die im Nominativ Singular auf **-о, -е, -ё** enden (I. Deklination), z. B.:

   село́ das (große) Dorf, **я́блоко** der Apfel, **по́ле** das Feld, **зда́ние** das Gebäude, **ружьё** das Gewehr.
   Siehe jedoch (103, 3b und 4)!

2. die zehn Substantive, die im Nominativ Singular auf **-мя** enden (besondere Deklination), z. B.:

   и́мя der Vorname, **вре́мя** die Zeit.

3. das Wort **дитя́** das Kind (besondere Deklination).

106 Für substantivierte Adjektive und Partizipien gelten die gleichen Geschlechtsregeln wie für Adjektive (siehe 208 ff.), z. B.:

рулево́й (männlich) der Steuermann, **столо́вая** (weiblich) das Eßzimmer, der Speiseraum, **живо́тное** (sächlich) das Tier.

B. DAS GESCHLECHT DER UNDEKLINIERBAREN SUBSTANTIVE

107 **Männlich sind:**

1. die undeklinierbaren Substantive, die männliche Personen bezeichnen, z. B.:

   маэ́стро der Meister, **ку́ли** der Kuli.

2. die undeklinierbaren Substantive, die Tiere bezeichnen[1], z. B.:

   какаду́ der Kakadu, **кенгуру́** das Känguruh, **шимпанзе́** der Schimpanse.

3. das Wort **ко́фе** der Kaffee.

108 **Weiblich** sind die undeklinierbaren Substantive, die weibliche Personen bezeichnen, z. B.:

ле́ди die Lady, **Шмидт** Schmidt, **Мю́ллер** Müller (als weibliche Familiennamen), siehe auch (134, B).

[1] Soll hervorgehoben werden, daß es sich um ein weibliches Tier handelt, so erhält das undeklinierbare Substantiv weibliches Geschlecht, z. B.:
На́ша шимпанзе́ корми́ла детёныша. Unser Schimpansenweibchen nährte das Junge.

Sächlich sind die undeklinierbaren Substantive, die unbelebte Dinge bezeichnen, z. B.: 109

дина́мо die Dynamomaschine, **купе́** das Abteil, **жюри́** die Jury, **меню́** das Menü, die Speisekarte.

Siehe jedoch (107,3)!

Undeklinierbare geographische Namen weisen das gleiche Geschlecht wie der zugehörige Gattungsbegriff auf, z. B.: 110

(го́род) Баку́ (männlich)[1] Baku, **(река́) Колора́до** (weiblich) der Colorado, **(о́стров) Ка́при** (männlich) Capri.

М. Го́рький до́лгое вре́мя про́жил на со́лнечном скали́стом Ка́при.	M. Gorki lebte lange Zeit auf der sonnigen, felsigen Insel Capri (auf dem sonnigen, felsigen Capri).
Колора́до, впада́ющая в Калифорни́йский зали́в, не судохо́дна.	Der Colorado, der in den Golf von Kalifornien mündet, ist nicht schiffbar.

Undeklinierbare Abkürzungswörter haben das Geschlecht des Grundwortes der Wortverbindung, z. B.: 111

ЦК = **центра́льный комите́т** (männlich) das ZK = das Zentralkomitee
МГУ = **Моско́вский госуда́рственный университе́т** (männlich) die MGU (Abkürzung für die Moskauer Universität)

МГУ организова́л вы́ставку.	Die MGU veranstaltete eine Ausstellung.

2. Zweigeschlechtige Substantive 112

Einige Substantive, die Personen bezeichnen und im Nominativ Singular auf **-а, -я** enden (II. Deklination), weisen entweder das männliche oder das weibliche Geschlecht auf – je nachdem, ob sich das Substantiv auf eine männliche oder eine weibliche Person bezieht[2], z. B.:

брюзга́ (männlich oder weiblich) der Nörgler, die Nörglerin, **kале́ка** (männlich oder weiblich) der Krüppel, **пустоме́ля** (männlich oder weiblich) der Schwätzer, die Schwätzerin, **сирота́** (männlich oder weiblich) die Waise, **со́ня** (männlich oder weiblich) die Schlafmütze, der Langschläfer, **уби́йца** (männlich oder weiblich) der Mörder, die Mörderin.

Э́та де́вочка – кру́глая сирота́.	Dieses Mädchen ist eine Vollwaise.
Э́тот ма́льчик – кру́глый сирота́.	Dieser Junge ist eine Vollwaise.

[1] Aber: Второ́е Баку́ = neues großes Erdölgebiet zwischen Wolga und Ural.
[2] Zweigeschlechtige Substantive werden vorwiegend in der Umgangs- und in der Volkssprache gebraucht.

113

3. Schwankungen im Geschlecht der Substantive

In der russischen Literatursprache der Gegenwart sind Schwankungen im Geschlecht der Substantive sehr selten[1].

1. Doppelformen hinsichtlich des Geschlechts können stilistisch differenziert[2] sein:

Literatursprachliche Form	Form mit bestimmter stilistischer Färbung	deutsche Bedeutung
ле́бедь, -я (männl.)	**ле́бедь, -и** (weibl.: in der Volksdichtung)	der Schwan
санато́рий, -я (männl.)	**санато́рия, -и** (weibl.: veraltet)	das Sanatorium

2. In einigen Fällen stehen beide Formen stilistisch gleichwertig nebeneinander:

жира́ф	und	**жира́фа**	die Giraffe
ста́вень, -вня	und	**ста́вня**	der Fensterladen

114

4. Zum Gebrauch von Berufsbezeichnungen

Nach ihrem Gebrauch lassen sich die Berufsbezeichnungen wie folgt einteilen:

1. Zur Berufsbezeichnung dient ein Wortpaar – ein Wort männlichen und ein entsprechendes Wort weiblichen Geschlechts, z.B.:

журнали́ст der Journalist – **журнали́стка** die Journalistin
студе́нт der Student – **студе́нтка** die Studentin
преподава́тель der Lehrer – **преподава́тельница** die Lehrerin
учи́тель der Lehrer – **учи́тельница** die Lehrerin
продаве́ц der Verkäufer – **продавщи́ца** die Verkäuferin

Die männliche Form wird gebraucht, um männliche Personen zu bezeichnen; sie kann auch verwendet werden, wenn eine Beziehung auf beide Geschlechter vorhanden ist, z.B.:

---

[1] In der Literatursprache des 19. Jahrhunderts waren derartige Schwankungen im Geschlecht – vornehmlich bei Fremdwörtern – häufiger.

[2] In der technischen Fachsprache deutet sich dabei teilweise die Tendenz einer Bedeutungsdifferenzierung an: манже́та = Manschette (am Ärmel) – манже́т = Manschette (techn., Dichtungsring).

студéнты университéта	die Studenten der Universität
профсою́з рабóтников трáнспорта	die Gewerkschaft Transportwesen

Die weibliche Form wird nur zur Bezeichnung weiblicher Personen gebraucht.

2. a) Zur Berufsbezeichnung dient ein Wort männlichen Geschlechts; ein entsprechendes Wort weiblichen Geschlechts existiert nicht, z. B.:

агронóм der Agronom, **бригади́р** der Brigadier, **педагóг** der Pädagoge (die Pädagogin);

ferner Wörter wie **товáрищ** der Genosse, der Kamerad (die Genossin, die Kameradin), **человéк** der Mensch.

Die männliche Form wird sowohl zur Bezeichnung männlicher als auch zur Bezeichnung weiblicher Berufsangehöriger gebraucht (das grammatische Geschlecht des Wortes ist dabei stets männlich[1]), z. B.:

Он хорóший педагóг.	Er ist ein guter Pädagoge.
Онá хорóший педагóг.	Sie ist eine gute Pädagogin.

b) Zur Berufsbezeichnung dient in der Literatursprache ein Wort männlichen Geschlechts; ein entsprechendes Wort weiblichen Geschlechts (gebildet mit den Suffixen **-ша** oder **-иха**) existiert zwar, es wird jedoch nur in der Umgangssprache gebraucht[2], z. B.:

пóвар der Koch (die Köchin) –
повари́ха (umgangssprachlich) die Köchin

---

[1] Für die Umgangssprache gilt folgende Besonderheit:
Ist ein männliches Substantiv, das zur Berufsbezeichnung einer weiblichen Person benutzt wird, Subjekt eines Satzes, so kann das als Prädikat verwendete Verb, wenn es im Präteritum steht, die weibliche Endung annehmen, z. B.:

Секретáрь вы́шла.	Die Schriftführerin kam heraus.
Врач ничегó не сказáла.	Die Ärztin sagte nichts.

Vielfach umgeht man allerdings diese den Kongruenzregeln widersprechenden Verbindungen, indem man den Namen hinzufügt: Хиру́рг Ники́тина сдéлала оперáцию.

[2] Es ist auch zu beachten, daß einige mit den Suffixen -ша oder -иха gebildeten Wörter weiblichen Geschlechts nicht eine Berufsangehörige, sondern die Ehefrau eines Berufsangehörigen bezeichnen, z. B.: дирéкторша (umgangssprachlich) die Ehefrau des Direktors.

II. Die Kategorie des Numerus[1]

115 Man unterscheidet im Russischen – wie im Deutschen – zwei Numeri: den Singular und den Plural.

Von zahlreichen Substantiven werden sowohl Singular- als auch Pluralformen gebildet; verschiedene Substantive werden nur im Singular, andere nur im Plural gebraucht.

116 **1. Substantive, die nur im Singular gebraucht werden**

Zu den Substantiven, die gewöhnlich nur im Singular gebraucht werden, gehören:

1. die meisten Abstrakta (vgl. 96), z. B.:

   бли́зость die Nähe, **вмеша́тельство** die Einmischung, **здоро́вье** die Gesundheit, **сла́ва** der Ruhm, **тишина́** die Stille.

   Einige dieser abstrakten Substantive werden in konkreter Bedeutung auch im Plural gebraucht, z. B.:

рабо́ты худо́жника	die Arbeiten (= Werke) des Künstlers
красо́ты приро́ды	die Schönheiten der Natur

2. die Sammelnamen (vgl. 98,1), z. B.:

   бельё die Wäsche, **е́льник** der Tannenwald, **листва́** das Laub, **молодёжь** die Jugend, **профессу́ра** die Professorenschaft, **челове́чество** die Menschheit.

3. die meisten Stoffnamen (vgl. 98,2), z. B.:

   желе́зо das Eisen, **карто́фель** die Kartoffeln, **молоко́** die Milch, **нефть** das Erdöl, **пшени́ца** der Weizen, **са́хар** der Zucker.

   Einige dieser Stoffnamen werden auch im Plural gebraucht; sie dienen dann zur Bezeichnung verschiedener Arten und Sorten, mitunter auch zur Bezeichnung einer Menge, z. B.:

высокока́чественные ста́ли	die hochwertigen Stahlarten
дороги́е ви́на	die erlesenen Weinsorten
во́ды	die Wassermassen
пески́ пусты́ни	die Sandmassen der Wüste

[1] Der Numerus, Plur.: die Numeri.

4. die meisten Eigennamen (vgl. 97), z. B.:

   Михаи́л Ю́рьевич Ле́рмонтов Michail Jurjewitsch Lermontow, **Ленингра́д** Leningrad, **Ура́л** der Ural.

   Werden Personennamen im Plural gebraucht, so bezeichnen diese Pluralformen

   a) Mitglieder einer bestimmten Familie, z. B.:

   Ива́н и Константи́н Акса́ковы Iwan und Konstantin Aksakow;

   b) Personen, die den gleichen Namen haben, z. B.:

У нас на заво́де не́сколько Соловьёвых.	Wir haben in unserem Werk mehrere Solowjows (= mehrere Personen, die Solowjow heißen).

2. Substantive, die nur im Plural gebraucht werden 117

Zu den Substantiven, die nur im Plural gebraucht werden, gehören:

1. einige Abstrakta, z. B.:

   имени́ны der Namenstag, **кани́кулы** die Ferien, **перегово́ры** die Verhandlungen, **про́воды** die Begleitung, das Geleit, **су́мерки** die Dämmerung, **су́тки** Tag und Nacht, 24 Stunden.

2. einige Substantive, die aus mehreren Teilen bestehende Gegenstände bezeichnen, z. B.:

   брю́ки die Hose(n), **воро́та** das Tor, **де́ньги** das Geld, **но́жницы** die Schere, **очки́** die Brille, **са́ни** der Schlitten.

3. einige Stoffnamen, z. B.:

   дрова́ das Brennholz, **консе́рвы** die Konserven, **черни́ла** die Tinte, **щи** die Kohlsuppe.

4. einige geographische und astronomische Eigennamen, z. B.:

   А́льпы die Alpen, **Соко́льники** Sokolniki (Ort), **Весы́** Sternbild der Waage.

Substantive, die nur im Plural gebraucht werden, haben kein grammatisches Geschlecht.

Zur Verbindung von Substantiven, die nur im Plural gebraucht werden, mit Zahlwörtern siehe (271).

III. Die Kategorie des Kasus[1]

118 Es gibt im Russischen sechs Kasus:

den Nominativ,
den Genitiv,
den Dativ,
den Akkusativ,
den Instrumental,
den Präpositiv.

Der Genitiv, der Dativ, der Akkusativ und der Instrumental werden im Russischen sowohl ohne als auch mit Präpositionen verwendet; der Präpositiv steht nur nach Präpositionen.

Im folgenden sind die wichtigsten Anwendungsmöglichkeiten der Kasus ohne Präpositionen zusammengestellt, die vom Deutschen abweichen.

1. Zum Gebrauch des Genitivs ohne Präposition[2]

119

A. DER GENITIV NACH VERBEN

1. Der Genitiv steht (statt des Akkusativs) als Objekt nach einem transitiven Verb, wenn die durch dieses Verb ausgedrückte Handlung sich nicht auf das ganze Objekt, sondern nur auf einen Teil desselben erstreckt (Genitiv des Teiles oder partitiver Genitiv), z. B.:

Вы́пей молока́[3]!	Trinke (etwas) Milch!
Мать купи́ла мя́са, овоще́й, со́ли, са́хару[4].	Die Mutter kaufte Fleisch, Gemüse, Salz und Zucker.
Он напи́лся ча́ю[4].	Er trank reichlich Tee.
Набрало́сь наро́ду[4].	Es hatten sich zahlreiche Menschen eingefunden.

[1] Der Kasus, Plur.: die Kasus.

[2] Zum Gebrauch des Genitivs nach Präpositionen siehe (470).

[3] Erstreckt sich die durch das transitive Verb ausgedrückte Handlung auf das ganze Objekt, so steht der Akkusativ, z. B.:

Вы́пей всё молоко́!	Trinke die ganze Milch!

[4] Zur Bildung des Genitivs Singular auf -у, -ю siehe (142).

2. Der Genitiv steht häufig (statt des Akkusativs) als Objekt nach verneinten transitiven[1] Verben[2] (Genitiv der Verneinung), z. B.:

Я не получи́л газе́т.	Ich habe die Zeitungen nicht erhalten.
Ра́ньше кирги́зы не име́ли пи́сьменности.	Früher hatten die Kirgisen kein Schrifttum.

3. Der Genitiv steht als Objekt abweichend vom Deutschen nach einigen Verben (des Wünschens, Forderns, Befürchtens usw.[3]), z. B.:

Я жела́ю вам успе́хов.	Ich wünsche euch Erfolge.
Мы тре́буем ми́ра.	Wir fordern Frieden.
Ребёнок бои́тся соба́ки.	Das Kind fürchtet sich vor dem Hund.

B. DER GENITIV NACH SUBSTANTIVEN 120

1. Der Genitiv steht nach einem Substantiv und bezeichnet einen Stoff oder Gegenstand, dessen Maß bzw. Menge durch das syntaktisch übergeordnete Substantiv angegeben wird[4] (Genitiv des Maßes oder partitiver Genitiv), z. B.:

литр молока́	ein Liter Milch
кило́ хле́ба	ein Kilo Brot
буты́лка вина́	eine Flasche Wein
стака́н ча́ю	ein Glas Tee
ста́до коро́в	eine Herde Kühe

2. Der mit einem Attribut verbundene Genitiv steht nach einem Substantiv und bezeichnet eine Beschaffenheit (attributiver Genitiv):

a) Der Genitiv mit Attribut bezeichnet eine Eigenschaft, z. B.:

челове́к большо́го ума́[5]	ein Mensch von großem Verstand, ein sehr kluger Mensch
места́ порази́тельной красоты́	Stellen von erstaunlicher Schönheit

---

[1] Der Genitiv steht mitunter auch (statt des Akkusativs) nach verneinten intransitiven Verben zur Angabe der räumlichen oder zeitlichen Ausdehnung, vgl.:

Я сиде́л це́лый час.	Ich saß eine ganze Stunde.
Я не сиде́л и ча́су.	Ich saß nicht einmal eine Stunde.

[2] Zu den verneinten Sätzen siehe (603).

[3] Zur Rektion der Verben siehe (536 ff.).

[4] Zum Gebrauch des Genitivs nach Grundzahlwörtern und unbestimmten Zahlwörtern (diese Wortverbindungen weisen enge inhaltliche Beziehungen zu den oben angeführten Verbindungen auf) siehe (265).

[5] Beachte jedoch die Konstruktion ohne zusätzliches Attribut:

челове́к с умо́м	ein Mensch von Verstand, ein kluger Mensch.

b) Der Genitiv mit Attribut bezeichnet das Lebensalter, z.B.:

же́нщина сре́дних лет	eine Frau in mittleren Jahren
ма́льчик семи́ лет	ein siebenjähriger Junge

c) Der Genitiv mit Attribut bezeichnet das Material, z.B.:

ра́ма кра́сного де́рева	ein Rahmen aus Mahagoni (Rotholz)

3. Der Genitiv steht nach einigen Substantiven, die von Verben mit Genitivrektion herleitbar sind (siehe 119, 3), z.B.:

жела́ние кани́кул	der Wunsch nach Ferien
боя́знь темноты́	die Furcht vor der Dunkelheit

121 C. DER GENITIV NACH ADJEKTIVEN UND ADVERBIEN

Der Genitiv steht nach dem Komparativ und bezeichnet das Satzglied, mit dem etwas verglichen wird[1], z.B.:

Сестра́ приле́жнее бра́та.	Die Schwester ist fleißiger als der Bruder.
Сестра́ пи́шет краси́вее бра́та.	Die Schwester schreibt schöner als der Bruder.

Zum Genitiv bei Datumsangaben siehe (586, 588).

2. Zum Gebrauch des Dativs ohne Präposition[2]

122 A. DER DATIV NACH VERBEN

1. Der Dativ steht als Objekt abweichend vom Deutschen nach einigen Verben (die ein freundliches oder feindliches Verhalten ausdrücken usw.[3]), z.B.:

Мы ра́дуемся ва́шим успе́хам.	Wir freuen uns über eure Erfolge.
Мы удивля́емся споко́йствию, му́жеству и вы́держке лётчиков.	Wir staunen über die Gelassenheit, den Mut und die Ausdauer der Flieger.

---

[1] Zur Wiedergabe von „als" nach dem Komparativ siehe (226).
[2] Zum Gebrauch des Dativs nach Präpositionen siehe (470).
[3] Zur Rektion der Verben siehe (541 ff.).

2. Der Dativ steht in unpersönlichen Sätzen und bezeichnet das logische Subjekt[1] (Dativ des Subjekts):

a) Der Dativ steht bei einer unpersönlichen Verbform, z. B.:

Ка́те хо́чется пое́хать в го́ры.	Katja möchte ins Gebirge fahren.
Ве́ре не спи́тся.	Vera kann nicht schlafen.

b) Der Dativ steht bei einem prädikativen Adverb, z. B.:

Нам ве́село.	Wir sind froh gelaunt, in guter Stimmung.
Ма́льчику сты́дно.	Der Junge schämt sich.
Бра́ту необходи́мо вы́ехать сего́дня.	Der Bruder muß heute fortfahren.

c) Der Dativ steht bei einem Infinitiv, z. B.:

Всем сотру́дникам собра́ться в пять часо́в.	Alle Mitarbeiter sollen sich um fünf Uhr versammeln.
Быть дождю́.	Es wird Regen geben.

B. DER DATIV NACH SUBSTANTIVEN 123

1. Der Dativ steht nach einigen Substantiven, die von Verben mit Dativrektion herleitbar sind (siehe 122,1), z. B.:

письмо́ отцу́	der Brief an den Vater
сочу́вствие дру́гу	das Mitgefühl mit dem Freund
изме́на убежде́ниям	der Verrat an seinen Überzeugungen

2. Der Dativ steht mit der Bedeutungsnuance des Bestimmungszwecks nach einigen Substantiven, die nicht von Verben mit Dativrektion herleitbar sind, z. B.:

па́мятник Пу́шкину	das Puschkindenkmal
по́льза челове́ку	der Nutzen für den Menschen

[1] Zu den unpersönlichen Sätzen siehe (610).

124 **3. Zum Gebrauch des Akkusativs ohne Präposition[1]**

DER AKKUSATIV NACH VERBEN

Der Akkusativ steht als Objekt abweichend vom Deutschen nach einigen Verben[2], z. B.:

Я благодарю́ сестру́.	Ich danke der Schwester.
Он ча́сто вспомина́ет весёлую ю́ность.	Er erinnert sich oft an die frohe Jugendzeit.

4. Zum Gebrauch des Instrumentals ohne Präposition[3]

125 A. DER INSTRUMENTAL NACH VERBEN

1. Der Instrumental steht nach Verben und bezeichnet das Mittel oder Instrument, mit dessen Hilfe eine Handlung durchgeführt wird (Instrumental des Mittels), z. B.:

Я пишу́ карандашо́м.	Ich schreibe mit Bleistift.
Мать ре́жет ножо́м.	Die Mutter schneidet mit dem Messer.

2. Der Instrumental steht bei Verben als adverbiale Bestimmung:

a) Der Instrumental bezeichnet die Zeit (Instrumental der Zeit), z. B.:

Ра́нним у́тром он ухо́дит в по́ле.	Am frühen Morgen geht er auf das Feld.
Он возврати́лся по́здней но́чью.	Er kehrte spät nachts zurück.

b) Der Instrumental bezeichnet den Weg oder Raum[4] (Instrumental des Weges), z. B.:

Они́ шли ле́сом.	Sie gingen durch den Wald.
Он е́хал го́родом.	Er fuhr durch die Stadt.

c) Der Instrumental bezeichnet die Art und Weise (Instrumental der Art und Weise), z. B.:

---

[1] Zum Gebrauch des Akkusativs nach Präpositionen siehe (470).
[2] Zur Rektion der Verben siehe (546).
[3] Zum Gebrauch des Instrumentals nach Präpositionen siehe (470).
[4] Statt des Instrumentals des Weges kann die Präposition по mit dem Dativ gebraucht werden, z. B.:

Они́ шли по́ лесу.	Sie gingen durch den Wald.
Он е́хал по го́роду.	Er fuhr durch die Stadt.

Он говори́т гро́мким го́лосом.	Er spricht mit lauter Stimme.
Бы́стрыми шага́ми он шёл домо́й.	Schnellen Schrittes ging er nach Hause.

Hierher gehört auch der durch den Instrumental ausgedrückte Vergleich, z. B.:

Вре́мя лети́т иногда́ пти́цей, иногда́ ползёт червяко́м.	Die Zeit fliegt manchmal (so schnell) wie ein Vogel, manchmal kriecht sie (so langsam) wie ein Wurm.

3. Der Instrumental steht als Objekt[1] nach einigen Verben (Instrumental des Inhalts), z. B.:

На́шим кружко́м руководи́т преподава́тель.	Unseren Zirkel leitet ein Lehrer.
Он занима́ется спо́ртом.	Er treibt Sport.
Ученики́ о́чень интересу́ются ру́сской литерату́рой.	Die Schüler zeigen für die russische Literatur großes Interesse.

4. Der Instrumental bezeichnet den Urheber einer Handlung (das logische Subjekt):

a) in Passivkonstruktionen (Instrumental der handelnden Person), z. B.:

Поля́ обраба́тываются колхо́зниками.	Die Felder werden von Kolchosbauern bearbeitet.
Э́та карти́на нарисо́вана неизве́стным худо́жником.	Dieses Bild ist von einem unbekannten Künstler gemalt (worden).

b) in unpersönlichen Sätzen[2], z. B.:

Водо́й зали́ло луга́.	Das Wasser hat die Wiesen überflutet.
Ве́тром сорва́ло кры́шу.	Der Wind hat das Dach heruntergerissen.

5. Der Instrumental steht als Prädikatsnomen nach einigen Verben wie z. B. **быть** sein[3], **де́латься (сде́латься** vo.) werden, **называ́ться (назва́ться** vo.) heißen, genannt werden, **станови́ться (стать** vo.) werden, **явля́ться** sein (prädikativer Instrumental), z. B.:

Он был студе́нтом.	Er war Student.

[1] Zur Rektion der Verben siehe (547 f.).
[2] Zur Konstruktion dieser unpersönlichen Sätze siehe (612).
[3] Mitunter steht ein Prädikatsnomen nach den Formen von быть im Nominativ; hierzu siehe (570).

Мой брат стал инженéром.	Mein Bruder wurde Ingenieur.
Москóвский университéт явля́ется одни́м из важнéйших цéнтров мировóй наýки.	Die Moskauer Universität ist eines der bedeutendsten wissenschaftlichen Zentren in der Welt.

Dem prädikativen Instrumental steht der Instrumental zur Bezeichnung eines (Tätigkeits-)Merkmals nahe, z. B.:

Егó назнáчили бригади́ром.	Man ernannte ihn zum Brigadier.
Он рабóтает библиотéкарем.	Er arbeitet als Bibliothekar.
Кто из вас пришёл пéрвым?	Wer von euch kam als erster an?

126 B. DER INSTRUMENTAL NACH SUBSTANTIVEN

Der Instrumental steht nach einem Substantiv in der gleichen Funktion wie nach dem entsprechenden Verb (vgl. 125). Dementsprechend unterscheidet man:

1. den Instrumental des Mittels, z. B.:

удáр топорóм	der Schlag mit dem Beil
толчóк ногóй	der Fußtritt

2. den Instrumental in der Funktion einer adverbialen Bestimmung, z. B.:

поéздка трамвáем	die Fahrt mit der Straßenbahn, die Straßenbahnfahrt
пéние бáсом	der Baßgesang

3. den Instrumental des Inhalts, z. B.:

руковóдство кружкóм[1]	die Leitung des Zirkels
завéдующий клýбом	der Klubleiter
заня́тия мýзыкой	das Musikstudium

4. den Instrumental der handelnden Person, z. B.:

провéрка тетрáдей учи́телем	die Heftkontrolle durch den Lehrer
поли́вка дерéвьев садóвником	das Gießen der Bäume durch den Gärtner

5. den Instrumental zur Bezeichnung eines Tätigkeitsmerkmales, z. B.:

назвáние Степáнова стáршим врачóм	Stepanows Ernennung zum Oberarzt

[1] Beachte jedoch: руководи́тель кружкá der Zirkelleiter.

C. DER INSTRUMENTAL BEI ADJEKTIVEN UND ADVERBIEN **127**

1. Der Instrumental steht bei Adjektiven und schränkt den Geltungsbereich der durch das Adjektiv bezeichneten Eigenschaft ein (begrenzender oder limitativer Instrumental), z. B.:

Он года́ми стар, а мо́лод се́рдцем.	Er ist alt an Jahren, aber sein Herz ist jung (geblieben).
Он недово́лен свои́ми успе́хами.	Er ist mit seinen Erfolgen unzufrieden.

2. Der Instrumental steht bei Komparativformen und bezeichnet den Unterschied zwischen zwei miteinander verglichenen Dingen, z. B.:

Ве́рнер двумя́ года́ми ста́рше свое́й сестры́.	Werner ist zwei Jahre älter als seine Schwester.
Я прие́хал пятью́ дня́ми ра́ньше моего́ това́рища.	Ich kam fünf Tage eher als mein Kamerad an.

IV. Die Kategorie der Belebtheit bzw. Unbelebtheit

Man unterscheidet im Russischen Substantive, die Lebewesen bezeichnen (kurz: belebte Substantive), und Substantive, die unbelebte Dinge bezeichnen (kurz: unbelebte Substantive). Dabei stimmt der grammatische Begriff der Belebtheit nicht mit dem naturwissenschaftlichen überein; als Lebewesen in grammatischem Sinne gelten nur Menschen und Tiere[1]. **128**

1. Die Bedeutung der Kategorie der Belebtheit bzw. Unbelebtheit für die Deklination der Substantive **129**

Die Unterscheidung von belebten und von unbelebten Substantiven ist für die Deklination, und zwar für die Bildung des Akkusativs, von Bedeutung. Es gelten folgende Regeln:

[1] Die grammatische Kategorie der Belebtheit spiegelt eine alte Denkweise wider; darum wird in grammatischen Darstellungen teilweise auch der Terminus Beseeltheit gebraucht.

1. Der Akkusativ Plural aller belebten Substantive ist gleich dem Genitiv Plural. Der Akkusativ Plural aller unbelebten Substantive ist gleich dem Nominativ Plural.

	Nom. Sing.	Nom. Plur.	Gen. Plur.	Akk. Plur.
belebte Substantive	**учени́к** der Schüler	**ученики́**	**ученико́в**	**ученико́в**
	крестья́нин der Bauer	**крестья́не**	**крестья́н**	**крестья́н**
	геро́й der Held	**геро́и**	**геро́ев**	**геро́ев**
	соба́ка der Hund	**соба́ки**	**соба́к**	**соба́к**
	ло́шадь das Pferd	**ло́шади**	**лошаде́й**	**лошаде́й**
	живо́тное das Tier	**живо́тные**	**живо́тных**	**живо́тных**
unbelebte Substantive	**стол** der Tisch	**столы́**	**столо́в**	**столы́**
	де́рево der Baum	**дере́вья**	**дере́вьев**	**дере́вья**
	расте́ние die Pflanze	**расте́ния**	**расте́ний**	**расте́ния**
	неде́ля die Woche	**неде́ли**	**неде́ль**	**неде́ли**
	пло́щадь der Platz	**пло́щади**	**площаде́й**	**пло́щади**
	и́мя der Vorname	**имена́**	**имён**	**имена́**

2. Der Akkusativ Singular der belebten männlichen Substantive der I. Deklination und der männlichen substantivierten Adjektive und Partizipien, die Lebewesen bezeichnen, ist gleich dem Genitiv Singular.

   Der Akkusativ Singular der übrigen Substantive (mit Ausnahme der Substantive der II. Deklination und der weiblichen substantivierten Adjektive und Partizipien) ist gleich dem Nominativ Singular.

	Nom. Sing.	Gen. Sing.	Akk. Sing.
belebte männliche Substantive der I. Deklination, männliche substantivierte Adjektive und Partizipien, die Lebewesen bezeichnen	**учени́к** der Schüler **геро́й** der Held **подмасте́рье** (m.) der Geselle **прохо́жий** der Passant	**ученика́** **геро́я** **подмасте́рья** **прохо́жего**	**ученика́** **геро́я** **подмасте́рья** **прохо́жего**
übrige Substantive (mit Ausnahme der Substantive der II. Deklination und der weiblichen substantivierten Adjektive und Partizipien [1])	**стол** der Tisch **расте́ние** die Pflanze **ло́шадь** das Pferd **пло́щадь** der Platz **и́мя** der Vorname **живо́тное** das Tier	**стола́** **расте́ния** **ло́шади** **пло́щади** **и́мени** **живо́тного**	**стол** **расте́ние** **ло́шадь** **пло́щадь** **и́мя** **живо́тное**

[1] Die Substantive der II. Deklination und die weiblichen substantivierten Adjektive und Partizipien weisen im Akkusativ Singular eine besondere Endung auf, die weder mit der Nominativ- noch mit der Genitivendung übereinstimmt.

	Nom. Sing.	Gen. Sing.	Akk. Sing.
Substantive der II. Deklination, weibliche substantivierte Adjektive und Partizipien	учи́тельница die Lehrerin соба́ка der Hund неде́ля die Woche мостова́я das Pflaster	учи́тельницы соба́ки неде́ли мостово́й	учи́тельницу соба́ку неде́лю мостову́ю

2. Die Einteilung in belebte und in unbelebte Substantive

130 Zu den belebten Substantiven gehören die Personen- und die Tierbezeichnungen; die anderen Substantive gelten als unbelebt.

131 Besonderheiten

1. Substantive mit der Grundbedeutung der Belebtheit werden in der Regel auch dann wie belebte Substantive dekliniert, wenn sie – in übertragener Bedeutung – unbelebte Dinge bezeichnen, z. B.:

Он чита́ет «Евге́ния Оне́гина».	Er liest (den Roman) „Eugen Onegin".
Врач купи́л «Москвича́»[1].	Der Arzt kaufte einen „Moskwitsch".

2. a) Substantive mit kollektiver Bedeutung, die eine Gesamtheit von Lebewesen bezeichnen, werden wie unbelebte Substantive dekliniert, z. B.:

Мы лю́бим свой наро́д.	Wir lieben unser Volk.
Мы ви́дели то́лпы гуля́ющих.	Wir sahen viele Spaziergänger (Mengen von Spaziergängern).
Ма́льчик уви́дел табу́н лошаде́й.	Der Junge erblickte eine Pferdeherde.

b) Der Akkusativ Plural der belebten Substantive, die einen Beruf oder eine (Dienst-)Stellung bezeichnen, ist nach Wendungen wie z. B. **вступи́ть** (vo.) **в** (mit Akk.), **пойти́** (vo.) **в** (mit Akk.), **произвести́** (vo.) **в** (mit Akk.) gleich dem Nominativ Plural, z. B.:

Инжене́р вступи́л в чле́ны нау́чно-техни́ческого о́бщества.	Der Ingenieur trat einer wissenschaftlich-technischen Gesellschaft als Mitglied bei.
Он пошёл в слесаря́.	Er wurde Schlosser (er „ging unter die Schlosser").
Това́рища Ивано́ва произ-вели́ в майо́ры.	Man beförderte den Genossen Iwanow zum Major.

3. Schwankungen innerhalb der Kategorie der Belebtheit bzw. Unbelebtheit sind sehr selten.

---

[1] «Москви́ч» (москви́ч der Moskauer): Name eines in der Sowjetunion hergestellten Autotyps.

Der Akkusativ Plural des Wortes **лицó** in der Bedeutung „die Person" kann sowohl gleich dem Nominativ Plural als auch gleich dem Genitiv Plural sein[1], z.B.:

Я знáю все лúца. oder (heute üblicher): **Я знáю всех лиц.**	Ich kenne alle Personen.
изучáть бактéрии, микрóбы oder (heute veraltet): **изучáть бактéрий, микрóбов**	Bakterien, Mikroben untersuchen

DIE DEKLINATION DER SUBSTANTIVE

I. Deklinierte und undeklinierbare Substantive

Die meisten russischen Substantive werden dekliniert. Einige Substantive – vornehmlich Wörter nichtrussischer Herkunft – sind jedoch undeklinierbar. **132**

Die undeklinierbaren Substantive haben keine besonderen Formen zum Ausdruck des Numerus und des Kasus; diese Kategorien werden syntaktisch ausgedrückt, z.B.:

Вчерá мы с отцóм бы́ли в кинó.	Gestern waren Vater und ich im Kino.
Мать купúла нóвое пальтó.	Die Mutter kaufte einen neuen Mantel.
Нóвые здáния МГУ располóжены на Лéнинских горáх.	Die neuen Gebäude der MGU befinden sich auf den Leninbergen.

Zu den undeklinierbaren Substantiven gehören u.a. folgende Gattungsnamen: **133**

1. Fremdwörter, die auf einen Vokalbuchstaben ausgehen und unbelebte Dinge bezeichnen[2], z.B.:

   депó das Depot, **динáмо** der Dynamo, die Dynamomaschine, **жюрú** die Jury, **интервью́** das Interview, **какáо** der Kakao, **килó** das Kilogramm, **кинó** das Kino, **коммюникé** das Kommunique, **кóфе** (männlich, siehe 107,3) der Kaffee, **купé** das Abteil, **меню́** das Menü, die Speisekarte, **метрó** die Metro, die Untergrundbahn, **пальтó** der Mantel, **рáдио** das Radio, **резюмé** das Resümee, die Zusammenfassung, **таксú** das Taxi, **шоссé** die Chaussee.

---

[1] In der Literatursprache des 19. Jahrhunderts war der Akkusativ Plural des Wortes лицó in der Bedeutung „die Person" gleich dem Nominativ Plural.

[2] Das Wort э́хо „das Echo" wird nach der I. Deklination gebeugt: Gen. Sing. э́ха usw.

2. Fremdwörter, die auf einen Vokalbuchstaben (außer **-а, -я**) ausgehen und Lebewesen benennen, sowie Fremdwörter auf Konsonant, die weibliche Personen bezeichnen, z. B.:

атташé der Attaché, **буржуá** der Bourgeois, **кенгурý** das Känguruh, **кýли** der Kuli, **шимпанзé** der Schimpanse, **лéди** die Lady, **мадáм** die Madame.

134 Zu den undeklinierbaren Substantiven gehören vornehmlich folgende Eigennamen:

A. Geographische Eigennamen

1. nichtrussische geographische Eigennamen, die auf einen Vokalbuchstaben (außer **-а, -я**[1]) ausgehen, z. B.:

Бакý Baku, **Бордó** Bordeaux, **Калé** Calais, **Óсло** Oslo, **Пéру** Peru, **Тбили́си**[2] Tbilissi, **Улáн-Удэ́** Ulan-Ude, **Чи́ли**[2] Chile.

2. russische geographische Eigennamen auf unbetontes **-о**, sofern sie nicht wie Possessivadjektive gebildet sind[3], z. B.:

Рóвно Rowno.

B. Personennamen

1. nichtrussische Vor- und Familiennamen, die auf einen Vokalbuchstaben (außer unbetontem **-а, -я**[1]) ausgehen, z. B.:

Брýно Bruno, **Гёте** Goethe, **Гюгó** Hugo, **Шóу** Shaw.

2. nichtrussische Vornamen, die auf einen harten Konsonanten ausgehen und weibliche Personen bezeichnen, z. B.:

Кáрин Karin, **Кармéн** Carmen.

3. nichtrussische und russische Familiennamen, die auf einen Konsonanten ausgehen und weibliche Personen bezeichnen[4], z. B.:

---

[1] Um das Erkennen der Grundform nicht zu gefährden, werden weniger bekannte Eigennamen jedoch gewöhnlich nicht dekliniert, z. B.: в гóроде Áлба Ю́лия = in der Stadt Alba Julia (Rumänien).

[2] Nichtrussische geographische Eigennamen, die auf -ы, -и ausgehen und zu den nur im Plural gebräuchlichen Wörtern gehören (vgl. 117,4), werden dekliniert, z. B.:

Áльпы (Plur.) die Alpen, Gen. Альп.

[3] Die wie Possessivadjektive gebildeten russischen geographischen Eigennamen auf -ово, -ево und -ыно, -ино werden dekliniert (nach der I. Deklination der Substantive, vgl. 240), z. B.:

Ивáново Iwanowo, Gen. Ивáнова; Бородинó Borodino, Gen. Бородинá.

[4] Familiennamen, die auf einen Konsonanten ausgehen und männliche Personen bezeichnen, werden dagegen in der Regel dekliniert, z. B.:

Карл Шмидт Karl Schmidt, Gen. Кáрла Шми́дта;
граждани́н Ворóнец Bürger Woronez, Gen. граждани́на Ворóнца.

А́нна Шмидт Anna Schmidt, Gen. **А́нны Шмидт**;
Тама́ра Воро́нец Tamara Woronez, Gen. **Тама́ры Воро́нец**.

4. ukrainische Familiennamen auf **-енко**[1], **-ко́**, z.B.:

Короле́нко Korolenko, **Франко́** Franko.

5. russische Familiennamen auf **-ово, -аго, -ых, -их**[2], z.B.:

Хитрово́ Chitrowo, **Черны́х** Tschernych.

Zu den undeklinierbaren Substantiven gehören vornehmlich die Abkürzungswörter des Initialtyps, die nach den Buchstabennamen (also jeder Buchstabe als eine Silbe) gesprochen werden[3], z.B.: 135

СССР [эс-эс-эс-эр] die UdSSR, **МГУ** [эм-гэ-у] die MGU.

II. Die Deklinationstypen der Substantive

Man unterscheidet in der russischen Sprache der Gegenwart folgende drei Haupttypen der Deklination von Substantiven[4]: 136

1. die I. Deklination[5]

Nach der I. Deklination werden gebeugt:

a) die männlichen Substantive mit endungslosem Nominativ Singular (im Schrift-

---

[1] Familiennamen auf -енко, die männliche Personen bezeichnen, können auch dekliniert werden (und zwar nach der II. Deklination), z.B.:
Шевче́нко Schewtschenko, Gen. Шевче́нки, Dat. Шевче́нке, Akk. Шевче́нку, Instr. Шевче́нкой, Präp. о Шевче́нке.

[2] Es handelt sich bei diesen Familiennamen um erstarrte Genitivformen des Singulars bzw. Plurals.

[3] Zu den Abkürzungswörtern siehe auch (203ff.).

[4] Strenggenommen lassen sich die einzelnen Deklinationstypen der Substantive nur in den Kasusformen des Singulars unterscheiden; die Formen des Plurals werden – mit Ausnahme des Nominativs und des Genitivs – von den Substantiven aller Deklinationstypen in gleicher Weise gebildet.

[5] In einigen Grammatiken und Lehrbüchern der russischen Sprache (z.B. bei A. M. Земский, C. E. Крючков, M. B. Светлаев: Русский язык. Часть первая) wird der hier als I. Deklination angegebene Typ der Substantive als II. Deklination, der hier als II. Deklination angegebene Typ hingegen als I. Deklination bezeichnet.

bild gehen diese Wörter im Nominativ Singular auf einen Konsonantbuchstaben, **-ь** oder **-й** aus)[1] (siehe 140ff.), z. B.:

Nom. Sing.:	**стол** der Tisch	**конь** das Pferd	**сара́й** die Scheune
Gen. Sing.:	**стола́**	**коня́**	**сара́я**

b) die sächlichen (und einige männliche) Substantive mit den Endungen **-о, -ё, -е** im Nominativ Singular (siehe 154ff.)[2], z. B.:

Nom. Sing.:	**село́** (s.) das Dorf	**ружьё** (s.) das Ge-	**по́ле** (s.) das Feld
Gen. Sing.:	**села́**	**ружья́** wehr	**по́ля**

Nom. Sing.:	**доми́шко** (m.) das (schäbige) Häuschen
Gen. Sing.:	**доми́шка**

2. die II. Deklination

Nach der II. Deklination werden die weiblichen Substantive (ebenso einige männliche Substantive und die zweigeschlechtigen Substantive) mit der Endung **-а, -я** im Nominativ Singular gebeugt (siehe 162ff.), z. B.:

Nom. Sing.:	**гора́** (w.) der Berg	**тётя** (w.) die Tante	**ше́я** (w.) der Hals
Gen. Sing.:	**горы́**	**тёти**	**ше́и**

Nom. Sing.:	**ста́роста** (m.) der Vorsitzende	**судья́** (m.) der Richter
Gen. Sing.:	**ста́росты**	**судьи́**

Nom. Sing.:	**сирота́** (m. oder w.) die Waise
Gen. Sing.:	**сироты́**

3. die III. Deklination (auch **и**-Deklination genannt)

Nach der III. Deklination werden die weiblichen Substantive (sowie das männliche Substantiv **путь** der Weg) mit endungslosem Nominativ Singular gebeugt (im Schriftbild gehen diese Wörter im Nominativ Singular auf **-ь** aus) (siehe 167ff.), z. B.:

Nom. Sing.:	**жизнь** das Leben	**ночь** die Nacht
Gen. Sing.:	**жи́зни**	**но́чи**

---

[1] Im folgenden wird diese Deklination als „männliche Deklination" bezeichnet.

[2] Im folgenden wird diese Deklination als „sächliche Deklination" bezeichnet; es ist jedoch dabei zu beachten, daß nach der sächlichen Deklination auch einige männliche Substantive gebeugt werden (z. B.: доми́шко [m.]).

Außer den drei Haupttypen der Deklination von Substantiven unterscheidet man noch folgende besondere Deklinationsarten:

1. die Deklination der zehn sächlichen Substantive, die im Nominativ Singular auf **-мя** ausgehen (siehe 172), z. B.:

   Nom. Sing.: **вре́мя** die Zeit
   Gen. Sing.: **вре́мени**

2. die Deklination des sächlichen Substantivs **дитя́** das Kind (siehe 173);

3. die Deklination der mit **пол-** oder **полу-** gebildeten Substantive (277), z.B.:

   Nom. Sing.: **полуо́стров** die Halbinsel — **полме́тра** ein halbes Meter
   Gen. Sing.: **полуо́строва** — **полуме́тра**

4. die Deklination der substantivierten Adjektive und Partizipien; diese Substantive werden wie Adjektive dekliniert (241, 393), z. B.:

	substantivierte Adjektive	substantivierte Partizipien
Nom. Sing.:	**больно́й** (m.) der Kranke	**учёный** (m.) der Gelehrte
Gen. Sing.:	**больно́го**	**учёного**

137

DIE GRUNDLEGENDEN ENDUNGEN
DER DREI HAUPTTYPEN DER SUBSTANTIVDEKLINATION[1]

		I. Deklination männl.	I. Deklination sächl.	II. Deklination	III. Deklination
Singular	N.	— | -ь, -й	-о | -е (ё)	-а | -я	-ь
	G.	-а | -я		-ы | -и	-и
	D.	-у | -ю		-е	-и
	A.	wie N. oder G.	-о | -е (ё)	-у | -ю	-ь
	I.	-ом | -ем (ём)		-ой | -ей (ёй)	-ью
	P.	-е		-е	-и
Plural	N.	-ы | -и	-а | -я	-ы | -и	-и
	G.	-ов | -ей, -ев (ёв)	— | -й	— | -ь, -й	-ей
	D.	-ам | -ям			
	A.	wie N. oder G.			
	I.	-ами | -ями			
	P.	-ах | -ях			

[1] Der Zusammenstellung wurde das Schriftbild zugrunde gelegt.

III. Zur Deklination der Substantive mit hartem Stammauslaut und der Substantive mit weichem Stammauslaut

138 Innerhalb der einzelnen Haupttypen der Deklination von Substantiven (vgl. 136) unterscheidet man

1. Substantive, deren Stamm auf einen harten Konsonanten auslautet[1],

2. Substantive, deren Stamm auf einen weichen Konsonanten auslautet[1], z. B.:

	Substantive mit hartem Stammauslaut		Substantive mit weichem Stammauslaut	
I. Deklination:	**стол**	der Tisch	**рубль**	der Rubel
	ме́сто	der Platz	**по́ле**	das Feld
II. Deklination:	**рабо́та**	die Arbeit	**тётя**	die Tante

Innerhalb ein und desselben Deklinationstyps unterscheiden sich die Endungen der Substantive mit hartem Stammauslaut von den Endungen der Substantive mit weichem Stammauslaut im Schriftbild gewöhnlich[2] durch die einander entsprechenden harten bzw. weichen Vokalbuchstaben (vgl. 137), z. B.:

	Substantiv mit hartem Stammauslaut		Substantiv mit weichem Stammauslaut
Nom. Sing.:	**стол**	–	**рубль**
Gen. Sing.:	**стола́**	–	**рубля́**
Dat. Sing.:	**столу́**	–	**рублю́**
Instr. Sing.:	**столо́м**	–	**рублём**
Nom. Plur.:	**столы́**	–	**рубли́**
Dat. Plur.:	**стола́м**	–	**рубля́м**
Instr. Plur.:	**стола́ми**	–	**рубля́ми**

---

[1] Im folgenden werden diese Substantive auch kurz „Substantive mit hartem Stammauslaut" bzw. „Substantive mit weichem Stammauslaut" genannt.

[2] Innerhalb ein und desselben Deklinationstyps wird eine bestimmte Kasusform mitunter von den Substantiven mit hartem Stammauslaut mit einer ganz anderen Endung als von den Substantiven mit weichem Stammauslaut gebildet, z. B.:
Nom. Sing.: стол — рубль, Gen. Plur.: столо́в — рубле́й.

Bei der Darstellung der Deklination der Substantive wird aus Gründen der Über- 139
sichtlichkeit im folgenden grundsätzlich vom Schriftbild ausgegangen[1].

ZUR SCHREIBUNG DER DEKLINATIONSENDUNGEN DER SUBSTANTIVE[2]

Mögliche Folge von Vokalbuchstaben auf stammauslautende Konsonanten

1	Stammauslaut auf harten Konsonanten (außer **г, к, х; ж, ш, ц**)	**а**	**о**	**у**	**ы**	**е**[3]
2	Stammauslaut auf weichen Konsonanten (außer **ч, щ**)	**я**	betont: **ё** unbetont: **е**	**ю**	**и**	**е**
3	Stammauslaut auf **г, к, х**	**а**	**о**	**у**	**и**[3]	**е**[3]
4	Stammauslaut auf **ж, ш; ч, щ**	**а**	betont: **о́** unbetont: **е**	**у**	**и**	**е**
5	Stammauslaut auf **ц**	**а**	betont: **о́** unbetont: **е**	**у**	**ы**	**е**

[1] So wird z.B. die Deklination der Substantive mit Stammauslaut auf Zischlaute — entsprechend den Gemeinsamkeiten im Schriftbild — auch zusammenhängend dargestellt, obwohl die Laute ж und ш stets hart, die Laute ч und щ stets weich sind. — Auch auf die Frage des stammauslautenden [j] wird — da der Laut [j] im Schriftbild ja auf verschiedene Weise wiedergegeben wird (vgl. 52) — nur in einigen erläuternden Fußnoten eingegangen.

[2] Für die Schreibung der Deklinationsendungen der Adjektive gelten grundsätzlich die gleichen Regeln wie für die Schreibung der Deklinationsendungen der Substantive.

[3] In dieser Stellung wird der im Stammauslaut stehende Konsonant erweicht, z.B.:
стол (der Tisch): о столе́
учени́к (der Schüler): об ученике́; Plur. ученики́.

IV. Die I. Deklination

A. Männliche Deklination

140

DIE I. DEKLINATION (MÄNNLICHE DEKLINATION)							
Stamm-auslaut auf:		harte Konsonanten (außer -ж, -ш)				Zischlaute	
End-buchst. d.Subst. im Nom. Sing.:		-б, -в, -д, -з, -л, -м, -н, -п, -р, -с, -т, -ф	-г, -к, -х	-ц		-ж, -ш; -ч, -щ	
		stamm- und endungsbet.	stamm- und endungsbet.	endungs-betont	stamm-betont	endungs-betont	stammbetont
Singular	N.	стол	учени́к	оте́ц	па́лец	нож	това́рищ
	G.	стола́	ученика́	отца́	па́льца	ножа́	това́рища
	D.	столу́	ученику́	отцу́	па́льцу	ножу́	това́рищу
	A.	стол	ученика́	отца́	па́лец	нож	това́рища
	I.	столо́м	ученико́м	отцо́м[2]	па́льцем[2]	ножо́м[3]	това́рищем[3]
	P.	о столе́	ученике́	отце́	па́льце	ноже́	това́рище
Plural	N.	столы́	ученики́[1]	отцы́	па́льцы	ножи́[3]	това́рищи[3]
	G.	столо́в	ученико́в	отцо́в[2]	па́льцев[2]	ноже́й	това́рищей
	D.	стола́м	ученика́м	отца́м	па́льцам	ножа́м	това́рищам
	A.	столы́	ученико́в	отцо́в	па́льцы	ножи́	това́рищей
	I.	стола́ми	ученика́ми	отца́ми	па́льцами	ножа́ми	това́рищами
	P.	о стола́х	ученика́х	отца́х	па́льцах	ножа́х	това́рищах

Angaben zu den Muster-wörtern	стол (männl., unbelebt) – Tisch	учени́к (männl., belebt) – Schüler	оте́ц (männl., belebt) – Vater	па́лец (männl., unbelebt) – Finger	нож (männl., unbelebt) – Messer	това́рищ (männl., belebt) – Genosse

[1] Hierzu siehe (139, 3). [2] Hierzu siehe (139, 5). [3] Hierzu siehe (139, 4).

DIE I. DEKLINATION (MÄNNLICHE DEKLINATION)						
Stamm-auslaut auf:		weiche Konsonanten (außer -ч, -щ)				
End-buchst. d.Subst. im Nom. Sing.:		-ь		-й (außer -ий)		-ий
		endungsbetont	stammbetont	stammbetont	endungsbetont	stammbetont
Singular	N.	**рубль**	**писа́тель**	**геро́й**	**солове́й**	**пролета́рий**
	G.	**рубля́**	**писа́теля**	**геро́я**	**соловья́**	**пролета́рия**
	D.	**рублю́**	**писа́телю**	**геро́ю**	**соловью́**	**пролета́рию**
	A.	**рубль**	**писа́теля**	**геро́я**	**соловья́**	**пролета́рия**
	I.	**рублём**[1]	**писа́телем**[1]	**геро́ем**[1]	**соловьём**[1]	**пролета́рием**[1]
	P.	**о рубле́**	**писа́теле**	**геро́е**	**соловье́**	**пролета́рии**
Plural	N.	**рубли́**	**писа́тели**	**геро́и**	**соловьи́**	**пролета́рии**
	G.	**рубле́й**	**писа́телей**	**геро́ев**[1]	**соловьёв**[1]	**пролета́риев**[1]
	D.	**рубля́м**	**писа́телям**	**геро́ям**	**соловья́м**	**пролета́риям**
	A.	**рубли́**	**писа́телей**	**геро́ев**	**соловьёв**	**пролета́риев**
	I.	**рубля́ми**	**писа́телями**	**геро́ями**	**соловья́ми**	**пролета́риями**
	P.	**о рубля́х**	**писа́телях**	**геро́ях**	**соловья́х**	**пролета́риях**

Angaben zu den Muster-wörtern	**рубль** (männl., unbelebt) – Rubel	**писа́тель** (männl., belebt) – Schriftsteller	**геро́й** (männl., belebt) – Held	**солове́й** (männl., belebt) – Nachtigall	**пролета́рий** (männl., belebt) – Proletarier

[1] Hierzu siehe (139,2).

Erläuterungen zur männlichen Deklination

A. ZUR BILDUNG DES SINGULARS UND DES PLURALS

1. Die Kategorie der Belebtheit bzw. Unbelebtheit

Hierzu siehe (128ff.).

141 *2. Flüchtiges* **-о-** *und flüchtiges* **-е-**[1]

Bei verschiedenen Substantiven, die nach der männlichen Deklination gebeugt werden, fällt der im Nominativ Singular vor dem letzten Konsonanten des Stammes stehende Vokal (**-о-** oder **-е-**) in den obliquen Kasus des Singulars und in allen Kasus des Plurals aus.

Zu den Substantiven mit flüchtigem **-о-** bzw. flüchtigem **-е-** gehören[2]:

a) einige einsilbige Wörter, z.B.:

день der Tag – **дня**
лев der Löwe – **льва**[3]
лёд das Eis – **льда**[3]
лён der Flachs – **льна**[3]
лоб die Stirn – **лба**
пень der Baumstumpf – **пня**
пёс der Hund, der Köter – **пса**
рот der Mund – **рта**
сон der Schlaf – **сна**

b) alle mit den Verkleinerungssuffixen **-ок, -ёк, -ек, -ёчек, ёнок, -онок, -шек, -шок** abgeleiteten Wörter, z.B.:

лесóк das Wäldchen – **лескá**
ручеёк das Bächlein – **ручейкá**[4]
человéчек das Menschlein, das Männlein – **человéчка**

c) zahlreiche Wörter, deren Stamm auf bestimmte Lautverbindungen ausgeht (es handelt sich dabei vornehmlich um Substantive, deren Stamm auf Sonore – siehe (24) – auslautet), z.B.:

---

[1] Vergleiche hierzu auch (90).
[2] In der Zusammenstellung werden — ohne nähere Erläuterung — der Nominativ und der Genitiv Singular der entsprechenden Wörter angegeben. — Auch in den folgenden Abschnitten wird der jeweils zu behandelnde Kasus in der Regel ohne nähere Erläuterungen nach dem Nominativ Singular angegeben.
[3] In diesen Wörtern wechselt der Buchstabe -е- mit dem Buchstaben -ь- (der vorangehende Konsonant bleibt also weich).
[4] In diesen Wörtern wechselt der Buchstabe е mit dem Buchstaben й (zur Bezeichnung des Lautes [j]).

-ей:	**ручéй** der Bach – **ручья́**[1]	**соловéй** die Nachtigall – **соловья́**[1]
-ел, -ёл:	**зáмысел** das Vorhaben, die Absicht – **зáмысла**	**орёл** der Adler – **орлá** **ýзел** der Knoten(punkt) – **узлá**
-ём:	**наём** die Miete – **нáйма**[2]	
-ень[3]**:**	**кáмень** der Stein – **кáмня** **кóрень** die Wurzel – **кóрня**	**пáрень** der Bursche – **пáрня** **ремéнь** der Riemen – **ремня́**
-ер, -ёр:	**вéтер** der Wind – **вéтра**	**ковёр** der Teppich – **коврá**
-ец[4]**:**	**боéц** der Kämpfer – **бойцá**[2] **брáтец** Brüderchen, mein Lieber – **брáтца** **дворéц** der Palast – **дворцá**	**комсомóлец** der Komsomolze – **комсомóльца**[1] **конéц** das Ende – **концá** **отéц** der Vater – **отцá** **пáлец** der Finger – **пáльца**[1] **стахáновец** der Stachanowarbeiter – **стахáновца**
-ок[5]**:**	**замóк** das Schloß, der Verschluß – **замкá** **кусóк** das Stück – **кускá** **переýлок** die Gasse – **переýлка**	**песóк** der Sand – **пескá** **платóк** das Tuch – **платкá** **потолóк** die Zimmerdecke – **потолкá** **стрелóк** der Schütze – **стрелкá**
-ол:	**посóл** der Botschafter – **послá**	**ýгол** die Ecke – **углá**
-оль:	**ýголь** die Kohle – **ýгля**	
-онь:	**огóнь** das Feuer – **огня́**	

Anmerkung:

In dem Wort **зáяц** „der Hase" wechselt der Buchstabe **-я-** mit dem Buchstaben **-й-**: Gen. Sing. **зáйца**.

---

[1] In diesen Wörtern wechselt der Buchstabe -е- mit dem Buchstaben -ь- (der vorangehende Konsonant bleibt also weich).

[2] In diesen Wörtern wechselt der Buchstabe -е- mit dem Buchstaben -й- (zur Bezeichnung des Lautes [j]).

[3] In verschiedenen Wörtern auf -ень bleibt -е- erhalten, z.B.:
олéнь der Hirsch — олéня, ячмéнь die Gerste — ячменя́.

[4] In verschiedenen Wörtern auf -ец bleibt -е- erhalten, z.B.:
жнец der Schnitter — жнецá, кузнéц der Schmied — кузнецá.

[5] In verschiedenen Wörtern auf -ок bleibt -о- erhalten, z.B.:
востóк der Osten — востóка, знатóк der Kenner, der Fachmann — знатокá, игрóк der Spieler — игрокá, урóк die Unterrichtsstunde — урóка, ходóк der Fußgänger — ходокá.

B. ZUR BILDUNG DES SINGULARS

142 *1. Der Genitiv Singular auf* **-у (-ю)**

Verschiedene unbelebte männliche Substantive der I. Deklination haben im Genitiv Singular – neben der regelmäßigen Endung **-а (-я)** – die meist unbetonte Endung **-у (-ю)**.

Für die Bildung und den Gebrauch dieser Genitivformen gelten folgende Regeln:

a) Zahlreiche Stoffnamen haben im Genitiv Singular gewöhnlich die Endung **-у (-ю)** zur Bezeichnung eines Teiles des Stoffganzen (partitiver Genitiv, siehe auch 119, 1), z. B.:

бензи́н das Benzin – **бензи́ну**
во́здух die Luft – **во́здуху**
дым der Rauch – **ды́му**
карто́фель (Sing.) die Kartoffeln – **карто́фелю**
корм die Nahrung – **ко́рму**
лёд das Eis – **льду**
материа́л der Stoff, das Material – **материа́лу**
мёд der Honig – **мёду**
са́хар der Zucker – **са́хару**
снег der Schnee – **сне́гу**
суп die Suppe – **су́пу**
таба́к der Tabak – **табаку́**
това́р die Ware – **това́ру**
чай der Tee – **ча́ю**
шокола́д die Schokolade – **шокола́ду**

Hierher gehört auch: **наро́д** das Volk – **наро́ду**.

Мать купи́ла са́хару, со́ли, карто́фелю, овоще́й.	Die Mutter kaufte Zucker, Salz, Kartoffeln und Gemüse.
Он вы́пил стака́н ча́ю.	Er hat ein Glas Tee getrunken.
За ночь навали́ло мно́го сне́гу.	Über Nacht ist viel Schnee gefallen.
Набрало́сь наро́ду.	Es hatten sich viele Leute eingefunden.

Anmerkungen:

1. Die oben behandelten Stoffnamen haben im Genitiv Singular die regelmäßige Endung **-а (-я)**, wenn der Genitiv nicht in partitiver Bedeutung gebraucht wird, z. B.:

цена́ бензи́на	der Benzinpreis
урожа́й карто́феля	die Kartoffelernte
вкус ча́я	der Geschmack des Tees

2. Die oben behandelten Stoffnamen haben im Genitiv Singular auch in partitiver Bedeutung gewöhnlich die Endung **-а (-я)**, wenn sie durch ein Attribut (in der Form eines Adjektivs, Partizips usw.) näher bestimmt werden, z. B.:

таре́лка жа́реного карто́феля	ein Teller Bratkartoffeln
стака́н кре́пкого ча́я	ein Glas starken Tees

b) Verschiedene Substantive (vornehmlich Abstrakta) können nach den Präpositionen **из, от, с** (zur Angabe räumlicher Verhältnisse oder zur Angabe des Grundes) und nach der Präposition **без** im Genitiv Singular die Endung **-у (-ю)** haben[1], z. B.:

уйти́ (vo.) **и́з дому**[1]	von zu Hause weggehen
возврати́ться (vo.) **и́з лесу**[1]	aus dem Wald zurückkehren
задохну́ться (vo.) **от ды́му**	vor (an) Rauch ersticken
подня́ть (vo.) **с по́лу**	vom Fußboden aufheben
кри́кну́ть (vo.) **с испу́гу**	vor Schreck aufschreien
умере́ть (vo.) **с го́лоду**	Hungers sterben
рабо́тать без о́тдыху	ohne Unterlaß (rastlos) arbeiten

Anmerkung:

Die oben behandelten Substantive können nach den Präpositionen **из, от, с** und **без** auch die regelmäßige Endung **-а (-я)** aufweisen, z. B.:

и́з дому oder **из до́ма**
и́з лесу oder **из ле́са**
с испу́гу oder **с испу́га**
без о́тдыху oder **без о́тдыха**

Mitunter ist zwischen den Genitivformen auf **-у (-ю)** und denen auf **-а (-я)** ein gewisser Bedeutungsunterschied festzustellen: In diesen Fällen haben die Genitivformen auf **-а (-я)** bestimmtere Bedeutung, z. B.:

Он возврати́лся и́з лесу.	Er kehrte aus dem Wald zurück.
Он возврати́лся из ле́са.	Er kehrte aus dem Wald (d. h. einem bestimmten, bekannten) zurück.

c) Einige Substantive haben in feststehenden Redewendungen der Umgangssprache im Genitiv Singular die Endung **-у (-ю)**, z. B.:

приба́вить (vo.) **хо́ду** **приба́вить** (vo.) **ша́гу**	seine Schritte beschleunigen; schneller gehen

[1] In einigen Fällen wird die Betonung vom Substantiv auf die Präposition vorverlegt; siehe hierzu (472).

мно́го шу́му, да ма́ло то́лку	etwa: viel Geschrei und wenig Wolle
с гла́зу на́ глаз	unter vier Augen
с ча́су на́ час	von Stunde zu Stunde
бе́з году неде́ля	unlängst, vor kurzem
о нём ни слу́ху, ни ду́ху	etwa: er läßt gar nichts von sich hören; er ist spurlos verschwunden
мне не до сме́ху	mir ist gar nicht zum Lachen zumute
конца́ кра́ю нет	etwa: das Ende ist nicht abzusehen; es nimmt kein Ende

143 *2. Der Instrumental Singular*

Die Substantive der männlichen Deklination weisen im Instrumental Singular folgende Endungen auf:

a) **-ом:** 1. bei Stammauslaut auf harte Konsonanten (zu **ж, ш, ц** siehe a2, c2), z.B.:

стол	– **столо́м**	**журна́л**	– **журна́лом**
учени́к	– **ученико́м**	**друг**	– **дру́гом**

2. bei Stammauslaut auf **ж, ш, ч**[1], **щ** und **ц**, wenn die Endung betont ist, z.B.:

нож	– **ножо́м**	**мяч**	– **мячо́м**
оте́ц	– **отцо́м**		

b) **-ём:** bei Stammauslaut auf weiche Konsonanten (zu **ч, щ** siehe a2, c2), wenn die Endung betont ist, z.B.:

рубль	– **рублём**	**солове́й**	– **соловьём**

c) **-ем:** 1. bei Stammauslaut auf weiche Konsonanten (zu **ч, щ** siehe a2, c2), wenn die Endung nicht betont ist, z.B.:

писа́тель	– **писа́телем**	**геро́й**	– **геро́ем**

2. bei Stammauslaut auf **ж, ш, ч, щ** und **ц**, wenn die Endung nicht betont ist, z.B.:

пляж	– **пля́жем**	**това́рищ**	– **товарищем**
па́лец	– **па́льцем**		

[1] Abweichend hat der Vatername Ильи́ч Iljitsch im Instrumental Singular die Form Ильичём.

3. Der Präpositiv Singular

Der regelmäßige Präpositiv Singular 144

Die Substantive der männlichen Deklination weisen im Präpositiv folgende Endungen auf:

a) **-е:** bei Stammauslaut auf harte und auf weiche Konsonanten (zu den Substantiven, die im Nominativ Singular auf **-ий** ausgehen, siehe b), z. B.:

стол – о столé **отéц – об отцé**
рубль – о рублé **герóй – о герóе**

b) **-и:** wenn der Nominativ Singular auf **-ий** ausgeht, z. B.:

пролетáрий – о пролетáрии

Der Präpositiv Singular auf **-ý (-ю́)** 145

Verschiedene unbelebte männliche Substantive der I. Deklination[1] haben im Präpositiv Singular nach den Präpositionen **в** und **на** (vornehmlich zur Angabe des Ortes) statt der Endung **-е** die stets betonte Endung **-ý (-ю́)**, z. B.:

бег der Lauf – **на бегý** im Laufen
бéрег das Ufer, die Küste – **на берегý** am Ufer, an der Küste
бой der Kampf, die Schlacht – **в бою́** im Kampf, in der Schlacht
век das Jahrhundert; das Zeitalter; die Lebenszeit – **на векý**[2] bei Lebzeiten
глаз das Auge – **в (на) глазý** im (am) Auge
год das Jahr – **в годý** im Jahr
дым der Rauch – **в дымý** im Rauch
край der Rand; das Land – **в краю́** im Land
на краю́ am Rand
круг der Kreis – **в кругý друзéй**[3] im Freundeskreis
лес der Wald – **в лесý** im Wald

---

[1] Es handelt sich hierbei hauptsächlich um Wörter, deren Stamm einsilbig ist und die in den Kasusformen des Singulars Stammbetonung aufweisen, z. B.:
бег – бéга – бéгу – бег – бéгом – о бéге.

[2] In der Bedeutung „Jahrhundert; Zeitalter" hat das Wort век im Präpositiv Singular nach der Präposition в jedoch die Endung -е, z. B.:
в XX вéке im 20. Jahrhundert.

[3] Das Wort круг hat nur in übertragener Bedeutung im Präpositiv Singular nach der Präposition в die Endung -ý, sonst stets -е:
в крýге im Kreis (math.).

луг die Wiese	–	**на лугу́** auf der Wiese
мост die Brücke	–	**на мосту́** auf der Brücke
плен die Gefangenschaft	–	**в плену́** in der Gefangenschaft
пол der Fußboden	–	**в (на) полу́** in dem (auf dem) Fußboden
порт der Hafen	–	**в порту́** im Hafen
пост der Posten	–	**на посту́** auf Posten
пруд der Teich	–	**в (на) пруду́** in dem (auf dem) Teich
рот der Mund	–	**во рту** im Mund
ряд die Reihe	–	**во второ́м ряду́**[1] in der zweiten Reihe
сад der Garten	–	**в саду́** im Garten
снег der Schnee	–	**в снегу́** im Schnee
тыл das Hinterland	–	**в тылу́** im Hinterland
у́гол die Ecke, der Winkel	–	**в (на) углу́**[2] in der (an der) Ecke
шкаф der Schrank	–	**в (на) шкафу́** in dem (auf dem) Schrank

Hierher gehören auch einige Eigennamen, z. B.:

Дон der Don	–	**на Дону́** am Don
Крым die Krim	–	**в Крыму́** auf der Krim

Anmerkungen:

1. Die oben behandelten Substantive haben im Präpositiv Singular die regelmäßige Endung **-е**, wenn sie mit einer anderen Präposition als **в** bzw. **на** verbunden sind, z. B.:

   говори́ть о ле́се, о го́де, о Кры́ме.

2. Die oben behandelten Substantive können mitunter im Präpositiv Singular auch nach den Präpositionen **в** und **на** die Endung **-е** haben, wenn sie durch ein Attribut (in der Form eines Adjektivs, Partizips usw.) näher bestimmt werden, z. B.:

в густо́м ды́ме	im dichten Rauch
на ни́жнем кра́е	am unteren Rand

---

[1] Das Wort ряд hat in der Bedeutung „eine geringe Anzahl" im Präpositiv Singular nach der Präposition в die Endung -е:

в ря́де слу́чаев in einer Reihe von Fällen.

[2] Das Wort у́гол hat in der Bedeutung „der Winkel (math.)" im Präpositiv Singular nach der Präposition в die Endung -е:

в угле́ im Winkel (math.).

3. Einige männliche Substantive der I. Deklination haben im Präpositiv Singular nach den Präpositionen **в** und **на** Parallelformen auf **-е** und auf **-ý (-ю́)**; in diesen Fällen sind die Formen auf **-ý (-ю́)** vornehmlich in der Umgangssprache gebräuchlich, z. B.:

о́тпуск der Urlaub	–	**в о́тпуске** **в отпуску́**	im Urlaub
хлев der Stall	–	**в хле́ве** **в хлеву́**	im Stall
цех die Werkabteilung	–	**в це́хе** **в цеху́**	in der Werkabteilung

C. ZUR BILDUNG DES PLURALS

1. Der Nominativ Plural auf **-á (-я́)** 146

Zahlreiche männliche Substantive der I. Deklination, die im Singular Stammbetonung aufweisen, haben im Nominativ Plural statt der Endung **-ы (-и)** die betonte Endung **-á (-я́)**[1], z. B.:

а́дрес die Anschrift – **адреса́**
бег der Lauf – **бега́**
бе́рег das Ufer, die Küste – **берега́**
век das Jahrhundert, das Zeitalter – **века́**
ве́чер der Abend – **вечера́**
глаз das Auge – **глаза́**
го́лос die Stimme – **голоса́**
го́род die Stadt – **города́**
дире́ктор der Direktor – **директора́**
до́ктор der Doktor – **доктора́**
дом das Haus – **дома́**
край der Rand, das Land – **края́**
лес der Wald – **леса́**
луг die Wiese – **луга́**
ма́стер der Meister – **мастера́**
но́мер die Nummer – **номера́**
о́круг der Kreis – **округа́**
о́стров die Insel – **острова́**
па́спорт der Paß, der Ausweis – **паспорта́**
по́езд der Zug, die Eisenbahn – **поезда́**
профе́ссор der Professor – **профессора́**
снег der Schnee – **снега́** die Schneegefilde (vgl. 116, 3)
сорт die Sorte, die Art – **сорта́**
учи́тель der Lehrer – **учителя́**[2]
ху́тор die Farm, das Einzelgehöft – **хутора́**

---

[1] Es handelt sich hierbei vornehmlich um ein- und zweisilbige, seltener um dreisilbige Wörter.

[2] Der Nominativ Plural von учи́тель lautet jedoch учи́тели, wenn das Wort in der gehobenen Bedeutung „Haupt einer Lehre, Lehrmeister" gebraucht wird, z. B.:

Маркс, Э́нгельс, Ле́нин — вели́кие учи́тели коммуни́зма.	Marx, Engels und Lenin sind die großen Lehrmeister des Kommunismus.

Anmerkungen:

1. Einige Substantive haben im Nominativ Plural zwei Formen mit unterschiedlicher Bedeutung: eine Form auf **-ы** (**-и**) und eine Form auf **-á** (**-я́**), z. B.:

о́браз < 1. die Gestalt, die Figur — Nom. Plur.: **о́бразы**
2. das Heiligenbild — Nom. Plur.: **образа́**

про́пуск < 1. das Versäumnis, die Lücke — Nom. Plur.: **про́пуски**
2. der Passierschein — Nom. Plur.: **пропуска́**

хлеб < 1. das Brot — Nom. Plur.: **хле́бы**
2. das Getreide — Nom. Plur.: **хлеба́**

2. Einige Substantive haben im Nominativ Plural Doppelformen ohne Bedeutungsunterschied; in diesen Fällen wird die Form auf **-á** (**-я́**) vornehmlich in der Umgangssprache gebraucht, z. B.:

год das Jahr	– Nom. Plur.:	**го́ды**	und **года́**
сле́сарь der Schlosser	– Nom. Plur.:	**сле́сари**	und **слесаря́**
то́карь der Dreher	– Nom. Plur.:	**то́кари**	und **токаря́**
цех die Werkabteilung	– Nom. Plur.:	**це́хи**	und **цеха́**

2. Der Genitiv Plural

147 Der regelmäßige Genitiv Plural

Die Substantive der männlichen Deklination weisen im Genitiv Plural in der Regel folgende Endungen auf:

a) **-ов:** 1. bei Stammauslaut auf harte Konsonanten (zu **-ц** siehe a2, b1; zu **-ж, -ш** siehe d 2), z. B.:

стол — **столо́в**   **журна́л** — **журна́лов**
учени́к — **ученико́в**

2. bei Stammauslaut auf **-ц**, wenn die Endung betont ist, z. B.:

оте́ц — **отцо́в**

b) **-ев:** 1. bei Stammauslaut auf **-ц**, wenn die Endung nicht betont ist, z. B.:

па́лец — **па́льцев**

2. bei Stammauslaut auf den weichen Konsonanten **-й**, wenn die Endung nicht betont ist, z. B.:

   геро́й – геро́ев **пролета́рий – пролета́риев**

c) **-ёв:** bei Stammauslaut auf den weichen Konsonanten **-й**, wenn die Endung betont ist, z. B.:

   солове́й – соловьёв

d) **-ей:** 1. bei Stammauslaut auf weiche Konsonanten (zu **-й** siehe b 2, c; zu **-ч, -щ** siehe d 2), z. B.:

   рубль – рубле́й **писа́тель – писа́телей**

   2. bei Stammauslaut auf **-ж, -ш, -ч, -щ,** z. B.:

   нож – ноже́й **това́рищ – това́рищей**
   мяч – мяче́й

Der endungslose Genitiv Plural 148

a) Einige Substantive, deren Stamm nicht abgeleitet ist, sind im Genitiv Plural endungslos. Hierher gehören:

1. einige Personenbezeichnungen, z. B.:

		Nom. Plur.		Gen. Plur.
башки́р der Baschkire	–	**башки́ры**	–	**башки́р**
партиза́н der Partisan	–	**партиза́ны**	–	**партиза́н**
солда́т der Soldat	–	**солда́ты**	–	**солда́т**
цыга́н der Zigeuner	–	**цыга́не (!)**	–	**цыга́н**

2. einige Substantive, die gewöhnlich mit Zahlwörtern verbunden werden, z. B.:

ампе́р das Ampere	–	**ампе́ры**	–	**ампе́р**
грамм das Gramm[1]	–	**гра́ммы**	–	**грамм**
раз Mal	–	**разы́**	–	**раз**
челове́к der Mensch[2]	–	**(лю́ди)**	–	**челове́к**

3. einige Substantive, die Dinge bezeichnen, die gewöhnlich paarweise vorkommen bzw. gebraucht werden, z. B.:

ва́ленок der Filzstiefel	–	**ва́ленки**	–	**ва́ленок**
глаз das Auge	–	**глаза́**	–	**глаз**

---

[1] Entsprechend auch: килогра́мм das Kilogramm — Gen. Plur.: килогра́мм; миллигра́мм das Milligramm — Gen. Plur.: миллигра́мм. Der Genitiv Plural von грамм, килогра́мм kann auch regelmäßig, mit der Endung -ов, gebildet werden; die Formen гра́ммов, килогра́ммов gehören – zum Unterschied von den endungslosen – mehr der Buchsprache an.

[2] Der Plural des Wortes челове́к lautet in der Regel лю́ди, люде́й. Lediglich nach Zahlwörtern lautet der Genitiv Plural челове́к (hierzu siehe Fußnote 1 auf S. 204).

сапóг der Stiefel	—	**сапогú**	—	**сапóг**
чулóк der Strumpf	—	**чулкú**	—	**чулóк**

b) Einige Substantive, deren Stamm abgeleitet ist, sind ebenfalls im Genitiv Plural endungslos. Hierher gehören:

1. die Substantive mit dem Suffix **-ин**, siehe (149);
2. die Substantive mit den Suffixen **-анин (-янин), -чанин,** siehe (150);
3. die Substantive mit dem Suffix **-ёнок (-онок),** siehe (151).

149 *3. Der Plural der Substantive mit dem Suffix* **-ин**

Einige männliche Substantive der I. Deklination, die mit dem Suffix **-ин** gebildet sind und Personen bezeichnen, sind im Genitiv Plural endungslos, z. B.:

		Nom. Plur.		Gen. Plur.
грузúн der Grusinier	—	**грузúны**	—	**грузúн**
осетúн der Ossete	—	**осетúны**	—	**осетúн**

Anmerkung:

Die Pluralformen folgender Wörter werden ohne das Suffix **-ин** gebildet (mitunter sind auch noch andere Unregelmäßigkeiten bei diesen Wörtern festzustellen):

болгáрин der Bulgare	—	**болгáры**	—	**болгáр**
господúн der Herr	—	**господá**	—	**госпóд**
татáрин der Tatar	—	**татáры**	—	**татáр**
хозя́ин der Wirt; der Hausherr	—	**хозя́ева**	—	**хозя́ев**

150 *4. Der Plural der Substantive mit den Suffixen* **-анин (-янин), -чанин**

Die männlichen Substantive der I. Deklination, die mit den Suffixen **-анин (-янин)** und **-чанин** gebildet sind und Personen bezeichnen, weisen im Plural folgende Besonderheiten auf:

Die Pluralformen werden ohne das Suffix **-ин** gebildet; der Nominativ Plural hat die Endung **-е**, der Genitiv Plural ist endungslos, z. B.:

граждани́н der Bürger, **крестья́нин** der Bauer, **славяни́н** der Slawe, **англича́нин** der Engländer.

Singular	Nom.	**граждани́н**	**крестья́нин**
	Gen.	**граждани́на**	**крестья́нина**
Plural	Nom.	**гра́ждане**	**крестья́не**
	Gen.	**гра́ждан**	**крестья́н**
	Dat.	**гра́жданам**	**крестья́нам**
	Akk.	**гра́ждан**	**крестья́н**
	Instr.	**гра́жданами**	**крестья́нами**
	Präp.	**о гра́жданах**	**крестья́нах**

5. Der Plural der Substantive mit dem Suffix **-ёнок (-онок)** **151**

Die männlichen Substantive der I. Deklination, die mit dem Suffix **-ёнок (-онок)** gebildet sind und vornehmlich junge Tiere bezeichnen, weisen im Plural folgende Besonderheiten auf:

In den Pluralformen wird das Suffix **-ёнок (-онок)** durch das Suffix **-ят- (-ат-)** ersetzt; der Nominativ Plural hat die Endung **-а**, der Genitiv Plural ist endungslos, z. B.:

телёнок das Kalb, **цыплёнок** das Kücken, **мышо́нок** das Mäusejunge.

Singular	Nom.	**телёнок**	**мышо́нок**
	Gen.	**телёнка**	**мышо́нка**
Plural	Nom.	**теля́та**	**мыша́та**
	Gen.	**теля́т**	**мыша́т**
	Dat.	**теля́там**	**мыша́там**
	Akk.	**теля́т**	**мыша́т**
	Instr.	**теля́тами**	**мыша́тами**
	Präp.	**о теля́тах**	**мыша́тах**

Anmerkung:

Wie die oben behandelten Substantive werden auch die nur im Plural gebräuchlichen Wörter der Umgangssprache **ребя́та** „die Kinder, die jungen Leute" und **девча́та** „die Mädchen" dekliniert. Zum Plural von **ребёнок** „das Kind" siehe (174).

152 *6. Die Substantive mit dem Nominativ Plural auf* **-ья**

Einige männliche Substantive der I. Deklination, die im Singular den Stammauslaut auf einen harten Konsonanten haben, weisen im Plural eine Stammveränderung[1] auf: Diese Wörter gehen im Nominativ Plural auf unbetontes **-ья**, im Genitiv Plural auf unbetontes **-ьев** aus (vgl. auch 160), z. B.:

		Nom. Plur.		Gen. Plur.
брат der Bruder	–	**бра́тья**	–	**бра́тьев**
ко́лос die Ähre	–	**коло́сья**	–	**коло́сьев**
стул der Stuhl	–	**сту́лья**	–	**сту́льев**
сук der Ast[2]	–	**су́чья**[3]	–	**су́чьев**

Singular	Nom.	**брат**	**сук**
	Gen.	**бра́та**	**сука́**
Plural	Nom.	**бра́тья**	**су́чья**
	Gen.	**бра́тьев**	**су́чьев**
	Dat.	**бра́тьям**	**су́чьям**
	Akk.	**бра́тьев**	**су́чья**
	Instr.	**бра́тьями**	**су́чьями**
	Präp.	**о бра́тьях**	**су́чьях**

Anmerkungen:

1. Folgende Wörter der oben behandelten Gruppe sind im Plural endungsbetont und gehen im Genitiv Plural auf **-ей**[4] aus (mitunter sind auch noch andere Unregelmäßigkeiten dieser Wörter festzustellen):

---

[1] Vom Standpunkt der Phonetik betrachtet, handelt es sich hierbei um Substantive, deren Stamm im Plural durch das Suffix [j] erweitert wird, wobei der davorstehende Konsonant erweicht wird, vgl.

Nom. Sing.: брат   Nom. Plur.: бра́тья = бра́[т'j-а]
Gen. Sing.: бра́та   Gen. Plur.: бра́тьев = бра́[т'j-э]в.

[2] Steht im Stammauslaut des Singulars ein к, so wechselt vor den Pluralformen auf -ья usw. к mit ч.

[3] Das Substantiv сук weist im Plural Doppelformen auf:

Nom. Plur.: су́чья und суки́
Gen. Plur.: су́чьев und суко́в.

[4] Vom Standpunkt der Phonetik betrachtet, ist der Genitiv Plural dieser Wörter endungslos, vgl.: друзья́ = дру[з'j-а́] – друзе́й = дру[з'э́j]: Gen. Plur endungslos, mit Vokaleinschub.

	Nom. Plur.	Gen. Plur.	Dat. Plur.
друг der Freund –	**друзья́** –	**друзе́й** –	**друзья́м**
муж der Ehemann –	**мужья́** –	**муже́й** –	**мужья́м**
сын der Sohn –	**сыновья́** –	**сынове́й** –	**сыновья́м**

2. Einige der oben behandelten Substantive haben im Plural Doppelformen mit unterschiedlicher Bedeutung: eine Form ohne Stammveränderung und eine Form mit Stammveränderung (auf **-ья**), z. B.:

		Nom. Plur.	Gen. Plur.
зуб	1. der Zahn (des Menschen, des Tieres)	– **зу́бы**	– **зубо́в**
	2. der Zahn (an Erzeugnissen der Technik)	– **зу́бья**	– **зу́бьев**
лист	1. das Blatt (Papier usw.)	– **листы́**	– **листо́в**
	2. das Blatt (einer Pflanze)	– **ли́стья**	– **ли́стьев**
сын	1. der Sohn (Verwandtschaftsbezeichnung)	– **сыновья́**	– **сынове́й**
	2. der Sohn (in gehobener Bedeutung, z. B.: der Sohn des Vaterlandes)	– **сыны́**	– **сыно́в**

7. *Der Plural der Substantive* **сосе́д, чёрт** 153

Die Substantive **сосе́д** „der Nachbar" und **чёрт** „der Teufel" weisen im Plural den Stammauslaut auf einen weichen Konsonanten auf; der Genitiv Plural hat die Endung **-ей.**

Singular	Nom. Gen.	**сосе́д** **сосе́да**	**чёрт** **чёрта**
Plural	Nom. Gen. Dat. Akk. Instr. Präp.	**сосе́ди** **сосе́дей** **сосе́дям** **сосе́дей** **сосе́дями** **о сосе́дях**	**че́рти** **черте́й** **чертя́м** **черте́й** **чертя́ми** **о чертя́х**

B. Sächliche Deklination

154

DIE I. DEKLINATION (SÄCHLICHE DEKLINATION)					
Stammauslaut auf:		harte Konsonanten (auser ж, ш, ц)		Zischlaute und ц	
Endbuchstaben der Substantive im Nom. Sing.:		-о (außer -ко)	-ко	-чо, -цо	-же, -че, -ще; -це
		stamm- und endungsbetont	stamm- und endungsbetont	Sing. endungsbetont	Sing. stammbetont
Singular	Nom.	ме́сто	я́блоко	кольцо́[1]	жили́ще[1]
	Gen.	ме́ста	я́блока	кольца́	жили́ща
	Dat.	ме́сту	я́блоку	кольцу́	жили́щу
	Akk.	ме́сто	я́блоко	кольцо́	жили́ще
	Instr.	ме́стом	я́блоком	кольцо́м[1]	жили́щем[1]
	Präp.	о ме́сте	о я́блоке	о кольце́	о жили́ще
Plural	Nom.	места́	я́блоки	ко́льца	жили́ща
	Gen.	мест	я́блок	коле́ц	жили́щ
	Dat.	места́м	я́блокам	ко́льцам	жили́щам
	Akk.	места́	я́блоки	ко́льца	жили́ща
	Instr.	места́ми	я́блоками	ко́льцами	жили́щами
	Präp.	о места́х	о я́блоках	о ко́льцах	о жили́щах

Angaben zu den Musterwörtern	ме́сто (sächl.) – Platz, Ort	я́блоко (sächl.) – Apfel	кольцо́ (sächl.) – Ring	жили́ще (sächl.) Wohnung, Behausung

[1] Hierzu siehe (139, 4 und 5).

DIE I. DEKLINATION (SÄCHLICHE DEKLINATION)					
Stammauslaut auf:		weiche Konsonanten (außer ч, щ)			
Endbuchstaben der Substantive im Nom. Sing.:		-е (außer -ье, -ие)	-ьё	-ье	-ие
		Sing. stamm-, Plur. endungsbet.	endungsbetont	stammbetont	stamm- und endungsbetont
Singular	Nom.	**по́ле**	**питьё**[1]	**уще́лье**[1]	**жела́ние**
	Gen.	**по́ля**	**питья́**	**уще́лья**	**жела́ния**
	Dat.	**по́лю**	**питью́**	**уще́лью**	**жела́нию**
	Akk.	**по́ле**	**питьё**	**уще́лье**	**жела́ние**
	Instr.	**по́лем**[1]	**питьём**[1]	**уще́льем**[1]	**жела́нием**
	Präp.	**о по́ле**	**о питье́**	**об уще́лье**	**о жела́нии**
Plural	Nom.	**поля́**	**питья́**	**уще́лья**	**жела́ния**
	Gen.	**поле́й**	**пите́й**	**уще́лий**	**жела́ний**
	Dat.	**поля́м**	**питья́м**	**уще́льям**	**жела́ниям**
	Akk.	**поля́**	**питья́**	**уще́лья**	**жела́ния**
	Instr.	**поля́ми**	**питья́ми**	**уще́льями**	**жела́ниями**
	Präp.	**о поля́х**	**о питья́х**	**об уще́льях**	**о жела́ниях**

Angaben zu den Musterwörtern	**по́ле** (sächl.) – Feld	**питьё** (sächl.) – Getränk	**уще́лье** (sächl.) – Schlucht	**жела́ние** (sächl.) – Wunsch

[1] Hierzu siehe (139,2).

Erläuterungen zur sächlichen Deklination

A. ZUR BILDUNG DES SINGULARS UND DES PLURALS

Die Kategorie der Belebtheit bzw. Unbelebtheit

Hierzu siehe (128 ff.).

B. ZUR BILDUNG DES SINGULARS

155 *1. Der Instrumental Singular*

Die Substantive der sächlichen Deklination weisen im Instrumental Singular folgende Endungen auf:

a) **-ом:** 1. bei Stammauslaut auf harte Konsonanten (zu **ж, ш, ц** siehe a 2, c 2), z. B.:

село́ — село́м **ме́сто — ме́стом**
я́блоко — я́блоком

2. bei Stammauslaut auf Zischlaute und **ц**, wenn die Endung betont ist, z. B.:

плечо́ — плечо́м **кольцо́ — кольцо́м**

b) **-ём:** bei Stammauslaut auf weiche Konsonanten, wenn die Endung betont ist (zu **ч, щ** siehe a 2, c 2)[1], z. B.:

питьё — питьём

c) **-ем:** 1. bei Stammauslaut auf weiche Konsonanten, wenn die Endung nicht betont ist[1], z. B.:

по́ле — по́лем **уще́лье — уще́льем**

---

[1] Die Substantive, die im Nominativ Singular auf -ие ausgehen, haben im Instrumental Singular sowohl betont als auch unbetont die Endung -ем, z. B.:
здáние das Gebäude — здáнием
бытиé das Dasein — бытиéм.

2. bei Stammauslaut auf Zischlaute und **ц**, wenn die Endung nicht betont ist, z. B.:

ло́же – ло́жем **се́рдце** das Herz – **се́рдцем**

2. Der Präpositiv Singular **156**

Die Substantive der sächlichen Deklination weisen im Präpositiv Singular folgende Endungen auf:

a) **-е**: bei Stammauslaut auf harte und auf weiche Konsonanten (zu den Substantiven, die im Nominativ Singular auf **-ие** ausgehen, siehe b), z. B.:

село́ – о селе́ **кольцо́ – о кольце́**
по́ле – о по́ле **питьё – о питье́**

b) **-и**: wenn der Nominativ Singular auf **-ие** ausgeht, z. B.:

зда́ние – о зда́нии

C. ZUR BILDUNG DES PLURALS

1. Der Nominativ Plural **157**

Die Substantive der sächlichen Deklination weisen im Nominativ Plural folgende Endungen auf:

a) **-а**: 1. bei Stammauslaut auf harte Konsonanten (zu **к** siehe c, zu **ж, ш** siehe a 2), z. B.:

село́ – сёла **ме́сто – места́**
кольцо́ – ко́льца **се́рдце – сердца́**

2. bei Stammauslaut auf Zischlaute[1], z. B.:

ло́же – ло́жа **жили́ще – жили́ща**
доми́ще (m.!) – **доми́ща**[2]

---

[1] Das Wort плечо́ hat im Nominativ Plural abweichend die Endung -и: пле́чи.

[2] Die mit dem Suffix -ищ- gebildeten männlichen Substantive können im Nominativ Plural neben der regelmäßigen Endung -а auch die (vornehmlich in der Umgangssprache gebräuchliche) Endung -и haben, z. B.:
доми́ще (m.!) — доми́ща und доми́щи (umgangssprachlich).

b) **-я:** bei Stammauslaut auf weiche Konsonanten (zu **ч, щ** siehe a2), z.B.:

по́ле – поля́ **зда́ние – зда́ния**
питьё – питья́ **уще́лье – уще́лья**

c) **-и:** bei Stammauslaut auf **к**[1], z.B.:

я́блоко – я́блоки **доми́шко** (m.!) – **доми́шки**

158 *2. Der Genitiv Plural*

Die Substantive der sächlichen Deklination weisen im Genitiv Plural folgende Endungen auf:

a) – (keine Endung)

bei Stammauslaut auf harte Konsonanten und Zischlaute, z.B.:

село́ – сёл **кольцо́ – коле́ц**
я́блоко – я́блок **плечо́ – плеч**

Man beachte aber:

1. Die Substantive auf **-ико**, betontes **-ко́** und **о́блако** haben die Endung **-ов**:
пле́чико (die kleine Schulter) – **пле́чиков**
очко́ (das Auge, der Punkt beim Spiel) – **очко́в**
о́блако (die Wolke) – **облако́в**

2. **яйцо́** (das Ei) lautet im Genitiv Plural **яиц**.

b) **-ий**[2]**:** bei Substantiven auf **-ие** und vielen auf **-ье** (**-ьё**), z.B.:

---

[1] Die Substantive mit Stammauslaut auf -к, die im Singular Stamm-, im Plural Endungsbetonung aufweisen, haben im Nominativ Plural die Endung -а, z.B.:
во́йско das Heer – войска́
о́блако die Wolke – облака́.

[2] Vom Standpunkt der Phonetik betrachtet, ist der Genitiv Plural der Wörter der Gruppe b, deren Stamm auf [j] auslautet, endungslos; vgl.:
зда́ние = зда́[н'иj-э] – зда́ний = зда́[н'иj]: Gen. Plur. endungslos,
уще́лье = уще́[л'j-э] – уще́лий = уще́[л'иj]: Gen. Plur. endungslos, mit Vokaleinschub.

жела́ние (der Wunsch) – **жела́ний**
ку́шанье (die Speise, das Gericht) – **ку́шаний**
копьё (die Lanze) – **ко́пий**

Man beachte aber:

1. Einige Substantive auf **-ье** haben im Genitiv Plural die Endung **-ев**:

пла́тье (das Kleid) – **пла́тьев**
верхо́вье (der Oberlauf eines Flusses) – **верхо́вьев**

2. Abweichend wird der Genitiv Plural auch gebildet von:

питьё (das Getränk) – **пите́й**[1]
ружьё (das Gewehr) – **ру́жей**[1]

c) **-ей**: bei den Substantiven **по́ле** und **мо́ре**:

по́ле – поле́й **мо́ре – море́й**

3. *Flüchtiges* **-о-** *und flüchtiges* **-е-** *im Genitiv Plural* 159

Im endungslosen Genitiv Plural weisen Substantive der sächlichen Deklination, wenn der Stamm auf zwei Konsonanten ausgeht, häufig den Einschub eines **-о-** oder **-е-** zwischen den beiden Endkonsonanten des Stammes auf.

Im einzelnen gelten für den Einschub von **-о-** oder **-е-** im endungslosen Genitiv Plural folgende Regeln:

a) **-о-** wird eingeschoben, wenn der erste der beiden Endkonsonanten des Stammes ein **г** oder **к**, der letzte Konsonant ein Sonor **(л, м, н, р)** ist, z.B.:

окно́ das Fenster – **о́кон** **стекло́** das Glas; die Scheibe – **стёкол**
сукно́ das Tuch (Stoffart) – **су́кон**

b) **-е-** wird eingeschoben, wenn der erste der beiden Endkonsonanten des Stammes kein **г** oder **к** und der letzte Konsonant ein Sonor **(л, м, н, р)** ist, z.B.:

бревно́ der Balken – **брёвен** **ведро́** der Eimer – **вёдер**[2]

---

[1] Phonetisch gesehen sind ру́жей und пите́й ebenfalls endungslos (vgl. Fußnote 2 auf S. 100), wobei ein Vokaleinschub von [ə] vorliegt: ружьё = руж[j-ó] – ру́жей = ру́ж[əj-].

[2] Kein Vokaleinschub erfolgt bei не́дра (Plur.) das Innere der Erde, die Bodenschätze: Gen. недр.

кре́сло der Sessel – **кре́сел**
ма́сло die Butter; das Öl; das Fett – **ма́сел**
письмо́ der Brief – **пи́сем**
полотно́ das Leinen – **поло́тен**
ремесло́ das Handwerk – **ремёсел**
число́ die Zahl – **чи́сел**

c) **-е-** wird eingeschoben, wenn der letzte der beiden Endkonsonanten des Stammes ein **к** oder **ц** ist, z.B.:

кольцо́ der Ring – **коле́ц**
крыльцо́ die Außentreppe – **крыле́ц**
око́шко das Fenster, der Schalter – **око́шек**
полоте́нце das Handtuch – **поло-те́нец**
се́рдце das Herz – **серде́ц**

160 *4. Die Substantive mit Stammveränderung: Nominativ Plural auf* **-ья**

Einige sächliche Substantive der I. Deklination, die im Singular den Stammauslaut auf einen harten Konsonanten haben, weisen im Plural eine Stammveränderung[1] auf: Diese Wörter gehen im Nominativ Plural auf unbetontes **-ья**, im Genitiv Plural auf unbetontes **-ьев** aus (vgl. auch 152), z.B.:

		Nom. Plur.		Gen. Plur.
де́рево der Baum	–	**дере́вья**	–	**дере́вьев**
дно der Grund, der Boden (z.B. eines Sees)	–	**до́нья**[2]	–	**до́ньев**
звено́ das Glied (einer Kette)	–	**зве́нья**	–	**зве́ньев**
крыло́ der Flügel	–	**кры́лья**	–	**кры́льев**
перо́ die Feder	–	**пе́рья**	–	**пе́рьев**

---

[1] Vom Standpunkt der Phonetik betrachtet, handelt es sich hierbei um Substantive, deren Stamm im Plural durch das Suffix [j] erweitert wird, wobei der davorstehende Konsonant erweicht wird, vgl.:
Nom. Sing.: перо́ Nom. Plur.: пе́рья = пе́[p'j-a]
Gen. Sing.: пера́ Gen. Plur.: пе́рьев = пе́[p'j-ə]в.

[2] In allen Pluralformen von дно wird zwischen д und н flüchtiges -о- eingeschoben, z.B.: до́нья, до́ньев, до́ньям.

Singular	Nom.	**перó**
	Gen.	**перá**
Plural	Nom.	**пéрья**
	Gen.	**пéрьев**
	Dat.	**пéрьям**
	Akk.	**пéрья**
	Instr.	**пéрьями**
	Präp.	**о пéрьях**

5. *Substantive mit besonderen Stammveränderungen im Plural* 161

Einzelne sächliche Substantive der I. Deklination weisen im Plural besondere Stammveränderungen auf:

a) Konsonantenwechsel

		Nom. Plur.	Gen. Plur.	Dat. Plur.
ýхо	das Ohr	– **ýши**	– **ушéй**	– **ушáм**
óко	das Auge (veralt., poet.)	– **óчи**	– **очéй**	– **очáм**

b) Stammerweiterung

нéбо	der Himmel	– **небесá**	– **небéс**	– **небесáм**
чýдо	das Wunder	– **чудесá**	– **чудéс**	– **чудесáм**

c) Ausfall des stammauslautenden Konsonanten

сýдно	das Schiff	– **судá**	– **судóв**	– **судáм**

d) Erweichung des stammauslautenden Konsonanten

колéно	das Knie	– **колéни**	–**колéней**	–**колéням**

V. Die II. Deklination

162

DIE II. DEKLINATION							
Stammauslaut auf:		harte Konsonanten (außer ж, ш)				Zischlaute	
Endbuchst. d.Subst. im Nom. Sing.:		-ба, -ва, -да, -за, -ла, -ма, -на, -па, -ра, -са, -та, -фа	-га, -ка, -ха	-ца		-жа, -ша; -ча, -ща	
		stamm- und endungsbetont	stamm- und endungsbetont	Sing. endungsbet.	stammbetont	endungsbetont	stammbetont
Singular	N.	ко́мната	подру́га	овца́	у́лица	свеча́	кры́ша
	G.	ко́мнаты	подру́ги[1]	овцы́	у́лицы	свечи́[3]	кры́ши[3]
	D.	ко́мнате	подру́ге	овце́	у́лице	свече́	кры́ше
	A.	ко́мнату	подру́гу	овцу́	у́лицу	свечу́	кры́шу
	I.	ко́мнатой (-ою)	подру́гой (-ою)	овцо́й[2] (-о́ю)	у́лицей[2] (-ею)	свечо́й[3] (-о́ю)	кры́шей[3] (-ею)
	P.	о ко́мнате	подру́ге	овце́	у́лице	свече́	кры́ше
Plural	N.	ко́мнаты	подру́ги[1]	о́вцы	у́лицы	све́чи[3]	кры́ши[3]
	G.	ко́мнат	подру́г	ове́ц	у́лиц	свече́й	кры́ш
	D.	ко́мнатам	подру́гам	о́вцам	у́лицам	свеча́м	кры́шам
	A.	ко́мнаты	подру́г	ове́ц	у́лицы	све́чи	кры́ши
	I.	ко́мнатами	подру́гами	о́вцами	у́лицами	свеча́ми	кры́шами
	P.	о ко́мнатах	подру́гах	о́вцах	у́лицах	свеча́х	кры́шах

Angaben zu den Musterwörtern	ко́мната (weibl., unbelebt) – Zimmer	подру́га (weibl., belebt) – Freundin	овца́ (weibl., belebt) – Schaf	у́лица (weibl., unbelebt) – Straße	свеча́ (weibl., unbelebt) – Kerze	кры́ша (weibl., unbelebt) – Dach

[1] Hierzu siehe (139, 3). [2] Hierzu siehe (139,5). [3] Hierzu siehe (139, 4).

DIE II. DEKLINATION						
Stamm-auslaut auf:		weiche Konsonanten (außer ч, щ)				
End-buchst. d. Subst. im Nom. Sing.:		-я (außer -ья, -ия)		-ия	-ья	
		stammbetont	Sing. endungsbet.	stammbetont	endungsbetont	stammbetont
Singular	N.	неде́ля	змея́	ли́ния	статья́	го́стья
	G.	неде́ли	змей	ли́нии	статьи́	го́стьи
	D.	неде́ле	змее́	ли́нии	статье́	го́стье
	A.	неде́лю	змею́	ли́нию	статью́	го́стью
	I.	неде́лей[1] (-ею)	змеёй[1] (-ёю)	ли́нией[1] (-ею)	статьёй[1] (-ёю)	го́стьей[1] (-ею)
	P.	о неде́ле	змее́	ли́нии	статье́	го́стье
Plural	N.	неде́ли	зме́и	ли́нии	статьи́	го́стьи
	G.	неде́ль	змей	ли́ний	стате́й	го́стий
	D.	неде́лям	зме́ям	ли́ниям	статья́м	го́стьям
	A.	неде́ли	змей	ли́нии	статьи́	го́стий
	I.	неде́лями	зме́ями	ли́ниями	статья́ми	го́стьями
	P.	о неде́лях	зме́ях	ли́ниях	статья́х	го́стьях

Angaben zu den Musterwörtern	**неде́ля** (weibl., unbelebt) – Woche	**змея́** (weibl., belebt) – Schlange	**ли́ния** (weibl., unbelebt) – Linie	**статья́** (weibl., unbelebt) – Artikel	**го́стья** (weibl., belebt) – (weiblicher) Gast

[1] Hierzu siehe (139, 2).

Erläuterungen zur II. Deklination

A. ZUR BILDUNG DES SINGULARS UND DES PLURALS

Die Kategorie der Belebtheit bzw. Unbelebtheit

Hierzu siehe (128 ff.).

B. ZUR BILDUNG DES SINGULARS

163 *1. Der Dativ und der Präpositiv Singular*

Die Substantive der II. Deklination haben im Dativ Singular die gleiche Endung wie im Präpositiv Singular.

Die Substantive weisen im Dativ und im Präpositiv Singular folgende Endungen auf:

a) **-е:** bei Stammauslaut auf harte und auf weiche Konsonanten (zu den Substantiven, die im Nominativ Singular auf **-ия** ausgehen, siehe b), z. B.:

ко́мната – ко́мнате
о ко́мнате
свеча́ – свече́
о свече́
неде́ля – неде́ле
о неде́ле
статья́ – статье́
о статье́

b) **-и:** wenn der Nominativ Singular auf **-ия** ausgeht, z. B.:

ли́ния – ли́нии
о ли́нии

164 *2. Der Instrumental Singular*

Die Substantive der II. Deklination weisen im Instrumental Singular folgende Endungen auf:

a) **-ой (-ою):** 1. bei Stammauslaut auf harte Konsonanten (zu **ж, ш, ц** siehe a 2, c 2), z. B.:

ко́мната – ко́мнатой oder **ко́мнатою**
подру́га – подру́гой oder **подру́гою**

2. bei Stammauslaut auf **ж, ш, ч, щ** und **ц**, wenn die Endung betont ist, z. B.:

свечá	–	**свечóй**	oder	**свечóю**
овцá	–	**овцóй**	oder	**овцóю**

b) **-ёй (-ёю):** bei Stammauslaut auf weiche Konsonanten, wenn die Endung betont ist (zu **ч, щ** siehe a 2, c 2), z. B.:

змеЯ́	–	**змеёй**	oder	**змеёю**
статьЯ́	–	**статьёй**	oder	**статьёю**

c) **-ей (-ею):** 1. bei Stammauslaut auf weiche Konsonanten, wenn die Endung nicht betont ist, z. B.:

недéля	–	**недéлей**	oder	**недéлею**
лúния	–	**лúнией**	oder	**лúниею**

2. bei Stammauslaut auf **ж, ш; ч, щ** und **ц**, wenn die Endung nicht betont ist, z. B.:

крЫ́ша	–	**крЫ́шей**	oder	**крЫ́шею**
ýлица	–	**ýлицей**	oder	**ýлицею**

Anmerkung:

Die Endungen **-ой, -ёй, -ей** werden sowohl in der Umgangs- als auch in der Schriftsprache verwendet, während die Instrumentalendungen **-ою, -ёю, -ею** nur in der Schriftsprache gebraucht werden.

C. ZUR BILDUNG DES PLURALS

1. Der Genitiv Plural **165**

Die Substantive der II. Deklination weisen im Genitiv Plural folgende Endungen auf:

a) (keine Endung):

1. bei Stammauslaut auf harte Konsonanten (zu **ж, ш** siehe a 2), z. B.:

кóмната – кóмнат	**подрýга – подрýг**
ýлица – ýлиц	**овцá – овéц**

2. bei Stammauslaut auf **ж, ш, ч, щ**[1], z. B.:

кры́ша – крыш **ту́ча** die Wolke **– туч**

b) **-ь**[2]: wenn der Nominativ Singular auf Konsonantbuchstaben + **я** ausgeht[3], z. B.:

неде́ля – неде́ль **ба́ня** die Badestube **– бань**

c) **-й**[4]: wenn der Nominativ Singular auf Vokalbuchstaben + **я** ausgeht, z. B.:

зме́я – змей **ли́ния – ли́ний**

d) **-ий**[4]: wenn der Nominativ Singular auf **-ья** ausgeht und die Endung nicht betont ist, z. B.:

го́стья – го́стий

e) **-ей**[4]: wenn der Nominativ Singular auf **-ья** ausgeht und die Endung betont ist, z. B.:

статья́ – стате́й

166 *2. Flüchtiges* **-о-** *und flüchtiges* **-е-** *im Genitiv Plural*

Im endungslosen Genitiv Plural weisen Substantive der II. Deklination, wenn ihr Stamm auf zwei Konsonanten ausgeht, häufig den Einschub eines **-о- (-ё-)** oder **-е-** zwischen den beiden Endkonsonanten des Stammes auf.

---

1 Abweichend hiervon haben einige Substantive der II. Deklination mit Stammauslaut auf Zischlaut im Genitiv Plural die Endung -ей (diese Endung ist meist betont), z. B.:
вожжа́ der Zügel, die Leine — вожже́й, левша́ (m. oder w.) der Linkshänder — левше́й, свеча́ die Kerze — свече́й (neben свеч), ю́ноша (m.) der Jüngling — ю́ношей.

2 Vom Standpunkt der Phonetik betrachtet, ist der Genitiv Plural dieser Wörter endungslos; vgl.:
неде́ля = неде́[л'-а] — неде́ль = неде́[л']
ба́ня = ба́[н'-а] — бань = ба[н'].

3 Abweichend hiervon haben einige Substantive der II. Deklination, die im Nominativ Singular auf Konsonantbuchstaben + я ausgehen, im Genitiv Plural die Endung -ей, z. B.:
до́ля der Teil, der Anteil — доле́й, дя́дя (m.) der Onkel — дя́дей, тётя die Tante — тётей.

4 Vom Standpunkt der Phonetik betrachtet, ist der Genitiv Plural dieser Wörter, deren Stamm auf [j] auslautet, endungslos, z. B.:
зме́я = з[м'эj-а́] — змей = з[м'эj]: Gen. Plur. endungslos
го́стья = го́с[т'j-а] — го́стий = го́с[т'иj]: Gen. Plur. endungslos, mit Vokaleinschub
статья́ = ста[т'j-а́] — стате́й = ста[т'э́j]: Gen. Plur. endungslos, mit Vokaleinschub.

Im einzelnen gelten für den Einschub von **-о-** (**-ё-**) oder **-е-** im endungslosen Genitiv Plural folgende Regeln:

a) **-о-** wird eingeschoben, wenn der erste der beiden Endkonsonanten hart (außer **ж, ш, ц**) und der letzte Konsonant ein **к** ist, z. B.:

доска́ die Tafel – **досо́к**
ла́вка die Sitzbank; der Laden – **ла́вок**
ска́зка das Märchen – **ска́зок**

b) **-е-** (**-ё-**) wird eingeschoben, wenn der letzte der beiden Endkonsonanten des Stammes ein **л** oder **н** (in Einzelfällen auch **м** oder **р**) ist[1], z. B.:

ба́сня die Fabel – **ба́сен**[2]
дере́вня das Dorf – **дереве́нь**[2]
до́мна der Hochofen – **до́мен**
земля́ die Erde, das Land – **земе́ль**
пе́сня das Lied – **пе́сен**[2]
сестра́ die Schwester – **сестёр**
сосна́ die Kiefer – **со́сен**
со́тня das Hundert – **со́тен**[2]
спа́льня das Schlafzimmer – **спа́лен**[2]
тюрьма́ das Gefängnis – **тю́рем**
чита́льня der Lesesaal – **чита́лен**[2]

c) **-е-** (betont **-ё-**) wird eingeschoben, wenn der erste der beiden Endkonsonanten des Stammes weich oder ein Zischlaut ist und der letzte Konsonant ein **к** ist, z. B.:

де́вочка das kleine Mädchen – **де́вочек**
кни́жка das Büchlein – **кни́жек**
копе́йка die Kopeke – **копе́ек**
мальчи́шка (m.!) der Bube – **мальчи́шек**
стару́шка die Greisin – **стару́шек**
ча́шка die Tasse – **ча́шек**
яче́йка die Zelle – **яче́ек**

d) **-е-** wird eingeschoben, wenn der letzte der beiden Konsonanten ein **ц** ist, z. B.:
овца́ das Schaf – **ове́ц**

[illegible]. *Der Plural des Substantivs* **ку́рица**

ку́рица das Huhn, die Henne – **ку́ры, кур, ку́рам**

---

[1] In manchen Fällen unterbleibt der Vokaleinschub, z. B.:
волна́ die Welle — волн, игла́ die Nadel — игл.

[2] Bei Substantiven auf -ня mit vorangehendem Konsonanten wird im Genitiv Plural nach eingeschobenem Vokal das н hart, z. B.:
ба́сня — ба́сен, пе́сня — пе́сен, чита́льня — чита́лен.
Ausnahmen: дере́вня — дереве́нь, ку́хня die Küche — ку́хонь.

VI. Die III. Deklination

167

DIE III. DEKLINATION				
Stammauslaut auf:		weiche Konsonanten (außer ч, щ)		Zischlaute
Endbuchstaben im Nom. Sing.:		-ь		-жь, -шь; -чь, -щь
Singular	Nom.	степь	ло́шадь	мышь
	Gen.	сте́пи	ло́шади	мы́ши
	Dat.	сте́пи	ло́шади	мы́ши
	Akk.	степь	ло́шадь	мышь
	Instr.	сте́пью	ло́шадью	мы́шью
	Präp.	о сте́пи	о ло́шади	о мы́ши
Plural	Nom.	сте́пи	ло́шади	мы́ши
	Gen.	степе́й	лошаде́й	мыше́й
	Dat.	степя́м	лошадя́м	мыша́м[1]
	Akk.	сте́пи	лошаде́й	мыше́й
	Instr.	степя́ми	лошадя́ми	мыша́ми[1]
	Präp.	о степя́х	о лошадя́х	о мыша́х[1]

Angaben zu den Musterwörtern	степь (w., unbelebt) – die Steppe	ло́шадь (w., belebt) – das Pferd	мышь (w., belebt) – die Maus

Erläuterungen zur III. Deklination

A. ZUR BILDUNG DES SINGULARS UND DES PLURALS

1. Die Kategorie der Belebtheit bzw. Unbelebtheit

Hierzu siehe (128 ff.).

[1] Hierzu siehe (139, 4).

2. Die Deklination der Substantive **дочь, мать** 168

In den obliquen Kasus des Singulars und in allen Kasus des Plurals weisen die Substantive **дочь** „die Tochter" und **мать** „die Mutter" die Stammerweiterung **-ер-** auf, z.B.:

	Singular	Plural
Nom.	**мать**	**ма́тери**
Gen.	**ма́тери**	**матере́й**
Dat.	**ма́тери**	**матеря́м**
Akk.	**мать**	**матере́й**
Instr.	**ма́терью**	**матеря́ми**
Präp.	**о ма́тери**	**о матеря́х**

Ebenso: **дочь** – **до́чери** usw.

B. ZUR BILDUNG DES SINGULARS

1. Flüchtiges **-о-** *und flüchtiges* **-е-** 169

Bei den nur im Singular gebräuchlichen Wörtern **ложь** „die Lüge", **любо́вь** „die Liebe"[1], **рожь** „der Roggen" fällt der im Nominativ Singular vor dem letzten Konsonanten des Stammes stehende Vokal **-о-** im Genitiv, Dativ und Präpositiv aus:

ложь – лжи – лжи – ложь – ло́жью – о лжи
любо́вь[1] – любви́ – любви́ – любо́вь – любо́вью – о любви́
ро́жь – ржи – ржи – рожь – ро́жью – о ржи

Anmerkung:

Bei dem Wort **це́рковь** „die Kirche" fällt **-о-** im Genitiv, Dativ und Präpositiv Singular und in allen Kasus des Plurals aus (außerdem sind die Endungen des Dativs, Instrumentals und Präpositivs Plural unregelmäßig):

Sing.: **це́рковь – це́ркви – це́ркви – це́рковь – це́рковью – о це́ркви**
Plur.: **це́ркви – церкве́й – церква́м – це́ркви – церква́ми – о церква́х.**

---

[1] Bei der Deklination des weiblichen Eigennamens Любо́вь „Ljubow" bleibt -о- in allen Kasus erhalten, z.B.: Любо́вь — Любо́ви usw.

170 *2. Die Deklination des Substantivs* **путь**

Das einzige Substantiv männlichen Geschlechts, das nach der III. Deklination gebeugt wird, ist das Wort **путь** „der Weg". Der Instrumental Singular lautet jedoch abweichend **путём.**

C. ZUR BILDUNG DES PLURALS

171 *Der Instrumental Plural auf* **-ьми́**

Die Substantive **дверь** „die Tür", **дочь** „die Tochter" und **ло́шадь** „das Pferd" haben im Instrumental Plural – teils neben der regelmäßigen Endung **-ями** – die Endung **-ьми́**[1]: **дверь** – **дверя́ми** oder **дверьми́**
дочь – **дочерьми́**
ло́шадь – **лошадя́ми** oder **лошадьми́**

VII. Besondere Deklinationsarten

172 **Die Deklination der Substantive auf -мя**

Zehn sächliche Substantive, die im Nominativ Singular auf **-мя** ausgehen (z.B.: **вре́мя** die Zeit; **зна́мя** das Banner, die Fahne; **и́мя** der Vorname; **пла́мя** die Flamme; **пле́мя** der Stamm, die Generation; **се́мя** der Samen), weisen in den obliquen Kasus des Singulars und in allen Kasus des Plurals die Stammerweiterung **-ен-** (betont: **-ён-**) auf.

DEKLINATION DER SUBSTANTIVE AUF -мя		
Kasus	Singular	Plural
Nom.	**и́мя**	**имена́**
Gen.	**и́мени**	**имён**
Dat.	**и́мени**	**имена́м**
Akk.	**и́мя**	**имена́**
Instr.	**и́менем**	**имена́ми**
Präp.	**об и́мени**	**об имена́х**

[1] Die gleiche Endung weisen im Instrumental Plural auch die Wörter де́ти „die Kinder" und лю́ди „die Menschen, die Leute" auf: детьми́, людьми́ (vgl. auch 173).

Anmerkungen:

1. Die Betonung der übrigen Substantive auf **-мя** entspricht der von **и́мя**; lediglich das Wort **зна́мя** ist in allen Pluralformen auf der zweiten Silbe betont:

   Sing.: **зна́мя – зна́мени** Plur.: **знамёна – знамён**

2. Der Genitiv Plural von **се́мя** lautet abweichend: **семя́н.**

Die Deklination des Substantivs дитя́ 173

Kasus	Singular	Plural
Nom.	**дитя́** (s.)	**де́ти**
Gen.	**дитя́ти**	**дете́й**
Dat.	**дитя́ти**	**де́тям**
Akk.	**дитя́**	**дете́й**
Instr.	**дитя́тею**	**детьми́**
Präp.	**о дитя́ти**	**о де́тях**

Дитя́ tritt nur in übertragener Bedeutung und dabei vorwiegend im Nominativ auf: **дитя́ своéй эпóхи.** In direkter Bedeutung heißt „Kind" **ребёнок.**

Verschiedene Wörter zum Ausdruck des Singulars und des Plurals 174

Einige Wörter, die gewöhnlich nur im Singular verwendet werden, werden im Plural durch andere Wörter ersetzt, z.B.:

ребёнок (дитя́) das Kind – **де́ти** die Kinder
челове́к der Mensch – **лю́ди** die Menschen, die Leute

Лю́ди wird wie **де́ти** dekliniert, siehe (173). Zum Genitiv Plural **челове́к** nach Grundzahlwörtern siehe Fußnote 1 auf S. 204.

VIII. Zur Betonung der Substantive

Im Russischen ist die Betonung der Wörter nicht an eine feste Silbe gebunden; es gibt zahlreiche Wörter, deren Betonung bei bestimmten Flexionsformen wechselt. 175

Im folgenden sind die wichtigsten Betonungstypen der Substantive in tabellarischer Form zusammengestellt.

176 1. Zur Betonung der Substantive der I. Deklination

A. MÄNNLICHE DEKLINATION

Am häufigsten weisen die einsilbigen Substantive Betonungswechsel auf.

DIE WICHTIGSTEN BETONUNGSTYPEN DER MÄNNLICHEN DEKLINATION							
		Sg. und Pl. stammbetont	endungsbetont				
			ab G. Pl.[1]	im Pl.	in den obliquen Kasus des Sg. und Pl.[1]	ab G. Sg.[1]
Singular	N.	студе́нт	гость	сад	гвоздь	учени́к
	G.	студе́нта	го́стя	са́да	гвоздя́	ученика́
	D.	студе́нту	го́стю	са́ду	гвоздю́	ученику́
	A.	студе́нта	го́стя	сад	гвоздь	ученика́
	I.	студе́нтом	го́стем	са́дом	гвоздём	ученико́м
	P.	о студе́нте	о го́сте	о са́де	о гвозде́	об ученике́
Plural	N.	студе́нты	го́сти	сады́	гво́зди	ученики́
	G.	студе́нтов	госте́й	садо́в	гвозде́й	ученико́в
	D.	студе́нтам	гостя́м	сада́м	гвоздя́м	ученика́м
	A.	студе́нтов	госте́й	сады́	гво́зди	ученико́в
	I.	студе́нтами	гостя́ми	сада́ми	гвоздя́ми	ученика́ми
	P.	о студе́нтах	о гостя́х	о сада́х	о гвоздя́х	об ученика́х

Anmerkungen:

1. Verschiedene unbelebte Substantive der männlichen Deklination haben im Genitiv Singular die Endung **-у** (**-ю**) (vgl. 142); diese Endung ist in der Regel unbetont, z. B.: **са́хар – са́хару.**
2. Verschiedene unbelebte Substantive der männlichen Deklination haben im Präpositiv Singular nach den Präpositionen **в** und **на** die Endung **-у́** (**-ю́**) (vgl. 145); diese Endung ist stets betont, z. B.: **лес – в лесу́.**
3. Verschiedene Substantive der männlichen Deklination haben im Nominativ Plural die Endung **-а́** (**-я́**) (vgl. 146); diese Endung ist stets betont, z. B.: **профе́ссор – профессора́.**

B. SÄCHLICHE DEKLINATION

Häufig weisen die zwei- und die dreisilbigen Substantive Betonungswechsel auf.

[1] Ist der Akkusativ dem Nominativ formengleich, so ist auch die Betonung des Akkusativs gleich der des Nominativs.

DIE WICHTIGSTEN BETONUNGSTYPEN DER SÄCHLICHEN DEKLINATION		zweisilbige Substantive		dreisilbige Substantive	
		Sg. stammbet., Pl. endungsbet.	Sg. endungsbet., Pl. stammbet.	Sg. und Pl. gleiche Bet.	Sg. endungsbet., Pl. stammbet.
Singular	N.	ме́сто	окно́	боло́то	ремесло́
	G.	ме́ста	окна́	боло́та	ремесла́
	D.	ме́сту	окну́	боло́ту	ремеслу́
	A.	ме́сто	окно́	боло́то	ремесло́
	I.	ме́стом	окно́м	боло́том	ремесло́м
	P.	о ме́сте	об окне́	о боло́те	о ремесле́
Plural	N.	места́	о́кна	боло́та	ремёсла
	G.	мест	о́кон	боло́т	ремёсел
	D.	места́м	о́кнам	боло́там	ремёслам
	A.	места́	о́кна	боло́та	ремёсла
	I.	места́ми	о́кнами	боло́тами	ремёслами
	P.	о места́х	об о́кнах	о боло́тах	о ремёслах

2. Zur Betonung der Substantive der II. Deklination 177

Häufig weisen die zwei- und die dreisilbigen Substantive der II. Deklination Betonungswechsel auf.

DIE WICHTIGSTEN BETONUNGSTYPEN DER II. DEKLINATION		zweisilbige Substantive			dreisilbige Substantive		
		Sg. und Pl. gleiche Bet.	A. Sg. u. N. Pl. stammbet., sonst endungsbet.	Sg. endungsbet., Pl. stammbet.	Sg. und Pl. gleiche Bet.	A. Sg. u. N. Pl. stammbet., sonst endungsbet.	Sg. endungsbet., Pl. stammbet.
Singular	N.	статья́	рука́	страна́	ли́ния	голова́	широта́
	G.	статьи́	руки́	страны́	ли́нии	головы́	широты́
	D.	статье́	руке́	стране́	ли́нии	голове́	широте́
	A.	статью́	ру́ку	страну́	ли́нию	го́лову	широту́
	I.	статьёй	руко́й	страно́й	ли́нией	голово́й	широто́й
	P.	о статье́	о руке́	о стране́	о ли́нии	о голове́	о широте́

		zweisilbige Substantive			dreisilbige Substantive		
		Sg. und Pl. gleiche Bet.	A. Sg. u. N. Pl. stammbet., sonst endungsbet.[1]	Sg. endungsbet., Pl. stammbet.	Sg. und Pl. gleiche Bet.	A. Sg. u. N. Pl. stammbet., sonst endungsbet.[1]	Sg. endungsbet., Pl. stammbet.
Plural	N.	**статьи́**	**ру́ки**	**стра́ны**	**ли́нии**	**го́ловы**	**широ́ты**
	G.	**стате́й**	**рук**	**стран**	**ли́ний**	**голо́в**	**широ́т**
	D.	**статья́м**	**рука́м**	**стра́нам**	**ли́ниям**	**голова́м**	**широ́там**
	A.	**статьи́**	**ру́ки**	**стра́ны**	**ли́нии**	**го́ловы**	**широ́ты**
	I.	**статья́ми**	**рука́ми**	**стра́нами**	**ли́ниями**	**голова́ми**	**широ́тами**
	P.	**о статья́х**	**о рука́х**	**о стра́нах**	**о ли́ниях**	**о голова́х**	**о широ́тах**

178 3. Zur Betonung der Substantive der III. Deklination

DIE WICHTIGSTEN BETONUNGSTYPEN DER III. DEKLINATION			
		Sg. und Pl. stammbet.	Sg. und N. Pl. stammbet, ab G. Pl. endungsbet.[1]
Singular	Nom.	**тетра́дь**	**пло́щадь**
	Gen.	**тетра́ди**	**пло́щади**
	Dat.	**тетра́ди**	**пло́щади**
	Akk.	**тетра́дь**	**пло́щадь**
	Instr.	**тетра́дью**	**пло́щадью**
	Präp.	**о тетра́ди**	**о пло́щади**
Plural	Nom.	**тетра́ди**	**пло́щади**
	Gen.	**тетра́дей**	**площаде́й**
	Dat.	**тетра́дям**	**площадя́м**
	Akk.	**тетра́ди**	**пло́щади**
	Instr.	**тетра́дями**	**площадя́ми**
	Präp.	**о тетра́дях**	**о площадя́х**

Anmerkung:
Einige einsilbige Substantive der III. Deklination weisen im Präpositiv Singular nach den Präpositionen **в** und **на** Endungsbetonung auf, z.B.: **степь – в степи́.**

4. Zur Vorziehung der Betonung vom Substantiv auf die Präposition

Hierzu siehe (472).

[1] Ist der Akkusativ dem Nominativ formengleich, so ist auch die Betonung des Akkusativs gleich der des Nominativs.

ZUR WORTBILDUNG DER SUBSTANTIVE

Neben den unabgeleiteten Substantiven wie z.B. **вода́** „das Wasser“, **дом** „das 179
Haus“, **рука́** „die Hand“, **село́** „das Dorf“ verfügt die russische Sprache über eine große Zahl von Substantiven, die von anderen Wortarten oder von anderen Substantiven gebildet sind. Man unterscheidet folgende Hauptarten der Bildung von Substantiven[1]:

1. die Suffigierung, z.B.:
   учи́ть lehren – **учи́тель** der Lehrer;
2. die Zusammensetzung, z.B.:
   желе́зо das Eisen, **бето́н** der Beton – **железобето́н** der Stahlbeton.

I. Die Bildung von Substantiven durch Suffigierung[2]

Die häufigste Art der Bildung von Substantiven ist die Suffigierung. Mit Hilfe von 180
Suffixen werden Substantive vielfach von anderen Substantiven, von Verben, Adjektiven, seltener von Zahlwörtern, Pronomen und Adverbien abgeleitet.

Nach der Bedeutung der abgeleiteten Substantive unterscheidet man vornehmlich folgende Gruppen von Substantivsuffixen:

1. Suffixe zur Bildung von Substantiven, die Personen bezeichnen;
2. Suffixe zur Bildung unbelebter konkreter Substantive;
3. Suffixe zur Bildung abstrakter Substantive;
4. Suffixe der subjektiven Einschätzung.

---

[1] Mitunter werden neue Substantive durch Präfigierung bzw. Präfigierung und Suffigierung gebildet, z.B.:
го́род die Stadt — при́город die Vorstadt,
окно́ das Fenster — подоко́нник das Fensterbrett.
Mitunter werden neue Substantive auch mit Hilfe phonetischer Mittel (z.B. durch Erweichung oder Verhärtung oder Wechsel des Endkonsonanten des Stammes) gebildet, vgl.:
широ́кий breit, weit — ширь die Weite,
ходи́ть gehen — ход der Gang,
носи́ть tragen — но́ша die Bürde, die Last.
Zur Wortbildung der Substantive gehört auch die Substantivierung von Wörtern anderer Wortarten; hierzu siehe (241), (393).

[2] In der folgenden Zusammenstellung sind produktive Wortbildungstypen durch * hinter dem jeweiligen Suffix gekennzeichnet; schwach produktive und unproduktive Typen der Wortbildung bleiben unbezeichnet (vgl. hierzu auch 83-85).

1. Suffixe zur Bildung von Substantiven, die Lebewesen bezeichnen

181 Bei der Bildung von Substantiven zur Bezeichnung von Personen durch Suffixe verfügt das Russische in der Regel über ein Suffix für die männliche Person und ein entsprechendes Suffix für die weibliche Person.

Die entsprechende weibliche Form fehlt gewöhnlich dort, wo der Träger einer Tätigkeit bezeichnet wird, die früher ausschließlich oder vorzugsweise von männlichen Personen ausgeübt wurde.

Mitunter ist das Substantiv, das die männliche Person bezeichnet, unabgeleitet, so daß nur ein Suffix für die weibliche Person existiert.

Im folgenden sind die wichtigsten Suffixe zur Bildung von Substantiven, die Personen bezeichnen, aufgeführt.

182 A. SUFFIXE ZUR BEZEICHNUNG VON PERSONEN, DIE EINE BESTIMMTE TÄTIGKEIT ODER EINEN BESTIMMTEN BERUF AUSÜBEN

1. männlich: **-тель***, **-итель**
   weiblich: **-тельниц-а***, **-ительниц-а**[1]

воспита́тель / **воспита́тельница**	(**воспита́ть** vo.)	der Erzieher / die Erzieherin
жи́тель / **жи́тельница**	(**жить**)	der Bewohner, der Einwohner / die Bewohnerin, die Einwohnerin
писа́тель / **писа́тельница**	(**писа́ть**)	der Schriftsteller / die Schriftstellerin
стро́итель	(**стро́ить**)	der Erbauer; der Bauarbeiter
учи́тель / **учи́тельница**	(**учи́ть**)	der Lehrer / die Lehrerin
спаси́тель / **спаси́тельница**	(**спасти́** vo.)	der Retter / die Retterin

2. männlich: **-щик** (bzw. **-чик**[2])*, **-льщик***
   weiblich: **-щиц-а** (bzw. **-чиц-а**[2])*, **-льщиц-а***

газе́тчик / **газе́тчица**	(**газе́та**)	der Zeitungsverkäufer / die Zeitungsverkäuferin
ка́менщик	(**ка́мень**)	der Maurer

[1] Bei der Suffixangabe wird im folgenden die Endung von dem Suffix gewöhnlich durch Bindestrich abgetrennt.

[2] Endet der Stamm auf -т, -д, -с, -з oder -к, so wird in der Regel nicht -щик (-щиц-а), sondern -чик (-чиц-а) angefügt.

лётчик / **лётчица**	**(лете́ть)**	der Flieger / die Fliegerin
перево́дчик / **перево́дчица**	**(переводи́ть)**	der Übersetzer, der Dolmetscher / die Übersetzerin, die Dolmetscherin
фрезеро́вщик / **фрезеро́вщица**	**(фрезерова́ть)**	der Fräser / die Fräserin
боле́льщик / **боле́льщица**	**(боле́ть)**	der leidenschaftliche Anhänger (z.B. des Sports) / die leidenschaftliche Anhängerin (z.B. des Sports)
носи́льщик	**(носи́ть)**	der Gepäckträger

3. männlich: **-ик*, -ник***
weiblich: **-иц-а*, -ниц-а***

вече́рник / **вече́рница**	**(студе́нт вече́рнего ву́за)**	der Abendstudent / die Abendstudentin
передови́к	**(передово́й рабо́чий, передово́й колхо́зник)**	der Bestarbeiter
сапо́жник	**(сапо́жный)**	der Schuhmacher
колхо́зник / **колхо́зница**	**(колхо́з)**	der Kolchosbauer / die Kolchosbäuerin
мясни́к	**(мя́со)**	der Fleischer
помо́щник / **помо́щница**	**(по́мощь)**	der Helfer / die Helferin

4. männlich: - **ист***
weiblich: - **истк-а***

велосипеди́ст / **велосипеди́стка**	**(велосипе́д)**	der Radfahrer / die Radfahrerin
журнали́ст / **журнали́стка**	**(журна́л)**	der Journalist / die Journalistin
машини́ст / **машини́стка**	**(маши́на)**	der Maschinist / die Maschinenschreiberin, die Stenotypistin
парашюти́ст / **парашюти́стка**	**(парашю́т)**	der Fallschirmspringer / die Fallschirmspringerin
трактори́ст / **трактори́стка**	**(тра́ктор)**	der Traktorist / die Traktoristin

5. männlich: **-ант***

демонстра́нт	**(демонстри́ровать)**	der Demonstrant
курса́нт	**(ку́рсы)**	der Kursusteilnehmer
музыка́нт	**(му́зыка)**	der Musiker

6. männlich: **-арь**

апте́карь	**(апте́ка)**	der Apotheker
библиоте́карь **библиоте́карша**	**(библиоте́ка)**	der Bibliothekar die Bibliothekarin
пе́карь	**(печь)**	der Bäcker
то́карь	**(точи́ть)**	der Drechsler; der Dreher

7. männlich: **-ач**

сила́ч	**(си́ла)**	der Kraftmensch, der starke Mann
скрипа́ч	**(скри́пка)**	der Geiger
труба́ч	**(труба́)**	der Trompeter

8. männlich: **-ец,** **-лец**
weiblich: **-иц-а, -лиц-а**

боре́ц	**(боро́ться)**	der Kämpfer
жнец **жни́ца**	**(жать, я жну)**	der Schnitter die Schnitterin
продаве́ц **продавщи́ца**	**(продава́ть)**	der Verkäufer die Verkäuferin
владе́лец **владе́лица**	**(владе́ть)**	der Eigentümer die Eigentümerin

9. männlich: **-ун**
weiblich: **-унья**

бегу́н **бегу́нья**	**(бе́гать)**	der Läufer, der Schnelläufer die Läuferin
болту́н **болту́нья**	**(болта́ть)**	der Schwätzer die Schwätzerin

Die meisten mit **-ун, -унья** gebildeten Wörter werden in der Umgangssprache verwendet.

B. SUFFIXE ZUR BEZEICHNUNG VON PERSONEN, DIE EINER BESTIMMTEN GEISTIGEN (WISSENSCHAFTLICHEN, POLITISCHEN) RICHTUNG ODER EINER BESTIMMTEN ORGANISATION ANGEHÖREN **183**

1. männlich: **-ец*, -овец*, -ианец (-ьянец)***
   weiblich: **-к-а*, -овк-а***

ле́нинец	**(Ле́нин)**	der Leninanhänger
комсомо́лец	**(комсомо́л)**	der Komsomolze
комсомо́лка		die Komsomolzin
ву́зовец	**(вуз)**	der Student, der Hörer einer Hochschule
ву́зовка		die Studentin, die Hörerin einer Hochschule
кантиа́нец	**(Кант)**	der Anhänger Kants, der Kantianer

2. männlich: **-ист***
   weiblich: **-истк-а***

гумани́ст	(vgl. **гумани́зм**)	der Humanist
коммуни́ст	(vgl. **коммуни́зм**)	der Kommunist
коммуни́стка		die Kommunistin
социали́ст	(vgl. **социали́зм**)	der Sozialist
социали́стка		die Sozialistin

3. männlich: **-ик***

акаде́мик	**(акаде́мия)**	das Akademiemitglied
исто́рик	**(исто́рия)**	der Historiker
хи́мик	**(хи́мия)**	der Chemiker

C. SUFFIXE ZUR BEZEICHNUNG VON PERSONEN NACH IHRER VOLKS- ODER STAATSZUGEHÖRIGKEIT, NACH IHREM WOHNSITZ ODER IHRER HERKUNFT **184**

1. männlich: **-ец*, -анец (-янец)***
   weiblich: meist **-к-а*, -анк-а (-янк-а)***

кавка́зец	**(Кавка́з)**	der Kaukasier
кавка́зка		die Kaukasierin
ленингра́дец	**(Ленингра́д)**	der Leningrader
ленингра́дка		die Leningraderin
украи́нец	**(Украи́на)**	der Ukrainer
украи́нка		die Ukrainerin
америка́нец	**(Аме́рика)**	der Amerikaner
америка́нка		die Amerikanerin
италья́нец	**(Ита́лия)**	der Italiener
италья́нка		die Italienerin

2. männlich: **-ин, -анин (-янин)***
weiblich: **-к-а, -анк-а (-янк-а)***

болга́рин / **болга́рка**	**(Болга́рия)**	der Bulgare / die Bulgarin
тата́рин / **тата́рка**	**(Тата́рия)**	der Tatare / die Tatarin
армяни́н / **армя́нка**	**(Арме́ния)**	der Armenier / die Armenierin
горожа́нин[1] / **горожа́нка**[1]	**(го́род)**	der Städter / die Städterin
киевля́нин[2] / **киевля́нка**[2]	**(Ки́ев)**	der Kiewer / die Kiewerin

3. männlich: **-ак (-як)**
weiblich: **-ачк-а (-ячк-а)**

земля́к / **земля́чка**	**(земля́)**	der Landsmann / die Landsmännin
поля́к / **по́лька** (veraltet: **поля́чка**)	**(По́льша)**	der Pole / die Polin
сибиря́к / **сибиря́чка**	**(Сиби́рь)**	der Sibirier / die Sibirierin

4. männlich: **-ич**
weiblich: **-ичк-а**

москви́ч / **москви́чка**	**(Москва́)**	der Moskauer / die Moskauerin
пскови́ч	**(Псков)**	der Pskower

185 D. SUFFIXE ZUR BILDUNG DER VATERNAMEN

männlich: **-ич***, **-ович (-евич)***
weiblich: **-ичн-а (-иничн-а)***, **-овн-а (-евн-а)***

Die russischen Personennamen bestehen aus drei Teilen: dem Vornamen, dem Vaternamen und dem Familiennamen, z. B.:

Personennamen des Vaters: **Ива́н** **Никола́евич** **Семёнов**

[1] Beachte den Konsonantenwechsel д — ж; vgl. hierzu auch (87,2).
[2] Beachte den Einschub von л; vgl. hierzu auch (87,11).

Personennamen des Sohnes: **Бори́с** **<u>Ива́нович</u>** **Семёнов**
Personennamen der Tochter: **Мари́я** **<u>Ива́новна</u>** **Семёнова**

Der Vatername wird vom Vornamen des Vaters mit Hilfe bestimmter Suffixe abgeleitet. Im einzelnen gelten für die Bildung der Vaternamen folgende Regeln:

1. Geht der Vorname des Vaters auf **-а (-я)** aus, so wird die männliche Form des Vaternamens mit dem Suffix **-ич**, die weibliche Form mit dem Suffix **-ичн-а (-иничн-а)** gebildet.
2. Geht der Vorname des Vaters auf einen harten Konsonanten aus, so wird die männliche Form des Vaternamens mit dem Suffix **-ович**[1], die weibliche Form mit dem Suffix **-овн-а** gebildet.
3. Geht der Vorname des Vaters auf einen weichen Konsonanten **(-й)** aus, so wird die männliche Form des Vaternamens mit dem Suffix **-евич**, die weibliche Form mit dem Suffix **-евн-а** gebildet.

Ники́тич **Ники́тична**[2]	**(Ники́та)**	Nikititsch (Sohn des Nikita) Nikititschna (Tochter des Nikita)
Ильи́ч **Ильи́нична**[2]	**(Илья́)**	Iljitsch (Sohn des Ilja) Iljinitschna (Tochter des Ilja)
Ива́нович **Ива́новна**	**(Ива́н)**	Iwanowitsch (Sohn des Iwan) Iwanowna (Tochter des Iwan)
Алексе́евич **Алексе́евна**	**(Алексе́й)**	Alexejewitsch (Sohn des Alexei) Alexejewna (Tochter des Alexei)
Васи́льевич **Васи́льевна**	**(Васи́лий)**	Wassiljewitsch (Sohn des Wassili) Wassiljewna (Tochter des Wassili)

E. BEZEICHNUNGEN VON TIERJUNGEN

Zur Bezeichnung von Tierjungen dient das Suffix **-ёнок (-онок)**, das im Plural mit **-ят-а (-ат-а)** wechselt, vgl. (151):

тигр	der Tiger	–	**тигрёнок**
слон	der Elefant	–	**слонёнок**
медве́дь	der Bär	–	**медвежо́нок**

---

1 In der Umgangssprache werden die Suffixe -ович, -евич, wenn sie unbetont sind, häufig wie [-ыч'] bzw. [-ич'] ausgesprochen, z.B.:
Макси́мович = umgangssprachlich Макси́м[ыч'],
Андре́евич = umgangssprachlich Андре́[ич'].

2 Zur Aussprache der Buchstabenverbindung -чн- in den weiblichen Vaternamen siehe (63,1).

2. Suffixe zur Bildung unbelebter konkreter Substantive

Im folgenden sind die wichtigsten Suffixe, die zur Bildung unbelebter konkreter Substantive gebraucht werden, zusammengestellt (häufig handelt es sich um Suffixe, die auch zur Bildung von Personenbezeichnungen verwendet werden).

186 A. SUFFIXE ZUR BILDUNG VON SUBSTANTIVEN, DIE WERKZEUGE UND ANDERE GEBRAUCHSGEGENSTÄNDE (IN WEITEM SINN) BEZEICHNEN

1. -тель*

двигатель	**(двигать)**	der Motor
измеритель	**(измерить** vo.**)**	der Meßapparat

2. -щик (bzw. **-чик**[1]**)***

бомбардировщик	**(бомбардировать)**	das Bombenflugzeug
передатчик	**(передать** vo.**)**	der Sender (Radio)
счётчик	**(счёт)**	der Zähler (technisches Gerät)

3. -ник, -льник*

бумажник	**(бумага)**	die Brieftasche
чайник	**(чай)**	die Teekanne, der Teekessel
будильник	**(будить)**	der Wecker
умывальник	**(умывать)**	der Waschtisch
холодильник	**(холодить)**	der Kühlraum; der Kühlschrank

4. -лк-а*

вешалка	**(вешать)**	der Kleiderhaken
молотилка	**(молотить)**	die Dreschmaschine
сеялка	**(сеять)**	die Sämaschine

5. -л-о*

покрывало	**(покрывать)**	die Decke
точило	**(точить)**	der Schleifstein

187 B. SUFFIXE ZUR BILDUNG VON SUBSTANTIVEN, DIE EINEN ORT, EINEN RAUM BEZEICHNEN

1. -ня, -льня*

пекарня	**(пекарь)**	die Bäckerei
купальня	**(купаться)**	die Badeanstalt
спальня	**(спать)**	das Schlafzimmer

[1] Endet der Stamm auf -д, -т, -з, -с, so wird nicht -щик, sondern -чик angefügt.

2. -лищ-е

учи́лище	**(учи́ть)**	die Lehranstalt
храни́лище	**(храни́ть)**	die Aufbewahrungsstelle

C. SUFFIX ZUR BILDUNG VON SUBSTANTIVEN, DIE EINEN EINZELNEN GEGENSTAND AUS EINER STOFFMENGE BEZEICHNEN 188

-ин-а*

виногра́дина	**(виногра́д** die Weinrebe, die Weintrauben**)**	die Weintraube
горо́шина	**(горо́х** die Erbsen**)**	die Erbse
карто́фелина	**(карто́фель** die Kartoffeln**)**	die Kartoffel

3. Suffixe zur Bildung abstrakter Substantive

A. SUFFIXE ZUR BILDUNG ABSTRAKTER SUBSTANTIVE, DIE EINE EIGENSCHAFT ODER EIN MERKMAL BEZEICHNEN 189

1. -ость*

бо́дрость	**(бо́дрый)**	die Munterkeit, die Frische
го́рдость	**(го́рдый)**	der Stolz
зави́симость	**(зави́симый)**	die Abhängigkeit
рассе́янность	**(рассе́янный)**	die Zerstreutheit
сме́лость	**(сме́лый)**	die Kühnheit

2. -ств-о (bzw. **-еств-о**[1]**)***

а́вторство	**(а́втор)**	die Autorschaft
дилета́нтство	**(дилета́нт)**	das Dilettantentum
му́жество	**(муж)**	der Mut
това́рищество	**(това́рищ)**	die Kameradschaft, die Kollegialität

3. -ие (-ье)*

весе́лье	**(весёлый)**	die Heiterkeit, die Freude
здоро́вье	**(здоро́вый)**	die Gesundheit
изоби́лие	**(изоби́льный)**	der Überfluß
нали́чие	**(нали́чный)**	die Anwesenheit, das Vorhandensein

---

1 Endet der Stamm auf einen Zischlaut, so wird nicht -ств-о, sondern -еств-о angefügt.

4. -ин-а

величина́	**(вели́кий[1])**	die Größe
глубина́	**(глубо́кий)**	die Tiefe
тишина́	**(ти́хий[2])**	die Stille

5. -от-а

быстрота́	**(бы́стрый)**	die Schnelligkeit
доброта́	**(до́брый)**	die (Herzens-)Güte
широта́	**(широ́кий)**	die Breite, die Weite

190 B. SUFFIXE ZUR BILDUNG ABSTRAKTER SUBSTANTIVE, DIE EINE HANDLUNG ODER EINEN ZUSTAND BEZEICHNEN

1. -ация*, -фикация*

активиза́ция	**(активизи́ровать)**	die Aktivierung
демонстра́ция	**(демонстри́ровать)**	die Demonstration
коллективиза́ция	**(коллективизи́ровать)**	die Kollektivierung
квалифика́ция	**(квалифици́ровать)**	die Qualifizierung
электрифика́ция	**(электрифици́ровать)**	die Elektrifizierung

2. -ни-е*, -ени-е*

восклица́ние	**(восклица́ть)**	der Ausruf
замеча́ние	**(замеча́ть)**	die Bemerkung
заседа́ние	**(заседа́ть)**	die Sitzung; die Versammlung
приготовле́ние[3]	**(пригото́вить** vo.**)**	die Vorbereitung
просвеще́ние[3]	**(просвети́ть** vo.**)**	die Aufklärung, die Bildung
строе́ние	**(стро́ить)**	der Bau, die Struktur

3. -к-а*

вы́думка	**(вы́думать** vo.**)**	die Erfindung, der Einfall; die Lüge
подгото́вка	**(подгото́вить** vo.**)**	die Vorbereitung
стро́йка	**(стро́ить)**	das Bauen; die Baustelle
чи́стка	**(чи́стить)**	das Reinigen; die Reinigung

---

[1] Beachte den Konsonantenwechsel к — ч; vgl. hierzu auch (87,4).
[2] Beachte den Konsonantenwechsel х — ш; vgl. hierzu auch (87,8).
[3] Beachte den Konsonantenwechsel, den die von Verben der i-Konjugation abgeleiteten Substantive auf -ение aufweisen; vgl. hierzu auch (87).

4. -ств-о, -тельств-о

произво́дство	(**производи́ть**)	die Produktion, die Herstellung
руково́дство	(**руководи́ть**)	die Leitung
строи́тельство	(**стро́ить, строи́тель**)	der Bau, der Aufbau
вмеша́тельство	(**вмеша́ться** vo.)	die Einmischung

5. -тие (-тьё)

взя́тие	(**взять** vo.)	die Eroberung
закры́тие	(**закры́ть** vo.)	die Schließung
мытьё	(**мыть**)	das Waschen; die Wäsche
разви́тие	(**разви́ть** vo.)	die Entwicklung

6. -б-а

борьба́	(**боро́ться**)	der Kampf
дру́жба	(**дружи́ть**)	die Freundschaft
молотьба́	(**молоти́ть**)	das Dreschen
про́сьба	(**проси́ть**)	die Bitte, das Anliegen

C. SUFFIXE ZUR BILDUNG ABSTRAKTER SUBSTANTIVE, DIE GEISTIGE (WISSENSCHAFTLICHE, POLITISCHE) RICHTUNGEN BEZEICHNEN 191

1. -изм*

маркси́зм	(vgl. **маркси́ст**)	der Marxismus
материали́зм	(vgl. **материали́ст**)	der Materialismus
оптими́зм	(vgl. **оптими́ст**)	der Optimismus

2. -ур-а*

архитекту́ра	(vgl. **архите́ктор**)	die Architektur
литерату́ра	(vgl. **литера́тор**)	die Literatur

3. -щин-а* (mit negativer, abfälliger Bedeutung)

обыва́тельщина	(vgl. **обыва́тельский**)	das Spießbürgertum
обло́мовщина	(**Обло́мов**[1])	das Oblomowtum

[1] Nach Oblomow, dem willensschwachen, tatenlosen und trägen Haupthelden des gleichnamigen Romans von I. A. Gontscharow.

192 D. SUFFIX ZUR BILDUNG VON SAMMELBEGRIFFEN

-ств-о (bzw. **-еств-о**[1])*

крестья́нство	**(крестья́нин)**	die Bauernschaft, die Bauern
студе́нчество[2]	**(студе́нт)**	die Studentenschaft, die Studenten
учи́тельство	**(учи́тель)**	die Lehrerschaft, die Lehrer

4. Suffixe der subjektiven Einschätzung

193 Mit den Suffixen der subjektiven Einschätzung werden von konkreten Substantiven neue Substantive abgeleitet, die eine in mehr oder minder starkem Maße auf der subjektiven Einschätzung durch den Sprechenden beruhende Bedeutungsmodifizierung ausdrücken.

Entsprechend ihrer Grundbedeutung unterscheidet man drei Gruppen von Suffixen der subjektiven Einschätzung:

a) die Verkleinerungssuffixe (zum Ausdruck der Verkleinerung; vor allem jedoch der Verniedlichung, der Zärtlichkeit, des Wohlwollens, der Höflichkeit, der Freude usw.);

b) die Suffixe des Verachtens (zum Ausdruck der Verachtung, der Ironie usw.);

c) die Vergrößerungssuffixe (zum Ausdruck der Vergrößerung, der Vergröberung).

Das Genus des abgeleiteten Wortes bleibt bei dieser Art der Wortbildung – ohne Rücksicht auf die Endung des neugebildeten Wortes – in der Regel erhalten, vgl.:

дом (männlich) das Haus – **доми́ще** (männlich) das große Haus.

Die Substantive mit den Suffixen der subjektiven Einschätzung gehören vor allem den Bereichen der Umgangssprache und der Volksdichtung an; sie sind mitunter schwer ins Deutsche zu übersetzen.

Im folgenden sind die wichtigsten Suffixe der subjektiven Einschätzung zusammengestellt.

---

1 Endet der Stamm auf einen Zischlaut, so wird nicht -ств-о, sondern -еств-о angefügt.

2 Beachte den Konsonantenwechsel т — ч; vgl. auch (87,5).

A. SUFFIXE ZUR BILDUNG DER VERKLEINERUNGSWÖRTER

a) Verkleinerungssuffixe zur Ableitung von Substantiven der männlichen (I.) Deklination 194

1. -ик*

Das Suffix **-ик** [wie auch die Suffixe **-чик, -ок (-ёк), -ец**] bezeichnet eine Verkleinerung oder (und) die liebevoll-zärtliche Einstellung des Sprechenden.

гвóздик	**(гвоздь)**	der kleine Nagel
дóждик	**(дождь)**	der leichte Regen
дóмик	**(дом)**	das Häuschen
ключик	**(ключ)**	der kleine Schlüssel, das Schlüsselchen
стóлик	**(стол)**	das Tischchen

2. -чик[1]*

автомобúльчик	**(автомобúль)**	das (kleine) Auto
дивáнчик	**(дивáн)**	das (kleine) Sofa
колокóльчик	**(кóлокол)**	das Glöckchen
чемодáнчик	**(чемодáн)**	das Köfferchen

3. -ок (-ёк)

голосóк	**(гóлос)**	das Stimmchen
дружóк[2]	**(друг)**	der (liebe) Freund
жучóк[2]	**(жук)**	das Käferchen, der kleine Käfer
ручеёк	**(ручéй)**	das Bächlein, der kleine Bach

4. -ец

Das Suffix **-ец** wird in der Sprache der Gegenwart von den Suffixen **-ик, -чик** verdrängt; das Suffix **-ец** ist jedoch stärker subjektiv gefärbt.

брáтец	**(брат)**	der (liebe) Bruder, das Brüderlein
букéтец oder **букéтик**	**(букéт)**	der kleine Blumenstrauß, das Blumensträußchen
хлéбец	**(хлеб)**	das (kleine) Brot

[1] Das Suffix -чик wird vornehmlich an Substantive angefügt, deren Stamm auf л, м, н, р oder в ausgeht.
[2] Geht der Stamm des Substantivs auf г, к, х aus, so wechseln diese Konsonanten vor dem Suffix -ок mit ж, ч, ш.

195 *b) Verkleinerungssuffixe zur Ableitung von Substantiven der II. bzw. III. Deklination*

1. -к-а*

Das Suffix **-к-а** (wie auch das Suffix **-очк-а**) bezeichnet eine Verkleinerung oder (und) die liebevoll-zärtliche Einstellung des Sprechenden.

голо́вка	**(голова́)**	das Köpfchen
доро́жка[1]	**(доро́га)**	der Pfad, der Fußweg
до́чка	**(дочь)**	die Tochter, das Töchterchen
кни́жка[1]	**(кни́га)**	das (kleine) Buch, das Büchlein
но́чка	**(ночь)**	die (liebe) Nacht
ре́чка[1]	**(река́)**	der kleine Fluß, das Flüßchen

2. -очк-а*

звёздочка	**(звезда́)**	das Sternchen
ка́рточка	**(ка́рта)**	die Karte, der Zettel
ма́мочка	**(ма́ма)**	Mamachen, (liebe) Mutti

3. -оньк-а (-еньк-а)*

Das Suffix **-оньк-а (-еньк-а)** bezeichnet [wie auch das Suffix **-ушк-а (-юшк-а)**] eine liebevoll-zärtliche Einstellung des Sprechenden.

берёзонька	**(берёза)**	die (kleine, hübsche) Birke
до́ченька	**(дочь)**	das Töchterchen
дя́денька (m.)	**(дя́дя,** m.**)**	der (liebe) Onkel
ма́менька	**(ма́ма)**	Mamachen, (liebe) Mutti
ре́ченька[2]	**(река́)**	das Flüßchen, der kleine Fluß

4. -ушк-а (-юшк-а)*

голо́вушка	**(голова́)**	das Köpfchen
де́душка (m.)	**(дед,** I. Deklination!**)**	der (liebe) Großvater
дя́дюшка (m.)	**(дя́дя,** m.**)**	der (liebe) Onkel
зи́мушка	**(зима́)**	der (liebe, schöne) Winter

196 *c) Verkleinerungssuffixe zur Ableitung von Substantiven der sächlichen (I.) Deklination*

1. -ц-е (-ц-о́)*; -иц-е (-ец-о́)*

Diese Verkleinerungssuffixe bezeichnen (ebenso wie das Suffix **-ышк-о**) eine Verkleinerung oder (und) die liebevoll-zärtliche Einstellung des Sprechenden.

---

[1] Geht der Stamm des Substantivs auf г, к, х aus, so wechseln diese Konsonanten vor dem Suffix -к-а mit ж, ч, ш.

[2] Beachte den Konsonantenwechsel к — ч; vgl. hierzu auch (87,4).

боло́тце	**(боло́то)**	der (kleine) Sumpf
деревцо́	**(де́рево)**	das Bäumchen
пла́тьице	**(пла́тье)**	das (hübsche) Kleid
письмецо́	**(письмо́)**	das Briefchen

2. -ышк-о

вёдрышко	**(ведро́)**	der kleine Eimer, das Eimerchen
кры́лышко	**(крыло́)**	das Flügelchen
со́лнышко	**(со́лнце)**	die (liebe) Sonne

d) Mehrfache Verkleinerungen **197**

Im Gegensatz zum Deutschen ist im Russischen eine mehrfache Verkleinerung möglich, z. B.:

го́лос	–	**голосо́к**	–	**голосо́чек**
друг	–	**дружо́к**	–	**дружо́чек**

B. SUFFIXE ZUR BILDUNG DER WÖRTER DES VERACHTENS **198**

1. -ишк-а* bzw. **-ишк-о[1]***

кварти́ришка[2]	**(кварти́ра)**	das elende Quartier
городи́шко	**(го́род)**	das elende Städtchen
доми́шко	**(дом)**	das schäbige Häuschen

2. -онк-а (-ёнк-а)*

бумажо́нка[3]	**(бума́га)**	der Fetzen Papier
избёнка	**(изба́)**	die (elende) Hütte
книжо́нка[3]	**(кни́га)**	das (wertlose) Buch
лошадёнка	**(ло́шадь)**	das elende Pferdchen

---

[1] Die von belebten Substantiven und von unbelebten weiblichen Substantiven mit Hilfe des Suffixes -ишк- abgeleiteten Wörter haben im Nominativ Singular die Endung -а (II. Deklination), die übrigen Wörter haben im Nominativ Singular die Endung -о (I. Deklination).

[2] In einigen mit dem Suffix -ишк-а abgeleiteten Substantiven weist das Suffix auf die liebevolle Einstellung des Sprechenden hin, z. B.:

брати́шка	(брат)	der Bruder,
сыни́шка	(сын)	der Sohn.

[3] Geht der Stamm des Substantivs auf г, к, х aus, so wechseln diese Konsonanten vor dem Suffix -онк-а mit ж, ч, ш.

199 C. SUFFIXE ZUR BILDUNG DER VERGRÖSSERUNGSWÖRTER

1. -ищ-а* bzw. **-ищ-е**[1]*

бородища	**(борода́)**	der große Bart
ручища[2]	**(рука́)**	die große (starke) Hand
волчище[2] (m.)	**(волк)**	der große Wolf
голосище (m.)	**(го́лос)**	die starke (derbe) Stimme
домище (m.)	**(дом)**	das große Haus

2. -ин-а

домина (m.)	**(дом)**	das große Haus
дурачина[2] (m.)	**(дура́к)**	der große Narr

II. Die Bildung von Substantiven durch Zusammensetzung

200 Zahlreiche Substantive werden durch Zusammensetzung zweier Wortstämme gebildet. Die Verbindung der Wortstämme erfolgt häufig durch den Bindevokal **о/е** (siehe 78).

201 **1. Zusammensetzungen aus zwei Substantivstämmen**

Innerhalb der Zusammensetzungen aus zwei Substantivstämmen unterscheidet man folgende Haupttypen:

1. Die Zusammensetzung aus zwei Substantivstämmen erfolgt in der Regel durch den Bindevokal **о/е**. Nur der zweite Bestandteil wird bei der Deklination abgewandelt.
   Die Komposita dieses Typs werden in der Regel zusammengeschrieben; Bezeichnungen von Himmelsrichtungen und geographische Namen werden jedoch durch Bindestrich verbunden.

железобето́н (Gen.Sing.: **железобето́на**)	der Stahlbeton
Индо-Кита́й (Gen.Sing.: **Индо-Кита́я**)	Indochina
лесоту́ндра	die Waldtundra
се́веро-восто́к	Nordosten
ю́го-за́пад	Südwesten

[1] Die von weiblichen Substantiven mit Hilfe des Suffixes -ищ- abgeleiteten Wörter haben im Nominativ Singular die Endung -а (II. Deklination), die von männlichen und sächlichen Substantiven abgeleiteten Wörter haben die Endung -е (I. Deklination).

[2] Beachte den Konsonantenwechsel к — ч; vgl. auch (87,4).

газобалло́н	die Gasflasche
радиоу́зел[1]	die Funkzentrale
судомеха́ник	der Schiffsmechaniker
теплоте́хника	die Wärmetechnik

Hierher gehören auch die Städtenamen, deren erster Bestandteil ein Eigenname und deren zweiter Bestandteil **-град** ist; die Verbindung erfolgt teils ohne, teils mit Bindevokal.

Кировогра́д	Kirowograd
Ленингра́д	Leningrad

2. Die Zusammensetzung aus zwei Substantiven erfolgt ohne Bindevokal; das zweite Substantiv bildet eine Apposition zu dem ersten (Einwortapposition). Beide Bestandteile werden bei der Deklination abgewandelt[2].
   Die beiden Bestandteile werden durch Bindestrich verbunden.
   Die Komposita dieses Typs können im Deutschen nicht immer wörtlich wiedergegeben werden.

же́нщина-врач (Gen. Sing.: **же́нщины-врача́**)	die Ärztin
учёный-языкове́д (Gen. Sing.: **учёного-языкове́да**)	der Sprachforscher
го́род-геро́й	die Heldenstadt
рабо́чий-стаха́новец	der Stachanowarbeiter
телефо́н-автома́т	der Fernsprechautomat, der Münzfernsprecher
Москва́-река́	der Moskwa-Fluß, die Moskwa

2. Zusammensetzungen aus zwei Stämmen verschiedener Wortarten 202

Zusammensetzungen aus zwei Stämmen verschiedener Wortarten werden einheitlich dekliniert: grundsätzlich wird nur der zweite Bestandteil abgewandelt. Man unterscheidet folgende Haupttypen:

1. Zusammensetzungen aus einem Substantivstamm und einem Verbalstamm bzw. einem Substantiv verbalen Ursprungs; die Verbindung erfolgt in der Regel durch den Bindevokal **о/е**.
   Die Komposita dieses Typs werden zusammengeschrieben.

---

[1] Eine große Anzahl zusammengesetzter Substantive wird mit internationalen Wortelementen gebildet. Häufig auftretende internationale Wortbildungselemente sind:
авто-, агро-, аэро-, гидро-, зоо-, кино-, мото-, псевдо-, радио-, фото-.

[2] Bisweilen wird jedoch in diesen Zusammensetzungen unter Einfluß der Umgangssprache nur der 2. Bestandteil dekliniert: на Москве́-реке́ und на Москва́-реке́.

землекóп	(Gen. Sing.: **землекóпа**)	der Erdarbeiter
ледокóл	(Gen. Sing.: **ледокóла**)	der Eisbrecher
парохóд		der Dampfer
сенокóс		die Heuernte, die Heumahd
снегопáд		der Schneefall
сталевáр		der Stahlgießer
водокáчка		das Pumpenhaus
земледелие		die Landwirtschaft, der Ackerbau
литературовéдение		die Literaturwissenschaft
паровозостроéние		der Lokomotivbau
сеноубóрка		die Heuernte

2. Zusammensetzungen aus einem Adjektivstamm und einem Substantivstamm; die Verbindung erfolgt in der Regel durch den Bindevokal **о/е**.

Die Komposita dieses Typs werden zusammengeschrieben.

белогвардéец	(Gen. Sing.: **белогвардéйца**)	der Weißgardist
великодýшие	(Gen. Sing.: **великодýшия**)	die Großmut
чернозём		die Schwarzerde

Hierher gehören auch Städtenamen wie:

Солнечногóрск	Solnetschnogorsk
Красновóдск	Krasnowodsk

3. Zusammensetzungen aus einem Zahlwort und einem Substantivstamm. Dabei nimmt das Zahlwort in der Zusammensetzung die Genitivform an mit Ausnahme von **сто**, **девянóсто**, **мнóго**, die die Nominativform beibehalten. Die Verbindung erfolgt ohne Bindevokal.

Die Komposita dieses Typs werden zusammengeschrieben.

четырёхугóльник	(Gen. Sing.: **четырёхугóльника**)	das Viereck
семилéтка	(Gen. Sing.: **семилéтки**)	der Siebenjahrplan
десятилéтие		das Jahrzehnt
столéтие		das Jahrhundert

Zu den Zusammensetzungen mit **пол-** siehe (277).

4. Zusammensetzungen aus einem Pronominalstamm und einem Verbalstamm bzw. einem Substantiv meist verbalen Ursprungs; die Verbindung erfolgt durch den Bindevokal **о/е**.

Die Komposita dieses Typs werden zusammengeschrieben.

самокри́тика	(Gen. Sing.: **самокри́тики**)	die Selbstkritik
самолёт	(Gen. Sing.: **самолёта**)	das Flugzeug
самоде́ятельность		die eigene Tätigkeit

5. Zusammensetzungen aus der Imperativform eines Verbs und einem Substantivstamm; die Verbindung erfolgt ohne Bindevokal.

Die Komposita dieses Typs werden zum Teil mit Bindestrich verbunden.

перекати́-по́ле	(Gen. Sing.: **перекати́-по́ля**)	die Männertreu (Pflanze)
сорвиголова́	(Gen. Sing.: **сорвиголовы́**)	der Mordskerl; der Wagehals

3. Abkürzungswörter[1]

In den letzten Jahrzehnten, vor allem nach der Großen Sozialistischen Oktoberrevolution, haben Neubildungen von Wörtern durch Zusammensetzung von Bestandteilen von Wortverbindungen im Russischen eine starke Verbreitung erfahren (und zwar vornehmlich auf politischem, technischem und militärischem Gebiet). **203**

Man unterscheidet zwei Haupttypen der Bildung der Abkürzungswörter: den Silbentyp und den Initialtyp.

A. DER SILBENTYP **204**

a) Das Abkürzungswort besteht aus Anfangsteilen oder Anfangssilben von Wörtern; der Typ ist deklinierbar.

комсомо́л, -а	(**Коммунисти́ческий Сою́з молодёжи**)	der Komsomol
Кузба́сс, -а	(**Кузне́цкий бассе́йн**)	der Kusbaß
совхо́з, -а	(**сове́тское хозя́йство**)	der Sowchos

b) Das Abkürzungswort besteht aus dem Anfangsteil eines Wortes und einem vollständigen Wort; der Typ ist deklinierbar.

авиаба́за, -ы	(**авиацио́нная ба́за**)	der Luftstützpunkt
госаппара́т, -а	(**госуда́рственный аппара́т**)	der Staatsapparat
физкульту́ра, -ы	(**физи́ческая культу́ра**)	die Körperkultur, der Sport

[1] Die Abkürzungswörter sind nicht mit den Abkürzungen zu verwechseln, die nur für das Schriftbild Gültigkeit haben; vgl. hierzu (633).

c) Das Abkürzungswort besteht aus einem Wortteil und den Anfangslauten anderer Wörter; einige Substantive dieses Typs sind deklinierbar.

Днепрогэ́с, -а	**(Днепро́вская гидро-электри́ческая ста́нция)**	Dneproges

205 B. DER INITIALTYP

a) Das Abkürzungswort besteht aus den Anfangsbuchstaben verschiedener Wörter; es wird nach dem Lautwert dieser Anfangsbuchstaben gesprochen.

вуз [вус], -а	**(вы́сшее уче́бное заведе́ние)**	die Hochschule
ТАСС [тас]	**(Телегра́фное аге́нтство Сове́тского Сою́за)**	die TASS
ГУМ [гум]	**(Госуда́рственный универса́льный магази́н)**	das Gum (staatliches Warenhaus in Moskau)

Abkürzungen dieses Typs werden immer dekliniert, wenn sie bereits nicht mehr als Abkürzung empfunden werden. In der Schrift äußert sich die feste Verschmelzung zu einem neuen Wort durch Kleinschreibung.

Mit Großbuchstaben geschriebene Abkürzungswörter dieses Typs können bisweilen – vor allem in der Umgangssprache – dekliniert werden, z.B.: **молоды́е рабо́чие ЗИЛа (Заво́да и́мени И. А. Лихачёва).**

b) Das Abkürzungswort besteht aus den Anfangsbuchstaben (meist Konsonanten) verschiedener Wörter; es wird nach den Buchstabennamen (also jeder Buchstabe eine Silbe) gesprochen. Der Typ ist undeklinierbar.

СССР [эс-эс-эс-эр]	**(Сою́з Сове́тских Социалисти́ческих Респу́блик)**	die UdSSR
МГУ [эм-гэ-у]	**(Моско́вский госуда́рственный университе́т)**	die MGU

Bei häufiger gebrauchten Abkürzungen dieses Typs kann ein Übergang zur Aussprache nach Anfangslauten eintreten, wenn eine solche möglich ist, z.B.:

США [сша]	**(Соединённые Шта́ты Аме́рики)**	die USA

Das Adjektiv

DIE EINTEILUNG DER ADJEKTIVE 206

Nach ihrer Bedeutung gliedern sich die Adjektive im Russischen in zwei Hauptgruppen:

1. Qualitätsadjektive. Unter Qualitätsadjektiven versteht man

   a) Adjektive, die eine Eigenschaft unmittelbar benennen, z.B.:

пусто́й чемода́н	= ein leerer Koffer
кру́глый стол	= ein runder Tisch
слепо́й музыка́нт	= ein blinder Musiker

   b) Adjektive, die eine Eigenschaft infolge einer Wertung bezeichnen, z.B.:

вели́кий учёный	= ein großer Gelehrter
глубо́кое о́зеро	= ein tiefer See
холо́дный ве́тер	= ein kalter Wind

   Die auf einer Wertung beruhenden Eigenschaften lassen einen Vergleich zu. Entsprechend sind diese Adjektive steigerungsfähig.

2. Beziehungsadjektive. Unter Beziehungsadjektiven versteht man Adjektive, die eine Eigenschaft durch Beziehung auf einen Gegenstand oder Begriff, von dessen Namen sie abgeleitet sind, ausdrücken. Solche bezüglichen Eigenschaften sind nicht steigerungsfähig.

деревя́нный дом	= ein hölzernes Haus, ein Holzhaus
золоты́е часы́	= eine goldene Uhr
кни́жный шкаф	= ein Bücherschrank
вчера́шний день	= der gestrige Tag
дома́шние зада́ния	= Hausaufgaben

Besondere Gruppen innerhalb der Beziehungsadjektive sind:

a) die Gattungsadjektive auf **-ий, -ья, -ье,** die die Zugehörigkeit zu einer Gruppe von Lebewesen bezeichnen:

пти́чий крик	= ein Vogelschrei
во́лчья ста́я	= ein Wolfsrudel
коро́вье молоко́	= Kuhmilch
челове́чьи голоса́	= Menschenstimmen

Gattungsadjektive können außerdem mit den Suffixen **-ин-(ый)** und **-ов-(ый)** gebildet werden:

гуси́ные пе́рья	= Gänsefedern
слоно́вая кость	= Elfenbein

b) die Possessivadjektive auf **-ов, -ова, -ово (-ев, -ева, -ево)**[1] und **-ин, -ина, -ино (-ын, -ына, -ыно)**[1], die ein Besitzverhältnis oder die Zugehörigkeit zu einer Person ausdrücken:

отцо́в дом	= das Haus des Vaters
отцо́ва кни́га	= das Buch des Vaters
На́дино письмо́	= Nadjas Brief

Possessivadjektive werden außerdem von Familiennamen mit den Suffixen **-ск-(ий)** bzw. **-овск-(ий)/-евск-(ий), -инск-(ий)** gebildet:
Че́хов – че́ховский, Пу́шкин – пу́шкинский, Го́голь – го́голевский.

207 DIE GRAMMATISCHEN KENNZEICHEN DER ADJEKTIVE

1. Das grammatische Hauptkennzeichen der Adjektive ist ihre Deklination – d.h. die Veränderlichkeit nach Genus, Numerus und Kasus, z.B.:

я́ркий, со́лнечный день	= ein heller, sonniger Tag
но́вая интере́сная кни́га	= ein neues interessantes Buch
на Кра́сной пло́щади	= auf dem Roten Platz

[1] Bildungen mit den Suffixen -ов-/-ев- und -ин-/-ын- erfolgten früher nicht nur von Personenbezeichnungen. Davon zeugen zahlreiche russische Familien- und Ortsnamen.
Familiennamen: Петухо́в, Фаде́ев; Ре́пин, Пу́шкин;
Ortsnamen: Львов; Бородино́, Лиси́цыно.

с бо́льшим внима́нием = mit großer Aufmerksamkeit
в ле́тние дни = an Sommertagen

Das Kennzeichen der Deklination teilen sämtliche Adjektive.

2. Weitere grammatische Kennzeichen sind an die Unterscheidung zwischen Qualitäts- und Beziehungsadjektiven geknüpft[1].

Die Qualitätsadjektive sind gegenüber den Beziehungsadjektiven allgemein durch folgende grammatische Merkmale gekennzeichnet:

a) Die Qualitätsadjektive können neben den vollen Adjektivformen (= Langformen) besondere Formen für den prädikativen Gebrauch (= Kurzformen) haben, z. B.:

Langformen:	*Kurzformen:*
Мы слу́шали интере́сный докла́д. (Wir hörten einen interessanten Vortrag.)	**Докла́д был интере́сен.** (Der Vortrag war interessant.)
На углу́ вы́строено но́вое высо́кое зда́ние. (An der Ecke ist ein neues hohes Gebäude errichtet worden.)	**Но́вое зда́ние высоко́.** (Das neue Gebäude ist hoch.)

[1] Die Zugehörigkeit der Adjektive zur Gruppe der Qualitäts- oder Beziehungsadjektive ist, wie bereits vermerkt, grundlegend durch die Bedeutung bedingt. Als gewisses äußeres Orientierungsmerkmal für die Zuordnung können dabei die Bildungssuffixe dienen, siehe hierzu (243-247). Es ist jedoch zu beachten, daß viele ursprüngliche Beziehungsadjektive – vorwiegend mit den Suffixen -н- und -ск- – zu Qualitätsadjektiven werden können, wenn sie übertragene Bedeutung annehmen, z. B.:

Beziehungsadjektive:	*Qualitätsadjektive:*
ка́менная стена́ eine Steinwand	ка́менное се́рдце ein steinernes Herz
желе́зная цепь eine Eisenkette	желе́зная во́ля ein eiserner Wille
де́тский сад Kindergarten	де́тская наи́вность kindliche Naivität
вишнёвое варе́нье Kirschkonfitüre	вишнёвое пла́тье ein kirschrotes Kleid
золоты́е часы́ eine goldene Uhr	золота́я о́сень der goldene Herbst
деревя́нный дом ein Holzhaus	деревя́нное лицо́ ein hölzernes Antlitz
гуси́ные пе́рья Gänsefedern	гуси́ная ко́жа Gänsehaut

Nichtabgeleitete Adjektive wie но́вый (neu), ста́рый (alt), бе́лый (weiß), хоро́ший (gut) sind Qualitätsadjektive.

Мы прошли́ дли́нную и тру́дную доро́гу. (Wir haben einen langen und beschwerlichen Weg zurückgelegt.)	**Доро́га была́ длинна́ и трудна́.** (Der Weg war lang und beschwerlich.)

b) Die meisten Qualitätsadjektive können Steigerungsformen bilden, z. B.:

Желе́зо тяжеле́е де́рева.	Eisen ist schwerer als Holz.
Нет мета́лла кре́пче ста́ли.	Es gibt kein Metall, das härter als Stahl ist.
Лев – сильне́йший из всех хи́щных звере́й.	Der Löwe ist das stärkste aller Raubtiere

c) Die meisten Qualitätsadjektive können mit Gradadverbien verbunden werden, z. B.:

о́чень интере́сная кни́га	ein sehr interessantes Buch
необыкнове́нно симпати́чный челове́к	ein äußerst sympathischer Mensch

d) Von Qualitätsadjektiven können Adverbien auf **-о** bzw. **-е** abgeleitet werden, z. B.:

Adjektiv:	*Adverb:*
Ко́ля приле́жный учени́к. (Kolja ist ein fleißiger Schüler.)	**Он у́чится приле́жно.** (Er lernt fleißig.)
Его́ заявле́ния убеди́тельны. (Seine Erklärungen sind überzeugend.)	**Он говори́л убеди́тельно.** (Er sprach überzeugend.)

e) Von Qualitätsadjektiven können mit Hilfe bestimmter Suffixe Adjektive der subjektiven Einschätzung abgeleitet werden, die eine Verminderung oder Verstärkung[1] der Grundeigenschaft ausdrücken.

а́лый	– **а́ленький**	schön rot
но́вый	– **но́венький**	ganz neu
бе́лый	– **белова́тенький**	weißlich
большо́й	– **большу́щий**	riesengroß
то́лстый	– **толсте́нный**	sehr dick

[1] Zum Unterschied von den Steigerungsformen beruht die durch die Suffixe der subjektiven Einschätzung bezeichnete Verminderung oder Verstärkung nicht auf einem objektiven Vergleich, sondern in mehr oder minder starkem Maße auf der subjektiven Einschätzung durch den Sprechenden.

DIE LANG- UND KURZFORMEN DER ADJEKTIVE

I. Die Deklination der Langformen

Nach dem Stammauslaut der Adjektive unterscheidet man drei Deklinationstypen:

1. Die Deklination der Adjektive mit hartem Stammauslaut 208

Die Adjektive mit hartem Stammauslaut sind durch die Nominativendungen **-ый, -ая, -ое; -ые** – betont **-óй, -áя, -óе; -ы́е** – gekennzeichnet, z. B.:

нóвый, -ая, -ое; -ые	neu		**цветнóй, -áя, -óе; -ы́е**	bunt
стáрый, -ая, -ое; -ые	alt		**голубóй, -áя, -óе; -ы́е**	himmelblau, (hell-)blau
крáсный, -ая, -ое; -ые	rot			
тёплый, -ая, -ое; -ые	warm		**золотóй, -áя, -óе; -ы́е**	golden
тяжёлый, -ая, -ое; -ые	schwer		**мировóй, -áя, -óе; -ы́е**	Welt-
молодóй, -áя, -óе; -ы́е	jung			

<table>
<tr><th colspan="5">DIE DEKLINATION DER ADJEKTIVE MIT HARTEM STAMMAUSLAUT</th></tr>
<tr><th rowspan="2">Kasus</th><th colspan="3">Singular</th><th>Plural</th></tr>
<tr><th>männl.</th><th>sächl.</th><th>weibl.</th><th>alle 3 Geschlechter</th></tr>
<tr><td colspan="5">stammbetont:</td></tr>
<tr><td>N.</td><td>нóвый</td><td>нóвое</td><td>нóвая</td><td>нóвые</td></tr>
<tr><td>G.</td><td colspan="2">нóвого</td><td>нóвой</td><td>нóвых</td></tr>
<tr><td>D.</td><td colspan="2">нóвому</td><td>нóвой</td><td>нóвым</td></tr>
<tr><td>A.</td><td>нóвый bzw. нóвого</td><td>нóвое</td><td>нóвую</td><td>нóвые bzw. нóвых</td></tr>
<tr><td>I.</td><td colspan="2">нóвым</td><td>нóвой/-ою</td><td>нóвыми</td></tr>
<tr><td>P.</td><td colspan="2">(о) нóвом</td><td>(о) нóвой</td><td>(о) нóвых</td></tr>
<tr><td colspan="5">endungsbetont:</td></tr>
<tr><td>N.</td><td>молодóй</td><td>молодóе</td><td>молодáя</td><td>молоды́е</td></tr>
<tr><td>G.</td><td colspan="2">молодóго</td><td>молодóй</td><td>молоды́х</td></tr>
<tr><td>D.</td><td colspan="2">молодóму</td><td>молодóй</td><td>молоды́м</td></tr>
<tr><td>A.</td><td>молодóй bzw. молодóго</td><td>молодóе</td><td>молодýю</td><td>молоды́е bzw. молоды́х</td></tr>
<tr><td>I.</td><td colspan="2">молоды́м</td><td>молодóй/-óю</td><td>молоды́ми</td></tr>
<tr><td>P.</td><td colspan="2">(о) молодóм</td><td>(о) молодóй</td><td>(о) молоды́х</td></tr>
</table>

209 **2. Die Deklination der Adjektive mit weichem Stammauslaut**

Die Adjektive mit weichem Stammauslaut sind durch die Nominativendungen **-ий, -яя, -ее; -ие** gekennzeichnet[1]. Sie sind durchweg stammbetont.

Die Zahl der Adjektive mit weichem Stammauslaut ist verhältnismäßig gering. Die gebräuchlichsten Adjektive mit weichem Stammauslaut sind:

бли́жний, -яя, -ее; -ие	nah
ве́рхний, -яя, -ее; -ие	oberer, Ober-
весе́нний, -яя, -ее; -ие	Frühlings-
вече́рний, -яя, -ее; -ие	Abend-
вне́шний, -яя, -ее; -ие	äußerer, äußerlich
вну́тренний, -яя, -ее; -ие	innerer, Innen-
вчера́шний, -яя, -ее; -ие	gestrig
да́вний, -яя, -ее; -ие	längst vergangener
да́льний, -яя, -ее; -ие	fern, weit
дома́шний, -яя, -ее; -ие	häuslich, Haus-
дре́вний, -яя, -ее; -ие	alt, altertümlich
за́втрашний, -яя, -ее; -ие	morgig
за́дний, -яя, -ее; -ие	hinterer, Hinter-
зде́шний, -яя, -ее; -ие	hiesig
зи́мний, -яя, -ее; -ие	winterlich, Winter-
и́скренний, -яя, -ее; -ие	aufrichtig
кра́йний, -яя, -ее; -ие	äußerster
ле́тний, -яя, -ее; -ие	sommerlich, Sommer-
ли́шний, -яя, -ее; -ие	überflüssig
ни́жний, -яя, -ее; -ие	unterer, Unter-
ны́нешний, -яя, -ее; -ие	jetzig, heutig
осе́нний, -яя, -ее; -ие	herbstlich, Herbst-
пере́дний, -яя, -ее; -ие	vorderer, vorderster, Vorder-
по́здний, -яя, -ее; -ие	spät
после́дний, -яя, -ее; -ие	letzter
посторо́нний, -яя, -ее; -ие	nicht zugehörig, fremd; Neben-
пре́жний, -яя, -ее; -ие	voriger, vergangener
прошлого́дний, -яя, -ее; -ие	vorjährig
ра́нний, -яя, -ее; -ие	früh
сего́дняшний, -яя, -ее; -ие	heutig
си́ний, -яя, -ее; -ие	(dunkel-)blau
сосе́дний, -яя, -ее; -ие	benachbart, Nachbar-

[1] Bei der Angabe der Endungen wird aus Gründen der Übersichtlichkeit vom Schriftbild ausgegangen.

сре́дний, -яя, -ее; -ие	mittlerer, Mittel-
тепе́решний, -яя, -ее; -ие	jetzig, gegenwärtig
тогда́шний, -яя, -ее; -ие	damalig
у́тренний, -яя, -ее; -ие	Morgen-, Früh-

<table>
<tr><th colspan="5">DIE DEKLINATION DER ADJEKTIVE MIT WEICHEM STAMMAUSLAUT</th></tr>
<tr><th rowspan="2">Kasus</th><th colspan="3">Singular</th><th>Plural</th></tr>
<tr><th>männlich</th><th>sächlich</th><th>weiblich</th><th>alle 3 Geschlechter</th></tr>
<tr><td>N.</td><td>си́ний</td><td>си́нее</td><td>си́няя</td><td>си́ние</td></tr>
<tr><td>G.</td><td colspan="2">си́него</td><td>си́ней</td><td>си́них</td></tr>
<tr><td>D.</td><td colspan="2">си́нему</td><td>си́ней</td><td>си́ним</td></tr>
<tr><td>A.</td><td>си́ний bzw. си́него</td><td>си́нее</td><td>си́нюю</td><td>си́ние bzw. си́них</td></tr>
<tr><td>I.</td><td colspan="2">си́ним</td><td>си́ней/-ею</td><td>си́ними</td></tr>
<tr><td>P.</td><td colspan="2">(о) си́нем</td><td>(о) си́ней</td><td>(о) си́них</td></tr>
</table>

3. Die gemischte Deklination der Adjektive 210

Lautet der Stamm eines Adjektivs auf Zischlaut **(ж, ш, ч, щ)**, auf **ц** oder auf **г, к, х** aus, so ergibt sich eine gemischte[1] Deklination. Vergleiche dazu (139).

Zu diesem Deklinationstyp gehören u.a.:

лёгкий, -ая, -ое; -ие	leicht	**хоро́ший, -ая, -ее; -ие**	gut, schön
высо́кий, -ая, -ое; -ие	hoch	**све́жий, -ая, -ее; -ие**	frisch
стро́гий, -ая, -ое; -ие	streng	**горя́чий, -ая, -ее; -ие**	heiß
дорого́й, -а́я, -о́е; -и́е	teuer, lieb	**блестя́щий, -ая, -ее; -ие**	glänzend
ти́хий, -ая, -ое; -ие	still	**большо́й, -а́я, -о́е; -и́е**	groß
плохо́й, -а́я, -о́е; -и́е	schlecht	**ку́цый, -ая, -ее; -ые**	stutzschwänzig, kurz
сухо́й, -а́я, -о́е; -и́е	trocken		

[1] Bei der Einteilung der Deklination der Adjektive in eine Deklination mit hartem Stammauslaut, in eine Deklination mit weichem Stammauslaut und in eine gemischte Deklination wird aus Gründen der Übersichtlichkeit vom Schriftbild ausgegangen. Vom Standpunkt der Phonetik aus sind die Stämme auf ж, ш, ц stets hart, die Stämme auf ч, щ stets weich. Die Stämme auf г, к, х sind nur im nicht endungsbetonten Nominativ Singular der männlichen Form, im Instrumental Singular der männlichen und sächlichen Form sowie in den Pluralformen weich. Im nicht endungsbetonten Nominativ Singular der männlichen Form können г, к, х auch hart ausgesprochen werden.

DIE GEMISCHTE DEKLINATION DER ADJEKTIVE

Kasus	Singular männlich	Singular sächlich	Singular weiblich	Plural alle 3 Geschlechter
Stamm auf **г, к, х** – stammbetont				
N.	**высо́кий**	**высо́кое**	**высо́кая**	**высо́кие**
G.	**высо́кого**		**высо́кой**	**высо́ких**
D.	**высо́кому**		**высо́кой**	**высо́ким**
A.	**высо́кий** bzw. **высо́кого**	**высо́кое**	**высо́кую**	**высо́кие** bzw. **высо́ких**
I.	**высо́ким**		**высо́кой/-ою**	**высо́кими**
P.	**(о) высо́ком**		**(о) высо́кой**	**(о) высо́ких**
Stamm auf **г, к, х** – endungsbetont				
N.	**сухо́й**	**сухо́е**	**суха́я**	**сухи́е**
G.	**сухо́го**		**сухо́й**	**сухи́х**
D.	**сухо́му**		**сухо́й**	**сухи́м**
A.	**сухо́й** bzw. **сухо́го**	**сухо́е**	**суху́ю**	**сухи́е** bzw. **сухи́х**
I.	**сухи́м**		**сухо́й/-о́ю**	**сухи́ми**
P.	**(о) сухо́м**		**(о) сухо́й**	**(о) сухи́х**
Stamm auf Zischlaut – stammbetont				
N.	**хоро́ший**	**хоро́шее**	**хоро́шая**	**хоро́шие**
G.	**хоро́шего**		**хоро́шей**	**хоро́ших**
D.	**хоро́шему**		**хоро́шей**	**хоро́шим**
A.	**хоро́ший** bzw. **хоро́шего**	**хоро́шее**	**хоро́шую**	**хоро́шие** bzw. **хоро́ших**
I.	**хоро́шим**		**хоро́шей/-ею**	**хоро́шими**
P.	**(о) хоро́шем**		**(о) хоро́шей**	**(о) хоро́ших**
Stamm auf Zischlaut – endungsbetont				
N.	**большо́й**	**большо́е**	**больша́я**	**больши́е**
G.	**большо́го**		**большо́й**	**больши́х**
D.	**большо́му**		**большо́й**	**больши́м**
A.	**большо́й** bzw. **большо́го**	**большо́е**	**большу́ю**	**больши́е** bzw. **больши́х**
I.	**больши́м**		**большо́й/-о́ю**	**больши́ми**
P.	**(о) большо́м**		**(о) большо́й**	**(о) больши́х**

4. Bemerkungen zu den einzelnen Kasusformen 211

a) Die Langformen der Adjektive werden nur im Singular nach dem Genus unterschieden, der Plural hat für alle drei Geschlechter nur eine Form.

Im Singular verfügt die weibliche Form über eine eigene Deklination. Die männliche und die sächliche Form stimmen außer im Nominativ und Akkusativ Singular in ihrer Deklination überein.

b) In der Genitivendung **-ого, -его** wird **г** wie **[в]** ausgesprochen, vgl. (46), Anmerkung 1.

c) Der männliche Akkusativ Singular und der Akkusativ Plural aller drei Geschlechter sind dem Genitiv gleich, wenn sich das Adjektiv auf ein Substantiv bezieht, das ein Lebewesen bezeichnet. Sie stimmen mit dem Nominativ überein, wenn sich das Adjektiv auf ein Substantiv bezieht, das Unbelebtes benennt, z. B.:

Мы посети́ли музе́й Неме́цкой исто́рии.	Wir besuchten das Museum für Deutsche Geschichte.
Мы посети́ли больно́го дя́дю и встре́тили у него́ шко́льного това́рища Бори́са.	Wir besuchten unseren kranken Onkel und trafen bei ihm unseren Schulfreund Boris.
Там мы ви́дели но́вые жилы́е дома́.	Dort sahen wir neue Wohnhäuser.
Там мы ви́дели чужи́х люде́й.	Dort sahen wir fremde Menschen.
В библиоте́ке мы встре́тили на́шу но́вую учи́тельницу.	In der Bibliothek trafen wir unsere neue Lehrerin.
В библиоте́ке мы встре́тили на́ших но́вых учи́тельниц.	In der Bibliothek trafen wir unsere neuen Lehrerinnen.

d) Der weibliche Instrumental Singular hat allgemein die Endungen **-ой**, **-ей**. Die Endungen **-ою**, **-ею** sind selten und kommen zumeist nur in der Schriftsprache vor.

II. Bildung und Abwandlung der Kurzformen

212 Über Kurzformen verfügen grundsätzlich nur die Qualitätsadjektive. Die Kurzformen werden ausschließlich prädikativ gebraucht. Sie sind dementsprechend nur nach Genus und Numerus veränderlich, – im Gegensatz zu den Langformen also nicht deklinierbar[1].

Die Kurzformen werden vom Stamm des Adjektivs abgeleitet. Dabei ist die männliche Singularform bei hartem Stammauslaut endungslos, bei weichem Stammauslaut – außer **ч**, **щ** – geht sie auf **-ь**[2] aus; die weibliche Singularform erhält die Endung **-а** bzw. **-я**[2], die sächliche Singularform die Endung **-о** bzw. **-е**. Im Plural haben alle drei Geschlechter die Endung **-ы** bzw. **-и**. Die Endungen **-а** bzw. **-я**, **-о** bzw. **-е** und **-ы** bzw. **-и** entsprechen allgemein[3] dem ersten Vokalbuchstaben der Nominativendungen der Langformen.

Langformen	deutsche Bedeutung	Kurzformen Sing. männlich	weiblich	sächlich	Plur. alle drei Geschlechter
нóвый, -ая, -ое, -ые	neu	**нов**	**новá**	**нóво**	**нóвы**
стáрый, -ая, -ое, -ые	alt	**стар**	**старá**	**стáрó**	**стáры́**
тяжёлый, -ая, -ое, -ые	schwer	**тяжёл**	**тяжелá**	**тяжелó**	**тяжелы́**
молодóй, -áя, -óе, -ы́е	jung	**мóлод**	**молодá**	**мóлодо**	**мóлоды**
си́ний, -яя, -ее, -ие	blau	**синь**	**синя́**	**си́не**	**си́ни**
высóкий, -ая, -ое, -ие	hoch	**высóк**	**высокá**	**высóкó**	**высóки**
дорогóй, -áя, -óе, -и́е	teuer, lieb	**дóрог**	**дорогá**	**дóрого**	**дóроги**
хорóший, -ая, -ее, -ие	schön	**хорóш**	**хорошá**	**хорошó**	**хороши́**
могу́чий, -ая, -ее, -ие	kräftig, mächtig	**могу́ч**	**могу́ча**	**могу́че**	**могу́чи**

[1] Ursprünglich wurden die Kurzformen der Adjektive ebenfalls dekliniert und konnten wie die Langformen attributiv gebraucht werden. Davon zeugen noch adverbiale Bildungen wie снóва (= wieder, von neuem), смóлоду (= von Jugend auf, in jungen Jahren), вскóре (= bald) und feststehende Wendungen wie средь бéла дня (= am hellichten Tage), по бéлу свéту (= durch die weite Welt), на босу́ нóгу (= barfuß), от мáла до вели́ка (= groß und klein, alt und jung). Dazu finden sich deklinierte Kurzformen noch des öfteren in der Volksdichtung, beispielsweise in Ausdrücken wie: по чи́сту пóлю (= über das freie Feld), за си́не мóре (= hinter bzw. über das blaue Meer).

[2] Die Angabe der Endungen der Kurzformen erfolgt aus Gründen der Übersichtlichkeit vom Schriftbild aus. Phonetisch gesehen ist auch die männliche Singularform bei weichem Stammauslaut endungslos (синь = си[н’]), und die weibliche Endung lautet bei weichem wie hartem Stammauslaut -а (синя́ = си[н’а]).

[3] Bei den Adjektiven der gemischten Deklination, deren Stamm auf Zischlaut (und ц) auslautet, tritt in der sächlichen Singularform in betonter Stellung о für е ein, z. B.: хорóшее — хорошó.

Besonderheiten bei der Bildung der männlichen Singularform **213**

1. Lautet der Stamm eines Adjektivs auf **-к** oder **-н** mit vorausgehendem Konsonanten aus, so tritt in der männlichen Singularform vor **-к** oder **-н** ein flüchtiges **о** oder **е** ein:

a) Ein **о** tritt ein vor **к** nach vorausgehendem hartem Konsonanten außer **ж** und **ш**, z. B.:

бли́зкий	nah	– **бли́зок,**	**близка́,**	**бли́зко,**	**бли́зки**
гро́мкий	laut	– **гро́мок,**	**громка́,**	**гро́мко,**	**гро́мки**
кра́ткий	kurz	– **кра́ток,**	**кратка́,**	**кра́тко,**	**кра́тки**
кре́пкий	stark	– **кре́пок,**	**крепка́,**	**кре́пко,**	**кре́пки**
лёгкий	leicht	– **лёгок,**	**легка́,**	**легко́,**	**лёгки (легки́)**
мя́гкий	weich	– **мя́гок,**	**мягка́,**	**мя́гко,**	**мя́гки**
ни́зкий	niedrig, tief	– **ни́зок,**	**низка́,**	**ни́зко,**	**ни́зки**
ре́дкий	selten	– **ре́док,**	**редка́,**	**ре́дко,**	**ре́дки**
сла́дкий	süß	– **сла́док,**	**сладка́,**	**сла́дко,**	**сла́дки**
у́зкий	schmal, eng	– **у́зок,**	**узка́,**	**у́зко,**	**у́зки**
я́ркий	grell, hell	– **я́рок,**	**ярка́,**	**я́рко,**	**я́рки**

Merke auch:

до́лгий	lang	– **до́лог,**	**долга́,**	**до́лго,**	**до́лги**

b) Ein **е** bzw. **ё** tritt ein

α) vor **к** nach vorausgehendem weichem Konsonanten (– gekennzeichnet durch **-ь-**), nach Zischlaut sowie anstelle von vorausgehendem **й**, z. B.:

го́рький	bitter	– **го́рек,**	**горька́,**	**го́рько,**	**го́рьки**
тя́жкий	schwer	– **тя́жек,**	**тяжка́,**	**тя́жко,**	**тя́жки**
бо́йкий	behend	– **бо́ек,**	**бойка́,**	**бо́йко,**	**бо́йки**
сто́йкий	fest, stabil	– **сто́ек,**	**стойка́,**	**сто́йко,**	**сто́йки**

β) vor **н** nach beliebigem vorausgehendem Konsonanten sowie anstelle von vorausgehendem **й**:

бе́дный	arm	– **бе́ден,**	**бедна́,**	**бе́дно,**	**бе́дны**
больно́й	krank	– **бо́лен,**	**больна́,**	**–**	**больны́**
ве́рный	richtig, wahr	– **ве́рен,**	**верна́,**	**ве́рно,**	**ве́рны**
дли́нный	lang	– **дли́нен,**	**длинна́,**	**дли́нно**	

нýжный	notwendig	— **нýжен,**	**нужнá,**	**нýжно,**	**нýжны́**
спокóйный	ruhig, still	— **спокóен,**	**спокóйна,**	**спокóйно,**	**спокóйны**
стрóйный	schlank	— **стрóен,**	**стройнá,**	**стрóйно,**	**стрóйны**
тёмный	dunkel	— **тёмен,**	**темнá,**	**темнó,**	**темны́**
трýдный	schwierig	— **трýден,**	**труднá,**	**трýдно,**	**трýдны**
ýмный	klug	— **умён,**	**умнá,**	**ýмнó,**	**ýмны́**
чéстный	ehrlich	— **чéстен,**	**честнá,**	**чéстно,**	**чéстны**
я́сный	klar	— **я́сен,**	**яснá,**	**я́сно,**	**я́сны́**

Ausnahmen:

пóлный	voll, gefüllt	— **пóлон,**	**полнá,**	**пóлнó,**	**пóлны́**
смешнóй	komisch, lächerlich	— **смешóн,**	**смешнá,**	**смешнó,**	**смешны́**
достóйный	wert, würdig	— **достóин,**	**достóйна,**	**достóйно,**	**достóйны**

2. Vor stammauslautenden **р** und **л** findet in der männlichen Singularform meist kein Vokaleinschub statt, z.B.:

бы́стрый	schnell	— **быстр,**	**быстрá,**	**бы́стро,**	**бы́стры**
дóбрый	gut	— **добр,**	**добрá,**	**дóбро,**	**дóбры́**
крýглый	rund	— **кругл,**	**круглá,**	**крýгло,**	**крýглы**
óстрый	scharf	— **остр** (auch: **остёр**),	**острá,**	**óстрó,**	**óстры́**
пёстрый	bunt	— **пёстр,**	**пестрá,**	**пёстро (пестрó),**	**пёстры (пестры́)**

Ausnahmen:

злой	böse	— **зол,**	**зла,**	**зло,**	**злы**
ки́слый	sauer	— **ки́сел,**	**кислá,**	**ки́сло,**	**ки́слы**
свéтлый	hell	— **свéтел,**	**светлá,**	**свéтло,**	**свéтлы**
тёплый	warm	— **тёпел,**	**теплá,**	**теплó,**	**теплы́** u. **тёплы**
хи́трый	schlau	— **хитёр,**	**хитрá,**	**хи́тро,**	**хи́тры**

3. Die mit dem Suffix **-енный** gebildeten Adjektive haben keinen Vokaleinschub; das zweite **н** in der männlichen Singularform fällt aus, z.B.:

болéзненный (**болéзнь**)	kränklich	— **болéзнен, болéзненна, болéзненно**
безжи́зненный (**жизнь**)	leblos	— **безжи́знен, безжи́зненна, безжи́зненно**

иску́сственный künstlich (**иску́сств-о**)	– **иску́сствен, иску́сственна, иску́сственно**
есте́ственный natürlich (**естеств-о́**)	– **есте́ствен, есте́ственна, есте́ственно**
бесчи́сленный zahllos (**числ-о́**)	– **бесчи́слен, бесчи́сленна, бесчи́сленно**

Mitunter treten im modernen Sprachgebrauch neben den Formen auf **-ен** auch Formen auf **-енен** auf: **бесчу́вствен** und **бесчу́вственен.**

Man beachte aber:

Vokaleinschub findet – gemäß (213,b) – statt, wenn Adjektive mittels **-ный** von einem Wortstamm auf **-н** abgeleitet sind, z.B.:

несомне́нный zweifellos (**сомне́н-ие**)	– **несомне́нен, несомне́нна, несомне́нно**
одновре́ме́нный gleichzeitig (**вре́мя, вре́мен-и**)	– **одновре́ме́нен, одновре́ме́нна, одновре́ме́нно**
необыкнове́нный ungewöhnlich (**обыкнове́н-ие**)	– **необыкнове́нен, необыкнове́нна, необыкнове́нно**

4. Bei einigen Adjektiven auf **-ний** tritt in der männlichen Singularform eine Verhärtung des Stammauslauts ein:

дре́вний (alt)	– **дре́вен, дре́вня, дре́вне**
изли́шний (überflüssig)	– **изли́шен, изли́шня, изли́шне**

Man beachte besonders:

и́скренний (aufrichtig)	– **и́скренен, и́скренна, и́скренно** u. **и́скренне**

Der Bildungsbereich der Kurzformen **214**

Kurzformen können nicht von allen Qualitätsadjektiven gebildet werden.

1. Qualitätsadjektive, die eine doppelte oder mehrfache Bedeutung haben, bilden die Kurzformen zumeist nicht für alle Bedeutungen. So bedeutet z.B. **бе́дный** „arm" im Sinne von „mittellos" und im Sinne von „unglücklich". Die Kurzformen sind nur in der ersten Bedeutung anwendbar.
   Гра́мотный hat Kurzformen nur in der Bedeutung „des Lesens und Schreibens kundig, schriftkundig", **фальши́вый** nur in der Bedeutung „falsch, unaufrichtig".

2. Keine Kurzformen haben Qualitätsadjektive auf **-ский (-ско́й)** und **-овый/-евый (-ово́й/-ево́й)** sowie einige Qualitätsadjektive auf **-ный (-но́й)**,

z. B.: **вра́жеский** feindlich; **дру́жеский** freundschaftlich; **передово́й** fortschrittlich; **де́льный** tüchtig, vernünftig; **отде́льный** gesondert, einzeln; **родно́й** verwandt, lieb, teuer; **стари́нный** alt, altertümlich.

3. Keine Kurzformen haben abgeleitete Farbadjektive, z. B.: **голубо́й** himmelblau, (hell-)blau; **кори́чневый** braun, zimtfarben; **ро́зовый** rosa, rosig.

4. Keine Kurzformen haben häufig von Verben abgeleitete Adjektive auf **-лый**, z. B.: **устаре́лый** veraltet, unmodern; **уме́лый** geschickt, gewandt; **отста́лый** rückständig, zurückgeblieben; **осироте́лый** verwaist.

5. Keine Kurzformen haben Adjektive, die auf Steigerungsformen zurückgehen, z. B.: **большо́й** groß; **ста́рший** in der Bedeutung „erstgeboren"; **мла́дший** in der Bedeutung „letztgeboren".

Prädikative Adjektive

In einigen Fällen haben die Kurzformen als sogenannte prädikative Adjektive gegenüber den Langformen eine selbständige Bedeutung entwickelt, z. B.:

ви́дный sichtbar; angesehen	**ви́ден, видна́, ви́дно** = sichtbar sein, zu sehen sein
вла́стный mächtig, gebieterisch	**вла́стен, вла́стна, вла́стно** = die Macht haben, ermächtigt sein
во́льный frei, unabhängig	**во́лен, вольна́, во́льно** = die Freiheit haben, jem. freistehen
наме́ренный absichtlich	**наме́рен, -а, -о** = die Absicht haben, vorhaben
ну́жный notwendig	**ну́жен, нужна́, ну́жно** = notwendig sein, brauchen
пра́вый recht(-er)	**прав, права́, пра́во** = recht haben, im Recht sein
согла́сный übereinstimmend, einmütig	**согла́сен, согла́сна, согла́сно** = einverstanden sein

Nur noch in den Kurzformen sind als prädikative Adjektive vertreten:

гора́зд, -а, -о (umgangssprachl.)	= geeignet sein (zu)
до́лжен, должна́, -о́[1]	= schuldig sein, müssen
на́добен, на́добна, на́добно (buchsprachl.)	= nötig haben, brauchen
рад, -а, -о	= froh sein, erfreut sein

[1] Die Langform до́лжный steht nur noch in feststehenden Wendungen: с до́лжным внима́нием = mit gebührender Aufmerksamkeit; до́лжным о́бразом = gebührendermaßen u. a.

Zur Betonung der Kurzformen **215**

Von den recht komplizierten Betonungsverhältnissen bei den Kurzformen der Adjektive werden im folgenden nur die typischen Möglichkeiten behandelt.

1. zweisilbige Adjektive

Die Mehrzahl der zweisilbigen Adjektive hat in den Kurzformen bewegliche Betonung.

Feste Betonung zeigen nur einige wenige – vornehmlich der Buchsprache zugehörige – Adjektive, z.B.: **вздóрный** unsinnig, zänkisch; **вéчный** ewig; **влáстный** mächtig, gebieterisch; **жёлчный** gallig; **знóйный** glühend heiß; **лéстный** schmeichelhaft; **лóжный** falsch, unwahr; **прáздный** müßig, untätig.

Die bewegliche Betonung der Kurzformen zweisilbiger Adjektive ist grundsätzlich durch die Verlegung der Betonung auf die Endung in der weiblichen Singularform gekennzeichnet:

бéдный (arm):	**бéден,**	**беднá,**	**бéдно,**	**бéдны**
вáжный (wichtig):	**вáжен,**	**важнá,**	**вáжно,**	**вáжны**
вéрный (richtig, wahr):	**вéрен,**	**вернá,**	**вéрно,**	**вéрны**
нóвый (neu):	**нов,**	**новá,**	**нóво,**	**нóвы**
плохóй (schlecht):	**плох,**	**плохá,**	**плóхо,**	**плóхи**
простóй (einfach):	**прост,**	**простá,**	**прóсто,**	**прóсты**
свéтлый (hell):	**свéтел,**	**светлá,**	**свéтло,**	**свéтлы**
сухóй (trocken):	**сух,**	**сухá,**	**сýхо,**	**сýхи**
слáбый (schwach):	**слаб,**	**слабá,**	**слáбо,**	**слáбы**
твёрдый (fest, hart):	**твёрд,**	**твердá,**	**твёрдо,**	**твёрды**
чúстый (rein, sauber):	**чист,**	**чистá,**	**чúсто,**	**чúсты**

Einige Kurzformen zweisilbiger Adjektive sind außer in der weiblichen Singularform auch in der sächlichen Singularform und bisweilen in der Pluralform endungsbetont. Mitunter ist in der sächlichen Singularform und in der Pluralform oder in einer der beiden Formen doppelte Betonung möglich.

лёгкий (leicht):	**лёгок,**	**легкá,**	**легкó,**	**легкú** u. **лёгки**
тёплый (warm):	**тёпел,**	**теплá,**	**теплó,**	**теплы́** u. **тёплы**
больнóй (krank):	**бóлен,**	**больнá,**	–	**больны́**

смешно́й (komisch):	**смешо́н,**	**смешна́,**	**смешно́,**	**смешны́**
чёрный (schwarz):	**чёрен,**	**черна́,**	**черно́,**	**черны́**
по́лный (voll):	**по́лон,**	**полна́,**	**по́лно́,**	**по́лны́**
пёстрый (bunt):	**пёстр,**	**пестра́,**	**пёстро** u. **пестро́,**	**пёстры** u. **пестры́**
ста́рый (alt):	**стар,**	**стара́,**	**ста́ро́,**	**ста́ры́**

2. drei- und mehrsilbige Adjektive

Die meisten drei- und mehrsilbigen Adjektive haben in den Kurzformen feste Betonung.

Bewegliche Betonung tritt in zwei Typen auf:

a) Die Adjektive **молодо́й, дорого́й, голо́дный, холо́дный, весёлый, дешёвый, зелёный** sind in der männlichen und sächlichen Singularform und in der Pluralform auf der ersten Silbe betont. Die weibliche Singularform ist endungsbetont.

молодо́й (jung):	**мо́лод,**	**молода́,**	**мо́лодо,**	**мо́лоды**
дорого́й (lieb, teuer):	**до́рог,**	**дорога́,**	**до́рого,**	**до́роги**
голо́дный (hungrig):	**го́лоден,**	**голодна́,**	**го́лодно,**	**го́лодны**
холо́дный (kalt):	**хо́лоден,**	**холодна́,**	**хо́лодно,**	**хо́лодны**
весёлый (lustig):	**ве́сел,**	**весела́,**	**ве́село,**	**ве́селы**
дешёвый (billig):	**дёшев,**	**дешева́,**	**дёшево,**	**дёшевы**
зелёный (grün):	**зе́лен,**	**зелена́,**	**зе́лено,**	**зе́лены**

b) Die Adjektive auf **-окий/-ёкий** sind in der weiblichen Singularform endungsbetont. Die sächliche Singularform und die Pluralform können doppelte Betonung haben. Eine ähnliche Betonung zeigen **хоро́ший, тяжёлый, коро́ткий** und die Kurzformen von **вели́кий** in der Bedeutung „groß, zu groß“:

высо́кий (hoch):	**высо́к,**	**высока́,**	**высо́ко́,**	**высо́ки́**
глубо́кий (tief):	**глубо́к,**	**глубока́,**	**глубо́ко́,**	**глубо́ки́**
далёкий (fern, weit):	**далёк,**	**далека́,**	**далеко́** u. **далёко,**	**далеки́** u. **далёки**
широ́кий (breit, weit):	**широ́к,**	**широка́,**	**широ́ко́,**	**широ́ки́**
хоро́ший (gut):	**хоро́ш,**	**хороша́,**	**хорошо́,**	**хороши́**
тяжёлый (schwer):	**тяжёл,**	**тяжела́,**	**тяжело́,**	**тяжелы́**
коро́ткий (kurz):	**ко́ро́ток,**	**коротка́,**	**ко́ро́тко́,**	**ко́ро́тки́**
вели́кий (groß):	**вели́к,**	**вели́ка́,**	**велико́,**	**вели́ки́**

III. Zum Gebrauch der Lang- und Kurzformen

Die Langformen werden sowohl in attributiver als auch in prädikativer Funktion gebraucht. Die Kurzformen stehen ausschließlich in prädikativer Funktion.

1. Langformen in attributiver Funktion 216

In attributiver Funktion stimmt die Langform des Adjektivs mit dem zugehörigen Substantiv in Genus[1], Numerus und Kasus überein.

На после́днем уро́ке ру́сского языка́ мы чита́ли но́вый текст.	In der letzten Russischstunde haben wir einen neuen Text gelesen.
Посети́тели музе́я любова́лись стари́нными па́мятниками ру́сского иску́сства.	Die Besucher des Museums erfreuten sich an den alten russischen Kunstdenkmälern.
Вчера́ по ра́дио передава́ли конце́рт молодо́й сове́тской певи́цы.	Gestern wurde das Konzert einer jungen sowjetischen Sängerin durch Radio übertragen.
На я́сном си́нем не́бе появи́лись бе́лые облака́.	Am klaren, blauen Himmel zeigten sich weiße Wolken.
В вчера́шних газе́тах писа́ли о но́вых мировы́х реко́рдах сове́тских спортсме́нов.	In den gestrigen Zeitungen wurde über neue Weltrekorde sowjetischer Sportler geschrieben.

Substantive mit mehreren gleichgeordneten adjektivischen Attributen

Für den Numerus des Substantivs in Verbindung mit mehreren gleichgeordneten, durch **и** verbundenen adjektivischen Attributen gilt:

a) Das Substantiv steht im Singular, wenn die Attribute verschiedene Eigenschaften des genannten Gegenstandes oder Begriffes bezeichnen, z. B.:

большо́й и све́тлый класс	ein großes und helles Klassenzimmer
но́вая и интере́сная кни́га	ein neues und interessantes Buch

[1] Bei den Substantiven auf -а, -я, die männliche Personen benennen, richtet sich das zugehörige Adjektiv bzw. das zugehörige adjektivische Attribut nach dem natürlichen Geschlecht:

Ми́лый па́па, ..	Lieber Papa, ..
Я встре́тил бра́та Ири́ны у своего́ дя́ди.	Ich traf den Bruder Irinas bei meinem Onkel.

b) Das Substantiv steht in der Regel[1] im Plural, wenn die Attribute verschiedene Arten oder Erscheinungsformen des genannten Gegenstandes oder Begriffes bezeichnen, z.B.:

ру́сский и неме́цкий языки́	die russische und die deutsche Sprache
дли́нный и коро́ткий карандаши́	ein langer und ein kurzer Bleistift
указа́тельный и сре́дний па́льцы	Zeige- und Mittelfinger

217

2. Langformen in prädikativer Funktion

a) In prädikativer Funktion werden die Langformen in jedem Falle gebraucht, wenn es sich um Beziehungsadjektive handelt oder um Adjektive, von denen keine Kurzformen gebildet werden können.

Дом и сара́й бы́ли ка́менные.	Haus und Scheune waren aus Stein gebaut.
Весна́ в э́том году́ была́ ра́нняя.	Der Frühling war in diesem Jahr zeitig.
Се́стрина блу́зка полотня́ная.	Die Bluse der Schwester ist aus Leinen.
Наш но́вый дом о́чень большо́й.	Unser neues Haus ist sehr groß.

---

[1] Bei der Bezeichnung verschiedener Arten oder Erscheinungsformen durch gleichgeordnete Attribute wird das Substantiv in bestimmten Fällen auch im Singular gebraucht, und zwar:

a) wenn das Substantiv keine Pluralformen hat, z.B.:

лёгкая и тяжёлая промы́шленность	Leicht- und Schwerindustrie
полити́ческое, экономи́ческое и культу́рное сотру́дничество	politische, wirtschaftliche und kulturelle Zusammenarbeit

b) wenn sich der Plural des Substantivs bedeutungsmäßig vom Singular unterscheidet, z.B.:

нача́льное и сре́днее образова́ние	Elementar- und Mittelschulbildung
aber: го́рные образова́ния	Gesteinsbildungen

c) wenn besonders bei Abstrakta der innere Zusammenhang zwischen den durch die Attribute benannten Erscheinungsformen hervorgehoben werden soll, z.B.:

програ́мма для нача́льной и сре́дней шко́лы	der Lehrplan für die Grund- und Mittelschule

d) bisweilen wenn die Attribute Ordnungszahlwörter oder adjektivische Pronomen sind, z.B.:

ме́жду пя́тым и шесты́м этажо́м	zwischen dem 5. und 6. Stockwerk
в том и друго́м слу́чае	in diesem und jenem Fall
aber:	
ученики́ 8 и 9 кла́ссов	die Schüler der 8. und 9. Klasse
писа́тели 19 и 20 веко́в	die Schriftsteller des 19. und 20. Jahrhunderts

Man gebraucht aber das Substantiv in jedem Falle im Plural, wenn es den Attributen voransteht:

Вы́полнены пла́ны кварта́льный и годово́й.	Der Quartals- und der Jahresplan sind erfüllt.
Места́ пя́тое и шесто́е за́няты.	Die Plätze 5 und 6 sind besetzt.

b) Die Langformen werden vielfach neben den Kurzformen in prädikativer Funktion gebraucht, wenn es sich um Qualitätsadjektive handelt. Dabei gelten die Langformen als stilistisch neutral, während die Kurzformen vorwiegend schriftsprachlichen Charakter tragen.

Река́ широ́кая и глубо́кая.	Der Fluß ist breit und tief.
Роя́ль ста́рый, но о́чень хоро́ший.	Der Flügel ist alt, aber sehr gut.
Това́рищи у меня́ хоро́шие.	Ich habe gute Kameraden.
День был я́сный, со́лнечный, весёлый.	Es war ein klarer, sonniger und vergnügter Tag.
Ночь была́ холо́дная, тёмная, дул пронзи́тельный ве́тер.	Die Nacht war kalt und dunkel, und es wehte ein durchdringender Wind.
Вода́ была́ така́я прозра́чная, как стекло́.	Das Wasser war so durchsichtig wie Glas.
Ле́кция сего́дня бу́дет интере́сная.	Die Vorlesung wird heute interessant werden.
На́ша но́вая кварти́ра бу́дет све́тлая и просто́рная.	Unsere neue Wohnung wird hell und geräumig sein.

Nach den Formen von **быть** steht das prädikative Adjektiv vielfach im Instrumental. Näheres siehe (570).

Её улы́бка была́ проси́тельной, но в то же вре́мя насме́шливой.	Ihr Lächeln war bittend, aber gleichzeitig spöttisch.
Де́ло обеща́ет быть чрезвыча́йно интере́сным.	Die Sache verspricht äußerst interessant zu werden.
Ско́ро сад бу́дет зелёным.	Bald wird der Garten grün sein.

c) Langformen stehen auch als prädikative Ergänzung

α) nach den Verben

быва́ть	zu sein pflegen
станови́ться **стать** vo.	werden
остава́ться **оста́ться** vo.	bleiben
де́латься **сде́латься** vo.	werden
каза́ться **показа́ться** vo.	scheinen

счита́ться	gelten
ока́зываться **оказа́ться** vo.	sich erweisen
получа́ться **получи́ться** vo.	sich ergeben, sich herausstellen
называ́ться **назва́ться** vo.	sich nennen, heißen
явля́ться	1. sein, 2. sich erweisen
яви́ться vo.	werden, sich erweisen

Diese Verben werden vorzugsweise mit dem Instrumental, seltener mit dem Nominativ des Adjektivs verbunden[1]. Nur mit dem Instrumental des Adjektivs stehen **явля́ться, яви́ться** vo.

Он, наконе́ц, стал приле́жным.	Er wurde endlich fleißig.
Всё станови́лось изве́стным неугаси́мому челове́ческому любопы́тству.	Alles wurde der unauslöschlichen menschlichen Neugier bekannt.
Она́ всегда́ остаётся споко́йной в мину́ты опа́сности.	Sie bleibt in Minuten der Gefahr immer ruhig.
Дома́ каза́лись огро́мными.	Die Häuser erschienen riesengroß.
Побе́да счита́ется несомне́нной.	Der Sieg gilt als gewiß.
Его́ труды́ ока́зываются о́чень серьёзными.	Seine Arbeiten erweisen sich als sehr ernsthaft.
Для тебя́ я никогда́ не сде́лаюсь чужи́м.	Für dich werde ich niemals ein Fremder werden.
Э́тот при́нцип явля́ется противоречи́вым.	Dieses Prinzip ist widerspruchsvoll.

β) nach Verben der Bewegung und des Zustands wie

приходи́ть **прийти́** vo.	(an-)kommen	**стоя́ть** **сиде́ть**	stehen sitzen
идти́ **ходи́ть**	gehen	**лежа́ть** **жить**	liegen leben, wohnen

[1] Diese Verben können in seltenen Fällen auch mit einer Kurzform verbunden werden:
Дом оказа́лся пуст. — Wie sich herausstellte, war das Haus leer.

возвращáться **возвратúться** vo.	zurückkehren
вставáть **встать** vo.	aufstehen

Die Verben der Bewegung werden häufiger mit dem Instrumental des Adjektivs, die Verben des Zustands zumeist mit dem Nominativ des Adjektivs gebraucht.

Он возвращáлся домóй устáлым.	Er kehrte müde nach Hause zurück.
Хорошó отдохнýв в пионéрском лáгере, дéти возвратúлись в шкóлу бóдрые и весёлые.	Nachdem sich die Kinder gut im Pionierlager erholt hatten, kehrten sie frisch und fröhlich in die Schule zurück.
Онá вставáла из-за столá голóдной.	Sie stand hungrig vom Tisch auf.
Погóда стоя́ла хорóшая.	Das Wetter war schön.
Лес стоúт тёмный и неподвúжный.	Der Wald steht finster und regungslos da.

3. Die Kurzformen 218

Die Kurzformen werden zu einem Teil ohne bedeutungsmäßigen oder syntaktischen Unterschied neben den Langformen in prädikativer Funktion gebraucht. Sie gelten dabei lediglich gegenüber den Langformen als vorwiegend schriftsprachlich.

In bestimmten Fällen jedoch ist der Gebrauch der Kurzformen bedeutungsmäßig oder syntaktisch bedingt.

a) Der Gebrauch der Kurzformen ist durch unterschiedliche Bedeutung in den Lang- und Kurzformen bedingt, z. B.:

Наш дéдушка ещё жив. Unser Großvater lebt noch.	aber:	**Ребёнок óчень живóй.** Das Kind ist sehr lebhaft.
Онá удивúтельно хорошá. Sie ist erstaunlich hübsch.		**Бáбушка у нас хорóшая.** Wir haben eine gute Großmutter.
Больнáя былá совсéм плохá. Die Kranke war ganz schwach.		**Кóмната былá плохáя.** Das Zimmer war schlecht.

b) Der Gebrauch prädikativer Adjektive (vgl. S. 150) ist an die Kurzformen gebunden. Z.B.:

Подожди́те, он до́лжен верну́ться к обе́ду.	Warten Sie, er muß zum Mittagessen zurückkommen.
Я рад вас ви́деть.	Ich freue mich, Sie zu sehen.

c) Die Kurzformen werden gebraucht, um das Zuviel einer Eigenschaft auszudrükken, z.B.:

Пальто́ тебе́ велико́.	Der Mantel ist dir zu groß.
Но́ша тяжела́ для ребёнка.	Die Last ist für das Kind zu schwer.
О́бувь мала́.	Die Schuhe sind zu klein.

d) Die Kurzformen können im Gegensatz zu den Langformen eine Eigenschaft wiedergeben, die zeitlich begrenzt auftritt, z.B.:

Ру́ки у него́ чи́сты. Er hat (jetzt) saubere Hände.	aber:	**Ру́ки у него́ чи́стые.** Er hat (immer) saubere Hände.
Мать была́ больна́. Die Mutter war krank.		**Мать больна́я.** Die Mutter ist ein kranker Mensch.
Лицо́ его́ споко́йно. Sein Gesicht zeigt einen ruhigen Ausdruck.		**Движе́ния его́ споко́йные.** Seine Bewegungen sind ruhig. (= Er zeichnet sich durch ruhige Bewegungen aus.)

e) Stets in der Kurzform steht das prädikative Adjektiv am Satzanfang:

Широка́ страна́ моя́ родна́я...	Weit ist mein Heimatland...

f) Die Kurzformen werden gewöhnlich gebraucht, wenn vom Prädikativum ein Objekt oder eine Adverbialbestimmung abhängig ist.

Мы гото́вы к отъе́зду.	Wir sind zur Abfahrt bereit.
Она́ была́ больна́ анги́ной.	Sie war an Angina erkrankt.
Мой брат спосо́бен к му́зыке.	Mein Bruder ist für Musik begabt.
Мой де́душка слаб здоро́вьем.	Mein Großvater ist von schwacher Gesundheit.

g) In der Kurzform stehen Adjektive, die aus Partizipien entstanden sind:

Ему́ прису́щ оптими́зм.	Kennzeichnend für ihn ist sein Optimismus.
Зада́ча невыполни́ма.	Die Aufgabe ist undurchführbar.

h) Die Kurzform steht bei **э́то** als Subjekt:

Мне тепе́рь э́то я́сно.	Mir ist das jetzt klar.

DIE STEIGERUNG DER ADJEKTIVE

Die meisten Qualitätsadjektive haben außer der Grundform (= Positiv) zwei Steigerungsformen: den Komparativ und den Superlativ. Dabei sind Komparativ und Superlativ jeweils durch zwei Formen vertreten – durch eine einfache (= synthetische) Form und eine zusammengesetzte (= analytische) Form.

I. Der Komparativ

1. Die Bildung des einfachen Komparativs

Der einfache Komparativ ist nach Genus, Numerus und Kasus unveränderlich. Er wird durch Anfügen der Suffixe **-ее (-ей)**, **-е**, **-ше** an den Adjektivstamm gebildet; dabei ist das Komparativsuffix **-ее (-ей)** produktiv. 219

a) **-ее (-ей)**

-ее (-ей) wird an den Stamm des Adjektivs angefügt, wenn dieser auf Konsonant – außer **г, к, х, д, т, ст** – auslautet. Das Suffix **-ей** steht vorzugsweise in der Umgangssprache, bisweilen auch aus rhythmischen Gründen in der gebundenen Rede der Kunstdichtung.

ва́жный	wichtig	– **важне́е (важне́й)**
ве́рный	richtig, wahr	– **верне́е (верне́й)**
весёлый	fröhlich	– **веселе́е (веселе́й)**
дли́нный	lang	– **длинне́е (длинне́й)**
интере́сный	interessant	– **интере́снее (интере́сней)**
но́вый	neu	– **нове́е (нове́й)**
приле́жный	fleißig	– **приле́жнее (приле́жней)**
све́тлый	hell	– **светле́е (светле́й)**
счастли́вый	glücklich	– **счастли́вее (счастли́вей)**
у́мный	klug	– **умне́е (умне́й)**

Ausnahme:

дешёвый	billig	– **деше́вле**

b) **-е**

-е wird an den Stamm des Adjektivs angefügt, wenn dieser auf **г, к, х, д, т, ст** auslautet, wobei der Konsonantenwechsel **г/д-ж, к/т-ч, х-ш, ст-щ** eintritt.

дорого́й	teuer, lieb	– **доро́же**
стро́гий	streng	– **стро́же**

гóрький	bitter	– **гóрче**
грóмкий	laut	– **грóмче**
крáткий	kurz	– **крáтче**
крéпкий	stark, fest	– **крéпче**
лёгкий	leicht	– **лéгче**
мéлкий	klein; flach, seicht	– **мéльче**
мя́гкий	weich	– **мя́гче**
сухóй	trocken	– **сýше**
ти́хий	still, ruhig	– **ти́ше**
молодóй	jung	– **молóже**
твёрдый	fest, hart	– **твёрже**
худóй	schlecht, schlimm	– **хýже**
богáтый	reich	– **богáче**
крутóй	steil	– **крýче**
густóй	dicht, dick	– **гýще**
простóй	einfach	– **прóще**
тóлстый	dick	– **тóлще**
чáстый	oft	– **чáще**
чи́стый	rein, sauber	– **чи́ще**

Ausnahmen:

жёлтый	gelb	– **желтéе**
лю́тый	grausam	– **лютéе**
святóй	heilig, hehr	– **святéе**
сы́тый	satt	– **сытéе**
худóй	mager, hager	– **худéе**

Besondere Bildungen sind:

бли́зкий	nah	– **бли́же**
гáдкий	garstig, abscheulich	– **гáже**
глáдкий	glatt, eben	– **глáже**
жи́дкий	flüssig, dünn	– **жи́же**
корóткий	kurz	– **корóче**
ни́зкий	niedrig	– **ни́же**
плóский	flach, eben	– **плóще**
рéдкий	selten, spärlich	– **рéже**
слáдкий	süß	– **слáще**
ýзкий	schmal, eng	– **ýже**
высóкий	hoch	– **вы́ше**
глубóкий	tief	– **глýбже**
ширóкий	breit	– **ши́ре**

c) **-ше**

Auf **-ше** wird der einfache Komparativ nur von wenigen Adjektiven gebildet:

большо́й	groß	– **бо́льше**
далёкий	fern, weit	– **да́льше**
до́лгий	lang	– **до́льше**
ра́нний	früh	– **ра́ньше**
(ста́рый	alt)	– **ста́рше**[1]
то́нкий	dünn, fein	– **то́ньше**

Andere Wortwurzeln liegen dem Komparativ auf **-ше** zugrunde bei:

вели́кий (= **большо́й**)	groß	– **бо́льше**
ма́лый, **ма́ленький**	klein	– **ме́ньше**
хоро́ший	gut	– **лу́чше**

Um eine andere Wortwurzel handelt es sich auch bei:

плохо́й	schlecht	– **ху́же**[2]

In einigen Fällen sind neben dem Komparativ auf **-ше** Formen auf **-ее** vorhanden:

большо́й, **вели́кий**	– **бо́льше, бо́лее**
ма́лый, **ма́ленький**	– **ме́ньше, ме́нее**
далёкий	– **да́льше, да́лее**
до́лгий	– **до́льше, до́лее**
ра́нний	– **ра́ньше, ра́нее**
auch:	
по́здний	– **по́зже, поздне́е**

Die Formen auf **-ее** werden heute seltener gebraucht. Sie treten in der Regel nur noch als Komparativ des zugehörigen Adverbs auf (vgl. auch 466).

Der Bildungsbereich des einfachen Komparativs **220**

Der einfache Komparativ kann nicht von allen Qualitätsadjektiven, die eine steigerungsfähige Eigenschaft benennen, gebildet werden.

a) Keine einfachen Komparativformen haben Qualitätsadjektive auf **-ский (-ско́й), -овый/-евый (-ово́й/-ево́й)** sowie einige Qualitätsadjektive

---

[1] Ста́рше ist Komparativ zu ста́рый = „alt" im Sinne des Lebensalters, Berufsalters usw. Старе́е hat die entgegengesetzte Bedeutung des Wortes нове́е.

Оте́ц ста́рше ма́тери.	Der Vater ist älter als die Mutter.
Наш дом старе́е, чем дом сосе́да.	Unser Haus ist älter als das Haus des Nachbarn.

[2] Neben ху́же, das gleichzeitig Komparativ zu худо́й in der Bedeutung „schlecht, schlimm" ist (vgl. unter b), ist nach Angabe des Wörterbuchs der russischen Sprache von Oshegow/Obnorski als Komparativ zu плохо́й auch die Form пло́ше gebräuchlich.

auf **-ный (-ной).** (Z. B.: **дружеский** freundschaftlich; **товарищеский** kameradschaftlich; **трагический** tragisch; **передовой** fortschrittlich; **боевой** Kampf-, kriegerisch; **больной** krank.

b) Keine einfachen Komparativformen haben die meisten von Verben abgeleiteten Adjektive auf **-лый** (z. B.: **загорелый** sonnengebräunt; **рослый** hochgewachsen; **усталый** müde; **хриплый** heiser).

c) Keine einfachen Komparativformen haben häufig Adjektive mit dem Suffix **-к-**. (Z. B.: **дерзкий** dreist, verwegen; **мерзкий** abscheulich; **плавкий** leicht schmelzbar; **робкий** schüchtern, zaghaft; **скользкий** glatt; **тяжкий** schwer.)

d) Keine einfachen Komparativformen haben auch einige Qualitätsadjektive, die kein Suffix enthalten: **ветхий** alt, baufällig; **гордый** stolz u. a.

221 *Zur Betonung der einfachen Komparativformen*

a) Die Komparativformen auf **-е** und **-ше** sind stets stammbetont, vgl.: **громче, легче, тише, выше, ниже, шире, больше, меньше.**

b) Die Betonung der Komparativformen auf **-ее (-ей)** stimmt allgemein mit der Betonung der weiblichen Kurzform im Positiv überein, vgl.:

верный	– **верна**	– **вернее**
новый	– **нова**	– **новее**
счастливый	– **счастлива**	– **счастливей**

Ausnahme: **здоровее (**obwohl **здорова)**

222 **2. Die Bildung des zusammengesetzten Komparativs**

Zusammengesetzte Komparativformen können von sämtlichen Qualitätsadjektiven gebildet werden.

Man bildet den zusammengesetzten Komparativ durch Vorsetzen von **более**[1] vor den

---

[1] Zu den zusammengesetzten Komparativformen rechnet man bisweilen auch Zusammensetzungen mit менее = „weniger“:

менее важный вопрос = eine weniger wichtige Frage
менее интересная книга = ein weniger interessantes Buch.

Positiv des Adjektivs[1]. **Бо́лее** ist unveränderlich, während der Positiv mit dem zugehörigen Substantiv in Genus, Numerus und Kasus übereinstimmt.

бо́лее ва́жный вопро́с	= eine wichtigere Frage
бо́лее интере́сная кни́га	= ein interessanteres Buch
бо́лее глубо́кое о́зеро	= ein tieferer See
бо́лее све́тлые ко́мнаты	= hellere Zimmer

3. Komparativformen auf -ший 223

Eine besondere Gruppe bilden einige wenige deklinierbare Steigerungsformen auf **-ший**, die auf alte Komparativformen zurückgehen und zu einem Teil auch Superlativbedeutung haben können. Hierher gehören vier antonyme Paare:

бо́льший	größerer
ме́ньший	kleinerer, geringerer
ста́рший	älterer, ältester; ranghöherer; (erstgeborener)[2]
мла́дший	jüngerer, jüngster; rangniederer; (letztgeborener)[2]
вы́сший	höherer, höchster; oberster; bester
ни́зший	niedrigerer, niederer, niedrigster; schlechtester
лу́чший	besserer, bester
ху́дший	schlechterer, schlimmerer, schlechtester

Die Steigerungsformen auf **-ший** werden nur sehr begrenzt gebraucht. Zumeist treten sie in feststehenden Wendungen oder Begriffen auf, z.B.:

бо́льшая часть	= der größere Teil
бо́льшей ча́стью	= größtenteils
с бо́льшим внима́нием	= mit größerer Aufmerksamkeit
ме́ньшая часть	= der kleinere Teil
по ме́ньшей ме́ре	= mindestens
с неме́ньшей тща́тельностью	= mit nicht weniger Sorgfalt
из двух зол вы́брать ме́ньшее	= das kleinere Übel wählen
вы́сшее уче́бное заведе́ние	= Hochschule
вы́сшее образова́ние	= Hochschulbildung

---

1 Es kommen neuerdings auch Fälle vor, in denen бо́лее (oder ме́нее) mit einer Kurzform verbunden wird:

Не ме́нее ва́жно нали́чие кана́ла и для се́льского хозя́йства.	Nicht weniger wichtig ist das Vorhandensein des Kanals auch für die Landwirtschaft.

2 Ста́рший und мла́дший haben in der Bedeutung „erstgeborener" und „letztgeborener" sogar eine selbständige Positivbedeutung.

вы́сшая матема́тика	= höhere Mathematik
мла́дшее поколе́ние	= die jüngere Generation
ста́рший лейтена́нт	= Oberleutnant
ста́рший врач	= Oberarzt

4. Zum Gebrauch der Komparativformen

A. DIE SYNTAKTISCHE FUNKTION DER KOMPARATIVFORMEN[1]

224 a) *Der zusammengesetzte Komparativ*

Die zusammengesetzten Komparativformen werden sowohl attributiv als auch prädikativ gebraucht:

attributiv:

Сего́дня был бо́лее тёплый день, чем вчера́.	Heute war ein wärmerer Tag als gestern.
Я не зна́ю бо́лее ва́жного вопро́са.	Ich kenne keine wichtigere Frage.
Он прие́хал с бо́лее ра́нним по́ездом.	Er kam mit einem früheren Zug an.
Она́ была́ в бо́лее све́тлом пла́тье, чем сестра́.	Sie hatte ein helleres Kleid an als ihre Schwester.
Я купи́л себе́ бо́лее интере́сную кни́гу, чем та, кото́рую я чита́л две неде́ли наза́д.	Ich habe mir ein interessanteres Buch als das gekauft, welches ich vor zwei Wochen las.

prädikativ:

Э́тот дом бо́лее краси́вый, чем сосе́дний.	Dieses Haus ist schöner als das Nachbarhaus.
Дере́вья там бо́лее высо́кие, чем у нас в па́рке.	Die Bäume sind dort höher als bei uns im Park.

[1] Der „unechte" Komparativ des Deutschen, der den geringeren Grad einer Eigenschaft ausdrückt, wird im Russischen durch lexikalische Mittel wiedergegeben, z.B.:

ein älterer Mensch	= немолодо́й челове́к
eine kleinere Erzählung	= небольшо́й расска́з
eine größere Summe	= дово́льно значи́тельная су́мма

b) *Der einfache Komparativ* 225

Die einfachen Komparativformen werden vorwiegend prädikativ gebraucht:

Москвá бóльше Ленингрáда.	Moskau ist größer als Leningrad.
Вóлга длиннée Днепрá.	Die Wolga ist länger als der Dnepr.
Зимние дни корóче лéтних.	Die Wintertage sind kürzer als die Sommertage.
Зáпах фиáлки слабéе зáпаха лáндыша.	Der Duft des Veilchens ist schwächer als der des Maiglöckchens.
Он молóже меня́ на два гóда.	Er ist zwei Jahre jünger als ich.

Die einfachen Komparativformen können besonders in der Umgangssprache auch in attributiver Funktion gebraucht werden. Sie sind dabei dem Substantiv nachgestellt und häufig durch **по-** präfigiert (vgl. auch 227, b).

Он нáнял квартиру побóльше стáрой.	Er mietete eine etwas größere Wohnung als die alte.
Покажите мне, пожáлуйста, кóмнату подешéвле.	Zeigen Sie mir bitte ein etwas billigeres Zimmer.
Я не встречáл человéка находчивее, чем ваш брат.	Ich bin (noch) keinem schlagfertigerem Menschen als Ihrem Bruder begegnet.
Дáйте мне книгу поинтерéснее.	Geben Sie mir ein interessanteres Buch.
Я не видел мест красивее.	Ich habe kein schöneres Fleckchen Erde gesehen.

B. „ALS" BEIM KOMPARATIV 226

„Als" nach dem Komparativ wird ausgedrückt:

a) durch **чем** mit dem Nominativ. Der durch **чем** ausgedrückte Vergleich wird durch Komma abgetrennt.
Vgl.:

Сегóдня был бóлее тёплый день, чем вчерá.
Этот дом бóлее красивый, чем сосéдний.

b) durch den Genitiv des Vergleichs vorwiegend beim einfachen Komparativ.
Vgl.:

Вóлга длиннée Днепрá.
Зимние дни корóче лéтних.
Он нáнял квартиру побóльше стáрой.

227

C. GRADBESTIMMUNGEN BEIM KOMPARATIV

a) Ein verstärkter Komparativ wird durch die einfache Komparativform in Verbindung mit folgenden Adverbien bzw. Partikeln bezeichnet:

ещё	= noch
всё	= immer
гора́здо **намно́го** **значи́тельно** **куда́**	= bei weitem, viel, bedeutend
как мо́жно **как нельзя́** **возмо́жно** **по возмо́жности**	= möglichst, so ... wie möglich[1]
несравне́нно	= unvergleichlich

Э́то гора́здо ле́гче.	Das ist weitaus leichter.
Разгово́р станови́лся всё интере́сней и веселе́й.	Das Gespräch wurde immer interessanter und fröhlicher.
Объясне́ние должно́ быть как мо́жно точне́е.	Die Erklärung muß möglichst genau sein.

b) Ein abgeschwächter oder einschränkender Komparativ wird bezeichnet:

α) durch die einfache Komparativform in Verbindung mit den Adverbien

немно́го **не́сколько**	= ein wenig, etwas

Э́то немно́го ле́гче.	Das ist etwas leichter.

β) durch Präfigierung der einfachen Komparativform mit **по-**:

Да́йте мне ко́мнату побо́льше.	Geben Sie mir ein etwas größeres Zimmer.
Покажи́те мне, пожа́луйста, това́р подеше́вле.	Zeigen Sie mir bitte eine etwas billigere Ware.

[1] Man beachte, daß das deutsche „möglichst, so ... wie möglich" in Verbindung mit dem Positiv im Russischen durch как мо́жно, как нельзя́, возмо́жно oder по возмо́жности mit dem Komparativ wiedergegeben wird.

II. Der Superlativ

1. Die Bildung des einfachen Superlativs

Der einfache Superlativ wird durch Anfügen von **-ейший** bzw. **-айший**[1] an den Adjektivstamm gebildet. **-айший** wird angefügt, wenn der Stamm auf **г, к, х** auslautet, wobei der Konsonantenwechsel **г-ж, к-ч, х-ш** eintritt. **228**

Die Superlativformen auf **-ейший/-айший** werden regelmäßig nach der gemischten Deklination der Adjektive gebeugt.

бога́тый	reich	–	**богате́йший, -ая, -ее; -ие**
ва́жный	wichtig	–	**важне́йший, -ая, -ее; -ие**
гла́вный	hauptsächlich	–	**главне́йший, -ая, -ее; -ие**
дли́нный	lang	–	**длинне́йший, -ая, -ее; -ие**
интере́сный	interessant	–	**интере́снейший, -ая, -ее; -ие**
но́вый	neu	–	**нове́йший, -ая, -ее; -ие**
приле́жный	fleißig	–	**приле́жнейший, -ая, -ее; -ие**
счастли́вый	glücklich	–	**счастли́вейший, -ая, -ее; -ие**
у́мный	klug	–	**умне́йший, -ая, -ее; -ие**
вели́кий	groß	–	**велича́йший, -ая, -ее; -ие**
высо́кий	hoch	–	**высоча́йший, -ая, -ее; -ие**
кра́ткий	kurz	–	**кратча́йший, -ая, -ее; -ие**
лёгкий	leicht	–	**легча́йший, -ая, -ее; -ие**
мя́гкий	weich	–	**мягча́йший, -ая, -ее; -ие**
ти́хий	still, ruhig	–	**тиша́йший, -ая, -ее; -ие**

Besondere Bildungen sind:

бли́зкий	nah	–	**ближа́йший, -ая, -ее; -ие**
ни́зкий	niedrig	–	**нижа́йший, -ая, -ее; -ие**
(**дорого́й**	teuer, lieb)	–	**дража́йший, -ая, -ее; -ие**
коро́ткий	kurz	–	**кратча́йший, -ая, -ее; -ие**
тя́жкий	schwer	–	**тягча́йший, -ая, -ее; -ие**

Zuweilen können die einfachen Superlativformen – besonders in der Buchsprache – zum Ausdruck der V e r s t ä r k u n g durch **наи-** präfigiert sein. **Наи-** kann auch vor Steigerungsformen auf **-ший** treten.

сло́жный	schwierig	–	**наисложне́йший, -ая, -ее; -ие**

[1] Die Formen auf -ейший/-айший hatten ursprünglich auch die Bedeutung des Komparativs. Darauf weisen im heutigen Sprachgebrauch noch die Bedeutungen von дальне́йший = „weiterer" und поздне́йший = „späterer" hin.

стро́гий streng — **наистрожа́йший, -ая, -ее; -ие**
лу́чший bester — **наилу́чший, -ая, -ее; -ие**

229 *Der Bildungsbereich des einfachen Superlativs*

Der einfache Superlativ kann nicht von allen Qualitätsadjektiven, die eine steigerungsfähige Eigenschaft benennen, gebildet werden.

a) Keine einfachen Superlativformen haben Qualitätsadjektive auf **-ский (-ско́й)**, **-овый/-евый (-ово́й/-ево́й)** sowie einige Qualitätsadjektive auf **-ный (-но́й)**, z. B.: **дру́жеский** freundschaftlich; **коми́ческий** komisch; **делово́й** geschäftlich, sachlich; **боево́й** Kampf-, kriegerisch; **де́льный** tüchtig, vernünftig; **больно́й** krank.

b) Keine einfachen Superlativformen haben die meisten von Verben abgeleiteten Adjektive auf **-лый**, z. B.: **уста́лый** müde; **хри́плый** heiser.

c) Keine einfachen Superlativformen haben viele Adjektive mit dem Suffix **-к-**: **бо́йкий** behend, gewandt; **га́дкий** garstig, abscheulich; **гла́дкий** glatt, eben; **гро́мкий** laut; **жи́дкий** flüssig, dünn; **у́зкий** schmal, eng u. a.

d) Keine einfachen Superlativformen haben Adjektive mit den Suffixen **-ист-**, **-аст-**, z. B.: **корена́стый** stämmig; **бугри́стый** hügelig; **тени́стый** schattig.

e) Keine einfachen Superlativformen haben auch einige Qualitätsadjektive, die kein Suffix enthalten: **го́рдый** stolz; **молодо́й** jung; **отло́гий** leicht abfallend; **плохо́й** schlecht; **поло́гий** abschüssig; **сухо́й** trocken; **туго́й** fest, straff.

230 *Zur Betonung der einfachen Superlativformen*

a) Das Suffix **-айший** ist stets betont, vgl.: **велича́йший, легча́йший, нижа́йший, тиша́йший.**

b) Das Suffix **-ейший** ist betont:

α) wenn der entsprechende einfache Komparativ auf **-е** gebildet wird, vgl.: **богате́йший (бога́че), густе́йший (гу́ще), просте́йший (про́ще), тверде́йший (тве́рже), толсте́йший (то́лще), чисте́йший (чи́ще);**

β) wenn der entsprechende einfache Komparativ auf betontes **-ее (-ей)** gebildet wird, vgl.: **важне́йший (важне́е), длинне́йший (длинне́е), нове́йший (нове́е), умне́йший (умне́е).**

In den übrigen Fällen stimmen die Formen auf **-ейший** in der Betonung mit dem Positiv überein, vgl.: **интере́снейший (интере́сный), счастли́вейший (счастли́вый), приле́жнейший (приле́жный).**

2. Die Bildung des zusammengesetzten Superlativs

a) Zusammengesetzte Superlativformen können von fast allen Qualitätsadjektiven gebildet werden. **231**

Man bildet den zusammengesetzten Superlativ durch Vorsetzen von **са́мый** vor den Positiv[1] des Adjektivs. Dabei stimmen **са́мый** und der zugehörige Positiv jeweils mit ihrem Beziehungswort in Genus, Numerus und Kasus überein.

Са́мый kann zum Ausdruck des Superlativs auch vor Steigerungsformen auf **-ший** stehen.

са́мый высо́кий дом	= das höchste Haus
са́мая высо́кая гора́	= der höchste Berg
са́мые лу́чшие ученики́	= die besten Schüler

Ein zusammengesetzter Superlativ kann besonders in der Buchsprache auch durch Vorsetzen von **наибо́лее** (und **наиме́нее**) vor den Positiv des Adjektivs[2] gebildet werden.

наибо́лее уда́чный спо́соб	= das günstigste Verfahren
наиме́нее сло́жный вопро́с	= die am wenigsten schwierige Frage

b) Speziell für den prädikativen Gebrauch wird ein zusammengesetzter Superlativ durch Verbindung des einfachen Komparativs mit den Genitiven **всех (= чем все)** bzw. **всего́ (= чем всё)** gebildet, z. B.: **232**

Вот э́та карти́на доро́же всех.	Dieses Bild da ist am teuersten.
Он умне́е всех.	Er ist am klügsten, ist der Klügste.
Э́то важне́е всего́.	Das ist am wichtigsten.
А что ху́же всего́, э́то его́ неаккура́тность.	Und was am schlimmsten ist, das ist seine Nachlässigkeit.

---

1 In der Literatursprache des 19. Jahrhunderts wurde са́мый zum Ausdruck des Superlativs mitunter auch mit Formen auf -ейший/-айший verbunden, z. B.: са́мый торже́ственнейший день = der festlichste Tag, са́мое убеди́тельнейшее доказа́тельство = der überzeugendste Beweis, са́мые просте́йшие маши́ны = einfachste Maschinen. Im modernen russischen Sprachgebrauch sind diese Formen selten.

2 Наибо́лее kann neuerdings auch mit einer Kurzform verbunden werden:

Наибо́лее ва́жен вопро́с снабже́ния. — Am wichtigsten ist die Versorgungsfrage.

3. Zum Gebrauch der Superlativformen

A. DER SUPERLATIV[1]

Der Superlativ, d.h. der höchste Grad einer Eigenschaft, wird durch die zusammengesetzten Superlativformen sowie durch Formen auf **-ейший/-айший** und in einigen Fällen auch durch Formen auf **-ший** ausgedrückt.

233 a) *Zusammengesetzte Superlativformen*

Die zusammengesetzte Superlativform mit **са́мый** findet sowohl in der Schriftsprache als auch in der Umgangssprache weitgehend Verwendung. Sie wird vorwiegend in attributiver Funktion gebraucht, kann aber auch als Prädikat auftreten.

Во́лга – са́мая дли́нная река́ в Евро́пе.	Die Wolga ist der längste Fluß in Europa.
Байка́л – са́мое глубо́кое о́зеро в ми́ре.	Der Baikalsee ist der tiefste See der Welt.
Тури́сты хоте́ли подня́ться на са́мую высо́кую верши́ну.	Die Touristen wollten den höchsten Gipfel ersteigen.
Арте́к – са́мый большо́й пионе́рский ла́герь в Сове́тском Сою́зе.	Das Pionierlager Artek ist das größte Pionierlager in der Sowjetunion.
С. Я. Марша́к – оди́н из са́мых люби́мых де́тских писа́телей в Сове́тском Сою́зе.	S. J. Marschak ist einer der beliebtesten Kinderschriftsteller in der Sowjetunion.
Ва́ся Ефре́мов – са́мый приле́жный из ученико́в.	Wasja Jefremow ist der fleißigste unter den Schülern, ist der fleißigste Schüler.
Э́тот сорт ча́я са́мый лу́чший.	Diese Teesorte ist die beste.

Der durch den einfachen Komparativ in Verbindung mit den Genitiven **всех** bzw. **всего́** ausgedrückte Superlativ steht ausschließlich in prädikativer Funktion (vgl. 232).

234 b) *Superlativformen auf* **-ейший/-айший, -ший**

Die Formen auf **-ейший/-айший** sowie die Formen auf **-ший** werden vorzugsweise in der Schriftsprache und fast nur in attributiver Funktion gebraucht.

[1] Mit dem Terminus Superlativ wird sowohl bedeutungsmäßig-syntaktisch die Höchststufe einer Eigenschaft bezeichnet als auch die Wortform zum Ausdruck dieser Höchststufe.

Важне́йшие города́ РСФСР – Москва́ и Ленингра́д.	Die wichtigsten Städte der RSFSR sind Moskau und Leningrad.
Ла́дожское о́зеро – велича́йшее о́зеро в Евро́пе.	Der Ladogasee ist der größte See in Europa.
На́ша важне́йшая зада́ча – вы́полнить план.	Unsere wichtigste Aufgabe ist es, den Plan zu erfüllen.
Лев – сильне́йший из хи́щных звере́й.	Der Löwe ist das stärkste Raubtier.
Вы́сшим о́рганом госуда́рственной вла́сти СССР явля́ется Верхо́вный Сове́т СССР.	Das höchste Organ der Staatsmacht der UdSSR ist der Oberste Sowjet der UdSSR.
К лу́чшим сце́нам траге́дии принадлежи́т восьма́я.	Zu den besten Szenen der Tragödie gehört die achte.

B. DER ELATIV 235

Häufig stehen die Formen auf **-ейший/-айший**, selten die Formen mit **са́мый** in der Bedeutung des Elativs. Der Elativ bezeichnet den sehr hohen Grad einer Eigenschaft ohne tatsächlichen Vergleich. Er wird im Deutschen meistens durch „sehr“, „ganz“, „höchst“, „außerordentlich“, „äußerst“ in Verbindung mit dem Positiv wiedergegeben.

крупне́йший учёный	ein sehr großer Gelehrter
велича́йший писа́тель	ein sehr großer, sehr bedeutender Schriftsteller
добре́йший челове́к	ein sehr guter, herzensguter Mensch
крепча́йший чай	ein sehr starker Tee
интере́снейшая кни́га	ein äußerst interessantes Buch
са́мое просто́е де́ло	eine ganz einfache Sache

Ein Elativ kann in der Umgangssprache auch durch Präfigierung mit **пре-**, seltener mit **раз- (рас-)**, in der Buchsprache auch durch Präfigierung mit **все-, сверх-, архи-, ультра-** ausgedrückt werden (vgl. 251).

предо́брый (предобре́йший) челове́к	= ein sehr guter, herzensguter Mensch
прехоло́дный ве́тер	= ein sehr kalter, eiskalter Wind
пренеприя́тное изве́стие	= eine äußerst unangenehme Nachricht
расчуде́сная пого́да	= ein ganz prachtvolles Wetter
сверхкурьёзное приключе́ние	= ein äußerst kurioses Abenteuer

DIE GATTUNGSADJEKTIVE AUF -ИЙ, -ЬЯ, -ЬЕ

236

I. Bedeutung und Bildung

Eine besondere Gruppe unter den Beziehungsadjektiven stellen die auf **-ий, -ья, -ье; -ьи** gebildeten Gattungsadjektive dar, die die Zugehörigkeit zu einer Gruppe von Lebewesen – häufig zu einer Gattung von Tieren – bezeichnen, z. B.:

соба́чий лай	= Hundegebell
ли́сья нора́	= Fuchshöhle, Fuchsbau
воро́нье гнездо́	= Krähennest
во́лчьи следы́	= Wolfsspuren

Mitunter drücken Gattungsadjektive auf **-ий, -ья, -ье** von Tierbezeichnungen auch die materielle Beschaffenheit aus (z. B.: **медве́жья шу́ба** = Bärenpelz, Bärenfellmantel). Selten treten Gattungsadjektive auf **-ий, -ья, -ье** in qualitativer Bedeutung auf (z. B.: **оказа́ть кому́-нибудь медве́жью услу́гу** = jemand(-em) einen Bärendienst erweisen).

Die Bildung dieser Gattungsadjektive erfolgt durch Anfügen von **-ий, -ья, -ье; -ьи**[1] an den Stamm von Substantiven, die Lebewesen benennen. Stammauslautende **г, д, к, ц, т, х** unterliegen dabei dem Konsonantenwechsel **г/д-ж, к/ц/т-ч, х-ш.**

волк	Wolf	– **во́лчий, -ья, -ье; -ьи**
коза́	Ziege	– **ко́зий, -ья, -ье; -ьи**
коро́ва	Kuh	– **коро́вий, -ья, -ье; -ьи**
лиса́	Fuchs	– **ли́сий, -ья, -ье; -ьи**
медве́дь	Bär	– **медве́жий, -ья, -ье; -ьи**
ры́ба	Fisch	– **ры́бий, -ья, -ье; -ьи**

[1] Vom Standpunkt der Phonetik aus erfolgt die Bildung dieser Gattungsadjektive mit dem Suffix [j], an das man im Nominativ die substantivischen Endungen -а (weibl.), -е (sächl.), -и (Plur.) anfügt: ли́сья = ли[с'j-а], ли́сье = ли[с'j-е], ли́сьи = ли[с'j-и].. Der männliche Nominativ Singular ist endungslos; vor dem Suffix [j] ist ein flüchtiges и eingeschoben: ли́сий = ли[с'иj].
Außer in den Nominativformen liegt eine substantivische Endung auch im weiblichen Akkusativ Singular vor: ли́сью = ли[с'j-у]. Die übrigen Deklinationsendungen sind adjektivisch.

деви́ца	Mädchen	– **деви́чий, -ья, -ье; -ьи**
охо́тник	Jäger	– **охо́тничий, -ья, -ье; -ьи**
поме́щик	Großgrundbesitzer	– **поме́щичий, -ья, -ье; -ьи**
рыба́к	Fischer	– **рыба́чий, -ья, -ье; -ьи**
челове́к	Mensch	– **челове́чий, -ья, -ье; -ьи**

Bei der Ableitung von Bezeichnungen von Tierjungen wird der Pluralstamm zugrunde gelegt, z. B.:

поросёнок	Ferkel, Pl. **порося́та**	– **порося́чий, -ья, -ье; -ьи**
телёнок	Kalb, Pl. **теля́та**	– **теля́чий, -ья, -ье; -ьи**
утёнок	Entenkücken, Pl. **утя́та**	– **утя́чий, -ья, -ье; -ьи**

Ähnliche Bildungen sind:

ребя́чий, -ья, -ье; -ьи (ребя́та)	= Kinder-
коша́чий, -ья, -ье; -ьи (ко́шка)	= Katzen-
свиня́чий, -ья, -ье; -ьи (свинья́)	= Schweine-, Schweins-

II. Die Deklination 237

Die Gattungsadjektive auf **-ий, -ья, -ье** werden im wesentlichen wie Adjektive mit weichem Stammauslaut dekliniert. Besonderes Kennzeichen dieser Gattungsadjektive ist dabei das Weichheitszeichen vor sämtlichen Deklinationsendungen mit Ausnahme des männlichen Nominativs Singular.

Kasus	Singular			Plural
	männl.	sächl.	weiblich	alle 3 Geschlechter
Nom.	**ли́сий**	**ли́сье**	**ли́сья**	**ли́сьи**
Gen.	**ли́сьего**		**ли́сьей**	**ли́сьих**
Dat.	**ли́сьему**		**ли́сьей**	**ли́сьим**
Akk.	wie Nom. od. Gen.	**ли́сье**	**ли́сью**	wie Nom. od. Gen.
Instr.	**ли́сьим**		**ли́сьей**	**ли́сьими**
Präp.	**(о) ли́сьем**		**(о) ли́сьей**	**(о) ли́сьих**

DIE POSSESSIVADJEKTIVE AUF -ОВ/-ЕВ, -ИН/-ЫН

238 I. Bedeutung und Bildung

Eine weitere Sondergruppe der Beziehungsadjektive sind die Possessivadjektive auf **-ов, -ова, -ово (-ев, -ева, -ево)** und **-ин, -ина, -ино (-ын, -ына, -ыно)**, die ein Besitzverhältnis oder die Zugehörigkeit zu einer Person ausdrücken, z.B.:

отцóв брат	= Vaters Bruder
отцóва сестрá	= Vaters Schwester
сéстрин велосипéд	= das Fahrrad der Schwester
сéстрина кни́га	= das Buch der Schwester
отцóво пальтó	= Vaters Mantel
Нáдино письмó	= Nadjas Brief
отцóвы словá	= die Worte des Vaters
сéстрины плáтья	= die Kleider der Schwester

Possessivadjektive auf **-ов, -ова, -ово (-ев, -ева, -ево)** werden in der Hauptsache[1] von männlichen, konsonantisch auslautenden Substantiven abgeleitet, die Personen bezeichnen. Dabei steht **-ов, -ова, -ово** nach hartem Konsonanten, **-ев, -ева, -ево** nach weichem Konsonanten und Zischlaut im Stammauslaut.

дед	Großvater	– **дéдов, -а, -о; -ы**
дóктор	Arzt	– **дóкторов, -а, -о; -ы**
бригади́р	Brigadier	– **бригади́ров, -а, -о; -ы**
отéц	Vater	– **отцóв, -а, -о; -ы**
стари́к	Greis	– **старикóв, -а, -о; -ы**
роди́тели	Eltern	– **роди́телев, -а, -о; -ы**
учи́тель	Lehrer	– **учи́телев, -а, -о; -ы**
слéсарь	Schlosser	– **слéсарев, -а, -о; -ы**
ткач	Weber	– **ткачёв, -а, -о; -ы**

Possessivadjektive auf **-ин, -ина, -ино (-ын, -ына, -ыно)** werden hauptsächlich von Substantiven auf **-а, -я** gebildet, die Personen bezeichnen. Dabei steht allgemein

[1] Selten sind Ableitungen von Tierbezeichnungen, die bisweilen in der Volksdichtung, besonders in Märchen, auftreten; z.B.: козёл (Ziegenbock) – козлóв, -а, -о; гусь (Gans) – гýсев, -а, -о; кóшка (Katze) – кóшкин, -а, -о; кýрица (Huhn, Henne) – кýрицын, -а, -о. Entsprechende Bildungen finden sich auch in feststehenden Wendungen wie крокоди́ловы слёзы = Krokodilstränen.

-ин, nach **ц** **-ын**[1]. Häufig sind Ableitungen von Verwandtschaftsbezeichnungen und von den Koseformen der Vornamen.

ба́бушка	Großmutter	– **ба́бушкин, -а, -о; -ы**
дя́дя	Onkel	– **дя́дин, -а, -о; -ы**
ма́ма	Mama, Mutti	– **ма́мин, -а, -о; -ы**
па́па	Papa, Vati	– **па́пин, -а, -о; -ы**
тётя	Tante	– **тётин, -а, -о; -ы**
сестра́	Schwester	– **се́стрин, -а, -о; -ы**
сестри́ца	Schwesterchen	– **сестри́цын, -а, -о; -ы**

Ва́ся	– **Ва́син, -а, -о; -ы**
Воло́дя	– **Воло́дин, -а, -о; -ы**
Ко́ля	– **Ко́лин, -а, -о; -ы**
На́дя	– **На́дин, -а, -о; -ы**
О́ля	– **О́лин, -а, -о; -ы**
Ма́ша	– **Ма́шин, -а, -о; -ы**

Possessivadjektive auf **-ов (-ев), -ин (-ын)** werden verhältnismäßig selten gebraucht. Vielfach steht in entsprechender Funktion ein possessiver Genitiv; in einigen Fällen kann auch eine Ableitung vom Possessivadjektiv auf **-ский** gebraucht werden.

отцо́в дом	– **дом отца́, отцо́вский дом**
де́дов сад	– **сад де́да, де́довский сад**
се́стрина кни́га	– **кни́га сестры́**

II. Die Deklination

239

Die Possessivadjektive auf **-ов, -ова, -ово (-ев, -ева, -ево)** und **-ин, -ина, -ино (-ын, -ына, -ыно)** werden teils wie Adjektive, teils wie Substantive dekliniert.

---

[1] Besondere Bildungen sind ма́терин, -а, -о und до́черин, -а, -о sowie einige seltene Ableitungen auf -нин: муж – му́жнин, -а, -о; брат – бра́тнин, -а, -о; зять (Schwiegersohn, Schwager) – зя́тнин, -а, -о.

Substantivische Endungen haben der Nominativ, Genitiv[1], Dativ[1] und Akkusativ **Singular** männlichen und sächlichen Geschlechts, der Nominativ und Akkusativ Singular weiblichen Geschlechts sowie der Nominativ bzw. Akkusativ Plural aller drei Geschlechter. Die übrigen Deklinationsendungen entsprechen den Endungen der Adjektive mit hartem Stammauslaut.

Kasus	Singular			Plural
	männl.	sächl.	weibl.	alle 3 Geschlechter
отцóв, -а, -о; -ы Vaters, des Vaters, dem Vater gehörig				
Nom.	**отцóв**	**отцóво**	**отцóва**	**отцóвы**
Gen.	**отцóва**		**отцóвой**	**отцóвых**
Dat.	**отцóву**		**отцóвой**	**отцóвым**
Akk.	wie Nom. od. Gen.	**отцóво**	**отцóву**	wie Nom. od. Gen.
Instr.	**отцóвым**		**отцóвой**	**отцóвыми**
Präp.	**(об) отцóвом**		**(об) отцóвой**	**(об) отцóвых**
сéстрин, -а, -о; -ы Schwesters, der Schwester, der Schwester gehörig				
Nom.	**сéстрин**	**сéстрино**	**сéстрина**	**сéстрины**
Gen.	**сéстрина**		**сéстриной**	**сéстриных**
Dat.	**сéстрину**		**сéстриной**	**сéстриным**
Akk.	wie Nom. od. Gen.	**сéстрино**	**сéстрину**	wie Nom. od. Gen.
Instr.	**сéстриным**		**сéстриной**	**сéстриными**
Präp.	**(о) сéстрином**		**(о) сéстриной**	**(о) сéстриных**

[1] Bei den Possessivadjektiven auf -ин (-ын) werden allerdings im modernen Sprachgebrauch die substantivischen Endungen des Genitivs und Dativs Singular männlichen und sächlichen Geschlechts immer mehr durch die entsprechenden adjektivischen Endungen verdrängt, z. B.:

Это был гóрод пáпиного дéтства.	Das war die Stadt, in der Papa seine Kindheit verlebt hat.
Алексéй вы́нул из конвéрта листы́ Óлиного письмá.	Alexei zog die Blätter von Olgas Brief aus dem Umschlag.
Он дал письмó Алёшкиному отцý.	Er gab den Brief Aljoschkas Vater.

Familien- und Ortsnamen mit den Suffixen **-ов (-ев), -ин (-ын)** 240

Auf Possessivbildungen mit den Suffixen **-ов (-ев), -ин (-ын)** gehen zahlreiche russische Familien- und Ortsnamen zurück (vgl. die Fußnote auf S. 138), z.B.:

Familiennamen:

Ивано́в, Ивано́ва
Никола́ев, Никола́ева
Петухо́в, Петухо́ва
Бело́в, Бело́ва
Щу́кин, Щу́кина

Фаде́ев, Шо́лохов, Некра́сов,
Огарёв, Тренёв, Тру́тнева,
Пу́шкин, Ре́пин, Фе́дин

Ortsnamen:

Львов, Ха́рьков (erg. ursprüngl. **го́род**),
Ки́ев, Тамбо́в, Ку́йбышев,
Росто́в, Черни́гов, Кишинёв;
Бородино́, Ива́ново (erg. ursprüngl. **село́**),
Ке́мерово, Ма́рьино, Ка́шино

Die Familiennamen auf **-ов(а)/-ев(а)** und **-ин(а)/-ын(а)** werden wie die entsprechenden Possessivadjektive dekliniert. Nur der Präpositiv Singular der männlichen Namensform endet abweichend auf **-е**.

Kasus	Singular		Plural
	männliche Namensform	weibliche Namensform	
Nom.	**Петро́в**	**Петро́ва**	**Петро́вы**
Gen.	**Петро́ва**	**Петро́вой**	**Петро́вых**
Dat.	**Петро́ву**	**Петро́вой**	**Петро́вым**
Akk.	**Петро́ва**	**Петро́ву**	**Петро́вых**
Instr.	**Петро́вым**	**Петро́вой**	**Петро́выми**
Präp.	**(о) Петро́ве**	**(о) Петро́вой**	**(о) Петро́вых**

Die Ortsnamen auf **-ов(о)/-ев(о)** und **-ин(о)/-ын(о)** werden durchgehend wie Substantive (der I. Deklination) dekliniert.

241 SUBSTANTIVIERTE ADJEKTIVE

Adjektive können zuweilen in der Bedeutung von Substantiven gebraucht werden. Die Adjektive erhalten dabei wie ein Substantiv ein selbständiges Genus und die Fähigkeit, ein Attribut bei sich zu haben.

Adjektiv:	*Substantiv:*
Я посети́л больно́го това́рища. Ich besuchte einen kranken Kameraden.	**Врач посети́л тифо́зного больно́го.** Der Arzt besuchte einen Typhuskranken.
Столо́вая посу́да вы́чищена. Das Eßgeschirr ist abgewaschen.	**На́ша столо́вая уже́ откры́та.** Unser Speisesaal ist schon geöffnet.
Я о́чень люблю́ свой родно́й го́род. Ich liebe meine Heimatstadt sehr.	**У него́ не́ было ни знако́мых, ни родны́х.** Er hatte weder Bekannte noch Verwandte.
Мы купи́ли но́вую кни́гу об исто́рии рабо́чего движе́ния. Wir kauften ein neues Buch über die Geschichte der Arbeiterbewegung.	**На берега́х Чёрного мо́ря отдыха́ют рабо́чие и слу́жащие.** An den Ufern des Schwarzen Meeres erholen sich Arbeiter und Angestellte.

Zuweilen ist der Übergang vom Adjektiv zum Substantiv mit einer gewissen Bedeutungsänderung verknüpft, z. B.:

лёгкий	leicht	— **лёгкие, -их**	(Pl.) Lunge
ма́лый	klein	— **ма́лый, -ого**	Bursche, Junge
жа́ркий	heiß, heftig	— **жарко́е**[1]**, -о́го**	Braten, Gebratenes
сла́дкий	süß	— **сла́дкое, -ого**	Süßspeise, Nachtisch
дома́шний	häuslich, Haus-	— **дома́шние, -их**	(Pl.) Hausangehörige, Familienangehörige
сме́ртный	sterblich, Todes-	— **сме́ртный, -ого**	Sterblicher, Mensch

In einigen Fällen sind Adjektive völlig zu Substantiven geworden und nicht weiter als Adjektive gebräuchlich.

вселе́нная, -ой	Weltall
гости́ная, -ой	Gastzimmer
запята́я, -о́й	Komma

[1] Man beachte die unterschiedliche Betonung von Adjektiv und Substantiv.

кладова́я, -о́й	Lager, Vorratskammer	**на́бережная, -ой**	Kai, Strandpromenade
лесни́чий, -его	Förster	**пиро́жное, -ого**	Kuchen
ле́ший, -его	Waldgeist	**портно́й, -о́го**	Schneider
мостова́я, -о́й	Pflaster, Fahrdamm	**пра́чечная, -ой**	Wäscherei

ZUR WORTBILDUNG DER ADJEKTIVE

Neben den nichtabgeleiteten Adjektiven wie **но́вый, ста́рый, хоро́ший, бе́лый** 242
verfügt die russische Sprache über eine große Zahl von Adjektiven, die aus anderen Wortarten oder von anderen Adjektiven abgeleitet sind.

Abgeleitete Adjektive werden gebildet:

1. durch Suffigierung (**интере́с – интере́сный**);
2. durch Präfigierung (**ва́жный – нева́жный**);
3. durch Präfigierung und Suffigierung (**за рубежо́м – зарубе́жный**);
4. durch Zusammensetzung (**нау́чный и популя́рный – нау́чно-популя́рный**).

Zur Wortbildung der Adjektive gehört auch der Übergang von Wörtern anderer Wortarten in Adjektive, vgl. (391).

I. Die Bildung von Adjektiven durch Suffigierung

Die Bildung von Adjektiven durch Suffixe ist die häufigste Art der adjektivischen 243
Wortbildung. Mit Hilfe von Suffixen werden Adjektive vielfach von Substantiven, seltener von Verben, Adverbien, Zahlwörtern und anderen Adjektiven abgeleitet. Nach der Zugehörigkeit der abgeleiteten Adjektive zur Gruppe der Qualitäts- oder Beziehungsadjektive faßt man die Adjektivsuffixe in drei Gruppen zusammen:

1. Suffixe zur Bildung von Qualitätsadjektiven;
2. Suffixe zur Bildung von Beziehungsadjektiven;
3. Suffixe zur Bildung von Qualitäts- und Beziehungsadjektiven.

Eine besondere Gruppe innerhalb der Adjektivsuffixe bilden die Suffixe der subjektiven Einschätzung.

Die wichtigsten Suffixe[1] der verschiedenen Gruppen der adjektivischen Wortbildung sind im einzelnen folgende:

---

[1] Bei der Angabe der Suffixe wird allgemein vom Schriftbild ausgegangen. Nur bei den Suffixen -н'-, -шн'- der Beziehungsadjektive (S. 183/184) wurde die phonetische Wiedergabe gewählt, um klar hervorzuheben, daß diese Suffixe zur Bildung von Adjektiven mit weichem Stammauslaut dienen.

244

1. Suffixe zur Bildung von Qualitätsadjektiven

Die wichtigsten Suffixe, mit denen nur Qualitätsadjektive gebildet werden können, sind:

-к-*[1]

гро́мкий	(**гром**)	laut
зво́нкий	(**звон**)	schallend, klingend
ни́зкий	(**низ**)	niedrig, tief
бли́зкий	(**близ** – Präpos.)	nahe
кре́пкий	(**крепи́ть**)	stark, fest
но́ский	(**носи́ть**)	dauerhaft, haltbar (im Tragen)
пла́вкий	(**пла́вить**)	leicht schmelzbar

In einigen Fällen ist die Ableitung nicht mehr genau zu erkennen, z.B.: **жу́ткий** = unheimlich; **коро́ткий** = kurz; **кра́ткий** = kurz; **тя́жкий** = schwer; **у́зкий** = schmal, eng.

-л-*

быва́лый	(**быва́ть**)	dagewesen, geschehen
загоре́лый	(**загоре́ть** vo.)	sonnengebräunt
зре́лый	(**зреть**)	reif, gereift
мёрзлый	(**мёрзнуть**)	gefroren, durchgefroren
осироте́лый	(**осироте́ть** vo.)	verwaist
отста́лый	(**отста́ть** vo.)	rückständig, zurückgeblieben
сме́лый	(**сметь**)	kühn, tapfer
уме́лый	(**уме́ть**)	geschickt, gewandt
уста́лый	(**уста́ть** vo.)	müde, matt
устаре́лый	(**устаре́ть** vo.)	veraltet, unmodern
хри́плый	(**хри́пнуть**)	heiser

---

[1] Mit einem Sternchen sind hier wie bei der Wortbildung des Substantivs (vgl. die Fußnote 2 auf S. 117) die Suffixe der produktiven Typen der adjektivischen Wortbildung gekennzeichnet; schwach produktive Suffixe bleiben – wie bei der Wortbildung des Substantivs – unbezeichnet.

Nicht mit dem Suffix -к- gebildet sind die Adjektive auf -цкий (неме́цкий, чехослова́цкий, тка́цкий). Bei diesen Adjektiven liegt eine Abwandlung des Suffixes -ск- vor, vgl. Fußnote 1 auf S. 185.

-ист-*

боло́тистый	**(боло́то)**	sumpfig
волни́стый	**(волна́)**	wellig, hügelig
камени́стый	**(ка́мень)**	steinig
плечи́стый	**(плечо́)**	breitschultrig
тени́стый	**(тень)**	schattig
холми́стый	**(холм)**	hügelig, wellig

-ив-, -лив-*, -чив-*

игри́вый	**(игра́)**	scherzhaft, spielerisch
лени́вый	**(лень)**	faul, träge
лжи́вый	**(ложь, лжи)**	verlogen
ми́лостивый	**(ми́лость)**	gnädig
фальши́вый	**(фальшь)**	falsch, unaufrichtig
дождли́вый	**(дождь)**	regnerisch
приве́тливый	**(приве́т)**	herzlich, freundlich
счастли́вый	**(сча́стье)**	glücklich
тала́нтливый	**(тала́нт)**	talentvoll
торопли́вый	**(торопи́ться)**	eilig, hastig
пугли́вый	**(пуга́ться)**	scheu, furchtsam
заду́мчивый	**(заду́мываться, заду́маться** vo.**)**	nachdenklich, gedankenvoll
дове́рчивый	**(доверя́ться, дове́риться** vo.**)**	zutraulich, leichtgläubig
изме́нчивый	**(изменя́ться, измени́ться** vo.**)**	veränderlich
усту́пчивый	**(уступа́ть, уступи́ть** vo.**)**	nachgiebig, entgegenkommend

-ит-, -овит-/-евит-

знамени́тый	**(зна́мя, зна́мени)**	berühmt
имени́тый	**(и́мя, и́мени)**	angesehen, vornehm
серди́тый	**(серди́ться)**	böse, zornig
делови́тый	**(де́ло)**	sachlich
дарови́тый	**(дар)**	begabt
плодови́тый	**(плод)**	fruchtbar
ядови́тый	**(яд)**	giftig
глянцеви́тый	**(гля́нец, -нца)**	glänzend

-ав-/-яв-, -ляв-

крова́вый	(**кровь**)	blutig, blutrot
дыря́вый	(**дыра́**)	durchlöchert, löchrig
кудря́вый	(**ку́дри**, Pl.)	lockig, gelockt
костля́вый	(**кость**)	knochig, grätig

-ат-, -чат-[1]

борода́тый	(**борода́**)	bärtig
крыла́тый	(**крыло́**)	geflügelt
уса́тый	(**усы́**, Pl.)	schnurrbärtig
ды́мчатый	(**дым**)	rauchfarben
зубча́тый	(**зуб**)	gezahnt, gezackt

-аст-

Adjektivbildungen auf **-астый** stehen vielfach neben solchen auf **-атый**. Die Adjektive auf **-астый** drücken dabei gegenüber den Bildungen auf **-атый** eine verstärkte Eigenschaft aus.

глаза́стый	(**глаз**)	großäugig, scharfsichtig
зуба́стый	(**зуб**)	mit großen Zähnen, bissig
борода́стый	(**борода́**)	mit langem Bart
рога́стый	(**рог**)	mit großen Hörnern

-оват-/-еват-

белова́тый	(**бе́лый**)	weißlich
синева́тый	(**си́ний**)	bläulich
слабова́тый	(**сла́бый**)	schwächlich
темнова́тый	(**тёмный**)	etwas dunkel
ворова́тый	(**вор**)	spitzbübisch
сукова́тый	(**сук**)	ästig, knorrig
углова́тый	(**у́гол**)	eckig, ungeschickt

Das Suffix **-оват-/-еват-** drückt in Ableitungen von Adjektiven eine Verminderung oder Abschwächung aus: **кислова́тый** = 'etwas sauer, säuerlich.

[1] Das Suffix -чат- dient in einigen wenigen Fällen auch zur Bildung von Beziehungsadjektiven, z. B.: бреве́нчатый (бревно́) aus Balken.

2. Suffixe zur Bildung von Beziehungsadjektiven

Die gebräuchlichsten Suffixe, mit Hilfe derer nur Beziehungsadjektive gebildet werden, sind:

-ов-/-ев-*

береговóй	**(бéрег)**	Ufer-, Küsten-
деловóй	**(дéло)**	Geschäfts-, geschäftlich
клáссовый	**(класс)**	(Gesellschafts-) Klassen-
мáссовый	**(мáсса)**	Massen-
мировóй	**(мир)**	Welt-
садóвый	**(сад)**	Garten-
боевóй	**(бой)**	Kampf-, kriegerisch
полевóй	**(пóле)**	Feld-

-ан-/-ян-(-янн-)[1]

Adjektive mit dem Suffix **-ан-/-ян-** bezeichnen in der Regel die materielle Beschaffenheit.

деревя́нный	**(дéрево)**	aus Holz, hölzern
кóжаный	**(кóжа)**	aus Leder, ledern
нефтянóй	**(нефть)**	Erdöl-
оловя́нный	**(óлово)**	aus Zinn, zinnern
серéбряный	**(серебрó)**	aus Silber, silbern
стекля́нный	**(стеклó)**	aus Glas, gläsern

-н'-

Adjektive mit dem Suffix **-н'-** sind hauptsächlich von Substantiven mit räumlicher und zeitlicher Bedeutung abgeleitet.

вечéрний	**(вéчер)**	Abend-
весéнний	**(веснá)**	Frühlings-
лéтний	**(лéто)**	sommerlich, Sommer-

---

[1] Doppeltes н steht gewöhnlich dann, wenn der Suffixvokal betont ist, aber beachte: полотня́ный = aus Leinen, leinen; овся́ный = Hafer-.

осéнний	**(óсень)**	herbstlich, Herbst-
зи́мний	**(зимá)**	winterlich, Winter-
вéрхний	**(верх)**	oberer, Ober-
крáйний	**(край)**	äußerster
срéдний	**(средá)**	mittlerer, Mittel-

In diese Reihe gehört auch **ýтренний (ýтро)** = Morgen-, Früh-.

-шн'-

Adjektive mit dem Suffix **-шн'-** sind von Orts- und Zeitadverbien abgeleitet.

вчерáшний	**(вчерá)**	gestrig
всегдáшний	**(всегдá)**	immerwährend, ständig
домáшний	**(дóма)**	häuslich, Haus-
зáвтрашний	**(зáвтра)**	morgig
ны́нешний	**(ны́не)**	jetzig, heutig
сегóдняшний	**(сегóдня)**	heutig
тепéрешний	**(тепéрь)**	jetzig, gegenwärtig
тогдáшний	**(тогдá)**	damalig

Zur Bildung von Possessiv- und Gattungsadjektiven siehe (206,2 a und b), (236) und (238).

3. Suffixe zur Bildung von Qualitäts- und Beziehungsadjektiven

Die häufigsten Suffixe zur Bildung von Adjektiven sind die Suffixe **-ск-** und **-н-**, die sowohl in Qualitäts- als auch in Beziehungsadjektiven auftreten.

246 A. DAS SUFFIX **-ск-** UND SEINE ABLEITUNGEN

a) **-ск-/-еск-***

Adjektivbildungen mit dem Suffix **-ск-/-еск-** erfolgen fast ausschließlich von Substantiven, und zwar vorwiegend von Substantiven männlichen Geschlechts.

-еск- steht nach Zischlauten sowie vielfach nach stammauslautenden **г, к, х,** die vor dem Suffix dem Konsonantenwechsel **г-ж, к-ч, х-ш** unterliegen[1].
Bei Ableitung von Substantiven auf **-ия, -ие** tritt in einigen Fällen der Vokalwechsel **и-е** ein.

бра́тский	**(брат)**	Bruder-, brüderlich
инжене́рский	**(инжене́р)**	Ingenieur-
де́тский	**(де́ти)**	Kinder-, kindlich
вра́жеский	**(враг)**	feindlich
дру́жеский	**(друг)**	freundschaftlich
това́рищеский	**(това́рищ)**	kameradschaftlich
челове́ческий	**(челове́к)**	Menschen-, menschlich
янва́рский[2]	**(янва́рь)**	Januar-
ию́льский	**(ию́ль)**	Juli-
сентя́брьский	**(сентя́брь)**	September-
городско́й	**(го́род)**	Stadt-, städtisch
се́льский[2]	**(село́)**	Dorf-, Land-, ländlich
университе́тский	**(университе́т)**	Universitäts-
арме́йский	**(а́рмия)**	Armee-
гварде́йский	**(гва́рдия)**	Garde-
ленингра́дский	**(Ленингра́д)**	Leningrader
кита́йский	**(Кита́й)**	chinesisch
сиби́рский[2]	**(Сиби́рь)**	sibirisch

[1] Bisweilen steht nach Konsonantenwechsel in geographischen Bezeichnungen auch das Suffix -ск-:
во́лжский (Во́лга) Wolga- онե́жский (Оне́га) Onega-
пра́жский (Пра́га) Prager че́шский (чех) tschechisch.
Dagegen liegt in einigen neueren Ableitungen von geographischen Bezeichnungen vor -ск- kein Konsonantenwechsel vor:
каза́хский (каза́х) kasachisch узбе́кский (узбе́к) usbekisch
таджи́кский (таджи́к) tadshikisch нью-йо́ркский (Нью-Йо́рк) New Yorker.
In anderen Fällen wechseln stammauslautende к, ч vor dem Suffix -ск- mit ц; -ск- wird nach ц zu -к- vereinfacht, vgl. auch: неме́цкий (не́мец) = deutsch.
каза́цкий (каза́к) Kosaken- чехослова́цкий (Чехослова́кия) tschechoslowakisch
тка́цкий (ткач) Weber-, Web-.

[2] Für die Schreibung eines Weichheitszeichens vor -ский gilt folgende Regel:
Vor -ский steht ein Weichheitszeichen, wenn das Adjektiv von einem Substantiv abgeleitet ist, das im Stamm auf -л oder -ль auslautet (село́ — се́льский, ию́ль — ию́льский). In allen übrigen Fällen schreibt man vor -ский kein Weichheitszeichen, auch wenn das Ausgangssubstantiv auf -ь ausgeht (Сиби́рь — сиби́рский).
Ausnahmen: сентя́брьский, октя́брьский, ноя́брьский, дека́брьский, ию́ньский und деньско́й in день-деньско́й = den lieben langen Tag.

b) Adjektivbildungen mit dem Suffix **-ск-** erfolgen auch von Substantiven und selten von Adjektiven, die ihrerseits mit Suffixen gebildet sind. Dabei vereinigen sich das Suffix **-ск-** und die entsprechenden Suffixe des Ableitungswortes zu zusammengesetzten Adjektivsuffixen.

Die wichtigsten Ableitungen des Suffixes **-ск-** sind:

-анск-/-янск-, -ианск-/-ьянск-

Den Adjektiven mit den Suffixen **-анск-/-янск-, -ианск-/-ьянск-** entsprechen Substantive mit den Suffixen **-анец (-янец), -ианец (-ьянец).**

америка́нский	**(америка́нец)**	amerikanisch
африка́нский	**(африка́нец)**	afrikanisch
венециа́нский	**(венециа́нец)**	venezianisch
италья́нский	**(италья́нец)**	italienisch

-ическ- (-истическ-)*

Den Adjektiven auf **-ический** stehen zumeist Substantive auf **-ик, -ика, -ия** gegenüber, den Adjektiven auf **-истический** Substantive auf **-ист.**

климати́ческий	**(кли́мат)**	klimatisch
сцени́ческий	**(сце́на)**	szenisch, Bühnen-
истори́ческий	**(исто́рик)**	historisch
хими́ческий	**(хи́мик)**	chemisch
педагоги́ческий	**(педаго́гика)**	pädagogisch
фонети́ческий	**(фоне́тика)**	phonetisch
биологи́ческий	**(биоло́гия)**	biologisch
демократи́ческий	**(демокра́тия)**	demokratisch
социалисти́ческий	**(социали́ст)**	sozialistisch
коммунисти́ческий	**(коммуни́ст)**	kommunistisch

-истск-

Den Adjektiven mit dem Suffix **-истск-** entsprechen Substantive auf **-изм** (bzw. auch auf **-ист**).

маркси́стский	**(маркси́зм, маркси́ст)**	marxistisch
большеви́стский	**(большеви́зм)**	bolschewistisch
меньшеви́стский	**(меньшеви́зм)**	menschewistisch

-(е)ческ-

Den Adjektiven mit dem Suffix **-(е)ческ-** entsprechen zumeist Substantive auf **-ец**. Adjektive auf **-ческий** werden auch von zusammengesetzten Substantiven gebildet, deren zweiter Bestandteil **-вед, -ве́дение, -во́д, -во́дство** ist.

купе́ческий	**(купе́ц)**	kaufmännisch
земледе́льческий	**(земледе́лец)**	landwirtschaftlich
перево́дческий	**(перево́дчик)**	Übersetzer-
литературове́дческий	**(литературове́дение)**	literaturwissenschaftlich
языкове́дческий	**(языкове́дение)**	sprachwissenschaftlich
садово́дческий	**(садово́дство)**	Gartenbau-

-овск-/-евск-*

Den Adjektiven mit dem Suffix **-овск-/-евск-** stehen teilweise Possessivadjektive auf **-ов/-ев** gegenüber.

де́довский	**(дед, де́дов)**	Großvater-, großväterlich
отцо́вский	**(оте́ц, отцо́в)**	Vater-, väterlich
старико́вский	**(стари́к, старико́в)**	greisenhaft
ма́ртовский	**(март)**	März-
а́вгустовский	**(а́вгуст)**	August-
кремлёвский	**(Кремль)**	Kreml-

-енск-*, -инск-*

Adjektive mit den Suffixen **-енск-** und **-инск-** sind zumeist von (weiblichen) Eigennamen abgeleitet.

ке́рченский	**(Керчь)**	Kertscher
пе́нзенский	**(Пе́нза)**	Pensaer
елизаве́тинский	**(Елизаве́та)**	elisabethanisch
я́лтинский	**(Я́лта)**	Jaltaer
алма́-ати́нский	**(Алма́-Ата́)**	von Alma-Ata
баки́нский	**(Баку́)**	Bakuer
со́чинский	**(Со́чи)**	von Sotschi

247 B. DAS SUFFIX **-н-** UND SEINE ABLEITUNGEN

a) **-н-***

Mit dem Suffix **-н-** werden allgemein Adjektive von Substantiven abgeleitet, die Unbelebtes benennen.

Vor dem Suffix **-н-** verwandeln sich stammauslautende **г, к, х** in **ж, ч, ш.** Bei Ableitung von Substantiven auf **-ьё** und **-ья́** erfolgt vor dem Suffix **-н-** ein Wechsel zu **ей.**

во́дный	**(вода́)**	Wasser-
желе́зный	**(желе́зо)**	eisern
интере́сный	**(интере́с)**	interessant
кла́ссный[1]	**(класс)**	Klassen-
колхо́зный	**(колхо́з)**	Kolchos-
культу́рный	**(культу́ра)**	Kultur-, kulturell
лесно́й	**(лес)**	Wald-
ночно́й	**(ночь)**	Nacht-, nächtlich
речно́й	**(река́)**	Fluß-, Strom-
руже́йный	**(ружьё)**	Gewehr-, Flinten-
ручно́й	**(рука́)**	Hand-
семе́йный	**(семья́)**	Familien-
сне́жный[1]	**(снег)**	Schnee-, verschneit
стате́йный	**(статья́)**	Artikel-
успе́шный	**(успе́х)**	erfolgreich
холо́дный	**(хо́лод)**	kalt

---

[1] Das Suffix -н- entspricht bei der Bildung von Beziehungsadjektiven weitgehend dem Suffix -ов-/-ев- (vgl. 245). So sind von einigen Substantiven doppelte Adjektivbildungen mit den Suffixen -н- und -ов-/-ев- ohne besondere Bedeutungsdifferenzierung vorhanden, vgl. апельси́нный, апельси́новый = Apfelsinen-; сне́жный, снегово́й = Schnee-. In anderen Fällen liegt bei doppelter Adjektivbildung eine Bedeutungsabgrenzung vor, z.B.:

класс =	1. Schulklasse	– кла́ссный	= Klassen-
	2. Gesellschaftsklasse	– кла́ссовый	= (Gesellschafts-) Klassen-
мир =	1. Frieden	– ми́рный	= friedlich
	2. Welt	– миро́вой	= Welt-
труд =	1. Arbeit	– трудово́й	= Arbeits-, werktätig
	2. Mühe	– тру́дный	= schwer, schwierig

b) Das Suffix **-н-** geht vor allem mit internationalen Wortbildungselementen zahlreiche Zusammensetzungen ein. Die wichtigsten sind:

-альн-*, -ональн-, -уальн-

гениа́льный	genial
индустриа́льный	industriell
музыка́льный	musikalisch
театра́льный	Theater-, theatralisch
центра́льный	Zentral-, zentral
рациона́льный	rationell
профессиона́льный	Gewerkschafts-, berufsmäßig
интеллектуа́льный	intellektuell
актуа́льный	aktuell

-ивн- (-тивн-)*

объекти́вный	objektiv
прогресси́вный	progressiv, fortschrittlich
продукти́вный	produktiv
спорти́вный	Sport-, sportlich
эффекти́вный	effektiv, wirksam
администрати́вный	administrativ
демонстрати́вный	demonstrativ
федерати́вный	föderativ

-онн-*

дивизио́нный	Divisions-
комиссио́нный	Kommissions-
организацио́нный	Organisations-
революцио́нный	revolutionär
традицио́нный	traditionell

-озн-

грандио́зный	großartig, grandios
грацио́зный	anmutig, graziös
религио́зный	religiös

-арн-/-ярн-

легенда́рный	legendär, sagenhaft
элемента́рный	elementar, Anfangs-
регуля́рный	regulär, regelmäßig
молекуля́рный	molekular

c) Von den russischen Ableitungen des Suffixes **-н-** sind die häufigsten:

-льн-*, -тельн-

танцева́льный	**(танцева́ть)**	Tanz-
игра́льный	**(игра́ть)**	Spiel-
купа́льный	**(купа́ться)**	Bade-
проща́льный	**(проща́ться)**	Abschieds-
жела́тельный	**(жела́ть)**	erwünscht
избира́тельный	**(избира́ть)**	Wahl-
значи́тельный	**(зна́чить)**	bedeutend
отрица́тельный	**(отрица́ть)**	verneinend, negativ
строи́тельный	**(стро́ить)**	Bau-

-ичн-(*)[1]

автомати́чный	**(автома́т)**	automatisch
аналоги́чный	**(анало́гия)**	analog
аромати́чный	**(арома́т)**	aromatisch
герои́чный	**(геро́й)**	heldenmütig
микроскопи́чный	**(микроско́п)**	mikroskopisch klein
типи́чный	**(тип)**	typisch
едини́чный	**(еди́ный)**	einzeln
первичный	**(пе́рвый)**	primär
втори́чный	**(второ́й)**	nochmalig
десяти́чный	**(деся́тый)**	dezimal
годи́чный	**(год)**	jährlich, Jahres-

-енн-

госуда́рственный	**(госуда́рство)**	Staats-, staatlich
обще́ственный	**(о́бщество)**	Gesellschafts-, gesellschaftlich
прави́тельственный	**(прави́тельство)**	Regierungs-
боле́зненный	**(боле́знь)**	kränklich, krankhaft
жи́зненный	**(жизнь)**	Lebens-, lebenswichtig
пи́сьменный	**(письмо́)**	Schreib-, schriftlich
реме́сленный	**(ремесло́)**	Handwerker-, Gewerbe-

[1] Das Suffix -ичн- ist nur produktiv bei Ableitungen von Substantiven fremden, meist französischen, Ursprungs. Dabei stehen den Adjektiven auf -ичный vielfach Ableitungen auf -ический mit mehr oder weniger gleicher Bedeutung gegenüber: герои́чный neben герои́ческий, типи́чный neben типи́ческий.

-ебн-

суде́бный	**(судьба́)**	Gerichts-, gerichtlich
уче́бный	**(учёба, уче́бник)**	Lehr-, Schul-, Unterrichts-
лече́бный	**(лече́бник, лече́бница)**	Heil-, medizinisch
враче́бный	**(врач)**	ärztlich

4. Suffixe der subjektiven Einschätzung 248

Mit den Suffixen der subjektiven Einschätzung werden von Qualitätsadjektiven neue Adjektive gebildet, die eine in mehr oder minder starkem Maße auf der subjektiven Einschätzung durch den Sprechenden beruhende Bedeutungsmodifizierung der ursprünglichen Eigenschaft ausdrücken.

Adjektive mit den Suffixen der subjektiven Einschätzung gehören fast ausschließlich der gesprochenen Sprache an. Literarisch fixiert treten sie in der Volksdichtung – häufig in Verbindung mit Substantiven der subjektiven Einschätzung – auf. Wie die Substantive der subjektiven Einschätzung sind sie mitunter schwer und nur durch eine Umschreibung ins Deutsche zu übersetzen.

Zu den Suffixen der subjektiven Einschätzung zählen:

-еньк-, nach **г, к, х -оньк-**

Das Suffix **-еньк-/-оньк-** hat bei subjektiver, liebevoll-zärtlicher Einschätzung durch den Sprechenden verstärkende Bedeutung.

а́ленький	**(а́лый)**	schön rot
бе́ленький	**(бе́лый)**	hübsch weiß
но́венький	**(но́вый)**	ganz neu
пло́хонький	**(плохо́й)**	ziemlich schlecht
хоро́шенький	**(хоро́ший)**	hübsch, nett

-оватеньк-/-еватеньк-

Das Suffix **-оватеньк-/-еватеньк-** hat bei subjektiver, liebevoll-zärtlicher Einschätzung durch den Sprechenden abschwächende Bedeutung (vgl. 244).

белова́тый	**(бе́лый)**	weißlich	– **белова́тенький**
краснова́тый	**(кра́сный)**	rötlich	– **краснова́тенький**
синева́тый	**(си́ний)**	bläulich	– **синева́тенький**
слабова́тый	**(сла́бый)**	schwächlich	– **слабова́тенький**
темнова́тый	**(тёмный)**	etwas dunkel	– **темнова́тенький**

-ёхоньк- (nach **г, к, х -охоньк-**), **-ёшеньк-** (nach **г, к, х -ошеньк-**)

Die Suffixe **-ёхоньк-/-охоньк-**, **-ёшеньк-/-ошеньк-** tragen bei verstärkender Bedeutung stärker subjektiven Charakter als das Suffix **-еньк-/-оньк-**. Adjektive mit den Suffixen **-ёхоньк-/-охоньк-**, **-ёшеньк-/-ошеньк-** sind sehr selten und treten in der Regel nur in der Kurzform auf.

све́тлый	– **светлёхонек,**	**светлёхонька,**	**светлёхонько**
лёгкий	– **легóхонек,**	**легóхонька,**	**легóхонько**
у́мный	– **умнёшенек,**	**умнёшенька,**	**умнёшенько**
здорóвый	– **здоровёшенек,**	**здоровёшенька,**	**здоровёшенько**

-ущ-/-ющ-, -ящ-, -енн-

Die Suffixe **-ущ-/-ющ-, -ящ-, -енн-** bezeichnen in der einfachen Rede die Verstärkung und Vergröberung einer Eigenschaft.

большу́щий	**(большóй)**	riesengroß
злю́щий	**(злой)**	bitterbös
толсте́нный	**(тóлстый)**	sehr dick, über alle Maßen dick
здорове́нный	**(здорóвый)**	mächtig, kraftstrotzend
работя́щий		arbeitsam, fleißig

249 Eine subjektive Einschätzung kann auch ausgedrückt werden:

1. durch die Formen auf **-ейший/-айший** in Elativbedeutung, vgl. (235);
2. durch die verstärkenden Präfixe **пре-, раз-/рас-, сверх-, архи-, ультра-,** vgl. (235) und (251); – sowie
3. durch doppelte Aneinanderreihung (ebenfalls in verstärkender Bedeutung), z.B.: **чёрный-чёрный** etwa: pechschwarz, **тёплый-тёплый,** auch: **глубóкий-преглубóкий.**

II. Die Bildung von Adjektiven durch Präfigierung

Die Präfixe zur Bildung von Adjektiven gliedern sich bedeutungsmäßig in zwei Gruppen:

250

1. Präfixe zur Bildung von Adjektiven mit neuer Bedeutung

Die erste Gruppe umfaßt die Präfixe, mit Hilfe derer von Adjektiven Adjektive mit neuer Bedeutung gebildet werden. Die gebräuchlichsten sind:

не-*

Das Präfix **не-** bezeichnet den geringen Grad oder das Gegenteil einer Eigenschaft.

небольшо́й	**(большо́й)**	nicht groß, gering
невели́кий	**(вели́кий)**	nicht groß, recht klein (von Wuchs)
невесёлый	**(весёлый)**	mißmutig, unlustig
незнако́мый	**(знако́мый)**	unbekannt
необы́чный	**(обы́чный)**	ungewohnt, sonderbar
несло́жный	**(сло́жный)**	einfach

без-/бес-*

Das Präfix **без-/бес-** drückt das Fehlen einer Eigenschaft aus.

безвку́сный	**(вку́сный)**	geschmacklos, fade
безгра́мотный	**(гра́мотный)**	des Lesens und Schreibens unkundig
беззако́нный	**(зако́нный)**	gesetzwidrig
безопа́сный	**(опа́сный)**	ungefährlich, sicher
безыде́йный[1]	**(иде́йный)**	ideenlos
бесси́льный	**(си́льный)**	kraftlos, schwach

In einigen Fällen erfolgt die Adjektivbildung auch ohne Suffix vom Substantiv aus:

безголо́вый	**(без головы́)**	kopflos
безборо́дый	**(без бороды́)**	bartlos
безру́кий	**(без рук)**	hand-, armlos

небез-/небес-*

Das zusammengesetzte Präfix **небез-/небес-** bezeichnet das Vorhandensein einer Eigenschaft in ziemlichem Maße.

небезызве́стный[1]	**(изве́стный)**	allgemein bekannt, berüchtigt
небезопа́сный	**(опа́сный)**	nicht ungefährlich, ziemlich gefährlich
небесполе́зный	**(поле́зный)**	nicht unnütz

---

[1] **И verwandelt sich nach konsonantisch auslautendem Präfix allgemein in ы.**
И schreibt man nur:
a) nach den Präfixen меж- und сверх-, z. B.: межинститу́тский, сверхизы́сканный —
b) nach Präfixen fremden Ursprungs wie пан-, суб-, транс-, контр-, z. B.: контригра́, Трансиорда́ния.

Präfixe fremden Ursprungs zur Neubildung von Adjektiven sind:

а-*:	**алоги́чный**	**(логи́чный)**	unlogisch
	анорма́льный	**(норма́льный)**	unnormal, anormal
	асимметри́чный	**(симметри́чный)**	unsymmetrisch, asymmetrisch
анти-*:	**антинау́чный**	**(нау́чный)**	unwissenschaftlich, wissenschaftsfeindlich
	антиимпериалисти́ческий	**(империалисти́ческий)**	antiimperialistisch
интер-:	**интернациона́льный**	**(национа́льный)**	international
про-:	**просове́тский**	**(сове́тский)**	sowjetfreundlich

251

2. Präfixe zum Ausdruck der Verstärkung

Die Verstärkung bzw. der sehr hohe Grad einer Eigenschaft im Sinne des Elativs wird durch folgende Suffixe bezeichnet (vgl. auch 235):

пре-:	**предли́нный**	ellenlang, sehr lang
	предобре́йший[1]	sehr gut, herzensgut
	пренеприя́тный	äußerst unangenehm
раз-/рас-[2]**:**	**развесёлый**	kreuzfidel, sehr lustig
	разлюбе́зный	sehr liebenswürdig
	расчуде́сный	ganz wunderbar, einfach wunderbar
все-:	**всеси́льный**	allmächtig
сверх-:	**сверхкурьёзный**	äußerst kurios
	сверхъесте́ственный	übernatürlich
архи-:	**архиглу́пый**	über die Maßen töricht
	архисме́лый	tollkühn
ультра-:	**ультрареакцио́нный**	erzreaktionär
	ультрарадика́льный	ultraradikal

Die Suffixe **пре-**, **раз-/рас-** gehören durchweg der Umgangs- und Volkssprache an; die Suffixe **все-**, **сверх-**, **архи-**, **ультра-** tragen buchsprachlichen Charakter.

---

[1] Das Präfix пре- kann zum Ausdruck der Verstärkung nicht nur mit dem Positiv des Adjektivs, sondern auch mit den Superlativformen auf -ейший/-айший verbunden werden.

[2] Das Präfix раз-/рас- kann zum Ausdruck der Verstärkung auch vor Substantive treten, z. B.:
И будь он хоть разгенера́л... = Und wenn er auch ein hoher General ist...

III. Die Bildung von Adjektiven durch Präfigierung und Suffigierung 252

Bei der Bildung von Adjektiven durch Präfixe und Suffixe handelt es sich um die Überführung syntaktischer Konstruktionen aus Präposition und Substantiv unter Zuhilfenahme von Suffixen – zumeist **-н-**, seltener **-ск-** und **-ов-/-ев-** – in Adjektive.

внеевропе́йский	**(вне Евро́пы)**	außereuropäisch
за́городный	**(за го́родом)**	außerhalb der Stadt gelegen
зарубе́жный	**(за рубежо́м)**	ausländisch
дореволюцио́нный	**(до револю́ции)**	vorrevolutionär
допу́шкинский	**(до Пу́шкина)**	in der Zeit vor Puschkin
междунаро́дный	**(ме́жду наро́дами)**	international
отглаго́льный	**(от глаго́ла)**	vom Verb abgeleitet, deverbativ
подзе́мный	**(под землёй)**	unterirdisch
подмоско́вный	**(под Москво́й)**	bei Moskau gelegen
предвы́борный	**(перед вы́борами)**	Wahlkampf-
предрассве́тный	**(перед рассве́том)**	in der Zeit vor dem Morgengrauen
привокза́льный	**(при вокза́ле)**	beim Bahnhof befindlich

Ein Teil der Adjektive dieser Gruppe kommt ohne Präfix nicht vor, vgl. **за́городный, подмоско́вный.**

IV. Die Bildung zusammengesetzter Adjektive 253

Zahlreiche Adjektive werden durch Zusammensetzung zweier oder mehrerer Wortstämme gebildet[1]. Die Verbindung der Wortstämme erfolgt dabei – bis auf wenige Ausnahmen – durch den Bindevokal **о/е**.

Zusammengesetzte Adjektive werden in der Hauptsache gebildet:

---

[1] Im weiteren Sinne gehören zu den zusammengesetzten Adjektiven auch die Ableitungen aus zusammengesetzten Substantiven:

водопрово́дный	(водопрово́д)	Wasserleitungs-
железобето́нный	(железобето́н)	Stahlbeton-
земледе́льческий	(земледе́лец)	landwirtschaftlich
се́веро-восто́чный	(се́веро-восто́к)	nordöstlich
Во́лго-Донско́й	(Во́лго-Дон)	Wolga-Don-

a) aus zwei oder mehreren Adjektiven:

нау́чно-популя́рный	populärwissenschaftlich
маркси́стско-ле́нинский	marxistisch-leninistisch
ру́сско-неме́цкий	russisch-deutsch
почто́во-телегра́фный	Post- und Telegraphen-
си́не-бе́ло-кра́сный	blau-weiß-rot

In diese Reihe gehören auch zusammengesetzte Farbadjektive, die Farbschattierungen ausdrücken:

чёрно-бу́рый	dunkelbraun
буты́лочно-зелёный	flaschengrün
золоти́сто-жёлтый	goldgelb
пе́пельно-се́рый	aschgrau

Die Adjektive dieses Bildungstyps werden mit Bindestrich geschrieben.

b) aus zwei oder mehreren Substantiven:

рабо́че-крестья́нский	Arbeiter-und-Bauern-
това́ро-пассажи́рский	Güter- und Personen-

Die Adjektive dieses Bildungstyps werden mit Bindestrich geschrieben.

c) aus Verbindungen von Adjektiv und Substantiv:

железнодоро́жный	**(желе́зная доро́га)**	Eisenbahn-
наро́дно-демократи́ческий	**(наро́дная демокра́тия)**	volksdemokratisch
сельскохозя́йственный	**(се́льское хозя́йство)**	landwirtschaftlich
каменноуго́льный	**(ка́менный у́голь)**	Steinkohlen-

und beachte:

литерату́рно-худо́жественный (худо́жественная литерату́ра) belletristisch

Die Adjektive dieses Bildungstyps werden vorwiegend in einem Wort geschrieben; es sind aber auch Schreibungen mit Bindestrich möglich, siehe die vorstehenden Beispiele.

d) aus Verbindungen von Adverb und Adjektiv bzw. Partizip:

вечнозелёный	immergrün
высокообразо́ванный	hochgebildet

здравомы́слящий	vernünftig, verständig
малоупотреби́тельный	wenig gebräuchlich
многочи́сленный	zahlreich

Die Adjektive dieses Bildungstyps werden in einem Wort geschrieben.

e) aus Verbindungen von Zahlwort und Substantiv. Dabei nimmt das Zahlwort in der Zusammensetzung die Form des Genitivs an mit Ausnahme von **сто, девяно́сто, мно́го,** die die Nominativform beibehalten. Zusammensetzungen mit **ты́сяча** werden mittels des Bindevokals **е** gebildet.

двадцатипроце́нтный	**(два́дцать проце́нтов)**	zwanzigprozentig
четырёхметро́вый	**(четы́ре ме́тра)**	vier Meter lang
пятиле́тний	**(пять лет)**	fünfjährig, Fünfjahr-
сторублёвый	**(сто рубле́й)**	100 Rubel-
многоэта́жный	**(мно́го этаже́й)**	vielstöckig
тысячеле́тний	**(ты́сяча лет)**	tausendjährig

Die Adjektive dieses Bildungstyps werden in einem Wort geschrieben.

f) aus Verbindungen mit Pronomen:

всевозмо́жный	allerlei, verschieden
всесторо́нний	allseitig
каждодне́вный, ежедне́вный	(all-)täglich
каждоме́сячный, ежеме́сячный	(all-)monatlich
своенра́вный	eigensinnig, launenhaft
своеобра́зный	eigenartig, originell
самодово́льный	selbstzufrieden

Die Adjektive dieses Bildungstyps werden in einem Wort geschrieben.

g) aus syntaktischen Verbindungen zweier Substantive:

паровозоремо́нтный	**(ремо́нт парово́зов)**	Lokomotivreparatur-
рельсопрока́тный	**(прока́т ре́льсов)**	Schienenwalz-
сталелите́йный	**(литьё ста́ли)**	Stahlgieß-

Die Adjektive dieses Bildungstyps werden in einem Wort geschrieben.

h) aus Verbalkonstruktionen:

судохо́дный	**(суда́ хо́дят)**	schiffbar
многозна́чный	**(мно́го зна́чит)**	mit mehreren Bedeutungen
сноповяза́льный	**(вяза́ть снопы́)**	Garbenbinde-
душераздира́ющий	**(раздира́ть ду́шу)**	herzzerreißend

Die Adjektive dieses Bildungstyps werden in einem Wort geschrieben.

Die Zahlwörter

GRUNDZAHLWÖRTER

254 I. Die Bildung der Grundzahlwörter

0	**ноль** (oder **нуль**), **-я́**	10	**де́сять**
1	**оди́н, одна́, одно́**[1]	11	**оди́ннадцать**
2	**два, две**	12	**двена́дцать**
3	**три**	13	**трина́дцать**
4	**четы́ре**	14	**четы́рнадцать**
5	**пять**	15	**пятна́дцать**
6	**шесть**	16	**шестна́дцать**
7	**семь**	17	**семна́дцать**
8	**во́семь**	18	**восемна́дцать**
9	**де́вять**	19	**девятна́дцать**
20	**два́дцать**	200	**две́сти**
30	**три́дцать**	300	**три́ста**
40	**со́рок**	400	**четы́реста**
50	**пятьдеся́т**	500	**пятьсо́т**
60	**шестьдеся́т**	600	**шестьсо́т**
70	**се́мьдесят**	700	**семьсо́т**
80	**во́семьдесят**	800	**восемьсо́т**
90	**девяно́сто**	900	**девятьсо́т**
100	**сто**	1000	**ты́сяча**
2000	**две ты́сячи**	2000000	**два миллио́на**
3000	**три ты́сячи**	3000000	**три миллио́на**
5000	**пять ты́сяч**	5000000	**пять миллио́нов**
10000	**де́сять ты́сяч**	10000000	**де́сять миллио́нов**
1000000	**миллио́н**	1000000000	**миллиа́рд**

[1] Anstelle von оди́н gebraucht man beim Zählen häufig раз: раз, два, три ... usw.

Zusammengesetzte Zahlen werden durch einfache Aneinanderreihung zweier oder mehrerer getrennt geschriebener Bestandteile gebildet. Die Reihenfolge der Bestandteile ist: 255

Tausender – Hunderter – Zehner – Einer.

21	**два́дцать оди́н (одна́, одно́)**
43	**со́рок три**
56	**пятьдеся́т шесть**
107	**сто семь**
385	**три́ста во́семьдесят пять**
6834	**шесть ты́сяч восемьсо́т три́дцать четы́ре**
22 150	**два́дцать две ты́сячи сто пятьдеся́т**
997 613	**девятьсо́т девяно́сто семь ты́сяч шестьсо́т трина́дцать**

II. Die Deklination der Grundzahlwörter

Die Grundzahlwörter werden teils wie Substantive, teils wie Pronomen dekliniert. Sie weisen in der Regel keine grammatische Unterscheidung nach Numerus und Genus auf. 256

Nach dem Genus unterschieden werden nur **оди́н** (männl.), **одна́** (weibl.), **одно́** (sächl.) und **два** (männl. und sächl.), **две** (weibl.).

Nach dem Numerus unterschieden werden **ты́сяча, миллио́н, миллиа́рд.** Die Pluralformen von **оди́н, одна́, одно́** haben nur in Verbindung mit Mehrzahlwörtern Zahlwortbedeutung, z. B.: **одни́ са́нки** = ein Schlitten, **одни́ часы́** = eine Uhr, **одни́ но́жницы** = eine Schere.

1. оди́н[1] 257

Оди́н wird wie das Demonstrativpronomen **э́тот** (vgl. 290) dekliniert und ist in sämtlichen Formen endungsbetont.

[1] Außer als Zahlwort kann оди́н gebraucht werden:

1. in der Bedeutung „ein gewisser", z. B.:
   Мы обе́дали у одного́ Ивано́ва. — Wir aßen bei einem gewissen Iwanow zu Mittag.
2. in der Bedeutung „ein und derselbe", z. B.:
   Мы живём с ним в одно́м до́ме. — Wir wohnen mit ihm im selben Haus.
3. in der Bedeutung „nur", z. B.:
   В корзи́нке одни́ я́блоки, груш нет. — Im Korb sind nur Äpfel, keine Birnen.
4. in der Bedeutung „allein", z. B.:
   Оте́ц пое́хал оди́н на охо́ту. — Vater fuhr allein auf die Jagd.
5. in der Verbindung одни́ — други́е, z. B.:
   Одни́ чита́ют — други́е пи́шут. — Die einen lesen, die anderen schreiben.

Kasus	Singular			Plural
	männl.	sächl.	weibl.	alle 3 Geschlechter
Nom.	**оди́н**	**одно́**	**одна́**	**одни́**
Gen.	**одного́**		**одно́й**	**одни́х**
Dat.	**одному́**		**одно́й**	**одни́м**
Akk.	**оди́н** (**одного́**)	**одно́**	**одну́**	**одни́** (**одни́х**)
Instr.	**одни́м**		**одно́й**	**одни́ми**
Präp.	(**об**) **одно́м**		(**об**) **одно́й**	(**об**) **одни́х**

258 **2. два (две), три, четы́ре**

Die Grundzahlwörter **два (две), три, четы́ре** werden ähnlich wie Pronomen im Plural dekliniert.

Nom.	**два**	**две**	**три**	**четы́ре**
Gen.	**двух**		**трёх**	**четырёх**
Dat.	**двум**		**трём**	**четырём**
Akk.	**два** (**двух**)	**две**	**три** (**трёх**)	**четы́ре** (**четырёх**)
Instr.	**двумя́**		**тремя́**	**четырьмя́**
Präp.	(**о**) **двух**		(**о**) **трёх**	(**о**) **четырёх**

259 **3. пять ... де́сять, оди́ннадцать ... девятна́дцать, два́дцать, три́дцать**

Die Grundzahlwörter **пять** bis **два́дцать** und **три́дцать** werden regelmäßig nach der 3. Deklination gebeugt. Dabei behalten die Grundzahlwörter **оди́ннадцать** bis **девятна́дцать** die Betonung des Nominativs bei. Die Zahlen **пять** bis **де́сять** sowie **два́дцать** und **три́дцать** sind in allen abgeleiteten Kasus endungsbetont.

Nom.	**пять**	**во́семь**	**оди́ннадцать**	**два́дцать**
Gen.	**пяти́**	**восьми́**	**оди́ннадцати**	**двадцати́**
Dat.	**пяти́**	**восьми́**	**оди́ннадцати**	**двадцати́**
Akk.	**пять**	**во́семь**	**оди́ннадцать**	**два́дцать**
Instr.	**пятью́**	**восемью́**[1]	**оди́ннадцатью**	**двадцатью́**
Präp.	(**о**) **пяти́**	(**о**) **восьми́**	(**об**) **оди́ннадцати**	(**о**) **двадцати́**

[1] Neben восемью́ ist auch восьмью́ möglich.

4. **пятьдеся́т ... во́семьдесят** 260

Die Grundzahlwörter **пятьдеся́т, шестьдеся́т, се́мьдесят, во́семьдесят** werden in ihren beiden Bestandteilen nach der 3. Deklination abgewandelt. Die Betonung liegt dabei auf der Endung des ersten Bestandteiles.

Nom.	**пятьдеся́т**	**во́семьдесят**
Gen.	**пяти́десяти**	**восьми́десяти**
Dat.	**пяти́десяти**	**восьми́десяти**
Akk.	**пятьдеся́т**	**во́семьдесят**
Instr.	**пятью́десятью**[1]	**восемью́десятью**[1]
Präp.	**(о) пяти́десяти**	**(о) восьми́десяти**

5. **со́рок, девяно́сто, сто** 261

Die Grundzahlwörter **со́рок, девяно́сто, сто** haben in allen abgeleiteten Kasus die Endung **-а**. **Со́рок** ist in allen abgeleiteten Kasus endungsbetont. **Девяно́сто** behält die Betonung des Nominativs bei.

Nom.	**со́рок**	**девяно́сто**	**сто**
Gen.	**сорока́**	**девяно́ста**	**ста**
Dat.	**сорока́**	**девяно́ста**	**ста**
Akk.	**со́рок**	**девяно́сто**	**сто**
Instr.	**сорока́**	**девяно́ста**	**ста**
Präp.	**(о) сорока́**	**(о) девяно́ста**	**(о) ста**

6. **две́сти, три́ста, четы́реста, пятьсо́т ... девятьсо́т** 262

Die Hunderter **две́сти** bis **девятьсо́т** werden in ihren beiden Bestandteilen dekliniert. Die Betonung liegt in allen abgeleiteten Kasus auf dem zweiten Bestandteil. Dabei behalten **три́ста** und **четы́реста** im Genitiv, Dativ und Präpositiv **ё** des ersten Bestandteiles als Nebenbetonung[2] bei.

---

[1] Umgangssprachlich sind auch die Formen пяти́десятью, шести́десятью, семи́десятью, восьми́десятью möglich.

[2] Nebenton haben auch двумя̀ста́ми, тремя̀ста́ми, четырьмя̀ста́ми.

Nom.	**двéсти**	**трúста**	**четы́реста**	**пятьсóт**
Gen.	**двухсóт**	**трёхсóт**	**четырёхсóт**	**пятисóт**
Dat.	**двумстáм**	**трёмстáм**	**четырёмстáм**	**пятистáм**
Akk.	**двéсти (двухсóт)**	**трúста (трёхсóт)**	**четы́реста (четырёхсóт)**	**пятьсóт**
Instr.	**двумя-стáми**	**тремя-стáми**	**четырьмя-стáми**	**пятью-стáми**
Präp.	**(о) двухстáх**	**(о) трёхстáх**	**(о) четырёхстáх**	**(о) пятистáх**

263 **7. ты́сяча, миллиóн, миллиáрд**[1]

Ты́сяча wird wie ein Substantiv der 2. Deklination, **миллиóн** und **миллиáрд** werden wie Substantive der 1. Deklination abgewandelt.

Kasus	Singular		Plural	
Nom.	**ты́сяча**	**миллиóн**	**ты́сячи**	**миллиóны**
Gen.	**ты́сячи**	**миллиóна**	**ты́сяч**	**миллиóнов**
Dat.	**ты́сяче**	**миллиóну**	**ты́сячам**	**миллиóнам**
Akk.	**ты́сячу**	**миллиóн**	**ты́сячи**	**миллиóны**
Instr.	**ты́сячей** u. **ты́сячью**	**миллиóном**	**ты́сячами**	**миллиóнами**
Präp.	**(о) ты́сяче**	**(о) миллиóне**	**(о) ты́сячах**	**(о) миллиóнах**

264 **8.** Zusammengesetzte Zahlen

Zusammengesetzte Grundzahlen werden dekliniert, indem jeder einzelne Bestandteil[2] abgewandelt wird:

[1] Ты́сяча, миллиóн, миллиáрд können sowohl Zahlwort als auch Zahlsubstantiv sein, z.B.: Zahlwort: двáдцать ты́сяч трúста сóрок жúтелей = 20340 Einwohner; Zahlsubstantiv: мнóгие ты́сячи жúтелей = viele Tausende von Einwohnern.

[2] Die Regel von der Deklination jedes einzelnen Bestandteiles einer mehrfach zusammengesetzten Grundzahl wird nur in der Schriftsprache streng durchgeführt. In der gesprochenen Sprache dekliniert man zumeist nur ты́сяча, миллиóн, миллиáрд und deren vorangehende Zahl sowie das letzte oder die letzten beiden Glieder der Zusammensetzung, z.B.:

с 985 рабóчими = с девятьсóт восемьюдесятью пятью́ рабóчими,
с 5574 рубля́ми = с пятью́ ты́сячами пятьсóт сéмьдесят четырьмя́ рубля́ми.

6350 мéтров

Nom.	**шесть**	**ты́сяч**	**три́ста**	**пятьдеся́т**	**мéтров**
Gen.	**шести́**	**ты́сяч**	**трёхсóт**	**пяти́десяти**	**мéтров**
Dat.	**шести́**	**ты́сячам**	**трёмстáм**	**пяти́десяти**	**мéтрам**
Akk.	**шесть**	**ты́сяч**	**три́ста**	**пятьдеся́т**	**мéтров**
Instr.	**шестью́**	**ты́сячами**	**тремястáми**	**пятью́десятью**	**мéтрами**
Präp. **(о)**	**шести́**	**ты́сячах**	**трёхстáх**	**пяти́десяти**	**мéтрах**

III. Zum Gebrauch der Grundzahlwörter

1. Grundzahlwörter in Verbindung mit Substantiven 265

a) **оди́н (однá, однó)**

Das Grundzahlwort **оди́н, однá, однó** stimmt mit dem zugehörigen Substantiv in Genus, Numerus und Kasus überein. Das gleiche gilt für die zusammengesetzten Grundzahlwörter, die als letztes Glied eine 1 enthalten. Z.B.:

оди́н дом	=	1 Haus
три́ста сóрок однó селó	=	341 Dörfer
подождáть двáдцать одну́ мину́ту	=	21 Minuten warten
со ста сорокá однóй кóмнатой	=	mit 141 Zimmern

b) **два (две), три, четы́ре**

Nach dem Nominativ bzw. Akkusativ der Grundzahlwörter 2, 3, 4 und aller zusammengesetzten Grundzahlwörter, die als letztes Glied eine 2, 3 oder 4 enthalten, steht das gezählte Substantiv im Genitiv Singular; bei **два, две** liegt dabei Übereinstimmung im Genus vor.
Im Genitiv, Dativ, Instrumental und Präpositiv stimmt das gezählte Substantiv mit dem Grundzahlwort im Kasus überein und steht im Plural. Z. B.:

три карандашá	=	3 Bleistifte
пятьдеся́т четы́ре тетрáди	=	54 Hefte
восемьсóт три́дцать две кни́ги	=	832 Bücher
с четырьмя́ крестья́нами	=	mit 4 Bauern
о трёх ты́сячах семи́десяти трёх рабóчих	=	von 3073 Arbeitern

c) Die übrigen Grundzahlwörter

Nach dem Nominativ bzw. Akkusativ aller übrigen Grundzahlwörter – einschließlich **ноль (нуль)** – steht das gezählte Substantiv im Genitiv Plural[1]. Im Genitiv, Dativ, Instrumental und Präpositiv stimmt das gezählte Substantiv mit diesen Grundzahlwörtern im Kasus[2] überein und steht im Plural. Z. B.:

пять фáбрик	= 5 Fabriken
четы́рнадцать школ	= 14 Schulen
сто сéмьдесят дéвять ученикóв	= 179 Schüler
óколо двухсóт пяти́десяти рублéй	= ungefähr 250 Rubel

d) Zur Stellung von Grundzahlwort und Substantiv

Das Grundzahlwort steht grundsätzlich vor dem gezählten Substantiv. Ein nachgestelltes Grundzahlwort (– nur bei **оди́н, ты́сяча, миллиóн, миллиáрд** ist eine Nachstellung nicht möglich –) kennzeichnet eine ungefähre Zahlenangabe:

Прошлó пять минýт.	aber: **Прошлó минýт пять.**
Es vergingen 5 Minuten.	Es vergingen ungefähr 5 Minuten.

266 2. Der Ausdruck der Belebtheit bei Grundzahlwörtern

Nur die Grundzahlwörter 1 bis 4 nehmen im Akkusativ die Genitivendung an, wenn sie sich auf Lebewesen beziehen.

На перрóне я ви́дел четырёх друзéй.	Auf dem Bahnsteig sah ich 4 Freunde.

[1] Nach Grundzahlwörtern steht anstelle des Genitivs Plural von год – лет, anstelle des Genitivs von люди – человéк:

пять лет	= 5 Jahre
двáдцать семь лет	= 27 Jahre
дéсять человéк	= 10 Menschen, 10 Personen

[2] Nach den Deklinationsformen von ты́сяча, миллиóн, миллиáрд steht ein unmittelbar folgendes Substantiv immer im Genitiv Plural, z. B.:

Нам привезли́ ты́сячу книг.	Man brachte uns 1000 Bücher.
Недáвно извéстный учёный-истóрик вы́ступил перед двумя́ ты́сячами студéнтов Москóвского университéта.	Neulich sprach ein bekannter Historiker vor 2000 Studenten der Moskauer Universität.

Das Zahlwort ты́сяча kann jedoch, wenn es im Singular steht, mit einem unmittelbar folgenden Substantiv im Kasus übereinstimmen. Der Instrumental (Singular) hat in diesem Falle die Endung -ью, z. B.:

с ты́сячью рубля́ми, aber: с однóй ты́сячей книг.

Bei Zusammensetzungen mit 2, 3, 4 ist der Akkusativ – wie in allen übrigen Fällen – zumeist gleich dem Nominativ. Das letzte Glied kann jedoch auch mit dem Genitiv übereinstimmen; bei Zusammensetzungen mit **оди́н** ist das die Regel.

Заво́д при́нял на рабо́ту два́дцать два о́пытных ма́стера (два́дцать двух о́пытных мастеро́в).	Das Werk stellte 22 erfahrene Meister ein.
Профе́ссор проэкзаменова́л три́дцать одного́ студе́нта.	Der Professor prüfte 31 Studenten.

3. Adjektive nach Grundzahlwörtern 267

Tritt ein Adjektiv vor ein Substantiv, das von einem Grundzahlwort abhängig ist, so gilt:

a) Das von **оди́н (одна́, одно́)** abhängige Adjektiv stimmt mit diesem und dem gezählten Substantiv in Genus, Numerus und Kasus überein. Das gleiche gilt für die mit 1 als letztem Glied zusammengesetzten Zahlen, z.B.:

оди́н многоэта́жный дом	= ein vielstöckiges Haus
одно́ коро́ткое письмо́	= ein kurzer Brief
три́дцать одна́ но́вая кни́га	= 31 neue Bücher
В конфере́нции уча́ствовали преподава́тели двадцати́ одного́ вы́сшего уче́бного заведе́ния.	An der Konferenz nahmen die Dozenten von 21 Hochschulen teil.

b) Das von **два (две), три, четы́ре** abhängige Adjektiv steht nach dem Nominativ bzw. Akkusativ von **два (две), три, четы́ре** in der Regel im Genitiv Plural[1], wenn es sich auf ein männliches oder sächliches Substantiv bezieht; es steht gewöhnlich im Nominativ Plural, wenn es sich auf ein weibliches Substantiv bezieht. Im Genitiv, Dativ, Instrumental und Präpositiv stimmt das Adjektiv – wie das gezählte Substantiv – mit **два (две), три, четы́ре** im Kasus überein und steht im Plural.

Das gleiche gilt für die mit 2, 3, 4 als letztem Glied zusammengesetzten Zahlen, z.B.:

---

[1] Adjektivisch deklinierte Attribute, die vor dem Nominativ bzw. Akkusativ der Verbindung von Grundzahlwort und Substantiv stehen, werden in der Regel im Nominativ bzw. Akkusativ Plural gebraucht, z.B.:

ка́ждые де́сять мину́т	= alle 10 Minuten
пе́рвые три часа́	= die ersten 3 Stunden
за после́дние пять ме́сяцев	= während der letzten 5 Monate

три сове́тских лётчика	= 3 sowjetische Flieger
четы́ре но́вых стола́	= 4 neue Stühle
два́дцать два больши́х окна́	= 22 große Fenster
три́дцать три све́тлые ко́мнаты	= 33 helle Zimmer

Я получи́л интере́сное письмо́ от двух францу́зских студе́нтов. Ich erhielt von zwei französischen Studenten einen interessanten Brief.

c) Das von den übrigen Grundzahlwörtern abhängige Adjektiv steht nach dem Nominativ bzw. Akkusativ derselben – wie das gezählte Substantiv – im Genitiv Plural[1]. Im Genitiv, Dativ, Instrumental und Präpositiv stimmt das Adjektiv – wie das gezählte Substantiv – mit diesen Grundzahlwörtern im Kasus überein und steht im Plural, z.B.:

пять цвету́щих садо́в	= 5 blühende Gärten
де́вять высо́ких домо́в	= 9 hohe Häuser

Мы встре́тились с пятью́ хоро́шими друзья́ми. Wir trafen uns mit 5 guten Freunden.

Für den Gebrauch substantivierter Adjektive nach Grundzahlwörtern gelten die gleichen Regeln wie für Adjektive:

две запяты́е	= 2 Kommas
три портны́х	= 3 Schneider
пятьдеся́т четы́ре рабо́чих	= 54 Arbeiter

SAMMELZAHLWÖRTER

268 I. Form und Bedeutung der Sammelzahlwörter

Außer den gewöhnlichen Grundzahlwörtern verfügt die russische Sprache für die Zahlbegriffe 2 bis 10 über sogenannte Sammelzahlwörter, die eine gezählte Menge nicht in bezug auf ihre einzelnen Teile, sondern in bezug auf ihre Gesamtheit bezeichnen.

---

[1] Siehe aber die Fußnote auf S. 205.

2 **дво́е**	5 **пя́теро**	8 **во́сьмеро**
3 **тро́е**	6 **ше́стеро**	9 **де́вятеро**
4 **че́тверо**	7 **се́меро**	10 **де́сятеро**

Zur Gruppe der Sammelzahlwörter rechnet man gewöhnlich auch den russischen Gegenwert für das deutsche „beide" = **о́ба** (männl. und sächl.), **о́бе** (weibl.).

II. Die Deklination der Sammelzahlwörter 269

Die Sammelzahlwörter werden wie Adjektive im Plural dekliniert. **О́ба (о́бе), дво́е, тро́е** werden wie Adjektive mit weichem Stammauslaut und **че́тверо, пя́теро, ше́стеро, се́меро, во́сьмеро, де́вятеро, де́сятеро** wie Adjektive mit hartem Stammauslaut abgewandelt.

О́ба (о́бе) bildet die abgeleiteten Kasus für das männliche und sächliche Geschlecht vom Stamm **обо-**, für das weibliche Geschlecht vom Stamm **обе-**.

Nom.	**о́ба**	**о́бе**	**тро́е**	**че́тверо**
Gen.	**обо́их**	**обе́их**	**трои́х**	**четверы́х**
Dat.	**обо́им**	**обе́им**	**трои́м**	**четверы́м**
Akk.	wie Nom. od. Gen.		wie Nom. od. Gen.	wie Nom. od Gen.
Instr.	**обо́ими**	**обе́ими**	**трои́ми**	**четверы́ми**
Präp.	**(об) обо́их**	**(об) обе́их**	**(о) трои́х**	**(о) четверы́х**

III. Zum Gebrauch der Sammelzahlwörter

1. Der Gebrauch von Substantiven nach Sammelzahlwörtern 270

Nach dem Nominativ bzw. Akkusativ des Sammelzahlwortes **о́ба, о́бе** steht ein folgendes Substantiv im Genitiv Singular, z. B.:

о́ба това́рища = beide Kameraden
о́бе подру́ги = beide Freundinnen

Nach dem Nominativ bzw. Akkusativ der Sammelzahlwörter **дво́е** bis **де́сятеро** steht ein folgendes Substantiv im Genitiv Plural, z. B.:

тро́е студе́нтов = drei Studenten
се́меро ма́льчиков = sieben Knaben

Im Genitiv, Dativ, Instrumental und Präpositiv stimmen **о́ба (о́бе)** und die Sammelzahlwörter **дво́е** bis **де́сятеро** mit dem folgenden Substantiv im Kasus überein und stehen im Plural, z. B.:

обе́ими рука́ми	=	mit beiden Händen
семеры́м ребя́там	=	sieben Kindern

271 **2. Die Verwendung der Sammelzahlwörter**

Die Sammelzahlwörter **двóе** bis **дéсятеро** stehen zur Bezeichnung von Personen

a) bei männlichen Substantiven, z. B.:

У негó чéтверо сыновéй.	Er hat 4 Söhne.

b) bei den Mehrzahlwörtern **дéти** und **лю́ди** sowie bei **лицó** = Person, z. B.:

У моегó стáршего брáта трóе детéй.	Mein älterer Bruder hat 3 Kinder.

c) bei den Personalpronomen **мы, вы, они́,** z. B.:

Мы трóе остáлись дóма.	Wir drei sind zu Hause geblieben.
Нас бы́ло чéтверо.	Wir waren unser vier.

Zur Bezeichnung von Gegenständen können die Sammelzahlwörter **двóе** bis **дéсятеро** gebraucht werden

a) bei Mehrzahlwörtern[1], z. B.:

Они́ купи́ли трóе часóв.	Sie kauften drei Uhren.
На дворé стоя́ло чéтверо сáнок.	Auf dem Hof standen vier Schlitten.

b) bei Substantiven, die paarige Gegenstände benennen. Das Sammelzahlwort drückt hierbei die vorhandene Paarzahl aus[2], z. B.:

двóе боти́нок	=	zwei Paar Schuhe
трóе чулóк	=	drei Paar Strümpfe

Umgangssprachlich können Sammelzahlwörter auch in Verbindung mit Bezeichnungen von Tierjungen gebraucht werden:

двóе котя́т	=	2 junge Katzen
сéмеро щеня́т	=	7 junge Hunde

Meistens werden die Sammelzahlwörter nur im Nominativ bzw. Akkusativ gebraucht. In den abgeleiteten Kasus bevorzugt man die entsprechenden Formen der gewöhnlichen Grundzahlwörter.

[1] Die Zahlenwerte 2, 3, 4 können bei Mehrzahlwörtern nur durch двóе, трóе, чéтверо wiedergegeben werden. 1 in Verbindung mit Mehrzahlwörtern wird durch den Plural von оди́н ausgedrückt, vgl. (256).

[2] Gebräuchlicher ist es allerdings, die Paarigkeit durch das Zahlsubstantiv пáра zu bezeichnen, z. B.:

две пáры боти́нок	=	zwei Paar Schuhe
три пáры чулóк	=	drei Paar Strümpfe

ORDNUNGSZAHLWÖRTER

I. Die Bildung der Ordnungszahlwörter 272

1[1]	пе́рвый, -ая, -ое	11	оди́ннадцатый
2	второ́й, -а́я, -о́е	12	двена́дцатый
3	тре́тий, -ья, -ье	13	трина́дцатый
4	четвёртый, -ая, -ое	14	четы́рнадцатый
5	пя́тый	15	пятна́дцатый
6	шесто́й	16	шестна́дцатый
7	седьмо́й	17	семна́дцатый
8	восьмо́й	18	восемна́дцатый
9	девя́тый	19	девятна́дцатый
10	деся́тый	20	двадца́тый
21	два́дцать пе́рвый	31	три́дцать пе́рвый
22	два́дцать второ́й	32	три́дцать второ́й
23	два́дцать тре́тий	33	три́дцать тре́тий
24	два́дцать четвёртый	40	сороково́й
25	два́дцать пя́тый	50	пятидеся́тый
26	два́дцать шесто́й	60	шестидеся́тый
27	два́дцать седьмо́й	70	семидеся́тый
28	два́дцать восьмо́й	80	восьмидеся́тый
29	два́дцать девя́тый	90	девяно́стый
30	тридца́тый	100	со́тый
200	двухсо́тый	2 000	двухты́сячный
300	трёхсо́тый	3 000	трёхты́сячный
400	четырёхсо́тый	4 000	четырёхты́сячный
500	пятисо́тый	5 000	пятиты́сячный
600	шестисо́тый	6 000	шеститы́сячный
700	семисо́тый	10 000	десятиты́сячный
800	восьмисо́тый	100 000	стоты́сячный
900	девятисо́тый	1 000 000	миллио́нный
1000	ты́сячный	1 000 000 000	миллиа́рдный

[1] In Ziffern wiedergegebene Ordnungszahlwörter werden im Russischen, abweichend vom Deutschen, ohne Punkt geschrieben.

А. С. Пу́шкин роди́лся 6 ию́ня 1799 го́да. — A. S. Puschkin wurde am 6. Juni 1799 geboren.

Häufig findet man folgende Schreibweise: An das in Ziffern geschriebene Ordnungszahlwort wird dessen Endung bzw. deren letzte Silbe oder deren letzter Buchstabe mittels Bindestrich angefügt:

Они́ побыва́ли в гостя́х у ба́бушки с 10-го ию́ля до 31-го а́вгуста. — Sie waren vom 10. Juli bis zum 31. August bei der Großmutter zu Besuch.

Die Ordnungszahlwörter werden aus den Grundzahlwörtern abgeleitet, indem man an den Stamm der Genitivform des Grundzahlwortes die Adjektivendungen **-ый (-óй), -ая, -ое; -ые** anfügt. Abweichend gebildet werden:

1. die Ordnungszahlwörter **пéрвый** und **вторóй**, denen andere Stämme zugrunde liegen –
2. die Ordnungszahlwörter **трéтий, четвёртый, седьмóй, сороковóй, сóтый** –
3. die Ordnungszahlwörter **ты́сячный, миллиóнный, миллиáрдный** und deren Zusammensetzungen, die vor der Adjektivendung das Suffix **-н-** einschieben –
4. die Ordnungszahlwörter **девяностоты́сячный, стоты́сячный, девяностомиллиóнный, стомиллиóнный** usw., in denen **девянóсто** und **сто** die Form des Nominativs beibehalten –
5. das Ordnungszahlwort **тысячемиллиóнный** u. ä., die mit dem Bindevokal **е** gebildet sind.

In z u s a m m e n g e s e t z t e n Z a h l e n erhält nur der letzte Bestandteil die Form des Ordnungszahlwortes.

273 II. Deklination und Gebrauch der Ordnungszahlwörter

Die Ordnungszahlwörter werden wie Adjektive gebraucht und wie Adjektive mit hartem Stammauslaut dekliniert.

Eine Ausnahme bildet **трéтий**, das nach dem Muster der Gattungsadjektive auf **-ий, -ья, -ье** (vgl. 237) abgewandelt wird.

	Kasus	männlich	weiblich	sächlich
Sg.	Nom.	**пя́тый урóк**	**двáдцать трéтья недéля**	**сóтое письмó**
	Gen.	**пя́того урóка**	**двáдцать трéтьей недéли**	**сóтого письмá**
	Dat.	**пя́тому урóку**	**двáдцать трéтьей недéле**	**сóтому письмý**
	Akk.	**пя́тый урóк**	**двáдцать трéтью недéлю**	**сóтое письмó**
	Instr.	**пя́тым урóком**	**двáдцать трéтьей недéлей**	**сóтым письмóм**
	Präp.	**(о) пя́том урóке**	**(о) двáдцать трéтьей недéле**	**(о) сóтом письмé**

BRUCHZAHLEN 274

1. Bruchzahlsubstantive bzw. besondere Bruchzahlwörter sind:

полови́на, -ы = Hälfte
треть, -и = Drittel
че́тверть, -и = Viertel

полтора́[1] (männl, sächl.), **полторы́** (weibl.) = anderthalb
полтора́ста[1] = anderthalbhundert, hundertfünfzig

Allgemein wird in Brüchen der Zähler durch die Grundzahlen, der Nenner durch die Ordnungszahlen bezeichnet. Die Form ergibt sich aus der hinzuzudenkenden Ergänzung **«до́ля** oder **часть едини́цы»** (= Teil eines Einers):

$^1/_5$ = **одна́ пя́тая (до́ля** oder **часть едини́цы)**
$^2/_7$ = **две седьмы́х (до́ли** oder **ча́сти едини́цы)**
$^7/_{11}$ = **семь оди́ннадцатых (доле́й** oder **часте́й едини́цы)**

Brüche werden in beiden Bestandteilen dekliniert:

Nom.	две тре́ти (гекта́ра)	пять восьмы́х (гекта́ра)
Gen.	двух трете́й (гекта́ра)	пяти́ восьмы́х (гекта́ра)
Dat.	двум третя́м (гекта́ра)	пяти́ восьмы́м (гекта́ра)
	usw.	usw.

2. Gemischte Zahlen werden gebildet, indem man den Bruch zumeist mittels der Konjunktion **и** an die ganze Zahl anschließt. Außerdem kann die ganze Zahl mit dem Adjektiv **це́лый** verbunden werden. Werden $^1/_2$, $^1/_3$, $^1/_4$ durch **полови́на, треть, че́тверть** wiedergegeben, so können diese auch mit der Präposition **с** und nachfolgendem Instrumental angefügt werden.

$1\,^1/_5$ = **одна́ (це́лая едини́ца) и одна́ пя́тая (до́ля едини́цы)**
$2\,^5/_6$ = **две (це́лых едини́цы) и пять шесты́х (доле́й едини́цы)**
$5\,^3/_7$ = **пять (це́лых едини́ц) и три седьмы́х (до́ли едини́цы)**
$12\,^7/_8$ = **двена́дцать (це́лых едини́ц) и семь восьмы́х (доле́й едини́цы)**
$7\,^1/_3$ = **семь це́лых и одна́ треть**
$5\,^3/_4$ = **пять це́лых, три че́тверти**
$2\,^1/_2$ = **две с полови́ной**
$5\,^1/_3$ = **пять с тре́тью**

---

[1] Полтора́ (полторы́) und полтора́ста bilden für alle abgeleiteten Kasus nur eine Form:

Nom.	полтора́ (часа́), полторы́ (мину́ты)	полтора́ста (ме́тров)
Gen.	полу́тора (часо́в, мину́т)	полу́тораста (ме́тров)
Dat.	полу́тора (часа́м, мину́там)	полу́тораста (ме́трам)
	usw.	usw.

3. Dezimalbrüche und -zahlen entsprechen in ihrer Bildung den Bruchzahlen bzw. gemischten Zahlen[1]:

0,1	= **ноль це́лых (едини́ц) и одна́ деся́тая (до́ля** oder **часть едини́цы)** – oder: **ноль це́лых, одна́ деся́тая**
1,2	= **одна́ це́лая (едини́ца) и две деся́тых (до́ли** oder **ча́сти едини́цы)** – oder: **одна́ це́лая, две деся́тых**
5,12	= **пять це́лых (едини́ц) и двена́дцать со́тых (доле́й** oder **часте́й едини́цы)**
30,377	= **три́дцать це́лых (едини́ц) и три́ста се́мьдесят семь ты́сячных (доле́й** oder **часте́й едини́цы)**
48,6049	= **со́рок во́семь це́лых (едини́ц) и шесть ты́сяч со́рок де́вять десятиты́сячных (доле́й** oder **часте́й едини́цы)**

4. Für benannte Bruchzahlen gilt:

Ein von einem Bruch, einer gemischten Zahl oder einer Dezimalzahl abhängiges Substantiv steht in der Regel im Genitiv Singular. Werden in gemischten Zahlen die Zahlwerte $^1/_2$, $^1/_3$ und $^1/_4$ durch **с полови́ной, с тре́тью, с че́твертью** ausgedrückt, so richtet sich das folgende Substantiv nach der in der gemischten Zahl enthaltenen ganzen Zahl; es richtet sich ebenfalls nach der ganzen Zahl, wenn es zwischen ganzer Zahl und Bruch steht.

Z.B.:	$2^3/_5$ Meter	= **два и три пя́тых ме́тра**
	$12^8/_9$ Kilometer	= **двена́дцать и во́семь девя́тых кило́метра**
	$5^3/_8$ Hektar	= **пять гекта́ров и три восьмы́х**
	44,6 Sekunden	= **со́рок четы́ре (це́лых) и шесть деся́тых секу́нды**
	$1^1/_4$ Meter	= **оди́н метр с че́твертью**
	$2^1/_2$ Prozent	= **два с полови́ной проце́нта**
	$5^1/_2$ Prozent	= **пять с полови́ной проце́нтов**

275 UNBESTIMMTE ZAHLWÖRTER

Zur Gruppe der unbestimmten Zahlwörter rechnet man[2]:

мно́го	= viel, viele
немно́го	= wenig, (etwas), wenige, einige

[1] Bei vielstelligen Dezimalzahlen ist eine vereinfachte Lesart möglich, z.B.: 2,44970309 = две це́лых – со́рок четы́ре – девяно́сто семь – ноль три – ноль де́вять.

[2] Diese Wörter, die außerdem als Adverbien auftreten können (vgl. 447,7), werden bisweilen auch den Pronomen zugeordnet.

ско́лько = wieviel, wie viele
сто́лько = so viel, so viele
не́сколько = (etwas,) einige
ма́ло = wenig, wenige
нема́ло = nicht wenig, nicht wenige, einige

Als unbestimmte Zahlwörter werden **ско́лько, сто́лько, не́сколько** nach der gemischten Deklination der Adjektive im Plural gebeugt. **Мно́го, немно́го**[1] und **ма́ло, нема́ло** können als unbestimmte Zahlwörter nur im Nominativ bzw. Akkusativ gebraucht werden.

Ein von den unbestimmten Zahlwörtern abhängiges Substantiv steht nach dem Nominativ bzw. Akkusativ derselben im Genitiv Plural[2]. In den übrigen Kasus stimmt das Substantiv mit dem unbestimmten Zahlwort im Kasus überein und steht im Plural. Bei der Bezeichnung von Lebewesen sind im Akkusativ zwei Konstruktionen möglich: der Akkusativ entspricht entweder dem Genitiv oder dem Nominativ.

DIE DEKLINATION DER UNBESTIMMTEN ZAHLWÖRTER		
Nom.	**не́сколько слов**	**сто́лько друзе́й**
Gen.	**не́скольких слов**	**сто́льких друзе́й**
Dat.	**не́скольким слова́м**	**сто́льким друзья́м**
Akk.	**не́сколько слов**	**сто́лько друзе́й** / **сто́льких друзе́й**
Instr.	**не́сколькими слова́ми**	**сто́лькими друзья́ми**
Präp.	**(o) не́скольких слова́х**	**(o) сто́льких друзья́х**

---

[1] Die Formen мно́гих, мно́гим . . ., немно́гих, немно́гим . . . gehören als Deklinationsformen zu den Adjektiven мно́гие = „viele (einzelne)“, немно́гие = „(einzelne) wenige“.

Neben мно́гие gibt es das substantivisch gebrauchte мно́гое = „vieles“, das wie die sächliche Singularform eines Adjektivs mit gemischten Endungen dekliniert wird:

Мно́гое в его́ жи́зни измени́лось.	In seinem Leben hat sich vieles verändert.
У него́ я мно́гому научи́лся.	Ich habe bei ihm vieles gelernt.

[2] Abstrakta und Stoffnamen, die keinen Plural haben, werden nach einer unbestimmten Mengenbezeichnung im Genitiv Singular gebraucht:

Нам ну́жно мно́го у́гля, желе́за, электроэне́ргии.	Wir brauchen viel Kohle, Eisen und Elektroenergie.

ABGELEITETE ZAHLAUSDRÜCKE

276

I. Zahlsubstantive

Von einigen Zahlwörtern werden Zahlsubstantive abgeleitet:

едини́ца	= die Eins, Einer
дво́йка	= die Zwei
тро́йка	= die Drei
четвёрка	= die Vier
пятёрка	= die Fünf
шестёрка	= die Sechs
семёрка	= die Sieben
восьмёрка	= die Acht
девя́тка	= die Neun
деся́тка	= die Zehn, Zehner
деся́ток	= zehn Stück
деся́тки приме́ров	= Dutzende von Beispielen
со́тня	= Hundert, Hunderter
со́тни люде́й	= Hunderte von Menschen

277

II. Zusammensetzungen mit **пол-**

Substantive, die die Hälfte eines Gegenstandes, einer Sache oder eines abstrakten Begriffes bezeichnen, werden durch Vorsetzen von **пол-**[1] vor das betreffende Substantiv gebildet. **Пол-** wird dabei mit dem Genitiv des Substantivs verbunden.

полчаса́	= eine halbe Stunde
полго́да	= ein halbes Jahr
полбуты́лки	= eine halbe Flasche
полме́тра	= ein halbes Meter
пол-ли́тра[2]	= ein halbes Liter
пол-я́блока[2]	= ein halber Apfel
пол-Москвы́[2]	= halb Moskau

Die mit **пол-** zusammengesetzten Substantive werden dekliniert[3], indem **пол-** in allen abgeleiteten Kasus die Form **полу-** annimmt[4] und das Substantiv entsprechend seiner Deklination abgewandelt wird. Der Akkusativ stimmt mit dem Nominativ überein. Z.B.:

---

[1] In ähnlicher Weise können Zusammensetzungen mit полу- (und dem Nominativ des Substantivs) die Hälfte bezeichnen (получа́с neben полчаса́, полудю́жина neben полдю́жины), wobei die Bildungen mit пол- als die neueren und allgemeingebräuchlichen zu gelten haben. Daneben gibt es Zusammensetzungen mit полу-, die einen neuen Begriff bilden, z.B.: полуо́стров = Halbinsel, полуме́сяц = Halbmond, полукру́г = Halbkreis. Die mit полу- gebildeten Substantive werden regelmäßig dekliniert, indem das Substantiv die entsprechende Kasusendung erhält, z.B.: Nom. полуо́стров, Gen. полуо́строва, Dat. полуо́строву usw.

[2] Substantive, die mit einem Vokalbuchstaben oder л beginnen, sowie Eigennamen werden mit Bindestrich an пол- angefügt.

[3] Nicht dekliniert werden mit пол- gebildete belebte Substantive (z. B. пол-ло́шади) sowie Zusammensetzungen mit пол- in übertragener Bedeutung (z. B. пол-Москвы́, полне́ба).

[4] In der Umgangssprache bilden die mit пол- zusammengesetzten Substantive ihre Deklinationsformen zuweilen mit unverändertem пол-.

Nom.:	**полме́тра**	Gen.:	**полуме́тра**	Dat.:	**полуме́тру**
Akk.:	**полме́тра**	Instr.:	**полуме́тром**	Präp.:	**(о) полуме́тре**

Besonders sind zu merken:

по́лдень (полу́дня oder **по́лдня)**[1] = Mittag
по́лночь (полу́ночи oder **по́лночи)**[1] = Mitternacht

III. Distributivzahlen 278

1. Distributivzahlen (= je einer, je zwei usw.) werden mit **по** und nachfolgendem Grundzahlwort wiedergegeben. **По** wird dabei teils mit dem Dativ, teils mit dem Akkusativ oder auch mit dem Genitiv des Grundzahlwortes verbunden:

im Akkusativ[2] stehen **два (две), три, четы́ре, сто, девяно́сто, две́сти, три́ста, четы́реста** und deren Zusammensetzungen –
im Genitiv stehen **пятьсо́т, шестьсо́т, семьсо́т, восемьсо́т, девятьсо́т** und deren Zusammensetzungen –
im Dativ[3] stehen alle übrigen Grundzahlwörter.

2. Ein von einer Distributivzahl abhängiges Substantiv steht:

a) nach dem Dativ von **оди́н (одна́, одно́)** und der zusammengesetzten Grundzahlwörter, die als letztes Glied eine 1 enthalten, im Dativ Singular, z. B.:

по одному́ депута́ту = je ein Deputierter
по двадцати́ одному́ рублю́ = je 21 Rubel

b) nach dem Akkusativ von **два (две), три, четы́ре** und der zusammengesetzten Grundzahlwörter, die als letztes Glied eine 2, 3 oder 4 enthalten, im Genitiv Singular, z. B.:

---

[1] Mit по́лдень und по́лночь nicht verwechselt werden dürfen die weniger gebräuchlichen regelmäßigen Bildungen полдня́ = „ein halber Tag, halbtags, einen halben Tag" und полно́чи = „eine halbe Nacht":

Уже́ прошло́ полдня́.	Es ist bereits ein halber Tag vergangen.
Он прорабо́тал це́лые полно́чи.	Er hat ganze halbe Nächte hindurch gearbeitet.

[2] Sammelzahlwörter, die zuweilen auch zum Ausdruck von Distributivzahlen gebraucht werden, stehen desgleichen im Akkusativ:

по дво́е часо́в = je 2 Uhren   по тро́е чуло́к = je 3 Paar Strümpfe.

[3] Auch unbestimmte Zahlwörter können mit distributivem по verbunden werden. Sie nehmen dabei in der Regel die sonst veraltete Dativform auf -у an: по не́скольку неде́ль = je einige Wochen.
Neuerdings setzt sich in der Umgangssprache anstelle des Dativs nach distributivem по der Gebrauch des Akkusativs durch.

Ка́ждый учени́к получи́л по пять уче́бников и по де́сять тетра́дей.	Jeder Schüler erhielt (je) 5 Lehrbücher und (je) 10 Hefte.
Мы жи́ли в дере́вне ежего́дно по не́сколько ме́сяцев.	Jedes Jahr lebten wir jeweils einige Monate auf dem Lande.

пó две кóмнаты	=	je 2 Zimmer
по четы́ре килогрáмма	=	je 4 Kilogramm
по три́дцать три карандашá	=	je 33 Bleistifte

c) nach dem Akkusativ, Genitiv bzw. Dativ der übrigen Grundzahlwörter im Genitiv Plural, z. B.:

по двéсти человéк	=	je 200 Personen
по пятисóт рублéй	=	je 500 Rubel
по двадцати́ пяти́ депутáтов	=	je 25 Deputierte
по три́ста сóрок пять рублéй	=	je 345 Rubel

279 IV. Zahladverbien der Wiederholung, Vervielfältigung und Gemeinsamkeit

1. Die Wiederholung und Multiplikation (deutsch „-mal") wird bezeichnet durch:

двáжды	=	zweimal	**пя́тью**[1]	=	fünfmal
три́жды	=	dreimal	**шéстью**	=	sechsmal
четы́режды	=	viermal	usw., vgl. (456)		

2. Die Vervielfältigung (deutsch „-fach") wird bezeichnet durch:

вдвóе	=	zweifach, doppelt	**впя́теро**	=	fünffach
втрóе	=	dreifach	**вшéстеро**	=	sechsfach
вчéтверо	=	vierfach	usw., vgl. (457)		

3. Die Gemeinsamkeit (deutsch „zu ...") wird bezeichnet durch:

вдвоём	=	zu zweit	**впятерóм**	=	zu fünft
втроём	=	zu dritt	**вшестерóм**	=	zu sechst
вчетверóм	=	zu viert	usw., vgl. (458)		

280 V. Schaltwörter der Aufzählung

Die Reihenfolge innerhalb einer Aufzählung wird bezeichnet durch (vgl. 581,7):

во-пéрвых	=	erstens	**в-четвёртых**	=	viertens
во-вторы́х	=	zweitens	**в-пя́тых**	=	fünftens
в-трéтьих	=	drittens	**в-шесты́х**	=	sechstens usw.

[1] Man achte auf die unterschiedliche Betonung im Vergleich zum Instrumental des entsprechenden Zahlworts (vgl. 259).

Die Pronomen

DIE EINTEILUNG DER PRONOMEN 281

A. Nach der Bedeutung faßt man die Pronomen im Russischen[1] zu folgenden Gruppen zusammen:

1. Personalpronomen: **я, ты; мы, вы; он, она́, оно́, они́**
2. Reflexivpronomen: **себя́**
3. Possessivpronomen: **мой, твой; наш, ваш; свой; его́, её, их**
4. Demonstrativpronomen: **э́тот, тот; тако́й, (тако́во́й), тако́в**
5. Interrogativpronomen: **кто?, что?; кото́рый?, како́й?, како́в?; чей?**
6. Relativpronomen: **кото́рый, кто, что, како́й, како́в, (чей)**
7. Determinativpronomen: **весь; сам, са́мый; вся́кий, ка́ждый**
8. Negierende Pronomen: **никто́, ничто́; никако́й, ниче́й; не́кого, не́чего**
9. Indefinite Pronomen: **не́кто, не́что, не́который, (не́кий); ко́е-кто́, ко́е-что́, ко́е-како́й; кто́-то, что́-то, како́й-то; кто́-нибудь, что́-нибудь, како́й-нибудь; кто́-либо, что́-либо, како́й-либо.**

B. Nach Funktion und Gebrauch werden die Pronomen unterschieden in[2]:

1. substantivische Pronomen. Zu ihnen gehören:
   a) die Personalpronomen, –
   b) das Reflexivpronomen, –
   c) die Interrogativpronomen **кто, что** sowie die mit **кто, что** gebildeten negierenden und indefiniten Pronomen.

   Die substantivischen Pronomen vertreten im Satz die Stelle von Substantiven

---

[1] Vielfach werden die Interrogativ- und Relativpronomen zu einer Gruppe zusammengefaßt, da es die gleichen Wörter sind, die sowohl als Interrogativ- wie als Relativpronomen gebraucht werden. Zuweilen ordnet man auch die unbestimmten Zahlwörter unter die Pronomen ein, vgl. Fußnote 2 auf S. 212.

[2] Bezieht man die unbestimmten Zahlwörter in den Bereich der Pronomen ein, so wären den substantivischen und adjektivischen Pronomen als 3. Gruppe die Zahlwort-Pronomen ско́лько, сто́лько, не́сколько usw. zuzuordnen.

und sind dabei nach dem Kasus und teilweise auch nach Numerus und Genus veränderlich:

Nur nach dem Kasus verändert werden **себя́, кто** und **что.**

Nach Kasus und Numerus verändert werden **я** und **ты** (**я** – Pl. **мы, ты** – Pl. **вы**).

Nach Kasus, Numerus und Genus verändert wird **он: он, она́, оно́; они́.**

2. adjektivische Pronomen. Zu ihnen gehören:
   a) die Possessivpronomen, –
   b) die Demonstrativpronomen, –
   c) die Determinativpronomen, –
   d) die übrigen Interrogativpronomen, negierenden und indefiniten Pronomen.

   Die adjektivischen Pronomen werden wie Adjektive gebraucht und sind wie diese nach Kasus, Numerus und Genus veränderlich.

PERSONALPRONOMEN

я	= ich	**мы**[2]	=	wir
ты[1]	= du	**вы**	=	ihr, Sie[3]
он, она́, оно́	= er, sie, es	**они́**	=	sie

282 I. Die Deklination der Personalpronomen

Die Deklinationsformen der Personalpronomen sind durch eine Veränderung der Wurzel gegenüber dem Nominativ gekennzeichnet.

Im Gegensatz zu den Substantiven entspricht beim Personalpronomen der 3. Person der Akkusativ stets dem Genitiv, ganz gleich ob Lebewesen oder unbelebte Gegenstände bezeichnet werden.

---

[1] Ты kann außer der konkreten Bedeutung „du" auch allgemeine Bedeutung haben und einen beliebigen Gesprächspartner bezeichnen:

Е́сли ве́село, так ты не замеча́ешь, как вре́мя прохо́дит.	Wenn es lustig zugeht, merkt man nicht, wie die Zeit vergeht.

[2] Мы kann in Verbindung mit der Präposition с und nachfolgendem Instrumental für die 1. Person Singular stehen. Entsprechendes gilt für вы. (Vgl. auch 595). Z. B.:

За́втра мы с бра́том пое́дем в Берли́н.	Morgen werden mein Bruder und ich nach Berlin fahren.
Ве́рнер мне сказа́л, что вы с това́рищем вчера́ смотре́ли но́вый сове́тский цветно́й фильм.	Werner sagte mir, daß du und dein Freund sich gestern einen neuen sowjetischen Farbfilm angesehen haben.

[3] Вы und dessen Deklinationsformen werden entsprechend dem deutschen „Sie" zur höflichen Anrede gebraucht. Dabei schreibt man die Höflichkeitsanrede вы und alle Pronominalformen, die sich auf die mit „Sie" angeredete Person beziehen (вас, вам, ваш usw.), nur in Briefen mit großem Anfangsbuchstaben. Die Formen von ты und твой werden immer klein geschrieben.

Kasus	1. Pers.	2. Pers.	3. Pers.		1. Pers.	2. Pers.	3. Pers.
	Singular				Plural		
	alle 3 Geschlechter		männl. sächl.	weibl.	alle 3 Geschlechter		
N.	я	ты	он оно́	она́	мы	вы	они́
G.	меня́	тебя́	(н)его́	(н)её[1]	нас	вас	(н)их
D.	мне	тебе́	(н)ему́	(н)ей	нам	вам	(н)им
A.	меня́	тебя́	(н)его́	(н)её	нас	вас	(н)их
I.	мной (-о́ю)	тобо́й (-о́ю)	(н)им	(н)е́ю (н)ей	на́ми	ва́ми	(н)и́ми
P.	(обо) мне	(о) тебе́	(о) нём	(о) ней	(о) нас	(о) вас	(о) них

In der Genitiv-Akkusativ-Form **его́** wird **г** wie [**в**] ausgesprochen.

Neben den Instrumentalformen **мной, тобо́й** sind die Formen **мно́ю, тобо́ю** möglich, die zumeist nur in gebundener Rede auftreten.

Das weibliche Personalpronomen der 3. Person lautet im präpositionslosen Instrumental Singular **е́ю**; nach Präpositionen steht dagegen gewöhnlich **ней**.

II. Personalpronomen in Verbindung mit Präpositionen 283

1. Präpositionen vor мне und мной

Den konsonantisch auslautenden Präpositionen wird vor **мне** und **мной** ein **о** angehängt: **ко мне, надо мной, со мной, во мне.**

Vor **мне** nimmt die Präposition **о** die Form **обо** an: **обо мне.**

2. Das Personalpronomen der 3. Person nach Präpositionen

Den Formen des Personalpronomens der 3. Person wird nach ursprünglichen Präpositionen und den meisten Adverbialpräpositionen ein **н-** vorgesetzt[2], siehe hierzu (504):

---

[1] In der Umgangssprache kann nach der Präposition у anstelle von неё auch die Form ней gebraucht werden: У ней та́к и ли́лись слёзы = Bei ihr flossen die Tränen nur so.

[2] Werden die Genitivformen его́, её, их als Possessivpronomen gebraucht (vgl. 288), so wird ihnen nach Präpositionen kein н- vorgesetzt, z. B.: Я говорю́ с его́ ма́терью.

Я пришёл к нему́.	Ich kam zu ihm.
Они́ говори́ли о ней.	Sie sprachen über sie.
Среди́ них мно́го же́нщин.	Unter ihnen befinden sich viele Frauen.

3. Personalpronomen nach **по**

Personalpronomen – wie auch **кто** und **что** – stehen nach der Präposition **по** im Präpositiv, wo ein entsprechendes Substantiv im Dativ gebraucht wird, vgl. auch (564):

Э́тот бе́рег крут, по нём тру́дно ходи́ть.	Dieses Ufer ist steil, es ist schwierig, an ihm entlangzugehen.

DAS REFLEXIVPRONOMEN[1]

себя́ = sich; mich, uns; dich, euch

284 ### I. Die Deklination des Reflexivpronomens

Себя́ ist Reflexivpronomen für alle 3 Personen des Singulars und Plurals. Es wird wie das Personalpronomen **ты** dekliniert, hat jedoch keine Form für den Nominativ, da es als reflexives Pronomen niemals Subjekt eines Satzes sein kann.

Kasus	Singular			Plural		
	1. Pers.	2. Pers.	3. Pers.	1. Pers.	2. Pers.	3. Pers.
Nom.	–					
Gen.	**себя́**					
Dat.	**себе́**					
Akk.	**себя́**					
Instr.	**собо́й (-бо́ю)**					
Präp.	**(о) себе́**					

[1] Dem Reflexivpronomen себя́ ist das reziproke Pronomen „einander" = друг дру́га bedeutungsmäßig verwandt. Друг дру́га wird abgewandelt, indem man den zweiten Teil der Verbindung wie ein Substantiv dekliniert. Präpositionen werden zwischengeschoben. Z. B.:

Nom.:	—		Akk.:	друг дру́га	= einander
Gen.:	друг у дру́га	= beieinander	Instr.:	друг с дру́гом	= miteinander
Dat.:	друг дру́гу	= einander	Präp.:	друг о дру́ге	= voneinander

II. Zum Gebrauch des Reflexivpronomens 285

1. Das Reflexivpronomen **себя́** wird für die deutschen abgeleiteten Kasus der Personalpronomen aller 3 Personen im Singular und Plural gebraucht, wenn das pronominale Objekt zugleich Subjekt des Satzes ist[1]:

Я покупа́ю себе́ кни́гу.	Ich kaufe mir ein Buch.
Ты покупа́ешь себе́ кни́гу.	Du kaufst dir ein Buch.
Он покупа́ет себе́ кни́гу.	Er kauft sich ein Buch.
Она́ покупа́ет себе́ кни́гу.	Sie kauft sich ein Buch.
Мы покупа́ем себе́ кни́гу.	Wir kaufen uns ein Buch.
Вы покупа́ете себе́ кни́гу.	Ihr kauft euch ein Buch.
Они́ покупа́ют себе́ кни́гу.	Sie kaufen sich ein Buch.

2. **Себя́** und dessen Deklinationsformen werden ferner in verschiedenen Verbindungen mit dem Determinativpronomen **сам** gebraucht:

самого́ (само́й) себя́, самому́ (само́й) себе́ usw. = sich (mich, dich) selbst

Он хорошо́ зна́ет самого́ себя́.	Er kennt sich selbst recht gut.
Они́ не говори́ли о сами́х себе́.	Sie haben von sich selbst nicht gesprochen.

сам (-á, -ó) по себе́ = von selbst, allein, an und für sich

Ка́мень сам по себе́ оторва́лся от скалы́.	Der Stein hat sich von selbst vom Felsen gelöst.
Она́ живёт сама́ по себе́.	Sie wohnt für sich allein.
Сам по себе́ он не плохо́й челове́к.	An und für sich ist er kein schlechter Mensch.

сам (-á, -ó) собо́ю (собо́й) = selbständig, ganz von selbst

Всё устро́илось само́ собо́ю.	Alles hat sich von selbst geregelt.
Э́то само́ собо́й разуме́ется.	Das versteht sich von selbst.

---

[1] In Nebensätzen muß sich себя́ demgemäß auf das Subjekt des Nebensatzes beziehen.

Учи́тель показа́л ученика́м слова́рь, кото́рый Бори́с купи́л себе́ в магази́не „Междунаро́дная кни́га“.	Der Lehrer zeigte den Schülern das Wörterbuch, das sich Boris in der Buchhandlung „Das Internationale Buch“ gekauft hatte.

In Infinitivkonstruktionen bezieht sich себя́ bisweilen auf das logische Subjekt der Infinitivkonstruktion.

Мать запрети́ла до́чери покра́сить себе́ во́лосы.	Die Mutter hat ihrer Tochter verboten, sich die Haare zu färben (= ... hat ihrer Tochter verboten, daß sie sich die Haare färbt).
Мне посчастли́вилось найти́ себе́ ко́мнату	Ich hatte das Glück, für mich ein Zimmer zu finden (= ..., daß ich für mich ein Zimmer fand).

3. **Себе́** kann in unmittelbarer Verbindung mit Verbformen zur Partikel werden und der Aussage eine Schattierung von Unbestimmtheit und Gleichgültigkeit verleihen:

Круго́м крик и гам, а он сиди́т себе́ и чита́ет.	Ringsumher ist Geschrei und Lärm, aber er sitzt seelenruhig da und liest.

POSSESSIVPRONOMEN

Den Personalpronomen entsprechen folgende Possessivpronomen:

я	**– мой,**	**свой**	= mein	**мы**	**– наш,**	**свой**	= unser
ты	**– твой,**	**свой**	= dein	**вы**	**– ваш,**	**свой**	= euer, Ihr
он	**– его́,**	**свой**	= sein	**они́**	**– их,**	**свой**	= ihr
она́	**– её,**	**свой**	= ihr				
[**оно́**	**– его́,**	**свой**	= sein]				

286 I. Die Abwandlung der Possessivpronomen

Die Possessivpronomen **мой, твой, свой, наш, ваш** werden ähnlich wie Adjektive mit weichem Stammauslaut dekliniert. Die Deklinationsformen von **мой, твой, свой** sind dabei endungsbetont, die Deklinationsformen von **наш, ваш** stammbetont.

Die als Possessivpronomen gebrauchten Genitive **его́, её, их** sind unveränderlich.

Kasus	1. Person Singular				1. Person Plural			
	männl.	sächl.	weibl.	alle 3 Geschl.	männl.	sächl.	weibl.	alle 3 Geschl.
	Singular			Plural	Singular			Plural
N.	**мой**	**моё**	**моя́**	**мои́**	**наш**	**на́ше**	**на́ша**	**на́ши**
G.	**моего́**		**мое́й**	**мои́х**	**на́шего**		**на́шей**	**на́ших**
D.	**моему́**		**мое́й**	**мои́м**	**на́шему**		**на́шей**	**на́шим**
A.	**мой** (**моего́**)	**моё**	**мою́**	**мои́** (**мои́х**)	**наш** (**на́шего**)	**на́ше**	**на́шу**	**на́ши** (**на́ших**)
I.	**мои́м**		**мое́й**	**мои́ми**	**на́шим**		**на́шей**	**на́шими**
P.	(**о**) **моём**		(**о**) **мое́й**	(**о**) **мои́х**	(**о**) **на́шем**		(**о**) **на́шей**	(**о**) **на́ших**

II. Zum Gebrauch der Possessivpronomen

1. мой, твой, наш, ваш 287

Die persönlichen Possessivpronomen **мой, твой, наш, ваш** werden genau wie ihre deutschen Entsprechungen „mein, dein, unser, euer (Ihr)“ gebraucht:

В про́шлом году́ мои́ роди́тели пересели́лись в Берли́н.	Meine Eltern sind im vergangenen Jahr nach Berlin übergesiedelt.
Покажи́ мне, пожа́луйста, твой но́вый велосипе́д!	Zeige mir bitte dein neues Fahrrad!
Вчера́ мы бы́ли в о́пере вме́сте с на́шими по́льскими друзья́ми.	Gestern waren wir mit unseren polnischen Freunden in der Oper.
Я о́чень благодарю́ Вас за Ва́ше письмо́ от 10-го ию́ля сего́ го́да.	Ich danke Ihnen vielmals für Ihren Brief vom 10. Juli dieses Jahres.

2. его́, её, их 288

Ein persönliches Possessivpronomen der 3. Person entsprechend dem deutschen „sein, ihr“ kennt das Russische nicht. Als Possessivpronomen der 3. Person verwendet man die Genitivformen **его́, её, их**, die jedoch nur gebraucht werden können, wenn der durch sie benannte Besitzer nicht gleichzeitig Subjekt des Satzes ist.

Его́ steht für einen Besitzer männlichen (oder sächlichen) Geschlechts, **её** für einen Besitzer weiblichen Geschlechts, **их** für mehrere Besitzer.

На перро́не я ви́дел его́ отца́.	Auf dem Bahnsteig sah ich seinen Vater.
Её мать живёт в Ки́еве.	Ihre Mutter lebt in Kiew.
Их дом стои́т на берегу́ живопи́сного о́зера.	Ihr Haus steht am Ufer eines malerischen Sees.
На собра́нии учи́тель говори́л с их роди́телями.	Auf der Versammlung sprach der Lehrer mit ihren Eltern.

3. свой 289

Свой wird in doppelter Funktion gebraucht, und zwar als reflexives Possessivpronomen und als Pronomen mit adjektivischer Bedeutung.

a) **свой** *als reflexives Possessivpronomen*

Свой wird als Possessivpronomen für alle 3 Personen des Singulars und Plurals gebraucht, wenn der durch das Possessivpronomen bezeichnete Besitzer gleichzeitig Subjekt des Satzes ist – mit anderen Worten: wenn sich das Possessivpronomen auf das Subjekt des Satzes zurückbezieht (= reflexiver Gebrauch)[1].

Für die 3. Person muß somit **свой** stehen, wenn der durch „sein" bzw. „ihr" benannte Besitzer mit dem Subjekt des Satzes identisch ist.

Für die 1. und 2. Person kann **свой** neben **мой/наш, твой/ваш** stehen, wenn der durch „mein"/„unser" bzw. „dein"/„euer (Ihr)" benannte Besitzer mit dem Subjekt des Satzes identisch ist. **Свой** ist dabei die gebräuchlichere Form.

Я ви́жу свою́ (oder: **мою́**) **мать.**	Ich sehe meine Mutter.
Ты ви́дишь свою́ (oder: **твою́**) **мать.**	Du siehst deine Mutter.

[1] Als reflexives Possessivpronomen kann свой nicht im Nominativ gebraucht werden. Ein bei einem zweiten Subjekt stehendes Possessivpronomen der 3. Person wird darum stets durch его́, её, их wiedergegeben:

Ве́ра и её подру́ги получи́ли интере́сное письмо́ из-за грани́цы.	Vera und ihre Freundinnen erhielten einen interessanten Brief aus dem Ausland.

In Nebensätzen muß sich свой auf das Subjekt des Nebensatzes beziehen, unabhängig davon, ob dieses mit dem Subjekt des Hauptsatzes übereinstimmt oder nicht.

Пасса́жи́р, кото́рый иска́л свой биле́т, обрати́лся к конду́ктору.	Der Fahrgast, der seine Fahrkarte suchte, wandte sich an den Schaffner.
Мы не зна́ли, что Ве́рнер уже́ в про́шлом году́ сдал свой экза́мены.	Wir haben nicht gewußt, daß Werner bereits im vergangenen Jahr seine Examen abgelegt hat.

In Infinitivkonstruktionen und in Verbindung mit Verbalsubstantiven bezieht sich свой bisweilen auf das logische Subjekt der Handlung, die durch den Infinitiv bzw. das Verbalsubstantiv ausgedrückt wird. Свой kann sich aber auch auf das übergeordnete Subjekt des Satzes beziehen.

Из э́того расска́за мы узна́ли о тяжёлой борьбе́ колониа́льных наро́дов за свою́ свобо́ду и незави́симость (= ... о тяжёлой борьбе́, кото́рую веду́т колониа́льные наро́ды за свою́ свобо́ду и незави́симость).	Aus dieser Erzählung erfuhren wir vom schweren Kampf der Kolonialvölker für ihre Freiheit und Unabhängigkeit.
Больно́й Серге́й попроси́л Бори́са принести́ ему́ интере́сную кни́гу из свое́й библиоте́ки (= ... попроси́л Бори́са, что́бы тот принёс ему́ интере́сную кни́гу из свое́й библиоте́ки).	Der kranke Sergei bat Boris, ihm ein interessantes Buch aus seiner Bibliothek mitzubringen.
Ко́ля попроси́л учи́теля перевести́ ему́ письмо́ своего́ болга́рского дру́га (= ... попроси́л учи́теля, что́бы тот перевёл ему́ письмо́ его́ болга́рского дру́га).	Kolja bat den Lehrer, ihm den Brief seines bulgarischen Freundes zu übersetzen.

Он ви́дит свою́ мать.	Er sieht seine Mutter.
Она́ ви́дит свою́ мать.	Sie sieht ihre Mutter.
Мы ви́дим свою́ (oder: **на́шу) мать.**	Wir sehen unsere Mutter.
Вы ви́дите свою́ (oder: **ва́шу) мать.**	Ihr seht eure Mutter.
Они́ ви́дят свою́ мать.	Sie sehen ihre Mutter.

b) **свой** *als Pronomen mit adjektivischer Bedeutung*

Als Pronomen mit adjektivischer Bedeutung gibt **свой** seine Rückbezüglichkeit auf und wird als Attribut in sämtlichen Kasus (– im Gegensatz zum reflexiven Possessivpronomen auch im Nominativ –) gebraucht. Als Adjektiv kann **свой** folgende, zuweilen an feststehende Wendungen gebundene, Bedeutungen haben:

свой = eigen (= persönliches Eigentum darstellend)

У них есть свой дом.	Sie haben ein eigenes Haus.
У него́ свой велосипе́д.	Er hat selbst ein Fahrrad.
Своя́ руба́ха бли́же к те́лу. (Sprichwort.)	Jeder ist sich selbst der Nächste (wörtl.: Das eigene Hemd ist dem Körper näher).

свой = eigen, besonder(-er)

В э́той му́зыке есть своя́ пре́лесть.	Diese Musik hat ihren besonderen Reiz.
У вся́кого свой вкус.	Jeder hat seinen eigenen (besonderen) Geschmack.

свой = passend, geeignet

На ка́ждый вопро́с есть свой отве́т.	Auf jede Frage gibt es eine passende Antwort.
в своё вре́мя	zu passender Zeit

свой = nahestehend (durch freundschaftliche oder verwandtschaftliche Beziehungen, durch gemeinsame Arbeit verbunden)

Вы в на́шем до́ме свой челове́к.	Sie sind bei uns kein Fremder.

DEMONSTRATIVPRONOMEN

э́тот	= dieser	**тако́й** (**тако́во́й**)	= solch einer, so einer
тот	= jener; derjenige, der	**тако́в**	= so, so einer (ist)

290 **I. Die Deklination der Demonstrativpronomen**

Такóй wird nach der gemischten Deklination der Adjektive abgewandelt; **таковóй** dekliniert man wie ein Adjektiv mit hartem Stammauslaut.

Такóв ist nur nach Numerus und Genus veränderlich: **такóв, -á, -ó; -ы́.**

Die Demonstrativpronomen **э́тот** und **тот** weichen in ihrer Deklination in einigen Kasus von der adjektivischen Deklination ab. Die Deklinationsformen von **э́тот** und **тот** selbst unterscheiden sich im Instrumental Singular der männlichen und sächlichen Form sowie im Plural voneinander.

Kasus	Singular				Plural	
	männlich und sächlich		weiblich		alle drei Geschlechter	
N.	**э́тот э́то**	**тот то**	**э́та**	**та**	**э́ти**	**те**
G.	**э́того**	**тогó**	**э́той**	**той**	**э́тих**	**тех**
D.	**э́тому**	**тому́**	**э́той**	**той**	**э́тим**	**тем**
A.	**э́тот э́то (э́того)**	**тот то (тогó)**	**э́ту**	**ту**	**э́ти (э́тих)**	**те (тех)**
I.	**э́тим**	**тем**	**э́той**	**той**	**э́тими**	**тéми**
P.	**(об) э́том**	**(о) том**	**(об) э́той**	**(о) той**	**(об) э́тих**	**(о) тех**

II. Zum Gebrauch der Demonstrativpronomen

291 **1. э́тот, тот**

Das Demonstrativpronomen **э́тот, э́та, э́то; э́ти**[1] weist auf die räumliche oder zeitliche Nähe hin, das Demonstrativpronomen **тот, та, то; те** auf die räumliche oder zeitliche Ferne.

Рáньше в э́том здáнии былá шкóла, а в том общежи́тие.	Früher war in diesem Gebäude eine Schule, in jenem ein Wohnheim.
В какóм дóме вы живёте – в э́том и́ли в том?	In welchem Haus wohnen Sie – in diesem oder in jenem?

[1] Anstelle von э́тот wird das veraltete сей, сия́, сиé; сии́, das ähnlich wie ein Adjektiv mit weichem Stammauslaut dekliniert wurde, noch in einigen Redewendungen und Zusammensetzungen gebraucht:

до сих пор	bis jetzt (eigentl. „bis zu diesen Zeiten“)
сегóдня	heute (eigentl. „dieses Tages“)
сейчáс	sofort (eigentl. „diese Stunde“)
сию́ мину́ту	diesen Augenblick, sogleich
по сей день	bis auf den heutigen Tag
сегó гóда	dieses (des laufenden) Jahres

Die sächliche Form des Pronomens **э́тот – э́то** – wird außerdem gebraucht:

a) als substantivisches Pronomen –

Я э́того не зна́ю.	Ich weiß das nicht.
Никто́ э́тому не пове́рит.	Niemand wird das glauben.
Об э́том мы уже́ говори́ли.	Darüber haben wir schon gesprochen.

b) als Subjekt in der Bedeutung „das (ist)“, „das (sind)“. **Э́то** bezieht sich dabei unveränderlich auf Substantive männlichen, weiblichen und sächlichen Geschlechts im Singular und Plural.

Э́то неожи́данный гость.	Das ist ein unerwarteter Gast.
Э́то но́вая хрестома́тия для сре́дней шко́лы.	Das ist eine neue Chrestomathie für die Mittelschule.
Э́то бы́ли ма́льчики и де́вочки из сосе́дней дере́вни.	Das waren Jungen und Mädchen aus dem Nachbardorf.

c) als Partikel, siehe hierzu (522) und (626).

Das Demonstrativpronomen **тот, та, то; те** entspricht auch dem deutschen Demonstrativpronomen „der, die, das; die (derjenige, diejenige, dasjenige; diejenigen)“ vor Relativsätzen:

Музе́й нахо́дится в том до́ме, в кото́ром роди́лся В. И. Ле́нин.	Das Museum befindet sich in dem Haus, in dem W. I. Lenin geboren wurde.
Кто мно́го говори́т, тот ма́ло де́лает.	Wer viel spricht, der tut wenig.

In Verbindung mit der Partikel **же** und dem Determinativpronomen **са́мый** entspricht **тот, та, то; те** dem deutschen Demonstrativpronomen „derselbe; dieselbe, dasselbe; dieselben“:

тот же
тот же са́мый } = derselbe, eben derselbe
тот са́мый

Э́то тот же са́мый челове́к, кото́рого я ви́дел вчера́.	Das ist derselbe Mann, den ich gestern sah.
В ту же са́мую мину́ту он вошёл в ко́мнату.	In eben dieser Minute ist er ins Zimmer getreten.

2. тако́й, (таково́й), тако́в 292

Тако́й, -а́я, -о́е; -и́е weist in der Bedeutung „solch (so) einer“ auf eine vorausgehend oder nachfolgend erläuterte Eigenschaft oder Beschaffenheit des Beziehungswortes hin:

Тако́й рабо́тник нам ну́жен. Einen solchen Arbeiter brauchen wir.

Таково́й, -а́я, -о́е; -ы́е gilt als veraltet und findet sich nur in der Schriftsprache noch hin und wieder für **тако́й**.

Тако́в, -а́, -о́; -ы́ wird wie die Kurzform der Adjektive nur in prädikativer Funktion gebraucht.

Такова́ жизнь.	So ist das Leben.
Како́в о́браз жи́зни люде́й – тако́в о́браз их мы́слей.	Wie die Lebensweise der Menschen, so ist ihre Denkweise.

INTERROGATIVPRONOMEN

кто?	= wer?	**кото́рый?**	= welcher?, der wievielte?
что?	= was?	**како́й?**	= was für einer?
чей?	= { wessen?, wem gehörig?	**како́в?**	= welch einer (ist)?, wie (ist)?

293 I. Die Deklination der Interrogativpronomen

Кото́рый wird wie ein Adjektiv mit hartem Stammauslaut dekliniert; **како́й** folgt der gemischten Deklination der Adjektive.

Како́в ist wie **тако́в** nur nach Numerus und Genus veränderlich: **како́в, -а́, -о́; -ы́.**

Кто und **что** werden nur im Singular abgewandelt. **Кто** folgt dabei der Deklination von **тот**; **что** weist die dem weichen Stammauslaut entsprechenden Endungen auf.

Чей wird nach dem Muster der Gattungsadjektive auf **-ий, -ья, -ье** dekliniert (vgl. 237).

Kasus	**кто**	**что**	**чей**			
	Singular		Singular			Plural
			männl.	sächl.	weibl.	alle 3 Geschl.
N.	**кто**	**что**	**чей**	**чьё**	**чья**	**чьи**
G.	**кого́**[1]	**чего́**[1]	**чьего́**		**чьей**	**чьих**
D.	**кому́**	**чему́**	**чьему́**		**чьей**	**чьим**
A.	**кого́**[1]	**что**	**чей (чьего́)**	**чьё**	**чью**	**чьи (чьих)**
I.	**кем**	**чем**	**чьим**		**чьей (чье́ю)**	**чьи́ми**
P.	**(о) ком**	**(о) чём**	**(о) чьём**		**(о) чьей**	**(о) чьих**

[1] In кого́, чего́ wird г wie [в] ausgesprochen.

II. Zum Gebrauch der Interrogativpronomen

1. кто, что 294

Das Interrogativpronomen **кто**[1] fragt nach Personen, das Interrogativpronomen **что**[1] nach Sachen. Mit der Verbindung **кто – что? (когó – чегó?, комý – чемý?** usw.**)** = „wer oder was?" fragt man im Russischen nach dem Kasus von Substantiven.

Кто там рабóтал?	Wer hat dort gearbeitet?
О ком вы спрáшиваете?	Nach wem fragt ihr?
За что вы меня́ благодари́те?	Wofür danken Sie mir?
Над чем вы смеётесь?	Worüber lachen Sie?

2. чей 295

Das Interrogativpronomen **чей, чья, чьё; чьи** fragt nach der Zugehörigkeit von Personen und Sachen. Im Gegensatz zu seinem deutschen Gegenwert „wessen" stimmt **чей** dabei mit dem Substantiv, dessen Besitz erfragt wird, in Genus, Numerus und Kasus überein.

Чья э́то кни́га?	Wessen Buch ist das?
В чьём садý вы бы́ли?	In wessen Garten wart ihr?

3. котóрый, какóй, какóв 296

Das Interrogativpronomen **какóй, -áя, -óе; -и́е** fragt nach Eigenschaften, – das Interrogativpronomen **котóрый, -ая, -ое; -ые** fragt nach einem Gegenstand oder Begriff unter mehreren oder nach dem Platz innerhalb einer gezählten Reihe. Merke aber: **Какóе сегóдня числó?** – Der wievielte ist heute?; **в какóм годý?** – in welchem Jahr?

Какáя сегóдня погóда?	Was ist heute für Wetter?
Котóрый час?	Wie spät ist es?
Котóрый раз вы бы́ли на э́той пьéсе?	Das wievielte Mal seid ihr in diesem Theaterstück gewesen?

Какóв, -á, -ó; -ы́ wird wie **такóв** nur in prädikativer Funktion gebraucht:

Каковó положéние?	Wie ist die Lage?

---

[1] Nach Tieren fragt man vielfach что.
Nach кто steht das Prädikat gewöhnlich in der männlichen Form des Singulars, auch wenn es sich auf ein weibliches Substantiv bezieht. Das von что abhängige Prädikat steht in der sächlichen Form des Singulars.

Кто из рабóтниц сегóдня бóлен?	Wer von den Arbeiterinnen ist heute krank?
Чтó случи́лось?	Was ist geschehen?

RELATIVPRONOMEN

Кто, что, кото́рый, како́й, како́в, чей werden außer als Interrogativpronomen auch als Relativpronomen gebraucht.

297 1. кото́рый

a) Das gebräuchlichste russische Relativpronomen ist **кото́рый, -ая, -ое; -ые** „welcher, -e, -es; -e bzw. der, die, das; die".

Кото́рый leitet als Relativpronomen einen Relativsatz ein und steht anstelle des Wortes, auf das sich der Relativsatz bezieht. In Genus und Numerus stimmt **кото́рый** dabei mit seinem Beziehungswort überein. Sein Kasus ist davon abhängig, welche Funktion es im Relativsatz versieht (Subjekt, Objekt usw.). Z. B.:

Де́вушка, кото́рая сиди́т в ко́мнате, пи́шет письмо́ (Subjekt).	Das Mädchen, das im Zimmer sitzt, schreibt einen Brief.
Ма́льчик, кото́рому я дал кни́гу, у́чится в пя́том кла́ссе (Dativobjekt).	Der Junge, dem ich das Buch gab, ist Schüler der 5. Klasse.
Тётя Ле́на, кото́рую мы вчера́ встре́тили в библиоте́ке, живёт за го́родом (Akkusativobjekt).	Tante Lena, die wir gestern in der Bibliothek trafen, wohnt außerhalb der Stadt.
На́ши зарубе́жные друзья́, с кото́рыми мы позавчера́ бы́ли в о́пере, за́втра уе́дут.	Unsere ausländischen Freunde, mit denen wir vorgestern in der Oper waren, werden morgen abreisen.

b) Dem deutschen attributiven „dessen, deren" entsprechen im Russischen die Genitive **кото́рого, кото́рой, кото́рых,** die stets hinter (!) dem Substantiv stehen, das sie ihrem Beziehungswort als Besitz zuordnen. **Кото́рого** wird gebraucht, wenn das Beziehungswort ein männliches oder sächliches Substantiv im Singular ist, — **кото́рой**, wenn das Beziehungswort ein weibliches Substantiv im Singular ist, – **кото́рых**, wenn das Beziehungswort im Plural steht oder wenn zwei oder mehrere Beziehungswörter vorhanden sind.

На Апшеро́нском полу́острове, на берегу́ кото́рого стои́т Баку́, на́чали добыва́ть нефть в XIX ве́ке.	Auf der Halbinsel Apscheron, an deren Ufer Baku liegt, begann man im 19. Jahrhundert Erdöl zu fördern.
Мы посети́ли на́шу учи́тельницу, сын кото́рой у́чится в те́хникуме.	Wir besuchten unsere Lehrerin, deren Sohn an einem Technikum studiert.

В бу́дущем году́ я проведу́ кани́кулы у мои́х друзе́й Ве́рнера и Анто́на, роди́телей кото́рых я ещё не зна́ю.	Im nächsten Jahr werde ich meine Ferien bei meinen Freunden Werner und Anton verbringen, deren Eltern ich noch nicht kenne.

2. кто 298

Кто[1] kann als Relativpronomen in Verbindung mit **тот,** seltener mit **все** für **кото́рый** gebraucht werden, wenn ein Bezug auf Personen vorliegt:

Тот, кто вы́ступил на собра́нии, был Пётр Ива́нович Орло́в.	Derjenige, der auf der Versammlung sprach, war Peter Iwanowitsch Orlow.
Из тех, кто вы́ступил(и)[2] на собра́нии, я никого́ не знал.	Von denen, die auf der Versammlung sprachen, kannte ich niemanden.

3. что 299

Что wird als Relativpronomen nur im Nominativ und im Akkusativ ohne Präposition gebraucht, wenn ein Bezug auf Sachen vorliegt:

Де́душка живёт в до́мике, что стои́т на опу́шке ле́са.	Großvater wohnt in dem Häuschen, das am Waldrand steht.
Пожа́луйста, да́йте мне кни́гу, что лежи́т на столе́!	Geben Sie mir bitte das Buch, das auf dem Tisch liegt.

4. како́й, како́в 300

Како́й, -а́я, -о́е; -и́е weist auch als Relativpronomen (= „welcher, -e, -es; -e") auf Eigenschaften hin. **Тако́й** tritt dabei häufig als Stützwort auf.

Како́в, -а́, -о́; -ы́ wird nur prädikativ gebraucht.

Таки́х гвозде́й, каки́х вам ну́жно, у меня́ нет.	Solche Nägel, wie ihr sie braucht, habe ich nicht.
На́до бы́ло вы́яснить, каковы́ на́ши продово́льственные запа́сы.	Man mußte klären, wie es mit unseren Lebensmittelvorräten aussah.

5. чей 301

Чей, чья, чьё; чьи wird als Relativpronomen (= „dessen, deren") ausschließlich in der Schriftsprache und auch da nur selten gebraucht. Gewöhnlich gibt man attributives

---

[1] Umgangssprachlich braucht man in derartigen Verbindungen mit тот mitunter auch что:
Он не из тех, что встре́тишь везде́. — Er ist keiner von denen, die man überall trifft.

[2] Nach те, кто und все, кто kann das Prädikat sowohl im Singular als auch im Plural stehen.

„dessen, deren" durch nachgestelltes **кото́рого, кото́рой, кото́рых** wieder (vgl. 297, b).

Вели́кий сове́тский учёный В. П. Фила́тов, чьё и́мя изве́стно всему́ ми́ру, был и́збран депута́том в Верхо́вный Сове́т.	Der große sowjetische Gelehrte W. P. Filatow, dessen Name der ganzen Welt bekannt ist, wurde als Abgeordneter in den Obersten Sowjet gewählt.

DETERMINATIVPRONOMEN[1]

весь	=	ganz, Pl. alle	**сам**	=	selbst, selber
ка́ждый	=	jeder, Pl. alle	**са́мый**	=	selbst, unmittelbar, äußerst, ganz
вся́кий	=	jeder, von jeglicher Art			

302 I. Die Deklination der Determinativpronomen

Ка́ждый und **са́мый** werden wie Adjektive mit hartem Stammauslaut dekliniert; **вся́кий** folgt der gemischten Deklination der Adjektive.

Весь und **сам** unterscheiden sich jeweils in einigen Kasus von der adjektivischen Deklination.

DEKLINATION DES DETERMINATIVPRONOMENS ВЕСЬ

Kasus	Singular			Plural
	männl.	sächl.	weibl.	alle 3 Geschlechter
Nom.	**весь**	**всё**	**вся**	**все**
Gen.	**всего́**		**всей**	**всех**
Dat.	**всему́**		**всей**	**всем**
Akk.	**весь (всего́)**	**всё**	**всю**	**все (всех)**
Instr.	**всем**		**всей (все́ю)**	**все́ми**
Präp.	**(обо) всём**[2]		**(обо) всей**	**(обо) всех**

[1] Zu den Determinativpronomen zählt man zuweilen auch:

ино́й	=	anderer, mancher	любо́й	=	jeder (beliebige)
друго́й	=	anderer; nächster, folgender	це́лый	=	ganz

[2] Vor den Formen des Präpositivs von весь nimmt die Präposition o in der Regel die Form обо an.

DEKLINATION DER DETERMINATIVPRONOMEN САМ[1] UND СА́МЫЙ[1]

Kasus	Singular						Plural	
	männl.		sächl.		weibl.		alle 3 Geschlechter	
N.	сам	са́мый	само́	са́мое	сама́	са́мая	са́ми	са́мые
G.	самого́	са́мого	самого́	са́мого	само́й	са́мой	сами́х	са́мых
D.	самому́	са́мому	самому́	са́мому	само́й	са́мой	сами́м	са́мым
A.	сам (самого́)	са́мый (са́мого)	само́	са́мое	самоё[2] u. саму́	са́мую	са́ми (сами́х)	са́мые (са́мых)
I.	сами́м	са́мым	сами́м	са́мым	само́й (само́ю)	са́мой (са́мою)	сами́ми	са́мыми
P.	(о) само́м	(о) са́мом	(о) само́м	(о) са́мом	(о) само́й	(о) са́мой	(о) сами́х	(о) са́мых

[1] Сам ist mit Ausnahme des Nominativs bzw. Akkusativs Plural in allen Kasus endungsbetont, — са́мый ist in allen Kasus stammbetont. Im Genitiv, Dativ und Präpositiv Singular der männlichen und sächlichen Form sowie im Genitiv, Dativ, Instrumental und Präpositiv Singular der weiblichen Form unterscheiden sich die Deklinationsformen von сам und са́мый nur durch die Betonung.

[2] Neben der Form самоё, die vorzugsweise in der Schriftsprache gebraucht wird, findet die Form саму́ Anwendung.

II. Zum Gebrauch der Determinativpronomen

303 **1. весь**

Das Determinativpronomen **весь, вся, всё; все** wird wie ein Adjektiv gebraucht und hat im Singular die Bedeutung „ganz(-er, -e, -es)", seltener „all(-er, -e, -es)": **весь класс** = „die ganze Klasse", **во всём ми́ре** = „in aller Welt". Im Plural steht es in der Bedeutung „alle": **все пи́сьма** = „alle Briefe".

Substantivisch gebraucht werden können die Pluralformen sowie die sächliche Form des Singulars **всё**[1] in der Bedeutung „alles":

Все за одного́, оди́н за всех.	Alle für einen, einer für alle.
Всё в её жи́зни измени́лось.	Alles in ihrem Leben veränderte sich.

304 **2. ка́ждый, вся́кий**

Die Determinativpronomen **ка́ждый** und **вся́кий** stehen in der Bedeutung „jeder" häufig ohne wesentlichen Unterschied:

Э́то зна́ет ка́ждый (вся́кий) учени́к.	Das weiß jeder Schüler.
Ка́ждый (вся́кий) встре́чный ука́жет вам доро́гу на вокза́л.	Jeder Vorübergehende wird Ihnen den Weg zum Bahnhof zeigen.

Während **ка́ждый** jedoch nur auf jeden einzelnen in einer Menge hinweist, kann **вся́кий**[2] zusätzlich „von jeglicher Art, verschiedenartigst" bedeuten:

В жи́зни он встреча́лся со вся́кими людьми́.	Im Leben ist er den verschiedensten Menschen begegnet.
Он торгу́ет вся́кими това́рами.	Er handelt mit allen möglichen Waren.

3. сам, са́мый

305 a) **сам**

Das Determinativpronomen **сам, сама́, само́; са́ми** wird in der Regel in Verbindung mit Substantiven und Personalpronomen[3] gebraucht, die Personen bezeichnen. Es dient dabei:

---

[1] Всё kann auch als Verstärkungspartikel in der Bedeutung „immer" gebraucht werden. Es steht dabei häufig vor einem Komparativ. Z.B.:

Де́ти всё внима́тельнее слу́шали расска́з ба́бушки.	Die Kinder lauschten immer aufmerksamer der Erzählung der Großmutter.
Он всё ещё бо́лен.	Er ist immer noch krank.

[2] In Verbindung mit без steht nur вся́кий:
без вся́кого сомне́ния = ohne jeden Zweifel.

[3] Сам kann sowohl vor als auch nach seinem Beziehungswort stehen. Bei Personalpronomen steht es gewöhnlich danach.
Ein Personalpronomen im Nominativ kann vor сам ausfallen:
Вы са́ми зна́ете = Са́ми зна́ете. Sie wissen (es) selbst.
Zum Gebrauch von сам in Verbindung mit dem Reflexivpronomen себя́ siehe (285).

α) zur Hervorhebung der durch das Substantiv oder Personalpronomen benannten Person[1] in der Bedeutung „selber, selbst" und mitunter auch in der Bedeutung „kein anderer als, eben der, sogar (selbst) der":

Оте́ц сам э́то сказа́л.	Vater selbst hat das gesagt.
Я говори́л с ним сами́м.	Ich habe mit ihm selbst gesprochen.
Я и сам не могу́ поня́ть, как э́то произошло́.	Sogar (selbst) ich kann nicht begreifen, wie das geschehen ist.
Он обе́дал с сами́м профе́ссором Орло́вым.	Er hat mit keinem anderem als Professor Orlow zu Mittag gegessen.

β) zum Ausdruck dessen, daß die durch das Substantiv oder Personalpronomen benannte Person eine Handlung „selbständig, ohne fremde Hilfe, (von) allein" ausführt. In dieser Bedeutung kann sich **сам** bisweilen auch auf Gegenstände beziehen. Z. B.:

Я сам всё сде́лаю.	Ich werde selbst (allein) alles tun.
Де́ти са́ми хоте́ли организова́ть свой новогóдний ве́чер.	Die Kinder wollten ihre Neujahrsfeier selbst (ohne fremde Hilfe) organisieren.
Две́ри са́ми закры́лись.	Die Türen schlossen sich von selbst.

b) **са́мый** **306**

Das Determinativpronomen **са́мый, -ая, -ое; -ые** hat verschiedene Funktion und Bedeutung, je nachdem, ob es bei einem Adjektiv, bei einem Pronomen oder unmittelbar vor einem Substantiv steht:

α) **са́мый** in Verbindung mit Adjektiven

In Verbindung mit Adjektiven wird **са́мый** zum Ausdruck des Superlativs gebraucht (vgl. 231):

Во́лга – са́мая больша́я река́ в Евро́пе.	Die Wolga ist der größte Fluß Europas.

β) **са́мый** in Verbindung mit Demonstrativpronomen

In Verbindung mit dem Demonstrativpronomen **тот** (vgl. 291), seltener mit **э́тот**, bedeutet **са́мый** „derselbe":

---

[1] **Eine derartige Hervorhebung kann auch bei abstrakten Begriffen in der Bedeutung „selbst, an sich, allein schon" erfolgen. Möglich sind jedoch hier in gleicher Weise die Formen von са́мый.**

Сама́ постано́вка вопро́са неверна́.	**Die Fragestellung an sich ist falsch.**
Показа́телен са́мый факт его́ выступле́ния.	**Bezeichnend ist allein schon die Tatsache seines Auftretens.**

тот (же) са́мый	= derselbe, eben jener
э́тот са́мый	= derselbe, eben dieser
В ту же са́мую мину́ту он вошёл в ко́мнату.	In eben dieser Minute ist er ins Zimmer getreten.

γ) **са́мый** unmittelbar vor Substantiven

Vor Substantiven mit räumlicher oder zeitlicher Bedeutung steht **са́мый** zur näheren Bestimmung und Hervorhebung in der Bedeutung „direkt, unmittelbar, ganz, gerade":

Пионе́рский ла́герь «Дру́жба» нахо́дится на са́мом берегу́ небольшо́го о́зера.	Das Pionierlager „Freundschaft" befindet sich direkt am Ufer eines kleinen Sees.
Он пришёл к са́мому обе́ду.	Er kam unmittelbar zum Mittagessen.
Он рабо́тал с са́мого утра́ до са́мой но́чи.	Er arbeitete vom frühen Morgen bis in die späte Nacht.

NEGIERENDE PRONOMEN

Negierende Pronomen werden aus den Interrogativpronomen durch Vorsetzen der Partikel **ни-** gebildet:

никто́ = niemand	**никако́й** = keiner(lei)
ничто́ = nichts	**ниче́й** = niemandem gehörig

Negierende Pronomen sind ferner **не́кого** und **не́чего**, die nur in Infinitivkonstruktionen gebraucht werden und keine Form des Nominativs besitzen.

307 I. Die Deklination der negierenden Pronomen

Die negierenden Pronomen werden wie die entsprechenden Interrogativpronomen dekliniert.

Verbindet man ein negierendes Pronomen mit einer Präposition, so wird die Präposition zwischen die Partikel und das eigentliche Pronomen gesetzt, und alle 3 Bestandteile werden getrennt geschrieben.

DIE DEKLINATION DER NEGIERENDEN PRONOMEN

Kasus	никтó	ничтó	нéкого	нéчего	никакóй		
	Singular				Singular		
					männl.	sächl.	weibl.
Nom.	никтó	ничтó	–	–	никакóй	никакóе	никакáя
Gen.	никогó	ничегó	нéкого	нéчего	никакóго		никакóй
Dat.	никомý	ничемý	нéкому	нéчему	никакóму		никакóй
Akk.	никогó	ничтó	нéкого	нéчего	никакóй (никакóго)	никакóе	никакýю
Instr.	никéм	ничéм	нéкем	нéчем	никакúм		никакóй
Präp.	ни о кóм	ни о чём	нé о ком	нé о чем	ни о какóм		ни о какóй

II. Zum Gebrauch der negierenden Pronomen

308 1. **никто́, ничто́**[1], **никако́й, ниче́й**

Negierende Pronomen werden im Satz mit der sogenannten doppelten Verneinung gebraucht, das heißt: – In einem Satz, der ein negierendes Pronomen enthält, muß das Prädikat durch **не** verneint werden (vgl. auch 527, 602 u. 604).

В ко́мнате я никого́ не ви́дел.	Im Zimmer habe ich niemand(-en) gesehen.
До́лго мы ничего́ не говори́ли.	Lange haben wir nichts gesprochen.
Я ни у кого́ не́ был.	Ich war bei niemand(-em).
Мы ни о чём не говори́ли с ним.	Wir haben mit ihm über nichts gesprochen.
Я никаки́х книг не купи́л.	Ich habe keine Bücher gekauft.
Ничьи́х веще́й не тро́гай!	Berühre niemandes Sachen!

309 2. **не́кого, не́чего**

Не́кого und **не́чего** werden in Infinitivkonstruktionen gebraucht, um das Fehlen des Objekts einer Handlung anzuzeigen.

Не́кого спроси́ть.	Es ist keiner da, den man fragen kann (könnte).
Не́кому рассказа́ть.	Es ist keiner da, dem man etwas erzählen kann (könnte).
Не́ с кем бы́ло говори́ть.	Es war niemand da, mit dem man hätte sprechen können.
Не́чего де́лать.	Da ist nichts zu machen.
Не́чего чита́ть.	Es ist nichts zum Lesen (nichts Lesbares) da.

---

[1] Mit der Genitivform ничего́ nicht verwechselt werden darf das in der Umgangssprache gebräuchliche Adverb ничего́ mit der Bedeutung „macht nichts", „es ist gleichgültig", „nicht schlecht":

Я вас побеспоко́ил! – Ничего́!	Ich habe Sie gestört! – Macht nichts!
Хлеб не све́жий, а вкус ничего́.	Das Brot ist nicht frisch, aber der Geschmack ist nicht schlecht.

Zu beachten ist ferner der substantivierte Gebrauch von ничто́ in der Bedeutung „(das) Nichts". Eine hinzutretende Präposition wird in diesem Fall vorgesetzt und nicht zwischengeschoben:

преврати́ться в ничто́ = sich in (ein) Nichts verwandeln

INDEFINITE PRONOMEN

I. Die Bildung der indefiniten Pronomen 310

Indefinite Pronomen werden aus den Interrogativpronomen durch Hinzufügen von Partikeln gebildet, und zwar:

1. durch Vorsetzen der Partikel **не-**:

нéкто	=	jemand, ein gewisser
нéчто	=	etwas
нéкоторый	=	ein gewisser, Pl. einige

In diese Reihe gehört auch das in seiner Bildung und Bedeutung verwandte **нéкий** = „ein gewisser".

2. durch Vorsetzen der Partikel **кóе-**[1]:

кóе-ктó	=	einige, dieser und jener
кóе-чтó	=	einiges, dieses und jenes
кóе-какóй	=	ein gewisser, Pl. auch: einige

3. durch Anhängen der Partikel **-то**[2]:

ктó-то	=	jemand
чтó-то	=	etwas
какóй-то	=	jemand, einer, irgendeiner

4. durch Anhängen der Partikel **-нибудь**[2]:

ктó-нибудь	=	irgend jemand
чтó-нибудь	=	(irgend) etwas
какóй-нибудь	=	irgendeiner

5. durch Anhängen der Partikel **-либо**[2]:

ктó-либо	=	irgend jemand, irgendeiner, irgendwer
чтó-либо	=	(irgend) etwas
какóй-либо	=	irgendeiner

---

[1] Anstelle von кóе- wird in der Umgangssprache bisweilen auch кóй- gebraucht, z.B.: **кóй-чтó**. Кóе- ist auf der ersten Silbe betont und behält diese Betonung in sämtlichen Zusammensetzungen bei.

[2] Die Partikeln -то, -нибудь, -либо sind unbetont.

311 II. Die Deklination der indefiniten Pronomen

Die indefiniten Pronomen **не́кто** und **не́что** werden nicht abgewandelt: **не́кто** kann folglich nur im Nominativ und **не́что** nur im Nominativ und Akkusativ auftreten.

Über eine besondere Deklination verfügt das in der Schriftsprache nur noch selten gebrauchte **не́кий**:

Kasus	Singular			Plural
	männl.	sächl.	weibl.	alle 3 Geschlechter
N.	**не́кий**	**не́кое**	**не́кая**	**не́кие**
G.	**не́коего**		**не́коей/не́кой**	**не́коих/не́ких**
D.	**не́коему**		**не́коей/не́кой**	**не́коим/не́ким**
A.	**не́кий** (**не́коего**)	**не́кое**	**не́кую**	**не́кие** (**не́коих/не́ких**)
I.	**не́коим/не́ким**		**не́коей/не́кой**	**не́коими/не́кими**
P.	(**о**) **не́коем**		(**о**) **не́коей/не́кой**	(**о**) **не́коих/не́ких**

Die übrigen indefiniten Pronomen werden wie die gleichlautenden Interrogativpronomen dekliniert, wobei die angefügten Partikeln **ко́е-**, **-то**, **-нибудь**, **-либо** unverändert bleiben.

Bei der Verbindung eines mit **ко́е-** gebildeten indefiniten Pronomens mit einer Präposition wird die Präposition zwischen **ко́е** und das eigentliche Pronomen gesetzt, und alle drei Bestandteile werden getrennt geschrieben:

ко́е у кого́, ко́е без чего́, ко́е к кому́ usw.

312 III. Zum Gebrauch der indefiniten Pronomen

Der Grad der Unbestimmtheit, der in den indefiniten Pronomen durch die einzelnen Partikeln zum Ausdruck kommt, ist verschieden. Andererseits ist der Gebrauch der einzelnen Partikeln an bestimmte Stilarten gebunden.

1. Der geringste Grad der Unbestimmtheit wird durch die mit **ко́е-** gebildeten indefiniten Pronomen wiedergegeben: sie bezeichnen eine Unbestimmtheit, die zwar

für den Gesprächspartner, nicht aber für den Sprecher besteht. Dabei schließt **кóе-** eine Unbestimmtheit in numerischer Hinsicht ein.

Я кóе-чтó принёс вам.	Ich habe euch einiges (dieses und jenes) mitgebracht.
Мне нýжно вам кóе-чтó сказáть.	Ich habe euch einiges zu sagen.
Он встрéтил кóе-когó из своúх товáрищей.	Er traf einige von seinen Kameraden.

2. Die indefiniten Pronomen mit der Partikel **-то** dienen zum Ausdruck von Personen und Dingen, die zwar für den Sprecher unbestimmt und unbekannt sind, deren Existenz aber keinem Zweifel unterliegt.

Ктó-то тúхо постучáл в дверь.	Jemand hat leise an die Tür geklopft.
Чтó-то с шýмом упáло нá пол.	Etwas fiel geräuschvoll zu Boden.

Ganz ähnlich ist der fast ausschließlich schriftsprachliche Gebrauch der indefiniten Pronomen mit der Partikel **не-**[1]. **Нéчто** wird dabei immer mit einem adjektivischen Attribut verbunden.

К отцý подошёл нéкто в чёрном пальтó.	Jemand im schwarzen Mantel trat an den Vater heran.
Случúлось нéчто удивúтельное.	Es ist etwas Merkwürdiges passiert.

3. Die indefiniten Pronomen mit den Partikeln **-нибудь** und **-либо** bezeichnen unbestimmte und unbekannte Personen und Dinge, von deren Existenz keinerlei klare Vorstellung besteht. Daher kommen die Pronomen mit **-нибудь** und **-либо** vor allem in Bedingungs-, Aufforderungs-, Wunsch- und Fragesätzen vor. Die mit **-либо** gebildeten Pronomen werden selten und fast ausschließlich in der Schriftsprache gebraucht.

Придёт ли зáвтра ктó-нибудь?	Wird morgen irgend jemand kommen?
Расскажúте мне чтó-нибудь о нём!	Erzählen Sie mir irgend etwas von ihm!
Он úщет какýю-нибудь рабóту.	Er sucht irgendeine Arbeit.
Éсли вы чегó-либо хотúте, скажúте мне, пожáлуйста!	Wenn Sie irgend etwas haben möchten, sagen Sie mir bitte Bescheid!

[1] Нéкто, нéкий und auch какóй-то können bisweilen eine Geringschätzung etwa in der Bedeutung „irgend so einer", „so ein gewisser (berüchtigter)" ausdrücken:

Нéкий крúтик э́то сказáл.	Irgend so ein Kritiker hat das gesagt.

Das Verb

313 DER FORMENBESTAND DES RUSSISCHEN VERBS

A. Die grammatischen Kategorien des russischen Verbs sind:

Aspekt, verbales Genus, Modus, Tempus, Person und Numerus.

Der Aspekt

Die grundlegende Besonderheit des russischen Verbalsystems gegenüber dem deutschen besteht darin, daß die russischen Verben nach dem Aspekt unterschieden werden. Der Aspekt kennzeichnet die Betrachtungsweise, der eine Verbhandlung[1] in einem bestimmten Sinnzusammenhang unterliegt. Man unterscheidet beim russischen Verb zwei Aspekte:

1. den unvollendeten Aspekt, der eine Handlung in ihrer Fortdauer betrachtet,
2. den vollendeten Aspekt, der eine Handlung im Hinblick auf ihre zeitliche Begrenzung betrachtet.

Nahezu jedes russische Verb gehört einem der beiden Aspekte an und hat seinen Partner im entsprechenden anderen Aspekt, vgl.:

bauen	unvo.:	**стро́ить**	vo.:	**постро́ить**
schreiben	unvo.:	**писа́ть**	vo.:	**написа́ть**
fragen	unvo.:	**спра́шивать**	vo.:	**спроси́ть**
antworten	unvo.:	**отвеча́ть**	vo.:	**отве́тить**
erfüllen	unvo.:	**выполня́ть**	vo.:	**вы́полнить**
geben	unvo.:	**дава́ть**	vo.:	**дать**

[1] Unter „Handlung" ist hier und im folgenden alles zu verstehen, was durch ein Verb ausgedrückt werden kann (aktive Handlungen: дава́ть = geben, стро́ить = bauen; Vorgänge: та́ять = tauen, темне́ть = dunkel werden; Zustände: стоя́ть = stehen, лежа́ть = liegen). In den meisten Fällen ist die Unterscheidung zwischen aktiver Handlung, Vorgang und Zustand ohne Bedeutung.

springen	unvo.:	**пры́гать**	vo.:	**пры́гнуть**
nehmen	unvo.:	**брать**	vo.:	**взять**

Einem deutschen Verb stehen somit fast durchweg zwei russische Verben gleicher lexikalischer Bedeutung gegenüber. Man spricht auch von einer durchgängigen Paarigkeit bei den russischen Verben.

Das verbale Genus

Das russische Verbalsystem unterscheidet 3 Genera:

1. Aktiv
2. reflexives Genus[1]
3. Passiv

Das reflexive Genus – morphologisch gekennzeichnet durch die Partikel **-ся** (**-сь**) – bezeichnet eine intransitive, auf das Subjekt des Satzes zurückgerichtete Handlung, vgl.:

мы́ться sich waschen:

Он мо́ется. = Er wäscht sich.

ра́доваться sich freuen:

Я ра́дуюсь твои́м успе́хам. = Ich freue mich über deine Erfolge.

Das Passiv hat als besondere Formen nur die Partizipien des Präsens und des Präteritums. Unter bestimmten Voraussetzungen können aber auch Verbformen auf **-ся** (**-сь**) ein Passiv ausdrücken, vgl.:

Бельё мо́ется. = Die Wäsche wird gewaschen.

Der Modus

Das russische Verbalsystem verfügt über drei Modi:

1. Indikativ
2. Imperativ
3. Konjunktiv

Das Tempus

Das russische Verbalsystem unterscheidet drei Zeitstufen:

1. Präsens
2. Präteritum
3. Futurum

Diese drei Zeitstufen sind als besondere Formen nur im Indikativ vertreten; der Konjunktiv besitzt für alle drei Zeitbedeutungen nur eine Form.

[1] Neben „reflexivem Genus“ ist auch der Terminus „reflexiv-mediales Genus“ gebräuchlich.

Person und Numerus

Die finiten Verbalformen werden nach drei Personen in jeweils zwei Numeri – Singular und Plural – abgewandelt.

Die Formen des Präteritums – und die Formen des Konjunktivs – weisen im Singular eine Kennzeichnung nach dem grammatischen Geschlecht (männlich, weiblich, sächlich) auf:

Ма́льчик чита́л = der Knabe las; **де́вочка чита́ла** = das Mädchen las; **дитя́ чита́ло** = das Kind las; **де́ти чита́ли** = die Kinder lasen.

B. Die russische Konjugation verfügt über folgenden grundlegenden Formenbestand[1]:

I. Finite (d. h. durch die Person bestimmte) Formen

1. Indikativ
   a) Präsens
   b) Präteritum
   c) Futurum
2. Imperativ
3. Konjunktiv

II. Infinite Formen

1. Infinitiv
2. vier Partizipien:
   a) das Partizip des Präsens Aktiv
   b) das Partizip des Präsens Passiv
   c) das Partizip des Präteritums Aktiv
   d) das Partizip des Präteritums Passiv
3. zwei Adverbialpartizipien:
   a) das Adverbialpartizip auf **-я, -а**
   b) das Adverbialpartizip auf **-в(ши), -ши**

Finite wie infinite Formen – mit Ausnahme der Partizipien des Passivs – können durch Anhängen der Partikel **-ся (-сь)**[2] das reflexive Genus annehmen.

---

[1] Die hier verzeichneten Verbalformen können nicht grundsätzlich von jedem russischen Verb gebildet werden; ihre Bildungsmöglichkeit wird in erster Linie durch Aspekt und Transitivität bzw. Intransitivität des betreffenden Verbs bestimmt.

[2] Außer der eigentlich reflexiven Bedeutung haben die Verbformen auf **-ся (-сь)** verschiedene andere Bedeutungen – unter anderem auch die Bedeutung des Passivs (vgl. 338 u. 339).

ÜBERSICHT ÜBER DEN FORMENBESTAND DES RUSSISCHEN VERBS

Infinitiv: **чита́ть** (unvo.) lesen

Indikativ

Num.	Person	Präsens	Präteritum	Futurum
Sing.	1.Pers.	я чита́ю	я чита́л, -а	я бу́ду чита́ть
	2.Pers.	ты чита́ешь	ты чита́л, -а	ты бу́дешь чита́ть
	3.Pers.	он / она́ / оно́ чита́ет	он чита́л она́ чита́ла оно́ чита́ло	он / она́ / оно́ бу́дет чита́ть
Plur.	1.Pers.	мы чита́ем	мы / вы / они́ чита́ли	мы бу́дем чита́ть
	2.Pers.	вы чита́ете		вы бу́дете чита́ть
	3.Pers.	они́ чита́ют		они́ бу́дут чита́ть

Imperativ

Sing.	2.Pers.	чита́й!
Plur.	2.Pers.	чита́йте!

Konjunktiv

Sing.	1.Pers.	я чита́л (-а) бы
	2.Pers.	ты чита́л (-а) бы
	3.Pers.	он чита́л бы она́ чита́ла бы оно́ чита́ло бы
Plur.	1.Pers.	мы / вы / они́ чита́ли бы
	2.Pers.	
	3.Pers.	

Partizipien

	Aktiv	Passiv
Präsens	чита́ющий, -ая, -ее	чита́емый, -ая, -ое
Präteritum	чита́вший, -ая, -ее	чи́танный, -ая, -ое

Adverbialpartizipien

auf -я, -а	чита́я
auf -в(ши), -ши	чита́в(ши)

314 DER INFINITIV

A. Dem Infinitiv kommt innerhalb des Verbalsystems große Bedeutung als Grundform des Verbs, als Wörterbuchform des Verbs zu.

B. Das Kennzeichen des Infinitivs der russischen Verben ist das Suffix **-ть, -ти**. Das Infinitivsuffix **-ть, -ти** wird an den Infinitivstamm angefügt. In bezug auf den Infinitivstamm gliedern sich die russischen Verben in zwei Hauptgruppen:

1. Vokalisch auslautende Infinitivstämme oder Vokalstämme. Nach vokalisch auslautendem Infinitivstamm steht **-ть**[1]:

   чита́ть lesen, **гуля́ть** spazierengehen, **ви́деть** sehen, **пить** trinken, **мыть** waschen, **коло́ть** stechen, **кри́кнуть** vo. aufschreien.

2. Konsonantisch auslautende Infinitivstämme oder Konsonantstämme. Nach konsonantisch auslautendem Infinitivstamm steht gewöhnlich **-ти**[2], bei einigen Verben auch **-ть**:

   нести́ tragen, **везти́** fahren; – **грызть** nagen, **лезть** klettern.

   Die Konsonantstämme auf **-д, -т, -б** verändern diese Konsonanten vor dem Infinitivsuffix gewöhnlich in **-с**:

   вес-ти́ führen (vgl. **вед-у́**), **клас-ть** legen (vgl. **клад-у́**), **цвес-ти́** blühen (vgl. **цвет-у́**), **грес-ти́** rudern (vgl. **греб-у́**), aber: **ид-ти́ (ид-у́)** gehen.

   Bei dèn Konsonantstämmen auf **-г, -к** verschmelzen **г, к** mit dem Infinitivsuffix zu **-чь**: **мочь** können (vgl. **мог-у́**), **течь** fließen (vgl. **тек-у́**).

C. Der Infinitiv reflexiver Verben wird durch Anhängen von **-ся (-сь)** gebildet:

-ся tritt an die Infinitivformen auf **-ть, -чь**, z.B.:
мы́ться[3] sich waschen, **бере́чься** sich in acht nehmen; –
-сь wird den Infinitivformen auf **-ти** angefügt, z.B.: **нести́сь** jagen, rennen.

---

[1] Anstelle von -ть erscheint in der Volksdichtung und in der gebundenen Rede der Kunstdichtung bisweilen -ти, z.B.: ходи́ти gehen, ду́му ду́мати (einen Gedanken) denken.

[2] -ти ist in den meisten Fällen betont. Es ist unbetont, wenn es sich um vollendete Verben mit dem Präfix вы- handelt, z.B.: нести́ — aber: вы́нести vo., вести́ — aber: вы́вести vo.
Neben den Infinitivformen auf -ти wurden vor allem in der Literatursprache des 19. Jahrhunderts Nebenformen auf -ть gebraucht: вести́ — весть, принести́ vo. — прине́сть vo.
Heute werden diese Formen nur noch in der Volkssprache und bisweilen aus rhythmischen Gründen in der gebundenen Rede der Kunstdichtung gebraucht.

[3] Zur Aussprache von -ться siehe (61).

DIE INFINITIVSUFFIXE			
vokalisch auslautender Infinitivstamm	konsonantisch auslautender Infinitivstamm		
-ть (-ся)	-ти (-сь)	-ть (-ся)	-чь (-ся)
де́ла-ть	вез-ти́	грыз-ть	бере́-чься
одева́-ться	нес-ти́сь	лез-ть	(берег-у́сь)
гуля́-ть	вес-ти́	клас-ть	мо-чь
ви́де-ть	(вед-у́)	(клад-у́)	(мог-у́)
пи-ть	цвес-ти́	сес-ть vo.	пе-чь
мы́-ться	(цвет-у́)	(ся́д-у)	(пек-у́)
коло́-ть	грес-ти́		те-чь
кри́кну-ть vo.	(греб-у́)		(тек-у́)

DIE ASPEKTE

I. Die Funktion der Aspekte

1. Allgemeines 315

Die Aspekte des Verbs bilden eine der typischsten Besonderheiten der russischen Sprache und der slawischen Sprachen überhaupt. Aspektunterschiede sind auch noch in anderen Sprachen, beispielsweise im Neuenglischen[1], vorhanden. Keine andere Sprachengruppe verfügt aber über ein derart ausgebildetes Aspektsystem wie die slawische. In den slawischen Sprachen bilden die Aspekte die Grundlage des gesamten Verbalsystems.

Im Russischen werden zwei Aspekte unterschieden:

1. der vollendete Aspekt,
2. der unvollendete Aspekt.

Was drücken die russischen Aspekte aus?

Der Aspekt (lat. aspectus = „Anblick, Betrachtung“) kennzeichnet die Betrachtungsweise, der eine Handlung seitens des Sprechenden in einem bestimmten Sinnzusammenhang unterliegt.

Der vollendete Aspekt bezeichnet eine Handlung, die im Hinblick auf ihre zeitliche Begrenzung – häufig im Hinblick auf ihren Abschluß oder ihre Vollendung – betrachtet wird. (Daher die Bezeichnung „vollendeter Aspekt“.)

---

1 Vgl. Dr. A. Lamprecht: „Grammatik der englischen Sprache“, Volk und Wissen, Berlin 1956, S. 211 ff.

Der unvollendete Aspekt bezeichnet eine Handlung, die in ihrem Ablauf – in ihrer Fortdauer oder Wiederholung – betrachtet wird, ohne daß man dabei das Moment ihrer zeitlichen Begrenzung als wesentlich ins Auge faßt.

In den Aspekten verfügt die russische Sprache demnach über ein Mittel, den Verlauf einer Handlung in der Zeit von zwei verschiedenen Blickrichtungen aus zu charakterisieren.

316

2. Der vollendete Aspekt

Der vollendete Aspekt kennzeichnet eine Handlung im Hinblick auf ihre zeitliche Begrenzung.

A. Die zeitliche Begrenzung einer Handlung liegt im allgemeinen in ihrem Anfang und in ihrem Ende. Deshalb hat der vollendete Aspekt meist die Handlung als Ganzes im Auge. Beginn, Durchführung und Abschluß oder Vollendung der Handlung liegen als zusammengefaßtes Geschehen im Blickfeld des Sprechenden.

Он пожа́л ему́ ру́ку.	Er drückte ihm die Hand.
Вдруг кто́-то пры́гнул в во́ду.	Plötzlich sprang jemand ins Wasser.
Мы постро́или дом.	Wir haben ein Haus gebaut.
Он про́жил де́сять лет за грани́цей.	Er hat zehn Jahre im Ausland gelebt.

Es ist dabei unwichtig, ob sich die Handlung in einem kurzen Akt vollzieht (**пожа́л, пры́гнул**) oder ob sie von längerer Dauer ist (**постро́или, про́жил**). Wesentlich ist, daß die Handlung als geschlossenes Ereignis erfaßt wird.

B. Die zeitliche Begrenzung einer Handlung, die durch den vollendeten Aspekt gekennzeichnet wird, muß nicht zwangsläufig Anfang und Ende der Handlung einschließen. Die Begrenzung kann sich auch auf ein bestimmtes Stadium des Handlungsverlaufs beziehen:

a) Eine Handlung kann in ihrem Anfangsstadium als zeitlich begrenzt betrachtet werden. Den Handlungsbeginn drücken dabei mit **за-** präfigierte Verben sowie die mit **по-** präfigierten bestimmten Verben der Fortbewegung aus (vgl. 332,3 u. 336):

В саду́ зацвели́ я́блони.	Im Garten sind die Apfelbäume erblüht.
Он заболе́л гри́ппом.	Er ist an Grippe erkrankt.
Ма́ленькая де́вочка запла́кала с испу́га.	Das kleine Mädchen begann vor Schreck zu weinen.
Самолёт полете́л на се́вер.	Das Flugzeug flog nach Norden ab.

b) Eine Handlung wird bei Eingrenzung ihres Ablaufs auf einen kleineren Zeitabschnitt als zeitlich begrenzt betrachtet. Es handelt sich hierbei um (vollendete) Verben, die mit dem Präfix **по-** „ein wenig, etwas, eine Zeitlang“ präfigiert sind (vgl. 332,2):

Мы хоте́ли поговори́ть с ним.	Wir wollten uns ein wenig mit ihm unterhalten.
Ве́чером они́ попе́ли и поигра́ли.	Am Abend haben sie ein wenig gesungen und gespielt.
Порабо́тай ещё немно́го!	Arbeite noch ein wenig!
Пусть суп покипи́т ещё немно́го.	Mag die Suppe noch ein wenig kochen.

c) Eine Handlung kann in der Hervorhebung ihres Resultats als zeitlich begrenzt betrachtet werden. Der Vollzug der Handlung bildet dabei eine selbstverständliche Voraussetzung, steht aber nicht unmittelbar im Blickpunkt der Betrachtung. Hierher gehören neben anderen mit **у-**, **до-**, **от-**, **вы-** und **при-** präfigierte Verben (vgl. 332,4):

Оте́ц его́ у́мер.	Sein Vater ist gestorben (= ist tot).
Он дописа́л страни́цу и отложи́л ру́чку в сто́рону.	Er schrieb die Seite zu Ende und legte den Federhalter beiseite.
Вчера́ рабо́чие достро́или дом.	Gestern haben die Arbeiter das Haus fertiggebaut.
Врачу́ удало́сь вы́лечить больно́го.	Es gelang dem Arzt, den Kranken zu heilen (= auszukurieren).
Он ду́мал, ду́мал, – наконе́ц приду́мал вы́ход из положе́ния.	Er dachte lange nach, – schließlich ersann er einen Ausweg aus der Lage.

3. Der unvollendete Aspekt 317

Der unvollendete Aspekt stellt die Handlung als solche in den Blickpunkt der Betrachtung.

A. Das Augenmerk des Sprechenden ist beim unvollendeten Aspekt lediglich auf den Vorgang der Handlung gerichtet. Die Handlung wird in einem bestimmten Zeitpunkt oder Zeitabschnitt in ihrer Fortdauer erfaßt. Gegenüber den Merkmalen des vollendeten Aspekts verhält sich der unvollendete Aspekt dabei neutral. Die Frage nach der zeitlichen Begrenzung wird als unwesentlich beiseite gelassen.

Она́ чита́ет рома́н Го́рького.	Sie liest einen Roman Gorkis.

Мы смотре́ли но́вый сове́тский цветно́й фильм.	Wir sahen uns einen neuen sowjetischen Farbfilm an.
Сего́дня у́тром я реша́л дома́шнюю зада́чу, а Ва́ня игра́л в футбо́л.	Heute morgen löste ich meine Hausaufgabe (war ich mit der Lösung meiner Hausaufgabe beschäftigt), und (aber) Wanja spielte Fußball.
Мы рабо́тали два часа́.	Wir arbeiteten zwei Stunden.

Durch den unvollendeten Aspekt, der die Fortdauer einer Handlung kennzeichnet, können also auch Handlungen wiedergegeben werden, über deren zeitliche Begrenzung etwas ausgesagt wird (**Сего́дня у́тром я реша́л ..., Мы рабо́тали два часа́**). Wesentlich ist nur, daß das Interesse des Sprechenden auf der Hervorhebung der Handlung als solcher liegt.

B. Ein wichtiges Merkmal des unvollendeten Aspekts besteht in seinem Gebrauch zur Wiedergabe wiederholter und gewohnheitsmäßiger Handlungen.

Во вре́мя кани́кул я встава́л в семь часо́в.	Während der Ferien bin ich um 7 Uhr aufgestanden.
Он иногда́ захо́дит к нам.	Er kommt manchmal zu uns.
Он мо́ется ка́ждое у́тро.	Er wäscht sich jeden Morgen.
Я ка́ждый день покупа́ю газе́ту.	Ich kaufe jeden Tag eine Zeitung.
Мы ча́сто хо́дим в теа́тр.	Wir gehen oft ins Theater.
По утра́м густо́й тума́н покрыва́л поля́.	Morgens bedeckte dichter Nebel die Felder.

318 4. Bemerkungen zum Aspektgebrauch

Der Aspektgebrauch wird weitgehend durch die subjektive Sicht des Sprechenden bestimmt. Dabei können eine Reihe von Faktoren die Aspektwahl beeinflussen bzw. unterstützen:

1. Der unvollendete Aspekt wird gebraucht, wenn durch Adverbien wie **постоя́нно** (= ständig), **всегда́** (= immer), **непреры́вно** (= ununterbrochen), **обыкнове́нно** (= gewöhnlich), **ча́сто** (= oft), **иногда́** (= manchmal) und Zeitbestimmungen mit **ка́ждый** (= jeder) auf die unbegrenzte Dauer, die Wiederholung oder den gewohnheitsmäßigen Ablauf einer Handlung hingewiesen wird.

Собра́ние всегда́ начало́сь в 8 часо́в.	Die Versammlung begann immer um 8 Uhr.
Он мо́ется ка́ждое у́тро.	Er wäscht sich jeden Morgen.

Andererseits werden Adverbien wie **вдруг** (= plötzlich), **тóтчас** (= sogleich), **неожи́данно** (= unerwartet) u.ä. fast nur mit dem vollendeten Aspekt verbunden.

2. In Verbindung mit einem Objekt stehen transitive Verben häufiger im vollendeten Aspekt; transitive Verben ohne Objekt werden jedoch stets im unvollendeten Aspekt gebraucht.

Вчерá я написáл письмó.	Gestern schrieb ich einen Brief.
Вчерá я писáл и читáл.	Gestern habe ich geschrieben und gelesen.

Der vollendete Aspekt wird auch bevorzugt, wenn Objekt der Handlung ein partitiver Genitiv ist.

Он съел хлéба. **Он ел хлеб.**	Er aß Brot.
Он вы́пил стакáн чáю.	Er trank ein Glas Tee.
Он пил чай.	Er trank Tee.

3. Ein verneintes Verb steht vorwiegend im unvollendeten Aspekt.

Ты взял э́ту кни́гу? – Нет, не брал.	Hast du dieses Buch genommen? – Nein, ich habe es nicht genommen.
Он приéхал вчерá? – Нет, он не приезжáл.	Ist er gestern gekommen? – Nein, er ist nicht gekommen.

4. Beim Imperativ ist die vollendete Imperativform die häufigere. Jedoch werden allgemeine Aufforderungen und Verbote im unvollendeten Aspekt wiedergegeben. Näheres siehe (360/361).

5. Für den Gebrauch des unvollendeten bzw. vollendeten Infinitivs gilt allgemein:

a) Der unvollendete Infinitiv steht nach Verben des Beginnens, Fortfahrens und Aufhörens sowie einigen anderen (**запрети́ть** vo. = verbieten; **надоéсть** vo. = überdrüssig sein, satt haben; **привы́кнуть** vo. = gewohnt sein; **устáть** vo. = müde werden, satt bekommen).

Они́ нáчали стрóить нóвый áктовый зал.	Sie begannen, einen neuen Festsaal zu bauen.
Он привы́к рáно вставáть.	Er ist an zeitiges Aufstehen gewöhnt.

b) Der vollendete Infinitiv steht fast immer nach **забы́ть** vo. (vergessen), **уда́ться** vo. (gelingen), **успе́ть** vo. (zurechtkommen).

Мне удало́сь купи́ть биле́т в теа́тр.	Es gelang mir, eine Theaterkarte zu kaufen.
Я забы́л взять де́ньги.	Ich vergaß, Geld mitzunehmen.

c) Nach Ausdrücken des Wünschens (**жела́ть**), Wollens (**хоте́ть, хоте́ться**), des Müssens und der Notwendigkeit (**на́до, ну́жно, необходи́мо** u.ä.) steht vorwiegend der vollendete Infinitiv, bei Verneinung jedoch gewöhnlich der unvollendete Infinitiv.

На́до сдать э́ту кни́гу в библиоте́ку.	Man muß dieses Buch in die Bibliothek zurückgeben.
Не ну́жно откла́дывать э́того де́ла.	Man darf diese Sache nicht verschieben.

d) Ein finaler Infinitiv steht nach **что́бы** zumeist im vollendeten Aspekt; nach Verben der Bewegung sind beide Aspekte möglich.

Экспеди́ция вы́ехала на юг, что́бы изучи́ть строе́ние го́рных поро́д.	Die Expedition fuhr nach Süden, um die Struktur der Berggesteine zu erforschen.
Он пое́хал в дере́вню отдыха́ть.	Er fuhr aufs Land, um sich zu erholen.

319 II. Aspekte und Zeitformen

Die Bildung der Zeitformen des russischen Verbs steht in engstem Zusammenhang mit der Funktion der Aspekte.

Die Betrachtung einer Handlung einmal in ihrer Fortdauer oder Wiederholung, ein andermal im Hinblick auf ihre zeitliche Begrenzung ist nur in der Vergangenheit und in der Zukunft möglich. In der Gegenwart kann eine Handlung nur in ihrer Dauer oder Wiederholung betrachtet werden. Für die Bildung der Zeitformen des russischen Verbs ergibt sich daraus folgendes Verhältnis:

Das PRÄSENS kann nur von unvollendeten Verben gebildet werden[1].

[1] Ebenso können die beiden infiniten Verbformen mit Präsensbezug – das Partizip des Präsens Aktiv und das Partizip des Präsens Passiv – nur von unvollendeten Verben gebildet werden, vgl. (369) und (378).

Die Bildung des Präteritums und des Futurums ist sowohl von unvollendeten als auch von vollendeten Verben möglich. Man unterscheidet entsprechend:

PRÄTERITUM

a) unvollendetes Präteritum: Das unvollendete Präteritum weist auf den Verlauf oder die Wiederholung einer Handlung in der Vergangenheit hin und ist im allgemeinen mit dem deutschen Imperfekt wiederzugeben.

b) vollendetes Präteritum: Das vollendete Präteritum hebt eine vergangene Handlung im Hinblick auf ihre zeitliche Begrenzung hervor. Es schließt dabei die Funktion des deutschen Perfekts und Plusquamperfekts mit ein.

FUTURUM

a) unvollendetes Futurum: Das unvollendete Futurum – nach seiner zusammengesetzten Bildung mit den Futurformen von **быть** und dem unvollendeten Infinitiv auch zusammengesetztes Futurum genannt – bezeichnet eine Handlung, die in der Zukunft verlaufen oder sich wiederholen wird.

b) vollendetes Futurum: Das vollendete Futurum – formal durch ein vollendetes Verb mit Präsensendungen gekennzeichnet – drückt eine zukünftige Handlung unter Hervorhebung ihrer zeitlichen Begrenzung aus. Es schließt dabei die Funktion des deutschen Futurums II mit ein.

ASPEKTE UND ZEITFORMEN

	Präteritum	Präsens	Futurum
unvollendeter Aspekt	**Он стрóил дом.** Er baute ein Haus.	**Он стрóит дом.** Er baut ein Haus.	**Он бýдет стрóить дом.** Er wird ein Haus bauen.
vollendeter Aspekt	**Он пострóил дом.** Er baute ein Haus bzw. hat (hatte) ein Haus gebaut.		**Он пострóит дом.** Er wird ein Haus bauen bzw. gebaut haben.

Die Bildung der Zeitformen des russischen Verbs ist also durch den Aspekt als übergeordneter Kategorie maßgeblich bestimmt: Von unvollendeten Verben können alle drei Zeitformen gebildet werden, während vollendete Verben nur die Formen des Präteritums und des Futurums haben können.

III. Der sprachliche Ausdruck der Aspekte

320 Fast jedes russische Verb ist mit allen seinen Formen als vollendeter oder unvollendeter Aspekt morphologisch gekennzeichnet. Erkennungsmerkmal für den Aspekt ist dabei der Verbalstamm. Grundsätzlich gibt es zwei Möglichkeiten, eine Aspektänderung am Verbalstamm kenntlich zu machen:

1. Präfigierung des Verbalstammes. Auf diese Weise werden vollendete Verben aus unvollendeten Verben gebildet, z.B.: **стро́ить** – vo. **постро́ить**; **де́лать** – vo. **сде́лать**; **чита́ть** – vo. **прочита́ть**.

2. Suffigierung des Verbalstammes. Auf diese Weise werden in erster Linie unvollendete Verben aus vollendeten Verben gebildet, z.B.: **рассказа́ть** vo. – **расска́зывать**; **спроси́ть** vo. – **спра́шивать**; **вы́полнить** vo. – **выполня́ть**; **реши́ть** vo. – **реша́ть**; **узна́ть** vo. – **узнава́ть**.
   Durch Suffigierung können aber auch vollendete Verben gebildet werden, z.B.: **крича́ть** – vo. **кри́кнуть**; **пры́гать** – vo. **пры́гнуть**.

1. Die Bildung des vollendeten Aspekts

321 A. DURCH PRÄFIXE*[1]

Einfache russische Verben – d.h. Verben, die keine aspektverändernden Präfixe oder Suffixe enthalten – sind zumeist unvollendet[2]. Sie werden durch Vorsetzen eines Präfixes in der Regel zu vollendeten Verben[3]. Dabei lassen sich aus einfachen unvollendeten Verben durch Präfigierung zwei Gruppen von vollendeten Verben bilden:

---

[1] Durch ein Sternchen (*) sind hier und im folgenden die produktiven Typen der Aspektbildung des russischen Verbs kenntlich gemacht.

[2] Vollendet sind u.a. folgende einfache Verben:
die sechs einsilbigen Verben дать geben; деть hintun, vertun; стать werden, anfangen; лечь sich hinlegen; сесть sich hinsetzen; пасть fallen; – sowie eine Reihe von Verben auf -ить der i-Konjugation: купи́ть kaufen; ко́нчить beenden, abschließen; реши́ть beschließen, entscheiden; лиши́ть entziehen; пусти́ть lassen, freilassen; бро́сить werfen; хвати́ть ausreichen; прости́ть verzeihen, vergeben; ступи́ть schreiten, gehen; яви́ться kommen, erscheinen, sich erweisen u.a.

[3] Nicht zur Bildung des vollendeten Aspekts dient das Präfix без- (бес-). Die Komposita mit без- (бес-) sind stets unvollendet: беспоко́ить beunruhigen, stören; безде́йствовать untätig sein.
Unvollendet sind auch einige präfigierte Verben, deren lexikalische Bedeutung mit den Merkmalen des vollendeten Aspekts unvereinbar ist, z.B.: прису́тствовать anwesend sein; состоя́ть (из) bestehen (aus); принадлежа́ть gehören; содержа́ть enthalten. Vgl. auch (329).

a) Verben, deren Präfix nur den vollendeten Aspekt bezeichnet, z. B.:

unvollendet:		*vollendet:*	
стро́ить	= bauen	**постро́ить**	= bauen
де́лать	= machen	**сде́лать**	= machen
писа́ть	= schreiben	**написа́ть**	= schreiben

b) Verben, deren Präfix zusammen mit dem vollendeten Aspekt gleichzeitig eine Bedeutungsveränderung ausdrückt, z. B.:

unvollendet:		*vollendet:*	
рабо́тать	= arbeiten	**вы́работать**	= produzieren, ausarbeiten
знать	= wissen, kennen	**узна́ть**	= erkennen, erfahren
ве́рить	= glauben	**прове́рить**	= prüfen, kontrollieren

Präfixe vor einfachen unvollendeten Verben bezeichnen also durchweg den vollendeten Aspekt. Sie können dabei bedeutungsleer und lediglich aspektbildend sein. In vielen Fällen drücken sie aber mit der Aspektänderung gleichzeitig eine Bedeutungsveränderung aus.

Bedeutungsleer und rein aspektbildend können die verschiedensten Präfixe sein:

по-, о- (об-, обо-), с- (со-), за-, на-, seltener: **вы-, про-, при-, раз- (рас-), от- (ото-), из- (ис-), у-, вз- (вс-).**

Keines dieser Präfixe hat aber in jeder Verbindung nur aspektbildende Funktion. Zu den verschiedenen Bedeutungen und Funktionen der Verbalpräfixe siehe (425–445).

ASPEKTBILDUNG DURCH BEDEUTUNGSLEERE PRÄFIXE

Präfix	unvollendet	vollendet	deutsche Bedeutung
по-	**стро́ить**	**постро́ить**	bauen
	звать	**позва́ть**	rufen
	звони́ть	**позвони́ть**	läuten, klingeln
	обе́дать	**пообе́дать**	Mittag essen
о- (об-, обо-)	**кре́пнуть**	**окре́пнуть**	stark werden, erstarken
	ра́доваться	**обра́доваться**	sich freuen
	зли́ться	**обозли́ться**	sich ärgern

Präfix	unvollendet	vollendet	deutsche Bedeutung
с- (со-)	де́лать	сде́лать	machen
	игра́ть	сыгра́ть	spielen
	лгать	солга́ть	lügen
	мочь	смочь	können
за-	плати́ть	заплати́ть	bezahlen
на-	писа́ть	написа́ть	schreiben
	рисова́ть	нарисова́ть	zeichnen
вы-	пить	вы́пить	trinken
	расти́	вы́расти	wachsen
про-	чита́ть	прочита́ть	lesen
при-	сни́ться	присни́ться	träumen
раз- (рас-)	дели́ть	раздели́ть	teilen
	та́ять	раста́ять	tauen
от- (ото-)	пра́здновать	отпра́здновать	feiern
	ремонти́ровать	отремонти́ровать	reparieren
	шлифова́ть	отшлифова́ть	schleifen
из- (ис-)	печь	испе́чь	backen
	расхо́довать	израсхо́довать	ausgeben, verbrauchen
	по́ртить	испо́ртить	beschädigen, verderben
	пуга́ть	испуга́ть	erschrecken
у-	ви́деть	уви́деть	sehen
	слы́шать	услы́шать	hören
	жа́лить	ужа́лить	stechen, beißen
	соверше́нствовать	усоверше́нствовать	vervollkommnen
вз- (вс-)	волнова́ть	взволнова́ть	aufregen, bewegen
	трево́жить	встрево́жить	beunruhigen, aufregen
	паха́ть	вспаха́ть	pflügen

B. DURCH DAS SUFFIX **-ну-*** 322

Einige einfache unvollendete Verben bilden den vollendeten Aspekt durch das Suffix **-ну-**[1]:

unvollendet:		*vollendet:*
бры́згать	spritzen	**бры́знуть**
дви́гать	bewegen	**дви́нуть**
дёргать	ziehen, zupfen	**дёрнуть**
зева́ть	gähnen	**зевну́ть**
кача́ть	schaukeln	**качну́ть**
кида́ть	werfen, schleudern	**ки́нуть**
крича́ть	schreien, rufen	**кри́кнуть**
ма́зать	schmieren, streichen	**мазну́ть**
маха́ть	winken	**махну́ть**
мелька́ть	flimmern, vorbeihuschen	**мелькну́ть**
пры́гать	springen	**пры́гнуть**
сверка́ть	blitzen, funkeln	**сверкну́ть**
свисте́ть	pfeifen	**сви́стнуть**
стуча́ть	klopfen	**сту́кнуть**
хло́пать	klatschen, schlagen	**хло́пнуть**
чиха́ть	niesen	**чихну́ть**
шага́ть	schreiten	**шагну́ть**
шевели́ть	rühren, bewegen	**шевельну́ть**

Das Suffix **-ну-** verleiht einem Verb neben der Bezeichnung des vollendeten Aspekts häufig zusätzlich die Bedeutung der Einmaligkeit und des momentanen Charakters der genannten Handlung (vgl. 332, 1 u. 406), z.B.:

кри́кнуть vo.	= einmal (kurz) rufen
махну́ть vo.	= einmal (kurz) winken
сту́кнуть vo.	= einmal klopfen
чихну́ть vo.	= einmal niesen

Bei einigen der vorstehend genannten Verben ist die Bildung des vollendeten Aspekts außer mit dem Suffix **-ну-** auch mit einem Präfix möglich. Die beiden vollendeten Verb-

[1] Mit den vollendeten Verben auf -нуть dürfen die sogenannten Inchoativa auf -нуть nicht verwechselt werden (vgl. 332, 7 u. 413), z.B.: кре́пнуть erstarken, sich festigen; мёрзнуть frieren; ги́бнуть zugrunde gehen; мо́кнуть naß werden; со́хнуть trocknen, trocken werden. Diese Verben sind unvollendet und werden durch Präfigierung zu vollendeten Verben, z.B.: кре́пнуть — vo. окре́пнуть; ги́бнуть — vo. поги́бнуть.

formen unterscheiden sich dabei durch den Charakter des Momentanen und Nichtmomentanen.

unvollendet:	*vollendet:*		
кача́ть	**покача́ть**	und mom.	**качну́ть**
крича́ть	**закрича́ть**	und mom.	**кри́кнуть**
ма́зать	**вы́мазать, на-, пома́зать**	und mom.	**мазну́ть**
стуча́ть	**постуча́ть**	und mom.	**сту́кнуть**
шевели́ть	**пошевели́ть**	und mom.	**шевельну́ть**

2. Die Bildung des unvollendeten Aspekts

Vollendete Verben, die aus einfachen unvollendeten Verben durch Vorsetzen eines bedeutungsverändernden Präfixes entstanden sind, sowie einige einfache vollendete Verben bilden ihre unvollendete Entsprechung mit Hilfe von Suffixen. Man unterscheidet folgende Möglichkeiten der Bildung des unvollendeten Aspekts durch Suffixe:

323

A. DURCH DAS SUFFIX **-ыва-/-ива-***

Die unvollendete Entsprechung zu vollendeten Verben kann durch das Suffix **-ыва-/-ива-** gebildet werden. Dabei steht **-ыва-** nach hartem wurzelauslautendem Konsonanten, **-ива-** nach weichem Konsonanten sowie Zischlaut, **г, к, х** oder Vokal im Wurzelauslaut.

Bei Ableitung von Verben der i-Konjugation verwandeln sich wurzelauslautende **д, т, з, с, ст, б, п, в, ф, м** vor dem Suffix **-ива-** gewöhnlich in **ж, ч, ж, ш, щ, бл, пл, вл, фл, мл.**

Enthält die Verbalwurzel des vollendeten Aspekts ein **о**, so verwandelt sich dieses **о** in der Silbe vor dem Suffix häufig in **а**[1].

[1] Der Vokalwechsel o—a erfolgt immer, wenn der Wurzelvokal o des vollendeten Verbs unbetont ist (спроси́ть vo. – спра́шивать fragen; осмотре́ть vo. – осма́тривать besichtigen). Ist der Wurzelvokal des vollendeten Verbs hingegen betont, so findet der Vokalwechsel o–a häufig (око́нчить vo. – ока́нчивать beenden; осво́ить vo. – осва́ивать sich aneignen), aber nicht in allen Fällen statt. Das o der Verbalwurzel bleibt beispielsweise erhalten in: уполномо́чить vo. – уполномо́чивать bevollmächtigen; упро́чить vo. – упро́чивать befestigen, sichern. Mitunter sind auch Doppelformen vorhanden: обусло́вить vo. – обусло́вливать u. обусла́вливать ausbedingen, sich vorbehalten.
In der Literatursprache des 19. und des beginnenden 20. Jahrhunderts wurden in vielen Fällen, in denen sich heute der Vokalwechsel eindeutig durchgesetzt hat, Formen mit und ohne Vokalwechsel nebeneinander gebraucht.

vollendet:		*unvollendet:*
вы́играть	gewinnen	**выи́грывать**
вы́работать	produzieren, ausarbeiten	**выраба́тывать**
завоева́ть	erobern	**завоёвывать**
записа́ть	aufschreiben, notieren	**запи́сывать**
обману́ть	betrügen	**обма́нывать**
подписа́ть	unterschreiben	**подпи́сывать**
рассказа́ть	erzählen	**расска́зывать**
око́нчить	beenden	**ока́нчивать**
осво́ить	sich aneignen	**осва́ивать**
осмотре́ть	besichtigen	**осма́тривать**
останови́ть	anhalten	**остана́вливать**
спроси́ть	fragen	**спра́шивать**
удво́ить	verdoppeln	**удва́ивать**
устро́ить	veranstalten, einrichten	**устра́ивать**

Verben mit dem Suffix **-ыва-/-ива-** sind stets auf der Silbe vor dem Suffix betont.

B. DURCH DAS SUFFIX **-ва-** 324

Die unvollendete Entsprechung zu vollendeten Verben kann mit Hilfe des Suffixes **-ва-** gebildet werden. Das Suffix **-ва-** wird bei zahlreichen, zumeist präfigierten vollendeten Verben an den vokalisch auslautenden Stamm angefügt.

vollendet:		*unvollendet:*
встать	aufstehen	**встава́ть**
дать	geben	**дава́ть**
деть	hintun, vertun	**дева́ть**
добы́ть	erwerben, gewinnen	**добыва́ть**[1]
заболе́ть	erkranken	**заболева́ть**
забы́ть	vergessen	**забыва́ть**[1]

---

[1] Während die Formen забы́ть vo. — забыва́ть; добы́ть vo. — добыва́ть; прибы́ть vo. — прибыва́ть durch den Aspekt unterschieden sind, gehören побы́ть und побыва́ть dem gleichen — und zwar dem vollendeten — Aspekt an. Der Unterschied zwischen побы́ть und побыва́ть liegt in der Bedeutung:

побы́ть vo. = „(eine bestimmte, zumeist nicht allzu lange Zeit an einem bestimmten Ort) sein“: Он по́был в Москве́ с неде́лю.

побыва́ть vo. = „(eine unbestimmte Zeit an einem oder auch an verschiedenen Orten) weilen“: Он побыва́л и в Москве́ и в Ленингра́де.

vollendet:		*unvollendet:*
откры́ть	öffnen	**открыва́ть**
пережи́ть	überleben, erleben	**пережива́ть**
призна́ть	anerkennen, zugeben	**признава́ть**
прода́ть	verkaufen	**продава́ть**
разви́ть	entwickeln	**развива́ть**
созда́ть	schaffen, gründen	**создава́ть**
узна́ть	erkennen, erfahren	**узнава́ть**
успе́ть	rechtzeitig ausführen, rechtzeitig kommen	**успева́ть**

Unvollendete Verben mit dem Suffix **-ва-** sind stets auf dem Suffix betont.

C. DURCH DAS SUFFIX -я-/-а- (*)[1]

Das Suffix **-я-/-а-** ist als Kennzeichen des unvollendeten Aspekts stets betont.

325 a) Die meisten vollendeten Verben auf **-ить** der i-Konjugation bilden ihre unvollendete Entsprechung mit Hilfe des Suffixes **-я-/-а-**[2]. Dabei wird das Suffix **-и-** des Infinitivstammes durch **-я-**, nach Zischlauten durch **-а-** ersetzt.

Geht dem Suffix **-и-** des vollendeten Aspekts ein **д, т, з, с, ст** oder **б, п, в, ф, м** voraus, so verwandeln sich diese Konsonanten vor dem Suffix **-я-/-а-** gewöhnlich in **ж** bzw. **жд, ч** bzw. **щ, ж, ш, щ** und **бл, пл, вл, фл, мл**[3].

vollendet:		*unvollendet:*
встре́тить	treffen, begegnen	**встреча́ть**
вы́полнить	ausführen, erfüllen	**выполня́ть**

---

[1] Bei der Angabe des Suffixes als -я-/-а- wird vom Schriftbild ausgegangen; vom Standpunkt der Phonetik aus lautet das Suffix in jedem Falle -а-.
Das Suffix -я-/-а- ist nur noch produktiv bei Auslaut des Verbalstammes auf palatalisierten Konsonanten oder auf Zischlaut, vgl.: прилуни́ться vo. - прилуня́ться auf dem Mond landen.

[2] Der unvollendete Aspekt zu vollendeten Verben auf -ить der i-Konjugation kann sowohl durch das Suffix -ыва-/-ива- als auch durch das Suffix -я-/-а- gebildet werden. Bei einigen wenigen Verben sind im modernen Sprachgebrauch beide Bildungen möglich, z.B.:
vo.: пригото́вить (vorbereiten) – unvo.: приготовля́ть und пригота́вливать;
vo.: накопи́ть (anhäufen) – unvo.: накопля́ть und нака́пливать;
vo.: перере́зать (durchschneiden) – unvo.: перереза́ть und перере́зывать.
Die Formen mit dem Suffix -ыва-/-ива- sind in diesen Fällen die neueren und verbreiteteren.

[3] Der Konsonantenwechsel unterbleibt z.B. bei бро́сить vo. – броса́ть, ступи́ть vo. – ступа́ть und deren Komposita. Ein besonderer Wechsel liegt vor in пусти́ть vo. – пуска́ть und den entsprechenden Komposita.

vollendet:		*unvollendet:*
заключи́ть	abschließen	**заключа́ть**
изучи́ть	lernen, studieren	**изуча́ть**
ко́нчить	beenden	**конча́ть**
награди́ть	belohnen	**награжда́ть**
объясни́ть	erklären	**объясня́ть**
освободи́ть	befreien	**освобожда́ть**
отве́тить	antworten	**отвеча́ть**
победи́ть	(be-)siegen	**побежда́ть**
повтори́ть	wiederholen	**повторя́ть**
подгото́вить	vorbereiten	**подготовля́ть**
поздра́вить	beglückwünschen	**поздравля́ть**
получи́ть	erhalten	**получа́ть**
посети́ть	besuchen	**посеща́ть**
приземли́ть	landen, *trans.*	**приземля́ть**
прове́рить	prüfen, kontrollieren	**проверя́ть**
реши́ть	beschließen, entscheiden	**реша́ть**
соедини́ть	vereinigen, verbinden	**соединя́ть**
соста́вить	zusammenstellen	**составля́ть**
яви́ться	erscheinen, kommen, sich erweisen	**явля́ться**

b) Zu einer Reihe vollendeter konsonantstämmiger Verben der e-Konjugation wird der unvollendete Aspekt mit dem Suffix **-а-** gebildet. Vor dem Suffix steht dabei der gleiche Konsonant wie vor der Endung der 1. Person Singular des vollendeten Futurums. **326**

α)

vollendet:			*unvollendet:*
вы́мести	**— вы́мету**	ausfegen	**вымета́ть**
вы́ползти	**— вы́ползу**	herauskriechen	**выполза́ть**
зацвести́	**— зацвету́**	aufblühen	**зацвета́ть**
напа́сть	**— нападу́**	angreifen, überfallen	**напада́ть**
спасти́	**— спасу́**	retten	**спаса́ть**
сплести́	**— сплету́**	zusammenflechten, winden	**сплета́ть**
втечь	**— втеку́**	hineinfließen	**втека́ть**
вы́печь	**— вы́пеку**	(gut durch-) backen	**выпека́ть**
помо́чь	**— помогу́**	helfen	**помога́ть**
сбере́чь	**— сберегу́**	sparen, aufbewahren	**сберега́ть**

β) Zuweilen ist die Suffigierung durch **-а-** von einer Veränderung innerhalb der Verbalwurzel begleitet, die gegenüber Infinitiv- und Präsensstamm verschieden sein kann, z. B.:

Wurzelveränderung	vollendet	unvollendet	deutsche Bedeutung
Erweiterung durch **и/ы** gegenüber dem Inf.-Stamm und Vokalwechsel **е–и, о–ы** gegenüber dem Präs.-Stamm	**собра́ть–соберу́** **избра́ть–изберу́** **призва́ть–призову́** **созва́ть–созову́**	**собира́ть** **избира́ть** **призыва́ть** **созыва́ть**	(ver-)sammeln wählen herbeirufen zusammenrufen
Erweiterung durch **и/ы** gegenüber Inf.- und Präs.-Stamm	**вы́рвать–вы́рву** **вы́спаться–вы́сплюсь** **посла́ть–пошлю́**	**вырыва́ть** **высыпа́ться** **посыла́ть**	herausreißen sich ausschlafen schicken
Vokalwechsel **е–и** gegenüber dem Inf.-Stamm und Erweiterung durch **и** gegenüber dem Präs.-Stamm	**заже́чь–зажгу́** **запере́ть–запру́** **стере́ть–сотру́** **умере́ть–умру́**	**зажига́ть** **запира́ть** **стира́ть** **умира́ть**	anzünden verschließen, einsperren abwischen sterben
Wechsel **а** bzw. **я –им, ин** gegenüber dem Inf.-Stamm und Erweiterung durch **и** gegenüber dem Präs.-Stamm	**нача́ть–начну́** **размя́ть–разомну́** **сжать–сожму́**	**начина́ть** **размина́ть** **сжима́ть**	anfangen zerdrücken zusammenpressen
Nur Wechsel **я–им** gegenüber dem Inf.-Stamm	**обня́ть–обниму́** **подня́ть–подниму́** **снять–сниму́**	**обнима́ть** **поднима́ть** **снима́ть**	umarmen hochheben ab-, wegnehmen

γ) Bei einigen Verben unterscheidet sich der unvollendete Aspekt mit dem Suffix **-а-** in den Formen des Infinitivstammes nur durch den Akzent vom vollendeten Aspekt.

vollendet:		*unvollendet:*	
рассы́пать	ausstreuen	**рассыпа́ть**	
(я рассы́плю	**– я рассы́пал)**	**(я рассыпа́ю**	**– я рассыпа́л)**
засы́пать	zuschütten	**засыпа́ть**	
(я засы́плю	**– я засы́пал)**	**(я засыпа́ю**	**– я засыпа́л)**
отре́зать	abschneiden	**отреза́ть**	
(я отре́жу	**– я отре́зал)**	**(я отреза́ю**	**– я отреза́л)**
разре́зать	zerschneiden	**разреза́ть**	
(я разре́жу	**– я разре́зал)**	**(я разреза́ю**	**– я разреза́л)**

3. Verschiedene Wortwurzeln zum Ausdruck der Aspekte 327

Aspektpaare mit verschiedenen Wortwurzeln sind:

unvollendet:		*vollendet:*
брать	nehmen	**взять**
говори́ть	(sprechen,) sagen	**сказа́ть**
класть	legen	**положи́ть**
лови́ть	fangen	**пойма́ть**
ложи́ться[1]	sich hinlegen	**лечь**
сади́ться[1]	sich setzen	**сесть**
станови́ться[1]	sich stellen; werden	**стать**

4. Unpaarige Verben

Während den meisten russischen Verben ein Partner im jeweils anderen Aspekt zugehört, gibt es eine Reihe von Verben, die außerhalb der allgemeinen Aspektpaarigkeit stehen. Es sind dies:

a) Verben, die in ein und derselben Form in beiden Aspekten auftreten können,

b) Verben, die auf Grund ihrer lexikalischen Bedeutung keine Aspektpaare bilden können.

---

[1] Den Aspektpaaren ложи́ться – лечь vo., сади́ться – сесть vo., станови́ться – стать vo. liegen zwar gleiche Wortwurzeln zugrunde, die jedoch vom Standpunkt der Sprache der Gegenwart aus nicht mehr als solche zu erkennen sind. Zudem ist der unvollendete Aspekt reflexiv.

328 **A. VERBEN MIT DOPPELTER ASPEKTFUNKTION**[1]

Zur Gruppe der Verben mit doppelter Aspektfunktion zählen

a) die russischen Verben:

бежа́ть	i. d. Bedeutung „fliehen“
веле́ть	befehlen
венча́ть	i. d. Bedeutung „krönen, bekränzen“
возде́йствовать	einwirken
жени́ться	(eine Frau) heiraten
испо́льзовать	ausnutzen
иссле́довать	erforschen
казни́ть	i. d. Bedeutung „hinrichten“
минова́ть	vorübergehen, vorbeisein
насле́довать	(be-)erben
обеща́ть	versprechen
образова́ть	bilden
ра́нить	verwunden, verletzen
роди́ть[2]	gebären
роди́ться[2]	geboren werden
ру́шиться	einstürzen – u. a.

b) eine Reihe von Verben fremden Ursprungs auf **-овать**, z. B.:

организова́ть	organisieren
телеграфи́ровать	telegrafieren
телефони́ровать	telefonieren
яровизи́ровать	jarowisieren

[1] Bei den Verben dieser Gruppe sind in einigen Fällen aspektgekennzeichnete Doppelformen vorhanden So verfügen beispielsweise
a) über Doppelformen für den vollendeten Aspekt:
unvo.: обеща́ть — vo.: обеща́ть und пообеща́ть
unvo.: ру́шиться — vo.: ру́шиться und обру́шиться
unvo.: ремонти́ровать — vo.: ремонти́ровать und отремонти́ровать,
b) über Doppelformen für den unvollendeten Aspekt:
vo.: организова́ть — unvo.: организова́ть und организо́вывать
vo.: образова́ть — unvo.: образова́ть und образо́вывать

[2] Bei den Verben роди́ть, роди́ться wird der Aspekt in der weiblichen Singularform des Präteritums durch die Betonung unterschieden:

unvo.: она́ роди́ла	vo.: она́ родила́
она́ роди́лась	она́ родила́сь

конфисковáть	beschlagnahmen
экспроприи́ровать	enteignen

Die jeweilige Aspektzugehörigkeit der Verben dieser Gruppe kann nur durch den konkreten Satzzusammenhang ermittelt werden, z. B.:

unvollendeter Gebrauch:	*vollendeter Gebrauch:*
Он всегдá выполня́ет всё, что обещáет.	**Сегóдня он обещáл мне прийти́ в пять часóв.**

Bei den Verben **велéть, образовáть, организовáть** gehören die Präteritalformen jedoch stets dem vollendeten Aspekt an.

B. VERBEN, DIE NUR IM UNVOLLENDETEN ASPEKT AUFTRETEN 329

Nur im unvollendeten Aspekt stehen u. a. folgende Verben:

бездéйствовать	untätig sein
вы́глядеть	i. d. Bedeutung „aussehen“
зави́сеть	abhängig sein
знáчить	bedeuten
лежáть	liegen
нуждáться	bedürfen, benötigen
отстоя́ть	i. d. Bedeutung „entfernt sein“
отсýтствовать	abwesend sein
подражáть	nachahmen
походи́ть	i. d. Bedeutung „ähnlich sein“
предви́деть	voraussehen
предчýвствовать	ahnen, ein Vorgefühl haben
предшéствовать	vorangehen
преобладáть	vorherrschen, überwiegen
преслéдовать	verfolgen
принадлежáть	gehören
присýтствовать	anwesend sein
разговáривать	sich unterhalten
сидéть	sitzen
содержáть	enthalten
сожалéть	bedauern
соотвéтствовать	entsprechen
состоя́ть	bestehen (aus)
состязáться	wetteifern

сочу́вствовать	mitfühlen
сто́ить	kosten, wert sein
стоя́ть	stehen
уча́ствовать	teilnehmen

330 C. VERBEN, DIE NUR IM VOLLENDETEN ASPEKT AUFTRETEN

Zu den Verben, die nur im vollendeten Aspekt stehen können, gehören u. a.

a) die Verben

стать vo.	i.d. Bedeutung „anfangen"
воспря́нуть vo.	sich aufraffen
встрепену́ться vo.	plötzlich auffahren
гря́нуть vo.	erschallen, einsetzen
мо́лвить vo.	*(veraltet)* sagen
очну́ться vo.	zu sich kommen
очути́ться vo.	sich unerwartet befinden
пона́добиться vo.	nötig werden, nötig sein
ри́нуться vo.	(sich) stürzen
хлы́нуть vo.	hervorströmen, sich ergießen

b) Verben mit dem Präfix **по-**, wenn dieses den Beginn der Handlung ausdrückt, z. B.:

побежа́ть vo.	(los-)laufen
пое́хать vo.	(los-)fahren
пойти́ vo.	(los-)gehen, sich auf den Weg machen
полете́ть vo.	(los-)fliegen, abfliegen

Verben mit dem Präfix **за-**, das den Beginn der Handlung bezeichnet, stehen zu einem großen Teil, aber nicht in allen Fällen, nur im vollendeten Aspekt, vgl.

зазвене́ть vo.	erklingen, erschallen
запла́кать vo.	anfangen zu weinen
зареве́ть vo.	anfangen zu brüllen
aber: **зацвести́** vo., **зацвета́ть**	aufblühen
закури́ть vo., **заку́ривать**	anfangen zu rauchen

c) Verben mit dem Präfix **по-**, wenn dieses die Begrenzung der Handlung auf einen kleineren Zeitabschnitt in der Bedeutung „etwas, eine Zeitlang" ausdrückt, z. B.:

почита́ть vo.	ein wenig lesen
порабо́тать vo.	eine Zeitlang arbeiten
поговори́ть vo.	ein wenig sprechen, sich unterhalten

DIE AKTIONSARTEN

I. Der Begriff Aktionsart[1] 331

Von den Aspekten des Verbs sind die sogenannten „Aktionsarten" grundsätzlich zu unterscheiden. Die Aktionsart eines Verbs kennzeichnet die A r t u n d W e i s e, in der eine Handlung vor sich geht.

Die Aktionsart charakterisiert beispielsweise eine Handlung als

„einmalig – momentan", z. B.:

кри́кнуть vo.	= aufschreien, einmal (kurz) rufen
сту́кнуть vo.	= einmal klopfen

„mehrmalig oder wiederholt", z. B.:

гова́ривать	= wiederholt zu sagen pflegen
заха́живать	= öfters hingehen, öfters besuchen

„beginnend", z. B.:

запе́ть vo., **запева́ть**	= anfangen zu singen, anstimmen
побежа́ть vo.	= (los-)laufen

„beendend oder zum Abschluß gelangend", z. B.:

дописа́ть vo., **допи́сывать**	= zu Ende schreiben
вы́лечить vo., **выле́чивать**	= ausheilen, auskurieren
вы́пить vo.	= austrinken
вы́расти vo., **выраста́ть**	= aufwachsen

Die Aktionsart drückt also eine zusätzliche lexikalische Bedeutung aus, durch die die A r t u n d W e i s e d e r H a n d l u n g s a u s f ü h r u n g näher bestimmt wird. Sie ist damit ein Bestandteil der objektiven Verbbedeutung. Unter den verschiedenen Aktionsarten werden Verben verschiedener lexikalischer Bedeutungsgruppen zusammengefaßt.

---

[1] In einigen älteren deutschsprachigen Grammatiken der russischen Sprache wird der Terminus „Aktionsart" für den Begriff „Aspekt" gebraucht.

Im Gegensatz dazu charakterisieren die Aspekte Verbformen gleicher lexikalischer Bedeutung von zwei verschiedenen zeitlichen Blickrichtungen aus, die weitgehend durch die subjektive Sicht des Sprechenden bedingt sind. – Allgemein formuliert:
Die Aktionsarten drücken objektiv verschiedene, – die Aspekte dagegen objektiv gleiche, aber subjektiv verschieden aufgefaßte Handlungen aus.

332

II. Die wichtigsten Aktionsarten der russischen Verben

Nach der Art und Weise, wie eine Handlung vor sich geht, können die russischen Verben in eine Vielzahl von Aktionsarten unterteilt werden. Hier seien nur die wichtigsten angeführt:

1. die momentane Aktionsart

Der momentane einmalige Ablauf der Handlung wird gekennzeichnet. Hierher gehören im wesentlichen die vollendeten nichtpräfigierten Verben auf **-нуть**:

толкну́ть vo. = einen Stoß versetzen
кри́кнуть vo. = aufschreien
махну́ть vo. = einmal (kurz) winken
сту́кнуть vo. = einmal klopfen
чихну́ть vo. = einmal niesen

2. die determinative Aktionsart

Der auf eine gewisse, ungenau benannte Zeit eingegrenzte Ablauf der Handlung wird gekennzeichnet. Hierher gehören die mit **по-** (= „ein wenig, etwas, eine Zeitlang“) präfigierten Verben:

посиде́ть vo. = eine Zeitlang sitzen
поспа́ть vo. = etwas schlafen
почита́ть vo. = ein wenig lesen

3. die ingressive Aktionsart

Der Beginn der Handlung wird gekennzeichnet. Hierher gehören in der Hauptsache mit **за-** präfigierte Verben, bestimmte Verben der Fortbewegung mit dem Präfix **по-** sowie mit **вз-**(**вс-**) präfigierte Verben:

запе́ть vo., **запева́ть**	= anfangen zu singen, anstimmen
заговори́ть vo., **загова́ривать**	= anfangen zu sprechen
зазвене́ть vo.	= erklingen, erschallen
запла́кать vo.	= anfangen zu weinen
пойти́ vo.	= losgehen, sich auf den Weg machen
полете́ть vo.	= losfliegen, abfliegen
вскри́кнуть vo., **вскри́кивать**	= aufschreien
взвыть vo.	= aufheulen, jäh anfangen zu heulen

4. die resultative Aktionsart

Die Handlung wird im Hinblick auf ihren Abschluß und das daraus hervorgehende Resultat gekennzeichnet. Hierher gehören neben anderen mit **вы-, до-, от-, у-** präfigierte Verben:

дописа́ть vo., **допи́сывать**	= zu Ende schreiben
вы́лечить vo., **выле́чивать**	= ausheilen, auskurieren
вы́строить vo.	= aufbauen, erbauen
приду́мать vo., **приду́мывать**	= ausdenken, ersinnen
отцвести́ vo., **отцвета́ть**	= verblühen
уби́ть vo., **убива́ть**	= erschlagen

5. die durative Aktionsart

Die durative Aktionsart kennzeichnet eine sich gleichmäßig auf längere Zeit erstreckende kontinuierliche Handlung:

петь	= singen
танцева́ть	= tanzen
лежа́ть	= liegen
стоя́ть	= stehen
спать	= schlafen

6. die iterative Aktionsart

Die Handlung wird als wiederholt oder gewohnheitsmäßig ablaufend gekennzeichnet. Hierher gehören Verben mit dem Suffix **-ыва-/-ива-**[1]:

гова́ривать	= wiederholt sagen, zu sagen pflegen
заха́живать	= öfters hingehen, öfters besuchen
обе́дывать	= zu Mittag zu essen pflegen
чи́тывать	= zu lesen pflegen

[1] Verben mit dem Suffix -ыва-/-ива- sind nur dann als Iterativa zu betrachten, wenn außer ihnen noch ein unvollendetes Verb ohne dieses Suffix vorhanden ist, z.B.:

unvo.: говори́ть	— гова́ривать (iter.)	vo.: сказа́ть
unvo.: заходи́ть	— заха́живать (iter.)	vo.: зайти́
unvo.: обе́дать	— обе́дывать (iter.)	vo.: пообе́дать
unvo.: чита́ть	— чи́тывать (iter.)	vo.: прочита́ть

Außer mit dem Suffix -ыва-/-ива- bildete man in der Literatursprache des 18. und 19. Jahrhunderts iterative Formen von einfachen Verben auch mit den Suffixen -ва-, -я-/-а-, z.B.:

жить — жива́ть; петь — пева́ть; брать — бира́ть.

Nichtpräfigierte iterative Formen werden und wurden gewöhnlich nur im Präteritum gebraucht.

Eine Sondergruppe der iterativen Aktionsart bildet die sogenannte diminutiv-iterative Aktionsart. Sie bezeichnet eine Handlung, die sich mit Unterbrechungen auf verschiedene Zeitpunkte verteilt und gemächlich, nicht mit voller Energie ausgeführt wird. Die hierhergehörigen Verben sind durch das Präfix **по-** und das Suffix **-ыва-**/**-ива-** gekennzeichnet:

погля́дывать = von Zeit zu Zeit hinsehen
пока́чивать = hin- und herschaukeln
пока́шливать = hüsteln

7. die inchoative Aktionsart

Verben der inchoativen Aktionsart bezeichnen den allmählichen Übergang von einem Zustand in einen anderen. Hierher gehören unvollendete Verben auf **-нуть** und deren Komposita sowie von Adjektiven abgeleitete Verben auf **-еть**:

кре́пнуть, окре́пнуть vo. = stark werden, erstarken
мо́кнуть, вы́мокнуть vo. = naß werden
беле́ть, побеле́ть vo. = weiß werden
слабе́ть, ослабе́ть vo. = schwach werden
темне́ть, по-, стемне́ть vo. = dunkel werden

8. die determinierte und indeterminierte Aktionsart

Bei einer Reihe unvollendeter nichtpräfigierter Verben der Fortbewegung unterscheidet man hinsichtlich der Richtung bzw. Bestimmtheit der ausgedrückten Bewegung zwischen bestimmten (= determinierten) und unbestimmten (= indeterminierten) Verben (= Doppelzeitwörter, siehe 334ff.):

идти́ (best.) – **ходи́ть** (unbest.) = gehen
лете́ть (best.) – **лета́ть** (unbest.) = fliegen

333 III. Das Verhältnis der Aspekte zu den Aktionsarten

In den Aktionsarten kommt durch die Bestimmung der Art und Weise der Handlungsausführung ein gewisses objektives zeitliches Moment zum Ausdruck. Daraus ergibt sich für einige Aktionsarten eine logisch bedingte Zugehörigkeit zu einem Aspekt, während andere Aktionsarten in beiden Aspekten auftreten können.

In der Regel unvollendet sind Verben der iterativen Aktionsart.

Stets vollendet sind die Verben der momentanen und der determinativen Aktionsart. Verben der ingressiven Aktionsart sind durchweg vollendet, wenn sie mit dem Präfix **по-** gebildet sind. Ingressive Verben mit dem Präfix **за-** sind zum größten Teil nur vollendet.

DIE DOPPELZEITWÖRTER

I. Form und Bedeutung der Doppelzeitwörter 334

Unter den Doppelzeitwörtern versteht man eine Gruppe von vierzehn unvollendeten, nichtpräfigierten Verbpaaren, die eine Fortbewegung[1] ausdrücken. Durch die Partner eines solchen Verbpaares wird die Verbhandlung nach der Aktionsart als bestimmt oder determiniert und unbestimmt oder indeterminiert charakterisiert (vgl. 332,8). Man spricht demgemäß von bestimmten oder determinierten und unbestimmten oder indeterminierten Verben.

Aspekt	Aktionsart		deutsche Bedeutung
	bestimmt/determiniert	unbestimmt/indeterminiert	
	бежа́ть	**бе́гать**	laufen
	брести́	**броди́ть**	schlendern
	везти́	**вози́ть**	fahren (trans.)
	вести́	**води́ть**	führen
	гнать	**гоня́ть**	treiben, jagen
	е́хать	**е́здить**	fahren (intrans.)
unvoll-endet	**идти́**	**ходи́ть**	gehen
	кати́ть	**ката́ть**	rollen, wälzen
	лезть	**ла́зить**	klettern
	лете́ть	**лета́ть**	fliegen
	нести́	**носи́ть**	tragen, bringen
	плыть	**пла́вать**	schwimmen
	ползти́	**по́лзать**	kriechen
	тащи́ть	**таска́ть**	schleppen

[1] In gewisser Beziehung zu den Doppelzeitwörtern stehen die Verbpaare ви́деть — вида́ть (sehen) und слы́шать — слыха́ть (hören). Вида́ть und слыха́ть haben ähnlich wie die unbestimmten Partner der Doppelzeitwörter unbestimmten Charakter. Sie werden häufig verneint gebraucht.

Я не вида́л его́ со вчера́шнего дня. — Ich habe ihn seit gestern nicht gesehen.
С моего́ ме́ста мне не слыха́ть — Von meinem Platz aus kann ich nichts hören.

Zudem gehören вида́ть und слыха́ть ausschließlich der Umgangssprache an und können in der Regel nur im Präteritum und Infinitiv verwandt werden.

Die bestimmten Verben der Fortbewegung bezeichnen eine einmalige, nicht unterbrochene Handlung, die in bestimmter Richtung und Zeit und mit einem bestimmten Ziel ausgeführt wird.

Die unbestimmten Verben der Fortbewegung bezeichnen

1. eine in unbestimmter Richtung erfolgende, mehrmalige, nicht zielgerichtete Handlung –
2. eine gewohnheitsmäßige Handlung, die zielgerichtet und zeitlich festgelegt sein kann, –
3. die allgemeine Fähigkeit zum Verrichten einer Handlung –
4. eine einmalige Fortbewegung in zwei Richtungen (hin und zurück).

Bestimmtes Verb:

идтú

Мáльчик идёт в гóрод.
Der Knabe geht in die Stadt.

Мáльчик идёт в шкóлу.
Der Knabe geht in die Schule, ist auf dem Weg zur Schule.

летéть

Самолёт летúт на сéвер.
Das Flugzeug fliegt nach Norden.

нестú

Сегóдня он несёт кнúги в библиотéку.
Heute bringt er die Bücher zur Bibliothek.

плыть

Э́тот парохóд плывёт из А́страхани в Бакý.
Dieser Dampfer fährt von Astrachan nach Baku.

Unbestimmtes Verb:

ходúть

Мáльчик хóдит пó двору.
Der Knabe läuft auf dem Hof umher.

Кáждый день мáльчик хóдит в шкóлу в дéвять часóв.
Jeden Tag geht der Knabe um 9 Uhr zur Schule.

летáть

Недáвно я летáл в Москвý.
Neulich war ich mit dem Flugzeug in Moskau.

носúть

Почтальóн нóсит пóчту два рáза в день.
Der Briefträger bringt zweimal täglich Post.

плáвать

Рáки плáвают.
Krebse können schwimmen.

Bei übertragenem Gebrauch steht in der Regel das bestimmte Verb[1], z. B.:

Всю óсень кáждый день шли дожди́.	Den ganzen Herbst hindurch hat es täglich geregnet.
Неоднокрáтно мы вели́ переговóры по телефóну.	Wiederholt haben wir Verhandlungen per Telefon geführt.
Он несёт пóлную отвéтственность за э́то дéло.	Er trägt die volle Verantwortung für diese Sache.
Врéмя иногдá лети́т пти́цей, иногдá ползёт червякóм.	Die Zeit fliegt zuweilen wie ein Vogel, zuweilen kriecht sie wie ein Wurm.

II. Die Komposita der Doppelzeitwörter

Wie die übrigen Verben der Bewegung bilden die Doppelzeitwörter zahlreiche Komposita. Dabei werden die bestimmten Partner der Doppelzeitwörter regelmäßig zu vollendeten Verben, z. B.: **335**

идти́ — vo.: **вы́йти**; **летéть** — vo.: **улетéть**; **нести́** — vo.: **принести́**; **плыть** — vo.: **переплы́ть.**

Hinsichtlich der Aspektbildung unterscheidet man bei den Komposita der Doppelzeitwörter zwei Gruppen:

1. Die erste Gruppe umfaßt die Verben

везти́ — вози́ть	**идти́ — ходи́ть**
вести́ — води́ть	**летéть — летáть**
гнать — гоня́ть	**нести́ — носи́ть**

Diese Verben geben bei der Bildung der Komposita den Unterschied zwischen bestimmter und unbestimmter Handlung vollkommen auf.
Man bildet vollendete Komposita durch Vorsetzen eines Präfixes vor das bestimmte

---

[1] Als Ausnahme sei „tragen" im Sinne von „Kleidung, Frisur, Namen usw. tragen" oder „etwas bei sich tragen" vermerkt, das stets mit носи́ть wiedergegeben wird, z. B.:

Лéтом Вéра всегдá нóсит свéтлые плáтья.	Im Sommer trägt Vera immer helle Kleider.
Егó отéц нóсит очки́.	Sein Vater trägt eine Brille.
Он нóсит в кармáне перочи́нный нож.	Er trägt ein Taschenmesser in der Tasche, trägt ein Taschenmesser bei sich.

Verb. Das entsprechende unvollendete Kompositum erhält man durch Vorsetzen des gleichen Präfixes vor das unbestimmte Verb[1]:

vollendet:		*unvollendet:*
увезти́	weg-, fortfahren (trans.)	**увози́ть**
увести́	weg-, fortführen	**уводи́ть**
угна́ть	weg-, fortjagen	**угоня́ть**
уйти́	weg-, fortgehen	**уходи́ть**
улете́ть	weg-, fortfliegen	**улета́ть**
унести́	weg-, forttragen	**уноси́ть**

2. Von den übrigen acht Doppelzeitwörtern bildet man vollendete Komposita in gleicher Weise durch Präfigierung des bestimmten Verbs. Das entsprechende unvollendete Kompositum wird aus dem vollendeten mit Hilfe von Suffixen abgeleitet[2].

a) Die vollendeten Komposita von **кати́ть, тащи́ть** bilden ihre unvollendete Entsprechung mit dem Suffix **-ыва-/-ива-**.

vollendet:		*unvollendet:*
вы́катить	herausrollen	**выка́тывать**
вы́тащить	herausziehen	**выта́скивать**

b) Die vollendeten Komposita von **бежа́ть, (брести́[3]), лезть, ползти́** bilden ihre unvollendete Entsprechung mit dem Suffix **-а-**.

[1] Von den unbestimmten Verben dieser Gruppe können durch Präfixe auch vollendete Komposita gebildet werden. Sie unterscheiden sich in der Bedeutung von den mit den gleichen Präfixen gebildeten unvollendeten Komposita. Die von den unbestimmten Verben gebildeten vollendeten Komposita erhalten ihren unvollendeten Aspekt durch Suffigierung.

vo.: вы́ходить (– unvo.: выха́живать) = gesundpflegen
unvo.: выходи́ть (– vo.: вы́йти) = hinausgehen
vo.: заноси́ть (– unvo.: зана́шивать) = abtragen, abnutzen
unvo.: заноси́ть (– vo.: занести́) = (hin-)bringen, eintragen
vo.: проводи́ть (– unvo.: провожа́ть) = begleiten
unvo.: проводи́ть (– vo.: провести́) = verbringen, durchführen

[2] Die von den bestimmten Partnern dieser acht Doppelzeitwörter abgeleiteten Komposita bezeichnen eine bestimmte Handlung. Von den entsprechenden unbestimmten Partnern können vollendete unbestimmte Komposita gebildet werden, die in vielen Fällen keine unvollendete Entsprechung haben.

прое́здить vo. = eine gewisse Zeit umherfahren: Он прое́здил всю неде́лю.
прopла́вать vo. = eine gewisse Zeit schwimmen, zu Schiff fahren: Он прopла́вал всю свою жизнь матро́сом на парохо́де.

[3] Komposita von брести́ sind äußerst selten und in der Literatursprache ungebräuchlich.

vollendet:		*unvollendet:*
сбежа́ть	hinablaufen	**сбега́ть**
слезть	hinuntersteigen; aussteigen	**слеза́ть**
сползти́	hinabkriechen	**сполза́ть**

c) Die vollendeten Komposita von **плыть** bilden ihre unvollendete Entsprechung mit dem Suffix **-ва-**.

vollendet:		*unvollendet:*
доплы́ть	hinschwimmen, schwimmen bis	**доплыва́ть**
переплы́ть	hinüberschwimmen	**переплыва́ть**

d) Die unvollendete Entsprechung zu den vollendeten Komposita von **е́хать** wird mit **-езжа́ть** gebildet.

vollendet:		*unvollendet:*
прие́хать	ankommen, eintreffen	**приезжа́ть**
уе́хать	weg-, fortfahren	**уезжа́ть**

Komposita mit **по-** 336

Von den meisten bestimmten Verben der Fortbewegung werden vollendete Komposita mit dem Präfix **по-** gebildet. Das Präfix **по-** bezeichnet in diesen Komposita den Beginn der Handlung (vgl. 332,3), z.B.:

побежа́ть vo. (los-)laufen
полете́ть vo. (los-, ab-)fliegen
пое́хать vo. (los-)fahren
поплы́ть vo. (los-)schwimmen
пойти́ vo. (los-)gehen, sich auf den Weg machen

Da die Abwandlung der Bedeutung durch das Präfix **по-** jedoch geringfügig ist, gilt **по-** in diesen Komposita in vielen Fällen lediglich als aspektbildendes Präfix.

Оте́ц пошёл в го́род.	Der Vater ging in die Stadt.
На друго́й день чле́ны делега́ции полете́ли в Ки́ев.	Am nächsten Tag flogen die Mitglieder der Delegation nach Kiew.

REFLEXIVE VERBEN

I. Reflexive Verben, reflexives Genus und Passiv

337 *Form und Bildung reflexiver Verben*

Formales Kennzeichen der reflexiven Verben ist die Partikel **-ся**, die nach Vokalen zu **-сь** verkürzt wird. Eine Ausnahme bilden nur die aktiven Partizipien, bei denen nach allen Kasusendungen **-ся** steht (vgl. 374).

Syntaktisch sind die Verben auf **-ся** dadurch gekennzeichnet, daß sie sämtlich intransitiv[1] sind. Dabei gliedern sich die reflexiven Verben herkunftsmäßig in drei Gruppen:

1. reflexive Verben, die durch Anfügen von **-ся** an transitive[1] Verben entstanden sind:

мыть	waschen	– **мы́ться**	sich waschen
одева́ть	anziehen	– **одева́ться**	sich anziehen
ра́довать	erfreuen	– **ра́доваться**	sich freuen
встреча́ть	treffen	– **встреча́ться**	sich treffen

Diese Gruppe umfaßt die Mehrzahl der reflexiven Verben. Bisweilen können die mit **-ся** gebildeten reflexiven Verben gegenüber dem transitiven Ausgangsverb eine lexikalisch veränderte, in einigen Fällen sogar völlig neue Bedeutung haben, z.B.:

отправля́ть	absenden, befördern	– **отправля́ться**	sich begeben, abfahren
разда́ть vo.	aus-, verteilen	– **разда́ться** vo.	ertönen
проща́ть	verzeihen, vergeben	– **проща́ться**	sich verabschieden

2. reflexive Verben, die durch Anfügen von **-ся** an intransitive Verben entstanden sind. Vielfach ist mit dieser Bildung eine gleichzeitige Präfigierung verbunden.

жить	leben	– **вжи́ться** vo.	sich einleben
спать	schlafen	– **вы́спаться** vo.	sich ausschlafen
пла́кать	weinen	– **пла́каться**	*(selten)* sich beklagen, klagen

3. reflexive Verben, die nur in der reflexiven Form auftreten, z.B.:

боро́ться	kämpfen	**нра́виться**	gefallen
боя́ться	(sich) fürchten	**смея́ться**	lachen
наде́яться	hoffen	**улыба́ться**	lächeln

[1] Transitiv sind Verben, die mit einem Objekt im Akkusativ (ohne Präposition) verbunden werden; intransitive Verben sind solche, die kein Akkusativobjekt bei sich haben können.

-ся/-сь *als Kennzeichen des verbalen Genus* 338

Bei den aus transitiven[1] Verben abgeleiteten reflexiven Verben dient die Partikel **-ся** gleichzeitig zur Kennzeichnung des verbalen Genus. Die Partikel **-ся** bezeichnet allgemein das reflexive Genus, in bestimmten Fällen auch das Passiv.

Unter dem Genus des Verbs versteht man das im Satz durch das Verb ausgedrückte Verhältnis zwischen Subjekt und direktem Objekt einer Handlung.

Im Aktiv ist das Satzsubjekt (= grammatische Subjekt) Träger bzw. Urheber (= logisches Subjekt), das Satzobjekt (= grammatische Objekt) Gegenstand (= logisches Objekt) der Handlung.

Де́вушка мо́ет бельё в горя́чей воде́.
Das Mädchen wäscht die Wäsche in heißem Wasser.

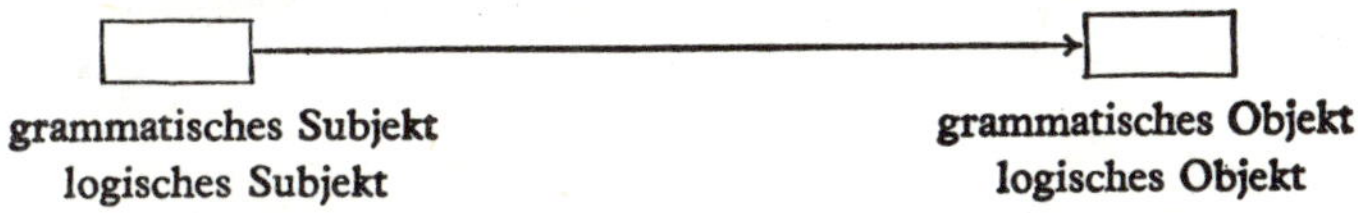

Im Passiv ist das Satzsubjekt (= grammatische Subjekt) Gegenstand (= logisches Objekt), das Satzobjekt (= grammatische Objekt) Träger bzw. Urheber (= logisches Subjekt) der Handlung.

Бельё мо́ется де́вушкой в горя́чей воде́.
Die Wäsche wird von dem Mädchen in heißem Wasser gewaschen.

Im reflexiven Genus ist das Satzsubjekt (= grammatische Subjekt) gleichzeitig Träger bzw. Urheber (= logisches Subjekt) und Gegenstand (= logisches Objekt) der Handlung.

Де́вушка мо́ется.
Das Mädchen wäscht sich.

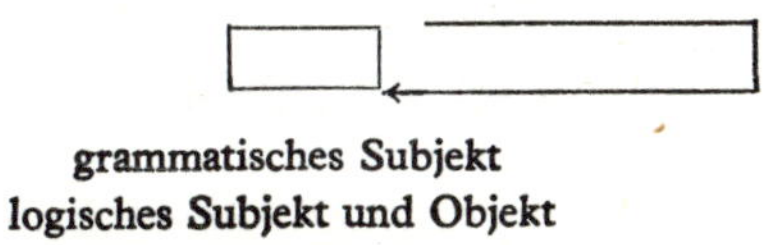

---

[1] Auch von einigen sogenannten indirekt-transitiven Verben können zuweilen Formen des verbalen Genus gebildet werden, z.B.:

Шофёр управля́ет маши́ной.	Маши́на управля́ется шофёром.
(Der Chauffeur lenkt das Auto.)	(Das Auto wird vom Chauffeur gelenkt.)

Als indirekt-transitiv bezeichnet man Verben, deren Bedeutung zwar eine Objektbezogenheit erfordert, deren Objekt jedoch nicht im Akkusativ steht.

Das reflexive Genus – das in seiner eigentlichen Bedeutung eine auf das Subjekt zurückgerichtete Handlung ausdrückt – tritt in den aus transitiven Verben gebildeten reflexiven Verben mehr oder weniger deutlich in Erscheinung. Während in Fällen wie **одева́ться, умыва́ться** die volle Vorstellung einer auf das Subjekt zurückgerichteten Handlung zum Ausdruck kommt, ist diese Vorstellung in Verben wie **сади́ться, ложи́ться** schon weniger deutlich ausgedrückt. In Verben wie **начина́ться, учи́ться** fehlt diese Vorstellung fast völlig. Im weiteren Sinne bezeichnet das reflexive Genus also auch Handlungen, die nur irgendwie auf das Subjekt konzentriert sind oder sich allgemein im Bereich des Subjekts vollziehen.

Zum Ausdruck des Passivs ist der Gebrauch reflexiver Verben meist an drei Bedingungen geknüpft: unvollendeter Aspekt – unbelebtes (grammatisches) Subjekt – Prädikat in der 3. Person. Der Urheber der durch das Passiv bezeichneten Handlung steht dabei im Instrumental, vgl. (125,4a).

Z. B.:

Ко́мната освеща́ется ла́мпой.	Das Zimmer wird von einer Lampe erleuchtet.
Библиоте́ка ка́ждый день открыва́ется в 9 часо́в.	Die Bibliothek wird täglich um 9 Uhr geöffnet.
Зада́ча реша́ется ученико́м.	Die Aufgabe wird von dem Schüler gelöst.
Посы́лки отправля́ются по́чтой.	Die Päckchen werden mit der Post abgeschickt.
Земля́ обраба́тывается колхо́зниками.	Das Land wird von den Kolchosbauern bestellt.
aber auch:	
Письмо́ задержа́лось на по́чте.	Der Brief wurde auf der Post zurückgehalten.
Де́ти воспи́тываются о́пытными педаго́гами.	Die Kinder wurden von erfahrenen Pädagogen erzogen.

339 II. Die wichtigsten Bedeutungsgruppen der reflexiven Verben

Sowohl die aus transitiven als auch die aus intransitiven Verben abgeleiteten reflexiven Verben lassen sich in bestimmte Bedeutungsgruppen zusammenfassen.

1. Die aus transitiven Verben gebildeten reflexiven Verben gehören – abgesehen von ihrer eng begrenzten Verwendungsmöglichkeit als Passiv, siehe oben – dem reflexiven Genus an. Innerhalb dieser allgemeinen Genusbedeutung heben sich folgende wichtige Bedeutungsgruppen ab:

a) eigentlich- oder direkt-reflexive Verben

Hierher gehören u. a. **одева́ться** sich anziehen; **умыва́ться, мы́ться** sich waschen; **причёсываться** sich kämmen; **бри́ться** sich rasieren; **купа́ться** (sich) baden; **защища́ться** sich verteidigen; **занима́ться** sich beschäftigen; **гото́виться** sich vorbereiten.

Bei den Verben dieser Gruppe kommt das reflexive Genus am eindeutigsten zum Ausdruck. Das Subjekt ist stets belebt.

Он умыва́ется, одева́ется, бре́ется и причёсывается.	Er wäscht sich, zieht sich an, rasiert sich und kämmt sich.
Они́ хорошо́ гото́вятся к экза́менам.	Sie bereiten sich gut auf die Prüfungen vor.

b) reziprok-reflexive Verben

Hierher gehören u. a. **встреча́ться** sich treffen; **проща́ться** sich verabschieden; **целова́ться** sich küssen; **обнима́ться** sich umarmen; **брани́ться** sich zanken; **мири́ться** sich versöhnen; **сове́товаться** sich beraten.

Die durch diese Verben ausgedrückte Handlung geht zwischen mehreren handelnden Personen vor sich, die gleichzeitig Subjekt und Objekt der Handlung sind.

Они́ до́лго не встреча́лись.	Sie haben sich lange nicht getroffen.
Они́ дру́жески обнима́лись.	Sie umarmten sich freundschaftlich.
Они́ о́ба всегда́ браня́тся.	Sie zanken sich beide ständig.

c) allgemein-reflexive Verben

Hierher gehören u. a.:

a) Verben der räumlichen Veränderung: **отправля́ться** sich begeben; **остана́вливаться** stehenbleiben; **переселя́ться** übersiedeln, umziehen; **поднима́ться** sich erheben, hinaufsteigen; **направля́ться** sich (hin-)begeben; **ката́ться** sich rollen, wälzen, fahren; **сади́ться** sich setzen usw.

b) Verben der Gemütsbewegung: **ра́доваться** sich freuen; **весели́ться** sich vergnügen; **беспоко́иться** besorgt sein; **серди́ться** sich ärgern; **удивля́ться** sich wundern; **восхища́ться** begeistert sein usw.

Bei diesen Verben wird der Rückbezug auf das Subjekt als Objekt nur noch schwach empfunden. Die Handlung spielt sich nur allgemein in der Sphäre des Subjekts ab.

Он отправля́ется на прогу́лку.	Er begibt sich auf einen Spaziergang.
Вчера́ мы це́лый час ката́лись на ло́дке.	Gestern sind wir eine ganze Stunde Boot gefahren.
Мы ра́дуемся твои́м успе́хам.	Wir freuen uns über deine Erfolge.

d) neutral-reflexive Verben

Bei den Verben dieser Gruppe kennzeichnet **-ся** lediglich das Fehlen eines direkten Objekts bzw. die Intransitivität gegenüber den entsprechenden transitiven Verben, z.B.:

transitiv:	*intransitiv:*
Он начина́ет рабо́ту. Er beginnt die Arbeit.	**Рабо́та начина́ется.** Die Arbeit beginnt.
Он у́чит дете́й францу́зскому языку́. Er lehrt die Kinder Französisch.	**Он у́чится францу́зскому языку́.** Er lernt (studiert) Französisch.

Die von einem bestimmten (direkten) Objekt losgelöste Handlung wird häufig gebraucht, um eine typische Eigenschaft bzw. ein ständiges Merkmal eines Subjekts zu bezeichnen.

Соба́ка куса́ется.	Der Hund beißt, ist bissig.
Про́волока гнётся.	Draht biegt sich, ist biegsam.
Крапи́ва жжётся.	Die Brennessel brennt.
Стекло́ легко́ бьётся.	Glas zerbricht leicht, ist leicht zerbrechlich.
Мальчи́шка дерётся.	Der Bengel rauft sich (ist ein Raufbold).

2. Die aus intransitiven Verben abgeleiteten reflexiven Verben bilden neben anderen zwei wichtige Bedeutungsgruppen:

a) intensiv-reflexive Verben

Hierher gehören vorwiegend reflexive Verben, die durch Anfügen von **-ся** unter gleichzeitiger Präfigierung gebildet sind. Diese Verben drücken aus, daß eine Handlung besonders intensiv – bis zu einem bestimmten Resultat, bis zur Genüge oder gar bis zum Überdruß – ausgeführt wird bzw. wurde. Die zur Genüge ausgeführte Handlung wird meist durch das Präfix **на-** gekennzeichnet.

Актёр хорошо́ вжи́лся в свою́ роль.	Der Schauspieler hat sich gut in seine Rolle eingelebt.
Он по́здно заси́живается и не высыпа́ется.	Er sitzt bis spät in die Nacht herum und schläft sich nicht aus.

Он нарабо́тался и пото́м лёг спать.	Er hat sich müde gearbeitet und dann schlafen gelegt.
Я не мог наглядéться на карти́ну.	Ich konnte mich an dem Bild nicht satt sehen.

b) unpersönlich-reflexive Verben

Die unpersönlich – d.h. nur in der 3. Person Singular (sächl. Form) – gebrauchten reflexiven Verben bezeichnen einen physischen oder psychischen Vorgang, der sich außerhalb des Willens des Subjekts vollzieht. Das logische Subjekt steht im Dativ.

Ему́ не спи́тся.	Er kann nicht schlafen.
Мне не ве́рится.	Das ist für mich kaum zu glauben.
Ему́ не сидéлось до́ма.	Es ließ ihn nicht zu Hause sitzen.
Мне сего́дня не рабо́тается.	Ich kann heute nicht richtig arbeiten.
Нам хо́чется спать.	Wir möchten schlafen.
Ба́бушке нездоро́вится.	Großmutter fühlt sich nicht wohl.

DIE BILDUNG DER KONJUGATIONSFORMEN

A. Ausgangspunkt für die Bildung der Konjugationsformen sind die beiden Stämme **340**
des Verbs – der Infinitivstamm[1] und der Präsensstamm.

Den Infinitivstamm erhält man, wenn man von der Infinitivform das Suffix **-ть, -ти** abstreicht. Bei den Konsonantstämmen auf **-д, -т, -б** und den Infinitiven auf **-чь** muß dabei zur Bestimmung des Infinitivstammes das Präsens herangezogen werden.

[1] In einigen Grammatiken wird dem Präsensstamm nicht der Infinitivstamm, sondern der Präteritalstamm gegenübergestellt. Infinitiv- und Präteritalstamm stimmen bei den produktiven Verbalklassen überein, unterscheiden sich aber bei einer Reihe unproduktiver Verbalgruppen, beispielsweise bei den Inchoativa auf -нуть:

поги́бнуть vo.: Infinitivstamm: поги́бну-
Präteritalstamm: поги́б-

Infinitiv:	*Infinitivstamm:*
де́лать, сде́лать vo.	**де́ла-, сде́ла-**
рисова́ть, нарисова́ть vo.	**рисова́-, нарисова́-**
ви́деть, уви́деть vo.	**ви́де-, уви́де-**
стро́ить, постро́ить vo.	**стро́и-, постро́и-**
пры́гать, пры́гнуть vo.	**пры́га-, пры́гну-**
нести́	**нес-**
вести́ (веду́)	**вед-**
мочь (могу́), помо́чь vo. **(помогу́)**	**мог-, помог-**
печь (пеку́), испе́чь vo. **(испеку́)**	**пек-, испек-**

Den Präsensstamm[1] erhält man, wenn man von der 3. Person Plural des Präsens bzw. vollendeten Futurums die Personalendung **-ют/-ут, -ят/-ат**[2] abstreicht.

Infinitiv:	*3. Pers. Pl. Präs. bzw. vo. Fut.:*	*Präsensstamm:*
де́лать,	**де́лают,**	**де́ла-,**
сде́лать vo.	**сде́лают**	**сде́ла-**
рисова́ть,	**рису́ют,**	**рису́-,**
нарисова́ть vo.	**нарису́ют**	**нарису́-**
ви́деть,	**ви́дят,**	**вид-,**
уви́деть vo.	**уви́дят**	**уви́д-**
стро́ить,	**стро́ят,**	**стро-,**
постро́ить vo.	**постро́ят**	**постро́-,**
пры́гать,	**пры́гают,**	**пры́га-,**
пры́гнуть vo.	**пры́гнут**	**прыгн-**
нести́	**несу́т**	**нес-**
вести́	**веду́т**	**вед-**

[1] Strenggenommen müßte man vom Stamm des Präsens bzw. vollendeten Futurums sprechen. Da Präsens und vollendetes Futurum jedoch morphologisch durch die gleichen Endungen gekennzeichnet sind, wird allgemein nur vom Präsensstamm gesprochen.

[2] Vom Gesichtspunkt der Phonetik aus lautet die Endung der 3. Person Plural des Präsens bzw. vollendeten Futurums in jedem Falle -ут oder -ат. Danach würde sich bei де́лать, рисова́ть, ви́деть, стро́ить als Präsensstamm де́ла[j]-, рису́[j]-, ви[д']-, стро[j]- ergeben. Der Übersichtlichkeit halber wird hier und im folgenden vom Schriftbild ausgegangen.

Infinitiv:	*3. Pers. Pl. Präs. bzw. vo. Fut.:*	*Präsensstamm:*
мочь,	**мóгут,**	**мог-,**
помóчь vo.	**помóгут**	**помог-**
печь,	**пекýт,**	**пек-,**
испéчь vo.	**испекýт**	**испек-**

Infinitiv- und Präsensstamm stimmen bei einer Reihe von Verben überein, vgl.:

Infinitiv:	*Infinitivstamm:*	*Präsensstamm:*
дéлать, сдéлать vo.	**дéла-, сдéла-**	**дéла-, сдéла-**
нести́	**нес-**	**нес-**
мочь, помóчь vo.	**мог-, помог-**	**мог-, помог-**

B. Die Bildung der Konjugationsformen vom Infinitiv- bzw. Präsensstamm geschieht wie folgt: **341**

I. Vom Infinitivstamm werden gebildet:

1. der Infinitiv (**дéла-ть, сдéла-ть** vo.; **рисовá-ть, нарисовá-ть** vo.)
2. das Präteritum (**он дéла-л, он сдéла-л; он рисовá-л, он нарисовá-л**)
3. der Konjunktiv (**он дéла-л бы, он сдéла-л бы; он рисовá-л бы, он нарисовá-л бы**)
4. die Partizipien des Präteritums
   a) das Partizip des Präteritums Aktiv[1] (**дéла-вший, сдéла-вший; рисовá-вший, нарисовá-вший**)
   b) das Partizip des Präteritums Passiv (**дéла-нный, сдéла-нный; рисóва-нный, нарисóва-нный**)[2]
5. das Adverbialpartizip auf **-в(ши), -ши**[1] (**дéла-вши, сдéла-в; рисовá-вши, нарисовá-в**).

II. Vom Präsensstamm werden gebildet:

1. das Präsens unvollendeter Verben (**он дéла-ет, он рисý-ет**) und das Futurum vollendeter Verben (**он сдéла-ет, он нарисý-ет**)

[1] Bei der Bildung des Partizips des Präteritums Aktiv und des Adverbialpartizips auf -в(ши), -ши geht man allerdings gewöhnlich vom Präteritum aus, vgl. (371) und (397). Man erhält dadurch eine vereinfachte Regel für die Verben, deren Präteritum nicht regelmäßig vom Infinitivstamm gebildet wird.

[2] Eine Ausnahme stellt die Bildung des Partizips des Präteritums Passiv auf -енный dar, vgl. (385).

2. der Imperativ (**де́ла-й!, сде́ла-й!; рису́-й!, нарису́-й!**)
3. die Partizipien des Präsens
   a) das Partizip des Präsens Aktiv (**де́ла-ющий, рису́-ющий**)
   b) das Partizip des Präsens Passiv (**де́ла-емый, рису́-емый**)
4. das Adverbialpartizip auf **-я, -а** (**де́ла-я, рису́-я**).

III. Von einigen Verben werden – abgesehen von den durch Aspekt und Transitivität bzw. Intransitivität bedingten Bildungsregeln – nicht alle Formen gebildet, z.B.:

a) Die 1.Person Singular des Präsens bzw. vollendeten Futurums kann nicht gebildet werden von den Verben **победи́ть** vo. = (be-)siegen; **убеди́ть** vo. = überzeugen; **бдеть** = wachen.

b) Die 1. und 2.Person Singular und Plural sind auf Grund der lexikalischen Bedeutung u.a. von folgenden Verben ungebräuchlich:
   1. von den Verben **боле́ть** (**боли́т**) = schmerzen, weh tun; **ныть** = weh tun, schmerzen; **состоя́ться** vo. = stattfinden;
   2. von den aus Farbadjektiven abgeleiteten Verben auf **-еть** in der Bedeutung „in einer Farbe schimmern“: **але́ть** = rot schimmern; **беле́ть** = weiß schimmern; **желте́ть** = gelb schimmern; **черне́ть** = schwarz schimmern;
   3. von den Verben, die Naturvorgänge benennen: **света́ть, рассвета́ть** = Tag werden, dämmern; **та́ять** = tauen; **темне́ть** = dunkel werden.

c) Das Adverbialpartizip auf **-я, -а** kann u.a. nicht gebildet werden von den Verben **бежа́ть** = laufen; **е́хать** = fahren; **звать** = rufen; **петь** = singen; **хоте́ть** = wollen.

Nähere Angaben über die Bildungsmöglichkeit einzelner Verbalformen finden sich in den Kapiteln, in denen diese Formen ausführlich behandelt werden.

DIE FINITEN VERBALFORMEN

DER INDIKATIV

I. Präsens und vollendetes Futurum

342 Das Präsens der unvollendeten Verben und das Futurum der vollendeten Verben werden durch Anfügen der gleichen Personalendungen an den Präsensstamm gebildet. Hinsichtlich der Personalendungen unterscheidet man zwei Konjugationen:

1. die 1. oder e-Konjugation – so benannt nach dem Kennvokal **е** in den Endungen der 2. und 3. Person Singular und der 1. und 2. Person Plural;
2. die 2. oder i-Konjugation – so benannt nach dem Kennvokal **и** in den Endungen der 2. und 3. Person Singular und der 1. und 2. Person Plural.

1. Die Personalendungen der 1. oder e-Konjugation 343

	Singular	Plural
1. Pers.	**-ю** bzw. **-у**	**-ем**
2. Pers.	**-ешь**	**-ете**
3. Pers.	**-ет**	**-ют** bzw. **-ут**

Sind die Endungen betont, so steht **ё** für **е**: 2. Pers. Sing. **-ёшь**, 3. Pers. Sing. **-ёт**; 1. Pers. Plur. **-ём**, 2. Pers. Plur. **-ёте**.

Für die Endungen **-ю**, **-у**[1] in der 1. Person Singular und **-ют**, **-ут**[1] in der 3. Person Plural gilt:

-у, -ут stehen nach konsonantisch auslautendem Präsensstamm;

-ю, -ют stehen bis auf wenige Ausnahmen[2] nach vokalisch auslautendem Präsensstamm.

---

[1] Vom Standpunkt der Phonetik aus lauten die Endungen der 1. Person Singular und der 3. Person Plural in jedem Fall -у und -ут, vgl. dazu die Fußnote 2 auf S. 282.

[2] -ю, -ют stehen auch nach -ь und -л im Ausgang des Präsensstammes, und zwar:

1. bei den einsilbigen Verben auf -ить und deren Komposita, z. B.:
   бить schlagen: бью, бьёшь, ... бьют; –
2. bei den Verben auf -оть, z. B.:
   колóть stechen: колю́, кóлешь, ... кóлют; –
3. bei den im Präsensstamm auf м, б, п auslautenden Verben, die diese Konsonanten in мл, бл, пл verwandeln, z. B.:
   дремáть schlummern: дремлю́, дрéмлешь, ... дрéмлют; сы́пать schütten: сы́плю, сы́плешь, ... сы́плют; –
4. bei den Verben слать „schicken": шлю, шлёшь, ... шлют – und стлать „ausbreiten": стелю́, стéлешь, ... стéлют.

PRÄSENS			
Unbetonte Endung		Betonte Endung	
vokalisch auslaut. Präsensstamm	konsonant. auslaut. Präsensstamm	vokalisch auslaut. Präsensstamm	konsonant. auslaut. Präsensstamm
чита́ть lesen	**пла́кать** weinen	**дава́ть** geben	**нести́** tragen
я чита́ю ich lese **ты чита́ешь** **он / она́ / оно́** } **чита́ет** **мы чита́ем** **вы чита́ете** **они́ чита́ют**	**я пла́чу** ich weine **ты пла́чешь** **он / она́ / оно́** } **пла́чет** **мы пла́чем** **вы пла́чете** **они́ пла́чут**	**я даю́** ich gebe **ты даёшь** **он / она́ / оно́** } **даёт** **мы даём** **вы даёте** **они́ даю́т**	**я несу́** ich trage **ты несёшь** **он / она́ / оно́** } **несёт** **мы несём** **вы несёте** **они́ несу́т**

VOLLENDETES FUTURUM			
Unbetonte Endung		Betonte Endung	
vokalisch auslaut. Präsensstamm	konsonant. auslaut. Präsensstamm	vokalisch auslaut. Präsensstamm	konsonant. auslaut. Präsensstamm
прочита́ть vo. (durch-)lesen	**кри́кнуть** vo. schreien	**основа́ть** vo. gründen	**нача́ть** vo. anfangen
я прочита́ю ich werde (durch-)lesen **ты прочита́ешь** **он / она́ / оно́** } **прочи-та́ет** **мы прочита́ем** **вы прочита́ете** **они́ прочита́ют**	**я кри́кну** ich werde schreien **ты кри́кнешь** **он / она́ / оно́** } **кри́кнет** **мы кри́кнем** **вы кри́кнете** **они́ кри́кнут**	**я осную́** ich werde gründen **ты оснуёшь** **он / она́ / оно́** } **оснуёт** **мы оснуём** **вы оснуёте** **они́ осную́т**	**я начну́** ich werde anfangen **ты начнёшь** **он / она́ / оно́** } **начнёт** **мы начнём** **вы начнёте** **они́ начну́т**

2. Die Personalendungen der 2. oder i-Konjugation 344

	Singular	Plural
1. Pers.	**-ю** bzw. **-у**	**-им**
2. Pers.	**-ишь**	**-ите**
3. Pers.	**-ит**	**-ят** bzw. **-ат**

Für die Endungen **-ю**, **-у**[1] und **-ят**, **-ат**[1] gilt:

-у, -ат stehen nach Zischlauten im Auslaut des Präsensstammes;

-ю,-ят stehen nach den übrigen Konsonanten und nach Vokalen im Auslaut des Präsensstammes.

PRÄSENS		
Präsensstamm auf Konsonant — außer Zischlaut	Präsensstamm auf Vokal	Präsensstamm auf Zischlaut
говори́ть sprechen	**стро́ить** bauen	**служи́ть** dienen
я говорю́ **ты говори́шь** **он / она́ / оно́ } говори́т** **мы говори́м** **вы говори́те** **они́ говоря́т**	**я стро́ю** **ты стро́ишь** **он / она́ / оно́ } стро́ит** **мы стро́им** **вы стро́ите** **они́ стро́ят**	**я служу́** **ты слу́жишь** **он / она́ / оно́ } слу́жит** **мы слу́жим** **вы слу́жите** **они́ слу́жат**
VOLLENDETES FUTURUM		
Präsensstamm auf Konsonant — außer Zischlaut	Präsensstamm auf Vokal	Präsensstamm auf Zischlaut
уговори́ть vo. überreden	**постро́ить** vo. bauen	**послужи́ть** vo. dienen
я уговорю́ **ты уговори́шь** **он / она́ / оно́ } уговори́т** **мы уговори́м** **вы уговори́те** **они́ уговоря́т**	**я постро́ю** **ты постро́ишь** **он / она́ / оно́ } постро́ит** **мы постро́им** **вы постро́ите** **они́ постро́ят**	**я послужу́** **ты послу́жишь** **он / она́ / оно́ } послу́жит** **мы послу́жим** **вы послу́жите** **они́ послу́жат**

[1] Auch bei der Unterscheidung -ю, -у und -ят, -ат wird vom Schriftbild ausgegangen (vgl. Fußnote 2 auf S. 282 und Fußnote 1 auf S. 285).

345 ### 3. Das Präsens bzw. vollendete Futurum reflexiver Verben

Das Präsens bzw. vollendete Futurum reflexiver Verben wird durch Anfügen von **-ся** bzw. **-сь** an die Personalendungen gebildet:

-ся steht nach konsonantisch auslautenden Personalendungen, –
-сь steht nach vokalisch auslautenden Personalendungen.

занима́ться sich beschäftigen	**встре́титься** vo. sich treffen
я занима́юсь	**я встре́чусь**
ты занима́ешься	**ты встре́тишься**
он занима́ется[1]	**он встре́тится**[1]
мы занима́емся	**мы встре́тимся**
вы занима́етесь	**вы встре́титесь**
они́ занима́ются[1]	**они́ встре́тятся**[1]

346 ### 4. Konsonantenwechsel bei der Bildung des Präsens bzw. vollendeten Futurums

Bei der Bildung des Präsens bzw. vollendeten Futurums findet im konsonantisch auslautenden Präsensstamm vielfach ein Konsonantenwechsel statt.

Der Konsonantenwechsel erfolgt nach den Regeln:

г, д, з	werden zu	**ж**
к	wird zu	**ч**
т	wird zu	**ч** oder **щ**
с, х	werden zu	**ш**
ск, ст	werden zu	**щ**
б, п, в, ф, м	werden zu	**бл, пл, вл, фл, мл**

Der Konsonantenwechsel tritt wie folgt auf:

a) Konsonantenwechsel erfolgt bei den Verben der i-Konjugation nur in der 1. Person Singular, z.B.:

ви́деть sehen	**вози́ть** fahren	**встре́тить** vo. begegnen	**посети́ть** vo. besuchen
ви́жу	**вожу́**	**встре́чу**	**посещу́**
ви́дишь	**во́зишь**	**встре́тишь**	**посети́шь**
ви́дят	**во́зят**	**встре́тят**	**посетя́т**

[1] Zur Aussprache von -тся siehe (61).

проси́ть bitten	**чи́стить** reinigen	**люби́ть** lieben	**купи́ть** vo. kaufen
прошу́	**чи́щу**	**люблю́**	**куплю́**
про́сишь	**чи́стишь**	**лю́бишь**	**ку́пишь**
про́сят	**чи́стят**	**лю́бят**	**ку́пят**

b) Konsonantenwechsel erfolgt bei den Verben auf **-ать** der e-Konjugation in allen 3 Personen des Singulars und Plurals, z. B.:

сказа́ть vo. sagen	**пла́кать** weinen	**хохота́ть** laut lachen	**писа́ть** schreiben
скажу́	**пла́чу**	**хохочу́**	**пишу́**
ска́жешь	**пла́чешь**	**хохо́чешь**	**пи́шешь**
ска́жут	**пла́чут**	**хохо́чут**	**пи́шут**

паха́ть pflügen	**иска́ть** suchen	**сы́пать** schütten	**дрема́ть** schlummern
пашу́	**ищу́**	**сы́плю**	**дремлю́**
па́шешь	**и́щешь**	**сы́плешь**	**дре́млешь**
па́шут	**и́щут**	**сы́плют**	**дре́млют**

c) Konsonantenwechsel erfolgt bei den Verben auf **-чь** (der e-Konjugation) in der 2. und 3. Person Singular und in der 1. und 2. Person Plural, z. B.:

бере́чь bewahren		**мочь** können		**печь** backen	
берегу́	**бережём**	**могу́**	**мо́жем**	**пеку́**	**печём**
бережёшь	**бережёте**	**мо́жешь**	**мо́жете**	**печёшь**	**печёте**
бережёт	**берегу́т**	**мо́жет**	**мо́гут**	**печёт**	**пеку́т**

жечь brennen		**лечь** vo. sich hinlegen		auch: **лгать** lügen	
жгу	**жжём**	**ля́гу**	**ля́жем**	**лгу**	**лжём**
жжёшь	**жжёте**	**ля́жешь**	**ля́жете**	**лжёшь**	**лжёте**
жжёт	**жгут**	**ля́жет**	**ля́гут**	**лжёт**	**лгут**

5. Die Aufteilung der Verben nach e- und i-Konjugation 347

Eine genaue Zuordnung der wichtigsten Verben zur e- und i-Konjugation enthält die Klassifizierung der Verben auf den Seiten 346–364.

An dieser Stelle seien zunächst nur Faustregeln für die Zugehörigkeit der Verben zur e- bzw. i-Konjugation genannt.

a) Nach der e-Konjugation werden gebeugt:

1. die meisten Verben auf **-ать, -ять**

игра́ть spielen	**ждать** warten	**гуля́ть** spazierengehen
игра́ю	**жду**	**гуля́ю**
игра́ешь	**ждёшь**	**гуля́ешь**
игра́ют	**ждут**	**гуля́ют**

2. die Verben auf **-овать, -евать**

организова́ть (vo.) organisieren	**воева́ть** Krieg führen
организу́ю	**вою́ю**
организу́ешь	**вою́ешь**
организу́ют	**вою́ют**

3. die Verben auf **-нуть**

пры́гнуть vo. springen	**отдохну́ть** vo. sich erholen
пры́гну	**отдохну́**
пры́гнешь	**отдохнёшь**
пры́гнут	**отдохну́т**

4. ein Teil der Verben auf **-еть**

уме́ть können	**красне́ть** rot werden	**умере́ть** vo. sterben
уме́ю	**красне́ю**	**умру́**
уме́ешь	**красне́ешь**	**умрёшь**
уме́ют	**красне́ют**	**умру́т**

5. die einsilbigen Verben auf **-ить** und deren Komposita

пить trinken	**разли́ть** vo. vergießen
пью	**разолью́**
пьёшь	**разольёшь**
пьют	**разолью́т**

6. die Verben auf **-оть, -ыть**

коло́ть stechen	**мыть** waschen	**откры́ть** vo. öffnen
колю́	**мо́ю**	**откро́ю**
ко́лешь	**мо́ешь**	**откро́ешь**
ко́лют	**мо́ют**	**откро́ют**

7. die Verben auf **-ти**, Konsonant + **ть** und auf **-чь**

нести́ tragen	**класть** legen	**мочь** können
несу́	**кладу́**	**могу́**
несёшь	**кладёшь**	**мо́жешь**
несу́т	**кладу́т**	**мо́гут**

b) Nach der [i-Konjugation] werden gebeugt:

1. die mehrsilbigen Verben auf **-ить** (mit Ausnahme der Komposita der einsilbigen Verben auf **-ить**)

кури́ть rauchen	**служи́ть** dienen	**сто́ить** kosten, wert sein
курю́	**служу́**	**сто́ю**
ку́ришь	**слу́жишь**	**сто́ишь**
ку́рят	**слу́жат**	**сто́ят**

2. ein Teil der Verben auf **-еть**

веле́ть (vo.) befehlen	**смотре́ть** sehen, schauen
велю́	**смотрю́**
вели́шь	**смо́тришь**
веля́т	**смо́трят**

3. einige Verben auf Zischlaut und **-ать**

молча́ть schweigen	**слы́шать** hören
молчу́	**слы́шу**
молчи́шь	**слы́шишь**
молча́т	**слы́шат**

4. die Verben

гнать jagen	**боя́ться** (sich) fürchten	**спать** schlafen	**стоя́ть** stehen
гоню́	**бою́сь**	**сплю**	**стою́**
го́нишь	**бои́шься**	**спишь**	**стои́шь**
го́нят	**боя́тся**	**спят**	**стоя́т**

348 **6. Gemischt- und besonders konjugierte Verben**

a) Die Verben **бежáть** „laufen", **хотéть** „wollen" und deren Komposita werden teils nach der e-Konjugation, teils nach der i-Konjugation gebeugt.

	Singular	Plural	Singular	Plural
1. Pers.	я бегý	мы бежи́м	я хочý	мы хоти́м
2. Pers.	ты бежи́шь	вы бежи́те	ты хóчешь	вы хоти́те
3. Pers.	он бежи́т	они́ бегýт	он хóчет	они́ хотя́т

b) Eine besondere Konjugation haben die Verben **дать** vo. „geben", **есть** „essen" und deren Komposita[1].

	Singular	Plural	Singular	Plural
1. Pers.	я дам	мы дади́м	я ем	мы еди́м
2. Pers.	ты дашь	вы дади́те	ты ешь	вы еди́те
3. Pers.	он даст	они́ даду́т	он ест	они́ едя́т

c) Das Hilfsverb **быть** „sein" hat im Präsens nur die Formen der 3. Person. Die nach der e-Konjugation gebildeten Konjugationsformen haben Futurbedeutung[2].

Präs.	Singular	Plural
3. Pers.	есть	суть
Fut.	Singular	Plural
1. Pers.	я бу́ду	мы бу́дем
2. Pers.	ты бу́дешь	вы бу́дете
3. Pers.	он бу́дет	они́ бу́дут

349 **7. Die Betonung im Präsens bzw. vollendeten Futurum**

Genauere Angaben zur Betonung der wichtigsten Verben im Präsens bzw. vollendeten Futurum sind der Klassifizierung der Verben (S. 346 ff.) zu entnehmen.

---

1 Zu den Komposita von дать vo. ist in weiterem Sinne auch создáть vo. „schaffen, gründen" zu zählen.
2 Zum Gebrauch von быть siehe (568—572).

Allgemein gelten für die Betonung im Präsens bzw. vollendeten Futurum folgende Grundregeln:

a) Zwei- und mehrsilbige Verben, die im Infinitiv n i c h t endbetont sind, behalten die Betonung des Infinitivs bei, z. B.:

де́лать	**ви́деть**	**слы́шать**	**пры́гнуть** vo.
де́лаю	**ви́жу**	**слы́шу**	**пры́гну**
де́лаешь	**ви́дишь**	**слы́шишь**	**пры́гнешь**
де́лают	**ви́дят**	**слы́шат**	**пры́гнут**

b) Ist der Infinitiv zwei- oder mehrsilbiger Verben endbetont, so gibt es zwei Möglichkeiten:

1. Die Betonung ist f e s t. Sie liegt bei den Verben der i-Konjugation und den Verben der e-Konjugation mit konsonantisch auslautendem Präsensstamm auf der Endung. Bei den Verben der e-Konjugation mit vokalisch auslautendem Präsensstamm liegt sie in der Regel[1] auf dem stammauslautenden Vokal, z. B.:

говори́ть	**отдохну́ть** vo.	**везти́**	**чита́ть**
говорю́	**отдохну́**	**везу́**	**чита́ю**
говори́шь	**отдохнёшь**	**везёшь**	**чита́ешь**
говоря́т	**отдохну́т**	**везу́т**	**чита́ют**

2. Die Betonung ist b e w e g l i c h. Sie wird von der 2. Person Singular an um eine Silbe zurückgezogen, z. B.:

писа́ть	**купи́ть** vo.	**носи́ть**
пишу́	**куплю́**	**ношу́**
пи́шешь	**ку́пишь**	**но́сишь**
пи́шут	**ку́пят**	**но́сят**

---

1 Die Betonung liegt bei den Verben der e-Konjugation mit endbetontem Infinitiv und vokalisch auslautendem Präsensstamm in folgenden Fällen auf der Endung:

1. bei дава́ть und dessen Komposita, z. B.:
   передава́ть übergeben: передаю́, передаёшь, ... передаю́т; —
2. bei den mit -знавать, -ставать gebildeten Verben, z. B.:
   остава́ться zurückbleiben: остаю́сь, остаёшься, ... остаю́тся; —
3. bei den Verben смея́ться „lachen“ (смею́сь, смеёшься, ... смею́тся); петь „singen“ (пою́, поёшь, ... пою́т); гнить „faulen“ (гнию́, гниёшь, ... гнию́т); жева́ть „kauen“ (жую́, жуёшь, ... жую́т); клева́ть „picken“ (клюю́, клюёшь, ... клюю́т); кова́ть „schmieden“ (кую́, куёшь, ... кую́т); основа́ть vo. „gründen“ (осную́, оснуёшь, ... осную́т); плева́ть „spucken“ (плюю́, плюёшь, ... плюю́т); снова́ть „eilig hin- und herlaufen“ (сную́, снуёшь, ... сную́т); сова́ть „zustecken“ (сую́, суёшь, ... сую́т) und deren Komposita.

Zurückziehung der Betonung erfolgt u.a. bei den meisten mehrsilbigen Verben auf **-ить** der i-Konjugation sowie bei vielen Verben auf **-ать** der e-Konjugation mit konsonantisch auslautendem Präsensstamm.

Einige Verben dieser Gruppe können doppelte Betonung haben, z.B.:

грузи́ть beladen

гружу́
гру́зишь und **грузи́шь**
гру́зят und **грузя́т**

соли́ть salzen

солю́
со́лишь und **соли́шь**
со́лят und **соля́т**

Ein vereinzelter Typ der beweglichen Betonung liegt in **колеба́ть** „erschüttern, rütteln" – **коле́блю, коле́блешь, ... коле́блют** – vor.

Faustregel: Die Betonung der 1. Person Singular stimmt gewöhnlich mit der des Infinitivs überein. Ist die 1. Person Singular endungsbetont, so kann die Betonung von der 2. Person Singular an um eine Silbe zurückgezogen werden.

350 II. Unvollendetes oder zusammengesetztes Futurum

Das Futurum der unvollendeten Verben wird durch die Verbindung der Futurformen von **быть** mit dem unvollendeten Infinitiv gebildet.

UNVOLLENDETES ODER ZUSAMMENGESETZTES FUTURUM			
		чита́ть lesen	**стро́ить** bauen
Sing.	1. Pers.	**я бу́ду чита́ть** ich werde lesen	**я бу́ду стро́ить** ich werde bauen
	2. Pers.	**ты бу́дешь чита́ть**	**ты бу́дешь стро́ить**
	3. Pers.	**он / она́ / оно́ } бу́дет чита́ть**	**он / она́ / оно́ } бу́дет стро́ить**
Plur.	1. Pers.	**мы бу́дем чита́ть**	**мы бу́дем стро́ить**
	2. Pers.	**вы бу́дете чита́ть**	**вы бу́дете стро́ить**
	3. Pers.	**они́ бу́дут чита́ть**	**они́ бу́дут стро́ить**

Ein unvollendetes Futurum kann bisweilen auch durch das (vollendete) Futurum von **стать** vo. (**ста́ну, ста́нешь, ... ста́нут**) oder **нача́ть** vo. (**начну́, начнёшь, ... начну́т**) in Verbindung mit dem unvollendeten Infinitiv bezeichnet werden. Diese Formen schließen einen gleichzeitigen Hinweis auf den Beginn der zukünftigen Handlung ein.

Что ты ста́нешь де́лать? Was wirst du tun? Was wirst du anfangen?

Перед обéдом он не стáнет работать.	Vor dem Mittagessen wird er nicht arbeiten. Vor dem Mittagessen wird er nicht mit der Arbeit anfangen.

III. Unvollendetes und vollendetes Präteritum

Das Präteritum wird von unvollendeten und vollendeten Verben in gleicher Weise gebildet, z.B.: 351

стрóить bauen – **я стрóил** ich baute
пострóить vo. bauen – **я пострóил** ich baute bzw. habe (hatte) gebaut

1. Die Bildung des Präteritums 352

Das Kennzeichen des Präteritums ist das Suffix **-л**. Zum Unterschied vom Präsens und Futurum werden die Formen des Präteritums nicht nach Personen, sondern nach grammatischem Geschlecht und Numerus abgewandelt.

	Singular	Plural
männl.	**-л**	**-ли**
weibl.	**-ла**	
sächl.	**-ло**	

Das Präteritum wird durch Anfügen von **-л, -ла, -ло, -ли** an den Infinitivstamm gebildet. Dabei unterscheidet man zwei Hauptgruppen:

A. VOKALISCH AUSLAUTENDER INFINITIVSTAMM

a) An die Stelle des Infinitivsuffixes **-ть** tritt allgemein **-л, -ла, -ло, -ли**:

читáть lesen	– **читáл,**	**читáла,**	**читáло,**	**читáли**
сдéлать vo. machen	– **сдéлал,**	**сдéлала,**	**сдéлало,**	**сдéлали**
вúдеть sehen	– **вúдел,**	**вúдела,**	**вúдело,**	**вúдели**
купúть vo. kaufen	– **купúл,**	**купúла,**	**купúло,**	**купúли**
мыть waschen	– **мыл,**	**мы́ла,**	**мы́ло,**	**мы́ли**
колóть stechen	– **колóл,**	**колóла,**	**колóло,**	**колóли**

b) Die Inchoativa auf **-нуть** (vgl. 332,7 und 413) bilden die Formen des Präteritums in der Regel unter Ausfall des Suffixes **-ну-**[1]. Dabei fällt das **-л** in der männlichen Singularform aus, wenn vor dem Suffix **-ну-** ein **г, к, х, з, с, б, п** steht.

кре́пнуть erstarken	— **креп,**	**кре́пла,**	**кре́пло,**	**кре́пли**
мо́кнуть naß werden	— **мок,**	**мо́кла,**	**мо́кло,**	**мо́кли**
замёрзнуть vo. zufrieren	— **замёрз,**	**замёрзла,**	**замёрзло,**	**замёрзли**
вы́сохнуть vo. austrocknen	— **вы́сох,**	**вы́сохла,**	**вы́сохло,**	**вы́сохли**
поги́бнуть vo. zugrunde gehen	— **поги́б,**	**поги́бла,**	**поги́бло,**	**поги́бли**

c) Die Verben auf **-ереть** enden im Präteritum auf **-ер, -ерла, -ерло, -ерли:**

тере́ть reiben	— **тёр,**	**тёрла,**	**тёрло,**	**тёрли**
умере́ть vo. sterben	— **у́мер,**	**умерла́,**	**у́мерло,**	**у́мерли**

d) Die mit **-шибить** zusammengesetzten Verben bilden das Präteritum auf **-шиб, -шибла, -шибло, -шибли:**

ошиби́ться vo. sich irren	— **оши́бся,**	**оши́блась,**	**оши́блось,**	**оши́блись**

---

[1] Zum Unterschied von den Inchoativa auf -нуть bleibt bei den Momentanverben auf -нуть (vgl. 332,1 u. 406) das Suffix -ну- im Präteritum erhalten, z. B.:

крикнуть vo. aufschreien — кри́кнул, кри́кнула, кри́кнуло, кри́кнули
пры́гнуть vo. springen — пры́гнул, пры́гнула, пры́гнуло, пры́гнули

ebenso: верну́ть vo. zurückgeben; обману́ть vo. betrügen; отдохну́ть vo. sich erholen; гнуть biegen; льнуть sich anschmiegen; тону́ть ertrinken; тяну́ть ziehen.

Für die Inchoativa auf -нуть ist der Ausfall des Suffixes -ну- im Präteritum die Regel. Nur wenige — vorzugsweise nichtpräfigierte — Inchoativa können die männliche Präteritalform sowohl mit dem als auch ohne das Suffix -ну- bilden, z. B.:

га́снуть verlöschen — га́снул neben гас; мо́кнуть naß werden — мо́кнул neben мок; со́хнуть trocknen — со́хнул neben сох.

Dabei sind die mit -ну- gebildeten Formen im Veralten begriffen.

Unter Ausfall des Suffixes -ну- wird das Präteритum auch gebildet von:

исче́знуть vo. verschwinden – исче́з, исче́зла, исче́зло, исче́зли
возни́кнуть vo. entstehen – возни́к, возни́кла, возни́кло, возни́кли
воскре́снуть vo. auferstehen; wiedererstarken – воскре́с, воскре́сла, воскре́сло, воскре́сли
sowie die mit -бегнуть, -вергнуть, -выкнуть, -стигнуть, -тихнуть gebildeten Verben.

Дости́гнуть vo. „erreichen“ (Prät. дости́гнул) und дости́чь vo. „erreichen“ (Prät. дости́г) zeigen doppelte Formen des Infinitivs und des Präteritums zum gleichen vollendeten Futurum дости́гну, дости́гнешь, ... дости́гнут.

B. KONSONANTISCH AUSLAUTENDER INFINITIVSTAMM

a) Lautet der Infinitivstamm auf **-з, -с** und die im Infinitiv verdeckten Wurzelkonsonanten **-б, -г, -к** aus, so fällt in der männlichen Singularform nach diesen Konsonanten das **-л** aus; die übrigen Formen werden regelmäßig gebildet.

везти́ fahren	– **вёз,**	**везла́,**	**везло́,**	**везли́**
нести́ tragen	– **нёс,**	**несла́,**	**несло́,**	**несли́**
грести́ (гребу́) rudern	– **грёб,**	**гребла́,**	**гребло́,**	**гребли́**
мочь (могу́) können	– **мог,**	**могла́,**	**могло́,**	**могли́**
бере́чь (берегу́) bewahren	– **берёг,**	**берегла́,**	**берегло́,**	**берегли́**
течь (теку́) fließen	– **тёк,**	**текла́,**	**текло́,**	**текли́**

und beachte:

расти́ (расту́) wachsen	– **рос,**	**росла́,**	**росло́,**	**росли́**
жечь (жгу) brennen	– **жёг,**	**жгла,**	**жгло,**	**жгли**

b) Lautet der Infinitivstamm auf die im Infinitiv verdeckten Wurzelkonsonanten **-д, -т** aus, so fallen diese Konsonanten vor **-л, -ла, -ло, -ли** aus.

вести́ (веду́) führen	– **вёл,**	**вела́,**	**вело́,**	**вели́**
класть (кладу́) legen	– **клал,**	**кла́ла,**	**кла́ло,**	**кла́ли**
сесть vo. **(ся́ду)** sich setzen	– **сел,**	**се́ла,**	**се́ло,**	**се́ли**
цвести́ (цвету́) blühen	– **цвёл,**	**цвела́,**	**цвело́,**	**цвели́**

und beachte:

есть (еди́м) essen	– **ел,**	**е́ла,**	**е́ло,**	**е́ли**

c) Das Präteritum wird unregelmäßig gebildet

α) von **идти́** und dessen Komposita

идти́ gehen	– **шёл,**	**шла,**	**шло,**	**шли**
прийти́ vo. ankommen	– **пришёл,**	**пришла́,**	**пришло́,**	**пришли́**
уйти́ vo. weggehen	– **ушёл,**	**ушла́,**	**ушло́,**	**ушли́**

β) von **клясть** und dessen Komposita

клясть verwünschen	– **клял,**	**кляла́,**	**кля́ло,**	**кля́ли**
прокля́сть vo. verwünschen, verfluchen	– **про́клял,**	**прокляла́,**	**про́кляло,**	**про́кляли**

UNVOLLENDETES UND VOLLENDETES PRÄTERITUM				
vokalisch auslautender Infinitivstamm		konsonantisch auslautender Infinitivstamm		
дать vo. geben	**стро́ить** bauen	**нести́** tragen	**помо́чь** vo. helfen	**сесть** vo. sich setzen
я, ты } дал, дала́ **он дал** **она́ дала́** **оно́ да́ло́** **мы, вы, они́ } да́ли**	**я, ты } стро́ил, стро́ила** **он стро́ил** **она́ стро́ила** **оно́ стро́ило** **мы, вы, они́ } стро́или**	**я, ты } нёс, несла́** **он нёс** **она́ несла́** **оно́ несло́** **мы, вы, они́ } несли́**	**я, ты } помо́г, помогла́** **он помо́г** **она́ помогла́** **оно́ помогло́** **мы, вы, они́ } помогли́**	**я, ты } сел, се́ла** **он сел** **она́ се́ла** **оно́ се́ло** **мы, вы, они́ } се́ли**

353 **2. Das Präteritum reflexiver Verben**

Das Präteritum reflexiver Verben wird durch Anfügen von **-(л)ся, -лась, -лось, -лись** an den Infinitivstamm gebildet:

занима́ться sich beschäftigen	**мы́ться** sich waschen	**бере́чься** sich in acht nehmen
он занима́лся	**он мы́лся**	**он берёгся**
она́ занима́лась	**она́ мы́лась**	**она́ береглá́сь**
оно́ занима́лось	**оно́ мы́лось**	**оно́ берегло́сь**
они́ занима́лись	**они́ мы́лись**	**они́ берегли́сь**

3. Die Betonung der Präteritalformen

Für die Betonung der Präteritalformen gelten folgende Grundregeln:

354 A. MEHRSILBIGE INFINITIVSTÄMME[1]

Die Präteritalformen von Verben mit zwei- oder mehrsilbigem Infinitivstamm und von deren Komposita haben die gleiche Betonung wie der Infinitiv[2]:

[1] Unter die mehrsilbigen Infinitivstämme sind hier zwei- und mehrsilbige nichtpräfigierte Verben und deren Komposita einzuordnen.

[2] Außerhalb dieser Regel stehen die Verben auf -ереть, -еречь, -олочь (siehe unter B.) und das vollendete Verb роди́ть (entsprechend auch das vollendete роди́ться).
роди́ть vo. gebären — роди́л, родилá, роди́ло, роди́ли
роди́ться vo. geboren werden — роди́лся́, роди́ла́сь, роди́ло́сь, роди́ли́сь.

встреча́ть begegnen	– **встреча́л,**	**встреча́ла,**	**встреча́ло,**	**встреча́ли**
купи́ть vo. kaufen	– **купи́л,**	**купи́ла,**	**купи́ло,**	**купи́ли**
записа́ть vo. aufschreiben	– **записа́л,**	**записа́ла,**	**записа́ло,**	**записа́ли**
рисова́ть zeichnen	– **рисова́л,**	**рисова́ла,**	**рисова́ло,**	**рисова́ли**
отдохну́ть vo. sich erholen	– **отдохну́л,**	**отдохну́ла,**	**отдохну́ло,**	**отдохну́ли**
коло́ть stechen	– **коло́л,**	**коло́ла,**	**коло́ло,**	**коло́ли**

B. EINSILBIGE INFINITIVSTÄMME 355
(sowie die Verben auf **-ереть, -еречь, -олочь**)

Die Präteritalformen von Verben mit einsilbigem Infinitivstamm und von deren Komposita zeigen drei verschiedene Betonungstypen. Grundsätzlich auf der ersten Silbe betont werden dabei sämtliche Formen der mit **вы-** gebildeten vollendeten Komposita.

a) 1. Typ: Die Betonung liegt fest auf der Stammsilbe, z.B.:

бить schlagen	– **бил,**	**би́ла,**	**би́ло,**	**би́ли**
знать wissen	– **знал,**	**зна́ла,**	**зна́ло,**	**зна́ли**
класть legen	– **клал,**	**кла́ла,**	**кла́ло,**	**кла́ли**
лезть klettern	– **лез,**	**ле́зла,**	**ле́зло,**	**ле́зли**

Hierher gehören u. a. **брить** rasieren; **выть** heulen; **грызть** nagen; **дуть** wehen; **есть** essen; **жать (жму)** drücken; **жать (жну)** ernten; **крыть** bedecken; **мыть** waschen; **ныть** weh tun; **пасть** vo. fallen; **петь** singen; **рыть** graben; **сесть** vo. sich setzen; **слать** schicken; **стать** vo. werden, anfangen; **тере́ть** reiben; **шить** nähen. Die Komposita dieser Verben haben im allgemeinen die gleiche Betonung.

b) 2. Typ: Die Betonung liegt in alien Präteritalformen auf der letzten Silbe, z.B.:

везти́ fahren	– **вёз,**	**везла́,**	**везло́,**	**везли́**
нести́ tragen	– **нёс,**	**несла́,**	**несло́,**	**несли́**
лечь vo. sich hinlegen	– **лёг,**	**легла́,**	**легло́,**	**легли́**
мочь können	– **мог,**	**могла́,**	**могло́,**	**могли́**
толо́чь zerstoßen	– **толо́к,**	**толкла́,**	**толкло́,**	**толкли́**

Hierher gehört ein großer Teil der konsonantisch auslautenden Infinitivstämme. Die entsprechenden Komposita haben im allgemeinen die gleiche Betonung.

c) 3. Typ: Die Betonung wird in der weiblichen Singularform auf die Endung verlegt. Bei Hinzutreten von Präfix und Partikel **-ся (-сь)** ergeben sich weitere Besonderheiten.

α) Die weibliche Singularform ist u. a. endungsbetont bei den Verben **брать** nehmen; **быть** sein; **взять** vo. nehmen; **вить** winden; **врать** lügen; **дать** vo. geben; **ждать** warten; **жить** leben; **жрать** fressen; **звать** rufen; **лгать** lügen; **лить** gießen; **пить** trinken; **плыть** schwimmen; **рвать** reißen; **спать** schlafen.

брать	– **брал,**	**брала́,**	**бра́ло,**	**бра́ли**
дать vo.	– **дал,**	**дала́,**	**да́ло,** (auch: **дало́**)	**да́ли**
жить	– **жил,**	**жила́,**	**жи́ло,**	**жи́ли**
спать	– **спал,**	**спала́,**	**спа́ло,**	**спа́ли**

Beim verneinten Präteritum von **быть, дать** vo. und **жить** wird die Betonung in der männlichen und sächlichen Singularform und in der Pluralform auf die Partikel **не** verlegt, z. B.:

быть – не́ был,	**не́ было,**	**не́ были,**	aber: **не была́**
жить – не́ жил,	**не́ жило,**	**не́ жили,**	aber: **не жила́**

In den Wendungen **кто бы то ни́ был** (wer auch immer), **что бы то ни́ было** (was auch immer) ist die Partikel **ни** betont.

β) Werden die Verben unter *α*) durch **до-, за-, из-, на-, об-, от-, пере-, по-, под-, при-, про-, раз- (роз-), со-, у-** präfigiert, so wird die Betonung in den Präteritalformen – außer in der endungsbetonten weiblichen Singularform – vielfach auf das Präfix zurückgezogen[1]:

прибы́ть vo. ankommen	– **при́был,**	**прибыла́,**	**при́было,**	**при́были**
отда́ть vo. weggeben	– **о́тдал,**	**отдала́,**	**о́тдало,**	**о́тдали**
прода́ть vo. verkaufen	– **про́дал,**	**продала́,**	**про́дало,**	**про́дали**

---

[1] **Eine Reihe von Komposita zeigt die gleiche Betonung wie die nichtpräfigierten Formen, z. B.:**
избра́ть **vo. wählen** — избра́л, избрала́, избра́ло, избра́ли
собра́ть **vo. sammeln** — собра́л, собрала́, собра́ло, собра́ли
позва́ть **vo. rufen** — позва́л, позвала́, позва́ло, позва́ли
проспа́ть **vo. verschlafen** — проспа́л, проспала́, проспа́ло, проспа́ли
Bisweilen ist außer in der weiblichen Singularform eine doppelte Betonung möglich, z. B.:
добы́ть **vo. erwerben** — до́бы́л, добыла́, до́бы́ло, до́бы́ли
зали́ть **vo. überschwemmen** — за́ли́л, залила́, за́ли́ло, за́ли́ли
пережи́ть **vo. erleben** — пе́режи́л, пережила́, пе́режи́ло, пе́режи́ли
Забы́ть **vo. „vergessen" ist in sämtlichen Präteritalformen stammbetont:** забы́л, забы́ла, забы́ло, забы́ли.

прожи́ть vo. (ver-)leben	– **про́жил,**	**прожила́,**	**про́жило,**	**про́жили**
созда́ть vo. schaffen	– **со́здал,**	**создала́,**	**со́здало,**	**со́здали**

und beachte:

разда́ть vo. verteilen	– **ро́здал** u. **разда́л,**	**раздала́,**	**ро́здало** u. **разда́ло,**	**ро́здали** u. **разда́ли**

Das gleiche gilt für die mit **-мереть, -переть, -(н)ять** zusammengesetzten Verben und für **нача́ть** vo.

умере́ть vo. sterben	– **у́мер,**	**умерла́,**	**у́мерло,**	**у́мерли**
запере́ть vo. verschließen	– **за́пер,**	**заперла́,**	**за́перло,**	**за́перли**
обня́ть vo. umarmen	– **о́бнял,**	**обняла́,**	**о́бняло,**	**о́бняли**
поня́ть vo. verstehen	– **по́нял,**	**поняла́,**	**по́няло,**	**по́няли**
нача́ть vo. anfangen	– **на́чал,**	**начала́,**	**на́чало,**	**на́чали**

γ) Nehmen die Verben dieser Gruppe die Partikel **-ся** an, so ist das Präteritum teils in allen Formen, teils in der weiblichen und sächlichen Singularform und in der Pluralform endungsbetont. Eine doppelte Betonungsmöglichkeit kann dabei in der männlichen und sächlichen Singularform und in der Pluralform auftreten.

взя́ться vo. ergreifen, übernehmen	– **взя́лся,**	**взяла́сь,**	**взяло́сь,**	**взяли́сь**
нача́ться vo. anfangen	– **начался́,**	**начала́сь,**	**начало́сь,**	**начали́сь**
подня́ться vo. sich erheben	– **подня́лся́,**	**подняла́сь,**	**подняло́сь,**	**подняли́сь**
приня́ться vo. **(за)** anfangen	– **принялся́,**	**приняла́сь,**	**приняло́сь,**	**приняли́сь**
добра́ться vo. erreichen	– **добра́лся,**	**добрала́сь,**	**добра́ло́сь,**	**добра́ли́сь**
собра́ться vo. sich versammeln	– **собра́лся,**	**собрала́сь,**	**собра́ло́сь,**	**собра́ли́сь**
уда́ться vo. gelingen	– **уда́лся,**	**удала́сь,**	**удало́сь,**	**удали́сь**

DER IMPERATIV

Außer dem Imperativ der 2.Person (Singular und Plural) sind im Russischen zum Ausdruck der Aufforderung noch der Imperativ der gemeinsamen Handlung und der sogenannte Imperativ der 3.Person vertreten.

I. Der Imperativ der 2. Person

356 Der Imperativ der 2.Person Singular und der 2.Person Plural – im folgenden kurz als Imperativ bezeichnet – wird in gleicher Weise von unvollendeten wie von vollendeten Verben gebildet, z.B.:

смотре́ть – **смотри́!** / **посмотре́ть** vo. – **посмотри́!** } = sieh! **смотри́те!** / **посмотри́те!** } = seht!, sehen Sie!

Die Singularform des Imperativs wird vom Präsensstamm gebildet, indem man an die Stelle der Endungen **-ют, -ут, -ят, -ат** der 3.Person Plural des Präsens bzw. vollendeten Futurums die Endungen[1] **-й, -ь** oder **-и** setzt.

Die Pluralform des Imperativs, die auch als Höflichkeitsform dient, wird ausnahmslos durch Anhängen von **-те** an die Singularform gebildet.

	2. Person		
Sing.	**-й**	**-ь**	**-и**
Plur.	**-йте**	**-ьте**	**-ите**

1. Die Endungen **-й**, **-йте** stehen, wenn der Präsensstamm auf einen Vokal auslautet[2]:

рабо́тать	arbeiten	**(рабо́та-ют)**	– **рабо́тай!, рабо́тайте!**
рисова́ть	zeichnen	**(рису́-ют)**	– **рису́й!, рису́йте!**
постро́ить vo.	bauen	**(постро́-ят)**	– **постро́й!, постро́йте!**
петь	singen	**(по-ю́т)**	– **пой!, по́йте!**
мыть	waschen	**(мо́-ют)**	– **мой!, мо́йте!**

---

[1] Bei der Angabe der Imperativendungen wird ebenfalls vom Schriftbild ausgegangen. Phonetisch gesehen dürfte man nur bei -и von einer Endung sprechen. -ь bezeichnet außer nach den stets harten ж und ш die Weichheit des stammauslautenden Konsonanten, -й das [j] im Auslaut des Präsensstammes, vgl. Fußnote 2 auf S. 282.

[2] Eine Ausnahme stellen die endbetonten Verben auf -ить dar. Sie bilden den Imperativ auf -и, -ите: дои́ть melken — дой!, дойте!; крои́ть zuschneiden — крой!, кройте!; пои́ть tränken — пой!, пойте!; таи́ть verheimlichen — тай!, тайте!
Allerdings gibt es die Varianten напо́й! (напои́ть vo. tränken), подо́й! (подои́ть vo. melken) in der Umgangssprache.

2. Die Endungen **-ь, -ьте** stehen, wenn der Präsensstamm auf einen Konsonanten auslautet und die 1. Person Singular des Präsens bzw. vollendeten Futurums nicht endungsbetont ist[1]:

бро́сить vo.	werfen	**(бро́с-ят)**	**– брось!, бро́сьте!**
быть	sein	**(бу́д-ут)**	**– будь!, бу́дьте!**
ве́рить	glauben	**(ве́р-ят)**	**– верь!, ве́рьте!**
встать vo.	aufstehen	**(вста́н-ут)**	**– встань!, вста́ньте!**
пла́кать	weinen	**(пла́ч-ут)**	**– плачь!, пла́чьте!**
оде́ть vo.	anziehen	**(оде́н-ут)**	**– оде́нь!, оде́ньте!**
сесть vo.	sich setzen	**(ся́д-ут)**	**– сядь!, ся́дьте!**

Merke besonders:

лечь vo.	sich hinlegen	**(ля́г-ут)**	**– ляг!, ля́гте!**

3. Die Endungen **-и, -ите** stehen

a) wenn der Präsensstamm auf einen Konsonanten auslautet und die 1. Person Singular des Präsens bzw. vollendeten Futurums endungsbetont ist[2]. Die Endungen **-и, -ите** bleiben auch bei den vollendeten Komposita mit **вы-** erhalten, obwohl die Betonung auf das Präfix zurückgezogen wird[2].

нести́	tragen	**(нес-у́т)**	**– неси́!, неси́те!**
вы́нести vo.	hinaustragen	**(вы́нес-ут)**	**– вы́неси!, вы́несите!**
говори́ть	sprechen	**(говор-я́т)**	**– говори́!, говори́те!**
сказа́ть vo.	sagen	**(ска́ж-ут)**	**– скажи́!, скажи́те!**
писа́ть	schreiben	**(пи́ш-ут)**	**– пиши́!, пиши́те!**
бере́чь	hüten, bewahren	**(берег-у́т)**	**– береги́!, береги́те!**
сиде́ть	sitzen	**(сид-я́т)**	**– сиди́!, сиди́те!**
спать	schlafen	**(сп-ят)**	**– спи!, спи́те!**

[1] Bei den Verben уве́домить vo. „benachrichtigen", ла́комиться „naschen", заку́порить vo. „verkorken", отку́порить vo. „entkorken" kann der Imperativ sowohl auf -ь als auch auf -и gebildet werden. Desgleichen können die mit вы - gebildeten vollendeten Komposita der Verben dieser Gruppe neben dem Imperativ auf -ь auch eine Imperativform auf -и bilden:

вы́бросить	vo. hinauswerfen	— вы́брось!	und вы́броси!
вы́ставить	vo. (hin-)ausstellen	— вы́ставь!	und вы́стави!
вы́сунуть	vo. herausstrecken	— вы́сунь!	und вы́суни!

[2] In der Umgangssprache steht bisweilen -ь für -и, z. B.:

выйдь!, выдь!	für вы́йди! (вы́йти vo. hinausgehen)
поло́жь!	für положи́! (положи́ть vo. legen)
взглянь!	für взгляни́! (взгляну́ть vo. blicken, schauen)

b) wenn der Präsensstamm auf **mehrere Konsonanten** auslautet[1]:

держа́ть	halten	**(де́рж-ат)**	– **держи́!, держи́те!**
ко́нчить vo.	beenden	**(ко́нч-ат)**	– **ко́нчи!, ко́нчите!**
нача́ть vo.	anfangen	**(начн-у́т)**	– **начни́!, начни́те!**
отдохну́ть vo.	sich erholen	**(отдохн-у́т)**	– **отдохни́!, отдохни́те!**
по́мнить	sich erinnern	**(по́мн-ят)**	– **по́мни!, по́мните!**

DER IMPERATIV			
Präsensstamm auf Vokal **-й, -йте**	Präsensstamm auf Konsonant		
	auf einen Konsonanten, 1. Pers. Sing. nicht endungsbetont **-ь, -ьте**	auf einen Konsonanten, 1. Pers. Sing. endungsbetont **-и, -ите**	auf mehrere Konsonanten **-и, -ите**
чита́ть: чита́й!, чита́йте!	**ве́рить: верь!, ве́рьте!**	**нести́: неси́!, неси́те!**	**ко́нчить** vo.: **ко́нчи!, ко́нчите!**
стоя́ть: стой!, сто́йте!	**гото́вить: гото́вь! гото́вьте!**	**вы́нести** vo.: **вы́неси!, вы́несите!**	**нача́ть** vo.: **начни́!, начни́те!**
рисова́ть: рису́й!, рису́йте!	**встать** vo.: **встань!, вста́ньте!**	**говори́ть: говори́!, говори́те!**	**по́мнить: по́мни!, по́мните!**
стро́ить: строй!, стро́йте!	**сесть** vo.: **сядь!, ся́дьте!**	**писа́ть: пиши́!, пиши́те!**	

357 **Abweichende Imperativbildungen**

1. Die einsilbigen Infinitivstämme auf **-ить** und deren Komposita bilden den Imperativ auf **-ей, -ейте**[2]:

вить winden – **вей!, ве́йте!**	**пить** trinken – **пей!, пе́йте!**
лить gießen – **лей!, ле́йте!**	**шить** nähen – **шей!, ше́йте!**

---

[1] Lautet der Präsensstamm auf -ст oder auf -р + Konsonant aus, so ist neben der Imperativform auf -и auch die Bildung auf -ь möglich:
прочи́стить vo. reinigen — прочи́сти! und прочи́сть!
испо́ртить vo. verderben — испо́рти! und испо́рть!

[2] Bei den Imperativbildungen auf -ей(те) liegt phonetisch gesehen Einschub eines flüchtigen е vor; й bezeichnet – vgl. Fußnote 1 auf S. 302 – das [j] im Auslaut des Präsensstammes: бьют [б'j-ут] – бей [б'ъj].

2. **Дава́ть** und dessen Komposita sowie die mit **-знавать, -ставать** gebildeten Verben behalten das in den Präsensformen ausfallende Suffix **-ва-** im Imperativ bei:

дава́ть	geben	–	**дава́й!, дава́йте!**
продава́ть	verkaufen	–	**продава́й!, продава́йте!**
узнава́ть	erkennen	–	**узнава́й!, узнава́йте!**
встава́ть	aufstehen	–	**встава́й!, встава́йте!**

3. **Сы́пать** und dessen Komposita bilden den Imperativ ohne den Konsonantenwechsel **п — пл**:

сы́пать	streuen	–	**сыпь!, сы́пьте!**
рассы́пать vo.	zerstreuen	–	**рассы́пь!, рассы́пьте!**

4. **Дать** vo. und dessen Komposita bilden den Imperativ – **дай!, да́йте!**

5. **Есть** (essen) und dessen Komposita bilden den Imperativ – **ешь!, е́шьте!**

6. Der Imperativ zu **е́хать**[1] lautet – **поезжа́й!, поезжа́йте!**

7. Der Imperativ ist u.a. von folgenden Verben ungebräuchlich:

ви́деть sehen	**мочь** können	**боле́ть** in der Bedeutung „Schmerz empfinden"
слы́шать hören	**хоте́ть** wollen	**гнить** faulen

Die Imperative „sieh! (seht!, sehen Sie!)", „höre! (hört!, hören Sie!)" werden durch **смотри́(те)!, слу́шай(те)!** wiedergegeben.

Der Imperativ reflexiver Verben 358

Der Imperativ reflexiver Verben wird durch Anfügen von **-ся** bzw. **-сь** an die Imperativendungen gebildet:

-ся steht nach **-й** und **-ь**,
-сь steht nach **-и, -ите, -йте, -ьте.**

бере́чься	sich in acht nehmen	–	**береги́сь!, береги́тесь!**
мы́ться	sich waschen	–	**мо́йся!, мо́йтесь!**
оде́ться vo.	sich ankleiden	–	**оде́нься!, оде́ньтесь!**

Zu den Komposita von е́хать werden keine Imperativformen gebildet. Man gebraucht dafür den Imperativ des zugehörigen unvollendeten Verbs.

359 **Die Betonung der Imperativformen**

Die Betonung der Imperativformen richtet sich nach der Betonung der 1. Person Singular des Präsens bzw. vollendeten Futurums:

чита́ть	**(чита́ю)**	–	**чита́й(те)!**
писа́ть	**(пишу́)**	–	**пиши́(те)!**
нести́	**(несу́)**	–	**неси́(те)!**
ве́рить	**(ве́рю)**	–	**ве́рь(те)!**

Zum Gebrauch der Imperativformen

360 A. BITTE UND GEMILDERTE AUFFORDERUNG

Eine Bitte wird allgemein durch den Imperativ in Verbindung mit **пожа́луйста** (= bitte) ausgedrückt.

Да́йте мне, пожа́луйста, стака́н ча́ю!	Geben Sie mir bitte ein Glas Tee!

Eine Art Bitte wird auch durch Hinzutreten des Personalpronomens der 2. Person zum Imperativ ausgedrückt; das Personalpronomen kann dabei vor und nach dem Imperativ stehen:

Вы приди́те к нам в сре́ду!	Kommen Sie doch am Mittwoch zu uns!
Ты сади́сь вот на э́тот стул!	Setz dich bitte auf diesen Stuhl da!
Напиши́ ты мне скоре́й!	Schreib mir bitte so bald als möglich!

Eine gemilderte Aufforderung wird durch Anfügen von **-ка** (= mal) an die Imperativformen bezeichnet:

Иди́-ка сюда́!	Komm doch mal her!
Скажи́-ка, куда́ он пошёл!	Sag mal, wohin er gegangen ist.

Im übrigen ist der unvollendete Imperativ, vor allem bei Handlungen mit Objektbezug, allgemein milder und höflicher als der vollendete. **«Пиши́те мне письмо́!»** ist höflicher als **«Напиши́те мне письмо́!»**

Doch kann ein unvollendeter objektloser Imperativ zuweilen auch nachdrücklicher sein als der entsprechende vollendete; so ist z. B. **«Говори́!»** nachdrücklicher als **«Скажи́!»**

361 B. VERBOT, WARNUNG UND KOMMANDO

Ein Verbot wird durch den unvollendeten Imperativ wiedergegeben.

Не меша́йте мне рабо́тать!	Stört mich nicht bei der Arbeit!
Не опа́здывайте на заня́тия!	Kommt nicht zu spät zum Unterricht!
На уро́ках не болта́йте!	Schwatzt nicht während des Unterrichts!

Der verneinte vollendete Imperativ drückt in erster Linie eine Warnung aus, bisweilen durch **смотри́, смотри́те** verstärkt:

Смотри́, не простуди́сь!	Sieh dich vor, daß du dich nicht erkältest!
Смотри́те, не опозда́йте на по́езд!	Paßt auf, daß ihr den Zug nicht versäumt!

In Kommandos wird vielfach der Imperativ der 2. Person Singular mit Bezug auf mehrere Personen gebraucht:

Станови́сь!	Stehenbleiben! (Halt!)
Стро́йся! Равня́йся!	Antreten! Richt't euch!
Гра́ждане, расходи́сь!	Bürger, geht auseinander!

C. DER IMPERATIV IN AUSSAGESÄTZEN 362

Der Imperativ der 2. Person Singular tritt außer in Befehlssätzen auch in Aussagesätzen auf. Er kann dabei mit allen Personen als Subjekt verbunden werden und verschiedene Tempusbedeutung haben.

In Aussagesätzen hat der Imperativ der 2. Person Singular u. a. folgende Bedeutungen:

a) Der Imperativ drückt in lebendiger Rede ein Müssen oder Sollen aus:

Все говоря́т, а мы молчи́.	Alle sprechen, aber wir müssen schweigen.
Ты весели́шься, а я сиди́ до́ма да пиши́.	Du vergnügst dich, aber ich muß zu Hause sitzen und schreiben.

b) Der Imperativ drückt eine unerwartete, spontane Handlung im Präteritum aus. Das Plötzliche, Unvermittelte wird bisweilen durch Hinzusetzen von **возьми́ да (и, да и)** unterstrichen[1]:

Она́ упади́ и слома́й себе́ но́гу.	Sie fiel plötzlich hin und brach sich ein Bein.
Он проси́л меня́ зайти́ к нему́, а я возьми́ да и потеря́й его́ а́дрес.	Er hatte mich gebeten, ihn aufzusuchen, und da verliere ich auf einmal seine Anschrift.
Я пришёл к нему́ записа́ться на курс, а он вдруг возьми́ да пригласи́ меня́ к себе́ на ве́чер.	Ich kam zu ihm, um mich für den Kursus eintragen zu lassen, und da lud er mich völlig unerwartet für den Abend zu sich ein.

---

[1] Zum Ausdruck des Unerwarteten und Spontanen einer Handlung kann auch das vo. Futurum oder das vo. Präteritum in Verbindung mit den entsprechenden Formen von взять vo. gebraucht werden:

Он взял да ушёл.	Er ging plötzlich weg.
А что, как я, в са́мом де́ле, возьму́ да женю́сь на ней?	Aber was ist, wenn ich sie tatsächlich einfach heiraten werde?

c) Der Imperativ steht in Konditionalsätzen:

Напиши́ мы ему́ вчера́ письмо́, он сего́дня получи́л бы его́.	Hätten wir ihm gestern einen Brief geschrieben, so würde er ihn heute bekommen.
Скажи́ он ра́ньше, всё мо́жно бы́ло бы устро́ить.	Hätte er es früher gesagt, hätte man alles in Ordnung bringen können.
Опозда́й мы на пять мину́т, он бы ушёл.	Hätten wir uns um 5 Minuten verspätet, wäre er weggegangen.

d) Der Imperativ steht in Konzessivsätzen:

Кто что ни говори́, а э́то пра́вда.	Was man auch sagen mag, aber das ist die Wahrheit.

363 II. Der Imperativ der gemeinsamen Handlung

Der Imperativ der gemeinsamen Handlung drückt eine Aufforderung aus, in die sich der Sprechende einschließt.

1. Der Imperativ der gemeinsamen Handlung wird wiedergegeben

a) durch die 1. Person Plural des vollendeten Futurums ohne Personalpronomen, z.B.:

Оста́немся ещё на оди́н день!	Bleiben wir noch einen Tag!
Пойдём сего́дня в теа́тр!	Gehen wir doch heute ins Theater!
Отстои́м пра́вое де́ло ми́ра!	Laßt uns die gerechte Sache des Friedens verteidigen!
Пое́дем, Ма́ша, домо́й!	Laß uns nach Hause fahren, Mascha!
Возьмём биле́ты на за́втра!	Nehmen wir Karten für morgen!

b) durch die 1.Person Plural des Präsens einiger bestimmter Verben der Fortbewegung ohne Personalpronomen: **идти́, е́хать, лезть, нести́** u.a.

Идём!	Nun los, gehen wir!
Е́дем!	Fahren wir los!

c) (seltener) durch die 1.Person Plural des Futurums unvollendeter Verben ohne Personalpronomen, z.B.:

Бу́дем вме́сте рабо́тать!	Laßt uns gemeinsam arbeiten!
Не бу́дем спо́рить!	Wollen wir nicht streiten!

Ist die Aufforderung des Sprechenden zur gemeinsamen Handlung nicht nur an eine Person, sondern an mehrere Personen gerichtet, so kann an die 1.Person Plural des Präsens oder Futurums die Partikel **-те** angefügt werden. Die Form auf **-те** dient außerdem als Höflichkeitsform.

Продóлжимте наш разговóр!	Setzen wir unser Gespräch fort!
Бýдемте друзья́ми!	Laßt uns Freunde sein!

2. In der Umgangssprache wird die Aufforderung zur gemeinsamen Handlung bisweilen durch Vorsetzen von **давáй, давáйте**[1] verstärkt. In gleicher Funktion können **давáй, давáйте** auch mit dem unvollendeten Infinitiv verbunden werden.

Давáй пойдём купáться!	Komm, laß uns baden gehen!
Давáйте споём чтó-нибудь!	Nun, wollen wir irgend etwas singen!
Давáйте не бýдем спóрить!	Wollen wir doch nicht streiten!
Давáй игрáть в шáхматы!	Laß uns Schach spielen!
Давáйте чай пить!	Nun, trinken wir doch Tee!

3. Eine nachdrückliche Aufforderung zur gemeinsamen Handlung kann in der Umgangssprache bisweilen durch die Pluralform des vollendeten Präteritums ausgedrückt werden. In dieser Form werden aber nur sehr wenige Verben gebraucht: **пойти́** vo., **поéхать** vo.:

Пошли́! – Поéхали! Also los, gehen wir! – Fahren wir (endlich) los!

III. Der Imperativ der 3. Person[2] 364

Der Imperativ der 3.Person drückt eine mittelbare Aufforderung oder einen mittelbaren Befehl aus. Zuweilen werden dritte Personen angesprochen, die die Aufforderung bzw. den Befehl übermitteln sollen.

1. Der Imperativ der 3.Person wird durch **пусть** – umgangssprachlich auch **пускáй** – in Verbindung mit der 3.Person Singular oder Plural des vollendeten Futurums (seltener des Präsens) wiedergegeben. Das Subjekt steht dabei zwischen **пусть** (**пускáй**) und der Verbform.

Пусть Сергéй зайдёт ко мне; передáйте емý об э́том, пожáлуйста!	Sergei möchte zu mir kommen, teilt ihm das bitte mit!

---

[1] Давáй, давáйте sowie дай, дáйте können in ähnlicher Weise auch mit der 1.Person Singular verbunden werden. Durch diese Formen werden die angeredeten Personen aufgefordert, ihre Zustimmung zur beabsichtigten Handlung des Sprechenden zu geben.

Дáйте (я) отдохнý сначáла!	Laßt mich zuerst ein wenig ausruhen!
Давáйте я сыгрáю пéсню на роя́ле!	Laßt mich das Lied auf dem Flügel spielen!

[2] Der Imperativ der 3. Person wird nicht in allen Grammatiken einheitlich den Imperativbildungen zugerechnet mit dem Hinweis darauf, daß seine Formen eher Wunschformen als eigentliche Imperative sind.

Пусть споёт Бори́с!	Boris möchte singen!
Пусть он спит!	Laß(t) ihn schlafen! Mag er schlafen!
Пусть они́ живу́т у нас!	Sollen sie bei uns wohnen!
Пуска́й сам всё посмо́трит!	Mag er sich selbst alles ansehen!
Пуска́й подождёт!	Er soll (möge) warten!

2. Im gehobenen, feierlichen Stil kommt zuweilen ein Imperativ der 3. Person mit der Partikel **да** vor. Weitgehend gebräuchlich ist diese Form allerdings nur in der feststehenden Wendung **Да здра́вствует (здра́вствуют) ...!**

Да здра́вствует мир ме́жду наро́дами!	Es lebe der Friede unter den Völkern!
Да здра́вствует герма́но-сове́тская дру́жба!	Es lebe die deutsch-sowjetische Freundschaft!

365 IV. Infinitiv und Konjunktiv als Ausdruck des Imperativs

1. Ein scharfer Befehl, eine strenge Anweisung oder eine allgemeine Aufforderung werden häufig durch den Infinitiv wiedergegeben. Dabei kann die angeredete Person im Dativ hinzugesetzt werden.

Сиде́ть сми́рно!	Still sitzen!
Не шуме́ть!	Nicht lärmen!
Не кури́ть!	Rauchen verboten!
Тебе́ молча́ть!	Du hast zu schweigen!
Вам неме́дленно вы́звать врача́!	Sie müssen unverzüglich den Arzt rufen!
Убра́ть урожа́й без поте́рь!	Bringt die Ernte verlustlos ein!

2. Eine freundliche, höfliche Bitte oder Aufforderung wird zuweilen durch den Konjunktiv bezeichnet.

Ты бы пошёл!	Du solltest gehen!
Ты бы отдохну́л немно́го!	Du solltest dich ein wenig ausruhen!
Ты бы не чита́л, а спал!	Du solltest nicht lesen, sondern schlafen!
Вы бы нам спе́ли что́-нибудь!	Könnten Sie uns nicht etwas vorsingen!

In ähnlicher Bedeutung kann auch der Infinitiv mit der Konjunktivpartikel **бы** gebraucht werden. Die angeredete Person wird dabei im Dativ angegeben.

Тебе́ бы пойти́ к зубно́му врачу́!	Du solltest doch mal zum Zahnarzt gehen!
Вам бы чита́ть э́ту интере́сную кни́гу!	Sie müßten dieses interessante Buch einmal lesen!

DER KONJUNKTIV

I. Die Bildung des Konjunktivs 366

Der Konjunktiv wird gebildet, indem man die Partikel **бы** – nach Vokalen bisweilen zu **б** verkürzt – mit dem Präteritum des Verbs verbindet. Der russische Konjunktiv verfügt nur über diese eine Form, die je nach dem Kontext verschiedene Zeitbedeutungen haben kann[1], z.B.:

Éсли бы он пришёл сегóдня!	Wenn er doch heute käme!
Éсли бы он пришёл вчерá!	Wenn er doch gestern gekommen wäre!
Éсли бы он пришёл зáвтра!	Wenn er doch morgen kommen würde!

DER KONJUNKTIV	
рабóтать arbeiten	**изучи́ть** vo. lernen
я, ты – **рабóтал (-а) бы**	**я, ты** – **изучи́л (-а) бы**
он рабóтал бы	**он изучи́л бы**
онá рабóтала бы	**онá изучи́ла бы**
онó рабóтало бы	**онó изучи́ло бы**
мы, вы, они́ – **рабóтали бы**	**мы, вы, они́** – **изучи́ли бы**

Im allgemeinen steht **бы** hinter der Form des Präteritums. Es kann aber auch hinter ein beliebiges anderes Wort im Satz treten, wenn dieses besonders hervorgehoben werden soll, z.B.:

Я э́того не сдéлал бы!	Ich hätte das nicht g e t a n !
Я бы э́того не сдéлал!	I c h hätte das nicht getan!
Э́того бы я не сдéлал!	D a s hätte ich nicht getan!

Auf die Konjunktionen **éсли, что** und **хотя́,** auf das ausrufende **как** und auf Interrogativpronomen und -adverbien folgt **бы** meistens unmittelbar. Die Konjunktion **что** und **бы** werden dann immer in einem Wort geschrieben: **чтóбы.**

[1] Bei der Übersetzung der Beispielsätze wird im folgenden jeweils nur e i n e Möglichkeit gewählt.

Éсли бы я э́то знал, я пришёл бы.	Wenn ich das gewußt hätte, wäre ich gekommen.
Он говори́л гро́мко, что́бы все его́ слы́шали.	Er sprach laut, damit ihn alle hören konnten.
Как бы я хоте́л то́же пое́хать туда́!	Wie gern möchte ich auch dahin fahren!
Кто бы э́то поду́мал!	Wer hätte das gedacht!

367

II. Zum Gebrauch des Konjunktivs

Beim russischen Konjunktiv ist zwischen dem Gebrauch in selbständigen Sätzen und dem Gebrauch in Nebensätzen zu unterscheiden.

A. In selbständigen Sätzen bezeichnen die Formen des Konjunktivs:

1. eine hypothetische (= mögliche oder angenommene) Handlung, z. B.:

Я бы пришёл, но мне не́когда.	Ich würde kommen, aber ich habe keine Zeit.
Я с э́тим не спра́влюсь, а ты бы спра́вился.	Ich werde damit nicht fertig, aber du würdest damit fertig werden.
Вам бы он, коне́чно, сказа́л всю пра́вду.	Euch hätte er sicherlich die ganze Wahrheit gesagt.

2. einen Wunsch oder eine erwünschte Handlung, häufig in Form eines Ausrufs (eingeleitet mit **о, е́сли, лишь**), z. B.:

Мне хоте́лось бы побесе́довать с ва́ми.	Ich möchte mich gern ein wenig mit Ihnen unterhalten.
О е́сли бы ты знал!	O wenn du doch wüßtest!
Лишь бы он ничего́ не узна́л!	Wenn er bloß nichts erfahren würde!

3. eine mildere, verbindlichere Aussage, Frage oder Aufforderung, z. B.:

Мне хоте́лось бы погуля́ть.	Ich würde gern spazierengehen.
А что бы вы сказа́ли об э́том?	Und was würden Sie dazu sagen?
Вы бы лу́чше записа́ли, а то забу́дете.	Sie sollten es lieber aufschreiben, sonst vergessen Sie es.

In der Umgangssprache haben sich zum höflichen Ausdruck eines Wunsches oder Anliegens gewisse feststehende Wendungen entwickelt, die aber nur höfliche Floskeln darstellen, z. B.:

Мне хоте́лось бы сказа́ть... = **Мне хо́чется сказа́ть...**

Я попроси́л бы вас... = **Я прошу́ вас...**

B. In Nebensätzen tritt der Konjunktiv in folgenden Funktionen auf:

1. Der Konjunktiv steht in Konditionalsätzen zum Ausdruck einer unerfüllbaren oder unerfüllten Bedingung[1]. Dabei steht im Hauptsatz, der vielfach durch **то** eingeleitet wird, ebenfalls der Konjunktiv.

Е́сли бы я не́ был бо́лен, я пришёл бы к вам.	Wenn ich nicht krank wäre, würde ich zu euch kommen.
Он сде́лал бы э́то, е́сли бы он мог.	Er würde das tun, wenn er könnte.
Е́сли бы у меня́ бы́ло вре́мя, то я пошёл бы в теа́тр.	Wenn ich Zeit hätte, würde ich ins Theater gehen.
Был бы снег, он давно́ бы раста́ял.	Wenn Schnee gelegen hätte, wäre er schon längst weggetaut.
Е́сли бы вчера́ была́ хоро́шая пого́да, мы пошли́ бы ката́ться на ло́дках.	Wenn gestern schönes Wetter gewesen wäre, wären wir Boot fahren gegangen.

2. Der Konjunktiv kann in Konzessivsätzen stehen.

Я непреме́нно хочу́ ко́нчить рабо́ту сего́дня, хотя́ бы пришло́сь просиде́ть до полу́ночи.	Ich will die Arbeit unbedingt heute beenden, wenn ich auch bis Mitternacht an ihr sitzen sollte.
Мо́жете, коне́чно, так поступи́ть, хотя́ бы я и не сове́товал.	Sie können natürlich so handeln, obgleich ich nicht dazu raten würde.
Как бы то ни́ было, я бы э́того не сде́лал.	Wie dem auch sei, ich hätte das nicht getan.

[1] Eine erfüllbare oder erfüllte Bedingung wird im Indikativ wiedergegeben:
Е́сли у меня́ бу́дет вре́мя, то я тебе́ помогу́. Wenn ich Zeit habe, werde ich dir helfen.

3. Der Konjunktiv steht in Verbindung mit der Konjunktion **чтóбы** (daß, damit) in Finalsätzen. Dabei ist zu beachten, daß **чтóбы** mit dem Infinitiv verbunden wird und die Bedeutung „um zu" erhält, wenn Haupt- und Finalsatz das gleiche Subjekt haben.

Он говори́л гро́мко, чтóбы все его́ слы́шали.	Er sprach laut, damit ihn alle hören konnten.
Учи́тель пи́шет предложе́ние на доске́, чтóбы ученики́ его́ лу́чше усво́или.	Der Lehrer schreibt den Satz an die Tafel, damit die Schüler ihn besser behalten.
Я пое́хал к дру́гу, чтóбы он мог со мной посове́товаться.	Ich fuhr zu meinem Freund, damit er sich mit mir beraten konnte.
Я пошёл в библиоте́ку, чтóбы чита́ть журна́лы.	Ich ging in die Bibliothek, um Zeitschriften zu lesen.
Я пришёл, чтóбы поговори́ть с ва́ми.	Ich bin gekommen, um mit Ihnen zu sprechen.
Мы наде́ли тёплые пальто́, чтóбы не мёрзнуть.	Wir zogen warme Mäntel an, um nicht zu frieren.

4. Der Konjunktiv steht in Verbindung mit der Konjunktion **чтóбы** (daß) in Objektsätzen

a) nach den Verben des Wollens, Wünschens, Bittens, Forderns und Befehlens sowie nach den Verben des Sagens, Denkens und Mitteilens, wenn der folgende Inhalt erwünscht, erbeten oder erforderlich ist.

Мы хоти́м, чтóбы лю́ди во всём ми́ре жи́ли в ми́ре и дру́жбе.	Wir wollen, daß die Menschen in aller Welt in Frieden und Freundschaft leben.
Я жела́ю, чтóбы ты ско́ро верну́лся.	Ich wünsche, daß du bald zurückkommst.
Учи́тель тре́бует, чтóбы ученики́ чита́ли гро́мко и вырази́тельно.	Der Lehrer fordert, daß die Schüler laut und ausdrucksvoll lesen.
Я сказа́л, чтóбы все вы́шли из ко́мнаты.	Ich sagte, daß alle aus dem Zimmer gehen sollten.
Мы телеграфи́ровали бра́ту, чтóбы он встреча́л нас на вокза́ле.	Wir telegrafierten unserem Bruder, daß er uns am Bahnhof abholen sollte.

Das gleiche gilt für die von diesen Verben abgeleiteten Substantive sowie für prädikative Adverbien gleicher oder ähnlicher Bedeutung:

Желáтельно, чтóбы товáр прúбыл ещё до начáла сезóна.	Es ist wünschenswert, daß die Ware noch vor Beginn der Saison eintrifft.
Нýжно, чтóбы всё бы́ло готóво вóвремя.	Es ist notwendig, daß alles rechtzeitig fertig ist.

b) nach Verben, die eine Befürchtung oder einen Zweifel ausdrücken, sowie nach entsprechenden Verbalsubstantiven und prädikativen Adverbien. Beim Ausdruck der Befürchtung ist dabei der Konjunktiv verneint.

Я боюсь, чтóбы он не пришёл.	Ich befürchte, daß er kommt[1].
Сомнúтельно, чтóбы он согласúлся на э́то.	Es ist zweifelhaft, ob er dem zustimmt.

c) vielfach nach Hauptsätzen verneinenden oder einschränkenden Inhalts.

Никтó не подýмал бы, чтóбы жéнщина моглá установúть такóй рекóрд.	Niemand hätte gedacht, daß eine Frau einen solchen Rekord aufstellen könnte.
Из э́того ещё не слéдует, чтóбы я с ним соглашáлся.	Daraus folgt noch nicht, daß ich mich mit ihm einverstanden erkläre.
Мы не ожидáли, чтóбы он смог так скóро кóнчить рабóту.	Wir hatten nicht erwartet, daß er die Arbeit so schnell beenden konnte.

Kein Konjunktiv steht im Russischen in der indirekten Rede, wenn in der entsprechenden direkten Rede der Indikativ steht (vgl. auch 618), z. B.:

direkte Rede:	*indirekte Rede:*
Брат сказáл мне: «Я поéду зáвтра в гóры».	**Брат сказáл мне, что он зáвтра поéдет в гóры.**
Mein Bruder sagte mir: „Ich fahre morgen in die Berge.“	Mein Bruder sagte mir, daß er morgen in die Berge fahren werde.
Я спросúл егó: «Скóро (ли) ты бýдешь готóв?»	**Я спросúл егó, скóро ли он бýдет готóв.**
Ich fragte ihn: „Wirst du bald fertig sein?“	Ich fragte ihn, ob er bald fertig sein werde.

[1] Hingegen bei erwünschtem Inhalt:
Я боюсь, что он не придёт. — Ich fürchte, daß er nicht kommt.

DIE INFINITEN VERBALFORMEN

Zu den infiniten Formen des russischen Verbs zählen der Infinitiv, vier Partizipien und zwei Adverbialpartizipien. Zum INFINITIV siehe (314; 365; 367, B. 3; 575,4; 616).

DIE PARTIZIPIEN

368
I. Zu Form und Formenbestand der Partizipien

Die Partizipien – auch Verbaladjektive genannt – sind Formen des Verbs, die wie Adjektive flektiert und gebraucht werden. Dementsprechend verfügen die Partizipien sowohl über Merkmale des Verbs als auch des Adjektivs.

Als Form des Verbs sind die Partizipien gekennzeichnet nach:

1. Aspekt (unvollendet oder vollendet),
2. Tempus (Präsens oder Präteritum; – Futurformen fehlen),
3. verbalem Genus (Aktiv, reflexives Genus oder Passiv).

Dazu weisen die Partizipien die gleiche Rektion wie die übrigen Verbalformen auf und haben wie diese die Fähigkeit, eine adverbiale Bestimmung bei sich zu haben.

Mit dem Adjektiv stimmen die Partizipien überein:

1. in Abwandlung –

   a) Die Partizipien werden wie Adjektive dekliniert. (Sie sind nach Genus, Numerus und Kasus veränderlich.)

   b) Die Partizipien können Lang- und Kurzformen haben. (Kurzformen sind nur von den Partizipien des Passivs vorhanden.)

2. in Funktion –

   a) Die Partizipien werden in der Langform attributiv gebraucht und stimmen mit dem zugehörigen Substantiv in Genus, Numerus und Kasus überein.

   b) Die Kurzformen der Partizipien des Passivs werden in Verbindung mit den Zeitformen von **быть** prädikativ gebraucht.

Das russische Verb verfügt über vier Partizipien – über je ein Partizip des Aktivs[1] und des Passivs in Präsens und Präteritum.

DER FORMENBESTAND DER PARTIZIPIEN					
(verbales) Genus / Tempus	Aktiv	deutsche Bedeutung[2]	Passiv: Langform	Passiv: Kurzform	deutsche Bedeutung[2]
Präsens	**чита́ющий, -ая, -ее, -ие** **откры-ва́ющий, -ая, -ее, -ие**	lesend öffnend	**чита́емый, -ая, -ое, -ые** **откры-ва́емый, -ая, -ое, -ые**	**чита́ем, -а, -о, -ы** **открыва́ем, -а, -о, -ы**	gelesen werdend geöffnet werdend
Präteritum	**(про)чита́в-ший, -ая, -ее, -ие** **откры́-(ва́)вший, -ая, -ее, -ие**	gelesen habend geöffnet habend	**(про)чи́-танный, -ая, -ое, -ые** **откры́тый, -ая, -ое, -ые**	**(про)чи́тан, -а, -о, -ы** **откры́т, -а, -о, -ы**	gelesen geöffnet

Da es keine Partizipien mit Futurbedeutung gibt, können von vollendeten Verben nur die Partizipien des Präteritums gebildet werden. Im einzelnen verteilen sich die Partizipien wie folgt auf die Aspekte:

Partizip des Präsens Aktiv: – nur unvollendet
Partizip des Präsens Passiv: – nur unvollendet
Partizip des Präteritums Aktiv: – unvollendet und vollendet
Partizip des Präteritums Passiv: – vorzugsweise vollendet

II. Die Partizipien des Aktivs

1. Die Bildung des Partizips des Präsens Aktiv

Das Partizip des Präsens Aktiv wird von der 3. Person Plural des Präsens unvollendeter **369**

[1] Das reflexive Genus besitzt keine besondere Partizipialform; es ist gegenüber dem Aktiv nur zusätzlich durch die Partikel -ся gekennzeichnet. Daher werden aktive und reflexive Partizipien rein formal bei der Einteilung der Partizipien nicht unterschieden.

[2] Die hier gegebenen deutschen Bedeutungen stellen nur einen annähernden Gegenwert der russischen Partizipien im Deutschen dar.

Verben[1] gebildet, indem man das **-т** der Endung durch **-щий, -щая, -щее, -щие**[2] ersetzt:

рабóтать	arbeiten	**(рабóтаю-т)**	**– рабóтающий, -ая, -ее, -ие**
писáть	schreiben	**(пи́шу-т)**	**– пи́шущий, -ая, -ее, -ие**
рисовáть	zeichnen	**(рису́ю-т)**	**– рису́ющий, -ая, -ее, -ие**
петь	singen	**(пою́-т)**	**– пою́щий, -ая, -ее, -ие**
нести́	tragen	**(несу́-т)**	**– несу́щий, -ая, -ее, -ие**
ви́деть	sehen	**(ви́дя-т)**	**– ви́дящий, -ая, -ее, -ие**
ходи́ть	gehen	**(хóдя-т)**	**– ходя́щий, -ая, -ее, -ие**

370 *Zur Betonung*

Die Betonung des Partizips des Präsens Aktiv entspricht bei den Verben der e-Konjugation der Betonung der 3. Person Plural des Präsens.

Ausnahme: **мочь (мóгут) – могу́щий.**

Die Betonung des Partizips des Präsens Aktiv entspricht bei den Verben der i-Konjugation zumeist der Betonung des Infinitivs.

Wichtigste Ausnahmen sind: **дышáть** (atmen) – **ды́шащий; люби́ть** (lieben) – **лю́бящий; служи́ть** (dienen) – **слу́жащий.**

2. Die Bildung des Partizips des Präteritums Aktiv

371 Das Partizip des Präteritums Aktiv wird von der männlichen Singularform des Präteritums unvollendeter und vollendeter Verben gebildet. Dabei sind zwei Bildungen zu unterscheiden:

a) **-вший, -вшая, -вшее, -вшие**

Endet die männliche Singularform des Präteritums auf **-л**, so wird das **-л** der Präteritalform gewöhnlich durch **-вший, -вшая, -вшее, -вшие** ersetzt, z. B.:

читáть	lesen	**(читá-л)**	**– читáвший, -ая, -ее, -ие**
приéхать	vo. ankommen	**(приéха-л)**	**– приéхавший, -ая, -ее, -ие**

---

[1] In der Literatur des 19. Jahrhunderts kommen bisweilen Partizipien des Präsens Aktiv von vollendeten Verben vor. Diese Formen, die Futurbedeutung haben, entsprechen nicht den Normen der heutigen Literatursprache.

[2] Das Partizip des Präsens Aktiv wird eigentlich durch Anfügen der Suffixe -ющ(ий)/-ущ(ий), -ящ(ий)/-ащ(ий) an den Präsensstamm gebildet. Da der Vokal des Suffixes jedoch jeweils mit dem Vokal der Personalendung übereinstimmt, bildet die angegebene Regel eine praktische Vereinfachung.
Vom Standpunkt der Phonetik aus lauten die Suffixe des Partizips des Präsens Aktiv -ущ-, -ащ-, vgl. Fußnote 2 auf S. 282 und Fußnote 1 auf S. 285.

ви́деть	sehen	**(ви́де-л)**	— **ви́девший, -ая, -ее, -ие**
вы́полнить vo.	erfüllen	**(вы́полни-л)**	— **вы́полнивший, -ая, -ее, -ие**
отдохну́ть vo.	sich erholen	**(отдохну́-л)**	— **отдохну́вший, -ая, -ее, -ие**

b) **-ший, -шая, -шее, -шие**

Endet die männliche Singularform des Präteritums nicht auf **-л**, so wird der männlichen Singularform des Präteritums **-ший, -шая, -шее, -шие** angehängt:

нести́	tragen	**(нёс)**	— **нёсший, -ая, -ее, -ие**
везти́	fahren	**(вёз)**	— **вёзший, -ая, -ее, -ие**
расти́	wachsen	**(рос)**	— **ро́сший, -ая, -ее, -ие**
лечь vo.	sich hinlegen	**(лёг)**	— **лёгший, -ая, -ее, -ие**
замёрзнуть vo.	erfrieren	**(замёрз)**	— **замёрзший, -ая, -ее, -ие**
умере́ть vo.	sterben	**(у́мер)**	— **уме́рший, -ая, -ее, -ие**

Ausnahmen:

исче́знуть vo.	verschwinden	— **исче́знувший, -ая, -ее, -ие**
вя́нуть	welken	— **вя́нувший**[1], **-ая, -ее, -ие**

c) Abweichende Bildungen

α) Die Verben auf **-сти, -сть**, die im Präsensstamm auf **-д, -т** auslauten, bilden das Partizip des Präteritums Aktiv zumeist durch Anfügen von **-ший, -шая, -шее, -шие** an den Präsensstamm[2], z. B.:

вести́	führen	**(вед-у́т)**	— **ве́дший, -ая, -ее, -ие**
привести́ vo.	herbeiführen	**(привед-у́т)**	— **приве́дший, -ая, -ее, -ие**
расцвести́ vo.	aufblühen	**(расцвет-у́т)**	— **расцве́тший, -ая, -ее, -ие**

aber:

сесть vo.	sich (hin-)setzen	— **се́вший, -ая, -ее, -ие**
укра́сть vo.	stehlen	— **укра́вший, -ая, -ее, -ие**

β) **Идти́** und dessen Komposita bilden das Partizip des Präteritums Aktiv vom Stamm **шед-**:

---

[1] Die Komposita von вя́нуть können das Partizip des Präteritums Aktiv mit und ohne das Suffix -ну- bilden: увя́нуть vo. — увя́нувший und увя́дший. Doppelte Formen treten auch bei einigen wenigen anderen Inchoativa auf -нуть auf: со́хнуть — со́хший und со́хнувший.

[2] In der Umgangssprache kann das Partizip des Präteritums Aktiv von einigen Verben auf -сти/-сть, die im Präsensstamm auf -д, -т auslauten, mitunter auch auf -вший gebildet werden.
Пасть vo. „fallen" hat beide Formen mit unterschiedlicher Bedeutung: па́дший а́нгел = „gefallener Engel" — па́вшие солда́ты = „gefallene Soldaten". Die Komposita von пасть vo. bilden das Partizip des Präteritums Aktiv nur auf -вший.

идти́	gehen	— **ше́дший, -ая, -ее, -ие**
прийти́ vo.	ankommen	— **прише́дший, -ая, -ее, -ие**

372 *Zur Betonung*

Die Betonung des Partizips des Präteritums Aktiv stimmt allgemein mit der Betonung des Infinitivs überein.

Bei den Verben auf **-ти**, bei den Verben auf **-ереть** und bei den Verben auf **-нуть**, die das Präteritum unter Ausfall des Suffixes **-ну-** bilden, liegt die Betonung im Partizip des Präteritums Aktiv in der Regel auf der Silbe vor **-ший, -ая, -ее** usw. (Eine Ausnahme bilden die stets auf der 1. Silbe betonten vollendeten Komposita mit dem Präfix **вы-**.)

373

3. Die Deklination der Partizipien des Aktivs

Die Partizipien des Aktivs werden regelmäßig nach der gemischten Deklination der Adjektive abgewandelt.

N.	**рабо́тающий челове́к**	**прие́хавшая в Москву́ де́вочка**
G.	**рабо́тающего челове́ка**	**прие́хавшей в Москву́ де́вочки**
D.	**рабо́тающему челове́ку**	**прие́хавшей в Москву́ де́вочке**
A.	**рабо́тающего челове́ка**	**прие́хавшую в Москву́ де́вочку**
I.	**рабо́тающим челове́ком**	**прие́хавшей в Москву́ де́вочкой**
P.	**(о) рабо́тающем челове́ке**	**(о) прие́хавшей в Москву́ де́вочке**

374

4. Reflexive Partizipien

Die Partizipien reflexiver Verben werden durch Anfügen von **-ся** an die Endungen der Partizipien des Aktivs gebildet. Dabei steht **-ся** in allen Fällen, unabhängig davon, ob die Partizipialendung auf Vokal oder Konsonant auslautet.

уча́щаяся молодёжь	= die lernende Jugend
труди́вшиеся день и ночь рабо́чие	= die Arbeiter, die Tag und Nacht gearbeitet hatten

Reflexive Partizipien können bisweilen ein Passiv ausdrücken:

дом, стро́ящийся о́коло теа́тра	das Haus, das neben dem Theater gebaut wird
статьи́, публикова́вшиеся на страни́цах на́шего журна́ла	die Aufsätze, die auf den Seiten unserer Zeitschrift veröffentlicht wurden

5. Zum Gebrauch der Partizipien des Aktivs

A. ANWENDUNGSBEREICH 375

Die Partizipien des Aktivs sind vorzugsweise Formen der Schriftsprache. In der Umgangssprache werden sie äußerst selten gebraucht.

B. SYNTAKTISCHE FUNKTION 376

Die Partizipien des Aktivs werden ausschließlich in attributiver Funktion gebraucht und stimmen dabei mit ihrem Beziehungswort in Genus, Numerus und Kasus überein: **купа́ющийся ма́льчик, цвету́щие луга́.**

Die attributiv gebrauchten Partizipien werden zu Partizipialkonstruktionen, wenn sie durch ein Objekt oder eine Adverbialbestimmung ergänzt sind:

лежа́щая на столе́ кни́га	das auf dem Tisch liegende Buch
игра́ющие во дворе́ де́ти	die auf dem Hof spielenden Kinder
бо́рющиеся за свою́ свобо́ду колониа́льные наро́ды	die für ihre Freiheit kämpfenden Kolonialvölker
тяжело́ заболе́вший ма́льчик	der schwererkrankte Knabe

In bezug auf die Stellung im Satz gilt für Partizipien und Partizipialkonstruktionen:

a) Partizipien stehen als einfaches Attribut vor ihrem Beziehungswort, z.B.:

Над цвету́щими поля́ми лета́ли пти́цы.	Über den blühenden Feldern flogen Vögel umher.
Побледне́вшее не́бо ста́ло опя́ть сине́ть.	Der verblaßte Himmel begann, sich wieder blau zu färben.

b) Partizipialkonstruktionen können vor und nach ihrem Beziehungswort stehen. Nachgestellte Partizipialkonstruktionen bilden sogenannte isolierte Attribute und werden durch Kommas abgetrennt.

Да́йте мне, пожа́луйста, лежа́щую на столе́ кни́гу!	Geben Sie mir bitte das auf dem Tisch liegende Buch.
Тяжело́ заболе́вший ма́льчик всё ещё не пришёл в шко́лу.	Der schwererkrankte Knabe ist noch nicht wieder zur Schule gekommen.
На па́лубе парохо́да, приближа́вшегося к бе́регу, стоя́ло мно́го наро́да.	Auf dem Deck des Dampfers, der sich dem Ufer näherte, standen viele Menschen.
Оте́ц, дове́дший нас до вокза́ла, пожела́л нам счастли́вого пути́.	Vater, der uns zum Bahnhof gebracht hatte, wünschte uns gute Reise.

377 C. ZEITWERT

Obwohl die Partizipien in ihrer Benennung als Zeitformen des Präsens oder Präteritums gekennzeichnet werden, drücken sie in der Regel kein absolutes Präsens oder Präteritum aus. Sie bezeichnen vielmehr das zeitliche Verhältnis der Partizipialhandlung zu der durch das finite Verb ausgedrückten Haupthandlung des Satzes. Ihr Zeitwert ist ein relativer.

a) Das Partizip des Präsens Aktiv bezeichnet in der Regel die Gleichzeitigkeit mit der Haupthandlung des Satzes, unabhängig davon, ob diese im Präsens oder Präteritum steht. Nur in seltenen Fällen drückt das Partizip des Präsens Aktiv ein absolutes Präsens aus.

Мы ви́дим в па́рке мно́го гуля́ющих по алле́ям люде́й.	Im Park sehen wir viele Menschen, die auf den Parkalleen spazierengehen.

(Gleichzeitigkeit mit der Haupthandlung im Präsens)

Мы ви́дели в па́рке мно́го гуля́ющих по алле́ям люде́й.	Im Park sahen wir viele Menschen, die auf den Parkalleen spazierengingen.

(Gleichzeitigkeit mit der Haupthandlung im Präteritum)

Наш автомоби́ль приближа́лся к зда́нию гости́ницы, находя́щемуся в це́нтре го́рода.	Unser Auto näherte sich dem Gebäude des Hotels, das sich im Stadtzentrum befindet.

(Absolutes Präsens)

b) Das Partizip des Präteritums Aktiv bezeichnet in der Regel die Vorzeitigkeit in bezug auf eine Haupthandlung im Präsens oder Präteritum. Das Partizip des Präteritums Aktiv unvollendeter Verben kann die Gleichzeitigkeit mit der Haupthandlung ausdrücken, wenn diese im Präteritum steht[1].

Мно́го молоды́х сове́тских специали́стов, око́нчивших ву́зы, уе́хало на Алта́й.	Viele junge sowjetische Spezialisten, die Hochschulen absolviert hatten, fuhren ins Altaigebiet.

(Vorzeitigkeit in bezug auf eine Haupthandlung im Präteritum)

---

[1] Um Irrtümer zu vermeiden, ist das Partizip des Präteritums Aktiv zum Ausdruck der Gleichzeitigkeit mit der Haupthandlung im Präteritum mitunter dem Partizip des Präsens Aktiv vorzuziehen.

Рекомендую вам этого врача, с успехом лечившего меня.	Ich empfehle Ihnen diesen Arzt, der mich mit Erfolg behandelt hat.

(Vorzeitigkeit in bezug auf eine Haupthandlung im Präsens)

Мы смотрели на лебедей, плававших в пруду.	Wir betrachteten die Schwäne, die auf dem Teich umherschwammen.

(Gleichzeitigkeit mit der Haupthandlung im Präteritum)

III. Die Partizipien des Passivs

1. Die Bildung des Partizips des Präsens Passiv

Das Partizip des Präsens Passiv wird von der 1. Person Plural des Präsens unvollendeter transitiver Verben gebildet, indem man das **-м** der Endung in der Langform durch **-мый, -мая, -мое, -мые**[1], — in der Kurzform durch **-м, -ма, -мо, -мы** ersetzt: 378

делать	machen	**(делае-м)**	— **делаемый, -ая, -ое, -ые** **делаем, -а, -о, -ы**
выполнять	erfüllen	**(выполняе-м)**	— **выполняемый, -ая, -ое, -ые** **выполняем, -а, -о, -ы**
изучать	lernen	**(изучае-м)**	— **изучаемый, -ая, -ое, -ые** **изучаем, -а, -о, -ы**
производить	erzeugen	**(производи-м)**	— **производимый, -ая, -ое, -ые** **производим, -а, -о, -ы**

Außerhalb der allgemeinen Regel stehen folgende Bildungen:

a) Auch von einigen unvollendeten intransitiven (sog. indirekt-transitiven, vgl. die Fußnote auf S. 277) Verben können Partizipien des Präsens Passiv gebildet werden. Hierher gehören u. a. **руководить** führen, leiten; **командовать** kommandieren; **предшествовать** vorangehen; **угрожать** (be-)drohen; **управлять** leiten, lenken.

---

[1] Das Partizip des Präsens Passiv wird eigentlich durch Anfügen der Suffixe -ем(ый), -им(ый) an den Präsensstamm gebildet. Da der Vokal des Suffixes jedoch mit dem Vokal der entsprechenden Personalendung übereinstimmt, bildet die gegebene Regel eine praktische Vereinfachung.

b) **Дава́ть** und dessen Komposita sowie die mit **-знавать, -ставать** gebildeten Verben behalten das in den Präsensformen ausfallende Suffix **-ва-** im Partizip des Präsens Passiv bei.

издава́ть herausgeben — **издава́емый, -ая, -ое, -ые**
узнава́ть erkennen — **узнава́емый, -ая, -ое, -ые**

c) Von einigen konsonantstämmigen, meist endungsbetonten Verben der e-Konjugation wird das Partizip des Präsens Passiv durch Anfügen von **-омый, -омая, -омое, -омые** an den Präsensstamm gebildet:

вести́ führen **(вед-у́т)** — **ведо́мый, -ая, -ое, -ые**
везти́ fahren **(вез-у́т)** — **везо́мый, -ая, -ое, -ые**
нести́ tragen **(нес-у́т)** — **несо́мый, -ая, -ое, -ые**
звать rufen **(зов-у́т)** — **зово́мый, -ая, -ое, -ые**

auch:
иска́ть suchen — **иско́мый, -ая, -ое, -ые**

Diese Formen werden mit Ausnahme von **ведо́мый** in der modernen Literatursprache kaum mehr gebraucht.

d) Das Partizip des Präsens Passiv von **дви́гать** (bewegen) lautet **дви́жимый, -ая, -ое, -ые.**

In der modernen Literatursprache sind Partizipien des Präsens Passiv in der Regel nur von folgenden Verben gebräuchlich:

a) von (meist präfigierten) Verben auf **-ать** mit vokalisch auslautendem Präsensstamm,
b) von nichtpräfigierten Verben auf **-овать,**
c) von den Komposita der unbestimmten Verben **води́ть, вози́ть, носи́ть.**

379 *Zur Betonung*

Die Betonung des Partizips des Präsens Passiv entspricht bei den Verben der e-Konjugation der Betonung der 3. Person Plural des Präsens, bei den Verben der i-Konjugation der Betonung des Infinitivs.

2. Die Bildung des Partizips des Präteritums Passiv

380 Das Partizip des Präteritums Passiv wird in der Regel nur von vollendeten transitiven Verben gebildet. Partizipien des Präteritums Passiv von unvollendeten transitiven Verben sind selten und kommen gewöhnlich nur von nichtpräfigierten Verben vor (z.B.: **чи́танный, де́ланный, пе́тый**). Ganz vereinzelt treten Partizipien des Präteritums Passiv von intransitiven (sog. indirekt-transitiven, vgl. die Fußnote auf S. 277) Verben auf (z.B.: **дости́гнутый**).

Beim Partizip des Präteritums Passiv unterscheidet man drei Bildungsarten:

A. DAS PARTIZIP DES PRÄTERITUMS PASSIV AUF **-нный**

Das Infinitivsuffix **-ть** wird in der Langform durch **-нный, -нная, -нное, -нные,** 381
– in der Kurzform durch **-н, -на, -но, -ны** ersetzt

a) bei den Verben auf **-ать, -ять** mit Ausnahme der Nasalstämme[1]:

прочитáть vo.	(durch-)lesen	– **прочи́танный, -ая, -ое, -ые**
		прочи́тан, -а, -о, -ы
рассéять vo.	aussäen	– **рассéянный, -ая, -ое, -ые**
		рассéян, -а, -о, -ы
организовáть vo.	organisieren	– **организóванный, -ая, -ое, -ые**
		организóван, -а, -о, -ы
написáть vo.	schreiben	– **напи́санный, -ая, -ое, -ые**
		напи́сан, -а, -о, -ы
продáть vo.	verkaufen	– **прóданный, -ая, -ое, -ые**
		прóдан, -á, -о, -ы
услы́шать vo.	hören	– **услы́шанный, -ая, -ое, -ые**
		услы́шан, -а, -о, -ы

b) bei einigen mehrsilbigen Verben auf **-еть** (– mit Ausnahme der Komposita einsilbiger Verben auf **-еть** und der Verben auf **-ереть**):

осмотрéть vo.	besichtigen	– **осмóтренный, -ая, -ое, -ые**
		осмóтрен, -а, -о, -ы
уви́деть vo.	erblicken	– **уви́денный, -ая, -ое, -ые**
		уви́ден, -а, -о, -ы
aber:		
оби́деть vo.	beleidigen	– **оби́женный, -ая, -ое, -ые**
вы́сидеть vo.	ausbrüten	– **вы́сиженный, -ая, -ое, -ые**

Zur Betonung der Partizipien auf **-нный** 382

a) Im Infinitiv nicht endbetonte Verben behalten im Partizip des Präteritums Passiv die Betonung des Infinitivs bei.

b) Im Infinitiv endbetonte Verben ziehen im Partizip des Präteritums Passiv die Betonung gegenüber dem Infinitiv in der Regel um eine Silbe zurück.

---

[1] Unter Nasalstämmen versteht man Verben auf -ять/-ать, die unter Veränderung der Wurzel im Präsensstamm auf einen Nasal (н, м) auslauten, z. B.: начáть vo. anfangen, взять vo. nehmen, поня́ть vo. verstehen, приня́ть vo. annehmen, auch: прокля́сть vo. verwünschen.

Im Rahmen dieser Regel sind Komposita einsilbiger Verben zumeist auf dem Präfix betont:

продáть vo.	verkaufen	– **прóданный, -ая, -ое, -ые**
призвáть vo.	herbeirufen, berufen	– **прúзванный, -ая, -ое, -ые**
создáть vo.	(er-)schaffen	– **сóзданный, -ая, -ое, -ые**
избрáть vo.	wählen	– **úзбранный, -ая, -ое, -ые**
оборвáть vo.	abreißen	– **обóрванный, -ая, -ое, -ые**

Die entsprechenden Kurzformen verlegen die Betonung in der weiblichen Singularform häufig auf die Endung:

прóданный	– **прóдан,**	**проданá,**	**прóдано,**	**прóданы**
прúзванный	– **прúзван,**	**прúзванá,**	**прúзвано,**	**прúзваны**
сóзданный	– **сóздан,**	**созданá,**	**сóздано,**	**сóзданы**

aber:

úзбранный	– **úзбран,**	**úзбрана,**	**úзбрано,**	**úзбраны**
обóрванный	– **обóрван,**	**обóрвана,**	**обóрвано,**	**обóрваны**

B. DAS PARTIZIP DES PRÄTERITUMS PASSIV AUF **-тый**

383 Das Infinitivsuffix **-ть** wird in der Langform durch **-тый, -тая, -тое, -тые,** – in der Kurzform durch **-т, -та, -то, -ты** ersetzt

a) bei den Nasalstämmen (vgl. die Fußnote auf S. 325):

начáть vo.	anfangen	– **нáчатый, -ая, -ое, -ые** **нáчат, -á, -о, -ы**
принять vo.	annehmen	– **прúнятый, -ая, -ое, -ые** **прúнят, -á, -о, -ы**
взять vo.	nehmen	– **взя́тый, -ая, -ое, -ые** **взят, -á, -о, -ы**
проклясть vo.	verwünschen	– **прóклятый, -ая, -ое, -ые** **прóклят, -á, -о, -ы**

b) bei den Verben auf **-уть, -ыть, -оть** sowie bei den einsilbigen Verben auf **-еть, -ить** und deren Komposita:

обýть vo.	Schuhe anziehen	– **обýтый, -ая, -ое, -ые** **обýт, -а, -о, -ы**
двúнуть vo.	bewegen	– **двúнутый, -ая, -ое, -ые** **двúнут, -а, -о, -ы**

откры́ть vo.	öffnen	– **откры́тый, -ая, -ое, -ые** **откры́т, -а, -о, -ы**
забы́ть vo.	vergessen	– **забы́тый, -ая, -ое, -ые** **забы́т, -а, -о, -ы**
вы́колоть vo.	ausstechen	– **вы́колотый, -ая, -ое, -ые** **вы́колот, -а, -о, -ы**
оде́ть vo.	anziehen	– **оде́тый, -ая, -ое, -ые** **оде́т, -а, -о, -ы**
спеть vo.	singen	– **спе́тый, -ая, -ое, -ые** **спет, -а, -о, -ы**
пережи́ть vo.	erleben	– **пе́режи́тый, -ая, -ое, -ые** **пе́режи́т, пережита́, пе́режи́то, -ы**
разви́ть vo.	entwickeln	– **разви́тый, -ая, -ое, -ые** (u. **развито́й, -а́я, -о́е, -ы́е**) **ра́зви́т, развита́, ра́зви́то, -ы**

c) bei den Verben auf **-ереть**, wobei das vor dem Infinitivsuffix stehende **е** vor **-тый, -тая, -тое** usw. ausfällt:

запере́ть vo.	verschließen	– **за́пертый, -ая, -ое, -ые** **за́перт, -а́, -о, -ы**
протере́ть vo.	abreiben	– **протёртый, -ая, -ое, -ые** **протёрт, -а, -о, -ы**

Zur Betonung der Partizipien auf **-тый** 384

Die Betonung des Partizips des Präteritums Passiv auf **-тый** entspricht im allgemeinen der männlichen Singularform des Präteritums. Bei den Verben auf **-нуть** und **-оть** kann die Betonung gegenüber dem Präteritum um eine Silbe zurückgezogen sein (**сомкну́ть** vo. schließen – **со́мкнутый**; **проколо́ть** vo. durchstechen – **проко́лотый**).

Entsprechend der Betonung in der männlichen Singularform des Präteritums ist das Partizip des Präteritums Passiv der Komposita einsilbiger Verben und der Verben auf **-ереть** bisweilen auf dem Präfix betont. Die weibliche Kurzform des Singulars ist dann gewöhnlich endungsbetont.

на́чатый, -ая, -ое, -ые	– **на́чат,**	**начата́,**	**на́чато,**	**на́чаты**
при́нятый, -ая, -ое, -ые	– **при́нят,**	**принята́,**	**при́нято,**	**при́няты**
за́нятый, -ая, -ое, -ые	– **за́нят,**	**занята́,**	**за́нято,**	**за́няты**
про́клятый, -ая, -ое, -ые	– **про́клят,**	**проклята́,**	**про́клято,**	**про́кляты**
за́пертый, -ая, -ое, -ые	– **за́перт,**	**заперта́,**	**за́перто,**	**за́перты**

auch:

взя́тый, -ая, -ое, -ые	– **взят,**	**взята́,**	**взя́то,**	**взя́ты**

C. DAS PARTIZIP DES PRÄTERITUMS PASSIV AUF **-енный/-ённый**

385 Die Endung **-ю/-у** der 1. Person Singular des Präsens bzw. vollendeten Futurums[1] wird in der Langform durch **-енный, -енная, -енное, -енные** bzw. **-ённый, -ённая, -ённое, -ённые** – in der Kurzform durch **-ен, -ена, -ено, -ены** bzw. **-ён, -ена́, -ено́, -ены́** ersetzt

a) bei den mehrsilbigen Verben auf **-ить** der i-Konjugation. Die Verben auf **-дить** haben dabei meist abweichend von der 1. Person Singular des Präsens bzw. vollendeten Futurums den Konsonantenwechsel **д — жд**.

вы́полнить vo.	**(вы́полню)**	erfüllen	— **вы́полненный, -ая, -ое, -ые** **вы́полнен, -а, -о, -ы**
реши́ть vo.	**(решу́)**	beschließen	— **решённый, -ая, -ое, -ые** **решён, -ена́, -о́, -ы́**
постро́ить vo.	**(постро́ю)**	bauen	— **постро́енный, -ая, -ое, -ые** **постро́ен, -а, -о, -ы**
возврати́ть vo.	**(возвращу́)**	zurückgeben	— **возвращённый, -ая, -ое, -ые** **возвращён, -ена́, -о́, -ы́**
освободи́ть vo.	**(освобожу́)**	befreien	— **освобождённый, -ая, -ое, -ые** **освобождён, -ена́, -о́, -ы́**
награди́ть vo.	**(награжу́)**	auszeichnen	— **награждённый, -ая, -ое, -ые** **награждён, -ена́, -о́, -ы́**
сооруди́ть vo.	**(сооружу́)**	errichten	— **сооружённый, -ая, -ое, -ые** **сооружён, -ена́, -о́, -ы́**
соста́вить vo.	**(соста́влю)**	zusammenstellen	— **соста́вленный, -ая, -ое, -ые** **соста́влен, -а, -о, -ы**

b) bei den konsonantstämmigen Verben auf **-зти, -сти, -зть, -сть, -чь** sowie bei den Komposita von **идти́**. Die Verben auf **-чь** haben dabei den gleichen Konsonantenwechsel wie in der 2. Person Singular des Präsens bzw. vollendeten Futurums.

вы́везти vo.	**(вы́везу)**	ausführen	— **вы́везенный, -ая, -ое, -ые** **вы́везен, -а, -о, -ы**
принести́ vo.	**(принесу́)**	bringen	— **принесённый, -ая, -ое, -ые** **принесён, -ена́, -о́, -ы́**
найти́ vo.	**(найду́)**	finden	— **на́йденный, -ая, -ое, -ые** **на́йден, -а, -о, -ы**
укра́сть vo.	**(украду́)**	stehlen	— **укра́денный, -ая, -ое, -ые** **укра́ден, -а, -о, -ы**

[1] Eigentlich wird das Partizip des Präteritums Passiv auf -енный/-ённый durch Anfügen von -енный/-ённый an den Präsensstamm gebildet. Da jedoch vor -енный/-ённый in der Regel der gleiche Konsonantenwechsel eintritt wie in der 1. Person Singular des Präsens bzw. vollendeten Futurums, bildet die angegebene Regel eine praktische Vereinfachung.

загры́зть vo.	**(загрызу́)** totbeißen	—	**загры́зенный, -ая, -ое, -ые** **загры́зен, -а, -о, -ы**
сбере́чь vo.	**(сберегу́, сбережёшь)** aufbewahren	—	**сбережённый, -ая, -ое, -ые** **сбережён, -ена́, -о́, -ы́**
заже́чь vo.	**(зажгу́, зажжёшь)** anzünden	—	**зажжённый, -ая, -ое, -ые** **зажжён, -ена́, -о́, -ы́**

Hierher gehören auch:

съесть vo.	essen	—	**съе́денный, -ая, -ое, -ые** **съе́ден, -а, -о, -ы**
ушиби́ть vo.	(stoßend) verletzen	—	**уши́бленный, -ая, -ое, -ые** **уши́блен, -а, -о, -ы**

Zur Betonung der Partizipien auf **-енный/-ённый** 386

a) Bei den Verben auf **-ить** der i-Konjugation richtet sich die Betonung des Partizips des Präteritums Passiv im allgemeinen nach der 2. Person Singular des Präsens bzw. vollendeten Futurums:

Verben, die in der 2. Person Singular nicht endungsbetont sind, bilden das Partizip des Präteritums Passiv auf **-енный, -енная, -енное, -енные / -ен, -ена, -ено, -ены.**

Wichtigste Ausnahmen sind: **осуди́ть** vo. verurteilen – **осуждённый**; (**пробуди́ть** vo. [auf-]wecken – **пробуждённый**); **прину́дить** vo. zwingen – **принуждённый**; **оцени́ть** vo. (ab-)schätzen – **оценённый**; **раздели́ть** vo. teilen – **разделённый**; **замени́ть** vo. ersetzen – **заменённый.**

Verben, die in der 2. Person Singular endungsbetont sind, bilden das Partizip des Präteritums Passiv auf **-ённый, -ённая, -ённое, -ённые / -ён, -ена́, -ено́, -ены́.**

b) Die Verben auf **-зти, -сти, -зть, -сть, -чь** bilden das Partizip des Präteritums Passiv in der Regel auf **-ённый, -ённая, -ённое, -ённые / -ён, -ена́, -ено́, -ены́.** Formen auf **-енный, -енная, -енное, -енные / -ен, -ена, -ено, -ены** haben die vollendeten Komposita mit dem Präfix **вы́-** sowie die mit **-грызть, -красть, -стричь** gebildeten Verben.

Und beachte:

найти́ vo. — **на́йденный, -ая, -ое, -ые/на́йден, -а, -о, -ы**
пройти́ vo. — **про́йденный, -ая, -ое, -ые/про́йден, -а, -о, -ы** und
пройдённый, -ая, -ое, -ые/пройдён, -ена́, -о́, -ы́

387 ### 3. Die Abwandlung der Partizipien des Passivs

a) Die **Langformen** der Partizipien des Passivs werden regelmäßig wie Adjektive mit hartem Stammauslaut dekliniert.

Nom.	изуча́емый мно́ю язы́к	откры́тая дверь
Gen.	изуча́емого мно́ю языка́	откры́той две́ри
Dat.	изуча́емому мно́ю языку́	откры́той две́ри
Akk.	изуча́емый мно́ю язы́к	откры́тую дверь
Instr.	изуча́емым мно́ю языко́м	откры́той две́рью
Präp.	(об) изуча́емом мно́ю языке́	(об) откры́той две́ри

b) Die **Kurzformen** der Partizipien des Passivs sind wie die Kurzformen der Adjektive nur nach Genus und Numerus veränderlich.

4. Zum Gebrauch der Partizipien des Passivs

388 #### A. ANWENDUNGSBEREICH

Das **Partizip des Präsens Passiv** ist eine selten gebrauchte Form der Schriftsprache. Es kommt in der Regel nur in den Langformen vor.

Das **Partizip des Präteritums Passiv** findet sowohl in der Schriftsprache als auch in der Umgangssprache Verwendung. Dabei gehört der Gebrauch der Langformen vorwiegend der Schriftsprache an.

389 #### B. DER GEBRAUCH DER LANGFORMEN

Die Langformen der Partizipien des Passivs werden wie die Partizipien des Aktivs in attributiver Funktion gebraucht, vgl. (376). Wie die Partizipien des Aktivs haben die Partizipien des Passivs dabei zumeist einen relativen Zeitwert. Die Angabe des Urhebers der durch das Passiv bezeichneten Handlung erfolgt im Instrumental, vgl. (125,4 a) und (338).

a) Das **Partizip des Präsens Passiv** bezeichnet gewöhnlich eine Handlung im Passiv, die gleichzeitig mit der Haupthandlung des Satzes vor sich geht. Es kann aber auch eine Passivhandlung ausdrücken, die sich auf die unmittelbare Gegenwart bezieht.

Ленингра́д горди́тся маши́нами, выпуска́емыми его́ заво́дами.	Leningrad ist stolz auf die Maschinen, die in seinen Fabriken hergestellt werden.
Грани́тные берега́, омыва́емые реко́й Нево́й, придаю́т Ленингра́ду краси́вый вид.	Die Granitufer, die von der Newa umspült werden, verleihen Leningrad einen herrlichen Anblick.

Кружóк самодéятельности, руководúмый извéстным артúстом, постáвил нóвую пьéсу.	Der Laienspielzirkel, der von einem bekannten Künstler geleitet wurde, führte ein neues Stück auf.

b) Das Partizip des Präteritums Passiv bezeichnet allgemein eine Handlung im Passiv, die in ihrem zeitlichen Ablauf vor der Haupthandlung des Satzes liegt. Häufig dauert das durch den Vollzug der Passivhandlung erreichte Resultat gleichzeitig mit der Haupthandlung an.

На столé лежúт кнúга, забы́тая вáми.	Auf dem Tisch liegt das Buch, das von euch vergessen wurde.
За прекрáсно вы́полненную рабóту моегó товáрища Кóлю наградúли óрденом.	Für hervorragend geleistete Arbeit zeichnete man meinen Kameraden Kolja mit einem Orden aus.
Картúна, нарисóванная неизвéстным худóжником, мне óчень нрáвится.	Das Bild, das von einem unbekannten Künstler gemalt worden ist, gefällt mir sehr gut.
В Акадéмии наýк СССР, оснóванной в 1724 годý, имéется 64 наýчно-исслéдовательских институ́та.	In der Akademie der Wissenschaften der UdSSR, die im Jahre 1724 gegründet wurde, gibt es 64 wissenschaftliche Forschungsinstitute.

C. DER GEBRAUCH DER KURZFORMEN **390**

Die Kurzformen der Partizipien des Passivs werden in Verbindung mit den Zeitformen von **быть** zum Ausdruck zusammengesetzter Passivformen gebraucht. Der Urheber der durch das Passiv bezeichneten Handlung steht dabei im Instrumental, vgl. (125, 4a) und (338).

a) Die Kurzformen des Partizips des Präsens Passiv sind im modernen russischen Sprachgebrauch äußerst selten. Dabei treten Kurzformen des Partizips des Präsens Passiv in der Regel überhaupt nur in Verbindung mit dem Präteritum von **быть** auf:

Доклáд егó не раз был прерывáем аплодисмéнтами.	Sein Vortrag wurde des öfteren von Beifall unterbrochen.

b) 1. Das Partizip des Präteritums Passiv ist zum Ausdruck vollendeter Passivformen in der Schriftsprache wie in der Umgangssprache weit verbreitet. Vollendete Passivformen mit dem Partizip des Präteritums Passiv sind:

α) das vollendete Präteritum des Passivs, gebildet aus dem Präteritum von **быть** und den Kurzformen des Partizips des Präteritums Passiv:

Рабóта былá им вы́полнена.	Die Arbeit war von ihm ausgeführt worden (wurde von ihm ausgeführt).

Кни́га была́ напи́сана изве́стным учёным.	Das Buch war von einem bekannten Gelehrten geschrieben worden.
Па́мятник был откры́т дире́ктором музе́я.	Das Denkmal wurde vom Direktor des Museums enthüllt.

Die Wiedergabe kann dabei im Deutschen sowohl durch das Imperfekt als auch durch das Plusquamperfekt erfolgen.

β) das vollendete Futurum des Passivs, gebildet aus dem Futurum von **быть** und den Kurzformen des Partizips des Präteritums Passiv:

Рабо́та бу́дет зако́нчена во́время.	Die Arbeit wird rechtzeitig beendet werden.
Карти́на бу́дет нарисо́вана знамени́тым худо́жником.	Das Bild wird von einem berühmten Künstler gemalt werden.
Поруче́ние бу́дет вы́полнено.	Der Auftrag wird ausgeführt werden.

2. Durch die Kurzformen des Partizips des Präteritums Passiv in Verbindung mit den Zeitformen von **быть** wird nicht nur eine Handlung im Passiv bezeichnet. Es kann auch ein Zustand ausgedrückt werden, der durch den Vollzug einer Passivhandlung erreicht wurde bzw. erreicht werden wird. Man spricht auch von einem Zustandspassiv.

Враг побеждён.	Der Feind ist besiegt.
Рабо́та вы́полнена.	Die Arbeit ist ausgeführt, ist fertig.
В воскресе́нье вы́ставка была́ откры́та це́лый день.	Am Sonntag war die Ausstellung den ganzen Tag über geöffnet.
Ско́ро все препя́тствия бу́дут преодолены́.	Bald werden alle Hindernisse überwunden sein.

Bei der Wiedergabe eines Zustandes fehlt in der Regel die Angabe des Urhebers im Instrumental. Im Deutschen wird das Zustandspassiv mit den Formen von sein und dem Partizip der Vergangenheit ausgedrückt.

3. Die sächliche Kurzform des Partizips des Präteritums Passiv tritt auch als Prädikat in unpersönlichen Sätzen auf, vgl. auch (614).

Входи́те, не закры́то!	Treten Sie ein, es ist nicht geschlossen!
В ко́мнате наку́рено.	Das Zimmer ist vollgeraucht.
Так решено́.	So ist beschlossen worden.
Об э́том ска́зано ра́нее.	Darüber ist früher gesprochen worden.
Уже́ по́слано за врачо́м.	Man hat schon nach dem Arzt geschickt.

IV. Adjektivierte und substantivierte Partizipien

1. Adjektivierte Partizipien

Partizipien können ihre verbalen Merkmale (Aspekt, Tempus und Genus) aufgeben **391**
und zu Adjektiven werden. Zu Adjektiven gewordene Partizipien nehmen dabei – allerdings nicht durchgängig – die gleichen grammatischen Kennzeichen wie die Qualitätsadjektive an (Bildung von Kurzformen, Bildung von Adverbien und Steigerungsformen). Zuweilen ist mit der Adjektivierung auch eine Bedeutungsveränderung verknüpft (z.B.: **воспи́танная де́вочка** = ein wohlerzogenes Mädchen, **рассе́янный челове́к** = ein zerstreuter Mensch, **назва́ный сын** = Adoptivsohn). Die einzelnen Partizipien unterliegen der Adjektivierung in verschieden starkem Maße.

a) Partizipien des Präsens Aktiv werden häufig zu Adjektiven[1], z.B.:

трудя́щийся крестья́нин	= ein werktätiger Bauer
бу́дущий учи́тель	= ein künftiger Lehrer
выдаю́щийся худо́жник	= ein hervorragender Künstler
блестя́щий приме́р	= ein glänzendes Beispiel
сле́дующий день	= der nächste Tag
угрожа́ющее положе́ние	= eine bedrohliche Situation
подходя́щий моме́нт	= der passende Augenblick

Adjektivierte Partizipien des Präsens Aktiv können Kurzformen, Adverbien und Steigerungsformen bilden, z.B.:

Подро́бности потряса́ющи.	Die Einzelheiten sind erschütternd.
Он блестя́ще сдал все экза́мены.	Er hat alle Prüfungen glänzend bestanden.
Он пришёл в са́мый подходя́щий моме́нт.	Er kam im passendsten Augenblick.

b) Adjektivierte Partizipien des Präsens Passiv sind häufig durch **не-** präfigiert:

неруши́мая дру́жба	= eine unverbrüchliche Freundschaft
незави́симая страна́	= ein unabhängiges Land
непроходи́мый лес	= ein undurchdringlicher Wald
необходи́мые сре́дства	= notwendige Geldmittel
люби́мая кни́га	= das Lieblingsbuch
так называ́емый друг	= ein sogenannter Freund

[1] Partizipien des Präsens Aktiv sind ihrem Ursprung nach auch die heute nur noch als Adjektive auftretenden Formen auf -учий (-ючий), -ячий (-ачий), z.B.: могу́чий флот = eine mächtige Flotte, горя́чая вода́ = heißes Wasser, вися́чая ла́мпа = Hängelampe, дрему́чий лес = Urwald, лету́чая мышь = Fledermaus, сидя́чая жизнь = sitzende Lebensweise.

c) Adjektivierte Partizipien des Präteritums Aktiv sind verhältnismäßig selten:

бы́вшие ученики́	= ehemalige Schüler
проше́дший год	= das vergangene Jahr
исте́кший[1] ме́сяц	= der verflossene Monat

d) Am häufigsten werden Partizipien des Präteritums Passiv zu Adjektiven:

пре́данный друг	= ein ergebener Freund
избало́ванный ребёнок	= ein verwöhntes Kind
образо́ванный челове́к	= ein gebildeter Mensch
квалифици́рованный рабо́чий	= ein qualifizierter Arbeiter
и́збранные произведе́ния	= ausgewählte Werke
откры́тое мо́ре	= das offene Meer

Adjektivierte Partizipien des Präteritums Passiv bilden häufig Steigerungsformen und Adverbien:

Диску́ссии ста́ли оживлённее.	Die Diskussionen wurden lebhafter.
Он пришёл соверше́нно неожи́данно.	Er kam völlig unerwartet.

392 *Zur Schreibung und Betonung der adjektivierten Partizipien des Präteritums Passiv*

In einigen Fällen äußert sich der Übergang vom Adjektiv zum Partizip in der Schreibung bzw. Betonung:

1. Schreibung

a) Zu Adjektiven gewordene Partizipien des Präteritums Passiv auf **-нный, -енный/-ённый** werden in der Langform und im Gegensatz zum Partizip auch in der Kurzform – mit Ausnahme der männlichen Kurzform des Singulars – mit zwei **«н»** geschrieben, wenn sie von präfigierten Verben oder von Verben auf **-овать** abgeleitet sind. Die männliche Kurzform des Singulars endet im Falle von **-енный/-ённый** beim Adjektiv im Gegensatz zum Partizip zuweilen auf **-енен/-ёнен** (vgl. auch 213, 3).

воспи́танный = 1. Partizip „erzogen“: **воспи́тан, воспи́тана, воспи́тано;**
2. Adjektiv „wohlerzogen“: **воспи́тан, воспи́танна, воспи́танно.**

определённый = 1. Partizip „bestimmt, festgelegt“: **определён, определена́, определено́;**
2. Adjektiv „bestimmt, klar“: **определёнен, определённа, определённо.**

[1] Das Partizip des Präteritums Aktiv von исте́чь vo. lautet истёкший.

Ausnahme: **назва́ный**[1] — **назва́ный сын** = Adoptivsohn

b) Zu Adjektiven gewordene Partizipien des Präteritums Passiv auf **-нный, -енный/-ённый** werden im Gegensatz zum Partizip nicht nur in den Kurzformen, sondern auch in den Langformen mit einem **«н»** geschrieben, wenn sie von nichtpräfigierten Verben abgeleitet sind:

Adjektiv:	*Partizip:*
ра́неный зверь das verwundete Tier	**ра́ненный пу́лей зверь** das durch eine Kugel verwundete Tier
печёный хлеб gebackenes Brot	**хорошо́ вы́печенный хлеб** gut ausgebackenes Brot

Ausnahmen: **да́нный** — **да́нный моме́нт** = der gegebene Augenblick
жела́нный — **жела́нный гость** = ein erwünschter Gast
свяще́нный — **свяще́нный долг** = eine heilige Pflicht

2. Betonung

Bei den Partizipien des Präteritums Passiv auf **-тый** wird der Übergang zum Adjektiv zuweilen durch die Betonung gekennzeichnet:

Partizip:	*Adjektiv:*
разви́тый = entwickelt (u. **развито́й**)	**развито́й** = hochentwickelt, reif, gebildet
про́клятый = verwünscht, verflucht	**прокля́тый** = verwünscht, verflucht

2. Substantivierte Partizipien 393

Partizipien können unter den gleichen Voraussetzungen, unter denen sie zu Adjektiven werden, als Substantive gebraucht werden. Sie nehmen dabei ein selbständiges Genus an und erhalten zusätzlich die Fähigkeit, ein Attribut bei sich zu haben.

трудя́щиеся Герма́нской Демократи́ческой Респу́блики	= die Werktätigen der Deutschen Demokratischen Republik
уча́щиеся на́шей шко́лы	= die Schüler unserer Schule
выдаю́щийся учёный	= ein hervorragender Gelehrter
рабо́чие и слу́жащие	= Arbeiter und Angestellte
све́тлое бу́дущее	= eine lichte Zukunft
цифровы́е да́нные	= Zahlenangaben
поле́зное насеко́мое	= ein nützliches Insekt
поле́зные ископа́емые	= Bodenschätze

[1] Назва́ный zeigt gegenüber dem Partizip des Präteritums Passiv von назва́ть vo. — на́званный — gleichzeitig eine veränderte Betonung.

DIE ADVERBIALPARTIZIPIEN

394 I. Zu Form und Formenbestand der Adverbialpartizipien

Die Adverbialpartizipien – auch Verbaladverbien oder Gerundien genannt – sind Formen des Verbs, die wie Adverbien gebraucht werden. Dementsprechend verfügen die Adverbialpartizipien sowohl über Merkmale eines Verbs als auch eines Adverbs.

Als Form des Verbs sind die Adverbialpartizipien gekennzeichnet nach:

1. Aspekt (unvollendet oder vollendet),
2. verbalem Genus (Aktiv oder reflexives Genus; – ein Passiv kann durch die Adverbialpartizipien nicht ausgedrückt werden).

Die Adverbialpartizipien haben keine selbständige Tempusbedeutung. Ihr Zeitwert ist ausschließlich relativ und vom Aspekt abhängig. (Der unvollendete Aspekt steht vornehmlich mit dem Zeitwert der Gleichzeitigkeit, der vollendete Aspekt mit dem Zeitwert der Vorzeitigkeit.)

Syntaktisch weisen die Adverbialpartizipien die gleiche Rektion auf wie die übrigen Verbalformen und verfügen wie diese über die Fähigkeit, eine adverbiale Bestimmung bei sich zu haben.

Mit dem Adverb stimmen die Adverbialpartizipien überein:

1. in Form (Die Adverbialpartizipien sind wie die Adverbien in ihrer Form unveränderlich.),
2. in Funktion (Die Adverbialpartizipien dienen im Satz zum Ausdruck einer Handlung, die dem prädikativen Verb in der Art einer Adverbialbestimmung zugeordnet ist.).

Das russische Verb verfügt über zwei Adverbialpartizipien, die man am zweckmäßigsten nach ihren Bildungssuffixen unterteilt:

1. das Adverbialpartizip auf **-я, -а**[1]
2. das Adverbialpartizip auf **-в(ши), -ши**

[1] Phonetisch gesehen lautet das Adverbialpartizipialsuffix stets -а; die Angabe -я, -а geht vom Schriftbild aus.

ADVERBIALPARTIZIP			
auf **-я, -а**	etwaige deutsche Entsprechung[1]	auf **-в(ши), -ши**	etwaige deutsche Entsprechung[1]
чита́я	lesend	**(про)чита́в(ши)**	gelesen habend
изуча́я	lernend	**изучи́в(ши)**	gelernt habend
возвраща́ясь	zurückkehrend	**возврати́вшись**	zurückgekehrt

Adverbialpartizipien auf **-я, -а** werden hauptsächlich von unvollendeten Verben, Adverbialpartizipien auf **-в(ши), -ши** fast nur von vollendeten Verben gebildet.

Die Adverbialpartizipien des r e f l e x i v e n G e n u s sind zusätzlich durch **-сь** gekennzeichnet:

одева́ть (anziehen) – akt.: **одева́я** – refl.: **одева́ясь**
скрыть vo. (verbergen) – akt.: **скры́в(ши)** – refl.: **скры́вшись**

II. Die Bildung der Adverbialpartizipien

1. Das Adverbialpartizip auf -я, -а

a) Das Adverbialpartizip auf **-я, -а** wird vornehmlich von unvollendeten Verben abgeleitet. Man bildet das Adverbialpartizip auf **-я, -а**, indem man die Endung der 3. Person Plural des Präsens bzw. vollendeten Futurums **-ют/-ут, -ят/-ат** durch **-я**, nach Zischlaut durch **-а** ersetzt, z. B.: **395**

рабо́тать	arbeiten	**(рабо́та-ют)**	– **рабо́тая**
крича́ть	schreien, rufen	**(крич-а́т)**	– **крича́**
образова́ть	bilden	**(образу́-ют)**	– **образу́я**
боро́ться	kämpfen	**(бо́р-ются)**	– **боря́сь**
ви́деть	sehen	**(ви́д-ят)**	– **ви́дя**
стро́ить	bauen	**(стро́-ят)**	– **стро́я**
нести́	tragen	**(нес-у́т)**	– **неся́**
принести́ vo.	bringen	**(принес-у́т)**	– **принеся́**
пройти́ vo.	vorübergehen	**(пройд-у́т)**	– **пройдя́**

---

[1] Den russischen Adverbialpartizipien entsprechen im Deutschen keine eigenen Wortformen. In ihrer Funktion sind die Adverbialpartizipien etwa den als Adverbialbestimmung oder in adverbialen Partizipialgruppen gebrauchten Partizipien gleichzusetzen, z. B.: Fröhlich singend zogen wir durch die Straßen. – Nach Hause zurückgekehrt, machte er sich sogleich an die Arbeit.

b) Abweichende Bildungen:

α) **Дава́ть** und dessen Komposita sowie die mit **-знавать, -ставать** gebildeten Verben behalten das in den Präsensformen ausfallende Suffix **-ва-** bei der Bildung des Adverbialpartizips bei:

дава́ть	geben	— **дава́я**
острава́ться	(zurück-)bleiben	— **остава́ясь**
узнава́ть	erkennen, erfahren	— **узнава́я**

β) Das Verb **быть** hat anstelle des Adverbialpartizips auf **-я, -а** die Form **бу́дучи**[1].

c) Der Bildungsbereich des Adverbialpartizips auf **-я, -а**:

Das Adverbialpartizip auf **-я, -а** kann nicht von allen unvollendeten Verben und nur von einer begrenzten Anzahl vollendeter Verben gebildet werden.

Das Adverbialpartizip auf **-я, -а** läßt sich von folgenden unvollendeten Verben nicht bilden:

α) von Verben, deren Präsensstamm keinen Vokal enthält, z.B.: **ждать** warten (**жд-ут**), **пить** trinken (**пь-ют**), **слать** schicken (**шл-ют**), **спать** schlafen (**сп-ят**), **тере́ть** reiben (**тр-ут**). Eine Ausnahme bildet **мча́ться** dahineilen – **мчась**; –

β) von Verben auf **-ать**, die im Präsens den Konsonantenwechsel **з-ж, с-ш** haben, z.B.: **писа́ть** schreiben (**пишу́, пи́шешь**), **ма́зать** schmieren (**ма́жу, ма́жешь**), **пляса́ть** tanzen (**пляшу́, пля́шешь**), **чеса́ть** kämmen (**чешу́, че́шешь**); –

γ) von den Inchoativa auf **-нуть** und den Verben auf **-чь**; –

δ) von den Verben **бежа́ть** (laufen), **е́хать** (fahren), **хоте́ть** (wollen), **драть** (reißen, raufen), **звать** (rufen), **гнить** (faulen), **петь** (singen), **лезть** (klettern).

---

[1] Adverbialpartizipialformen auf -учи/-ючи waren früher auch von anderen Verben gebräuchlich. Heute gelten diese Formen, die bisweilen noch in der Volkssprache und Volksdichtung auftreten, als veraltet, z.B.: Че́рез по́ле и́дучи, ру́су ко́су пле́тучи... (Volkslied) Durch das Feld gehend, den blonden Zopf flechtend...
Einige der Formen auf -учи/-ючи werden heute umgangssprachlich als Adverbien gebraucht: игра́ючи „spielend leicht": Игра́ючи он реши́л тру́дную зада́чу; — припева́ючи „herrlich und in Freuden": Они́ жи́ли припева́ючи; — уме́ючи „sachverständig, mit Sachkenntnis": Он сде́лал э́то уме́ючи.

Das Adverbialpartizip auf **-я, -а** kann im allgemeinen von folgenden vollendeten Verben gebildet werden:

α) von konsonantstämmigen Verben auf **-сти, -сть, -зти, -зть** sowie von den Komposita von **идти́**:

отвезти́	vo.	wegfahren	**(отвез-у́т)**	**– отвезя́**
увести́	vo.	fortführen	**(увед-у́т)**	**– уведя́**
прийти́	vo.	ankommen	**(прид-у́т)**	**– придя́**

β) von Verben der i-Konjugation auf **-ить**, besonders auf **-иться**:

заме́тить	vo.	bemerken	**(заме́т-ят)**	**– заме́тя**
обрати́ться	vo.	sich wenden (an)	**(обрат-я́тся)**	**– обратя́сь**
прости́ться	vo.	sich verabschieden	**(прост-я́тся)**	**– простя́сь**
нахму́риться	vo.	finster dreinschauen	**(нахму́р-ятся)**	**– нахму́рясь**

Allerdings werden diese Formen in der modernen Literatursprache immer mehr durch die gleichbedeutenden Formen auf **-в(ши)** zurückgedrängt. **Встре́тив, спроси́в, вспо́мнив** sind heute häufiger als **встре́тя, спрося́, вспо́мня.**

Zur Betonung **396**

Die Betonung des Adverbialpartizips auf **-я, -а** entspricht der Betonung der 1. Person Singular des Präsens bzw. vollendeten Futurums.

Ausnahmen: **сиде́ть – си́дя; лежа́ть – лёжа; гляде́ть – гля́дя.**

Und beachte: **Мо́лча** und **сто́я** sind Adverbien und werden durch die Betonung vom formgleichen Adverbialpartizip unterschieden: **Он чита́ет письмо́, стоя́ у окна́.** (Adverbialpartizip!) – aber: **Он рису́ет сто́я.** (Adverb!)

2. Das Adverbialpartizip auf **-в(ши), -ши**

Das Adverbialpartizip auf **-в(ши), -ши** wird fast nur von Verben des vollendeten Aspekts abgeleitet; von Verben des unvollendeten Aspekts ist es äußerst selten. **397**

Das Adverbialpartizip auf **-в(ши), -ши** unterliegt den gleichen Bildungsregeln wie das Partizip des Präteritums Aktiv auf **-вший, -ший** (vgl. 371):

a) **-в** bzw. **-вши** steht unter den gleichen Voraussetzungen wie **-вший** beim Partizip des Präteritums Aktiv. Die Form auf **-в** ist dabei die häufigere, da die Form auf **-вши** eine gewisse umgangssprachliche Färbung aufweist. Nur die reflexive Form wird stets auf **-вшись** gebildet:

прочита́ть vo.	(durch-)lesen	**(прочита́вший)**	— **прочита́в(ши)**
встре́титься vo.	sich treffen	**(встре́тившийся)**	— **встре́тившись**
собра́ться vo.	sich versammeln	**(собра́вшийся)**	— **собра́вшись**
уви́деть vo.	erblicken	**(уви́девший)**	— **уви́дев(ши)**
приня́ть vo.	annehmen	**(приня́вший)**	— **приня́в(ши)**
сесть vo.	sich (hin-)setzen	**(се́вший)**	— **се́в(ши)**
упа́сть vo.	fallen	**(упа́вший)**	— **упа́в(ши)**

b) **-ши** steht unter den gleichen Voraussetzungen wie **-ший** beim Partizip des Präteritums Aktiv:

дости́чь vo.	erreichen	**(дости́гший)**	— **дости́гши**
обже́чь vo.	verbrennen	**(обжёгший)**	— **обжёгши**
испе́чь vo.	(aus-)backen	**(испёкший)**	— **испёкши**
принести́ vo.	bringen	**(принёсший)**	— **принёсши**
пройти́ vo.	vorbeigehen	**(проше́дший)**	— **проше́дши**
умере́ть vo.	sterben	**(уме́рший)**	— **уме́рши**

Bei den Verben auf **-сти, -сть, -зти, -зть** sowie den Komposita von **идти́** ist die Bildung des Adverbialpartizips auf **-я, -а** die gebräuchlichere (vgl. 395, c). Die Formen auf **-ши** gelten als künstlich und werden immer seltener gebraucht.

c) Doppelformen auf **-в(ши)** und **-ши** treten bei den Verben auf **-ереть** auf, z. B.:

запере́ть vo.	verschließen	— **за́перши** und **запере́в**
стере́ть vo.	abreiben	— **стёрши** und **стере́в**

Doppelformen können auch die Verben auf **-нуть** haben, bei denen **-ну-** im Präteritum ausfällt. Allerdings bilden diese Verben das Adverbialpartizip immer häufiger vom Infinitivstamm.

вы́сохнуть vo.	austrocknen	— **вы́сохши** und **вы́сохнув(ши)**

398 *Zur Betonung*

Die Betonung des Adverbialpartizips auf **-в(ши)**, **-ши** entspricht im allgemeinen der Betonung des Infinitivs.

Bei den Verben auf **-ти**, auf **-ереть** und bei den Verben auf **-нуть**, die das Präteritum unter Ausfall des Suffixes **-ну-** bilden, liegt die Betonung in den Formen auf **-ши** in der Regel auf der Silbe vor dem Adverbialpartizipialsuffix. (Eine Ausnahme bilden die stets auf der 1. Silbe betonten vollendeten Komposita mit dem Präfix **вы-**).

Beachte besonders: **запере́ться** vo. (sich einschließen) — **заперши́сь**.

III. Zum Gebrauch der Adverbialpartizipien

1. Anwendungsbereich 399

Die Adverbialpartizipien sind vorwiegend Formen der Schriftsprache. In der Umgangssprache werden Adverbialpartizipialformen selten gebraucht.

2. Syntaktische Funktion 400

Das Adverbialpartizip bezeichnet eine zusätzliche Handlung, durch die ein finites Verb – gewöhnlich das Prädikat – näher erläutert wird. Das Adverbialpartizip bezieht sich dabei stets auf das gleiche Subjekt wie das übergeordnete finite Verb. – Anders formuliert: Das Adverbialpartizip bezeichnet gewöhnlich eine der Haupthandlung eines Satzes zugeordnete Nebenhandlung, die sich auf das gleiche Subjekt wie die Haupthandlung bezieht[1].

Indem das Adverbialpartizip so einer finiten Verbalform zur näheren Bestimmung oder Erläuterung zugeordnet ist, vertritt es syntaktisch die Funktion einer Adverbialbestimmung.

Он лю́бит чита́ть лёжа.	Er liest gern im Liegen.
Мы шли по у́лице разгова́ривая.	Wir gingen die Straße entlang und unterhielten uns.

Ein durch ein Objekt oder eine Adverbialbestimmung erweitertes Adverbialpartizip bildet eine Adverbialpartizipialkonstruktion, die – als isolierte Adverbialbestimmung – stets durch Kommas vom übrigen Satzganzen abgetrennt wird.

Си́дя за столо́м, я чита́л кни́гу.	Ich saß am Tisch und las ein Buch.
Ещё бу́дучи студе́нтом, он написа́л свой пе́рвый нау́чный труд.	Als er noch Student war, schrieb er seine erste wissenschaftliche Arbeit.
Возврати́вшись домо́й, он сейча́с же сел за рабо́ту.	Nach Hause zurückgekehrt, setzte er sich sogleich an die Arbeit.
Он вы́шел из магази́на, ничего́ не купи́в.	Er verließ den Laden, ohne etwas gekauft zu haben.
Зако́нчив рабо́ту, он уе́дет на куро́рт отдыха́ть.	Wenn er seine Arbeit beendet hat, wird er zur Erholung in einen Kurort fahren.

[1] Das Adverbialpartizip kann auch in unpersönlichen Sätzen gebraucht werden, wenn es sich auf das logische Subjekt der unpersönlich wiedergegebenen Haupthandlung bezieht:

Возвраща́ясь домо́й, мне на́до бы́ло переезжа́ть реку́.	Auf dem Nachhauseweg mußte ich (immer) einen Fluß überqueren.
Тру́дно суди́ть о челове́ке, не зна́я его́ в лицо́.	Man kann schwer über einen Menschen urteilen, wenn man ihn nicht von Angesicht kennt.

Он о́чень обра́довался, встре́тившись с това́рищем.	Er freute sich sehr, als er seinen Kameraden traf.

Wie die vorstehenden Sätze bereits erkennen lassen, kann die durch das Adverbialpartizip[1] ausgedrückte Nebenhandlung in verschiedener Bedeutungsbeziehung zur Haupthandlung des Satzes stehen.

A. Das Adverbialpartizip kann eine reine Nebenhandlung ausdrücken. Die durch das Adverbialpartizip bezeichnete Nebenhandlung unterscheidet sich von der Haupthandlung des Satzes nur dadurch, daß sie innerhalb des Satzzusammenhanges von geringerer Wichtigkeit ist.

Он стоя́л у окна́, чита́я письмо́.	Er stand am Fenster und las den Brief.
Мы шли по у́лице разгова́ривая.	Wir gingen die Straße entlang und unterhielten uns.
Де́ти бе́гали по́ двору, игра́я и смея́сь.	Die Kinder liefen auf dem Hof umher und spielten und lachten.

B. Häufig gibt die durch das Adverbialpartizip ausgedrückte Nebenhandlung gleichzeitig den näheren Umstand an, unter dem sich die Haupthandlung vollzieht. Das Adverbialpartizip kann dabei – mitunter mehr oder weniger eindeutig – die Bedeutung der verschiedenen Adverbialbestimmungen haben:

a) Modalbestimmung

Он провёл о́тпуск, гуля́я с утра́ до ве́чера.	Er verbrachte seinen Urlaub, indem er von morgens bis abends spazierenging.
Не огля́дываясь, он ме́дленно шёл по у́лице.	Ohne sich umzusehen, ging er langsam die Straße entlang.
Он ходи́л по ко́мнате, заложи́в ру́ки за́ спину.	Er lief im Zimmer umher, wobei er die Hände auf den Rücken gelegt hatte.

b) Temporalbestimmung

Ещё бу́дучи студе́нтом, он написа́л свой пе́рвый нау́чный труд.	Als er noch Student war, schrieb er seine erste wissenschaftliche Arbeit.
Прочита́в кни́гу, я отнёс её в библиоте́ку.	Nachdem ich das Buch gelesen hatte, trug ich es in die Bibliothek zurück.

[1] Der Einfachheit halber wird hier und im folgenden auch dann von Adverbialpartizipien gesprochen, wenn es sich strenggenommen um Adverbialpartizipialkonstruktionen handelt.

c) Kausalbestimmung

Желáя учи́ться дáльше, я готóвлюсь к экзáменам в университéт.	Da ich weiter lernen möchte, bereite ich mich auf die Aufnahmeprüfung für die Universität vor.
Он ушёл, почýвствовав себя́ ли́шним.	Er ging weg, da er sich überflüssig fühlte.

d) Konditionalbestimmung

Понимáя э́то прáвило, вы легкó вы́полните все упражнéния.	Wenn ihr diese Regel versteht, werdet ihr leicht alle Übungen ausführen können.
Не сýйся в вóду, не знáя брóду. (Sprichwort)	Begib dich nicht ins Wasser, wenn du nicht weißt, wo die Furt ist.

e) Konzessivbestimmung

Рáза два прочитáв перевóд, он всё же не нашёл оши́бки.	Obwohl er die Übersetzung zweimal durchgelesen hat, hat er den Fehler doch nicht gefunden.
Знáя о том, что Бори́су нужнá пóмощь, товáрищи всё-таки не заходи́ли к немý.	Obwohl die Kameraden wußten, daß Boris Hilfe braucht, gingen sie doch nicht zu ihm.

3. Zeitwert

Die Adverbialpartizipien bezeichnen einen relativen Zeitwert, für den in erster Linie der Aspekt maßgebend ist.

A. ADVERBIALPARTIZIPIEN DES UNVOLLENDETEN ASPEKTS **401**

a) Die Adverbialpartizipien des unvollendeten Aspekts auf **-я, -а** drücken in der Regel eine Nebenhandlung aus, die gleichzeitig mit der Haupthandlung des Satzes verläuft[1]. Die Haupthandlung kann dabei im Präsens, Präteritum oder Futurum stehen.

---

[1] Das Adverbialpartizip des unvollendeten Aspekts auf -я, -а steht nicht ausschließlich mit dem Zeitwert der Gleichzeitigkeit. Es kann beispielsweise auch eine Nebenhandlung ausdrücken, die eine gewohnheitsmäßige Haupthandlung in ständiger Vorausfolge begleitet bzw. begleitete:

Просыпáясь, он сейчáс же соскáчивал с кровáти и включáл радиоприёмник.	Nach dem Aufwachen pflegte er sogleich aus dem Bett zu springen und das Radio einzuschalten.
Вставáя на рассвéте, онá ходи́ла по сáду, нарывáя цветóв.	Sie stand gewöhnlich beim Morgengrauen auf und schlenderte blumenpflückend durch den Garten.

Желáя скóро уéхать, он торóпится кóнчить рабóту. (Gleichzeitigkeit mit der Haupthandlung im Präsens)	Da er bald abreisen möchte, beeilt er sich, mit der Arbeit fertig zu werden.
Возвращáясь из теáтра, мы встрéтили стáрого знакóмого. (Gleichzeitigkeit mit der Haupthandlung im Präteritum)	Auf dem Heimweg vom Theater trafen wir einen alten Bekannten.
Зáвтра, возвращáясь с прогýлки, я зайдý к товáрищу. (Gleichzeitigkeit mit der Haupthandlung im Futurum)	Auf dem Rückweg vom Spaziergang werde ich morgen einen Freund besuchen.

b) Adverbialpartizipien des unvollendeten Aspekts auf **-в(ши)**, **-ши** werden äußerst selten und nur in Verbindung mit einer Haupthandlung im Präteritum gebraucht. Das unvollendete Adverbialpartizip auf **-в(ши)**, **-ши** drückt dabei gewöhnlich eine gleichzeitig stattfindende Nebenhandlung aus und ist häufig mit der Verneinung verbunden.

Он ушёл, не видáв её.	Er ging weg, ohne sie zu sehen.

402 B. ADVERBIALPARTIZIPIEN DES VOLLENDETEN ASPEKTS

a) Die Adverbialpartizipien des vollendeten Aspekts auf **-в(ши)**, **-ши** und **-я**, **-а** drücken in erster Linie eine Nebenhandlung aus, die der Haupthandlung des Satzes vorausgegangen ist. Sie beziehen sich dabei vorzugsweise auf eine Haupthandlung im vollendeten Aspekt und sind dieser vorangestellt.

Подписáвши бумáгу, он прочитáл её ещё раз. (Vorzeitigkeit in bezug auf eine Haupthandlung im Präteritum)	Nachdem er das Papier unterschrieben hatte, las er es noch einmal durch.
Увúдя отцá, дéти вы́бежали емý навстрéчу. (Vorzeitigkeit in bezug auf eine Haupthandlung im Präteritum)	Als die Kinder den Vater erblickt hatten, liefen sie ihm entgegen.
Написáв письмó, я пойдý на пóчту. (Vorzeitigkeit in bezug auf eine Haupthandlung im Futurum)	Wenn ich den Brief geschrieben habe (-n werde), werde ich auf die Post gehen.

Прочита́в кни́гу, он всегда́ отно́сит её в библиоте́ку. (Vorzeitigkeit in bezug auf eine Haupthandlung im Präsens)	Wenn er ein Buch gelesen hat, bringt er es immer gleich wieder in die Bibliothek.

b) Die Adverbialpartizipien des vollendeten Aspekts auf **-в(ши)**, **-ши** bezeichnen als Modalbestimmung häufig nicht eine vorausgegangene Nebenhandlung als solche, sondern das Resultat einer Nebenhandlung, das gleichzeitig mit der Haupthandlung andauert. Die Haupthandlung steht dabei zumeist im unvollendeten Aspekt und wird durch ein Verb der Bewegung oder des Zustandes (z.B.: **ходи́ть, лежа́ть, сиде́ть, стоя́ть**) ausgedrückt. Das Adverbialpartizip ist gewöhnlich durch seine Stellung nach dem Verb der Haupthandlung gekennzeichnet.

Он стоя́л у двере́й, скрести́в ру́ки.	Er stand an der Tür und hielt die Arme verschränkt. Er stand mit verschränkten Armen an der Tür.
Она́ ходи́ла по ко́мнате, опусти́в го́лову.	Sie ging mit gesenktem Kopf durchs Zimmer.
Она́ лежа́ла, закры́в лицо́ рука́ми.	Sie lag da und hatte das Gesicht mit den Händen bedeckt.
О́кна рази́нув, **стоя́т магази́ны...** **(Маяко́вский)**	Mit weit geöffneten (Schau-)Fenstern stehen die Kaufläden da...

c) Mitunter können die Adverbialpartizipien des vollendeten Aspekts auf **-в(ши)**, **-ши** eine der Haupthandlung unmittelbar folgende Nebenhandlung wiedergeben. Das Adverbialpartizip ist dabei dem Verb der Haupthandlung stets nachgestellt.

Мать уложи́ла его́ в посте́ль, накры́в его́ поду́шками.	Die Mutter legte ihn zu Bett und deckte ihn mit Kissen zu.
Муж у неё давно́ у́мер, оста́вив ей одну́ то́лько дочь.	Ihr Mann war vor längerer Zeit gestorben und hatte ihr nur eine Tochter hinterlassen.
Дверь распахну́лась, оглуши́тельно хло́пнув о́б стену.	Die Tür sprang auf und schlug mit einem ohrenbetäubenden Lärm gegen die Wand.
Он бро́сил папиро́ску на́ землю, растопта́в её двумя́ сли́шком си́льными уда́рами ноги́.	Er warf die Zigarette auf die Erde und zerstampfte sie mit zwei viel zu heftigen Tritten.

DIE KLASSIFIZIERUNG DER VERBEN

403
I. Die Grundlagen der Klassifizierung

Unter der Klassifizierung der Verben versteht man die Einteilung der Verben nach bestimmten Merkmalen ihrer Konjugation mit dem Ziel, die Übersicht über die verschiedenen Konjugationstypen anhand eines Orientierungssystems zu erleichtern.

Für die Einteilung in Konjugationstypen sind drei Gesichtspunkte maßgebend:

1. Oberstes Einteilungsprinzip ist die Unterscheidung in produktive und unproduktive Konjugationstypen.
   Ein Konjugationstyp ist produktiv, wenn nach seinem Muster ständig neue Verben gebildet werden. So werden Verben auf **-ать/-аю, -ять/-яю, -еть/-ею, -овать/-ую,** auf **-нуть** und auf **-ить** immer wieder neu gebildet. (Vgl. **земля́ – заземля́ть, заземли́ть** vo. „erden"; **луна́ – прилуня́ться, прилуни́ться** vo. „auf dem Mond landen"; **план – плани́ровать** „planen"; **яровиза́ция – яровизи́ровать** „jarowisieren".)
   Demgegenüber sind Verben wie **везти́, бере́чь, коло́ть, мыть** unproduktiv, da nach ihrem Muster heute keine Neubildungen mehr erfolgen.
2. Die Grundlage für die Unterscheidung der einzelnen produktiven und unproduktiven Konjugationstypen bilden die verschiedenen Infinitivstämme und ihr Verhältnis zum Präsensstamm. Durch die Gegenüberstellung von Infinitiv- und Präsensstamm wird die Bildung der Konjugationsformen eines Verbs grundsätzlich bestimmt, da die einzelnen Verbalformen entweder vom Infinitivstamm oder vom Präsensstamm abgeleitet werden, vgl. (340–341).
3. Ein weiteres Merkmal für die Kennzeichnung eines Konjugationstyps bildet seine Zugehörigkeit zur e- oder i-Konjugation.

II. Das System der Klassifizierung

404 Nach dem Kriterium der Produktivität, der Wechselbeziehung zwischen Infinitiv- und Präsensstamm sowie der Zugehörigkeit zur e- oder i-Konjugation ergibt sich für die russischen Verben folgendes Klassifizierungssystem[1]:

---

[1] Die hier wiedergegebene Klassifizierung ist der „Russischen Konjugation" von W. Steinitz (Neu bearbeitete Ausgabe – Volk und Wissen, Berlin 1955) entnommen. Die von W. Steinitz vorgenommene Klassifizierung erfolgte unter besonderer Berücksichtigung der Belange des Russischunterrichts für Deutschsprachige. Dabei wurde ebenfalls vom Schriftbild ausgegangen. Vom Standpunkt der Phonetik aus ist das Verhältnis von Infinitiv- und Präsensstamm in den produktiven Klassen das folgende:

I. Klasse:	Inf.-St.	чита-/уме-	Präs.-St.	чита[j]-/уме[j]-
II. Klasse:	Inf.-St.	прыгну-	Präs.-St.	прыгн-
III. Klasse:	Inf.-St.	советова-	Präs.-St.	совету[j]-
IV. Klasse:	Inf.-St.	говори-	Präs.-St.	гово[р']-

Die produktiven Verben, die die Hauptmasse der russischen Verben darstellen, bilden als Konjugationstypen vier Klassen. Dabei sind die ersten drei Klassen durch ihre Zugehörigkeit zur e-Konjugation gekennzeichnet, die vierte Klasse gehört der i-Konjugation an.

Die unproduktiven Verben, die eine verhältnismäßig geringe Zahl ausmachen, werden als Konjugationstypen in 15 Gruppen zusammengefaßt. Dabei gehören 13 Gruppen der e-Konjugation, zwei Gruppen der i-Konjugation zu.

Einige wenige, nicht einmal in kleine Gruppen zusammenfaßbare unproduktive Verben stehen als Sonderfälle außerhalb der Klassifizierung.

Bei der Aufteilung der Verben in produktive Konjugationsklassen und unproduktive Konjugationsgruppen bleibt die Frage der Aspektzugehörigkeit grundsätzlich unberücksichtigt, obgleich einige Klassen bzw. Gruppen in ihren formbildenden Stämmen aspektgekennzeichnet sind.

A. Die produktiven Verbalklassen

Erste oder e-Konjugation

I. KLASSE 405

a) Infinitiv auf **-а-ть**		3. Pers. Pl. Präs. auf **-а-ют**	
-я-ть		**-я-ют**	
чита́ть lesen		Si. **чита́-ю**	Pl. **чита́-ем**
		— **-ешь**	— **-ете**
		— **-ет**	— **-ют**
гуля́ть spazierengehen		Si. **гуля́-ю**	Pl. **гуля́-ем**
		— **-ешь**	— **-ете**
		— **-ет**	— **-ют**

Die Klasse I a) umfaßt die Verben auf **-ать, -ять,** die im Infinitiv- und Präsensstamm auf **-а, -я** auslauten, z.B.: **де́лать** machen, **де́лаю; ду́мать** denken, **ду́маю; знать** wissen, **зна́ю; игра́ть** spielen, **игра́ю; рабо́тать** arbeiten, **рабо́таю; вая́ть** meißeln, **вая́ю; влия́ть** beeinflussen, **влия́ю; зия́ть** klaffen, **зия́ю; пая́ть** löten, **пая́ю; сия́ть** glänzen, **сия́ю; стреля́ть** schießen, **стреля́ю** usw.

Neue Verben dieser Klasse entstehen bzw. entstanden insbesondere mit Hilfe der folgenden Suffixe:

1. mit Hilfe der Suffixe **-ыва-/-ива-, -я-/-а-, -ва-,** mit denen unvollendete Verben gebildet werden: **опи́сывать** beschreiben, **опи́сываю; расска́зывать** erzählen, **расска́зываю; выполня́ть** erfüllen, **выполня́ю; получа́ть** erhalten, **получа́ю; принима́ть** annehmen, **принима́ю**[1]; **одева́ть** anziehen, **одева́ю** usw.

[1] Einige Zusammensetzungen mit -нимать können neben den regelmäßigen Formen -нима́ю, -нима́ешь die Formen -(н)е́млю, -(н)е́млешь haben. Diese Formen gelten als veraltet und treten nur noch in poetischer Sprache auf.

2. mit Hilfe der Suffixe **-(н)ича-, -а-, -ка-,** mit denen Verben von Substantiven, Adjektiven, Pronomen bzw. Interjektionen abgeleitet werden: **столя́рничать** tischlern **(столя́р)**; **сапо́жничать** schustern **(сапо́г, сапо́жник)**; **у́мничать** den Klugen spielen, klug reden **(у́мный, у́мник)**; **не́рвничать** nervös sein, nervös werden **(не́рвный)**; **за́втракать** frühstücken **(за́втрак)**; **у́жинать** zu Abend essen **(у́жин)**; **а́хать** ächzen, seufzen **(ах!)**; **хихи́кать** kichern **(хи-хи-хи́!)**; **ты́кать** du sagen, duzen **(ты)** usw.

b) Infinitiv auf **-е-ть**	3. Pers. Pl. Präs. auf **-е-ют**		
уме́ть verstehen	Si. **уме́-ю**	Pl. **уме́-ем**	
	— **-ешь**	— **-ете**	
	— **-ет**	— **-ют**	

Die Klasse I b) umfaßt die Verben auf **-еть**, die im Infinitiv- und Präsensstamm auf **-е** auslauten, z.B.: **боле́ть** krank sein[1], **боле́ю**; **владе́ть** beherrschen, **владе́ю**; **греть** wärmen, **гре́ю**; **жале́ть** bedauern, **жале́ю**; **име́ть** haben, **име́ю**; **сметь** wagen, **сме́ю**; **успе́ть** vo. zurechtkommen, **успе́ю** usw.

Verben auf **-еть** werden vielfach von Adjektiven, aber auch von Substantiven abgeleitet: **беле́ть** weiß werden, weiß schimmern **(бе́лый)**; **красне́ть** rot werden, rot schimmern **(кра́сный)**; **молоде́ть** jung werden **(молодо́й)**; **камене́ть** erstarren, versteinern **(ка́мень)**; **сироте́ть** verwaisen **(сирота́)** usw.

Die B e t o n u n g[2] ist bei den Verben der Klasse I fest, d.h. stammbetonte Verben bleiben durchweg stammbetont, endungsbetonte Verben durchweg endungsbetont.

406 II. KLASSE

Infinitiv auf **-ну-ть** (Suffix **-ну-** bleibt im Präteritum erhalten)	3. Pers. Pl. Präs.[3] auf **-н-ут**	
пры́гнуть vo. springen	Si. **пры́гн-у**	Pl. **пры́гн-ем**
	— **-ешь**	— **-ете**
	— **-ет**	— **-ут**

---

[1] Man beachte den Unterschied in Bedeutung und Konjugation zwischen боле́ть krank sein (боле́ю, боле́ешь) und боле́ть schmerzen, weh tun (боли́т).

[2] Die Betonungsangaben beziehen sich nur auf die Formen des Präsens bzw. vollendeten Futurums. Zu beachten ist, daß hier und im folgenden innerhalb der Betonungsregeln die Fälle der stets auf der 1. Silbe betonten vollendeten Komposita mit dem Präfix вы- nicht besonders erwähnt werden.

[3] Aus Gründen der Systematik wird bei der Gegenüberstellung von Infinitiv und Präsensformen nur die Bezeichnung Präs. gebraucht, obwohl es sich in einigen Fällen um das vollendete Futurum handelt.

Die Klasse II umfaßt die vollendeten Momentanverben auf **-нуть** (vgl. 332,1), die gegenüber den Inchoativa auf **-нуть** durch die Beibehaltung des Suffixes **-ну-** im Präteritum gekennzeichnet sind: **кри́кнуть** vo. einmal rufen, aufschreien, **кри́кну, кри́кнешь**; **махну́ть** vo. einmal winken, **махну́, махнёшь**; **сту́кнуть** vo. einmal klopfen, **сту́кну, сту́кнешь**; **чихну́ть** vo. einmal niesen, **чихну́, чихнёшь** usw.

In einigen Fällen liegt auch nur die Bedeutung des vollendeten Aspekts vor: **верну́ть** vo. zurückgeben, **верну́, вернёшь**; **дви́нуть** vo. in Bewegung setzen, **дви́ну, дви́нешь**; **обману́ть** vo. betrügen, **обману́, обма́нешь**; **отдохну́ть** vo. sich erholen, **отдохну́, отдохнёшь**; **тро́нуть** vo. anrühren, **тро́ну, тро́нешь**; **улыбну́ться** vo. lächeln, **улыбну́сь, улыбнёшься**.

Zu dieser Klasse gehören auch vier unvollendete Verben: **гнуть** biegen, **гну, гнёшь**; **льнуть** sich anschmiegen, **льну, льнёшь**; **тону́ть** ertrinken, sinken, **тону́, то́нешь**; **тяну́ть** ziehen, **тяну́, тя́нешь**.

Die Betonung ist bei den Verben der Klasse II im allgemeinen fest. Bewegliche Betonung, d.h. Zurückziehung der Betonung von der 2.Person Singular an, haben die Verben **взгляну́ть** vo. einen Blick werfen; **обману́ть** vo. betrügen; **помяну́ть** vo. gedenken; **тону́ть** ertrinken, sinken; **тяну́ть** ziehen.

III. KLASSE **407**

Infinitiv auf **-ова-ть**	3. Pers. Pl. Präs. auf **-у-ют**			
-ева-ть	**-ю-ют**			
сове́товать raten	Si.	**сове́ту-ю**	Pl.	**сове́ту-ем**
	—	**-ешь**	—	**-ете**
	—	**-ет**	—	**-ют**
малева́ть anstreichen, bemalen	Si.	**малю́-ю**	Pl.	**малю́-ем**
	—	**-ешь**	—	**-ете**
	—	**-ет**	—	**-ют**

Verben auf Zischlaut oder **ц** und **-евать** haben die Endungen **-ую, -уешь** usw.: **ночева́ть** übernachten, **ночу́ю, ночу́ешь**; **танцева́ть** tanzen, **танцу́ю, танцу́ешь**.

Die Klasse III umfaßt hauptsächlich abgeleitete Verben auf **-овать, -евать**, darunter zahlreiche Ableitungen von Wörtern fremden Ursprungs: **бесе́довать** sich unterhalten, **бесе́дую (бесе́да)**; **воева́ть** Krieg führen, **вою́ю**; **горева́ть** sich grämen, **горю́ю (го́ре)**; **зимова́ть** überwintern, **зиму́ю (зима́)**; **рисова́ть** zeichnen, **рису́ю**; **сле́довать** folgen, **сле́дую (след)**; **диктова́ть** diktieren, **дикту́ю**; **организова́ть** (vo.) organisieren, **организу́ю**; **регистри́ровать** registrieren, **регистри́рую**; **телеграфи́ровать** (vo.) telegrafieren, **телеграфи́рую** usw.

Verbneubildungen auf **-овать** sind vor allem auf politischem, wissenschaftlichem und speziell technischem Gebiet häufig.

Zu dieser Klasse gehören auch sieben Verben, bei denen **-ова-** bzw. **-ева-** nicht als wortbildendes Suffix auftritt: **жева́ть** kauen, **жую́, жуёшь; клева́ть** picken, **клюю́, клюёшь; кова́ть** schmieden, **кую́, куёшь; основа́ть** vo. gründen, **осную́, оснуёшь; плева́ть** spucken, **плюю́, плюёшь; снова́ть** eilig hin- und herlaufen, **сную́, снуёшь; сова́ть** (zu-)stecken, **сую́, суёшь.**

Die Betonung ist bei den Verben der Klasse III fest:

a) Bei nicht endbetontem Infinitiv liegt die Betonung auf der gleichen Silbe wie im Infinitiv (vgl. **бесе́довать, телеграфи́ровать** [vo.]).

b) Bei endbetontem Infinitiv liegt die Betonung gewöhnlich auf der Silbe vor der Personalendung (vgl. **рисова́ть, организова́ть** [vo.]). Endungsbetont sind **жева́ть, клева́ть, кова́ть, основа́ть** vo., **плева́ть, снова́ть, сова́ть.**

Zweite oder i-Konjugation

408 IV. KLASSE

Infinitiv auf **-и-ть**	3. Pers. Pl. Präs. auf **-ят, -ат**	
говори́ть sprechen	Si. **говор-ю́**	Pl. **говор-и́м**
	— **-и́шь**	— **-и́те**
	— **-и́т**	— **-я́т**
служи́ть dienen	Si. **служ-у́**	Pl. **слу́ж-им**
	слу́ж-ишь	**слу́ж-ите**
	слу́ж-ит	**слу́ж-ат**

Die Klasse IV umfaßt die Verben auf **-ить** (mit Ausnahme der einsilbigen Infinitivstämme **бить, вить, лить, пить, шить, жить, гнить, брить** und deren Komposita sowie der Zusammensetzungen mit **-шибить**). In der 1. Person Singular des Präsens bzw. vollendeten Futurums tritt der Konsonantenwechsel **з/д-ж, с-ш, т-ч, т/ст-щ, б-бл, п-пл, в-вл, ф-фл, м-мл** ein.

ве́рить glauben, **ве́рю, ве́ришь; води́ть** führen, **вожу́, во́дишь; возврати́ть** vo. zurückgeben, **возвращу́, возврати́шь; вози́ть** fahren (trans.), **вожу́, во́зишь; гаси́ть** auslöschen, **гашу́, га́сишь; графи́ть** linieren, **графлю́, графи́шь; дели́ть** teilen, **делю́, де́лишь; е́здить** fahren (intrans.), **е́зжу, е́здишь; запрети́ть** vo. verbieten, **запрещу́, запрети́шь; защити́ть** vo.

verteidigen, **защищу́, защити́шь**; **корми́ть** füttern, nähren, **кормлю́, ко́рмишь**; **купи́ть** vo. kaufen, **куплю́, ку́пишь**; **кури́ть** rauchen, **курю́, ку́ришь**; **лови́ть** fangen, **ловлю́, ло́вишь**; **льстить** schmeicheln, **льщу, льстишь**; **люби́ть** lieben, **люблю́, лю́бишь**; **мстить** rächen, **мщу, мстишь**; **носи́ть** tragen, **ношу́, но́сишь**; **обрати́ть** vo. wenden, richten, **обращу́, обрати́шь**; **плати́ть** bezahlen, **плачу́, пла́тишь**; **победи́ть** vo. besiegen, (1. Pers. Sing. ungebräuchlich,) **победи́шь**; **положи́ть** vo. legen, **положу́, поло́жишь**; **посети́ть** vo. besuchen, **посещу́, посети́шь**; **проси́ть** bitten, **прошу́, про́сишь**; **прости́ть** vo. verzeihen, **прощу́, прости́шь**; **пусти́ть** vo. lassen, **пущу́, пу́стишь**; **реши́ть** vo. beschließen, **решу́, реши́шь**; **сади́ть** setzen, **сажу́, са́дишь**; **сто́ить** kosten, wert sein, **сто́ю, сто́ишь**; **стро́ить** bauen, **стро́ю, стро́ишь**; **топи́ть** heizen, **топлю́, то́пишь**; **хвали́ть** loben, **хвалю́, хва́лишь**; **ходи́ть** gehen, **хожу́, хо́дишь**; **храни́ть** hüten, bewahren, **храню́, храни́шь**; **шути́ть** scherzen, **шучу́, шу́тишь** usw.

Verben auf **-ить** werden vielfach von Substantiven und Adjektiven[1], aber auch von Zahlwörtern und bisweilen von Pronomen abgeleitet: **мы́слить** nachdenken (**мысль**); **пыли́ть** stauben, Staub aufwirbeln (**пыль**); **соли́ть** salzen (**соль**); **возгла́вить** vo. leiten, an der Spitze stehen (**глава́**); **приземли́ться** vo landen (**земля́**); **бели́ть** weißen, bleichen, weiß schminken (**бе́лый**); **черни́ть** schwärzen (**чёрный**); **уско́рить** vo. beschleunigen (**ско́рый**); **улу́чшить** vo. verbessern (**лу́чше**); **удво́ить** vo. verdoppeln (**двое**); **умно́жить** vo. vermehren, multiplizieren (**мно́го**); **усво́ить** vo. und **осво́ить** vo. sich aneignen (**свой**) usw.

Die B e t o n u n g ist bei den Verben der Klasse IV entweder fest oder beweglich.

1. Die Betonung ist stets fest, wenn der Infinitiv nicht endbetont ist (vgl. **ве́рить, е́здить, стро́ить**). Die Betonung kann auch fest sein, wenn der Infinitiv endbetont ist (vgl. **возврати́ть** vo., **говори́ть, запрети́ть** vo., **защити́ть** vo., **обрати́ть** vo., **победи́ть** vo., **посети́ть** vo., **прости́ть** vo.).

2. Die Betonung ist zumeist beweglich, d. h., sie wird von der 2. Person Singular an um eine Silbe zurückgezogen, wenn der Infinitiv endbetont ist (vgl. **кури́ть, хвали́ть, положи́ть** vo., **ходи́ть, носи́ть, плати́ть, проси́ть, люби́ть**).

   Doppelte Betonung ist von der 2. Person Singular an möglich bei: **городи́ть** einzäunen; **грузи́ть** beladen; **кружи́ть** drehen, kreisen; (**мани́ть** locken; **ряди́ть** maskieren;) **соли́ть** salzen; **шевели́ть** bewegen, rühren.

---

[1] Von Adjektiven werden auf -еть intransitive, auf -ить transitive Verben abgeleitet, z. B.: бе́лый — беле́ть weiß werden, weiß schimmern; бели́ть weißen, bleichen, weiß schminken.

B. Die unproduktiven Verbalgruppen

In den unproduktiven Verbalgruppen sind nachstehend nur die einfachen (nichtpräfigierten) unproduktiven Verben verzeichnet. Diese Verben können außerdem in zahlreichen Komposita auftreten.

Erste oder e-Konjugation

409 I. GRUPPE

пиcá-ть schreiben	Si. **пиш-ý** **пи́ш-ешь** **пи́ш-ет**	Pl. **пи́ш-ем** **пи́ш-ете** **пи́ш-ут**
Infinitiv auf **-а-ть**	3. Pers. Pl. Präs. auf **-ут** Präsens mit Konsonantenwechsel **с-ш, з-ж, т-ч/щ, д-ж, к-ч, г-ж, х-ш, ск/ст-щ.**	

Zur Gruppe I gehören die Verben auf **-ать**, die im Präsensstamm auf Konsonant auslauten und dabei den Konsonantenwechsel **с-ш, з-ж, т-ч/щ, д-ж, к-ч, г-ж, х-ш, ск/ст-щ** haben, z.B.: **бормотáть** murmeln, **бормочý, бормóчешь; вязáть** binden, **вяжý, вя́жешь; дви́гать** bewegen, **дви́гаю, дви́гаешь** und **дви́жу, дви́жешь**[1]**; искáть** suchen, **ищý, и́щешь; казáться** scheinen, (1. und 2. Pers. ungebräuchl.,) **кáжется; (сказáть** vo. sagen, **скажý, скáжешь; показáть** vo. zeigen, **покажý, покáжешь;) клеветáть** verleumden, **клевещý, клевéщешь; лизáть** lecken, **лижý, ли́жешь; мáзать** schmieren, **мáжу, мáжешь; махáть** winken, **машý, мáшешь; метáть** werfen, **мечý, мéчешь; пахáть** pflügen, **пашý, пáшешь; плáкать** weinen, **плáчу, плáчешь; плескáть** plätschern, **плещý, плéщешь; плясáть** tanzen, **пляшý, пля́шешь; полоскáть** spülen, **полощý, полóщешь; пря́тать** verstecken, **пря́чу, пря́чешь; рéзать** schneiden, **рéжу, рéжешь; роптáть** murren, **ропщý, рóпщешь; свистáть** pfeifen, **свищý, сви́щешь; скакáть** springen, galoppieren, **скачý, скáчешь; хлопотáть** geschäftig sein, sich bemühen, **хлопочý, хлопóчешь; хохотáть** laut lachen, **хохочý, хохóчешь; чесáть** kämmen, **чешý, чéшешь; шептáть** flüstern, **шепчý, шéпчешь; щебетáть** zwitschern, **щебечý, щебéчешь.**

---

[1] Die Formen дви́гаю, дви́гаешь werden in eigentlich räumlichem Sinne verwandt, während die Formen дви́жу, дви́жешь bei übertragenem Gebrauch bevorzugt werden.
Auch von einigen anderen Verben dieser Gruppe können neben den Formen mit Konsonantenwechsel nach dem Muster der 1. produktiven Klasse Formen auf -аю, -аешь gebildet werden, z.B.: махáть: машý, мáшешь und махáю, махáешь; плескáть: плещý, плéщешь und плескáю, плескáешь. Die Formen auf -аю, -аешь gehören dabei der Umgangs- und Volkssprache an.

Die Betonung ist bei den Verben der Gruppe 1 fest, wenn der Infinitiv nicht endbetont ist (vgl. **ма́зать, пла́кать, пря́тать, ре́зать**). Ist der Infinitiv endbetont, so ist die Betonung beweglich, d.h. sie wird von der 2. Person Singular an um eine Silbe zurückgezogen (vgl. **писа́ть, сказа́ть** vo., **паха́ть, пляса́ть** u. a.).

2. GRUPPE 410

дрема́-ть schlummern	Si. **дремл-ю́**	Pl. **дре́мл-ем**
	дре́мл-ешь	**дре́мл-ете**
	дре́мл-ет	**дре́мл-ют**
Infinitiv auf **-а-ть**	3. Pers. Pl. Präs. auf **-ют** Präsens mit Konsonantenwechsel **м-мл, п-пл, б-бл**	

Zur Gruppe 2 gehören die Verben auf **-ать**, die im Präsensstamm auf **м, п, б** auslauten und dabei dem Konsonantenwechsel **м-мл, п-пл, б-бл** unterliegen: **ка́пать** tropfen, **ка́паю, ка́паешь** und (selten) **ка́плю, ка́плешь; колеба́ть** erschüttern, rütteln, **коле́блю, коле́блешь; сы́пать** schütten, **сы́плю, сы́плешь; трепа́ть** zerren, **треплю́, тре́плешь; щипа́ть** kneifen, **щиплю́, щи́плешь.**

Betonung: **Ка́пать** und **сы́пать** sind fest auf der 1. Silbe betont. **Трепа́ть** und **щипа́ть** haben bei endbetontem Infinitiv bewegliche Betonung, d.h. Zurückziehung der Betonung von der 2. Person Singular an. **Колеба́ть** ist bei endbetontem Infinitiv in sämtlichen (!) Präsensformen auf der vorletzten Silbe betont.

3. GRUPPE 411

жда-ть warten	Si. **жд-у**	Pl. **жд-ём**
	– **-ёшь**	– **-ёте**
	– **-ёт**	– **-ут**
Infinitiv auf **-а-ть**	3. Pers. Pl. Präs. auf **-ут** Präsens ohne Konsonantenwechsel	

Zur Gruppe 3 gehören die Verben auf **-ать**, die im konsonantisch auslautenden Präsensstamm keinen Konsonantenwechsel haben, z.B.: **врать** lügen, **вру, врёшь; жа́ждать** dürsten, **жа́жду, жа́ждешь; жрать** fressen, **жру, жрёшь; рвать** reißen, **рву, рвёшь; ржать** wiehern, (1. und 2. Pers. ungebräuchl.,) **ржёт; соса́ть** saugen, **сосу́, сосёшь; стона́ть** stöhnen, **стону́, сто́нешь** und **стона́ю, стона́ешь; ткать** weben, **тку, ткёшь.**

Besonders zu vermerken sind die Verben **брать, драть, звать**, die das Präsens mit Vokaleinschub bilden, sowie das Verb **лгать**, das in der 2. und 3. Person Singular und in der 1. und 2. Person Plural Konsonantenwechsel hat: **брать** nehmen, **беру́,**

берёшь; драть reißen, raufen, **деру́, дерёшь; звать** rufen, nennen, **зову́, зовёшь; лгать** lügen, **лгу, лжёшь, лжёт, лжём, лжёте, лгут.**

Die Betonung ist bei den Verben der Gruppe 3 fest. Nur **стона́ть** zieht in den Formen **стону́, сто́нешь** die Betonung von der 2. Person Singular an um eine Silbe zurück.

412 4. GRUPPE

се́я -ть säen	Si. **се́-ю**	Pl. **се́-ем**
	— **-ешь**	— **-ете**
	— **-ет**	— **-ют**
Infinitiv auf **-я-ть**	3. Pers. Pl. Präs. auf **-ют**	

Zur Gruppe 4 gehören die Verben auf **-ять,** bei denen das **-я-** des Infinitivstammes im Präsens ausfällt: **ве́ять** wehen, **ве́ю, ве́ешь; зате́ять** vo. vorhaben, **зате́ю, зате́ешь; ла́ять** bellen, **ла́ю, ла́ешь; наде́яться** hoffen, **наде́юсь, наде́ешься; смея́ться** lachen, **смею́сь, смеёшься; та́ять** tauen, (1. und 2. Pers. ungebräuchl.,) **та́ет; чу́ять** wittern, **чу́ю, чу́ешь.**

Die Betonung ist bei den Verben der Gruppe 4 fest.

413 5. GRUPPE

со́хну-ть trocknen	Si. **со́хн-у**	Pl. **со́хн-ем**
	— **-ешь**	— **-ете**
	— **-ет**	— **-ут**
Prät. **сох, -ла, -ло**		
Infinitiv auf **-ну-ть** (wie II. produktive Klasse, aber Suffix **-ну-** entfällt im Präteritum[1])	3. Pers. Pl. Präs. auf **-н-ут**	

Zur Gruppe 5 gehören die sogenannten Inchoativa auf **-нуть,** die allgemein ein Werden, den allmählichen Übergang von einem Zustand in einen anderen ausdrücken, vgl. auch (332,7). Die Inchoativa auf **-нуть** sind in ihren nichtpräfigierten Formen unvollendet und gegenüber den vollendeten Momentanverben auf **-нуть** (II. produktive Klasse) grundsätzlich durch den Ausfall des Suffixes **-ну-** im Präteritum[1] gekennzeichnet.

блёкнуть (ver-)welken, **блёкну, блёкнешь; ви́снуть** hängen, **ви́сну, ви́снешь; вя́знуть** einsinken, steckenbleiben, **вя́зну, вя́знешь; вя́нуть** welken,

[1] Einige — vorzugsweise nichtpräfigierte — Inchoativa auf -нуть können doppelte Präteritalformen bilden. Vgl. hierzu die Fußnote auf S. 296.

вя́ну, вя́нешь; га́снуть verlöschen, (1. und 2. Pers. ungebräuchl.,) **га́снет; ги́бнуть** umkommen, **ги́бну, ги́бнешь; гло́хнуть** taub werden, **гло́хну, гло́хнешь; дро́гнуть** frieren[1], **дро́гну, дро́гнешь; зя́бнуть** frieren, **зя́бну, зя́бнешь; ки́снуть** sauer werden, **ки́сну, ки́снешь; кре́пнуть** erstarken, **кре́пну, кре́пнешь; ли́пнуть** klebenbleiben, (1. und 2. Pers. ungebräuchl.,) **ли́пнет; мёрзнуть** frieren, **мёрзну, мёрзнешь; мо́кнуть** naß werden, **мо́кну, мо́кнешь; пу́хнуть** anschwellen, **пу́хну, пу́хнешь; сле́пнуть** blind werden, **сле́пну, сле́пнешь.**

Nur präfigiert kommen vor –

-бегнуть: **избе́гнуть** vo. entgehen, meiden; **прибе́гнуть** vo. sich wenden (an);
-вергнуть: **низве́ргнуть** vo. hinabstürzen; **подве́ргнуть** vo. unterwerfen;
-выкнуть: **отвы́кнуть** vo. sich (etw.) abgewöhnen; **привы́кнуть** vo. sich gewöhnen (an);
-стигнуть: **засти́гнуть** vo. überraschen; **дости́гнуть** vo. (auch **дости́чь** vo.) erreichen, erlangen;
-тихнуть: **прити́хнуть** vo., **ути́хнуть** vo. still werden, verstummen.

In diese Gruppe gehören auch: **исче́знуть** vo. verschwinden; **возни́кнуть** vo. entstehen; **воскре́снуть** vo. auferstehen.

Die Betonung liegt bei den Verben der Gruppe 5 immer auf der Silbe, die dem Suffix **-ну-** vorangeht.

6. GRUPPE 414

мы-ть waschen	Si. **мо́-ю**	Pl. **мо́-ем**
	— **-ешь**	— **-ете**
	— **-ет**	— **-ют**
Infinitiv auf **-ы-ть**	3. Pers. Pl. Präs. auf **-о-ют**	

Die Gruppe 6 umfaßt fünf einsilbige Infinitivstämme auf **-ыть**, die im Präsens dem Vokalwechsel **ы-о** unterliegen. Außer **мыть** gehören dazu: **выть** heulen, **во́ю, во́ешь; крыть** decken, **кро́ю, кро́ешь; ныть** schmerzen, weh tun, (1. und 2. Pers. ungebräuchl.,) **но́ет; рыть** graben, **ро́ю, ро́ешь.**

Die Betonung liegt bei den Verben der Gruppe 6 auf der Wurzelsilbe.

---

[1] Дро́гнуть „frieren" darf nicht verwechselt werden mit dem vollendeten Momentanverb дро́гнуть „erbeben, schwanken" (zu unvo. дрожа́ть zittern, beben), z. B.:

Де́ти дро́гли на хо́лоде.	Die Kinder froren in der Kälte.
Земля́ дро́гнула.	Die Erde erbebte.

415 7. GRUPPE

пи-ть trinken	Si. **пь-ю**	Pl. **пь-ём**
	— -ёшь	**— -ёте**
	— -ёт	**— -ют**
Infinitiv auf **-и-ть**	3. Pers. Pl. Präs. auf **-ют**	

Die Gruppe 7 umfaßt fünf einsilbige Infinitivstämme auf **-ить**, die im Präsens den Wechsel **и-ь** zeigen. Außer **пить** gehören dazu: **бить** schlagen, **бью, бьёшь; вить** winden, **вью, вьёшь; лить** gießen, **лью, льёшь; шить** nähen, **шью, шьёшь.**

Die Betonung liegt auch bei den Komposita der Verben der Gruppe 7 durchweg auf der Endung (ausgenommen **вы́-**). Zu beachten ist, daß bei den Komposita mit konsonantisch auslautenden Präfixen in den Formen des vollendeten Futurums ein **о** eingeschoben wird: **изби́ть** vo. verprügeln, **изобью́, изобьёшь; разви́ть** vo. entwickeln, **разовью́, разовьёшь.**

416 8. GRUPPE

дава́-ть geben	Si. **да-ю́**	Pl. **да-ём**
	— -ёшь	**— -ёте**
	— -ёт	**— -ю́т**
Infinitiv auf **-а-ва-ть**	3. Pers. Pl. Präs. auf **-а-ют** (Suffix **-ва-** entfällt im Präsens)	

Zur Gruppe 8 gehören außer **дава́ть** die nur in Komposita gebräuchlichen Stämme **-ставать, -знавать: встава́ть** aufstehen, **встаю́, встаёшь; остава́ться** bleiben, **остаю́сь, остаёшься; признава́ть** anerkennen, **признаю́, признаёшь; узнава́ть** erkennen, **узнаю́, узнаёшь.**

Die Verben der Gruppe 8 sind stets endungsbetont. (Die Komposita von **-знавать** unterscheiden sich in der Präsensbildung nur durch die Betonung von den entsprechenden vollendeten Futurformen: **узнава́ть, узнаю́, узнаёшь — узна́ть** vo., **узна́ю, узна́ешь.**)

417 9. GRUPPE

коло́-ть stechen	Si. **кол-ю́**	Pl. **ко́л-ем**
	ко́л-ешь	**ко́л-ете**
	ко́л-ет	**ко́л-ют**
Infinitiv auf **-о-ть**	3. Pers. Pl. Präs. auf **-ют**	

Zur Gruppe 9 gehören außer **коло́ть** noch die Verben **боро́ться** kämpfen, **борю́сь, бо́решься; поло́ть** jäten, **полю́, по́лешь; поро́ть** auftrennen, **порю́, по́решь.** Besonders zu erwähnen ist **моло́ть**, das im Präsens Vokalwechsel hat: **моло́ть** mahlen, **мелю́, ме́лешь.**

Die Betonung ist bei den Verben der Gruppe 9 beweglich, d.h. sie wird von der 2. Person Singular an um eine Silbe zurückgezogen.

10. GRUPPE 418

умере́-ть vo. sterben	Si. **умр-у́**	Pl. **умр-ём**
	— **-ёшь**	— **-ёте**
	— **-ёт**	— **-у́т**
Infinitiv auf **-ере-ть** (Präteritum auf **-ер**)	3. Pers. Pl. Präs. auf **-р-ут**	

Zur Gruppe 10 gehören die nur in Komposita gebräuchlichen Stämme **-мереть, -переть** sowie **тере́ть** und **простере́ть** vo.: **запере́ть** vo. verschließen, **запру́, запрёшь; отпере́ть** vo. öffnen, **отопру́, отопрёшь; тере́ть** reiben, **тру, трёшь; простере́ть** vo. ausstrecken, **простру́, прострёшь.**

Die Betonung liegt – außer in den Komposita mit **вы́-** – auf der Endung.

11. GRUPPE Nasalstämme 419

нача́-ть vo. anfangen	Si. **начн-у́**	Pl. **начн-ём**
	— **-ёшь**	— **-ёте**
	— **-ёт**	— **-у́т**
Infinitiv auf **-а-ть, -я-ть**	3. Pers. Pl. Präs. auf **-ут** (mit vorangehendem Nasal **н** oder **м**)	

Zur Gruppe 11 gehören die sogenannten Nasalstämme, d.h. die Verben auf **-ать, -ять,** die unter Veränderung der Wurzel im Präsensstamm auf die Nasale **м, н** auslauten: **жать** drücken, **жму, жмёшь; жать** ernten, **жну, жнёшь; мять** zerknittern, quetschen, **мну, мнёшь; распя́ть** vo. kreuzigen, **распну́, распнёшь.**

Hierzu rechnet vor allem der nur noch in Komposita gebräuchliche **м**-Stamm **-(н)ять** = „nehmen". Die Komposita mit **-(н)ять** zeigen folgende Präsensbildung:

a) **-ниму́, -ни́мешь** steht nach konsonantisch auslautendem Präfix[1]: **обня́ть** vo.

---

[1] Bei den Komposita mit konsonantisch auslautenden Präfixen treten neben den Formen mit н nach dem Muster von изъя́ть vo. zuweilen auch Formen ohne н auf, z. B.: объя́ть vo. umarmen, обыму́, обы́мешь; отъя́ть vo. abnehmen, отыму́, оты́мешь; подъя́ть vo. hochheben, подыму́, поды́мешь. Diese Formen entsprechen nicht den Normen der modernen Literatursprache: Infinitiv (und Präteritum) gelten als veraltet, das Futurum gehört der Umgangs- und Volkssprache an.

umarmen, **обниму́, обни́мешь**; **отня́ть** vo. abnehmen, **отниму́, отни́мешь**; **подня́ть** vo. hochheben, **подниму́, подни́мешь**; **снять** vo. wegnehmen, **сниму́, сни́мешь.**

b) **-йму́, -ймёшь** steht nach vokalisch auslautendem Präfix: **заня́ть** vo. einnehmen, **займу́, займёшь**; **наня́ть** vo. mieten, **найму́, наймёшь**; **поня́ть** vo. verstehen, **пойму́, поймёшь**; **уня́ть** vo. beruhigen, **уйму́, уймёшь.**

c) abweichende Bildung haben: **взять** vo. nehmen, **возьму́, возьмёшь**; **приня́ть** vo. annehmen, **приму́, при́мешь**; **изъя́ть** vo. ausnehmen, ausschließen, **изыму́, изы́мешь.**

Betonung: Die Nasalstämme sind zumeist endungsbetont. Bewegliche Betonung, d. h. von der 2. Person Singular an zurückgezogene Betonung, haben die mit konsonantisch auslautenden Präfixen gebildeten Komposita von **-(н)ять** (**обня́ть** vo., **отня́ть** vo., **подня́ть** vo., **снять** vo.) sowie **приня́ть** vo. und **изъя́ть** vo.

420 12. GRUPPE

Infinitiv auf Konsonant **(з, с)** + **-ти(-ть)** 3. Pers. Pl. Präs. auf **-ут**

a) **вез-ти́** fahren, transportieren	Si. **вез-у́**	Pl. **вез-ём**
	— **-ёшь**	— **-ёте**
	— **-ёт**	— **-у́т**

Prät. **вёз, везла́, везло́**
Präsensstamm auf **з, с**
Präteritum auf Wurzelkonsonant **(з, с)**

Die Gruppe 12a) umfaßt die Konsonantstämme auf **-з, -с**, die in der männlichen Singularform des Präteritums durch den Ausfall des Suffixes **-л** gekennzeichnet sind: **грызть** nagen, **грызу́, грызёшь**; **лезть** klettern, **ле́зу, ле́зешь**; **нести́** tragen, **несу́, несёшь**; **пасти́** weiden, **пасу́, пасёшь**; **ползти́** kriechen, **ползу́, ползёшь**; **спасти́** vo. retten, **спасу́, спасёшь.**

Hierher rechnet man auch **расти́**, das im Präteritum den Vokalwechsel **а-о** hat: **расти́** wachsen, **расту́, растёшь,** — Prät. **рос, росла́, росло́.**

b) **грес-ти́** rudern, harken	Si. **греб-у́**	Pl. **греб-ём**
	— **-ёшь**	— **-ёте**
	— **-ёт**	— **-у́т**

Prät. **грёб, гребла́, гребло́**
Präsensstamm auf **б**
Präteritum auf Wurzelkonsonant **(б)**

Die Gruppe 12b) umfaßt zwei einfache Konsonantstämme auf **-б**. Das Präteritum wird wie bei der Gruppe 12a) in der männlichen Singularform unter Ausfall des Suffixes **-л** gebildet. Außer **грести́** gehört hierher: **скрести́** scheuern, kratzen, **скребу́, скребёшь.**

c) **вес-ти́** führen	Si. **вед-у́**	Pl. **вед-ём**
	— **-ёшь**	— **-ёте**
	— **-ёт**	— **-у́т**

Prät. **вёл, вела́, вело́**
Präsensstamm auf **д, т**
Präteritum auf **-л** bei Ausfall des wurzelauslautenden Konsonanten

Die Gruppe 12c) umfaßt die Konsonantstämme auf **-д, -т**, die im Präteritum durch den Ausfall des wurzelauslautenden Konsonanten gekennzeichnet sind: **брести́** schlendern, **бреду́, бредёшь; гнести́** drücken, pressen, **гнету́, гнетёшь; класть** legen, **кладу́, кладёшь; красть** stehlen, **краду́, крадёшь; мести́** fegen, **мету́, метёшь; обрести́** vo. finden, **обрету́, обретёшь; пасть** vo. fallen, **паду́, падёшь; плести́** flechten, **плету́, плетёшь; прясть** spinnen, **пряду́, прядёшь; рассвести́** vo. tagen, dämmern, (1. und 2. Pers. ungebräuchl.,) **рассветёт; цвести́** blühen, **цвету́, цветёшь.**

Besonders zu erwähnen sind – 1. **сесть** vo., das im vollendeten Futurum Vokalwechsel hat: **сесть** vo. sich (hin-)setzen, **ся́ду, ся́дешь;** – und 2. das nur in Komposita gebräuchliche **-честь,** das im vollendeten Futurum und im Präteritum Vokalschwund aufweist: **проче́сть** vo. durchlesen, **прочту́, прочтёшь,** Prät. **прочёл, прочла́, прочло́.**

Die B e t o n u n g liegt bei den Verben der Gruppe 12 in der Regel fest auf der Endung. Stammbetonung haben nur **лезть** und **сесть** vo.

13. GRUPPE 421

бере́-чь hüten	Si. **берег-у́**	Pl. **береж-ём**
	береж-ёшь	**береж-ёте**
	береж-ёт	**берег-у́т**

Prät. **берёг, берегла́, -о́**

те-чь	fließen	Si. **тек-у́**	Pl. **теч-ём**
		теч-ёшь	**теч-ёте**
		теч-ёт	**тек-у́т**
Prät. **тёк, текла́, -о́**			
Infinitiv auf **-чь**		3. Pers. Pl. Präs. auf **-ут**	
Präsensstamm auf **г, к**			
Präteritum auf Wurzelkonsonant **(г, к)**			

Die Gruppe 13 umfaßt die Konsonantstämme auf **г, к,** die in der 2. und 3. Person Singular und in der 1. und 2. Person Plural des Präsens dem Konsonantenwechsel **г-ж, к-ч** unterliegen. Das Präteritum dieser Verben wird in der männlichen Singularform unter Ausfall des Suffixes **-л** gebildet. Außer **бере́чь** und **течь** gehören hierher: **влечь** ziehen, schleppen, **влеку́, влечёшь; воло́чь** (umgangsspr.) schleppen, ziehen, **волоку́, волочёшь; запря́чь** vo. einspannen, **запрягу́, запряжёшь; мочь** können, **могу́, мо́жешь; обре́чь** vo. verdammen, verurteilen, **обреку́, обречёшь; печь** backen, **пеку́, печёшь; пренебре́чь** vo. verschmähen, **пренебрегу́, пренебрежёшь; сечь** in Stücke hauen, **секу́, сечёшь; стере́чь** bewachen, **стерегу́, стережёшь; стричь** scheren, **стригу́, стрижёшь.**

Besonders zu erwähnen sind – 1. **лечь** vo., das im vollendeten Futurum Vokalwechsel hat: **лечь** vo. sich (hin-)legen, **ля́гу, ля́жешь;** – und 2. **жечь** und **толо́чь**, die im Präsens und im Präteritum Vokalschwund zeigen: **жечь** brennen, **жгу, жжёшь,** Prät. **жёг, жгла, жгло; толо́чь** zerstoßen, **толку́, толчёшь,** Prät. **толо́к, толкла́, толкло́.**

Die Betonung liegt bei den Verben der Gruppe 13 durchgängig auf der Endung. Stammbetont ist nur **лечь** vo. Bewegliche, d.h. von der 2. Person Singular an zurückgezogene Betonung hat **мочь.**

Zweite oder i-Konjugation

422 14. GRUPPE

лежа́-ть liegen		Si. **леж-у́**	Pl. **леж-и́м**
		— **-и́шь**	— **-и́те**
		— **-и́т**	— **-а́т**
стоя́-ть stehen		Si. **сто-ю́**	Pl. **сто-и́м**
		— **-и́шь**	— **-и́те**
		— **-и́т**	— **-я́т**
Infinitiv auf	**-а-ть**	3. Pers. Pl. Präs. auf	**-ат**
	-я-ть		**-ят**

Die Gruppe 14 umfaßt die Verben der i-Konjugation, die im Infinitiv auf Zischlaut + **-ать** und auf Vokal + **-ять** enden: **бренча́ть** klirren, klimpern, **бренчу́,**

бренчи́шь; **брюзжа́ть** meckern, nörgeln, **брюзжу́, брюзжи́шь**; **бурча́ть** (umgangssprachl.) brummen, **бурчу́, бурчи́шь**; **визжа́ть** winseln, **визжу́, визжи́шь**; **ворча́ть** brummen, **ворчу́, ворчи́шь**; **держа́ть** halten, **держу́, де́ржишь**; **дребезжа́ть** klirren, (1. und 2. Pers. ungebräuchl.,) **дребезжи́т**; **дрожа́ть** zittern, **дрожу́, дрожи́шь**; **дыша́ть** atmen, **дышу́, ды́шишь**; **жужжа́ть** summen, **жужжу́, жужжи́шь**; **журча́ть** rauschen, (1. und 2. Pers. ungebräuchl.,) **журчи́т**; **звуча́ть** tönen, klingen, (1. und 2. Pers. ungebräuchl.,) **звучи́т**; **крича́ть** schreien, **кричу́, кричи́шь**; **молча́ть** schweigen, **молчу́, молчи́шь**; **мча́ться** dahineilen, **мчусь, мчи́шься**; **мыча́ть** brüllen, **мычу́, мычи́шь**; **пища́ть** piepsen, **пищу́, пищи́шь**; **рыча́ть** brüllen, **рычу́, рычи́шь**; **слы́шать** hören, **слы́шу, слы́шишь**; **стуча́ть** klopfen, **стучу́, стучи́шь**; **торча́ть** herausragen, **торчу́, торчи́шь**; **треща́ть** krachen, knistern, (1. und 2. Pers. ungebräuchl.,) **трещи́т**; **боя́ться** (sich) fürchten, **бою́сь, бои́шься.**

Die Betonung liegt bei den Verben der Gruppe 14 in der Regel fest auf der Endung. **Слы́шать** ist stammbetont. **Держа́ть** und **дыша́ть** haben bewegliche, d.h. von der 2. Person Singular an zurückgezogene Betonung.

15. GRUPPE **423**

ви́де-ть sehen	Si. **ви́ж-у**	Pl. **ви́д-им**
	ви́д-ишь	**ви́д-ите**
	ви́д-ит	**ви́д-ят**
Infinitiv auf **-е-ть**	3. Pers. Pl. Präs. auf **-ят**.	

Die Gruppe 15 umfaßt die Verben auf **-еть** der i-Konjugation. In der 1. Person Singular tritt der Konsonantenwechsel **д-ж, т-ч, с-ш, ст-щ, б-бл, п-пл, м-мл** ein.

блесте́ть glänzen, **блещу́, блести́шь**[1]; **боле́ть** schmerzen, weh tun, (1. und 2. Pers. ungebräuchl.,) **боли́т**; **веле́ть** (vo.) befehlen, **велю́, вели́шь**; **верте́ть** drehen, **верчу́, ве́ртишь**; **висе́ть** hängen, **вишу́, виси́шь**; **галде́ть** lärmen, randalieren, (1. Pers. ungebräuchl.,) **галди́шь**; **гляде́ть** blicken, **гляжу́, гляди́шь**; **горе́ть** brennen, **горю́, гори́шь**; **зави́сеть** abhängen, **зави́шу, зави́сишь**; **звене́ть** klingen, klirren, **звеню́, звени́шь**; **кипе́ть** kochen, sieden, **киплю́, кипи́шь**; **лете́ть** fliegen, **лечу́, лети́шь**; **ненави́деть** hassen, **ненави́жу, ненави́дишь**; **оби́деть** vo. beleidigen, **оби́жу, оби́дишь**; **свисте́ть** pfeifen, **свищу́, свисти́шь**; **сиде́ть** sitzen, **сижу́, сиди́шь**; **смотре́ть** blicken, **смотрю́,**

[1] Блесте́ть hat neben den Formen блещу́, блести́шь auch die Formen блещу́, бле́щешь, die vorzugsweise in übertragener Bedeutung und in feststehenden Wendungen gebraucht werden.

смо́тришь; **сопе́ть** schnaufen, **соплю́, сопи́шь**; **терпе́ть** leiden, ertragen, **терплю́, те́рпишь**; **шуме́ть** lärmen, **шумлю́, шуми́шь.**

Die Betonung liegt bei den Verben der Gruppe 15 in der Regel fest auf der Endung. Stammbetont sind nur **ви́деть, зави́сеть, ненави́деть** und **оби́деть** vo.; – **смотре́ть, терпе́ть** und **верте́ть** haben bewegliche Betonung, d.h. sie ziehen die Betonung von der 2.Person Singular an um eine Silbe zurück.

424

C. Sonderfälle

Die hier eingeordneten Verben stellen isoliert stehende Konjugationstypen dar, die – abgesehen von den Komposita – höchstens noch in einem weiteren Verb vertreten sind.

a) Erste oder e-Konjugation

1. **е́ха-ть** fahren	Si. **е́д-у**	Pl. **е́д-ем**
	— **-ешь**	— **-ете**
	— **-ет**	— **-ут**
2. **сла-ть** schicken	Si. **шл-ю**	Pl. **шл-ём**
	— **-ёшь**	— **-ёте**
	— **-ёт**	— **-ют**
3. **стла-ть** ausbreiten[1]	Si. **стел-ю́**	Pl. **сте́л-ем**
	сте́л-ешь	**сте́л-ете**
	сте́л-ет	**сте́л-ют**
4. **ста-ть** vo. werden, beginnen	Si. **ста́н-у**	Pl. **ста́н-ем**
	— **-ешь**	— **-ете**
	— **-ет**	— **-ут**

Den gleichen Konjugationstyp vertritt **деть** vo. hintun, **де́ну, де́нешь** mit seinen Komposita (**оде́ть** vo., **наде́ть** vo. anziehen; **разде́ть** vo. ausziehen).

5. **пе-ть** singen	Si. **по-ю́**	Pl. **по-ём**
	— **-ёшь**	— **-ёте**
	— **-ёт**	— **-ю́т**
6. **реве́-ть** brüllen	Si. **рев-у́**	Pl. **рев-ём**
	— **-ёшь**	— **-ёте**
	— **-ёт**	— **-у́т**

[1] In der Umgangssprache ist auch der Infinitiv стели́ть gebräuchlich.

7. **бри-ть** rasieren	Si. **бре́-ю**	Pl. **бре́-ем**
	— **-ешь**	— **-ете**
	— **-ет**	— **-ют**
8. **гни-ть** faulen	Si. **гни-ю́**	Pl. **гни-ём**
	— **-ёшь**	— **-ёте**
	— **-ёт**	— **-ю́т**
9. **жи-ть** leben	Si. **жив-у́**	Pl. **жив-ём**
	— **-ёшь**	— **-ёте**
	— **-ёт**	— **-у́т**

Den gleichen Konjugationstyp vertritt **плыть** schwimmen, **плыву́, плывёшь.**

10. **ушиби́-ть(ся)** vo. (sich) stoßend verletzen	Si. **ушиб-у́(сь)**	Pl. **ушиб-ём(ся)**
	— **-ёшь(ся)**	— **-ёте(сь)**
	— **-ёт(ся)**	— **-у́т(ся)**
	Prät. **уши́б(ся), уши́бла(сь)** usw.	

Dem gleichen Muster folgt **ошиби́ться** vo. sich irren.

11. **ду-ть** blasen, wehen	Si. **ду́-ю**	Pl. **ду́-ем**
	— **-ешь**	— **-ете**
	— **-ет**	— **-ют**

Den gleichen Konjugationstyp vertritt der nur in Komposita gebräuchliche Stamm **-уть: обу́ть** vo. Schuhe anziehen, **обу́ю, обу́ешь; разу́ть** vo. Schuhe ausziehen, **разу́ю, разу́ешь.**

12. **ид-ти́** gehen	Si. **ид-у́**	Pl. **ид-ём**
	— **-ёшь**	— **-ёте**
	— **-ёт**	— **-у́т**
	Prät. **шёл, шла, шло**	

In den Komposita tritt **идти́** als **-йти (-йду, -йдешь)** auf: **пойти́** vo. gehen, **пойду́, пойдёшь; вы́йти** vo. hinausgehen, **вы́йду, вы́йдешь.** Eine besondere Schreibung in den vollendeten Futurformen zeigt **прийти́** vo. kommen: **приду́, придёшь.**

13. **кля́с-ть(ся)** verwünschen (schwören)	Si. **клян-у́(сь)**	Pl. **клян-ём(ся)**
	— **-ёшь(ся)**	— **-ёте(сь)**
	— **-ёт(ся)**	— **-у́т(ся)**
	Prät. **кля́л(ся), кляла́(сь), кля́ло (кляло́сь)**	

b) Zweite oder i-Konjugation

14. **спа-ть** schlafen	Si. **спл-ю** **сп-ишь** **сп-ит**	Pl. **сп-им** **сп-йте** **сп-ят**
15. **гна-ть** jagen	Si. **гон-ю́** **го́н-ишь** **го́н-ит**	Pl. **го́н-им** **го́н-ите** **го́н-ят**

c) Gemischte oder besondere Konjugation

16. **бежа́-ть** laufen	Si. **бег-у́** **беж-и́шь** **беж-и́т**	Pl. **беж-и́м** **беж-и́те** **бег-у́т**
17. **хоте́-ть** wollen	Si. **хоч-у́** **хо́ч-ешь** **хо́ч-ет**	Pl. **хот-и́м** **хот-и́те** **хот-я́т**
18. **да-ть** vo. geben	Si. **дам** **дашь** **даст**	Pl. **дади́м** **дади́те** **даду́т**

Den gleichen Konjugationstyp vertritt **созда́ть** vo. schaffen, gründen: **созда́м, созда́шь, созда́ст, создади́м, создади́те, создаду́т.**

19. **ес-ть** essen	Si. **ем** **ешь** **ест**	Pl. **еди́м** **еди́те** **едя́т**
	Prät. **ел, е́ла, е́ло**	
20. **бы-ть** sein	(3. Pers. Si. **есть**	3. Pers. Pl. **суть**)
Dazu hat **быть** das Futurum:	Si. **бу́д-у** **бу́д-ешь** **бу́д-ет**	Pl. **бу́д-ем** **бу́д-ете** **бу́д-ут**

DIE WICHTIGSTEN VERBALPRÄFIXE UND IHRE BEDEUTUNG

425 Neben der Suffigierung – vgl. die Ableitung von Verben aus anderen Wortarten (405, 407, 408) – spielt die Präfigierung bei der Wortbildung des Verbs die entscheidendste Rolle. Durch Präfigierung werden von einfachen Verben zahlreiche Komposita gebildet, z.B.: **писа́ть** schreiben — **написа́ть** vo. schreiben — **за-**

писа́ть vo. aufschreiben, notieren — **подписа́ть** vo. unterschreiben, unterzeichnen — **переписа́ть** vo. abschreiben — **вы́писать** vo. ausschreiben, bestellen. Dabei sind die Verbalpräfixe durch eine doppelte Funktion gekennzeichnet: sie können aspektbildend und bedeutungsverändernd oder rein aspektbildend sein (vgl. hierzu 321). In den meisten Fällen vereinen die Verbalpräfixe die aspektbildende und die bedeutungsverändernde Funktion.

Durch ein und dasselbe Präfix kann die Bedeutung von Verben gewöhnlich in verschiedener Weise verändert werden, z.B.: **петь** singen — **запе́ть** vo. anfangen zu singen; **крыть** decken — **закры́ть** vo. schließen, zumachen; **корми́ть** füttern — **закорми́ть** vo. überfüttern.

Im einzelnen treten die wichtigsten Verbalpräfixe in folgenden Hauptbedeutungen auf:

1. в-, во-, въ- **426**

a) „hinein-, herein-, ein-": **вбежа́ть** vo. hineinlaufen; **вписа́ть** vo. einschreiben; **войти́** vo. hineingehen, eintreten; **въе́хать** vo. (hin-)einfahren –

b) „genau, aufmerksam, angespannt" – in Verbindung mit **-ся**: **вслу́шаться** vo. genau, gespannt auf etw. hören, aufhorchen; **всмотре́ться** vo. aufmerksam, gespannt auf etw. schauen.

2. вз-, взо-, взъ-, вс- **427**

a) „hinauf-, herauf-, auf-, empor-": **взлете́ть** vo. (hin-)auffliegen; **взобра́ться** vo. hinaufsteigen, ersteigen; **взъе́хать** vo. hinauffahren; **взойти́** vo., **всходи́ть** hinaufsteigen, aufgehen –

b) „auf-, plötzlich anfangen zu": **вскри́кнуть** vo. aufschreien; **взвыть** vo. aufheulen, jäh anfangen zu heulen.

3. воз-, вос- **428**

a) „hinauf-, auf-" (in feierlichem, teils archaischem Stil): **возвести́** (vo.) **глаза́** die Augen emporrichten; **возводи́ть на престо́л** auf den Thron erheben –

b) „neu-, wieder-, aufs neue": **возроди́ть** vo. erneuern, wiederbeleben; **восстанови́ть** vo. wiederherstellen; **возобнови́ть** vo. erneuern –

c) „zurück-, wieder-": **возврати́ться** vo. zurückkehren; **возда́ть** vo. zurückgeben, -erstatten, vergelten.

4. вы- *(in vollendeten Komposita stets betont)* **429**

a) „hinaus-, heraus-, aus-": **вы́йти** vo. hinausgehen; **вы́брать** vo. herausnehmen, auswählen; **вы́копать** vo. ausgraben –

b) „ganz, völlig, aus-“: **вы́учить** vo. mit Erfolg lernen, auslernen, erlernen; **вы́полнить** vo. erfüllen; **вы́пить** vo. austrinken; **вы́варить** vo. auskochen; **вы́сушить** vo. (aus-)trocknen –

c) „zur Genüge, lange genug, sich aus-“ – in Verbindung mit **-ся: вы́лежаться** vo. lange genug liegen, sich (liegend) ausruhen; **вы́спаться** vo. sich ausschlafen.

430 **5. до-**

a) „hin-... zu, bis“: **дойти́** (vo.) **до** hinkommen, gelangen bis; **долете́ть (vo.) до** fliegen bis –

b) „zu Ende, fertig-“: **дописа́ть** vo. zu Ende, fertigschreiben; **доигра́ть vo.** bis zu Ende spielen –

c) „dazu-, noch hinzu-“: **докупи́ть** vo. noch dazukaufen; **дописа́ть** (vo.) **не́сколько слов** einige Wörter hinzuschreiben –

d) „bis zu einem bestimmten Ergebnis“ – in Verbindung mit **-ся: докрича́ться** (vo.) **кого́-нибудь** jem. durch Schreien herbeirufen; **докрича́ться** (vo.) **до хрипоты́** sich heiser schreien.

431 **6. за-**

a) „hinter, über hinaus, (zu) weit weg“: **заложи́ть** (vo.) **ру́ки за́ спину** die Hände auf den Rücken legen; **залете́ть** (vo.) **за поля́рный круг** über den Polarkreis hinausfliegen; **забро́сить** (vo.) **мяч** den Ball (zu) weit weg werfen –

b) „ver-, zu-“: **закры́ть** vo. zu-, verdecken, schließen; **запере́ть** vo. zuschließen; **зары́ть** vo. vergraben; **заде́лать** vo. fest zumachen –

c) „über-, zu viel“ – zum Teil in Verbindung mit **-ся**: **закорми́ть** vo. überfüttern; **зарабо́таться** vo. sich überarbeiten, sich müde arbeiten; **засиде́ться** vo. zu lange (sitzen) bleiben –

d) „anfangen zu“: **запе́ть** vo. anfangen zu singen; **зацвести́** vo. anfangen zu blühen; **запла́кать** vo. anfangen zu weinen –

e) bedeutungsleer zur Bezeichnung des vollendeten Aspekts: **плати́ть – заплати́ть** vo. bezahlen.

432 **7. из-, изо-, изъ-, ис-**

a) „heraus-, aus-, weg-, ver-“: **избра́ть** vo. auswählen; **изда́ть** vo. herausgeben; **изгна́ть** vo. herausjagen, weg-, verjagen –

b) „völlig, zur Gänze, durch-, zer-“: **избе́гать** (vo.) **весь го́род** die ganze Stadt durchlaufen; **изре́зать** vo. zerschneiden; **исписа́ть** vo. vollschreiben, verschreiben; **изму́чить** vo. (völlig) zerquälen; **измо́кнуть** vo. durch und durch naß werden.

8. на- 433

a) „auf-, darauf-“: **набро́сить** vo. daraufwerfen; **наде́ть** vo. aufsetzen, anziehen; **накле́ить** vo. aufkleben –

b) „zur Genüge, genug, sich satt, sich müde“ – in Verbindung mit **-ся**: **нае́сться** vo. sich satt essen, **напи́ться** vo. den Durst löschen, sich betrinken; **нагляде́ться** vo. sich satt sehen; **набе́гаться** vo. sich müde laufen –

c) bedeutungsleer zur Bezeichnung des vollendeten Aspekts: **писа́ть—написа́ть** vo. schreiben; **рисова́ть — нарисова́ть** vo. zeichnen.

9. над-, надо- 434

a) „an-, dazu-, (zusätzlich) darauf-“: **надвяза́ть** vo. anstricken; **надстро́ить** vo. zusätzlich daraufbauen; **надписа́ть** (vo.) **а́дрес на конве́рте** die Adresse auf das Kuvert schreiben –

b) „an-, ein wenig ein-“: **надломи́ть** vo. anbrechen, ein wenig (ein-)brechen; **надпили́ть** vo. ansägen, ein wenig einsägen; **надкуси́ть** vo. anbeißen.

10. о-, об-, обо-, объ- 435

a) „um… herum-, umher-, um-“: **охвати́ть** vo. umfassen; **обмота́ть** vo. umwickeln; **огляде́ться** vo. sich umschauen; **объе́хать** vo. umfahren, um etw. herumfahren –

b) „nicht, nicht richtig, sich ver-“ – in Verbindung mit **-ся**: **ослу́шаться** vo. nicht gehorchen; **ослы́шаться** vo. sich verhören; **обсчита́ться** vo. sich verrechnen –

c) bedeutungsleer zur Bezeichnung des vollendeten Aspekts: **кре́пнуть — окре́пнуть** vo. erstarken; **ра́доваться — обра́доваться** vo. sich freuen; **зли́ться — обозли́ться** vo. sich ärgern.

11. от-, ото-, отъ- 436

a) „weg-, fort-, ab-, los-“: **отбро́сить** vo. wegwerfen; **отъе́хать** vo. weg-, abfahren; **отда́ть** vo. weg-, abgeben; **отвинти́ть** vo. abschrauben –

b) „zu Ende, fertig-, aufhören zu ...“: **отцвета́ть** verblühen; **отобе́дать** vo. das Mittagessen beenden.

437 **12. пере-**

a) „hinüber-, herüber-, über-“: **перебежа́ть** vo. hinüberlaufen; **перепры́гнуть** vo. (hin-)überspringen; **перевести́** vo. hinüberführen, übersetzen –

b) „nochmals, auf neue Art, um-“: **переписа́ть** vo. um-, abschreiben; **переде́лать** vo. nochmals, auf neue Art machen; **переключи́ть** vo. umschalten; **перемени́ть** vo. umändern, umwandeln –

c) „über-, zu viel“: **пересоли́ть** vo. versalzen, zu viel salzen; **перевы́полнить** vo. übererfüllen –

d) „durch-, zer-, in zwei Teile“: **перепили́ть** vo. durchsägen; **переломи́ть** vo. zerbrechen; **перерубить** vo. durchhauen, durchschlagen –

e) „untereinander, gegenseitig, hin- und her-“ – in Verbindung mit **-ся**: **переписываться** sich gegenseitig schreiben, im Briefwechsel stehen; **переклика́ться** einander zurufen; **перегля́дываться** Blicke wechseln.

438 **13. по-**

a) „anfangen zu, los-“ – in Verbindung mit den bestimmten Formen der Doppelzeitwörter: **побежа́ть** vo. anfangen zu laufen, loslaufen; **пойти́** vo. losgehen; **полете́ть** vo. losfliegen, abfliegen –

b) „eine Zeitlang, ein wenig, etwas“: **посиде́ть** vo. eine Zeitlang sitzen; **поспа́ть** vo. etwas schlafen; **почита́ть** vo. ein wenig lesen –

c) „von Zeit zu Zeit, ab und zu“ (in Verbindung mit dem Suffix **-ыва-/-ива**): **погля́дывать** von Zeit zu Zeit hinsehen; **поку́ривать** ab und zu einen Zug tun (beim Rauchen); **посма́тривать** von Zeit zu Zeit einen Blick werfen –

d) bedeutungsleer zur Bezeichnung des vollendeten Aspekts: **стро́ить — построить** vo. bauen; **звать — позва́ть** vo. rufen; **обе́дать — пообе́дать** vo. Mittag essen.

439 **14. под-, подо-, подъ-**

a) „darunter-, unter-“: **подкле́ить** vo. darunterkleben, unterkleben; **подчеркну́ть** vo. unterstreichen; **подписа́ть** vo. unterschreiben –

b) „von unten her, empor-, hoch-“: **подбро́сить** vo. in die Höhe werfen, hochwerfen; **подня́ть** vo. hochheben, aufheben –

c) „heran-, herbei-": **подойти́** vo. herankommen, herantreten; **подозва́ть** vo. heranrufen, herbeirufen –

d) „noch hinzu-, dazu-, nach-": **подли́ть** vo. zugießen, nachgießen; **подсы́пать** vo. hinzuschütten –

e) „ein wenig, nur etwas, leicht": **подкра́сить** vo. ein wenig anmalen, leicht färben –

f) „heimlich, unbemerkt": **подсказа́ть** vo. heimlich (vor-)sagen; **подслу́шать** vo. belauschen.

15. пред-, предо-, предъ- 440

„im voraus, vorher-, voraus-": **предви́деть** voraussehen, vorhersehen; **предостере́чь** vo. (im voraus hüten) warnen; **предсказа́ть** vo. voraussagen; **предреши́ть** vo. im voraus entscheiden.

16. при- 441

a) „herbei-, an-": **прийти́** vo. herbeikommen, ankommen; **прие́хать** vo. ankommen, angereist kommen; **прибы́ть** vo. ankommen –

b) „an-, an etwas fest-": **привинти́ть** vo. an-, festschrauben; **приши́ть** vo. annähen; **примёрзнуть** vo. anfrieren, an etwas festfrieren –

c) „ein wenig, nur etwas, leicht": **приоткры́ть** vo. ein wenig öffnen; **припу́дрить** vo. ein wenig pudern.

17. про- 442

a) „hindurch-, durch-": **проре́зать** vo. durchschneiden; **прострели́ть** vo. durchschießen; **проте́чь** vo. hindurchfließen –

b) „vorbei-, vorüber-": **прое́хать** vo. vorbeifahren, vorüberfahren; **пройти́** vo. vorbei-, vorübergehen –

c) „völlig, ganz, durch-": **прочита́ть** vo. (ganz) durchlesen; **пронумерова́ть** vo. (ganz) durchnumerieren; **прогре́ть** vo. durchwärmen –

d) „eine bestimmte Zeit hindurch": **прорабо́тать** (vo.) **весь день** den ganzen Tag über arbeiten; **проспа́ть** (vo.) **всю ночь** die ganze Nacht hindurch schlafen; **проговори́ть** (vo.) **це́лый час** eine ganze Stunde lang sprechen –

e) „ver-": **проигра́ть** vo. verspielen; **прожи́ть** (vo.) **мно́го де́нег** viel Geld verbrauchen; **пропи́ть** vo. vertrinken.

443 **18. раз-, разо-, разъ-, рас-**

a) „auseinander-, in verschiedene Richtungen": **разбежáться** vo. auseinanderlaufen; **разогнáть** vo. auseinandertreiben, auseinanderjagen; **разойтúсь** vo. auseinandergehen –

b) „zer-, in zwei oder mehrere Teile": **разбúть** vo. zerschlagen; **разорвáть** vo. zerreißen; **разложúть** vo. ausbreiten, zerlegen –

c) „ent-, (wieder) auf-": **развязáть** vo. aufbinden; **распечáтать** vo. entsiegeln; **разминúровать** vo. entminen –

d) „immer mehr, immer stärker (anfangen zu ...)" – in Verbindung mit **-ся**: **разговорúться** vo. ins Gespräch kommen, gesprächig werden; **расплясáться** vo. immer mehr zu tanzen anfangen; **раскричáться** vo. immer mehr zu schreien anfangen.

444 **19. с-, со-, съ-**

a) „zusammen-": **состáвить** vo. zusammenstellen; **связáть** vo. zusammen-, verbinden; **созвáть** vo. zusammenrufen; **сойтúсь** vo. zusammenkommen –

b) „herab-, herunter-": **спры́гнуть** vo. herabspringen, **сбрóсить** vo. herabwerfen; **слетéть** vo. herabfliegen –

c) „weg-, ab-": **срéзать** vo. weg-, abschneiden; **сорвáть** vo. abreißen, abpflücken; **сбрить** vo. wegrasieren –

d) bedeutungsleer zur Bezeichnung des vollendeten Aspekts: **дéлать – сдéлать** vo. machen; **игрáть – сыгрáть** vo. spielen.

445 **20. у-**

a) „weg-, fort-": **улетéть** vo. weg-, fortfliegen; **уéхать** vo. weg-, fortfahren; **унестú** vo. weg-, forttragen –

b) in resultativer Bedeutung „er-, be-, ver- usw.": **убúть** vo. erschlagen; **увúдеть** vo. erblicken; **узнáть** vo. erkennen; **укрепúть** vo. befestigen; **угáснуть** vo. verlöschen; **утонýть** vo. versinken, untergehen; **увéрить** vo. überzeugen; **умерéть** vo. sterben –

c) bedeutungsleer zur Bezeichnung des vollendeten Aspekts: **жáлить – ужáлить** vo. stechen, beißen; **совершéнствовать – усовершéнствовать** vo. vervollkommnen.

Das Adverb

I. Zur Funktion der Adverbien 446

Die Adverbien bilden eine selbständige nichtflektierte Wortart[1]. Sie vertreten im Satz die Funktion von Adverbialbestimmungen und dienen zur näheren Erläuterung von Verben, Adjektiven und anderen Adverbien. In seltenen Fällen stehen Adverbien als Attribut bei Substantiven.

Nähere Bestimmung des Verbs:

Он рабо́тает хорошо́.	Er arbeitet gut.
Он пришёл ра́но.	Er kam früh.

Nähere Bestimmung des Adjektivs:

Э́то истори́чески ва́жный вопро́с.	Das ist eine historisch wichtige Frage.
Он был чрезвыча́йно спосо́бным ученико́м.	Er war ein äußerst begabter Schüler.

Nähere Bestimmung des Adverbs:

Мы о́чень ве́село провели́ ве́чер.	Wir haben den Abend sehr fröhlich verbracht.
Обе́д продолжа́лся дово́льно до́лго.	Das Mittagessen dauerte ziemlich lange.

Nähere Bestimmung des Substantivs:

Э́то зна́чит движе́ние вперёд.	Das bedeutet eine Vorwärtsbewegung.
К за́втраку нам по́дали я́йца всмя́тку и ко́фе по-туре́цки.	Zum Frühstück reichte man uns weichgekochte Eier und Kaffee türkisch.

Zu den sogenannten prädikativen Adverbien siehe (613).

II. Die Bedeutungsgruppen der Adverbien 447

Nach der Bedeutung unterscheidet man folgende Gruppen von Adverbien:

1. Adverbien des Ortes – Fragen: **где?, куда́?, отку́да?**

Он живёт <u>здесь</u> с де́тства.	Er lebt seit seiner Kindheit hier.

[1] Adverbien sind in ihrer Form unveränderlich. Nur die Qualitätsadverbien auf -o, -e können gesteigert werden, vgl. (466–467).

До сих пор он не возвра-щáлся <u>домóй</u>.	Bis jetzt ist er nicht nach Hause zurückgekehrt.

Hierher gehören u.a.: **там** dort, da; **тут** hier, da; **тудá** dorthin, dahin; **сюдá** hierher; **всю́ду** überall; **вездé** überall; **дóма** zu Hause; **вдали́** in der Ferne; **вдаль** in die Ferne, ins Weite; **вперёд** vorwärts; **впереди́** vorn; **назáд** zurück; **сзáди** hinten; **наверху́** oben; **внизу́** unten; **вверх** hinauf, nach oben; **вокру́г** ringsum; **налéво** links, nach links; **напрáво** rechts, nach rechts; **бли́зко** nahe, unweit; **далекó** fern, weit; **посереди́не** in der Mitte.

2. Adverbien der Zeit – Frage: **когдá?**

Он приéхал к нам <u>недáвно</u>.	Er kam vor kurzem zu uns gereist.
<u>Зимóй</u> мы нóсим тёплые плáтья.	Im Winter tragen wir warme Kleidung.

Hierher gehören u.a.: **тогдá** damals, dann; **всегдá** immer; **иногдá** manchmal; **потóм** dann, darauf; **сегóдня**[1] heute; **тепéрь** jetzt; **ны́не** jetzt; **зáвтра**[1] morgen; **вчерá**[1] gestern; **у́тром** morgens; **днём** am Tage; **вéчером** abends; **нóчью** nachts; **лéтом** im Sommer; **зимóй** im Winter; **давнó** längst; **сейчáс** jetzt, sofort; **тóтчас** sogleich; **сначáла** zuerst; **рáно** früh; **пóздно** spät; **вóвремя** rechtzeitig; **однáжды** einmal, eines Tages; **скóро** bald.

3. Adverbien des Grundes – Fragen: **почему́?, отчегó?**

Э́то он сказáл <u>сгорячá</u>.	Er hat das in der ersten Erregung gesagt.
Он согласи́лся <u>поневóле</u>.	Er hat gezwungenermaßen zugestimmt.

Hierher gehören u.a.: **потому́** deshalb, darum; **поэ́тому** deshalb, darum; **нечáянно** unabsichtlich, aus Versehen; **сду́ру** aus Dummheit, törichterweise; **сóслепу** kurzsichtig wie (er, ...) war, in (seiner, ...) Blindheit.

Die Bedeutung des Grundes ist bei den Adverbien dieser Gruppe häufig mit der Bedeutung der Art und Weise verknüpft.

4. Adverbien des Zweckes – Fragen: **зачéм?, для чегó?, с какóй цéлью?**

Они́ э́то сдéлали <u>нарóчно</u>, чтóбы подшути́ть надо мной.	Sie haben das absichtlich getan, um sich über mich lustig zu machen.
Они́ э́то сдéлали мне <u>нáзло</u>.	Sie haben mir das zum Trotz getan.

[1] Зáвтра, сегóдня und вчерá können auch substantiviert auftreten und werden dann wie undeklinierbare sächliche Substantive behandelt, z.B.: путь в свéтлое зáвтра = der Weg in eine lichte Zukunft.

Hierher gehören u. a.: **затéм** deshalb; **нá смех** zum Spott; **невзначáй** unvermutet, zufällig; **нéзачем** unnütz, nutzlos.
Zumeist ist die Bedeutung des Zweckes bei den Adverbien dieser Gruppe mit der Bedeutung der Art und Weise oder mit der Bedeutung des Grundes verknüpft.

5. Adverbien der Art und Weise – Fragen: **как?, какúм óбразом?**

Пароxóд <u>мéдленно</u> приближáется к прúстани.	Der Dampfer nähert sich langsam dem Hafen.
Мы рабóтаем <u>дрýжно</u>.	Wir arbeiten einmütig.

Hierher gehören vorwiegend von Adjektiven abgeleitete Adverbien: **хорошó** gut; **вéсело** fröhlich; **бы́стро** schnell; **тúхо** still, ruhig; **мастерскú** meisterhaft; **геройчески** heldenhaft; **по-дрýжески** freundschaftlich; **по-рýсски** russisch; **по-нóвому** auf neue Art; **по-весéннему** frühlingsmäßig.

6. Adverbien des Maßes – Fragen: **(во) скóлько раз?, на скóлько частéй?**

Я <u>двáжды</u> был у негó.	Ich war zweimal bei ihm.
Продýкция увелúчилась <u>втрóе</u>.	Die Produktion hat sich um das Dreifache vergrößert.
Дéрево распилúли нáдвое.	Der Baum wurde in zwei Teile zersägt.

Hierher gehören Zahladverbien wie: **трúжды** dreimal; **четы́режды** viermal; **вдвóе** doppelt; **втрóе** dreifach; **нáдвое** in zwei Teile, entzwei.

7. Adverbien des Grades – Frage: **в какóй стéпени?**

В прóшлом годý он <u>óчень мáло</u> занимáлся матемáтикой.	Er hat sich im vorigen Jahr sehr wenig mit Mathematik beschäftigt.
Вы <u>слúшком мнóго</u> рабóтали.	Sie haben zu viel gearbeitet.
Он <u>вполнé</u> довóлен вáшим решéнием.	Er ist mit eurem Entschluß vollkommen zufrieden.

Hierher gehören u. a.: **óчень** sehr; **весьмá** sehr, überaus; **значúтельно** bei weitem, bedeutend; **горáздо** bei weitem, viel; **слúшком** zu, allzu; **крáйне** äußerst, sehr; **чрезвычáйно** außerordentlich, äußerst; **чересчýр** zuviel, übermäßig; **совсéм** ganz, völlig; **мнóго**[1] viel; **мáло** wenig; **немнóго** etwas, ein wenig; **нéсколько** etwas; **немáло** nicht wenig, recht viel.

---

[1] Мнóго, немнóго, мáло, немáло, скóлько, стóлько, нéсколько werden außerdem als unbestimmte Zahlwörter gebraucht. Als solche werden скóлько, стóлько, нéсколько dekliniert, vgl. (275).

III. Die Bildung der Adverbien

448 Die meisten Adverbien sind bzw. werden aus anderen Wortarten abgeleitet. Nur wenige sind ursprüngliche Adverbien oder jetzt nicht mehr als Ableitungen zu erkennen, z.B.: **где, везде́, всегда́, всю́ду, вчера́, ещё, за́втра, здесь, иногда́, как, когда́, куда́, ны́не, опя́ть, о́чень, так, там, тепе́рь, туда́, тут, уже́.**

Die abgeleiteten Adverbien können nach ihrer Bildung in folgende Gruppen zusammengefaßt werden:

1. Von Adjektiven abgeleitete Adverbien

449 *a) Adverbien auf* **-о/-е***[1]

Mit Hilfe des Suffixes **-о** bzw. **-е** werden zahlreiche Adverbien von Qualitätsadjektiven[2] gebildet. Die Form des Adverbs stimmt dabei mit der sächlichen Kurzform des Adjektivs überein[3].

бли́зко	(zu **бли́зкий**)	nah
бы́стро	(zu **бы́стрый**)	schnell
ве́село	(zu **весёлый**)	fröhlich
дёшево	(zu **дешёвый**)	billig
хорошо́	(zu **хоро́ший**)	schön
кра́йне	(zu **кра́йний**)	äußerst

450 *b) Adverbien auf* **-и*** *(zum Teil) mit Präfix* **по-**

Mit dem Suffix **-и** werden Adverbien von Qualitätsadjektiven auf **-ский/-цкий (-ской/-цкой)** – darunter auch von solchen, die aus Beziehungsadjektiven hervorgegangen sind, – gebildet:

дру́жески	(zu **дру́жеский**)	freundschaftlich
бра́тски	(zu **бра́тский**)	brüderlich
геро́йски	(zu **геро́йский**)	heldenmütig

[1] Durch ein Sternchen (*) sind die produktiven Typen der adverbialen Wortbildung kenntlich gemacht; schwach produktive Typen blieben dabei – wie bei der Wortbildung des Substantivs und Adjektivs – unberücksichtigt.

[2] Ableitungen von Beziehungsadjektiven, die ihrerseits mit по- präfigiert sind, sind selten: помину́тно jede Minute, jeden Augenblick; пожи́зненно lebenslänglich, auf Lebenszeit; поме́сячно allmonatlich.

[3] In einigen wenigen Fällen unterscheidet sich das Adverb von der formgleichen sächlichen Kurzform des Adjektivs durch die Betonung:

све́тлый hell	— Kurzform: све́тло	— Adverb: светло́
гре́шный sündhaft	— Kurzform: гре́шно	— Adverb: грешно́
кра́сный rot, schön	— Kurzform: кра́сно	— Adverb: красно́ (i. d. Bed. „schön")

Diese Adverbien können gleichzeitig mit **по-** präfigiert sein, wobei sie zumeist die Bedeutungsnuance eines Vergleichs, eine gewisse normative Bedeutung annehmen: **по-бра́тски** = brüderlich, wie es sich für einen Bruder (für Brüder) gehört. Ableitungen von Beziehungsadjektiven – im besonderen von Gattungsadjektiven auf **-ий, -ья, -ье** – erfolgen stets mit dem Suffix **-и** und Präfigierung durch **по-**:

по-ру́сски	(zu **ру́сский**)	russisch
по-неме́цки	(zu **неме́цкий**)	deutsch
по-ли́сьи	(zu **ли́сий**)	wie ein Fuchs
по-во́лчьи	(zu **во́лчий**)	in der Art eines Wolfs, wie Wölfe
по-ребя́чьи	(zu **ребя́чий**)	wie Kinder

c) Adverbien auf **-ому/-ему** *mit Präfix* **по-*** **451**

Adverbien in der Bedeutung „auf eine bestimmte Weise, entsprechend, gemäß...“ werden durch die Verbindung von **по-** mit der sächlichen Dativform des Singulars von Qualitäts- und Beziehungsadjektiven sowie von adjektivischen Pronomen gebildet.

по-но́вому	(zu **но́вый**)	neu, auf neue Weise
по-обыкнове́нному	(zu **обыкнове́нный**)	wie gewöhnlich
по-осе́ннему	(zu **осе́нний**)	herbstmäßig
по-друго́му	(zu **друго́й**)	anders
по-мо́ему[1]	(zu **мой**)	meines Erachtens, nach meiner Meinung
по-на́шему	(zu **наш**)	unseres Erachtens, nach unserer Meinung

d) Adverbien auf **-ую** *mit Präfix* **в-, на-, за-** **452**

Einige wenige Adverbien sind aus dem weiblichen Akkusativ Singular des Adjektivs in Verbindung mit den Präpositionen **в, на, за** hervorgegangen.

вплотну́ю	(**пло́тный**)	dicht, fest
впусту́ю	(**пусто́й**)	unnütz, vergebens
вручну́ю	(**ручно́й**)	mit der Hand (angefertigt)
вслепу́ю	(**слепо́й**)	blindlings
наудалу́ю	(**удало́й**)	auf gut Glück, aufs Geratewohl
зачасту́ю	(**ча́стый**)	öfters, häufig

[1] По-мо́ему, по-тво́ему, по-сво́ему sind im Gegensatz zur Dativform des Pronomens auf der Stammsilbe betont.

453 *e) Adverbien aus alten Kurzformen mit den Präfixen* **с-, до-, из-, по-, в-, за-, на-**

Eine Reihe von Adverbien ist aus der Verbindung der Präpositionen **с, до, из, по, в, за, на** mit dem entsprechenden Singularkasus der sächlichen Kurzform des Adjektivs entstanden.

спра́ва	**(пра́вый)**	rechts, von rechts
смо́лоду	**(молодо́й)**	in jungen Jahren, von Jugend an
до́сыта	**(сы́тый)**	satt, zur Genüge
до́чиста	**(чи́стый)**	rein; vollständig
и́здавна	**(да́вний)**	von jeher, von alters her
издалека́	**(далёкий)**	von weitem
по́просту	**(просто́й)**	unmittelbar, ohne Umstände
по́ровну	**(ро́вный)**	zu gleichen Teilen
впра́во	**(пра́вый)**	rechts, nach rechts
вполне́	**(по́лный)**	völlig
вско́ре	**(ско́рый)**	bald
вдалеке́	**(далёкий)**	in der Ferne
за́ново	**(но́вый)**	von neuem
за́просто	**(просто́й)**	ohne Umstände, ungezwungen
надо́лго	**(до́лгий)**	auf lange (Zeit)
нале́во	**(ле́вый)**	links, nach links
на́крепко[1]	**(кре́пкий)**	sehr fest
наедине́	**(еди́ный)**	allein, unter vier Augen
наготове	**(гото́вый)**	in Bereitschaft

2. Von Substantiven abgeleitete Adverbien

Viele Adverbien sind aus Deklinationsformen von Substantiven, zumeist in Verbindung mit Präpositionen entstanden. Es handelt sich dabei häufig um Substantive mit räumlicher und zeitlicher Bedeutung.

[1] Adverbialverbindungen mit dem alten sächlichen Akkusativ Singular der Kurzform und dem Präfix на- haben in einigen Fällen verstärkende Bedeutung und werden dann häufig mit Wiederholung des entsprechenden einfachen Adverbs gebraucht, z. B.:

кре́пко-на́крепко = sehr fest, niet- und nagelfest
стро́го-на́строго = strengstens

a) Adverbien aus Substantivformen in Verbindung mit Präpositionen **(из, с, до, от; к, по; на*[1], в*[1], за)** 454

йздали	**(даль)**	von weitem
сначáла	**(начáло)**	zuerst, von Anfang an
сбóку	**(бок)**	seitlich, von der Seite
дóверху	**(верх)**	bis oben
дóнизу	**(низ)**	bis nach unten
óтроду	**(род)**	von Geburt an
отчáсти	**(часть)**	teilweise
квéрху	**(верх)**	nach oben, hinauf
кнйзу	**(низ)**	nach unten, hinab
посередйне	**(середйна)**	in der Mitte
поутрý	**(ýтро)**	frühmorgens
навéки	**(век)**	auf ewig, für immer
наконéц	**(конéц)**	schließlich, endlich
наканýне	**(канýн)**	am Vorabend
вверх	**(верх)**	hinauf, nach oben
вдаль	**(даль)**	in die Ferne
вглубь	**(глубь)**	in die Tiefe
вначáле	**(начáло)**	anfangs, zuerst
зарáз	**(раз)**	auf einmal
зáмужем	**(муж)**	(mit einem Mann) verheiratet

*b) Adverbien aus Instrumentalformen** 455

α) Hierher gehören die Angaben von Tages- und Jahreszeiten:

ýтрóм	morgens, am Morgen
днём	am Tage
вéчером	abends, am Abend
нóчью	nachts, in der Nacht
веснóй	im Frühling
лéтом	im Sommer
óсенью	im Herbst
зимóй	im Winter

β) Instrumentalformen sind auch einige andere Adverbien – vorwiegend Adverbien der Art und Weise. In verschiedenen Fällen ist nur die adverbialisierte Instrumentalform erhalten; das ursprüngliche Substantiv fehlt im modernen Sprachgebrauch.

[1] Von den Bildungen mit den Präpositionen на und в sind nur die Verbindungen mit dem Akkusativ produktiv.

кругóм[1]	**(круг)**	ringsum
бегóм[1]	**(бег)**	im Laufschritt
шáгом	**(шаг)**	im Schritt
рысью	**(рысь)**	im Trab
дыбом	**(дыбы́)**	gesträubt, zu Berge
шёпотом	**(шёпот)**	im Flüsterton, leise
босикóм		barfuß
пешкóм		zu Fuß
кувыркóм		kopfüber
укрáдкой		verstohlen, heimlich
целикóм		ganz, vollkommen
сли́шком		zu, allzu

3. Von Zahlwörtern abgeleitete Adverbien – Zahladverbien

456 *a) Zahladverbien der Wiederholung (= Multiplikation) sind:*

двáжды	zweimal	**сéмью**	siebenmal
три́жды	dreimal	**вóсемью**	achtmal
четы́режды	viermal	**дéвятью**	neunmal
пя́тью[2]	fünfmal	**дéсятью**	zehnmal
шéстью	sechsmal		

457 *b) Zahladverbien der Vervielfältigung sind:*

вдвóе	zweifach, doppelt	**всéмеро**	siebenfach
втрóе	dreifach	**ввóсьмеро**	achtfach
вчéтверо	vierfach	**вдéвятеро**	neunfach
впя́теро	fünffach	**вдéсятеро**	zehnfach
вшéстеро	sechsfach		

458 *c) Zahladverbien der Gemeinsamkeit sind:*

вдвоём	zu zweit	**всемерóм**	zu siebent
втроём	zu dritt	**ввосьмерóм**	zu acht
вчетверóм	zu viert	**вдевятерóм**	zu neunt
впятерóм	zu fünft	**вдесятерóм**	zu zehnt
вшестерóм	zu sechst		

---

[1] Die Adverbien кругóм, бегóм sind durch die Betonung vom Instrumental der Substantive круг und бег getrennt (крýгом, бéгом).

[2] Die Zahladverbien der Wiederholung auf -ью unterscheiden sich durch die Betonung vom formgleichen Instrumental des Grundzahlwortes, vgl. (259).

4. Von Pronomen abgeleitete Adverbien – Pronominaladverbien 459

a) Zu Ableitungen von adjektivischen Pronomen vgl. (451).

b) Auf eine Verbindung von Pronomen mit Präpositionen gehen folgende Adverbien zurück:

зате́м	danach, dann	**почему́**	warum, weshalb
пото́м	dann, darauf	**отчего́**	warum
потому́	deshalb, darum	**оттого́**	deshalb
поэ́тому	deshalb, darum	**во́все**	völlig, ganz
заче́м	warum, wozu	**совсе́м**	ganz

5. Adverbialpartizipien als Adverbien 460

a) Eine kleine Gruppe von Adverbien ist aus Adverbialpartizipien hervorgegangen, die ihre verbalen Merkmale aufgegeben haben:

мо́лча[1]	schweigend		**не́хотя**	ungern
сто́я[1]	stehend		**неме́для**	sofort, unverzüglich
си́дя	sitzend		**шутя́**	leicht, mühelos
лёжа	liegend		**не шутя́**	im Ernst
		auch:	**стоймя́**	stehend, aufrecht
			зря	umsonst

b) Einige wenige – vorzugsweise in der Umgangssprache gebrauchte – Adverbien gehen auf alte russische Adverbialpartizipialformen auf **-учи/-ючи** zurück, vgl. die Fußnote auf S. 338:

игра́ючи	spielend leicht
припева́ючи	herrlich und in Freuden
уме́ючи	sachverständig, mit Sachkenntnis

6. Von Adverbien abgeleitete Adverbien 461

Von Adverbien können durch Präfigierung und in bestimmten Fällen auch durch Suffigierung neue Adverbien gebildet werden, z.B.:

отсю́да	**(сюда́)**	von hier
послеза́втра	**(за́втра)**	übermorgen
позавчера́	**(вчера́)**	vorgestern
неда́вно	**(давно́)**	neulich, kürzlich
навсегда́	**(всегда́)**	für immer

[1] Мо́лча und сто́я unterscheiden sich durch die Betonung von den entsprechenden als Adverbialpartizip gebrauchten Formen, vgl. (396).

Als besondere Gruppen sind dabei vertreten:

462 *a) Negierende Adverbien*

α) Negierende Adverbien werden durch Vorsetzen der Partikel **ни-** vor Frageadverbien gebildet:

нигде́	nirgends
никуда́	nirgendwohin
ниотку́да	nirgendwoher
никогда́	niemals
ника́к	auf keinerlei Weise

Mit **ни-** gebildete negierende Adverbien werden wie die mit **ни-** gebildeten Pronomen im Satz mit der sogenannten doppelten Verneinung gebraucht (vgl. 308):

Я его́ никогда́ не ви́дел.	Ich habe ihn niemals gesehen.
В э́том году́ я никуда́ не пое́ду.	In diesem Jahr werde ich nirgendwohin fahren.
Он ника́к не мог спра́виться с рабо́той.	Er konnte auf keinerlei Weise mit der Arbeit fertigwerden.

β) Mit der Partikel **не́-** werden von Frageadverbien negierende Adverbien gebildet, die wie die negierenden Pronomen **не́кого, не́чего** (vgl. 309) nur in Infinitivkonstruktionen auftreten können:

Мне не́где отдохну́ть.	Ich habe nirgends Platz zum Ausruhen.
Ему́ не́где сесть.	Er weiß nicht, wo er sich hinsetzen soll.
Не́куда е́хать.	Es besteht keine Möglichkeit, irgendwohin zu fahren.
Рабо́тай, не́когда разгова́ривать!	Arbeite, es ist keine Zeit zum Unterhalten!
Не́когда гуля́ть.	Es ist keine Zeit zum Spazierengehen.
Мне сего́дня не́когда.	Ich habe heute keine Zeit.

463 *b) Indefinite Adverbien*

Indefinite Adverbien werden von Frageadverbien mit Hilfe der Partikeln **не́-, ко́е-, -то, -либо, -нибудь** abgeleitet. Für den Gebrauch dieser Adverbien gilt dasselbe wie für die mit den gleichen Partikeln gebildeten indefiniten Pronomen (vgl. 312).

не́когда	einst, ehemals
ко́е-где́	hier und da
ко́е-ка́к	mit großer Mühe, schlecht
ко́е-куда́	hierhin und dorthin

когда́-то	einst, ehemals
ка́к-то	irgendwie; einmal, einst
когда́-нибудь	irgendwann, dereinst
куда́-нибудь	irgendwohin
где́-нибудь	irgendwo
ка́к-нибудь	irgendwie; nachlässig; irgendwann, bei Gelegenheit
когда́-либо	irgendwann, dereinst
куда́-либо	irgendwohin

7. Adverbien der subjektiven Einschätzung

1. Von Qualitätsadverbien auf **-о/-е** können wie von Qualitätsadjektiven mit Hilfe bestimmter Suffixe Formen gebildet werden, die eine – weitgehend subjektiv vorgestellte – Modifizierung eines Umstands ausdrücken (vgl. auch 248). **464**

Hierher gehören folgende Suffixe:

a) das Suffix **-енько** (nach **г, к, х -онько**), das eine Verstärkung ausdrückt, z. B.: **ти́хо – тихо́нько; легко́ – лего́нько; давно́ – давне́нько; хорошо́ – хороше́нько; ча́сто – часте́нько.**

b) die Suffixe **-енечко** (nach **г, к, х -онечко**), **-ёхонько** (nach **г, к, х -охонько**), **-ёшенько** (nach **г, к, х -ошенько**), die eine rein subjektiv vorgestellte Verstärkung bezeichnen und in der Regel nur in der Volksdichtung auftreten: **ти́хо – тихо́нечко; ра́но – ранёхонько; бе́ло – белёшенько.**

c) die Suffixe **-ко, -ечко,** die subjektiv verstärkende Bedeutung haben: **немно́го – немно́жко – немно́жечко.**

Suffixe der subjektiven Einschätzung treten auch in Bildungen mit dem Präfix **по-** auf: **потихо́ньку, потихо́нечку; полего́ньку, полего́нечку; понемно́жечку.**

2. Verstärkende Bedeutung kann beim Adverb auch ausgedrückt werden: **465**

a) durch doppelte Aneinanderreihung, z. B.: **далеко́-далеко́** weit, weit entfernt; **высоко́-высоко́** hoch, hoch oben. Das zweite Adverb kann dabei durch **на-** präfigiert sein, vgl. die Fußnote auf S. 376: **кре́пко-на́крепко** niet- und nagelfest.

b) durch Verbindung mit einer Form auf **-ым** vom gleichen Wortstamm, z. B.: **полны́м-полно́** übervoll, über und über voll; **давны́м-давно́** schon längst, vor sehr langer Zeit.

IV. Die Steigerung der Adverbien

Die Qualitätsadverbien auf **-o/-e** können gesteigert werden.

466

1. Der Komparativ

Der Komparativ der Adverbien auf **-o/-e** stimmt in seiner Bildung mit dem einfachen Komparativ des entsprechenden Adjektivs überein[1] (vgl. 219–221):

вéсело	**(весёлый)**	lustig	– **веселéе**	**(веселéй)**
интерéсно	**(интерéсный)**	interessant	– **интерéснее**	**(интерéсней)**
темнó	**(тёмный)**	dunkel	– **темнéе**	**(темнéй)**
бли́зко	**(бли́зкий)**	nah	– **бли́же**	
высокó	**(высóкий)**	hoch	– **вы́ше**	
грóмко	**(грóмкий)**	laut	– **грóмче**	
далекó	**(далёкий)**	weit, fern	– **дáльше**	
плóхо	**(плохóй)**	schlecht	– **хýже**	
хорошó	**(хорóший)**	gut, schön	– **лýчше**	

Wie bei den Adjektiven sind in einigen Fällen doppelte Komparativformen auf **-ee** und **-ше** vorhanden (vgl. auch 219, c):

мáло	wenig	– **мéнее,**	**мéньше**
мнóго	viel	– **бóлее,**	**бóльше**
далекó	weit, fern	– **дáлее,**	**дáльше**
дóлго	lange	– **дóлее,**	**дóльше**
пóздно	spät	– **позднéе,**	**пóзже**
рáно	früh	– **рáнее,**	**рáньше**

Wie bei den adjektivischen Komparativformen kann **по-** die Abschwächung des Steigerungsgrades bezeichnen. Es kann jedoch bei Fehlen eines Vergleichsgliedes auch „so... wie möglich, möglichst" bedeuten.

Он знал мáло, онá побóльше.	Er wußte wenig, sie etwas mehr.
Я поскорéе окóнчу рабóту.	Ich werde die Arbeit so schnell wie möglich beenden.
Напиши́те мне поскорéй!	Schreiben Sie mir möglichst bald!

[1] Ein adverbialer Komparativ kann zuweilen auch durch бóлее (und мéнее) in Verbindung mit dem Positiv des Adverbs ausgedrückt werden: бóлее внимáтельно, мéнее трýдно u.ä.

Wie nach dem adjektivischen Komparativ wird „als“ nach dem adverbialen Komparativ ausgedrückt:

a) durch **чем**. Dabei ist zu beachten, daß ein nominales Vergleichswort nach **чем** im gleichen Kasus steht wie das Wort, auf das sich der Vergleich bezieht. (Beim adjektivischen Komparativ steht das nominale Vergleichswort nach **чем** stets im Nominativ, vgl. 226).

Ле́том со́лнце гре́ет сильне́е, чем весно́й.	Im Sommer wärmt die Sonne stärker als im Frühling.
Пётр пи́шет лу́чше, чем Ви́ктор.	Peter schreibt besser als Viktor.
Он интересу́ется геогра́фией бо́льше, чем исто́рией.	Er interessiert sich mehr für Geographie als für Geschichte.

b) durch den Genitiv des nominalen Vergleichsworts, z. B.:

Они́ вы́полнили план ра́ньше сро́ка.	Sie haben den Plan vorfristig erfüllt.
Я э́то зна́ю лу́чше тебя́ (oder: **твоего́**).	Ich weiß das besser als du.

2. Der Superlativ 467

a) Der Superlativ der Adverbien auf **-о/-е** wird allgemein durch den einfachen Komparativ in Verbindung mit den Genitiven **всего́** = (**чем всё**), **всех** (= **чем все**) ausgedrückt (vgl. auch 232, b)[1].

Бо́льше всего́ он лю́бит свою́ ро́дину.	Am meisten liebt er seine Heimat.
Он рабо́тает лу́чше всех.	Er arbeitet am besten.
Он скоре́е всех ко́нчил свою́ рабо́ту.	Er hat seine Arbeit am schnellsten beendet.
Краси́вее всех пи́шет у нас в кла́ссе Семёнов.	Am schönsten schreibt bei uns in der Klasse Semjonow.

b) Selten werden adverbiale Superlativformen auf **-ейше** (**-айше**) gebraucht: **стро́го** (streng) – **стро́же** – **строжа́йше**; **поко́рно** (unterwürfig) – **поко́рнее** – **поко́рнейше**; **подро́бно** (ausführlich) – **подро́бнее** – **подро́бнейше** u. ä.

---

[1] Ein zusammengesetzter adverbialer Superlativ kann auch durch Vorsetzen von наибо́лее (und наиме́нее) vor den Positiv des Adverbs gebildet werden: наибо́лее успе́шно, наиме́нее уда́чно u. ä.

Die Präpositionen

468 DIE EINTEILUNG DER PRÄPOSITIONEN

Nach ihrer Herkunft unterteilt man die Präpositionen im Russischen in 2 Gruppen:

I. ursprüngliche Präpositionen, z.B.:
   в, до, из, на, над, под, у, с.

II. abgeleitete Präpositionen, d.h. Präpositionen, die aus anderen Wortarten entstanden sind. Dabei unterscheidet man:

1. Adverbialpräpositionen, z.B.:

   во́зле, вокру́г, навстре́чу, о́коло, по́сле, про́тив, среди́;

2. Substantivpräpositionen, z.B.:

   во вре́мя, во и́мя, во главе́, в тече́ние, в результа́те, в це́лях, с по́мощью, путём;

3. Verbalpräpositionen, z.B.:

   благодаря́, спустя́;

4. präpositionale Ausdrücke, z. B.:

   вме́сте с, вслед за, наряду́ с, ря́дом с, в связи́ с, несмотря́ на.

469 ZU FUNKTION UND BEDEUTUNG DER PRÄPOSITIONEN

Präpositionen sind nichtflektierte Hilfswörter, deren Funktion es ist, Beziehungen zwischen Satzgliedern auszudrücken.

Mit Hilfe von Präpositionen werden Substantive, substantivische Pronomen, substantivierte Adjektive oder auch Zahlwörter in verschiedene Beziehungen zu anderen Satzgliedern gesetzt. Jede Präposition regiert dabei einen bestimmten Kasus. Manche Präpositionen können bei verschiedener Bedeutung mehrere (– bis zu drei –) Kasus regieren.

Die durch die Präpositionen ausgedrückten Beziehungen sind mannigfaltiger Art. Es sind vor allem Umstands- und Objektbeziehungen; seltener liegen Attributbeziehungen vor.

1. Umstandsbeziehungen

a) lokal:

Зáвтра отéц поéдет в Москвý. – Вéра сидúт в клáссе. – От Ленингрáда до Москвы́ 649 киломéтров. – Э́та дорóга ведёт к ширóкой рекé.

b) temporal:

У́тром я встаю́ в семь часóв. – В прóшлом мéсяце мы нé были в теáтре. – С утрá до вéчера отéц рабóтал в садý. – По суббóтам онá рабóтает в библиотéке.

c) modal:

С трудóм мы дошлú до бéрега рекú. – Онú рабóтают по плáну.

d) kausal:

Ребёнок запры́гал от рáдости. – Он дрожáл от хóлода.

e) final:

Мы бóремся за мир и демокрáтию во всём мúре. – Он всё дéлает для семьú.

2. Objektbeziehungen:

Об э́том мы ещё не говорúли. – Он вéрит в побéду. – Мы не сомневáемся в успéхе. – Человéк стремúт к знáнию.

3. Attributbeziehungen:

окнó из стеклá, дом в пять этажéй, óтдых пóсле обéда.

Die Mehrzahl der Präpositionen dient in erster Linie zur Wiedergabe lokaler und temporaler Umstandsbeziehungen.

Abgeleitete Präpositionen haben in der Regel nur eine Bedeutung und können nur einen Kasus regieren.

DIE URSPRÜNGLICHEN PRÄPOSITIONEN

Die ursprünglichen Präpositionen sind zumeist einsilbig. Zu ihnen zählen: **без, в, для, до, за, из, к, мéжду, на, над, о, от, перед, по, под, при, про, рáди, с, сквозь, у, чéрез.**

470

I. Grundbedeutung und Kasusrektion der ursprünglichen Präpositionen

Kasus	mit einem Kasus	mit 2 Kasus	mit 3 Kasus
G.	**без (безо)** ohne; **для** für; **до** bis; **из (изо)** aus **от (ото)** von; **ра́ди** wegen; **у** bei		**с (со)** von
D.	**к (ко)** zu		**по** auf, über, entlang
A.	**про** über, von; **сквозь** durch; **че́рез** über, durch	**в (во)** in; **на** auf; **о (об, обо)** gegen **за** hinter; **под (подо)** unter	**с (со)** etwa; **по** bis
I.	**перед (передо)** vor; **над (надо)** über **ме́жду (меж)** zwischen, unter	**за** hinter; **под (подо)** unter	**с (со)** mit
P.	**при** bei	**в (во)** in; **на** auf; **о (об, обо)** über	**по** nach

Zu Form und Betonung der ursprünglichen Präpositionen

A. Den ursprünglichen Präpositionen **без, в, из, к, над, от, перед, под, с** wird vor Substantiven, Adjektiven und Pronomen, die mit zwei oder mehreren Konsonanten anlauten, vielfach ein **-о** angehängt[1]: **471**

во всех стра́нах ми́ра; передо мной; со стола́.

Die Präposition **о** wird vor vokalischem Anlaut zu **об: об успе́хе.**

Merke: **обо мне, обо всём (обо всей, обо всех).**

B. 1. Präpositionen bilden mit dem Folgewort eine Betonungseinheit, wobei die Betonung grundsätzlich auf dem Folgewort liegt. Mehrsilbige Präpositionen – angefügtes **о** nicht mitgezählt – haben dabei einen Nebenton, z. B.: **пѐред обе́дом.** **472**

2. Bei den Präpositionen **за, из, на, по** und **под** kann in seltenen Fällen die Betonung vom Substantiv auf die Präposition verlegt werden, z. B.:

a) im Akkusativ Singular und Plural der weiblichen Substantive, die im Akkusativ Singular die Betonung auf die Stammsilbe zurückziehen:
рука́: – за́ руку – за́ руки; голова́: – за́ голову;
гора́: – на́ гору – по́д гору.

b) im Akkusativ und teilweise im Instrumental Singular der auf der ersten Silbe betonten männlichen Substantive mit den Lautgruppen **-оро-, -ере:**
го́род: – за́ город – за́ городом; бе́рег: – на́ берег.

c) im Genitiv, Dativ und Akkusativ Singular einiger einsilbiger, im Singular stammbetonter männlicher Substantive:
пол: – по́ полу – на́ пол.

d) im Dativ, Akkusativ und Instrumental Singular der auf der ersten Silbe betonten zweisilbigen sächlichen Substantive:
по́ле: – по́ полю – на́ поле;
мо́ре: – по́ морю – за́ морем.

Neuerdings wird die Betonung zumeist nur dann auf die Präposition verlegt, wenn die Verbindung von Präposition und Substantiv als adverbialer Ausdruck aufgefaßt wird.

---

[1] Als annähernde Regel kann gelten:
1. во steht vor в, ф + Konsonant (во вто́рник, во Фра́нции);
2. со steht vor с, з + Konsonant sowie vor вн, вз, вс, вт, вк (со сли́вками, со вну́ком, со вку́сом – und merke: со вре́менем);
3. во, ко, надо, передо, со stehen vor мн (ко мне, надо мной);
4. alle konsonantisch auslautenden ursprünglichen Präpositionen erhalten vor den abgeleiteten Kasus männlicher einsilbiger Substantive mit flüchtigem о/е ein -о (во рту, со лба).

473 *Doppelpräpositionen*

Durch Verbindung zweier ursprünglicher Präpositionen entstehen sogenannte Doppelpräpositionen. Die gebräuchlichsten sind:

из-за (mit Gen.) = hinter ... hervor; wegen
из-под (mit Gen.) = unter ... hervor

Doppelpräpositionen werden sonst in verschiedensten Zusammensetzungen in der Volkssprache gebraucht, z. B.: **по-над мо́рем, по-под сне́гом, по-за сара́ем.**

II. Zum Gebrauch der ursprünglichen Präpositionen

Die ursprünglichen Präpositionen werden im einzelnen in der Hauptsache wie folgt gebraucht (zur präpositionalen Rektion der Verben siehe 552–567):

474 **без (безо)** *mit Genitiv* – „ohne", „in Abwesenheit"

Он написа́л дикто́вку без оши́бок.	Er schrieb das Diktat ohne Fehler.
Без вас приходи́ли го́сти.	In eurer Abwesenheit kamen Gäste.

Zur Angabe der Uhrzeit siehe (585, b).

475 **в (во)**

a) mit Akkusativ

1. räumlich: „in (hinein), nach" – (Frage: „wohin?")

В универма́г непреры́вно вхо́дят покупа́тели.	In das Warenhaus kommen ununterbrochen Käufer.
За́втра мы пое́дем в Ки́ев.	Morgen fahren wir nach Kiew.

2. zeitlich: „um, an" – auch: „bei" bei Witterungsangaben

У́тром я встаю́ в семь часо́в.	Morgens stehe ich um 7 Uhr auf.
В сре́ду к нам прие́дет Пётр.	Am Mittwoch kommt Peter zu uns.
В снег и дождь мы не придём.	Bei Schnee und Regen werden wir nicht kommen.

3. bei Zahlenangaben von Maß, Gewicht usw.

У него́ лы́жи длино́й в два ме́тра.	Er hat 2 Meter lange Skier.
У нас кварти́ра в пять ко́мнат.	Wir haben eine Fünfzimmerwohnung.
На дворе́ сего́дня моро́з в три гра́дуса.	Heute sind draußen drei Grad Frost.

4. zur Angabe des Zweckes oder Zieles

Он всё э́то сказа́л в шу́тку.	Er hat das alles zum Scherz gesagt.

b) mit Präpositiv

1. räumlich: „in, an, auf" – (Frage: „wo?")

Я ещё никогда́ не́ был в Берли́не.	Ich bin noch niemals in Berlin gewesen.
Мой брат у́чится в те́хникуме.	Mein Bruder studiert an einem Technikum.

bei Entfernungsangaben: „in einer Entfernung von"

Наш дом нахо́дится в двух киломе́трах от го́рода.	Unser Haus liegt 2 km von der Stadt entfernt.

2. zeitlich: „in"[1]

Он сдал свои́ экза́мены уже́ в про́шлом году́.	Er hat seine Examina bereits im vorigen Jahr abgelegt.
Он жил здесь в де́тстве.	Er wohnte in seiner Kindheit hier.

для *mit Genitiv* – „für" (zur Angabe des Bestimmungszweckes oder im Sinne von „zugunsten, im Interesse von") **476**

Она́ купи́ла мно́го игру́шек для дете́й.	Sie kaufte viele Spielsachen für die Kinder.
Он всё де́лает для семьи́.	Er tut alles für die Familie.

до *mit Genitiv* – „für" **477**

1. räumlich: „bis (zu)"

Расстоя́ние от Му́рманска до Владивосто́ка приблизи́тельно 6000 киломе́тров.	Die Entfernung von Murmansk bis Wladiwostok beträgt ungefähr 6000 km.

[1] In der Regel steht в mit dem Akkusativ zur Bezeichnung kürzerer Zeiteinheiten, в mit dem Präpositiv zur Bezeichnung längerer Zeiteinheiten.
В mit dem Akkusativ steht:
1. zur Angabe der Uhrzeit: в два часа́, в три часа́ два́дцать мину́т, – aber merke: в полови́не ...;
2. zur Angabe von Tageszeit (mit Attribut), Tag und Wochentag: в э́тот ве́чер, в ту ночь; в сре́ду, в пя́тницу;
3. zur Angabe ungenau benannter Zeiträume und bei Witterungsangaben: в э́ти го́ды, в ста́рое вре́мя, в го́ды ю́ности, в э́ту эпо́ху, в ту по́ру, в хоро́шую пого́ду, в дождь, в бу́рю.
В mit dem Präpositiv steht:
1. zur Angabe des Monats: в январе́, в про́шлом ме́сяце;
2. zur Angabe des Jahres und Jahrhunderts: в э́том году́, в 1956 году́; в двадца́том ве́ке;
3. zur Angabe von Lebensabschnitten: в де́тстве, в ю́ности;
4. zur Angabe zahlenmäßig benannter Zeiträume: в пятидеся́тых года́х, в шестидеся́тых года́х про́шлого ве́ка.

2. zeitlich: „bis, vor“

С утра́ до ве́чера он рабо́тал в саду́.	Vom Morgen bis zum Abend arbeitete er im Garten.
До войны́ он жил в дере́вне.	Vor dem Kriege lebte er auf dem Lande.

478 **за**

a) mit Akkusativ

1. räumlich: „hinter, an[1]“ – (Frage: „wohin?“)

Со́лнце спря́талось за ту́чи.	Die Sonne verbarg sich hinter den Wolken.
Оте́ц, мать и де́ти се́ли за стол у́жинать.	Vater, Mutter und Kinder setzten sich zum Abendessen an den Tisch.

2. zeitlich: „in, während, im Laufe von“

За после́днее вре́мя я прочита́л мно́го книг.	In letzter Zeit habe ich viele Bücher gelesen.
За после́дние 10 лет в на́шем го́роде мно́гое измени́лось.	Während der letzten 10 Jahre hat sich in unserer Stadt vieles verändert.

auch: „mehr als, über“

Ему́ за со́рок лет.	Er ist über 40 Jahre alt.

3. zur Angabe des Zweckes oder Zieles: „für“ (mit gegensätzlicher Bedeutung von **про́тив** im Sinne von „eintreten, sich einsetzen für“)

Колониа́льные наро́ды бо́рются за свобо́ду и незави́симость свое́й ро́дины.	Die Kolonialvölker kämpfen für die Freiheit und Unabhängigkeit ihrer Heimat.

4. zur Angabe des Grundes: „für (‚wegen)“

Он получи́л пре́мию за хоро́шую рабо́ту.	Er erhielt eine Prämie für gute Arbeit.
Его́ наказа́ли за просту́пок.	Man bestrafte ihn für sein Vergehen.

5. zur Angabe der Gegenleistung und des Ersatzes: „für“, „anstelle (von)“

Он купи́л кни́гу за 5 рубле́й.	Er kaufte ein Buch für 5 Rubel.
Он отве́тил за меня́.	Er hat für mich geantwortet.

[1] In dieser Bedeutung steht за nur nach сесть vo., стать vo. und einigen ähnlichen Verben.

b) mit Instrumental

1. räumlich: „hinter, an[1], jenseits, außerhalb" – (Frage: „wo?")

Семья́ сиди́т за столо́м и обе́дает.	Die Familie sitzt am Tisch und ißt zu Mittag.
Спорти́вная площа́дка нахо́дится за го́родом.	Der Sportplatz befindet sich außerhalb der Stadt.

2. zeitlich: „bei" (während einer Tätigkeit)

Он поёт за рабо́той.	Er singt bei der Arbeit.
Я заста́л его́ за обе́дом.	Ich traf ihn beim Mittagessen an.

3. zur Angabe des Zweckes: „nach"[2]

Мать посла́ла за до́ктором.	Die Mutter schickte nach dem Arzt.

4. zur Angabe einer hindernden Ursache: „aus, wegen, infolge"[3]

Я не мог гуля́ть за недоста́тком вре́мени.	Aus Zeitmangel konnte ich nicht spazierengehen.

из (изо) *mit Genitiv* **479**

1. räumlich: „aus (heraus), von"

Бори́с идёт из библиоте́ки домо́й.	Boris geht aus (von) der Bibliothek nach Hause.

2. zur Angabe des Materials: „aus"

Мой но́вый костю́м из сукна́.	Mein neuer Anzug ist aus Tuch.

3. zur Angabe der Herkunft oder des Ursprungs: „aus"

Он происходи́л из рабо́чей семьи́.	Er stammte aus einer Arbeiterfamilie.
Об э́том я узна́л из газе́т.	Ich erfuhr davon aus den Zeitungen.

4. zur Angabe des Grundes: „aus"

Он соверши́л по́двиг из любви́ к ро́дине.	Er vollbrachte die Heldentat aus Liebe zur Heimat.

---

1 In dieser Bedeutung steht за hauptsächlich nach сиде́ть, стоя́ть, находи́ться und einigen ähnlichen Verben.

2 Den Zweck bezeichnet за nach Verben wie слать, идти́, е́хать, бежа́ть, обрати́ться vo. Volkssprachlich braucht man in dieser Bedeutung öfters по mit dem Akkusativ: Де́ти пошли́ в лес по грибы́ и я́годы.

3 In dieser Bedeutung tritt за eigentlich nur noch in den drei buchsprachlichen Wendungen за недоста́тком, за неиме́нием, за отсу́тствием auf.

5. „von, aus" (einer Menge)

Не́которые из рабо́чих вы́полнили план досро́чно.	Einige der Arbeiter erfüllten den Plan vorfristig.

480 **из-за** *mit Genitiv*

1. räumlich: „hinter … hervor"

За́яц вы́скочил из-за куста́.	Ein Hase sprang hinter dem Strauch hervor.
Он возврати́лся из-за грани́цы.	Er ist aus dem Ausland zurückgekehrt.

2. zur Angabe einer (negativen) Ursache: „wegen, infolge"

Из-за дождя́ мы отложи́ли экску́рсию.	Wegen des Regens haben wir die Exkursion verschoben.

481 **из-под** *mit Genitiv*

1. räumlich: „unter … hervor", „aus der Gegend von"

Голубы́е цветы́ показа́лись из-под сне́га.	Unter dem Schnee hervor zeigten sich blaue Blumen.
Он прие́хал из-под Ту́лы.	Er kam aus der Gegend von Tula.

2. zur Angabe des früheren Verwendungszwecks

Да́йте мне, пожа́луйста, вот э́ту ба́нку из-под варе́нья!	Geben Sie mir bitte hier dieses (leere) Marmeladenglas!

482 **к (ко)** *mit Dativ*

1. räumlich: „an (heran), zu"

Он е́дет к вокза́лу.	Er fährt zum Bahnhof.
К нему́ никто́ не пришёл.	Zu ihm kam niemand.

2. zeitlich: „gegen"

Я приду́ к трём часа́м.	Ich werde gegen 3 Uhr kommen.
К ве́черу он прие́хал в Ленингра́д.	Gegen Abend kam er in Leningrad an.

3. zur Angabe des Zweckes oder Zieles: „zu, für"

Э́то слу́жит к моему́ оправда́нию.	Das dient zu meiner Rechtfertigung.

4. zur Bezeichnung eines Verhältnisses, Gefühls: „zu, gegenüber"

Он чу́вствует к нему́ большу́ю симпа́тию.	Er empfindet ihm gegenüber große Sympathie.

мéжду (меж) *mit Instrumental*[1] 483

1. räumlich: „zwischen"

Мéжду шкóлой и теáтром нахóдится Глáвный почтáмт.	Zwischen Schule und Theater befindet sich das Hauptpostamt.

2. zeitlich: „zwischen, in der Zeit von"

Он обещáл приéхать мéжду 10–15 сентябрй.	Er versprach, zwischen dem 10. und 15. September zu kommen.

3. zur Bezeichnung der Menge, aus der ein Glied hervorgehoben wird: „unter"

Мéжду людьмй на перрóне я увйдел тётю Ирйну.	Unter den Menschen auf dem Bahnsteig erblickte ich Tante Irina.

4. zum Ausdruck gegenseitiger Beziehungen: „zwischen, unter"

За мир и дрýжбу мéжду нарóдами!	Für Frieden und Völkerfreundschaft!

на 484

a) mit Akkusativ

1. räumlich: „auf, in[2], nach" – (Frage: „wohin?")

Мáльчик вы́бежал на ýлицу.	Der Knabe lief hinaus auf die Straße.
Зáвтра нáши самолёты улетя́т на сéвер.	Morgen werden unsere Flugzeuge nach dem Norden fliegen.
Во врéмя канúкул нáши друзья́ поéдут на Кавкáз.	In den Ferien werden unsere Freunde in den Kaukasus fahren.

2. zeitlich: „an[3]", „für[4]"

Мы узнáли об э́том тóлько на слéдующий день.	Wir haben erst am nächsten Tag davon erfahren.

---

[1] Ist von мéжду ein Substantiv im Plural abhängig, so kann es auch im Genitiv stehen, z.B.: Дорóга шла мéжду гор = Der Weg führte zwischen Bergen hindurch. Vgl. auch die feststehenden Wendungen: мéжду двух огнéй = zwischen zwei Feuern, читáть мéжду строк = zwischen den Zeilen lesen.

[2] Zum Gebrauch von в und на siehe die Fußnote 1 auf S. 394.

[3] Zeitlich „an" (vgl. 475,a2) wird bei Verbindung mit den Ordnungszahlen von 2 an aufwärts oder gleichbedeutenden Attributen in der Regel durch на wiedergegeben: на вторóй день, на шестóй день, на другóе ýтро, на слéдующее ýтро.

[4] На = zeitlich „für" bezieht sich auf einen bevorstehenden Zeitraum. Ein zurückreichender Zeitraum wird durch за mit dem Akkusativ ausgedrückt, vgl. (478,a2).

На ле́то мы уе́дем в дере́вню.	Für die Zeit des Sommers werden wir aufs Land fahren.
Он на́нял кварти́ру на три го́да.	Er hat die Wohnung für 3 Jahre gemietet.

3. zur Angabe des Verwendungszwecks: „zu, für"

Покажи́те мне, пожа́луйста, хоро́шую мате́рию на пальто́!	Zeigen Sie mir bitte einen hübschen Mantelstoff!
Вот э́то промы́шленные това́ры на вы́воз.	Das hier sind Industriewaren für den Export.

4. zur Angabe von Größenunterschieden, häufig beim Komparativ: „um"

Они́ прие́хали на неде́лю ра́ньше.	Sie kamen (um) eine Woche früher.
Моя́ ко́мната бо́льше ва́шей на оди́н квадра́тный метр.	Mein Zimmer ist (um) einen qm größer als eures.
Он опозда́л на пять мину́т.	Er hat sich um fünf Minuten verspätet.

b) mit Präpositiv

1. räumlich: „auf, in[1]" – (Frage: „wo?")

На у́лице большо́е движе́ние.	Auf der Straße ist viel Verkehr.
Кни́га лежи́т на столе́.	Das Buch liegt auf dem Tisch.
Вчера́ я был на конце́рте.	Gestern war ich im Konzert.

---

[1] Bei Ortsangaben wird allgemein в gebraucht, wenn lediglich der Ort bezeichnet wird; dagegen steht на, wenn mit dem Ort eine Tätigkeit oder Funktion verknüpft ist. Mitunter sind jedoch в und на bei gleicher Bedeutung vom folgenden Substantiv abhängig.
рабо́таю в колхо́зе, в библиоте́ке, в больни́це, в магази́не, в комбина́те – aber: на заво́де, на фа́брике, на по́чте, на вокза́ле, на стро́ительстве, на произво́дстве;
учу́сь в шко́ле, в кла́ссе, в университе́те, в институ́те, в те́хникуме, в акаде́мии – aber: на пе́рвом ку́рсе, на медици́нском факульте́те;
был в теа́тре, в кино́, в о́пере, в клу́бе, в ци́рке – aber: на конце́рте, на ле́кции, на собра́нии, на конфере́нции, на съе́зде;
был в саду́, в па́рке, в лесу́, в на́шей стране́ – aber: на стадио́не, на ры́нке, на бульва́ре, на ро́дине;
живу́ в переу́лке ...,в Сиби́ри, в Крыму́, в Белору́ссии, в Румы́нии, в Чехослова́кии – aber: на у́лице ..., на Ура́ле, на Кавка́зе, на Украи́не.
На steht stets bei Himmelsrichtungen: на ю́ге, на се́вере – auch: на Да́льнем Восто́ке, на Кра́йнем Се́вере – sowie bei Angabe der Lage an Gewässern: Росто́в-на-Дону́.
Zum Gebrauch von в und на bei Angabe des Fortbewegungsmittels siehe (559).

2. zeitlich: „in" (in Verbindung mit **недéля**), „bei" (in Verbindung mit **рассвéт, закáт** u.ä.)

Спорти́вные соревновáния состоя́тся на бýдущей недéле.	Die Sportwettkämpfe werden in der kommenden Woche stattfinden.
Они́ вернýлись на рассвéте.	Sie kehrten bei Tagesanbruch zurück.

над (надо) *mit Instrumental* 485

1. räumlich: „über"

Лáмпа виси́т над столóм.	Die Lampe hängt über dem Tisch.

2. zur Angabe des Objekts einer Tätigkeit: „an"

Он рабóтает над статьёй для стенгазéты.	Er arbeitet an einem Wandzeitungsartikel.

о (об, обо) 486

a) mit Akkusativ — „an, gegen"

Пароxóд разби́лся о скáлы.	Der Dampfer zerschellte an den Felsen.
Лóдка удáрилась о кáмень.	Das Boot stieß gegen einen Stein.

b) mit Präpositiv — „von, über"

Мы говори́ли о литератýре.	Wir sprachen über Literatur.
Онá прочитáла кни́гу об Амéрике.	Sie las ein Buch über Amerika.

от (ото) *mit Genitiv* 487

1. räumlich: „von (aus), von (weg)"

От Москвы́ до Ленингрáда 649 киломéтров.	Von Moskau bis Leningrad sind es 649 km.
Он отошёл от столá.	Er ging vom Tisch weg.

2. zeitlich: „von ... (an)" – auch zur Datumsangabe von Schriftstücken u. ä.: „vom"

Мы бы́ли в шкóле от восьми́ часóв до двенáдцати.	Wir waren von 8 bis 12 Uhr in der Schule.
Я получи́л твоё письмó от 10-го áвгуста сегó гóда.	Ich habe deinen Brief vom 10. August dieses Jahres erhalten.

3. zur Angabe der Herkunft: „von"

Мы получи́ли мнóго пи́сем от нáших друзéй.	Wir erhielten von unseren Freunden viele Briefe.

4. zur Angabe des Grundes: „vor, an“

Он дрожа́л от хо́лода.	Er zitterte vor Kälte.
Он страда́ет от ревмати́зма.	Er leidet an Rheuma.

488 **перед (передо)** *mit Instrumental* – „vor“

1. räumlich

Ни́на и Ве́ра встре́тились перед библиоте́кой.	Nina und Vera trafen sich vor der Bibliothek.

2. zeitlich[1]

Перед обе́дом де́ти игра́ли в саду́.	Vor dem Essen spielten die Kinder im Garten.

489 **по**

a) mit Dativ[2]

1. räumlich: „auf, über, entlang, durch“

Они́ гуля́ли по мо́сту.	Sie gingen auf der Brücke spazieren.
Пионе́рский отря́д прохо́дит по у́лице Го́рького.	Eine Pioniergruppe marschiert die Gorkistraße entlang.
Он броди́л по́ лесу.	Er streifte durch den Wald.

2. zeitlich: „an“ (zum Ausdruck der zeitlichen Wiederholung)

По суббо́там он рабо́тает в саду́.	An Sonnabenden (= sonnabends) arbeitet er im Garten.
По утра́м я встаю́ в семь часо́в.	Morgens stehe ich um 7 Uhr auf.

3. zur näheren Bestimmung bzw. Abgrenzung eines Begriffes

Позавчера́ он сдал экза́мен по геогра́фии.	Vorgestern hat er seine Prüfung in Geographie (= Geographieprüfung) abgelegt.
Он хо́чет стать врачо́м по глазны́м боле́зням.	Er möchte Arzt für Augenkrankheiten (= Augenarzt) werden.
У неё хоро́шая отме́тка по матема́тике.	Sie hat eine gute Note in Mathematik.

4. „laut, entsprechend, gemäß, nach“

Он поступа́ет по зако́ну.	Er handelt nach dem Gesetz.
Она́ всегда́ оде́та по мо́де.	Sie ist stets nach der Mode gekleidet.

[1] Zum Unterschied von до (477) hat перед mehr die Bedeutung „(kurze, gewisse Zeit) vor“: до обе́да = vormittags, перед обе́дом = vor dem Mittagessen.

[2] Zum Gebrauch von Personalpronomen und кто, что nach по siehe (283,3).

5. „vermittels, durch, mit"

Мы посла́ли кни́гу по по́чте.	Wir schickten das Buch durch die Post.
Они́ пое́дут по желе́зной доро́ге.	Sie werden mit der Eisenbahn fahren.

6. zur Angabe des Grundes: „aus"

Он сде́лал э́то по неосторо́жности.	Er hat das aus Unachtsamkeit getan.
Он забы́л очки́ по рассе́янности.	Er hat aus Zerstreutheit seine Brille vergessen.

b) mit Akkusativ – „bis an, bis zu"

1. räumlich

Он вошёл в во́ду по коле́ни.	Er ging bis zu den Knien ins Wasser.

2. zeitlich

По сию́ по́ру он не возвраща́лся домо́й.	Bis jetzt ist er nicht nach Hause zurückgekehrt.
Они́ побыва́ли в Москве́ с пе́рвого по деся́тое ма́я.	Sie weilten vom 1. bis zum 10. Mai (einschließlich)[1] in Moskau.

c) mit Präpositiv – „(zeitlich) nach"[2]

По оконча́нии университе́та она́ ста́ла учи́тельницей.	Nach Beendigung (= Absolvierung) der Universität wurde sie Lehrerin.

d) distributiv – „je"

1. mit Dativ des Substantivs

Мать дала́ де́тям по я́блоку.	Die Mutter gab den Kindern je einen Apfel.

2. mit Dativ, Akkusativ bzw. Genitiv des Zahlworts siehe (278).

под (подо) 490

a) mit Akkusativ

1. räumlich: „unter" – (Frage: „wohin"?)

Он кладёт кни́гу под па́рту.	Er legt das Buch unter die Bank.

---

[1] Man beachte: по 10 ма́я heißt: bis 10. Mai einschließlich
до 10 ма́я heißt: bis 10. Mai (nicht einschließlich).

[2] Zeitliches „nach" wird nur noch in der Schriftsprache in einigen feststehenden Wendungen durch по mit dem Präpositiv wiedergegeben. In der Regel steht dafür по́сле mit dem Genitiv, vgl. (499).

2. zeitlich: „gegen, an"

Он вернýлся под вéчер.	Er kehrte gegen Abend zurück.
Емý под трúдцать лет.	Er ist an die dreißig Jahre alt.

3. zur Angabe des Verwendungszwecks: „als, für"

Э́ту кóмнату отвелú под библиотéку.	Dieses Zimmer stellte man als Bibliothek zur Verfügung.
Бóчка предназнáчена под винó.	Das Faß ist für Wein bestimmt.

4. zur Angabe eines Begleitgeräusches: „unter, bei, zu"

Он закóнчил свою́ речь под аплодисмéнты.	Unter Beifall beendete er seine Rede.
Онú танцевáли под звýки оркéстра.	Sie tanzten zu den Klängen des Orchesters.

b) mit Instrumental

1. (räumlich) „unter", „bei, in der Nähe von"[1] – (Frage: „wo?")

Шахтёры рабóтают под землёй.	Die Bergarbeiter arbeiten unter der Erde (= unter Tage).
Онá живёт под Москвóй.	Sie wohnt bei Moskau.

2. zur Angabe des Verwendungszwecks

Э́то склад под картóфелем.	Das ist ein Kartoffelspeicher.

3. „unter (Einwirkung von)"

Э́то письмó напúсано под впечатлéнием поéздки.	Dieser Brief ist unter dem Eindruck der Reise geschrieben.

491 **при** *mit Präpositiv*

1. räumlich: „bei, an"

Он стоя́л при вхóде.	Er stand am Eingang.
При завóде есть дéтский сад.	Bei der Fabrik befindet sich ein Kindergarten.

2. zeitlich: „in der Zeit, unter"

Крепостнóе прáво бы́ло отмененó в 1861 годý при Алексáндре Вторóм.	Die Leibeigenschaft wurde im Jahre 1861 unter Alexander II. abgeschafft.

[1] In der Bedeutung „bei, unweit, in der Nähe von" wird под nur in Verbindung mit geographischen Namen gebraucht.

3. „in Anwesenheit"

Э́то случи́лось при мне.	Das ist in meiner Anwesenheit passiert.

4. zur Angabe eines Begleitumstandes sowie einer Eigenschaft oder Bedingung

Он до́лго чита́л при све́те ла́мпы.	Er hat lange bei Lampenlicht gelesen.
При тако́м здоро́вье нельзя́ кури́ть.	Bei einem solchen Gesundheitszustand kann man unmöglich rauchen.

про *mit Akkusativ* – „von, über"[1] **492**

Мы говори́ли про кани́кулы и пого́ду.	Wir sprachen von den Ferien und vom Wetter.

ра́ди *mit Genitiv* – „wegen, um ... willen" **493**

Он помо́г мне на́шей дру́жбы ра́ди[2].	Um unserer Freundschaft willen hat er mir geholfen.

с (со) **494**

a) mit Genitiv

1. räumlich: „von ... herab, von ... her"

Он взял кни́гу со стола́.	Er nahm das Buch vom Tisch weg.
Он спры́гнул с самолёта.	Er sprang aus dem Flugzeug ab.

2. zeitlich: „von ... an, seit"

С деся́того ма́я он рабо́тает на автомоби́льном заво́де.	Seit dem 10. Mai arbeitet er in einem Automobilwerk.
Врач принима́ет с девяти́ до оди́ннадцати.	Der Arzt hat von 9 bis 11 Uhr Sprechstunde.

3. zur Angabe des Grundes: „vor, aus"

Ма́ленькая де́вочка запла́кала с го́ря.	Das kleine Mädchen begann vor Kummer zu weinen.
Он побледне́л со стра́ху.	Er wurde vor Schrecken bleich.

---

[1] Про wird hauptsächlich in der Umgangssprache gebraucht. In der Schriftsprache steht dafür о mit dem Präpositiv (486).

[2] Ра́ди kann bisweilen auch hinter seinem Beziehungswort stehen: ра́ди на́шей дру́жбы oder: на́шей дру́жбы ра́ди.

b) mit Akkusativ – „etwa, ungefähr"

С год он прóжил на юге.	Ungefähr ein Jahr lebte er im Süden.
Он с меня́ рóстом.	Er ist ungefähr so groß wie ich.
мужичóк с ноготóк **ма́льчик с па́льчик**	Däumling (= ein Mann von der ungefähren Größe eines Fingernagels bzw. ein Junge von der ungefähren Größe eines Fingers)

c) mit Instrumental – „mit"

1. zum Ausdruck der Gemeinsamkeit

Я отправля́юсь с бра́том на охóту.	Ich begebe mich mit meinem Bruder auf die Jagd.
Прóшлую недéлю мы встрéтились с сестрóй.	Vorige Woche trafen wir uns mit unserer Schwester.

2. zur Angabe der Art und Weise

Я чита́ю газéту с больши́м внима́нием.	Ich lese die Zeitung mit großer Aufmerksamkeit.

3. zeitlich

С наступлéнием нóчи ста́ло хóлодно.	Mit Einbruch der Nacht wurde es kalt.

4. zum Ausdruck der Eigenschaft oder Beschaffenheit

Мы жи́ли в кóмнате с больши́ми óкнами.	Wir wohnten in einem Zimmer mit großen Fenstern.

495 **сквозь** *mit Akkusativ* – „durch (hindurch)"

Сквозь кры́шу протека́ла вода́.	Durch das Dach kam Wasser.
Он говори́т сквозь зу́бы.	Er spricht durch die Zähne.

496 **у** *mit Genitiv* – „bei, an, neben"

1. räumlich

Стол стои́т у окна́.	Der Tisch steht am Fenster.
Пионéры сидéли у костра́.	Die Pioniere saßen am Lagerfeuer.

2. zum Ausdruck des Besitzes oder der Zugehörigkeit, vgl. (572).

У меня́ интерéсная кни́га.	Ich habe ein interessantes Buch.

чéрез *mit Akkusativ* 497

1. räumlich: „über, durch"

Мы идём чéрез лес.	Wir gehen durch den Wald.
Он éдет чéрез Дрéзден в Прáгу.	Er fährt über Dresden nach Prag.

2. zeitlich: „nach, nach Ablauf von, in"

Он возвратúлся чéрез мéсяц.	Er kehrte nach einem Monat zurück.
Придý чéрез час.	Ich werde in einer Stunde kommen.

3. „vermittels, durch, mit Hilfe von"

Онú объяснúются чéрез перевóдчика.	Sie verständigen sich mit Hilfe eines Dolmetschers.

ADVERBIALPRÄPOSITIONEN

Zu den Adverbialpräpositionen zählen alle Präpositionen, die aus Adverbien entstanden sind. Viele von ihnen werden sowohl als Präpositionen wie auch als Adverbien gebraucht, z.B.: 498

Вокрýг дóма стоя́ло мнóго людéй. — (Präposition!)	Um das Haus herum standen viele Menschen.
Всё вокрýг бы́ло тúхо. — (Adverb!)	Rundherum war alles still.

1. Adverbialpräpositionen mit dem Genitiv 499

вдоль – „längs, entlang"

Вдоль стены́ стоя́т кнúжные пóлки.	An der Wand entlang stehen Bücherregale.

вмéсто – „statt, anstelle"

Вмéсто матемáтики у нас бýдет урóк англúйского языкá.	Anstelle von Mathematik werden wir eine Stunde Englisch haben.

вне – „außer, außerhalb"

Жизнь больнóго вне опáсности.	Das Leben des Kranken ist außer Gefahr.

внутрú – „innerhalb, im Innern"

Все находúлись внутрú дóма.	Alle befanden sich im Hause.

во́зле – „neben"

Во́зле реки́, на опу́шке ле́са, стоя́л ма́ленький до́мик.	Neben dem Fluß, am Waldrand, stand ein kleines Häuschen.

вокру́г – „um ... herum"

Земля́ враща́ется вокру́г Со́лнца.	Die Erde dreht sich um die Sonne.

ми́мо – „vorbei, vorüber an"

Он прошёл ми́мо меня́ и не заме́тил меня́.	Er ging an mir vorbei und bemerkte mich nicht.

кро́ме – „außer"

Там, кро́ме него́, никого́ нет.	Außer ihm ist niemand dort.

о́коло – 1. „neben, bei"; 2. „ungefähr"

Почта́мт нахо́дится о́коло вокза́ла.	Das Postamt befindet sich neben dem Bahnhof.
Я ждал тебя́ о́коло двух часо́в.	Ich habe ungefähr 2 Stunden auf dich gewartet.

по́дле – „neben, bei"

Они́ живу́т по́дле нас.	Sie wohnen neben uns.

по́сле – (zeitlich) „nach"

По́сле обе́да де́ти отдыха́ют в саду́.	Nach dem Mittagessen erholen sich die Kinder im Garten.

пре́жде – „vor, eher als"

Он пришёл пре́жде всех.	Er kam eher als alle anderen.

про́тив – „gegenüber, gegen"

Про́тив теа́тра стои́т па́мятник.	Dem Theater gegenüber steht ein Denkmal.
Мы плы́ли про́тив тече́ния.	Wir schwammen gegen den Strom.

среди́ – „mitten, inmitten, unter"

Дом на́шего де́да стои́т среди́ высо́ких дере́вьев.	Das Haus unseres Großvaters steht inmitten hoher Bäume.
Среди́ делега́тов на конфе́ренции мно́го же́нщин.	Unter den Delegierten auf der Konferenz befinden sich viele Frauen.

2. Adverbialpräpositionen mit dem Dativ 500

вопреки́ – „trotz, gegen"

Он не пришёл вопреки́ да́нному сло́ву. Trotz seines Versprechens ist er nicht gekommen.

вслед – „nach, hinterher"

Он смотре́л вслед по́езду. Er sah dem Zug nach.

навстре́чу[1] – „entgegen"

Мы вы́шли навстре́чу гостя́м. Wir gingen den Gästen entgegen.

согла́сно[2] – „laut, entsprechend, gemäß, nach"

Я поступи́л согла́сно ва́шему жела́нию. Ich habe nach Ihrem Wunsch gehandelt.

SUBSTANTIVPRÄPOSITIONEN 501

Zu den Substantivpräpositionen zählt man Präpositionen, die aus Substantivformen – zumeist in Verbindung mit ursprünglichen Präpositionen – entstanden sind. Substantivpräpositionen regieren in der Regel den Genitiv.

во вре́мя – „während"

Во вре́мя кани́кул мы бы́ли в дере́вне. Während der Ferien waren wir auf dem Lande.

во и́мя – „im Namen"

Сде́лайте э́то во и́мя на́шей дру́жбы! Tut das im Namen unserer Freundschaft!

в по́льзу – „zugunsten"

Матч зако́нчился в по́льзу дина́мовцев. Das Spiel ging zugunsten der Dynamospieler aus.

в тече́ние – „im Verlauf von"

В тече́ние десяти́ лет он ника́к не измени́лся. Im Laufe von 10 Jahren hat er sich in keiner Weise verändert.

в це́лях – „zum Zwecke, zu"

Всё бу́дет сде́лано в це́лях улучше́ния усло́вий труда́. Es wird alles zur Verbesserung der Arbeitsbedingungen getan werden.

---

[1] Навстре́чу wird bisweilen auch seinem Beziehungswort nachgestellt.

[2] Согла́сно kann auch in Verbindung mit der Präposition с und dem Instrumental auftreten: согла́сно с зако́ном.

за исключе́нием – „mit Ausnahme“

Мы согласи́лись с мне́нием докла́дчика за исключе́нием после́днего пу́нкта докла́да.	Wir stimmten mit der Meinung des Referenten überein mit Ausnahme des letzten Punktes des Referates.

по по́воду – „anläßlich“

По по́воду конфере́нции в Ле́йпциг прие́хали ты́сячи делега́тов.	Anläßlich der Konferenz kamen Tausende von Delegierten nach Leipzig.

по слу́чаю – „anläßlich, wegen“

По слу́чаю пра́здника не рабо́тали.	Wegen des Feiertags wurde nicht gearbeitet.

с по́мощью
при по́мощи
путём
посре́дством – „mit Hilfe von, mittels, durch“

Они́ познако́мились посре́дством перепи́ски.	Sie lernten sich durch Briefwechsel kennen.
Он стара́ется реши́ть пробле́му путём перегово́ров.	Er versucht, das Problem durch Verhandlungen zu lösen.

со стороны́ – „seitens“

Со стороны́ дире́ктора препя́тствий нет.	Seitens des Direktors stehen keine Hindernisse im Wege.

502

VERBALPRÄPOSITIONEN

Zu den Verbalpräpositionen zählen die Präpositionen, die aus Adverbialpartizipien entstanden sind. Die gleichen Formen werden häufig auch noch als Adverbialpartizipien gebraucht.

благодаря́ *mit Dativ*[1] – „dank“

Благодаря́ хоро́шей пого́де экспеди́ция была́ о́чень уда́чной.	Dank des guten Wetters war die Expedition sehr erfolgreich.

[1] Als Adverbialpartizip wird благодаря́ genau wie das Verb благодари́ть mit dem Akkusativ verbunden.

Благодаря́ свои́х учителе́й, ученики́ и учени́цы поднесли́ им буке́ты цвето́в.	Die Schüler und Schülerinnen dankten ihren Lehrern und brachten ihnen Blumensträuße.

включа́я *mit Akkusativ* – „einschließlich"

Включа́я дете́й, там бы́ло сто челове́к.	Einschließlich der Kinder waren dort hundert Personen.

исключа́я *mit Genitiv*[1] – „ausschließlich, außer"

Собрала́сь вся семья́, исключа́я дете́й.	Die ganze Familie außer den Kindern hatte sich versammelt.

не счита́я *mit Genitiv* – „ausschließlich, abgesehen von"

В библиоте́ке де́сять ты́сяч книг, не счита́я брошю́р.	Abgesehen von den Broschüren befinden sich in der Bibliothek 10000 Bücher.

спустя́[2] *mit Akkusativ* – „nach, nach Ablauf von"

Спустя́ час мы пошли́ да́льше.	Nach einer Stunde gingen wir weiter.

PRÄPOSITIONALE AUSDRÜCKE 503

Präpositionale Ausdrücke bestehen aus Adverbien, Substantiven oder Adverbialpartizipien in Verbindung mit ursprünglichen Präpositionen. Die gebräuchlichsten sind folgende:

вме́сте с *mit Instrumental* – „gemeinsam, zusammen mit"

Мы провели́ кани́кулы вме́сте с ни́ми.	Wir haben die Ferien mit ihnen gemeinsam verbracht.

вслед за *mit Instrumental* – „(gleich, unmittelbar) nach"

Вслед за по́ездом из Ки́ева прибыва́ет по́езд из Льво́ва.	Gleich nach dem Zug aus Kiew kommt der Zug aus Lwow an.

наряду́ с *mit Instrumental* – „neben, gleichzeitig mit"

Наряду́ с трамва́ем мы по́льзуемся тролле́йбусом.	Neben der Straßenbahn benutzen wir den Obus.

незави́симо от *mit Genitiv* – „unabhängig von"

Соревнова́ния на лы́жах состоя́тся незави́симо от пого́ды.	Die Skiwettkämpfe werden unabhängig vom Wetter stattfinden.

примени́тельно к *mit Dativ* – „in bezug auf, betreffs"

Примени́тельно к да́нному слу́чаю ва́ше реше́ние пра́вильно.	In bezug auf diesen Fall ist Ihre Entscheidung richtig.

ря́дом с *mit Instrumental* – „neben"

Стол стои́т ря́дом с дива́ном.	Der Tisch steht neben dem Sofa.

1 Исключа́я wird mitunter auch mit dem Akkusativ verbunden: исключа́я числи́тельное.

2 Спустя́ kann sowohl vor als auch nach seinem Beziehungswort stehen.

в зави́симости от *mit Genitiv* – „abhängig von, entsprechend, nach"

На́до реши́ть э́тот вопро́с в зави́симости от усло́вий труда́.	Man muß diese Frage je nach den Arbeitsbedingungen lösen.

в отли́чие от *mit Genitiv* – „zum Unterschied von, im Gegensatz zu"

В отли́чие от капитали́зма рабо́чие при социали́зме не эксплуати́руются.	Im Gegensatz zum Kapitalismus werden die Arbeiter unter dem Sozialismus nicht ausgebeutet.

в связи́ с *mit Instrumental* – „in Verbindung mit"

В связи́ с разви́тием те́хники облегча́ется труд челове́ка.	Mit der Entwicklung der Technik wird die Arbeit des Menschen erleichtert.

начина́я с *bzw.* **от** *mit Genitiv* – „von ... an"

Она́ прочита́ла всю кни́гу, начина́я с пе́рвой страни́цы.	Sie hat das ganze Buch von der ersten Seite an durchgelesen.

несмотря́ на *mit Akkusativ* – „ungeachtet, trotz"

Несмотря́ на си́льный дождь бы́ло тепло́.	Trotz des starken Regens war es warm.

504 Präpositionen in Verbindung mit dem Personalpronomen der 3. Person

Den Formen des Personalpronomens der 3. Person wird nach allen ursprünglichen Präpositionen sowie nach den Adverbialpräpositionen, die den Genitiv regieren, ein **н-** vorgesetzt. Nach den übrigen abgeleiteten Präpositionen erhält das Personalpronomen der 3. Person kein **н-** (vgl. 283, 2), z. B.:

У него́ хоро́ший дом с са́дом.	Er hat ein schönes Haus mit einem Garten.
Я прошёл ми́мо него́ и не заме́тил его́.	Ich ging an ihm vorbei und bemerkte ihn nicht.
Мы вы́шли навстре́чу им.	Wir gingen ihnen entgegen.
Со стороны́ их[1] препя́тствий нет.	Von ihrer Seite stehen keine Hindernisse im Wege.

Zum Gebrauch von Personalpronomen und **кто, что** nach **по** siehe (283,3).

[1] Einige Substantivpräpositionen können anstelle des Personalpronomens auch mit dem Possessivpronomen konstruiert werden. In diesen Fällen liegt jedoch eher ein ursprünglich substantivischer als ein präpositionaler Gebrauch vor.

С их стороны́ препя́тствий нет.
Игра́ зако́нчилась в его́ по́льзу.

Die Konjunktionen

Konjunktionen sind nichtflektierte Hilfswörter, die zur Verbindung einzelner Satzglieder oder ganzer Sätze dienen. **505**

Nach ihrer syntaktischen Funktion unterteilt man die Konjunktionen in 2 Hauptgruppen:

1. beiordnende oder koordinierende Konjunktionen, z.B.:

   и, но, да, и́ли;

2. unterordnende oder subordinierende Konjunktionen, z.B.:

   когда́, потому́ что, что́бы, как.

Zur Zeichensetzung bei Konjunktionen siehe (636, 639/40).

I. Koordinierende Konjunktionen

Die koordinierenden Konjunktionen verbinden: **506**

a) gleichartige Satzglieder:

Он ел и пил.	Er aß und trank.
Он не чита́ет, а пи́шет.	Er liest nicht, sondern schreibt.

b) Hauptsätze zur Satzverbindung:

Я рабо́таю, а ты ничего́ не де́лаешь.	Ich arbeite, aber du tust nichts.

c) Nebensätze gleichen Grades:

Мы слы́шали, как откры́лась дверь и как кто́-то вошёл в сосе́днюю ко́мнату.	Wir hörten, wie eine Tür geöffnet wurde und wie jemand ins Nebenzimmer trat.

Nach der Bedeutung unterscheidet man 4 Gruppen von koordinierenden Konjunktionen. Dabei können manche dieser Konjunktionen in verschiedener Bedeutung gebraucht werden.

507

1. Kopulative oder anreihende Konjunktionen

и **а** **да**	und[1]
да и	und auch
та́кже **то́же**	auch, ebenfalls
а та́кже	und auch, sowie
да́же	sogar
да́же не	nicht einmal, auch nicht
и ... и **как ... так (и)**	sowohl ... als auch
ни ... ни	weder ... noch
не то́лько ... но и	nicht nur ... sondern auch

На горе́ дом, а под горо́й руче́й.	Auf dem Berg steht ein Haus, und unterhalb des Berges fließt ein Bach.
В конфере́нции уча́ствовали неме́цкие, сове́тские, а та́кже францу́зские студе́нты.	An der Konferenz nahmen deutsche, sowjetische sowie französische Studenten teil.
Он стра́шно уста́л, да́же есть не мог.	Er war furchtbar müde, nicht einmal essen konnte er.
И оте́ц и мать лю́бят игра́ть в ша́хматы.	Sowohl Vater als auch Mutter spielen gern Schach.
Сего́дня я не получи́л ни пи́сем, ни журна́лов.	Heute erhielt ich weder Briefe noch Zeitschriften.
Он хорошо́ владе́л не то́лько ру́сским, но и францу́зским языко́м.	Er beherrschte nicht nur das Russische, sondern auch das Französische gut.

[1] A = „und" drückt gegenüber и = „und" zugleich einen leichten Gegensatz aus:
Он чита́ет, а она́ пи́шет. Er liest, und (= während) sie schreibt.

2. Adversative oder entgegenstellende Konjunktionen 508

а **но**	aber[1], *nach Verneinung:* sondern
да	aber, doch
одна́ко **же**[2] **всё же** **всё-таки**	doch, jedoch
зато́	dafür (aber)
а то	sonst, andernfalls

Мы проси́ли у него́ кни́гу, но он её не́ дал.	Wir baten ihn um ein Buch, aber er hat es nicht gegeben.
Он не чита́ет, а пи́шет.	Er liest nicht, sondern schreibt.
Мно́го слы́шится, да ма́ло ве́рится. (Sprichwort)	Viel hört man, aber wenig glaubt man.
Я уезжа́ю, това́рищ же остаётся.	Ich fahre ab, doch mein Freund bleibt noch.
Что вы ни говори́те, всё-таки я не пове́рю.	Was Sie auch sagen, ich werde es doch nicht glauben.
Заплати́л до́рого, зато́ хоро́шую вещь купи́л.	Ich habe teuer bezahlt, dafür habe ich aber ein gutes Stück gekauft.
Спеши́те, а то вы не поспе́ете на по́езд.	Beeilt euch, sonst erreicht ihr den Zug nicht.

3. Disjunktive oder unterscheidende Konjunktionen 509

и́ли (иль) **ли́бо**	oder
и́ли … и́ли **ли́бо … ли́бо**	entweder … oder
то … то	bald … bald
не то́ … не то́ **то ли … то ли**	teils … teils; entweder … oder
не сто́лько … ско́лько	nicht so sehr … als vielmehr

[1] Но drückt im Vergleich zu а einen stärkeren Gegensatz aus.
[2] Же wird seinem inhaltlichen Beziehungswort stets nachgestellt.

Да́йте мне, пожа́луйста, ча́ю и́ли ко́фе!	Geben Sie mir bitte Tee oder Kaffee!
Пое́ду на Кавка́з ли́бо в Крым.	Ich werde in den Kaukasus oder auf die Krim fahren.
Он весь день и́ли пи́шет, и́ли чита́ет.	Entweder liest er den ganzen Tag, oder er schreibt.
Со́лнце то пока́зывалось из-за туч, то сно́ва исчеза́ло.	Bald kam die Sonne hinter den Wolken hervor, bald verschwand sie erneut.
Он утомлён не сто́лько рабо́той, ско́лько болéзнями.	Er ist nicht so sehr von der Arbeit, als von Krankheiten erschöpft.

510 **4. Erklärende oder erläuternde Konjunktionen**

In die Reihe der koordinierenden Konjunktionen gehören auch die sogenannten erklärenden oder erläuternden Konjunktionen:

то́ есть	das heißt, das ist
и́ли	mit anderen Worten, das heißt
(а) и́менно	und zwar, nämlich

Я пойду́ к ба́бушке в пя́тницу, то́ есть в день её рожде́ния.	Ich werde am Freitag zur Großmutter gehen, das heißt an ihrem Geburtstag.
Назови́те инфинити́в, и́ли[1] неопределённую фо́рму э́того глаго́ла!	Nennen Sie den Infinitiv, das heißt die Nennform dieses Verbs!
На уро́ке биоло́гии мы говори́ли о ли́ственных дере́вьях, а и́менно о ду́бе, о берёзе, о ли́пе.	In der Biologiestunde sprachen wir über Laubbäume, und zwar über die Eiche, die Birke und die Linde.

II. Subordinierende Konjunktionen

511 Die subordinierenden Konjunktionen verbinden:

a) Haupt- und Nebensatz zum Satzgefüge:

Он пошёл в библиоте́ку, что́бы чита́ть журна́лы.	Er ging in die Bibliothek, um Zeitschriften zu lesen.

[1] Erklärendes и́ли wird stets durch Komma abgetrennt.

b) Nebensätze verschiedenen Grades:

Я узнал от Вернера, что Нина сегодня не придёт, потому что она больна.	Von Werner erfuhr ich, daß Nina heute nicht kommen wird, da sie krank ist.

Die subordinierenden Konjunktionen unterteilt man nach den Nebensätzen, die von ihnen eingeleitet werden, in folgende Gruppen:

1. Konjunktionen, die Temporalsätze einleiten 512

когда	wenn, als
как	wenn, als[1]; seit, seitdem
как только / **лишь только**	sobald (als)
едва	kaum, sobald
едва ... как	kaum ... als
пока	während, solange
пока не	(so lange) bis
в то время как / **тогда как** / **между тем как**	während
после того как	nachdem
с тех пор как	seit, seitdem
прежде чем / **раньше чем** / **перед тем как** / **до того как**	bevor, ehe

Он вошёл в комнату, когда я надевал пальто.	Er betrat das Zimmer, als ich den Mantel anzog.
Прошло два года, как мы познакомились.	Es sind zwei Jahre vergangen, seit wir uns kennenlernten.
Едва я вошёл, (как) он начал говорить.	Ich war kaum eingetreten, als er zu sprechen begann.
Куй железо, пока горячо. (Sprichwort)	Schmiede das Eisen, solange es heiß ist.

[1] Как = „wenn, als" gilt gegenüber когда = „wenn, als" als umgangssprachlich.

Я не могу́ уе́хать, пока́ не прие́дет брат.	Ich kann nicht abfahren, bis (= ehe) mein Bruder kommt.
Я гуля́л, в то вре́мя как други́е игра́ли в ша́хматы.	Ich ging spazieren, während die anderen Schach spielten.
С тех пор как я зна́ю его́, он рабо́тает учи́телем.	Seit ich ihn kenne, arbeitet er als Lehrer.

513

2. Konjunktionen, die Kausalsätze einleiten

потому́ что[1] **так как** **поско́льку**	da, weil
и́бо (buchsprachl.)	denn, da
оттого́ что	weil
всле́дствие того́ что	dadurch, daß; weil
в си́лу того́ что	auf Grund dessen, daß; weil
ввиду́ того́ что	in Anbetracht dessen, daß; da, weil

Так как я за́втра бу́ду в теа́тре, я не могу́ его́ встре́тить на вокза́ле.	Da ich morgen im Theater sein werde, kann ich ihn nicht vom Bahnhof abholen.
Не ем, оттого́ что не хочу́.	Ich esse nicht, weil ich nicht mag.
Ввиду́ того́ что бы́ло уже́ по́здно, мы реши́ли око́нчить рабо́ту.	In Anbetracht dessen, daß es schon spät war, beschlossen wir, die Arbeit zu beenden.

514

3. Konjunktionen, die Finalsätze einleiten

что́бы (чтоб)[2] **для того́ что́бы** **зате́м что́бы** **с тем что́бы**	damit; um ... zu

[1] Потому́ что kann nicht gebraucht werden, wenn der Kausalsatz vor dem Hauptsatz steht.
[2] Zum Gebrauch von что́бы siehe (367, B 3).

Он говори́л я́сно и про́сто, что́бы все по́няли его́.	Er sprach klar und einfach, damit ihn alle verstehen konnten.
Я пришёл, что́бы поговори́ть с ва́ми.	Ich bin gekommen, um mit Ihnen zu sprechen.
Он зашёл к това́рищам, для того́ что́бы вме́сте с ни́ми отпра́виться на экску́рсию.	Er kam zu seinen Kameraden, um sich mit ihnen gemeinsam auf eine Exkursion zu begeben.
Я прие́хал, с тем что́бы оконча́тельно объясни́ться с ва́ми.	Ich bin gekommen, um mich endgültig mit Ihnen auseinanderzusetzen.

4. Konjunktionen[1], die Komparativsätze einleiten 515

как	wie
как бы **бу́дто** **бу́дто бы (б)** **как бу́дто** **как бу́дто бы (б)** **сло́вно**	wie, gleichsam, als ob
то́чно	wie, als ob
чем **не́жели**[2]	als (nach dem Komparativ)

Не так живи́, как хо́чется. (Sprichwort)	Lebe nicht, wie dir's gefällt.
Он продолжа́л чита́ть, бу́дто ничего́ не слы́шал.	Er fuhr fort zu lesen, als ob er nichts gehört hätte.
Она́ расска́зывает, как бу́дто (бы) уча́ствовала в экспеди́ции.	Sie erzählt, als ob sie an der Expedition teilgenommen hätte.
Он плывёт, сло́вно ле́бедь.	Er schwimmt wie ein Schwan.
Он кричи́т, то́чно с ума́ сошёл.	Er schreit, als ob er den Verstand verloren hätte.

---

[1] Diese Konjunktionen sind nur bedingt den subordinierenden Konjunktionen zuzurechnen; denn Komparativsätze sind keine untergeordneten Nebensätze, sondern erweiternde Elemente eines Satzgliedes.

[2] Не́жели ist im Veralten begriffen und wird heute nur noch in der Buchsprache gebraucht.

516 **5. Konjunktionen, die Konditionalsätze einleiten**

если **если бы (б)**[1] auch: **когда** seltener: **ежели (бы)**[2] **коли (коль)**[2]	wenn, falls
раз[3]	wenn, da schon, wenn einmal

Если хочешь, то приходи завтра.	Wenn du willst, dann komme morgen.
Если бы я мог, я пришёл бы к тебе.	Wenn ich könnte, würde ich zu dir kommen.
Раз ты дал слово, ты должен его сдержать.	Wenn du dein Wort gegeben hast, mußt du es halten.

517 **6. Konjunktionen, die Konsekutivsätze einleiten**

так что	so daß
до того что **настолько ... что**	so (sehr), daß

Мы в дороге задержались, так что к поезду опоздали на целый час.	Wir wurden unterwegs aufgehalten, so daß wir uns zum Zug um eine ganze Stunde verspäteten.
Он изменился до того, что я не узнал его.	Er hat sich so sehr verändert, daß ich ihn nicht erkannt habe.

518 **7. Konjunktionen, die Konzessivsätze einleiten**

хотя (хоть) **хотя бы (б)** **хоть бы** **несмотря на то, что**	obwohl, obgleich, wenn auch, selbst wenn
только бы (б) **лишь только бы (б)**	wenn nur
разве только	es sei denn
пусть, пускай	wenn auch

[1] Если бы wird in irrealen Bedingungssätzen gebraucht, vgl. (367, B 1).
[2] Ежели und коли gelten heute als veraltet, коли tritt zudem noch in der Volkssprache auf.
[3] Раз wird in der Regel nur in der gesprochenen Sprache gebraucht.

Хотя́ бы́ло по́здно, мы не спеши́ли к по́езду.	Obwohl es spät war, eilten wir nicht zum Zuge.
В ко́мнате зажгли́ ого́нь, несмотря́ на то́, что бы́ло ещё светло́.	Im Zimmer zündete man Licht an, obwohl es noch hell war.
Непреме́нно приду́, ра́зве то́лько заболе́ю.	Ich komme bestimmt, es sei denn, daß ich krank werde.
Пусть он оши́бся, но оши́бку мо́жно испра́вить.	Wenn er auch einen Fehler gemacht hat, so kann der Fehler doch korrigiert werden.

8. Explikative Konjunktionen 519

Explikative Konjunktionen – bisweilen auch als Konjunktionen mit rein grammatischer Funktion bezeichnet – sind Konjunktionen, die in erster Linie Objektsätze, aber auch Subjektsätze und selten Attributsätze einleiten.

что **что́бы (чтоб)**[1]	daß
бу́дто **бу́дто бы (б)**	als ob, daß
как	wie

Я не знал, что он э́то сказа́л.	Ich wußte nicht, daß er das gesagt hat.
Я жела́ю, что́бы ты с ним познако́мился.	Ich möchte, daß du ihn kennenlernst.
Ему́ показа́лось, бу́дто бы что́-то шевели́лось.	Es schien ihm, als ob sich etwas bewegte.
Говоря́т, бу́дто он уе́хал.	Man sagt, er sei fortgefahren.
Мы не слы́шали, как он вошёл в ко́мнату.	Wir hörten nicht, wie er ins Zimmer trat.
Он сде́лал вид, бу́дто он не по́нял смы́сла ва́ших изложе́ний.	Er erweckte den Anschein, als ob er den Sinn Ihrer Ausführungen nicht verstünde.

9. Konjunktionale Relativa 520

In der Funktion subordinierender Konjunktionen treten auch die Relativpronomen **кото́рый, како́й, чей, кто, что** und Frageadverbien wie **где, куда́, отку́да** usw. auf.

Zum Unterschied von den Konjunktionen stellen diese nicht nur die syntaktische Verbindung zwischen Haupt- und Nebensatz her, sondern haben innerhalb des Nebensatzes zugleich Satzgliedfunktion.

---

[1] Zum Gebrauch von что́бы siehe (367, B 4).

Die Partikeln

521 Partikeln sind nichtflektierte Hilfswörter ohne selbständige Bedeutung und ohne syntaktische Funktion. Sie dienen dazu, einzelnen Wörtern oder ganzen Sätzen bestimmte Bedeutungsschattierungen zu verleihen, z. B.:

Э́то ему́ изве́стно: –

Э́то и ему́ изве́стно.	Das ist auch ihm bekannt.
Ведь э́то ему́ изве́стно.	Das ist ihm doch bekannt.
Э́то то́лько ему́ изве́стно.	Das ist nur ihm bekannt.
Ра́зве э́то ему́ изве́стно?	Ist ihm das denn bekannt?
Вряд ли э́то ему́ изве́стно.	Das ist ihm wohl kaum bekannt.

Die Partikeln haben sich erst verhältnismäßig spät zu einer Wortart herausgebildet. Viele Partikeln sind daher herkunftsmäßig mit anderen Wortarten verknüpft. So entstanden z. B.:

aus Konjunktionen – die Partikeln **и, же, да́же**
aus Adverbien – die Partikeln **ещё, уже́, то́лько**
aus Pronomen – die Partikeln **всё, -то**

Die meisten abgeleiteten Partikeln werden dabei gleichzeitig noch in ihrer ursprünglichen Wortart gebraucht, z. B.:

Благодарю́ вас за всё. (Pronomen!)	Ich danke Ihnen für alles.
Рабо́та идёт всё лу́чше. (Verstärkende Partikel!)	Die Arbeit geht immer besser.

Nach ihrer Bedeutung können die Partikeln in der Hauptsache folgende Gruppen bilden (zur Stellung der Partikeln siehe 626):

522 **1. Hinweisende Partikeln**

вот = hier; sieh da!		**э́то** = etwa: denn
вон = dort; sieh mal!		(umgangssprachl.)

Вот dient zum Hinweis auf Näherliegendes, **вон** zum Hinweis auf Fernerliegendes.

Вот он идёт.	Da kommt er.
Смотри́те, вон па́шет тра́ктор!	Seht, dort pflügt ein Traktor!
Кто э́то пришёл?	Wer ist denn gekommen?

2. Verstärkende Partikeln

523

ведь	=	doch, ja
да́же	=	sogar, selbst
и	=	auch, selbst
же (ж)	=	doch, ja, denn
-таки	=	doch, dennoch
ещё	=	noch
уже́ (уж)	=	schon
всё	=	immer
гора́здо	=	bei weitem, viel
про́сто, **пря́мо**	=	einfach, geradezu
ни ... (не)	=	auch (nicht), vgl. (602)
(кто, что ...) ни	=	(wer, was ...) auch immer

Ведь э́то не но́вость.	Das ist doch keine Neuigkeit.
Э́то да́же ему́ изве́стно.	Das ist sogar ihm bekannt.
Когда́ же мы пойдём?	Wann werden wir denn gehen?
Он успе́л-таки на по́езд.	Er hat den Zug doch noch erreicht.
Уж ско́лько раз я вам говори́л, что на́до слу́шать внима́тельнее.	Wie oft habe ich euch schon gesagt, daß man aufmerksamer zuhören muß.
Пого́да стано́вится всё ху́же и ху́же.	Das Wetter wird immer schlechter.
В Крыму́ гора́здо тепле́е, чем в Москве́.	Auf der Krim ist es bei weitem wärmer als in Moskau.
Я пря́мо не зна́ю, что де́лать.	Ich weiß einfach nicht, was ich tun soll.
Ни одна́ кни́га не поте́ряна.	Auch nicht ein Buch ist verlorengegangen.
Что он ни говори́л, всё бы́ло напра́сно.	Was er auch immer sagte, es war alles umsonst.

3. Einschränkende Partikeln

524

лишь	=	nur, bloß
то́лько	=	nur, bloß, allein
еди́нственно	=	nur, allein, einzig und allein
исключи́тельно	=	ausschließlich, nur
хоть	=	nur, auch nur, wenigstens

Отвеча́йте мне лишь на оди́н вопро́с.	Beantworten Sie mir nur eine Frage.

Зачéм тóлько я емý сказáл э́то!	Warum habe ich ihm das nur gesagt!
В прóшлом годý мы встрéтились тóлько три рáза.	Im vergangenen Jahr haben wir uns nur dreimal getroffen.
Прéмию получи́ли исключи́тельно отли́чники.	Eine Prämie erhielten nur die Schüler, die sehr gute Noten haben.
Для э́той рабóты мне нýжно хоть два дня.	Zu dieser Arbeit brauche ich wenigstens zwei Tage.

525 4. Partikeln der näheren Bestimmung

и́менно **как раз** **-то**	= eben, gerade
тóчно **рóвно**	= genau
тóчь-в-тóчь	= ganz genau
приблизи́тельно	= etwa, ungefähr
почти́ **чуть не**	= fast, beinahe

Дáйте мне, пожáлуйста, и́менно э́ту кни́гу!	Geben Sie mir bitte eben dieses Buch!
Э́того-то я и хотéл.	Gerade das habe ich gewollt.
Рóвно в вóсемь часóв он вошёл в кóмнату.	Genau um 8 Uhr (= Punkt 8 Uhr) trat er ins Zimmer.
Мáльчик – тóчь-в-тóчь отéц.	Der Knabe ist genau der Vater.
Мы заплати́ли почти́ сто рублéй.	Wir haben fast 100 Rubel bezahlt.
Мáленькая дéвочка чуть не плáкала.	Das kleine Mädchen weinte fast.

526 5. Partikeln der Bejahung oder Bestätigung

да **так**	= ja

umgangssprachlich auch:

ещё бы	= ja, ja natürlich, und ob!
тóчно	= ja, ja natürlich

Там бы́ло хорошó, да, óчень хорошó.	Dort war es schön, ja, sehr schön.

Э́то ли он? – Так, э́то он.	Ist er das? – Ja, er ist es.
Пойдёшь гуля́ть? – Ещё бы.	Wirst du spazierengehen? – Ja, natürlich.

6. Verneinende Partikeln 527

не	=	nicht
ни	=	nicht, kein[1]
нет	=	nein, nicht
далеко́ не	=	bei weitem nicht
во́все не / **отню́дь не**	=	durchaus nicht

Она́ не лю́бит ката́ться на конька́х.	Sie läuft nicht gern Schlittschuh.
Нет, я бо́льше не бу́ду игра́ть с ва́ми.	Nein, ich werde nicht mehr mit Ihnen spielen.
Ни ша́гу да́льше!	Keinen Schritt weiter!
Э́то далеко́ не всё.	Das ist bei weitem nicht alles.
Он отню́дь не тако́го мне́ния.	Er ist durchaus nicht solcher Meinung.

7. Partikeln der Vermutung oder des Zweifels 528

аво́сь	=	vielleicht
пожа́луй	=	vielleicht, wahrscheinlich, wohl
вряд ли / **едва́ ли**	=	schwerlich; kaum; es ist zweifelhaft, ob
чуть ли не	=	anscheinend

Аво́сь мы не опозда́ем.	Vielleicht werden wir uns nicht verspäten.
Вряд ли он придёт.	Er wird wohl kaum kommen.
Едва́ ли уда́стся нам получи́ть биле́ты.	Es wird uns schwerlich gelingen, Karten zu erhalten.
Э́то произошло́ чуть ли не в про́шлом году́.	Das hat sich anscheinend im vorigen Jahr ereignet.

[1] Ни tritt gewöhnlich in verneinten Sätzen auf und bedeutet dabei die Verstärkung der Verneinung, vgl. (523) und (602). Eigentlich verneinende Bedeutung hat ни nur in Verbindung mit einem Substantiv im Genitiv in unpersönlichen Konstruktionen.

529 **8. Fragepartikeln**

Zum Ausdruck einer Entscheidungsfrage dienen folgende Partikeln:

ли		*(bleibt in direkten Fragesätzen unübersetzt)*, ob *(in indirekten Fragesätzen)*
ра́зве	=	denn?, wirklich?
неуже́ли **уже́ли** *(veralt.)*	=	ist es möglich?, wirklich?, etwa?

Пришёл ли он? Ist er gekommen?
Ра́зве ему́ мо́жно ве́рить? Kann man ihm denn glauben?
Неуже́ли он бо́лен? Er ist doch nicht etwa krank?

530 **9. Ausrufepartikeln**

как!	=	wie!
что за!	=	was für ein!, welch!

Как хорошо́ э́то напи́сано! Wie schön ist das geschrieben!
Что за шум! Was für ein Lärm!

531 **10. Wort- und formbildende Partikeln**

A. Zur Bildung neuer Wörter dienen folgende Partikeln:

a) die Partikeln **ни-** und **не́-** zur Bildung negierender Pronomen und Adverbien (vgl. 307 und 462): **никто́, ничто́; не́кого, не́чего; никогда́, не́когда** usw.

b) die Partikeln **не́-, ко́е-, -то, -либо, -нибудь** zur Bildung indefiniter Pronomen und Adverbien (vgl. 310 und 463): **не́кто, ко́е-кто́, кто́-то, кто́-либо, кто́-нибудь; ко́е-ка́к, ка́к-то, ка́к-либо, ка́к-нибудь** usw.

c) die Partikel **не-** zur Bildung von Wörtern mit entgegengesetzter Bedeutung: **сча́стье — несча́стье; терпе́ние — нетерпе́ние; высо́кий — невысо́кий.**

B. Zur Bildung von Verbalformen dienen folgende Partikeln:

a) Die Partikel **-ся (-сь)** dient zur Bildung reflexiver Verbalformen (vgl. 337):

Мы встре́тились на вокза́ле. Wir trafen uns auf dem Bahnhof.

b) Die Partikel **бы** dient in Verbindung mit dem Präteritum zur Bildung des Konjunktivs (vgl. 366):

Я пришёл бы ра́ньше, е́сли бы я знал, что ты до́ма. Ich wäre früher gekommen, wenn ich gewußt hätte, daß du zu Hause bist.

c) Die Partikeln **пусть** und umgangssprachlich **пускай** dienen zum Ausdruck des Imperativs der 3. Person (vgl. 364, 1):

Пусть он придёт ко мне!	Mag er zu mir kommen!
Пускай сам всё посмотрит!	Mag er sich alles selbst ansehen!

d) Die Partikel **да** dient im feierlichen Stil zur Wiedergabe eines Imperativs der 3. Person (vgl. 364, 2):

Да здравствует мир между народами!	Es lebe der Friede unter den Völkern!

e) **Давай, давайте** dienen in der Umgangssprache als Partikeln zum Ausdruck des Imperativs der gemeinsamen Handlung (vgl. 363, 2). Mit **дай, дайте** wird bisweilen umgangssprachlich eine Art Aufforderung in der 1. Person Singular gekennzeichnet (vgl. die Fußnote 1 auf S. 309):

Давайте пойдём в театр!	Laßt uns ins Theater gehen!
Давайте играть!	Laßt uns spielen! Spielen wir!
Дайте я прочитаю письмо!	Laßt mich den Brief lesen!

In diese Reihe gehören ferner:

f) die Partikel **-ка**, die zum Ausdruck einer gemilderten Aufforderung oder eines gemilderten Befehls dient (vgl. 360):

Дайте-ка мне эту книгу!	Geben Sie mir doch mal dieses Buch!

g) die Partikel **было**[1], die ausdrückt, daß eine Handlung beabsichtigt oder auch begonnen wurde, aber nicht zur Ausführung bzw. zur vollen Ausführung gelangte:

Он хотел было пройти мимо, но она остановила его.	Er wollte schon vorbeigehen, aber sie hielt ihn an.

h) die Partikel **бывало**, die ausdrückt, daß sich eine Handlung in der Vergangenheit zu wiederholen pflegte (vgl. auch 609,1):

Я бывало часто ездил в деревню.	Früher reiste ich öfters aufs Land.
Бывало он ко мне заходил.	Er pflegte zu mir zu kommen.

Zu erwähnen wäre auch die heute veraltete Partikel **-с**, die durch Kürzung aus altem **сударь** = „Herr, gnädiger Herr" entstanden ist. Die Partikel **-с** konnte einem beliebigen Wort zum Ausdruck der Höflichkeit oder Unterwürfigkeit angefügt werden, z.B.: **Да-с. Нет-с.** Heute braucht man **-с** bisweilen in ironischem Sinne.

---

[1] Die Partikel было ist unbetont.

Die Interjektionen

532 Interjektionen sind unveränderliche Wörter, die gewisse Gefühls- oder Willensäußerungen des Sprechenden wiedergeben, ohne deren Inhalt genau zu benennen, z. B.:

Ах, как прия́тно!	Ach, wie angenehm!
Увы́, наде́жды нет!	O weh, es besteht keine Hoffnung!
Эй, дружо́к, сади́сь ко мне!	Heda, Freund, setz dich zu mir!

Nach ihrer Herkunft und Form unterteilt man die Interjektionen in zwei Gruppen:

533 1. Ursprüngliche Interjektionen

а!	=	ah! ach! ha!	**на! (на́те[1]!)**	=	da! nimm! da hast du!
о!	=	o...! oh! o weh!			
ах!	=	ach!	**во́т тебе и на́!**	=	da hast du's! da haben wir's!
ох!	=	ach! o weh!			
ух!	=	ach! uff! o weh!	**ну! (ну́те[1]!)**	=	los! schnell! na! nun!
эх!	=	ach!	**гм!**	=	hm!
ай!	=	ach! o weh! sieh da!	**уф!**	=	uff!
ой!	=	ach! o...!	**увы́!**	=	ach! o ...! o weh!
о́й ли!	=	wirklich?! ist es möglich?!	**ага́!** [ahá]	=	aha!
эй!	=	he! heda!	**ого́!** [ohó]	=	oho! oha! nanu!

Die meisten ursprünglichen Interjektionen dienen ähnlich wie ihre deutschen Entsprechungen zur Wiedergabe verschiedenster Gefühlswerte. Ihre Bedeutung ist jeweils vom Kontext und von der Intonation abhängig.

Die Interjektion **ах** kann beispielsweise folgende Empfindungen ausdrücken:

Freude:

Ах,[2] я так рад на́шей встре́че!	Ach, wie freue ich mich, daß wir uns treffen!

---

[1] -те wird zumeist dann angefügt, wenn die Rede an mehrere Personen gerichtet ist.

[2] Die Interjektionen werden durch Kommas, mitunter auch durch Ausrufezeichen, vom übrigen Satzganzen abgetrennt.

Begeisterung:

Ах, как хорошó здесь в лесý!	Ach, wie schön ist es hier im Wald!

Verwunderung:

Ах, какóй громáдный домúще!	Ach, welch riesengroßes Haus!

Unzufriedenheit, Tadel:

Ах, как э́то неприя́тно!	Ach, wie ist das unangenehm!

Angst:

Ах, как жýтко в лесý!	Ach, wie unheimlich ist es im Wald!

Mitleid, Bedauern:

Ах, ты бéдный!	Ach, du Bedauernswerter! Ach, du Ärmster!

Ursprüngliche Interjektionen werden bisweilen in doppelter oder dreifacher Aneinanderreihung gebraucht, um dem ausgedrückten Empfindungswert einen gewissen Nachdruck zu verleihen, z. B.:

Ай-ай-áй, какóй неаккурáтный!	Ach, wie ist er doch unakkurat!

2. Abgeleitete Interjektionen 534

Zu den abgeleiteten Interjektionen zählen die folgenden:

a) *Interjektionen, die aus Wortformen anderer Wortarten oder aus Wortverbindungen hervorgegangen sind, z. B.:*

тшш! (aus: **ти́ше!**)	= pst! still!
вишь! ишь! (aus: **ви́дишь!**)	= nun sieh (seht) einmal an!
бай-бáй! **бáю-бáй!** **(бáю-) бáюшки-баю́!**	= eiapopeia!
вон!	= fort! hinaus! scher dich (schert euch) zum Teufel!
прочь!	= fort! weg! verschwinde(t)!
долóй!	= nieder! hinweg!
стой!	= halt!
караýл!	= Hilfe!
пóлно! (пóлноте!) **довóльно!** **хвáтит!** **бýдет!**	= genug! es genügt! genug davon! hör(t) auf!

бáтюшки!	= ach, du meine Güte!
ýжас! бедá!	= schrecklich! so ein Elend!
бóже мой!	= mein Gott! du meine Güte!
слáва бóгу!	= Gott sei Dank!
чёрт возьми́! чёрт побери́!	= hol's der Teufel!

b) Interjektionen fremden Ursprungs, z. B.:

айдá!	= heida! wohlan!	**стоп!**	= halt! stopp!
алló!	= hallo!	**урá!**	= hurra!

c) lautmalende Interjektionen, z.B.:

брр!	= brr! pfui!	[1]**мя́у-мя́у!**	= miaumiau!
тпру!	= prr! halt!	[1]**кукарекý!**	= kikeriki!
тьфу!	= pfui!	[1]**гав-гáв!**	= wauwau!
ха-ха-хá!	= hahaha!	[1]**му-мý!**	= muh!
хи-хи-хи́!	= hihihi!		

d) Interjektionen, die sich als Tierlockrufe aus Tiernamen herleiten, z. B.:

кис-ки́с!	(aus: **ки́ска** Miez)	= miezmiez!
цып-цы́п!	(aus: **цыплёнок** Kücken)	= puttputt!
уть-ýть!	(aus: **ýтка** Ente)	= hulehule!

e) Interjektionen des Grußes, der Bitte und des Dankens

Unter die Interjektionen werden verschiedentlich auch die Ausdrücke des Grußes, der Bitte und des Dankens eingeordnet:

Здрáвствуй(те)! umgangsspr. auch: **Здорóво!**	= Guten Tag! Sei (seid, seien Sie) gegrüßt!
Добрó пожáловать!	= Willkommen!
Дóброе ýтро!	= Guten Morgen!
Дóброй (спокóйной) нóчи!	= Gute Nacht!
Счастли́вого пути́!	= Gute (glückliche) Reise!
До свидáния! **Прощáй(-те)!** umgangsspr. auch: **Покá!**	= Auf Wiedersehen! Leb (lebt, leben Sie) wohl!
Пожáлуйста!	= Bitte!
Спаси́бо! **Благодарю́!**	= Danke!

[1] Diese lautnachahmenden Wörter sind nur bedingt den Interjektionen zuzurechnen, da sie keine Gefühls- und Willensregungen des Sprechenden wiedergeben.

AUS DER SYNTAX

ZUR REKTION DER VERBEN

Unter der Rektion eines Verbs versteht man das durch einen bestimmten Kasus ausgedrückte syntaktische Abhängigkeitsverhältnis einer nominalen Ergänzung von den Konjugationsformen eines Verbs. Dabei kann der Kasus der nominalen Ergänzung von der regierenden Verbform unmittelbar oder mittelbar über eine Präposition abhängig sein. Man unterscheidet entsprechend eine unmittelbare und eine präpositionale Rektion. **535**

I. Unmittelbare Rektion

Im folgenden sind die wichtigsten russischen Verbrektionen zusammengestellt, die Abweichungen vom deutschen Kasusgebrauch aufweisen.

1. Der Genitiv

a) Der Genitiv steht als Objekt nach den Verben des Wünschens, Wollens, Forderns, des Suchens, Strebens und der Erwartung[1]: **536**

жела́ть **пожела́ть** vo.	(mit Gen.) etw. wünschen
хоте́ть **захоте́ть** vo.	(mit Gen.) etw. wollen
проси́ть **попроси́ть** vo.	(mit Gen.) bitten um

---

[1] Nach den Verben ждать, подожда́ть vo., иска́ть, проси́ть / попроси́ть vo., спра́шивать / спроси́ть vo. und тре́бовать / потре́бовать vo. steht das Objekt in der Regel im Genitiv, wenn es sich um ein Abstraktum oder um die Bezeichnung von etwas nicht genau Bestimmtem handelt. Das Objekt steht im Akkusativ, wenn es eine bestimmte Person oder einen bestimmten konkreten Gegenstand bezeichnet.

Он ждёт по́мощи от това́рища.	aber: Он ждёт жену́.
Er erwartet Hilfe von seinem Kameraden.	Er wartet auf seine Frau.
Я ищу́ слу́чая поговори́ть с ним.	Я ищу́ себе́ ко́мнату.
Ich suche eine Gelegenheit, mit ihm zu sprechen.	Ich suche mir ein Zimmer.
Я тре́бую у тебя́ де́нег.	Я тре́бую свои́ де́ньги.
Ich fordere von dir Geld.	Ich fordere mein Geld.
Больно́й попроси́л воды́.	Он попроси́л в библиоте́ке интере́сную кни́гу.
Der Kranke bat um Wasser.	Er bat in der Bibliothek um ein interessantes Buch.

Проси́ть / попроси́ть vo. können außerdem mit о und dem Präpositiv verbunden werden:

Она́ про́сит сестру́ об услу́ге.	Sie bittet die Schwester um eine Gefälligkeit.

спра́шивать **спроси́ть** vo.	(mit Gen.) bitten um
домога́ться	(mit Gen.) sich (eifrig) bewerben um
выма́ливать **вы́молить** vo.	(mit Gen. oder Akk.) etw. erflehen
тре́бовать **потре́бовать** vo.	(mit Gen.) etw. fordern
иска́ть	(mit Gen.) etw. suchen
добива́ться **доби́ться** vo.	(mit Gen.) streben nach, etw. (zu) erreichen (suchen)
достига́ть **дости́гнуть** vo. **дости́чь** vo.	(mit Gen.) etw. erreichen
жа́ждать	(mit Gen.) dürsten nach, etw. ersehnen
ждать **подожда́ть** vo. **дожда́ться** vo. **ожида́ть**	(mit Gen.) etw. erwarten, warten auf

Жела́ю вам всего́ хоро́шего.	Ich wünsche Ihnen alles Gute.
Чего́ вы хоти́те? – Я хочу́ хле́ба и ча́ю.	Was wollen Sie haben? – Ich will Brot und Tee haben.
Про́сим извине́ния.	Wir bitten um Verzeihung.
Он всегда́ спра́шивал его́ сове́та.	Er fragte ihn immer um Rat.
От писа́теля мы тре́буем худо́жественной пра́вды.	Vom Schriftsteller fordern wir künstlerische Wahrheit.
Он на́чал иска́ть како́й-нибудь рабо́ты.	Er begann, irgendeine Arbeit zu suchen.
Актёр добива́ется популя́рности.	Der Schauspieler erlangt Popularität.
Он доби́лся своей це́ли.	Er hat sein Ziel erreicht.
Всё в приро́де жда́ло весе́ннего до́ждика.	Alles in der Natur wartete auf einen Frühlingsregen.

537 b) Der Genitiv steht als Objekt nach Verben, die Furcht, Abneigung oder Scham ausdrücken, sowie nach Verben mit dem Begriff des Meidens und der Einbuße:

боя́ться	(mit Gen.) jem. bzw. etw. fürchten, sich fürchten vor
опаса́ться	(mit Gen.) etw. befürchten
пуга́ться **испуга́ться** vo.	(mit Gen.) sich fürchten, erschrecken vor

страши́ться	(mit Gen.) sich fürchten vor
тру́сить **стру́сить** vo.	(mit Gen.)[1] Angst haben, sich fürchten vor
гнуша́ться **погнуша́ться** vo.	(mit Gen.) sich ekeln vor, etw. verabscheuen
стыди́ться **постыди́ться** vo.	(mit Gen.) sich einer Sache schämen
стесня́ться **постесня́ться** vo.	(mit Gen.) sich genieren, sich scheuen vor
со́веститься **посо́веститься** vo.	(mit Gen.) sich ein Gewissen machen aus, sich einer Sache schämen
дичи́ться	(mit Gen.) sich scheuen vor
избега́ть **избежа́ть** vo.	(mit Gen.) jem. bzw. etw. meiden, jem. bzw. einer Sache entrinnen
сторони́ться	(mit Gen.) jem. bzw. etw. meiden
чужда́ться	(mit Gen.) jem. bzw. etw. meiden, sich scheuen vor
бере́чься	(mit Gen.) sich hüten vor
остерега́ться **остере́чься** vo.	(mit Gen.) sich hüten, vorsehen vor
лиша́ть **лиши́ть** vo.	(mit Gen.) etw. entziehen, nehmen
лиша́ться **лиши́ться** vo.	(mit Gen.) jem. bzw. etw. einbüßen

Де́ти боя́тся темноты́.	Kinder fürchten die Dunkelheit.
Ма́ленькая де́вочка пуга́ется соба́к.	Das kleine Mädchen fürchtet sich vor Hunden.
Гнуша́юсь лжи.	Ich verabscheue die Lüge.
Он стыди́тся своего́ незна́ния.	Er schämt sich seiner Unkenntnis.
Он стесня́ется чужи́х люде́й.	Er scheut sich vor fremden Menschen.
Мы избега́ли неприя́тных разгово́ров.	Wir vermieden unangenehme Gespräche.
Она́ чужда́лась за́висти.	Neid war ihr fremd.
Береги́тесь воро́в!	Hütet euch vor Dieben! Achtung Diebe!
Он лиши́л меня́ удо́бного слу́чая.	Er nahm mir eine günstige Gelegenheit.
Она́ вдруг лиши́лась чувств.	Sie wurde plötzlich ohnmächtig.

[1] Тру́сить/стру́сить vo. können außer mit dem Genitiv auch mit перед und dem Instrumental verbunden werden:

Он тру́сил перед ним. — Er hatte Angst vor ihm.

538 c) Der Genitiv steht als Objekt nach Verben mit dem Begriff der Berührung oder des Ausgerichtetseins:

каса́ться **косну́ться** vo.	(mit Gen.) etw. berühren, betreffen
держа́ться **приде́рживаться**	(mit Gen.)[1] sich halten an, sich richten nach
слу́шаться **послу́шаться** vo.	(mit Gen.) hören auf, jem. gehorchen

Он косну́лся стола́ руко́й.	Er berührte den Tisch mit der Hand.
Этот вопро́с каса́ется вас.	Diese Frage betrifft Sie.
Он держа́лся пра́вой стороны́.	Er hielt sich rechts.
На́до приде́рживаться твёрдых при́нципов.	Man muß sich nach festen Grundsätzen richten.
Де́ти не слу́шаются ма́тери.	Die Kinder hören nicht auf die Mutter.

539 d) Der Genitiv steht nach Verben, die eine Wertschätzung oder Würdigung ausdrücken, –

заслу́живать	(mit Gen.)[2] etw. verdienen, einer Sache wert sein
сто́ить	(mit Gen.)[3] einer Sache wert sein, eine Sache lohnen
удоста́ивать **удосто́ить** vo.	(mit Gen.)[4] würdigen durch, auszeichnen mit
удоста́иваться **удосто́иться** vo.	(mit Gen.) gewürdigt werden durch, ausgezeichnet werden mit

sowie nach:

придава́ть **прида́ть** vo.	(mit Gen.)[5] etw. zusätzlich, in verstärktem Maße verleihen

---

[1] Держа́ться und приде́рживаться werden in konkreter Bedeutung (= sich festhalten, sich anhalten) mit за und dem Akkusativ verbunden:

Он де́ржится рука́ми за пери́ла ле́стницы.	Er hält sich mit den Händen am Treppengeländer fest.

[2] Заслу́живать hat in der Bedeutung „verdienen, wert sein" in Verbindung mit dem Genitiv keine vollendete Entsprechung. Das vollendete Verb заслужи́ть hat die Bedeutung „sich verdienen, erwerben" und wird mit dem Akkusativ verbunden:

Он заслужи́л дове́рие коллекти́ва.	Er hat sich das Vertrauen des Kollektivs erworben.

[3] Сто́ить regiert in konkreter Bedeutung (= „kosten") den Akkusativ:

Э́та кни́га сто́ит два рубля́.	Dieses Buch kostet zwei Rubel.

[4] Удоста́ивать / удосто́ить vo. regieren in der Bedeutung „würdigen, auszeichnen" den Genitiv, in der Bedeutung „würdigen, Aufmerksamkeit schenken" den Instrumental.

Он не удосто́ил меня́ отве́том.	Er hat mich keiner Antwort gewürdigt.

[5] Придава́ть / прида́ть vo. stehen in der Bedeutung „verleihen, geben" mit dem Akkusativ:

Он при́дал докуме́нту зако́нную фо́рму.	Er gab dem Dokument die gesetzliche Form.

Э́то предложе́ние заслу́живает внима́ния.	Dieser Vorschlag ist der Aufmerksamkeit wert.
Не сто́ит труда́.	Es ist nicht der Mühe wert. (Es lohnt die Mühe nicht.)
Изве́стный учёный был удосто́ен вы́сшей награ́ды.	Der bekannte Gelehrte wurde durch die höchste Auszeichnung gewürdigt.
Прису́тствие това́рища при́дало ему́ хра́брости.	Die Gegenwart des Kameraden steigerte seine Tapferkeit.

e) Der partitive Genitiv (vgl. 119, 1 und auch 142) steht nach Verben, **540**

α) wenn sich die Verbhandlung nicht auf die Gesamtheit eines Objekts, sondern nur auf einen Teil desselben erstreckt. Das Objekt ist dabei zumeist ein Stoffname; das Verb der Handlung steht in der Regel im Imperativ oder Präteritum des vollendeten Aspekts.

Наре́жь хле́ба, нале́й молока́!	Schneide Brot auf und gieße Milch ein!
Он покури́л табаку́.	Er rauchte etwas (Tabak).
Она́ попро́бовала мёду.	Sie probierte von dem Honig.
Они́ напи́лись ча́ю.	Sie haben reichlich Tee getrunken.
Она́ навари́ла щей на не́сколько дней.	Sie kochte Kohlsuppe für mehrere Tage.

β) wenn sich die Verbhandlung auf einen Teil einer möglichen Vielzahl von Objekten erstreckt.

Она́ наелась я́год до́сыта.	Sie hat sich an Beeren satt gegessen.
В саду́ налете́ло птиц.	Im Garten kam eine Menge Vögel herbeigeflogen.
У них я наслу́шался новосте́й.	Bei ihnen habe ich viele Neuigkeiten gehört.
Он накупи́л книг.	Er kaufte eine Menge Bücher.

Der partitive Genitiv steht häufig nach Verben mit den Präfixen **на-** und **по-** sowie nach den mit **на-** präfigierten reflexiven Verben, die eine bis zur Genüge ausgeführte Handlung bezeichnen (vgl. dazu 339, 2. a – z. B.: **нае́сться** vo. sich satt essen, **напи́ться** vo. reichlich trinken, **насмотре́ться** vo. sich satt sehen).

2. Der Dativ

a) Der Dativ steht nach Verben der Freude oder Verwunderung zur Angabe der Ursache: **541**

ра́доваться
обра́доваться vo. } (mit Dat.) sich freuen über

удивля́ться **удиви́ться** vo.	(mit Dat.) sich wundern, staunen über
диви́ться **подиви́ться** vo.	(mit Dat.) sich wundern, erstaunt sein über
изумля́ться **изуми́ться** vo.	(mit Dat.) staunen über
поража́ться **порази́ться** vo.	(mit Dat.)[1] erstaunt sein über, überrascht sein von

Оте́ц ра́дуется успе́хам сы́на.	Der Vater freut sich über die Erfolge seines Sohnes.
Я удивля́юсь ва́шему поведе́нию.	Ich wundere mich über Ihr Benehmen.
Он порази́лся изве́стию.	Er war erstaunt über die Nachricht.

542 b) Der Dativ des Gegenstandes oder der Sache steht nach den Verben des Lehrens und Lernens:

учи́ть **научи́ть** vo. **вы́учить** vo.	(mit Dat.)[2] etw. lehren, beibringen, unterrichten in
обуча́ть **обучи́ть** vo.	(mit Dat.) etw. lehren, unterrichten in
учи́ться **научи́ться** vo. **вы́учиться** vo.	(mit Dat.) etw. lernen
обуча́ться **обучи́ться** vo.	(mit Dat.) Unterricht haben in, etw. lernen

Я учу́ дете́й ру́сскому языку́.	Ich lehre die Kinder die russische Sprache. (Ich unterrichte die Kinder in Russisch.)
Он научи́л сы́на иностра́нным языка́м.	Er hat seinen Sohn Fremdsprachen gelehrt.

---

[1] Поража́ться / порази́ться vo. können auch mit dem Instrumental stehen:

Мы порази́лись красото́й приро́ды.	Wir waren von der Schönheit der Natur überrascht.

[2] In der Bedeutung „lernen, erlernen" werden учи́ть, вы́учить vo. mit dem Akkusativ gebraucht:

Актёр хорошо́ у́чит роль.	Der Schauspieler lernt die Rolle gut.
Мы вы́учили ба́сню наизу́сть.	Wir haben die Fabel auswendig gelernt.

Desgleichen regieren зау́чивать / заучи́ть vo. „einlernen, auswendig lernen" und изуча́ть / изучи́ть vo. „lernen, studieren" den Akkusativ:

Он изуча́ет ру́сскую литерату́ру и исто́рию.	Er studiert russische Literatur und Geschichte.

Я обучи́лся у него́ ру́сскому языку́.	Ich habe bei ihm Russisch gelernt.
Он вы́учился францу́зскому языку́.	Er hat Französisch gelernt.
Чему́ мо́жно поучи́ться на э́том приме́ре?	Was kann man an diesem Beispiel lernen?

Aber merke:

Преподава́ть = „Unterricht erteilen, dozieren" wird mit dem Akkusativ des Gegenstands und dem Dativ der Person verbunden:

Он преподаёт ру́сский язы́к студе́нтам литерату́рного отделе́ния.	Er erteilt den Studenten des literaturwissenschaftlichen Zweigs Unterricht in der russischen Sprache.

c) Der Dativ steht nach Verben der freundlichen Einstellung, des Förderns, Nachahmens und Nacheiferns: **543**

кла́няться **поклони́ться** vo.	(mit Dat.) sich verneigen vor, jem. grüßen (lassen)
симпатизи́ровать	(mit Dat.) sympathisieren mit
сочу́вствовать	(mit Dat.) mitfühlen mit
соболе́зновать	(mit Dat.) Mitgefühl haben mit
благоприя́тствовать	(mit Dat.) jem. bzw. etw. begünstigen, fördern
покрови́тельствовать	(mit Dat.) jem. bzw. etw. beschützen, begünstigen
протежи́ровать	(mit Dat.) jem. bzw. etw. protegieren
соде́йствовать (vo.) **посоде́йствовать** vo.	(mit Dat.) beitragen zu
спосо́бствовать **(поспосо́бствовать** vo.**)**	(mit Dat.) beitragen zu
попусти́тельствовать	(mit Dat.) Nachsicht üben mit
потво́рствовать	(mit Dat.) nachsichtig sein mit, jem. bzw. einer Sache Vorschub leisten
подража́ть	(mit Dat.) jem. bzw. etw. nachahmen
сле́довать **после́довать** vo.	(mit Dat.)[1] sich richten nach, jem. bzw. etw. folgen

Кла́няйтесь ему́ от меня́.	Grüßen Sie ihn von mir.
Я ему́ не симпатизи́рую.	Ich sympathisiere nicht mit ihm.

[1] In der Bedeutung „(räumlich oder zeitlich) nachfolgen, der folgende sein" werden сле́довать / после́довать vo. mit за und dem Instrumental verbunden:

За ле́том сле́дует о́сень. — Auf den Sommer folgt der Herbst.

Мы сочу́вствуем ва́шему го́рю.	Wir fühlen Ihren Kummer mit.
Слу́чай благоприя́тствовал ему́.	Die Gelegenheit war ihm günstig.
Нечистота́ спосо́бствует распростране́нию боле́зней.	Unsauberkeit trägt zur Verbreitung von Krankheiten bei.
Мно́гие поэ́ты подража́ли Ба́йрону.	Viele Dichter haben Byron nachgeahmt.
Она́ во всём сле́дует мо́де.	Sie folgt in allem der Mode.

544 d) Der Dativ steht nach Verben des Störens, Hinderns und der feindlichen Einstellung:

меша́ть **помеша́ть** vo.	(mit Dat.) jem. bzw. etw. stören
препя́тствовать **воспрепя́тствовать** vo.	(mit Dat.) jem. bzw. etw. hindern, stören
надоеда́ть **надое́сть** vo. **наску́чить** vo.	(mit Dat.) jem. lästig fallen, jem. langweilen
грози́ть **пригрози́ть** vo. **угрожа́ть**	(mit Dat.) jem. bzw. etw. (be-)drohen
груби́ть **нагруби́ть** vo.	(mit Dat.) grob sein gegen
досажда́ть **досади́ть** vo.	(mit Dat.) jem. ärgern
зави́довать **позави́довать** vo.	(mit Dat.) jem. beneiden
изменя́ть **измени́ть** vo.	(mit Dat.) jem. bzw. etw. verraten
мстить **отомсти́ть** vo.	(mit Dat.) sich rächen an

Они́ меша́ют заня́тиям разгово́рами.	Sie stören den Unterricht durch Gespräche.
Не меша́йте нам!	Stören Sie uns nicht!
Э́то де́ло мне ужа́сно надое́ло.	Diese Sache ist mir gründlich über.
Он мне досади́л неуме́стными вопро́сами.	Er hat mich durch unangebrachte Fragen geärgert.
Я не зави́дую ему́.	Ich beneide ihn nicht.
Он измени́л свои́м убежде́ниям.	Er ist seinen Überzeugungen untreu geworden.

e) Der Dativ steht weiter nach folgenden Verben: 545

аккомпани́ровать (mit Dat.) jem. (musikalisch) begleiten

внима́ть / **внять** vo. } (mit Dat.) jem. bzw. etw. vernehmen, hören auf

звони́ть / **позвони́ть** vo. } **по телефо́ну** (mit Dat.) jem. anrufen

насле́довать (vo.) (mit Dat.) jem. beerben

напомина́ть / **напо́мнить** vo. } (mit Dat.) [(mit Akk.)] jem. erinnern, in jem. eine Erinnerung wecken (an)

подпева́ть (mit Dat.) mitsingen mit, jem. (singend) begleiten

поруча́ть / **поручи́ть** vo. } (mit Dat.) jem. beauftragen

сопу́тствовать (mit Dat.) jem. bzw. etw. begleiten

Он не внял на́шей про́сьбе.	Er hat unsere Bitte nicht vernommen.
Я звони́л ему́ три ра́за и не застава́л до́ма.	Ich habe ihn dreimal angerufen und nicht zu Hause erreicht.
Сын насле́довал отцу́.	Der Sohn beerbte den Vater.
Де́вочка напо́мнила мне мать.	Das Mädchen erinnerte mich an die Mutter.
Поруча́ю вам отве́тить на э́то письмо́.	Ich beauftrage Sie, diesen Brief zu beantworten.
Мно́гим боле́зням сопу́тствует си́льный жар.	Viele Krankheiten begleitet starkes Fieber.

3. Der Akkusativ 546

Der Akkusativ steht als direktes Objekt abweichend vom Deutschen nach den Verben:

благодари́ть / **поблагодари́ть** vo. } (mit Akk.) jem. danken

вспомина́ть / **вспо́мнить** vo. / **по́мнить** } (mit Akk.)[1] sich erinnern an, denken an

напомина́ть / **напо́мнить** vo. } (mit Akk.)[1] erinnern, gemahnen an

---

[1] Вспомина́ть / вспо́мнить vo., напомина́ть / напо́мнить vo., по́мнить können außer mit dem Akkusativ auch mit о und dem Präpositiv verbunden werden. Dabei gelten die Konstruktionen mit о als die moderneren.

Де́ти с ра́достью вспомина́ют о ле́тних кани́кулах. — Die Kinder erinnern sich mit Freuden an die Sommerferien.

встреча́ть **встре́тить** vo.	(mit Akk.) jem. begegnen, jem. willkommen heißen
выруча́ть **вы́ручить** vo.	(mit Akk.) jem. helfen
отгова́ривать **отговори́ть** vo.	(mit Akk.) [(**от** mit Gen.)] jem. abraten (von), jem. (etw.) ausreden
подкарау́ливать **подкарау́лить** vo.	(mit Akk.) jem. auflauern
подстерега́ть **подстере́чь** vo.	(mit Akk.) jem. auflauern
поздравля́ть **поздра́вить** vo.	(mit Akk.) [(**с** mit Instr.)] jem. gratulieren, jem. beglückwünschen (zu)
проща́ть **прости́ть** vo.	(mit Akk.)[1] jem. bzw. etw. vergeben, verzeihen
ревнова́ть **(приревнова́ть** vo.**)**	(mit Akk.) [(**к** mit Dat.)] eifersüchtig sein auf jem. (wegen)
упрека́ть **упрекну́ть** vo.	(mit Akk.) [(**в** mit Präp.)] jem. (etw.) vorwerfen, zum Vorwurf machen

Он меня́ поблагодари́л за гостеприи́мство.	Er hat mir für die Gastfreundschaft gedankt.
Де́ти вспомина́ли интере́сную экску́рсию в музе́й.	Die Kinder erinnerten sich an die interessante Exkursion ins Museum.
Он меня́ отгова́ривал от пое́здки.	Er riet mir von der Reise ab.
Мы поздра́вили его́ с днём рожде́ния.	Wir gratulierten ihm zum Geburtstag.
Прости́те меня́!	Verzeihen Sie mir! (Entschuldigen Sie!)
Она́ ревнова́ла ве́чно за́нятого му́жа к его́ рабо́те.	Sie war auf den ewig beschäftigten Mann wegen seiner Arbeit eifersüchtig.
Учи́тель упрека́ет ученика́ в невнима́тельности.	Der Lehrer wirft dem Schüler Unaufmerksamkeit vor.

---

[1] Bei Vorhandensein doppelter Objekte stehen проща́ть / прости́ть vo. mit dem Dativ der Person und dem Akkusativ der Sache:

Прости́те мне нево́льную оши́бку! — Verzeihen Sie mir das unfreiwillige Versehen!

4. Der Instrumental

A. DER INSTRUMENTAL ALS OBJEKT

a) Innerhalb der Verben, die den Instrumental regieren, heben sich die Verben des Lenkens, Leitens und Besitzens als besondere Bedeutungsgruppe ab: **547**

ве́дать	(mit Instr.) etw. verwalten
заве́довать	(mit Instr.) etw. leiten, verwalten
владе́ть	(mit Instr.) etw. besitzen, etw. beherrschen
завладева́ть **завладе́ть** vo.	(mit Instr.) Besitz ergreifen von
овладева́ть **овладе́ть** vo.	(mit Instr.) sich einer Sache bemächtigen
дирижи́ровать	(mit Instr.) etw. dirigieren
кома́ндовать	(mit Instr.) jem. bzw. etw. kommandieren, befehligen
пра́вить	(mit Instr.) jem. bzw. etw. regieren, lenken
управля́ть	(mit Instr.) jem. bzw. etw. verwalten, lenken, leiten
предводи́тельствовать	(mit Instr.) jem. bzw. etw. anführen, befehligen
руководи́ть	(mit Instr.) jem. bzw. etw. führen, leiten
руководи́ться **руково́дствоваться**	(mit Instr.) sich richten nach
облада́ть	(mit Instr.) etw. besitzen, verfügen über
располага́ть	(mit Instr.) verfügen über
распоряжа́ться **распоряди́ться** vo.	(mit Instr.) verfügen über

Сове́тский Сою́з владе́ет больши́ми приро́дными бога́тствами.	Die Sowjetunion besitzt große Naturschätze.
Кто дирижи́рует орке́стром?	Wer dirigiert das Orchester?
Шофёр управля́ет маши́ной.	Der Chauffeur fährt (lenkt) den Wagen.
На́шим кружко́м ру́сской пе́сни руководи́т преподава́тель му́зыки.	Unseren russischen Liederzirkel leitet der Musiklehrer.
Он облада́ет хоро́шим слу́хом.	Er hat ein gutes Gehör.
Я не располага́ю свобо́дным вре́менем.	Ich verfüge über keine freie Zeit.

b) Instrumentalrektion haben weiterhin eine Reihe Verben, die wegen ihrer mannigfaltigen Bedeutungen nicht zu systematisieren sind: **548**

боле́ть (боле́ю)	(mit Instr.) erkrankt sein an, (eine Krankheit) haben
бре́згать **побре́згать** vo.	(mit Instr.) sich ekeln vor, etw. verschmähen
воня́ть	(mit Instr.) stinken nach
восторга́ться	(mit Instr.) sich begeistern für
восхища́ться **восхити́ться** vo.	(mit Instr.) entzückt sein von
горди́ться	(mit Instr.) stolz sein auf
дели́ться **поделиться** vo.	(mit Instr.) [(**с** mit Instr.)] 1. etw. teilen (mit), 2. (jem.) etw. mitteilen
дорожи́ть	(mit Instr.) jem. bzw. etw. schätzen
дыша́ть	(mit Instr.) etw. atmen
же́ртвовать **поже́ртвовать** vo.	(mit Instr.) jem. bzw. etw. opfern
заболева́ть **заболе́ть** vo.	(mit Instr.) erkranken an
заинтересо́вывать **заинтересова́ть** vo.	[(mit Akk.)] (mit Instr.) (jem.) interessieren an
заку́сывать **закуси́ть** vo.	(mit Instr.) etw. zuessen, etw. nachessen
занима́ться **заня́ться** vo.	(mit Instr.) sich beschäftigen mit, etw. studieren
захва́рывать **захвора́ть** vo.	(mit Instr.) erkranken an
злоупотребля́ть **злоупотреби́ть** vo.	(mit Instr.) etw. mißbrauchen
изоби́ловать	(mit Instr.) Überfluß haben an, reich sein an
интересова́ться **заинтересо́вываться** **заинтересова́ться** vo.	(mit Instr.) sich interessieren für
ла́комиться **пола́комиться** vo.	(mit Instr.) naschen von, sich gütlich tun an
любова́ться **полюбова́ться** vo.	(mit Instr.) sich weiden, sich ergötzen an
меня́ться **поменя́ться** vo.	(mit Instr.) etw. tauschen, wechseln
наслажда́ться **наслади́ться** vo.	(mit Instr.) sich ergötzen an, etw. genießen
обме́ниваться **обменя́ться** vo.	(mit Instr.) etw. austauschen, wechseln
ограни́чиваться **ограни́читься** vo.	(mit Instr.) sich beschränken auf, sich begnügen mit

па́хнуть	(mit Instr.) duften, riechen nach
по́льзоваться (воспо́льзоваться vo.**)**	(mit Instr.) etw. benutzen, Gebrauch machen von
поража́ться поrази́ться vo.	(mit Instr.)[1] erstaunt sein über, überrascht sein von
пренебрега́ть пренебре́чь vo.	(mit Instr.) jem. bzw. etw. verschmähen, mißachten
рискова́ть	(mit Instr.) etw. riskieren, aufs Spiel setzen
сла́виться	(mit Instr.) berühmt sein durch
страда́ть	(mit Instr.)[2] ein Leiden haben, leiden an
торгова́ть	(mit Instr.) Handel treiben, handeln mit
увлека́ться увле́чься vo.	(mit Instr.) begeistert sein von
хвали́ться похвали́ться vo.	(mit Instr.) sich einer Sache rühmen, sich brüsten mit

Он боле́ет гри́ппом.	Er hat Grippe.
Тури́сты восхища́ются ви́дами кры́мской приро́ды.	Die Touristen sind entzückt vom Anblick der Krimlandschaft.
Мы горди́мся успе́хами социалисти́ческого строи́тельства.	Wir sind stolz auf die Erfolge des sozialistischen Aufbaus.
Он де́лится с това́рищами впечатле́ниями об экску́рсии.	Er teilt den Kameraden seine Eindrücke von der Exkursion mit.
Он злоупотребля́ет его́ терпе́нием.	Er mißbraucht seine Geduld.
О́зеро изоби́лует ры́бой.	Der See ist fischreich.
Они́ ча́сто обме́ниваются о́пытом.	Sie tauschen oft Erfahrungen aus.
Нельзя́ ограни́читься дости́гнутыми успе́хами.	Man darf sich nicht mit den erzielten Erfolgen begnügen.
По́льзуйтесь трамва́ем!	Benutzen Sie die Straßenbahn!
Украина сла́вится сада́ми.	Die Ukraine ist durch ihre Gärten berühmt.
Она́ ча́сто страда́ет головно́й бо́лью.	Sie leidet oft an Kopfschmerzen.

---

[1] Поража́ться / порази́ться vo. werden zuweilen auch mit dem Dativ verbunden, vgl. (541).

[2] Страда́ть kann auch mit от und dem Genitiv gebraucht werden, besonders in der Bedeutung „leiden, Verlust erleiden", dazu vo. пострада́ть.

Урожа́й пострада́л от за́сухи.	Die Ernte litt unter der Dürre.

Он увлека́ется спо́ртом, осо́бенно лёгкой атле́тикой.	Er ist für Sport begeistert, besonders für Leichtathletik.

549 c) Eine besondere Instrumentalrektion liegt im Gebrauch des Instrumentals als sogenanntem innerem Objekt[1] vor. Den Instrumental des inneren Objekts bildet ein Substantiv, das sich vom gleichen Wortstamm herleitet wie das Verb, von dem es regiert wird, oder das dem regierenden Verb zumindest bedeutungsverwandt ist.

Он у́мер есте́ственной сме́ртью.	Er starb eines natürlichen Todes.
Он живёт как бы двойно́й жи́знью.	Er führt gleichsam ein Doppelleben.
Дела́ иду́т по́лным хо́дом.	Die Dinge sind in vollem Gang.
Он идёт свое́й доро́гой.	Er verfolgt seinen Weg.
Он спит ве́чным сном.	Er schläft den ewigen Schlaf.
Он спит сном пра́ведного.	Er schläft den Schlaf des Gerechten.
Она́ ве́рует кре́пкою ве́рою.	Sie hat einen festen Glauben.

B. DER PRÄDIKATIVE INSTRUMENTAL

550 a) Der Instrumental steht als Prädikatsnomen nach den Verben[2]:

быва́ть	zu sein pflegen
быть	sein
де́лать, **сде́лать** vo.	machen (zu)
де́латься, **сде́латься** vo.	werden
звать	heißen[3]
(**зва́ться**	heißen)
(**именова́ться**	heißen)

[1] Neben dem Instrumental des inneren Objekts tritt auch — allerdings äußerst selten — der Akkusativ des inneren Objekts auf, z.B.: шути́ть опа́сную шу́тку = „ein gefährliches Spiel treiben", ду́му ду́мать = „einen Gedanken wälzen, denken". Der Akkusativ des inneren Objekts ist in erster Linie ein Stilmittel der Volksdichtung.

[2] Das Prädikatsnomen muß nach den hier verzeichneten Verben im Instrumental stehen, wenn es ein Substantiv ist. Es kann – allerdings seltener – auch im Nominativ stehen, wenn es sich um ein Adjektiv oder Partizip handelt. Lediglich явля́ться, яви́ться vo. werden in jedem Falle mit dem Instrumental verbunden. Vgl. auch (217, c). In Verbindung mit быть kann auch ein Substantiv als Prädikatsnomen sowohl im Instrumental als auch im Nominativ auftreten, vgl. (570).

[3] Nach звать kann die Namensangabe zuweilen auch im Nominativ stehen:

Как вас зову́т по и́мени и о́тчеству? — Меня́ зову́т Ива́н Ива́нович.	Wie heißen Sie mit Vor- und Vaternamen? — Ich heiße Iwan Iwanowitsch.

каза́ться / **показа́ться** vo.	(er-)scheinen
называ́ть / **назва́ть** vo.	nennen
называ́ться[1] / **назва́ться** vo.	sich nennen, heißen
ока́зываться / **оказа́ться** vo.	sich erweisen
остава́ться / **оста́ться** vo.	bleiben
(представля́ться) / **предста́виться** vo.	sich (ver-)stellen, scheinen
притворя́ться / **притвори́ться** vo.	sich (ver-)stellen
слыть / **прослы́ть** vo.	gelten
станови́ться / **стать** vo.	werden
счита́ть / **счесть** vo.	halten (für)
счита́ться	gelten
явля́ться	1. sein, 2. sich erweisen
яви́ться vo.	werden, sich erweisen

Он сде́лал его́ секретарём.	Er machte ihn zum Sekretär.
Его́ зову́т Па́влом.	Er heißt Paul.
Э́тот челове́к ка́жется мне зна-ко́мым.	Dieser Mensch erscheint mir bekannt.
Он оказа́лся прекра́сным ра-бо́тником.	Er erwies sich als ausgezeichneter Ar-beiter.
Он притвори́лся больны́м.	Er stellte sich krank.
Она́ слывёт люби́тельницей му́зыки.	Sie gilt als Musikliebhaberin.
Пётр хо́чет стать врачо́м.	Peter möchte Arzt werden.
Я счита́ю его́ свои́м дру́гом.	Ich halte ihn für meinen Freund.
Побе́да счита́ется несомне́нной.	Der Sieg gilt als gewiß.
Москва́ явля́ется столи́цей СССР.	Moskau ist die Hauptstadt der UdSSR.

[1] Называ́ться kann bisweilen auch mit dem Nominativ verbunden werden: Как называ́ется э́тот прибо́р? – Э́тот прибо́р называ́ется вольтме́тр.

551 b) Der Instrumental steht als prädikative Ergänzung zur Bezeichnung des Berufes, eines Tätigkeitsmerkmales oder eines Zustandes nach Verben wie:

выбира́ть **вы́брать** vo.	wählen	**застава́ть** **заста́ть** vo.	antreffen
избира́ть **избра́ть** vo.	wählen	**жить**	leben
		приезжа́ть **прие́хать** vo.	ankommen, eintreffen
назнача́ть **назна́чить** vo.	ernennen	**приходи́ть** **прийти́** vo.	(an-)kommen
объявля́ть **объяви́ть** vo.	erklären	**расстава́ться** **расста́ться** vo.	sich trennen, scheiden von
рабо́тать	arbeiten		
служи́ть **послужи́ть** vo.	dienen	**роди́ться** (vo.)	geboren werden
возвраща́ться **возврати́ться** vo.	zurückkehren	**чу́вствовать** **почу́вствовать** vo.	fühlen

Собра́ние вы́брало това́рища Ивано́ва председа́телем.	Die Versammlung wählte den Genossen Iwanow zum Vorsitzenden.
Назна́чили его́ чле́ном коми́ссии.	Man ernannte ihn zum Mitglied der Kommission.
Он объяви́л докуме́нт недействи́тельным.	Er erklärte das Dokument für ungültig.
Он рабо́тал учи́телем до 1950 го́да.	Er arbeitete bis 1950 als Lehrer.
Дива́н служи́л ему́ посте́лью.	Das Sofa diente ihm als Bett.
Све́жими и отдохну́вшими мы возвраща́емся домо́й.	Frisch und ausgeruht kehren wir nach Hause zurück.
Я заста́л его́ гото́вым к отъе́зду.	Ich traf ihn bereit zur Abfahrt an.
Он прие́хал после́дним.	Er kam als letzter an.
Щено́к роди́лся слепы́м.	Das Hündchen wurde blind geboren.
Почу́вствовав себя́ ли́шним, он ушёл.	Da er sich überflüssig fühlte, ging er weg.

II. Präpositionale Rektion

552

1. Verbpräfix und Präposition

Präfigierte Verben, die den Begriff einer Bewegung einschließen, werden in der Regel durch einen präpositionalen Ausdruck ergänzt. Dabei ist die Präposition der Ergänzung zum Teil mit dem Verbpräfix identisch (**войти́ в ко́мнату**), zum Teil entspricht sie dem Verbpräfix nur in der Bedeutung (**вы́йти из ко́мнаты**). In anderen Fällen können mit einem bestimmten Präfix gebildete Verben durch inhaltlich verschiedene Präpositionen ergänzt werden (**вы́йти из ко́мнаты** und **вы́йти на у́лицу**).

Die wichtigsten Entsprechungen bzw. Kombinationen von Verbpräfix und Präposition sind:

Präfix	Präpos.	Kasus	Beispiele	
в-, во-, въ-	**в**	Akk.	**войти́ в дом**	in das Haus hineingehen
			въе́хать в го́род	in die Stadt einfahren
вз-, взо-, взъ-, вс-	**на**	Akk.	**взойти́ на́ гору**	auf den Berg steigen
			взлете́ть на забо́р	auf den Zaun hinauffliegen
вы-	1. **из**	Gen.	**вы́йти из до́ма**	aus dem Haus herausgehen
			вы́ехать из воро́т	aus dem Tor herausfahren
	2. **на**	Akk.	**вы́бежать на у́лицу**	auf die Straße hinauslaufen
	3. **в**	Akk.	**вы́йти в сад**	in den Garten hinausgehen
до-	**до**	Gen.	**дое́хать до го́рода**	die Stadt erreichen
			добежа́ть до двере́й	zur Tür eilen
			доду́мать до конца́	zu Ende denken
за-	1. **за**	Akk.	**зайти́ за дом**	hinter das Haus gehen
			зайти́ за у́гол	um die Ecke biegen
			зайти́ за ту́чи	hinter den Wolken verschwinden
	2. **за**	Instr.	**зайти́ за кни́гой**	nach einem Buch gehen, ein Buch holen
			зайти́ за поку́пками	einkaufen gehen
	3. **в**	Akk.	**зайти́ в магази́н**	im Laden (mit) vorbeigehen
			зайти́ в реда́кцию	die Redaktion kurz aufsuchen
	4. **к**	Dat.	**зайти́ к прия́телю**	den Freund kurz aufsuchen
из-, изо-, изъ-, ис-	1. **из**	Gen.	**исходи́ть из предположе́ния**	von einer Annahme ausgehen
			исключи́ть из шко́лы	aus der Schule ausschließen
			извле́чь ко́рень из числа́	die Wurzel aus einer Zahl ziehen
	2. **от**	Gen.	**Постановле́ние исхо́дит от дире́кции.**	Der Beschluß geht von der Direktion aus.

Präfix	Präpos.	Kasus	Beispiele	
на-	**на**	Akk.	**напа́сть на врага́**	den Feind überfallen
			набро́сить на пле́чи	über die Schultern werfen
			наде́ть на го́лову	aufsetzen, auf den Kopf setzen
от-, ото-, отъ-	**от**	Gen.	**отойти́ от две́ри**	von der Tür weggehen
			отча́лить от бе́рега	vom Ufer abstoßen
			оторва́ться от рабо́ты	sich von der Arbeit losreißen
пере-	**че́рез**	Akk.[1]	**перейти́ че́рез у́лицу**	die Straße überqueren
			переступи́ть че́рез поро́г	über die Schwelle treten
под-, подо-, подъ-	1. **под**	Akk.	**подползти́ под стол**	unter den Tisch kriechen
			подплы́ть под мост	unter die Brücke schwimmen
	2. **к**	Dat.	**подойти́ к окну́**	an das Fenster treten
			подплы́ть к бе́регу	ans Ufer heranschwimmen
			подозва́ть к себе́	zu sich heranrufen
при-	1. **к**	Dat.	**прибежа́ть к окну́**	zum Fenster eilen
			прича́лить к бе́регу	am Ufer anlegen
			приступи́ть к рабо́те.	mit der Arbeit beginnen
	2. **в**	Akk.	**прие́хать в Берли́н**	in Berlin ankommen
			привести́ в поря́док	in Ordnung bringen
про-	1. **сквозь**	Akk.	**пробра́ться сквозь ту́чи**	durch die Wolken dringen
			проби́ться сквозь тайгу́	durch die Taiga durchdringen
	2. **ми́мо**	Gen.	**пройти́ ми́мо до́ма**	am Haus vorbeigehen
с-, со-, съ-	**с**	Gen.	**сойти́ с горы́**	vom Berg herabsteigen
			сдви́нуть с ме́ста	vom Platz bewegen, verrücken
у-	1. **от**	Gen.	**уйти́ от до́ктора**	vom Arzt weggehen
	2. **из**	Gen.	**уйти́ из до́ма**	aus dem Haus weggehen
	3. **в**	Akk.	**уйти́ в лес**	weg in den Wald gehen
			улете́ть в Ки́ев	nach Kiew abfliegen
	4. **на**	Akk.	**уе́хать на куро́рт**	in einen Kurort (weg-)fahren
			улете́ть на юг	nach Süden (weg-)fliegen

[1] Komposita mit пере- von intransitiven Verben können auch direkt mit dem Akkusativ verbunden werden: перейти́ у́лицу, переплы́ть реку́, переплы́ть океа́н.

2. Konstante präpositionale Ergänzungen

Eine Reihe von Verben verfügt über eine bestimmte, an das Einzelverb oder auch nur an eine Bedeutung desselben gebundene, präpositionale Rektion, z. B.: **ве́рить в побе́ду** = „an den Sieg glauben" – **игра́ть в ша́хматы** = „Schach spielen" und **игра́ть на скри́пке** = „Geige spielen".

Im folgenden sind die wichtigsten Verben dieser Gruppe zusammengestellt, deren präpositionale Rektion nicht ohne weiteres aus dem deutschen Gegenwert zu erschließen ist.

в, во

a) Durch **в, во** mit dem AKKUSATIV werden ergänzt: 553

ве́рить **пове́рить** vo.	**в** (mit Akk.)[1] glauben an
игра́ть **сыгра́ть** vo.	**в** (mit Akk.) etw. (ein Spiel) spielen
ме́тить (**наме́тить** vo.)	**в** (mit Akk.) (ab-)zielen auf, etw. erstreben
одева́ть **оде́ть** vo.	**в** (mit Akk.) sich bekleiden mit, sich kleiden in
стуча́ть **постуча́ть** vo. **сту́кнуть** vo.	**в** (mit Akk.) klopfen an
толка́ться **толкну́ться** vo.	**в** (mit Akk.) (an-)klopfen an
ударя́ть **уда́рить** vo.	**в** (mit Akk.) schlagen, stoßen gegen
упира́ть **упере́ть** vo.	**в** (mit Akk.) stemmen, stützen gegen
упира́ться **упере́ться** vo.	**в** (mit Akk.) sich stützen gegen, sich lehnen an
це́лить **наце́лить** vo.	**в** (mit Akk.) zielen auf
целова́ть **поцелова́ть** vo.	**в** (mit Akk.) küssen auf

[1] In bestimmten Fällen regieren ве́рить/пове́рить vo. auch den Dativ: не ве́рить свои́м глаза́м = „seinen Augen nicht trauen", ве́рить всему́ „alles glauben".

Он ве́рит в побе́ду.	Er glaubt an den Sieg.
Мы охо́тно игра́ем в футбо́л.	Wir spielen gern Fußball.
Вдруг кто́-то постуча́л в дверь.	Plötzlich klopfte jemand an die Tür.
Она́ упёрла бревно́ в сте́ну.	Sie lehnte den Balken gegen (an) die Wand.
Мать поцелова́ла сы́на в лоб.	Die Mutter küßte den Sohn auf die Stirn.

554 b) Durch **в, во** mit dem PRÄPOSITIV werden ergänzt:

запода́зривать **заподо́зрить** vo.	**в** (mit Präp.) einer Sache verdächtigen
кля́сться **покля́сться** vo.	**в** (mit Präp.) etw. schwören
нужда́ться	**в** (mit Präp.) etw. benötigen, Not leiden an
обвиня́ть **обвини́ть** vo.	**в** (mit Präp.) einer Sache beschuldigen, anklagen
отка́зывать **отказа́ть** vo.	**в** (mit Präp.) etw. versagen, abschlagen
отча́иваться **отча́яться** vo.	**в** (mit Präp.) verzweifeln an, etw. aufgeben
подозрева́ть	**в** (mit Präp.) einer Sache verdächtigen
признава́ться **призна́ться** vo.	**в** (mit Präp.) etw. bekennen, gestehen
присяга́ть **присягну́ть** vo.	**в** (mit Präp.) etw. beschwören, einen Eid leisten auf
провини́ться vo.	**в** (mit Präp.)[1] sich etw. zuschulden kommen lassen
разочаро́вываться **разочарова́ться** vo.	**в** (mit Präp.) enttäuscht sein von
раска́иваться **раска́яться** vo.	**в** (mit Präp.) etw. bereuen
распи́сываться **расписа́ться** vo.	**в** (mit Präp.) etw. (unterschriftlich) bestätigen, quittieren
сознава́ться **созна́ться** vo.	**в** (mit Präp.) etw. gestehen, bekennen
сомнева́ться **усомни́ться** vo.	**в** (mit Präp.) zweifeln an, etw. bezweifeln
сотру́дничать	**в** (mit Präp.) mitarbeiten an
убежда́ть(ся) **убеди́ть(ся)** vo.	**в** (mit Präp.) (sich) überzeugen von
уверя́ть **уве́рить** vo.	**в** (mit Präp.) etw. beteuern, glauben machen an

[1] Seltener wird провини́ться vo. mit dem Instrumental ohne Präposition gebraucht.

увéриться vo.	**в** (mit Präp.) sich überzeugen von, sich einer Sache vergewissern
удостоверя́ться **удостовéриться** vo.	**в** (mit Präp.) sich überzeugen von, sich einer Sache vergewissern
уличáть **уличи́ть** vo.	**в** (mit Präp.) einer Sache überführen
упрекáть **упрекнýть** vo.	**в** (mit Präp.) etw. vorwerfen
учáствовать	**в** (mit Präp.) teilnehmen an

Он кля́лся товáрищу в дрýжбе.	Er schwor dem Kameraden Freundschaft.
Больнóй нуждáется в óтдыхе.	Der Kranke braucht Erholung.
Мы не могли́ отказáть емý в прóсьбе.	Wir konnten ihm die Bitte nicht abschlagen.
Егó подозревáют в крáже.	Man verdächtigt ihn des Diebstahls.
Он и́скренне раскáивается в свои́х простýпках.	Er bereut seine Vergehen aufrichtig.
Он расписáлся в получéнии зарплáты.	Er quittierte den Empfang des Lohnes.
Мы не сомневáемся в успéхе дéла.	Wir zweifeln nicht am Erfolg der Sache.
Óн был уличён в крáже.	Er wurde des Diebstahls überführt.
Онá упрекнýла её в упря́мстве.	Sie warf ihr Halsstarrigkeit vor.

за

a) Durch **за** mit dem AKKUSATIV werden ergänzt: **555**

агити́ровать	**за** (mit Akk.) agitieren für
би́ться	**за** (mit Akk.) sich schlagen, kämpfen für
благодари́ть **поблагодари́ть** vo.	**за** (mit Akk.) danken für
борóться	**за** (mit Akk.) kämpfen für
брáться **взя́ться** vo.	**за** (mit Akk.) 1. fassen an; 2. etw. beginnen, an eine Arbeit gehen
выдавáть **вы́дать** vo.	**зáмуж за** (mit Akk.) (ein Mädchen) verheiraten mit
выходи́ть **вы́йти** vo.	**зáмуж за** (mit Akk.) jem. (einen Mann) heiraten
голосовáть **проголосовáть** vo.	**за** (mit Akk.) stimmen für
дёргать **дёрнуть** vo.	**за** (mit Akk.) ziehen, zupfen an

держáться **придéрживаться**	**за** (mit Akk.) sich anhalten, festhalten an
дрáться	**за** (mit Akk.) sich schlagen, kämpfen für
дрожáть	**за** (mit Akk.) ängstlich besorgt sein um
извинять **извинúть** vo.	**за** (mit Akk.) etw. entschuldigen, verzeihen
извиняться **извинúться** vo.	**за** (mit Akk.) sich entschuldigen wegen
мстить **отомстúть** vo.	**за** (mit Akk.) jem. bzw. etw. rächen
награждáть **наградúть** vo.	**за** (mit Akk.) auszeichnen, belohnen für
премировáть (vo.)	**за** (mit Akk.) prämiieren für
принимáться **приняться** vo.	**за** (mit Akk.) etw. beginnen, an eine Arbeit gehen
ручáться **поручúться** vo.	**за** (mit Akk.) bürgen, garantieren für
свáтаться **посвáтаться** vo.	**за** (mit Akk.)[1] werben, freien um
сражáться	**за** (mit Akk.) kämpfen für
тревóжиться **встревóжиться** vo.	**за** (mit Akk.) sich beunruhigen, sich sorgen, sich Sorgen machen um
(уцепляться) **уцепúться** vo.	**за** (mit Akk.) sich anklammern, festhalten an
хватáться **схватúться** vo.	**за** (mit Akk.) greifen nach, fassen an

Не берúсь за перúла, онú тóлько что покрáшены.	Fasse das Geländer nicht an, es ist frisch gestrichen.
Возвратúвшись домóй, он сейчáс же взялся за рабóту.	Nach Hause zurückgekehrt, begann er sofort zu arbeiten.
Извинúте за беспокóйство!	Entschuldigen Sie die Störung!
Он извинúлся перед дрýгом за дóлгое молчáние.	Er entschuldigte sich bei seinem Freund wegen seines langen Schweigens.
Мой товáрищ принялся за изучéние францýзского языкá.	Mein Kamerad hat mit dem Erlernen der französischen Sprache begonnen.

[1] Свáтаться/посвáтаться vo. können auch durch к mit dem Dativ ergänzt werden:
Он свáтается к дóчери сосéда. — Er freit um die Tochter des Nachbarn.

Утопа́ющий и за соло́минку хвата́ется.	Ein Ertrinkender greift auch nach einem Strohhalm.
Мать трево́жится за больно́го ребёнка.	Die Mutter macht sich um ihr krankes Kind Sorgen.

b) Durch **за** mit dem INSTRUMENTAL werden ergänzt: 556

гна́ться, гоня́ться (погна́ться vo.**)**	**за** (mit Instr.) hinter jem. bzw. etw. herjagen, trachten nach
наблюда́ть	**за** (mit Instr.) jem. bzw. etw. beaufsichtigen, überwachen
охо́титься	**за** (mit Instr.)[1] etw. jagen, auf Jagd gehen nach
следи́ть	**за** (mit Instr.) jem. bzw. etw. (ver-)folgen, beobachten
сле́довать **после́довать** vo.	**за** (mit Instr.) jem. bzw. etw. folgen, nachfolgen
смотре́ть **посмотре́ть** vo. **присма́тривать** **присмотре́ть** vo.	**за** (mit Instr.) aufpassen auf, jem. bzw. etw. beaufsichtigen
уха́живать	**за** (mit Instr.) 1. jem. bzw. etw. pflegen; 2. jem. den Hof machen

За двумя́ за́йцами пого́нишься, ни одного́ не пойма́ешь.	Wer zwei Hasen jagt, fängt keinen.
Милиционе́р наблюда́ет за у́личным движе́нием.	Der Milizionär überwacht den Straßenverkehr.
Он внима́тельно следи́т за успе́хами медици́нской нау́ки.	Er verfolgt aufmerksam die Erfolge der medizinischen Wissenschaft.
Она́ уха́живает за больны́м.	Sie pflegt den Kranken.
Он уха́живает за ней.	Er macht ihr den Hof.

к, ко 557

Durch **к, ко** mit dem DATIV werden ergänzt:

благоволи́ть	**к** (mit Dat.) jem. wohlwollen, gewogen sein
гото́вить(ся) **приготовля́ть(ся)** **пригота́вливать(ся)** **пригото́вить(ся)** vo.	**к** (mit Dat.) (sich) vorbereiten auf, für
обраща́ться **обрати́ться** vo.	**к** (mit Dat.) sich wenden an

[1] Охо́титься kann ebenso mit на und dem Akkusativ verbunden werden: охо́титься на у́ток Enten jagen.

относи́ться **отнести́сь** vo.	**к** (mit Dat.) sich verhalten gegenüber
относи́ться	**к** (mit Dat.) sich beziehen auf, etw. betreffen, gehören zu
подла́живаться **подла́диться** vo.	**к** (mit Dat.) sich anpassen an, einschmeicheln bei
подслу́живаться **подслужи́ться** vo.	**к** (mit Dat.) sich einschmeicheln bei
приближа́ться **прибли́зиться** vo.	**к** (mit Dat.) sich jem. bzw. etw. nähern
привыка́ть **привы́кнуть** vo.	**к** (mit Dat.) sich gewöhnen an, sich etw. angewöhnen
привя́зываться **привяза́ться** vo.	**к** (mit Dat.) 1. Zuneigung gewinnen zu, jem. lieb- [gewinnen; 2. jem. belästigen
придира́ться **придра́ться** vo.	**к** (mit Dat.) jem. schikanieren, herumnörgeln an
прикаса́ться **прикосну́ться** vo.	**к** (mit Dat.) jem. bzw. etw. berühren, streifen
применя́ть **примени́ть** vo.	**к** (mit Dat.) anwenden auf
применя́ться **примени́ться** vo.	**к** (mit Dat.) sich anpassen an, richten nach
примыка́ть **примкну́ть** vo.	**к** (mit Dat.) sich anschließen an, grenzen an
приобща́ться **приобщи́ться** vo.	**к** (mit Dat.) sich anschließen an, einer Sache teilhaftig werden, teilnehmen an
прира́внивать **приравня́ть** vo.	**к** (mit Dat.) gleichmachen, gleichstellen mit
прислу́шиваться **прислу́шаться** vo.	**к** (mit Dat.) lauschen, hören auf
приспоса́бливаться **приспособля́ться** **приспосо́биться** vo.	**к** (mit Dat.) sich anpassen an
приуча́ть **приучи́ть** vo.	**к** (mit Dat.) etw. angewöhnen, beibringen
ревнова́ть (**приревнова́ть** vo.)	**к** (mit Dat.) eifersüchtig sein wegen
снисходи́ть **снизойти́** vo.	**к** (mit Dat.) herablassen zu, jem. bzw. etw. Gehör schenken
стреми́ться	**к** (mit Dat.) streben nach
тяготе́ть	**к** (mit Dat.) einen Hang, eine Neigung haben zu

Он гото́вится к отъе́зду.	Er bereitet sich auf die Abfahrt vor.
Он отно́сится с уваже́нием к ста́ршим.	Er verhält sich alten Menschen gegenüber ehrerbietig.
Э́тот вопро́с не отно́сится непосре́дственно к те́ме.	Diese Frage bezieht sich nicht unmittelbar auf das Thema.
Он стара́ется подла́живаться к нему́.	Er ist bemüht, sich bei ihm einzuschmeicheln.
Он с вопро́сами привяза́лся к прохо́жему.	Er belästigte den Vorübergehenden mit Fragen.
Они́ придра́лись к нему́ из-за пустяко́в.	Sie nörgelten wegen Nichtigkeiten an ihm herum.
Вся́кое де́ло к себе́ применя́й! (Sprichwort)	Wende alles auf dich an!
Мы прислу́шивались к разгово́ру.	Wir lauschten auf das Gespräch.
Учи́тель приуча́ет дете́й к труду́, к поря́дку, к дисципли́не.	Der Lehrer gewöhnt die Kinder an Arbeit, Ordnung und Disziplin.
Челове́к стреми́тся к зна́нию.	Der Mensch strebt nach Wissen.

на

a) Durch **на** mit dem AKKUSATIV werden ergänzt: **558**

влия́ть **повлия́ть** vo.	**на** (mit Akk.) jem. bzw. etw. beeinflussen
выме́нивать **вы́менять** vo.	**на** (mit Akk.) austauschen gegen
дели́ть **раздели́ть** vo.	**на** (mit Akk.) (ein-)teilen in
доса́довать	**на** (mit Akk.) sich ärgern über
ду́ться	**на** (mit Akk.) schmollen mit
жа́ловаться **пожа́ловаться** vo.	**на** (mit Akk.) sich beklagen über
зли́ться **разозли́ться** vo. **обозли́ться** vo.	**на** (mit Akk.) sich ärgern, erzürnt sein über
клевета́ть **наклевета́ть** vo.	**на** (mit Akk.) jem. bzw. etw. verleumden
меня́ть **обме́нивать** **по-, обменя́ть** vo.	**на** (mit Akk.) ein-, umtauschen in
мобилизова́ть (vo.)	**на** (mit Akk.) mobilisieren zu, für
наде́яться **(понаде́яться** vo.**)**	**на** (mit Akk.) hoffen auf

негодова́ть	**на** (mit Akk.)[1] empört sein über
обижа́ться **оби́деться** vo.	**на** (mit Akk.) etw. übelnehmen, Anstoß nehmen an
отклика́ться **откли́кнуться** vo.	**на** (mit Akk.) sich äußern zu, reagieren auf
пеня́ть **попеня́ть** vo.	**на** (mit Akk.)[2] jem. vorwerfen, Vorwürfe machen
пла́каться	**на** (mit Akk.) klagen über
покуша́ться **покуси́ться** vo.	**на** (mit Akk.) trachten nach, einen Anschlag machen auf
полага́ться **положи́ться** vo.	**на** (mit Akk.) sich verlassen auf
посяга́ть **посягну́ть** vo.	**на** (mit Akk.) einen Anschlag machen auf, eingreifen in
походи́ть	**на** (mit Akk.) jem. bzw. etw. ähneln
разбива́ть **разби́ть** vo.	**на** (mit Akk.) zerbrechen, zerschlagen in
разме́нивать **разменя́ть** vo.	**на** (mit Akk.) (ein-)wechseln in
распада́ться **распа́сться** vo.	**на** (mit Akk.) zerfallen in
рассчи́тывать	**на** (mit Akk.) rechnen auf, etw. voraussetzen
серди́ться **рассерди́ться** vo.	**на** (mit Akk.) sich ärgern über
се́товать **посе́товать** vo.	**на** (mit Akk.) klagen über
сма́хивать	**на** (mit Akk.) jem. bzw. etw. ähneln
соглаша́ться **согласи́ться** vo.	**на** (mit Akk.) einwilligen in, einverstanden sein mit

Кли́мат влия́ет на здоро́вье челове́ка.	Das Klima beeinflußt die Gesundheit des Menschen.
Учи́тель де́лит ученико́в на гру́ппы.	Der Lehrer teilt die Schüler in Gruppen ein.
Больно́й жа́ловался на боль в ноге́.	Der Kranke klagte über Schmerzen im Bein.
Он оби́делся на что́-нибудь и ушёл.	Er hat irgend etwas übelgenommen und ist fortgegangen.

[1] Негодова́ть kann auch durch про́тив mit dem Genitiv ergänzt werden.
[2] Пеня́ть/попеня́ть vo. werden zuweilen auch mit dem Dativ verbunden.

Пеня́й на себя́!	Du bist selbst daran schuld. Geschieht dir recht.
Сын похо́дит на мать.	Der Sohn ähnelt der Mutter.
Моле́кулы распа́лись на а́томы.	Die Moleküle zerfielen in Atome.
Учи́тельница се́рдится на Серге́я за невыполне́ние зада́ния.	Die Lehrerin ärgert sich über Sergei, weil er seine Aufgabe nicht gemacht hat.
Оте́ц согласи́лся на перее́зд сы́на в друго́й го́род.	Der Vater stimmte der Übersiedelung des Sohnes in eine andere Stadt zu.

b) Durch **на** mit dem PRÄPOSITIV werden ergänzt: 559

жени́ться (vo.)	**на** (mit Präp.) jem. (eine Frau) heiraten
игра́ть **сыгра́ть** vo.	**на** (mit Präp.) etw. (ein Instrument) spielen
осно́вывать **основа́ть** vo.	**на** (mit Präp.) gründen auf
отража́ться **отрази́ться** vo.	**на** (mit Präp.) sich auswirken auf
сосредото́чивать **сосредото́чить** vo.	**на** (mit Präp.) konzentrieren auf

sowie einige Verben der Fortbewegung[1]:

е́хать на автомоби́ле	Auto fahren
лете́ть на самолёте	(im Flugzeug) fliegen
ката́ться на ло́дке	Boot fahren
ката́ться на конька́х	Schlittschuh laufen
бе́гать на лы́жах	Schi fahren

На ком он жени́лся?	Wen hat er geheiratet?
Он о́чень хорошо́ игра́ет на скри́пке.	Er spielt sehr gut Geige.
Это ни на чём не осно́ванное предложе́ние.	Das ist ein auf nichts gegründeter Vorschlag.
Уси́ленная рабо́та отрази́лась на его́ здоро́вье.	Die angestrengte Arbeit wirkte sich auf seine Gesundheit aus.

над, надо 560

Durch **над, надо** mit dem INSTRUMENTAL werden ergänzt:

a) **издева́ться**	**над** (mit Instr.) jem. verspotten, spotten über
сжа́литься vo.	**над** (mit Instr.) sich erbarmen über, Erbarmen haben mit

[1] Eine Ergänzung durch в mit dem Präpositiv ist möglich, wenn das Fortbewegungsmittel die Vorstellung eines Darin-Seins zuläßt:
лете́ть в самолёте, е́хать в трамва́е, е́хать в автомоби́ле.

смея́ться	**над** (mit Instr.)[1] jem. auslachen, lachen über
улыба́ться **улыбну́ться** vo. **усмеха́ться** **усмехну́ться** vo.	**над** (mit Instr.) lächeln über, jem. bzw. etw. belächeln
шути́ть **пошути́ть** vo.	**над** (mit Instr.) jem. verspotten, spotten über

Прекрати́те издева́ться над безоби́дным челове́ком! Hört auf, einen harmlosen Menschen zu verspotten!

Над кем вы смеётесь? Über wen macht ihr euch lustig?

Он шу́тит над мои́м чу́вством. Er spottet über meine Gefühle.

b) einige Verben zur Angabe des Gegenstandes einer – zumeist geistigen – Beschäftigung, z. B.:

би́ться	**над** (mit Instr.) sich abmühen mit
заду́мываться **заду́маться** vo.	**над** (mit Instr.)[2] nachsinnen über
рабо́тать	**над** (mit Instr.) arbeiten an
труди́ться	**над** (mit Instr.) sich mühen um

Он заду́мался над реше́нием зада́чи. Er dachte über die Lösung der Aufgabe nach.

Он весь день труди́лся над сочине́нием. Er hat sich den ganzen Tag mit dem Aufsatz abgemüht.

о, об, обо

561 a) Durch **о, об, обо** mit dem AKKUSATIV werden einige Verben mit dem Begriff der Berührung ergänzt:

би́ться	**о** (mit Akk.) schlagen gegen
разбива́ться **разби́ться** vo.	**о** (mit Akk.) zerbrechen, zerschellen an
спотыка́ться **споткну́ться** vo.	**о** (mit Akk.) stolpern über
тере́ться **потере́ться** vo.	**о** (mit Akk.) sich reiben an
ударя́ться **уда́риться** vo.	**о** (mit Akk.) sich stoßen an

---

1 Смея́ться wurde früher mit dem Dativ ohne Präposition verbunden, z. B.:
Чему́ вы смеётесь? Worüber lachen Sie?

2 Заду́мываться/заду́маться vo. können auch durch о mit dem Präpositiv ergänzt werden, z. B.:
Он лю́бит заду́мываться о бу́дущем. Er liebt es, über die Zukunft nachzusinnen.

ушибáть **ушиби́ть** vo.	**o** (mit Akk.) stoßen, schlagen gegen, verletzen an
ушибáться **ушиби́ться** vo.	**o** (mit Akk.) sich stoßen, sich verletzen an

Пароxóд разби́лся о скáлы.	Der Dampfer zerschellte an den Felsen.
Он споткнýлся о порóг.	Er stolperte über die Schwelle.
Лóдка удáрилась о кáмень.	Das Boot stieß gegen einen Stein.

b) Durch **o, об, обо** mit dem PRÄPOSITIV werden ergänzt: **562**

α) **беспокóиться**	**o** (mit Präp.) besorgt sein, sich Sorgen machen um
вздыхáть	**o** (mit Präp.)[1] sich sehnen nach
говори́ть	**o** (mit Präp.) sprechen von, sprechen über
горевáть	**o** (mit Präp.) sich grämen, trauern um
договáриваться **договори́ться** vo.	**o** (mit Präp.) verhandeln, übereinkommen über
дýмать **подýмать** vo.	**o** (mit Präp.) denken an
жалéть **пожалéть** vo.	**o** (mit Präp.)[2] Mitleid haben mit, trauern um
забóтиться **позабóтиться** vo.	**o** (mit Präp.) sich kümmern um, sorgen für
извещáть **извести́ть** vo.	**o** (mit Präp.) etw. mitteilen, benachrichtigen von
мечтáть	**o** (mit Präp.) träumen, schwärmen von
плáкать	**o** (mit Präp.) weinen, trauern um
предупреждáть **предупреди́ть** vo.	**o** (mit Präp.) rechtzeitig informieren über, warnen vor
раздýмываться **раздýматься** vo.	**o** (mit Präp.) nachdenken, nachsinnen über
расспрáшивать **расспроси́ть** vo.	**o** (mit Präp.) ausfragen nach
рассуждáть	**o** (mit Präp.) sprechen über, etw. besprechen
скорбéть	**o** (mit Präp.) sich grämen um
сокрушáться	**o** (mit Präp.) sich grämen um
справля́ться **спрáвиться** vo.	**o** (mit Präp.) sich erkundigen nach
толковáть	**o** (mit Präp.) sprechen über, etw. besprechen

[1] Вздыхáть kann auch durch по mit dem Präpositiv bzw. Dativ ergänzt werden, vgl. (564).

[2] Seltener werden жалéть/пожалéть vo. mit dem Genitiv ohne Präposition gebraucht.

тужи́ть	**o** (mit Präp.)[1] trauern um
усло́вливаться **усло́виться** vo.	**o** (mit Präp.) übereinkommen über, etw. vereinbaren

Мать беспоко́ится о здоро́вье дете́й.	Die Mutter ist um die Gesundheit ihrer Kinder besorgt.
Он жале́ет о поте́рянном вре́мени.	Er trauert der verlorenen Zeit nach.
Она́ уже́ давно́ мечта́ет о путеше́ствии по Кавка́зу.	Sie träumt schon lange von einer Kaukasusreise.
Он предупреди́л дру́га об опа́сности.	Er warnte den Freund vor der Gefahr.
Мы расспроси́ли прохо́жего о доро́ге.	Wir fragten einen Passanten nach dem Weg.
Они́ усло́вились о сро́ке отъе́зда.	Sie vereinbarten den Abfahrtstermin.

β) Eine Reihe von Verben kann außer durch den Akkusativ – bei teils geringer Bedeutungsdifferenzierung – auch durch **o** mit dem Präpositiv ergänzt werden, vgl. Fußnote 1 auf S. 435.

Bei Bedeutungsgleichheit der Konstruktion mit dem Akkusativ und der Konstruktion mit **o** und dem Präpositiv setzt sich im modernen Sprachgebrauch die letztere immer mehr durch.

вспомина́ть **вспо́мнить** vo.	**o** (mit Präp.) sich erinnern an
докла́дывать **доложи́ть** vo.	**o** (mit Präp.) Bericht erstatten von, etw. berichten
забыва́ть **забы́ть** vo.	**o** (mit Präp.) etw. vergessen
напомина́ть **напо́мнить** vo.	**o** (mit Präp.) erinnern an
проси́ть **попроси́ть** vo.	**o** (mit Präp.)[2] bitten um, etw. erbitten
расска́зывать **рассказа́ть** vo.	**o** (mit Präp.) erzählen, berichten von
спра́шивать **спроси́ть** vo.	**o** (mit Präp.) fragen nach, etw. erfragen
узнава́ть **узна́ть** vo.	**o** (mit Präp.) erfahren von, etw. erfahren

[1] Тужи́ть kann auch durch по mit dem Präpositiv bzw. Dativ ergänzt werden, vgl. (564).
[2] Проси́ть/попроси́ть vo. können außerdem den Genitiv regieren, vgl. (536).

упоминáть **упомянýть** vo.	**о** (mit Präp.) etw. erwähnen

Мы охóтно вспоминáем о лéтних канúкулах.	Wir erinnern uns gern an die Sommerferien.
Констрýктор Белóв доклáдывает дирéктору о выполнéнии плáна.	Der Konstrukteur Below erstattet dem Direktor Bericht über die Planerfüllung.
Учúтель спросúл ученикá о биогрáфии Лéрмонтова.	Der Lehrer fragte den Schüler nach der Biographie Lermontows.
Мы тóлько что узнáли о приéзде гостéй.	Wir haben eben erst von der Ankunft der Gäste erfahren.
Он обещáл при слýчае упомянýть о моéй прóсьбе.	Er versprach, bei (passender) Gelegenheit meine Bitte zu erwähnen.

от, ото 563

Durch **от, ото** mit dem GENITIV werden ergänzt:

воздéрживаться **воздержáться** vo.	**от** (mit Gen.) sich einer Sache enthalten
дрожáть **дрóгнуть** vo.	**от** (mit Gen.) zittern, beben vor
зависеть	**от** (mit Gen.) abhängen von
заслоняться **заслонúться** vo.	**от** (mit Gen.) sich schützen vor
защищáть **защитúть** vo.	**от** (mit Gen.) verteidigen gegen, schützen vor
избавлять **избáвить** vo.	**от** (mit Gen.) retten vor, bewahren vor
избавляться **избáвиться** vo.	**от** (mit Gen.) sich retten vor, einer Sache entrinnen
освобождáть **освободúть** vo.	**от** (mit Gen.) befreien von
отвыкáть **отвы́кнуть** vo.	**от** (mit Gen.) sich etw. abgewöhnen, sich einer Sache entwöhnen
откáзываться **отказáться** vo.	**от** (mit Gen.) sich lossagen von, verzichten auf, einer Sache entsagen
отставáть **отстáть** vo.	**от** (mit Gen.) 1. zurückbleiben hinter; 2. ablassen von
отучáть **отýчивать** **отучúть** vo.	**от** (mit Gen.) etw. abgewöhnen

предостерега́ть **предостере́чь** vo.	**от** (mit Gen.) warnen vor
предохраня́ть **предохрани́ть** vo.	**от** (mit Gen.) schützen, bewahren vor
скрыва́ть(ся) **скры́ть(ся)** vo.	**от** (mit Gen.) (sich) verbergen vor
спаса́ться **спасти́сь** vo.	**от** (mit Gen.) sich retten, in Sicherheit bringen vor
страда́ть **пострада́ть** vo.	**от** (mit Gen.)[1] leiden an
страхова́ть **застрахова́ть** vo.	**от** (mit Gen.) versichern, sichern gegen
уде́рживаться **удержа́ться** vo.	**от** (mit Gen.) sich einer Sache enthalten
уклоня́ться **уклони́ться** vo.	**от** (mit Gen.) einer Sache ausweichen, abweichen von
укрыва́ть(ся) **укры́ть(ся)** vo.	**от** (mit Gen.) (sich) verbergen, schützen vor
умира́ть **умере́ть** vo.	**от** (mit Gen.)[2] sterben an
ута́ивать **утаи́ть** vo.	**от** (mit Gen.) verheimlichen, verhehlen vor

Он воздержа́лся от голосова́ния.	Er enthielt sich der Stimme.
Изба́вьте меня́ от его́ прису́тствия!	Befreien Sie mich von seiner Anwesenheit!
Тру́дно отвы́кнуть от куре́ния.	Es ist schwer, sich das Rauchen abzugewöhnen.
Мы не хоти́м отказа́ться от поё́здки.	Wir möchten nicht auf die Reise verzichten.
Я хочу́ предостере́чь вас от опа́сности.	Ich möchte Sie vor der Gefahr warnen.
Он спа́сся бе́гством от пресле́дования.	Er rettete sich durch die Flucht vor der Verfolgung.
Он страда́ет от ревмати́зма.	Er leidet an Rheuma.

[1] Vgl. auch Fußnote 2 auf S. 439.

[2] Ganz selten werden умира́ть/умере́ть vo. bei Angabe des Grundes mit dem Instrumental ohne Präposition verbunden.

Он у́мер гри́ппом. — Er starb an Grippe.

Письмóм в редáкцию он страховáл себя́ от возмóжных напáдок.	Durch den Brief an die Redaktion sicherte er sich gegen mögliche Angriffe.
С трудóм он удержáлся от смéха.	Mit Mühe konnte er sich des Lachens enthalten.

по 564

Durch **по** ergänzt wird eine Reihe von Verben mit dem Begriff des Sehnens und Betrübt-Seins. Dabei steht das Nomen der Ergänzung in jedem Falle im PRÄPOSITIV, wenn es sich um ein Personalpronomen handelt (vgl. 283,3); bei Substantiven im Singular kann neben dem Präpositiv auch der DATIV stehen (**скучáть, тосковáть – грусти́ть** aber nur mit Dativ), im Plural wird vorzugsweise der Dativ gebraucht.

вздыхáть	**по** (mit Präp. bzw. Dat.)	sich sehnen nach, trauern um
грусти́ть	**по** (mit Dat.)	betrübt, traurig sein wegen, sich grämen um
скучáть	**по** (mit Präp. bzw. Dat.)	sich sehnen nach
соскýчиться vo.	**по** (mit Präp. bzw. Dat.)	Sehnsucht bekommen nach
тосковáть	**по** (mit Präp. bzw. Dat.)	betrübt sein wegen, sich sehnen nach, trauern um
тужи́ть	**по** (mit Präp. bzw. Dat.)	trauern um

Мать вздыхáет по пропáвшем бéз вести сы́не.	Die Mutter trauert um den verschollenen Sohn.
Отéц скучáет по дéтям.	Der Vater sehnt sich nach den Kindern.
Он соскýчился по вас.	Er hat Sehnsucht nach Ihnen bekommen.
Мы тоскýем по рóдине.	Wir haben Sehnsucht nach der Heimat.

In der modernen Schriftsprache tritt bei den Verben dieser Gruppe anstelle der Ergänzung mit **по**, die eine umgangssprachliche Färbung aufweist, zuweilen auch eine Ergänzung durch **о** mit dem Präpositiv auf.

с, со

a) Durch **с, со** mit dem GENITIV werden ergänzt: 565

начинáть **начáть** vo.	**с** (mit Gen.)[1] anfangen mit *(trans.)*
начинáться **начáться** vo.	**с** (mit Gen.)[1] anfangen mit *(intrans.)*

[1] Nach начинáть(ся)/начáть(ся) vo. kann in gleicher Bedeutung auch der Instrumental stehen, z.B.: Он нáчал речь привéтствием.

С чегó мне начáть?	Womit soll ich anfangen?
Он нáчал речь с привéтствия.	Er begann seine Rede mit einer Begrüßung.
Ссóра началáсь с пустякóв.	Der Streit begann mit Nichtigkeiten.

566 b) Durch **с, со** mit dem INSTRUMENTAL werden ergänzt:

встречáться **встрéтиться** vo.	**с** (mit Instr.) sich treffen mit
грани́чить	**с** (mit Instr.) angrenzen an
дели́ться **подели́ться** vo.	**с** (mit Instr.) [(mit Instr.)] jem. (etw.) mitteilen
здорóваться **поздорóваться** vo.	**с** (mit Instr.) jem. begrüßen
знакóмить **познакóмить** vo.	**с** (mit Instr.) bekanntmachen mit, jem. vorstellen
знакóмиться **познакóмиться** vo.	**с** (mit Instr.) jem. kennenlernen, sich bekanntmachen mit
поздравля́ть **поздрáвить** vo.	**с** (mit Instr.) gratulieren, beglückwünschen zu
прощáться **прости́ться** vo.	**с** (mit Instr.) sich verabschieden von
разводи́ться **развести́сь** vo.	**с** (mit Instr.) sich scheiden lassen von
расставáться **расстáться** vo.	**с** (mit Instr.) sich trennen von, scheiden von
совéтоваться **посовéтоваться** vo.	**с** (mit Instr.) jem. um Rat fragen, sich beraten mit
сообразовáться (vo.)	**с** (mit Instr.) sich richten nach, einer Sache Rechnung tragen
справля́ться **спрáвиться** vo.	**с** (mit Instr.) fertig werden mit, (eine Arbeit) schaffen
срáвнивать **сравня́ть** vo.	**с** (mit Instr.) vergleichen mit
считáться **посчитáться** vo.	**с** (mit Instr.) etw. berücksichtigen, einer Sache Rechnung tragen

Китáй грани́чит с СССР.	China grenzt an die UdSSR.
Он подели́лся впечатлéниями с друзья́ми.	Er teilte seinen Freunden seine Eindrücke mit.
Ребя́та здорóваются с учи́телем.	Die Kinder begrüßen den Lehrer.

Това́рищи поздравля́ют его́ с награ́дой.	Die Kameraden gratulieren ihm zu seiner Auszeichnung.
С Но́вым го́дом, с но́вым сча́стьем (поздравля́ю)!	Prosit Neujahr!
Он развёлся с жено́й.	Er ließ sich von seiner Frau scheiden.
На́до сообразова́ться с обстоя́тельствами.	Man muß den Umständen Rechnung tragen.

у 567

У mit dem GENITIV steht bei Verben mit dem Begriff des Nehmens, Leihens, Bittens u. ä. zur Angabe der Person, auf die die Handlung gerichtet ist. Hierher gehören:

брать **взять** vo.	nehmen
занима́ть **заня́ть** vo.	borgen, entleihen
красть **укра́сть** vo.	stehlen
покупа́ть **купи́ть** vo.	kaufen
отбира́ть **отобра́ть** vo.	wegnehmen
отнима́ть **отня́ть** vo.	(weg-)nehmen, entreißen
проси́ть **попроси́ть** vo.	bitten
спра́шивать **спроси́ть** vo.	fragen, bitten
тре́бовать **потре́бовать** vo.	fordern, verlangen
учи́ться **научи́ться** vo.	lernen

Возьми́те у него́ слова́рь!	Lassen Sie sich das Wörterbuch von ihm geben!
Он за́нял у него́ две́сти рубле́й.	Er borgte 200 Rubel von ihm.
Он попроси́л у него́ де́нег.	Er bat ihn um Geld.
Больно́й Бори́с спроси́л кни́гу у това́рища.	Der kranke Boris bat den Kameraden um ein Buch.
У него́ я мно́гому научи́лся.	Bei ihm habe ich viel gelernt.

DER GEBRAUCH VON БЫТЬ

568 ### I. Быть zur Bildung zusammengesetzter Verbalformen

Mit Hilfe von **быть** werden folgende Verbalformen gebildet:

1. das unvollendete oder zusammengesetzte Futurum, ausgedrückt durch das Futurum von **быть** in Verbindung mit dem unvollendeten Infinitiv, siehe (350):

   я бу́ду чита́ть, ты бу́дешь чита́ть, он бу́дет чита́ть usw.

2. das vollendete Präteritum des Passivs, ausgedrückt durch das Präteritum von **быть** in Verbindung mit den Kurzformen des Partizips des Präteritums Passiv, siehe (390, b 1. α):

   Рабо́та была́ вы́полнена. Кни́га была́ напи́сана.

3. das vollendete Futurum des Passivs, ausgedrückt durch das Futurum von **быть** in Verbindung mit den Kurzformen des Partizips des Präteritums Passiv, siehe (390, b 1. β):

   Рабо́та бу́дет вы́полнена. Кни́га бу́дет напи́сана.

Ferner wird mit dem Präteritum von **быть** und den Kurzformen des Partizips des Präsens Passiv ein nur noch äußerst selten auftretendes unvollendetes Präteritum des Passivs gebildet, siehe (390, a):

Его́ докла́д не раз был прерыва́ем аплодисме́нтами.

569 ### II. Быть als Kopula „sein"

1. Präsens

Im Präsens wird **быть** als Kopula im allgemeinen nicht gebraucht. Die im Deutschen durch „sein" verbundenen Satzglieder werden im Russischen einfach nebeneinandergestellt. Ein nominales Prädikat erscheint dabei im Nominativ[1].

---

[1] Nur selten und in ganz bestimmten Fällen tritt beim Präsens ein prädikativer Instrumental auf:

1. Der prädikative Instrumental steht zuweilen zur Berufsbezeichnung oder zur Bezeichnung einer Tätigkeit, und zwar meist in Verbindung mit der Angabe des Tätigkeitsbereichs:

У меня́ мать здесь учи́тельницей.	Meine Mutter ist hier Lehrerin.
Он у них шофёром.	Er ist bei ihnen Chauffeur.
Он в шта́бе диви́зии связи́стом.	Er ist beim Divisionsstab Nachrichtenmann.

2. Im prädikativen Instrumental treten вина́ (= Schuld), пору́ка (= Bürgschaft), причи́на (= Grund, Ursache) auf:

Всему́ виной — моя́ необду́манность.	An allem schuld ist meine Unüberlegtheit.
Э́та боле́знь причи́ною её сме́рти.	Diese Krankheit ist die Ursache ihres Todes.

3. Die Wiederholung des gleichen Wortes im Instrumental verleiht verstärkende Bedeutung:

Дру́жба дру́жбой, а слу́жба слу́жбой. (Sprichwort)	Freundschaft ist Freundschaft, und Dienst ist Dienst. Freundschaft ist eine Sache, Dienst eine andere.

Мой дя́дя – [1] инжене́р.	Mein Onkel ist Ingenieur.
Она́ больна́.	Sie ist krank.
Её блу́зка полотня́ная.	Ihre Bluse ist aus Leinen.
Москва́ и Ленингра́д – важне́йшие города́ РСФСР.	Moskau und Leningrad sind die wichtigsten Städte der RSFSR.
Три плюс пять – во́семь.	Drei plus fünf ist acht.

Есть steht als Kopula in Definitionen, wissenschaftlichen Darlegungen sowie zum Zwecke der Hervorhebung. **Есть** kann dabei mit allen Personen verbunden werden.

Сою́з Сове́тских Социалисти́ческих Респу́блик есть социалисти́ческое общенаро́дное госуда́рство, выража́ющее во́лю и интере́сы рабо́чих, крестья́н и интеллиге́нции, трудя́щихся всех на́ций и наро́дностей страны́.	Die UdSSR ist ein sozialistischer Staat des ganzen Volkes, der den Willen und die Interessen der Arbeiter, der Bauern und der Intelligenz, der Werktätigen aller Nationen und Völkerschaften des Landes zum Ausdruck bringt. (Artikel I der Verfassung der UdSSR)
Я оста́нусь тем, что я есть.	Ich werde das bleiben, was ich bin.

Суть ist heute veraltet; es tritt nur noch bisweilen in wissenschaftlichen Texten und bei Aufzählungen auf:

Предме́ты вы́воза Кана́ды суть: хлеб, лес . . .	Ausfuhrartikel Kanadas sind: Getreide, Holz...
Во́инская учёба и дисципли́на суть осно́ва боеспосо́бности а́рмии.	Militärische Ausbildung und Disziplin sind die Grundlage der Kampftüchtigkeit einer Armee.

2. In allen anderen Formen muß **быть** als Kopula unbedingt gebraucht werden. Für das Prädikatsnomen in Verbindung mit den Konjugationsformen von **быть** gilt dabei allgemein folgendes: **570**

Präteritum

a) Ein Substantiv als Prädikatsnomen kann nach dem Präteritum von **быть** sowohl im Nominativ als auch im Instrumental stehen: Im allgemeinen braucht man den

[1] Man setzt in der Regel einen Gedankenstrich, wenn Subjekt und Prädikat durch Substantive, durch Zahlwörter und Zahlausdrücke oder durch Infinitive vertreten sind, vgl. (643).

Instrumental, wenn ein zeitweiliges Verhältnis ausgedrückt wird. Der Nominativ steht vorzugsweise zur Bezeichnung eines dauernden Zustandes; aber auch hier beginnt sich der Instrumental durchzusetzen.

Два го́да он был машини́стом, тепе́рь он у́чится в университе́те.	Zwei Jahre war er Maschinist, jetzt studiert er an der Universität.
Мой де́душка был врачо́м.	Mein Großvater war Arzt.
Его́ оте́ц был грузи́н.	Sein Vater war Georgier.
М. В. Ломоно́сов был вели́кий ру́сский учёный и поэ́т.	M. W. Lomonossow war ein großer russischer Gelehrter und Dichter.

b) Ein Adjektiv als Prädikatsnomen kann nach dem Präteritum von **быть** im Nominativ oder Instrumental der Langform oder in der Kurzform stehen:

Вчера́ не́бо бы́ло се́рое. **Вчера́ не́бо бы́ло се́рым.** **Вчера́ не́бо бы́ло се́ро.**	Gestern war der Himmel grau.

Zum Teil liegt eine bedeutungsmäßige oder auch stilistische Differenzierung im Gebrauch der Kurzform oder des Nominativs bzw. Instrumentals der Langform vor. Hierzu siehe (217–218). Bei Bedeutungsgleichheit wird heute allgemein der Gebrauch der Langformen bevorzugt.

Futurum, Imperativ und Konjunktiv

a) Ein Substantiv als Prädikatsnomen steht nach dem Futurum, Imperativ und Konjunktiv von **быть** zumeist im Instrumental. Es kann auch im Nominativ stehen; dieser Gebrauch ist aber im Veralten begriffen.

Его́ сын бу́дет врачо́м.	Sein Sohn wird Arzt werden.
Бу́дьте друзья́ми!	Seid Freunde!
Э́то бы́ло бы для меня́ наслажде́нием.	Das wäre für mich ein Genuß.

b) Ein Adjektiv als Prädikatsnomen steht nach dem Futurum, Imperativ und Konjunktiv von **быть** häufig im Instrumental der Langform. Daneben ist der Gebrauch der Kurzform und nach dem Futurum von **быть** auch der Gebrauch des Nominativs der Langform möglich. Nach dem Imperativ und Konjunktiv von **быть** ist der Nominativ der Langform selten und weist eine umgangssprachliche Färbung auf.

Ско́ро сад бу́дет зелёным.	Bald wird der Garten grün sein.
Ле́то бу́дет тёплое и со́лнечное.	Der Sommer wird warm und sonnig werden.

Будь готóв! – Всегдá готóв.	Sei bereit! – Immer bereit.
Бы́ло бы оши́бочным (оши́бочно) не считáть егó вели́ким учёным.	Es wäre falsch, ihn nicht für einen großen Gelehrten zu halten.

Infinitiv

Nach dem Infinitiv von **быть** stehen Substantiv und Adjektiv in der Regel im Instrumental.

Быть вéрным рóдине – долг кáждого граждани́на.	Dem Vaterland treu zu sein ist die Pflicht eines jeden Bürgers.

Nach dem Infinitiv von **быть** in Verbindung mit einer Form von **мочь** oder **дóлжен** kann das Adjektiv ebensogut in der Kurzform stehen. Seltener ist der Gebrauch des Nominativs der Langform.

Онá не мóжет не быть счастли́вой.	Sie muß einfach glücklich sein.
Он дóлжен быть прилéжен.	Er muß fleißig sein.
До зáвтра всё должнó быть готóво.	Bis morgen muß alles fertig sein.

Бýдучи

Nach dem Adverbialpartizip **бýдучи** steht das Substantiv stets im Instrumental, das Adjektiv steht vielfach in der Kurzform.

Бýдучи двоюрóдным брáтом, я дóлжен помогáть емý.	Da ich sein Vetter bin, muß ich ihm helfen.

III. **Быть** zum Ausdruck der Existenz „es gibt“ 571

Die Existenz „es gibt, es ist (sind) vorhanden, es besteht (bestehen)“ wird durch **есть**[1] wiedergegeben. **Есть** steht dabei für den Singular wie für den Plural.

[1] In der Buchsprache wird zum Ausdruck der Existenz auch имéется/имéются sowie in Verbindung mit Zahlenangaben насчи́тывается gebraucht:

Имéются все возмóжности для успéшного окончáния рабóты.	Es bestehen alle Möglichkeiten für eine erfolgreiche Beendigung der Arbeit.
В нóвом здáнии Москóвского университéта насчи́тывается 168 учéбных зáлов, 1700 лабаратóрий, 5755 кóмнат для учáщихся и 184 кварти́ры для преподавáтелей.	Im neuen Gebäude der Moskauer Universität gibt es 168 Hörsäle, 1700 Laboratorien, 5755 Zimmer für Studenten und 184 Dozentenwohnungen.

В э́том до́ме есть не́сколько вы́ходов.	In diesem Haus gibt es einige Ausgänge.
В го́роде есть теа́тр и не́сколько кинотеа́тров.	In der Stadt gibt es ein Theater und mehrere Lichtspielhäuser.
Есть авторучки в де́сять ма́рок, есть и деше́вле.	Es gibt Füllfederhalter zu 10 Mark, und es gibt auch billigere.
Из вся́кого положе́ния есть вы́ход.	Aus jeder Lage gibt es einen Ausweg.

Im Präteritum tritt als Prädikat **был, -а́, -о/бы́ли,** im Futurum **бу́дет/бу́дут** ein:

В го́роде был теа́тр.	In der Stadt gab es ein Theater.
В го́роде бу́дет теа́тр.	In der Stadt wird es ein Theater geben.

Die Verneinung der Existenz geschieht im Präsens durch **нет** (Kontraktion aus **не есть**), im Präteritum durch **не́ было**, im Futurum durch **не бу́дет**. Der nichtexistierende Gegenstand tritt dabei in den Genitiv; der Satz wird unpersönlich.

В го́роде нет теа́тра.	In der Stadt gibt es kein Theater.
В го́роде не́ было теа́тра.	In der Stadt gab es kein Theater.
В го́роде не бу́дет теа́тра.	In der Stadt wird es kein Theater geben.

572 IV. **Быть** zur Wiedergabe von deutsch „haben, besitzen"

„Haben, besitzen"[1] wird im Russischen durch „es gibt" in Verbindung mit **у** und dem Genitiv zur Angabe des Besitzers ausgedrückt.

---

[1] Име́ть = „haben" wird bei abstrakten Begriffen und vornehmlich phraseologisch gebraucht, z. B.:

име́ть возмо́жность	= die Möglichkeit haben
име́ть значе́ние	= Bedeutung haben
име́ть пра́во	= das Recht haben
име́ть сло́во	= das Wort haben
име́ть слу́чай	= die Gelegenheit haben
име́ть сча́стье	= das Glück haben
име́ть честь	= die Ehre haben
име́ть отноше́ние к (mit Dat.)	= Beziehung haben zu
име́ть поня́тие о (mit Präp.)	= einen Begriff haben von
име́ть представле́ние о (mit Präp.)	= eine Vorstellung haben von
име́ть ме́сто	= stattfinden

Umgangssprachlich kann име́ть vereinzelt auch in Verbindung mit Konkreta auftreten. Dieser Gebrauch entspricht jedoch nicht der literatursprachlichen Norm.

у меня́ (есть) **у меня́ был, -а́, -о; -и** **у меня́ бу́дет, бу́дут**	+ Nom.	ich habe... ich hatte... ich werde haben...
у тебя́ (есть) **у тебя́ был, -а́, -о; -и** **у тебя́ бу́дет, бу́дут**	+ Nom.	du hast... du hattest... du wirst haben...

Есть wird verwendet, wenn lediglich das Vorhandensein der genannten Gegenstände bzw. Personen ausgedrückt werden soll. Sollen hingegen die genannten Gegenstände bzw. Personen näher charakterisiert werden, so stehen in der Regel Sätze ohne **есть**.

У меня́ но́вое пальто́.	Ich habe einen neuen Mantel.
У него́ есть брат и сестра́.	Er hat einen Bruder und eine Schwester.
У них есть свой дом.	Sie haben ein eigenes Haus.
У де́вочки дли́нные ко́сы.	Das Mädchen hat lange Zöpfe.
У него́ бы́ло мно́го друзе́й.	Er hatte viele Freunde.
Ско́ро у нас бу́дут кани́кулы.	Bald werden wir Ferien haben.

Verneintes „haben" wird – wie die verneinte Existenz – unpersönlich wiedergegeben: Im Präsens steht **нет**, im Präteritum **не́ было**, im Futurum **не бу́дет**; der nichtvorhandene Gegenstand erscheint im Genitiv.

у меня́ нет **у меня́ не́ было** **у меня́ не бу́дет**	+ Gen.	ich habe nicht (kein-en, -e) ich hatte nicht (kein-en, -e) ich werde nicht (kein-en, -e) haben

У меня́ нет кни́ги.	Ich habe das Buch nicht. Ich habe kein Buch.
У отца́ нет вре́мени.	Vater hat keine Zeit.
У него́ не́ было де́нег.	Er hatte kein Geld.
У неё не́ было ни знако́мых, ни родны́х.	Sie hatte weder Bekannte noch Verwandte.
У вас не бу́дет забо́т.	Ihr werdet keine Sorgen haben.
В воскресе́нье у нас не бу́дет госте́й.	Am Sonntag werden wir keine Gäste haben.

KÖNNEN – MÜSSEN – DÜRFEN – SOLLEN – WOLLEN – MÖGEN – LASSEN

573 Modale Bedeutungen, wie sie im Deutschen durch die modalen Hilfsverben „können, müssen, dürfen, sollen, wollen, mögen, lassen[1]" zum Ausdruck kommen, werden im Russischen auf verschiedene Art wiedergegeben, und zwar:

1. Wortwörtliche Entsprechungen liegen vor in **мочь** = „können" und **хоте́ть** = „wollen":

Я могу́ тебе́ помо́чь.	Ich kann dir helfen.
Я хочу́ пойти́ в теа́тр.	Ich will ins Theater gehen.

2. **До́лжен, должна́, должно́** ist prädikatives Adjektiv zum Ausdruck des Müssens und Sollens:

Мы должны́ учи́ться.	Wir müssen lernen.

3. Modale Bedeutungen werden häufig unpersönlich ausgedrückt:

   a) durch sogenannte prädikative Adverbien **(на́до, ну́жно, мо́жно, нельзя́)**, die ihr Präteritum mit **бы́ло**, ihr Futurum mit **бу́дет** bilden, –

   b) durch unpersönliche Verben **(хо́чется, сле́дует, прихо́дится)**.

   Das deutsche Subjekt erscheint in diesen unpersönlichen Konstruktionen im Dativ.

Вам на́до обрати́ться к врачу́.	Sie müssen einen Arzt zu Rate ziehen.
Мне ну́жно бы́ло купи́ть но́вое пальто́.	Ich mußte einen neuen Mantel kaufen.
Мне хо́чется немно́го отдох-ну́ть.	Ich möchte ein wenig ausruhen.

4. Mit modaler Bedeutung treten ferner Infinitivsätze auf, die als unpersönliche Konstruktionen das deutsche Subjekt ebenfalls im Dativ haben:

Мне за́втра ра́но встава́ть.	Ich muß morgen früh aufstehen.
Что же нам де́лать!	Was sollen wir denn tun!

5. Modale Bedeutungen werden zuweilen auch durch bestimmte Konjugationsformen ausgedrückt. So gibt man „wollen, lassen" als Aufforderung zu einer Handlung durch den Imperativ der gemeinsamen Handlung wieder, vgl. (363):

---

[1] „Lassen" ist den modalen Hilfsverben nur bedingt zuzuordnen; es hat eher kausative als modale Bedeutung.

Пойдёмте! **Давáйте пойдём!**	Wollen wir gehen! Laßt uns gehen!

6. In einigen Fällen können modale Verhältnisse durch Schaltwörter gekennzeichnet werden:

Он, возмóжно, прав.	Er kann recht haben.

Im einzelnen sind die wichtigsten Entsprechungen der deutschen modalen Hilfsverben im Russischen folgende:

„können“ 574

1. „Können“ im Sinne einer objektiven Möglichkeit wird ausgedrückt:

a) durch **мочь, смочь** vo.:

Я никáк не могý найти́ ключá.	Ich kann den Schlüssel einfach nicht finden.
Я не могý егó поня́ть.	Ich kann ihn nicht verstehen.
Мы мóжем окóнчить э́ту рабóту за три часá.	Wir können diese Arbeit in drei Stunden beenden.

b) durch **мóжно** – Verneinung: **нельзя́**:

Тут мóжно купáться.	Hier kann man baden.
Мóжно дýмать, что он не придёт.	Man kann annehmen, daß er nicht kommt.
Э́то мóжно сдéлать в два дня.	Das kann man in zwei Tagen machen.
Э́тому нельзя́ вéрить.	Das kann man nicht glauben.
Без пи́щи нельзя́ жить.	Ohne Nahrung kann man nicht leben.

c) durch die 2. Person Singular des vollendeten Futurums im allgemein-persönlichen Satz, vgl. (609):

Тут ничегó не подéлаешь.	Da kann man nichts machen.
Егó никáк не поймёшь.	Ihn kann man einfach nicht verstehen.

d) zuweilen auch durch einen Infinitiv:

Как емý помóчь?	Wie kann man ihm helfen?

„Nicht umhin können“ wird ausgedrückt durch: **не мочь не, нельзя́ не:**

Я не мог не возражáть.	Ich konnte nicht umhin zu widersprechen.
Он не мог не отвéтить. **Емý нельзя́ бы́ло не отвéтить.**	Er konnte nicht umhin zu antworten.

2. „Können“ als Fähigkeit wird ausgedrückt:

a) durch **уме́ть,** seltener **знать:**

Он не уме́ет ни чита́ть, ни писа́ть.	Er kann weder lesen noch schreiben.
Они́ уме́ют пла́вать.	Sie können schwimmen.
Мы зна́ем ру́сский язы́к.	Wir können Russisch.

b) durch das Präsens, – insbesondere das Präsens der unbestimmten Form eines Doppelzeitwortes (vgl. 334):

Он игра́ет на скри́пке.	Er kann Geige spielen.
Пти́цы лета́ют.	Vögel können fliegen.
Ра́ки пла́вают.	Krebse können schwimmen.

3. „Können“ im Sinne einer Vermutung wird durch Schaltwörter wie **возмо́жно, пожа́луй, веро́ятно** usw. wiedergegeben:

Он, возмо́жно, чита́л э́ту кни́гу.	Er kann dieses Buch gelesen haben.
Пожа́луй, ты прав.	Du kannst recht haben.
Она́, веро́ятно, уже́ до́ма.	Sie kann schon zu Hause sein.

575

„müssen“

1. „Müssen“ im Sinne von „nötig, notwendig sein“ wird ausgedrückt:

a) durch **на́до**[1], **ну́жно**[1] – verneint deutsch: „nicht brauchen“:

На́до говори́ть пра́вду.	Man muß die Wahrheit sagen.

[1] На́до, ну́жно treten – vor allem in der Umgangssprache – bisweilen auch in der Bedeutung „etwas brauchen“ auf:

Мне на́до воды́.	Ich brauche Wasser.
Вам кни́гу ещё на́до?	Brauchen Sie das Buch noch?
Нам не на́до э́тих книг.	Wir brauchen diese Bücher nicht.
Мне ну́жно де́нег.	Ich brauche Geld.
Ему́ ну́жно пять рубле́й.	Er braucht 5 Rubel.

Allgemein wird „etwas brauchen“ durch das prädikative Adjektiv ну́жен, нужна́, ну́жно, ну́жны́ wiedergegeben. Die Sache, die gebraucht wird, steht dabei im Nominativ, — die Person, die sie braucht, im Dativ.

Ему́ ну́жен но́вый велосипе́д.	Er braucht ein neues Fahrrad.
Ей ну́жно бы́ло но́вое пальто́.	Sie brauchte einen neuen Mantel.
Мне нужна́ бу́дет твоя́ по́мощь.	Ich werde deine Hilfe brauchen.
Твои́ сове́ты мне не ну́жны́.	Deine Ratschläge brauche ich nicht.

Туда́ далеко́, вам на́до бу́дет взять автомоби́ль.	Dahin ist es weit, Sie werden ein Auto nehmen müssen.
На́до бы́ло бы поча́ще ходи́ть в теа́тр.	Man müßte öfters ins Theater gehen.
Вам ну́жно эконо́мить материа́л.	Sie müssen Material sparen.
Мне ну́жно бы́ло торопи́ться.	Ich mußte mich beeilen.
Сего́дня нам не на́до обе́дать.	Heute brauchen wir nicht zu Mittag zu essen.
Э́ти слова́ вам не ну́жно учи́ть.	Diese Vokabeln braucht ihr nicht zu lernen.

b) durch **необходи́мо,** das gegenüber **на́до, ну́жно** ein stärkeres „Müssen“ bezeichnet:

Необходи́мо напеча́тать сочине́ние.	Man muß den Aufsatz unbedingt drucken.
Необходи́мо бы́ло ему́ помо́чь.	Man mußte ihm unbedingt helfen.

c) durch **до́лжен, должна́, должно́, должны́,** das die Bedeutungsschattierung einer moralischen Verpflichtung haben kann, – verneint deutsch: „nicht dürfen“:

Мы должны́ преодоле́ть все тру́дности.	Wir müssen alle Schwierigkeiten überwinden.
Подожди́те, он до́лжен верну́ться к обе́ду.	Warten Sie, er muß zum Mittagessen zurückkommen.
Кто хо́чет жать, тот до́лжен се́ять.	Wer ernten will, muß säen.
Она́ должна́ была́ уе́хать.	Sie mußte wegfahren.
Мы должны́ бу́дем отказа́ться от э́того.	Wir werden darauf verzichten müssen.
Они́ не должны́ бы́ли отказа́ть ему́ в про́сьбе.	Sie durften ihm die Bitte nicht abschlagen.

2. „Müssen“ im Sinne von „sich gehören, sich ziemen, folgerichtig sein“ wird durch **сле́дует/сле́довало** wiedergegeben – verneint deutsch: „nicht dürfen“:

Ему́ сле́довало бы писа́ть.	Er hätte (eigentlich) schreiben müssen.
Ей сле́довало бы встава́ть ра́ньше.	Sie hätte früher aufstehen müssen.

Так не сле́дует говори́ть (поступа́ть).	So darf man nicht sprechen (handeln).
Сле́дует ши́ре распространя́ть о́пыт передовико́в произво́дства.	Man muß die Erfahrungen der Bestarbeiter der Produktion weiter verbreiten.

3. „Müssen“ ohne Willen der Person wird durch **прихо́дится/приходи́лось,** vo.: **придётся/пришло́сь** ausgedrückt:

Ему́ придётся держа́ть дие́ту.	Er wird Diät halten müssen.
Нам пришло́сь ночь провести́ на вокза́ле.	Wir mußten die Nacht auf dem Bahnhof verbringen.
Мне прихо́дится ча́сто е́здить в го́род.	Ich muß oft in die Stadt fahren.
Отве́та всё ещё нет, мне придётся написа́ть ему́ ещё раз.	Es ist immer noch keine Antwort da, ich werde ihm noch einmal schreiben müssen.

4. „Müssen“ kann auch durch einen Infinitiv wiedergegeben werden:

Тут мне слеза́ть.	Hier muß ich aussteigen.
Мне за́втра ра́но встава́ть.	Ich muß morgen früh aufstehen.

5. „Müssen“ als sichere Annahme wird durch Schaltwörter wie **должно́ быть, наве́рно(е), очеви́дно** u.ä. ausgedrückt:

Том, должно́ быть, уже́ вы́шел.	Der Band muß schon erschienen sein.
Делега́ты, наве́рное, вчера́ при́были.	Die Delegierten müssen gestern angekommen sein.
Он, очеви́дно, согласи́лся.	Er muß zugestimmt haben.

576

„dürfen“

1. „Dürfen“ als erlaubte Möglichkeit wird durch **мочь (смочь** vo.**), мо́жно** ausgedrückt:

Больно́й мо́жет есть то́лько суп и молоко́.	Der Kranke darf nur Suppe und Milch zu sich nehmen.
Здесь мо́жно кури́ть.	Hier darf man rauchen.
Ей мо́жно всё де́лать, что она́ хо́чет.	Sie darf alles tun, was sie will.

2. In der (höflichen) Frage gibt man „dürfen“ zumeist durch **мóжно, разреши́ть** (vo.), seltener durch **мочь** wieder:

Мóжно мне войти́?	Darf ich eintreten?
Могý ли я вéрить вáшим словáм?	Darf ich Ihren Worten Glauben schenken?
Разреши́те спроси́ть?	Darf ich fragen?

3. „Nicht dürfen“ wird ausgedrückt:

a) durch **нельзя́** (vgl. 574, 1 b):

По травé нельзя́ ходи́ть.	Auf dem Rasen darf man nicht gehen.
Вам нельзя́ кури́ть.	Sie dürfen nicht rauchen.
Егó сейчáс нельзя́ беспокóить.	Man darf ihn jetzt nicht stören.
Вам нельзя́ отказáться от э́того.	Sie dürfen nicht darauf verzichten.

b) durch **не дóлжен, должнá, -ó, -ы́** (vgl. 575, 1 c):

Ты не дóлжен э́того дéлать.	Du darfst das nicht tun.

c) durch **не слéдует/не слéдовало** (vgl. 575, 2):

Так не слéдует поступáть.	So darf man nicht handeln.

4. „Dürfen“ im Sinne einer Vermutung wird durch Schaltwörter wie **пожáлуй, возмóжно, должнó быть** gekennzeichnet:

Он, пожáлуй, рáдуется приéзду дрýга.	Er dürfte sich über die Ankunft seines Freundes freuen.
Возмóжно, они́ ужé в э́том убеди́лись.	Sie dürften sich bereits davon überzeugt haben.
Прошлó, должнó быть, ужé 30 лет.	Es dürften bereits 30 Jahre vergangen sein.

„sollen“ 577

1. „Sollen“ kann durch **дóлжен, должнá, должнó** wiedergegeben werden, seltener durch **слéдует/слéдовало**, vereinzelt auch durch **нáдо, нýжно**:

Я дóлжен передáть вам э́то письмó.	Ich soll Ihnen diesen Brief übergeben.
Онá должнá сегóдня поéхать в Ленингрáд.	Sie soll heute nach Leningrad fahren.

Со́лнечное затме́ние должно́ бы́ло наступи́ть в 12 часо́в 13 мину́т.	Die Sonnenfinsternis sollte um 12[13] Uhr eintreten.
Ей сле́довало бы писа́ть.	Sie hätte schreiben sollen.
Ему́ на́до бы́ло бы сказа́ть всю пра́вду.	Er hätte die volle Wahrheit sagen sollen.

2. Fragendes „sollen" wird zumeist durch einen Infinitiv ausgedrückt:

Что же нам де́лать?	Was sollen wir denn tun?
Не сходи́ть ли за до́ктором?	Soll man nicht einen Arzt holen?
Мне переводи́ть?	Soll ich übersetzen?
Откры́ть окно́?	Soll man das Fenster öffnen?
Они́ не зна́ли, кого́ спроси́ть.	Sie wußten nicht, wen sie fragen sollten.

3. „Sollen" als mittelbare Aufforderung oder Einräumung wird durch Ausrufesätze mit **пусть (пуска́й)** ausgedrückt (vgl. 364), z.B.:

Пусть он сам придёт!	Soll er selbst kommen!

4. „Sollen" bei indirekter Wiedergabe eines Wunsches, einer Bitte oder Aufforderung bzw. Anordnung bleibt innerhalb des Objektsatzes mit **что́бы** unübersetzt:

Мы телеграфи́ровали бра́ту, что́бы он встреча́л нас на вокза́ле.	Wir telegrafierten unserem Bruder, daß er uns am Bahnhof abholen soll.
Я сказа́л това́рищу, что́бы он посмотре́л но́вый фильм о Москве́.	Ich sagte meinem Kameraden, daß er sich den neuen Film über Moskau ansehen soll.

5. „Sollen" zur Wiedergabe einer fremden Meinung wird durch **говоря́т** gekennzeichnet:

Говоря́т, что он уже́ прие́хал.	Er soll bereits angekommen sein.
Говоря́т, что её дед жил в Таганро́ге.	Ihr Großvater soll in Taganrog gelebt haben.
Говоря́т, что он о́чень толко́вый.	Er soll sehr gescheit sein.

578

„wollen"

1. „Wollen" wird allgemein durch **хоте́ть** ausgedrückt:

Сего́дня я хочу́ пойти́ в теа́тр.	Ich will heute ins Theater gehen.
Она́ хо́чет купи́ть но́вое пла́тье.	Sie will ein neues Kleid kaufen.

Он хотéл стать инженéром.	Er wollte Ingenieur werden.

2. Ein verstärktes „Wollen“ im Sinne von „mögen“ wird durch **хóчется/хотéлось** ausgedrückt:

Мне хóчется немнóго отдохнýть.	Ich will (möchte) mich ein wenig ausruhen.
Емý хотéлось спать.	Er wollte schlafen.

3. „Wollen“ im Sinne von „beabsichtigen“ wird auch durch **намеревáться,** durch **намéрен, -а, -о, -ы** oder durch **собирáться/собрáться** vo. wiedergegeben:

Он намеревáлся к вéчеру вернýться домóй.	Er wollte gegen abend nach Hause zurückkommen.
Я намéрен уéхать.	Ich will wegfahren (verreisen).
Зáвтра я собирáюсь тебя́ навести́ть.	Morgen will ich dich besuchen.
Мы собирáемся уходи́ть.	Wir wollen (weg-)gehen.

4. „Wollen“ als Aufforderung zu einer Handlung wird durch den Imperativ der gemeinsamen Handlung (vgl. 363) wiedergegeben:

Приступим к рабóте!	Wollen wir an die Arbeit gehen!
Поéдемте вмéсте в музéй!	Wollen wir gemeinsam ins Museum fahren!
Не бýдем спóрить!	Wollen wir nicht streiten!
Давáйте зажжём свет!	Wollen wir Licht machen!

5. „Wollen“ zum Ausdruck des Zweifels des Sprechenden an der Aussage eines anderen umschreibt man gewöhnlich mit **утверждáть** (= behaupten):

Он утверждáет, что он когó-то ви́дел.	Er will jemand(-en) gesehen haben.
Онá утверждáет, что сдéлала всё самá.	Sie will alles selbst gemacht haben.
Свидéтель утверждáет, что он ви́дел обвиня́емого наканýне вéчером.	Der Zeuge will den Angeklagten am Vorabend gesehen haben.

579 „mögen“[1]

1. „Mögen“ im Sinne von „gern wollen“ wird ausgedrückt:

a) durch **хо́чется/хоте́лось**, – häufig im Konjunktiv:

Мне хо́чется кури́ть.	Ich möchte rauchen.
Мне хоте́лось бы его́ ви́деть.	Ich möchte ihn sehen.
Ему́ хоте́лось бы купи́ть по́лное собра́ние сочине́ний Гёте.	Er möchte eine Gesamtausgabe von Goethes Werken kaufen.
Нам о́чень хоте́лось бы пое́хать на Кавка́з.	Wir möchten sehr gern in den Kaukasus fahren.

b) seltener durch **хоте́ть** und dessen Konjunktiv:

Он хо́чет знать, отку́да пошло́ э́то сло́во.	Er möchte wissen, woher dieses Wort kommt.
Спаси́бо, бо́льше не хочу́.	Danke, ich mag nicht mehr.
Я хоте́л бы вас спроси́ть (попроси́ть) . . .	Ich möchte Sie fragen (bitten)...

2. „Mögen“ als Wunsch, als mittelbare Aufforderung oder Einräumung (vgl. 364) kann durch Ausrufesätze mit **пусть** bzw. **пуска́й** ausgedrückt werden:

Пусть твоя́ рабо́та увенча́ется успе́хом!	Möge deine Arbeit von Erfolg gekrönt sein!
Пуска́й сам всё посмо́трит!	Mag er sich selbst alles ansehen!
Пусть на́ша шко́ла дости́гнет ещё лу́чших результа́тов!	Möge unsere Schule noch bessere Resultate erzielen!

3. „Mögen“ im Sinne einer Vermutung wird durch **возмо́жно, пожа́луй, мо́жет быть** gekennzeichnet:

Удиви́тельно, что он не отве́тил, но, мо́жет быть, он бо́лен.	Es ist verwunderlich, daß er nicht geantwortet hat, aber er mag krank sein.
Э́та исто́рия звучи́т неправдоподо́бно, но возмо́жно, что она́ не вы́мышлена.	Diese Geschichte klingt unglaublich, aber sie mag nicht erdacht sein.

[1] „Mögen“ im Sinne von „gern haben, leiden mögen“ wird durch нра́виться, люби́ть wiedergegeben:

Ты его́ лю́бишь?	Magst du ihn (leiden)?
Он мне нра́вится.	Ich mag ihn.
Мне э́тот челове́к никогда́ не нра́вился.	Ich habe diesen Menschen nie gemocht.

„lassen“

580

1. „Lassen“ im Sinne von „zulassen, erlauben“ kann durch **пускáть/пусти́ть** vo.[1], durch **давáть/дать** vo., **позволя́ть/позвóлить** vo. oder **разрешáть/разреши́ть** vo. ausgedrückt werden:

Колхóзник пусти́л пионéров ночевáть.	Der Kolchosbauer ließ die Pioniere übernachten.
Пусти́ меня́ гуля́ть!	Laß mich spazierengehen!
Дай мне договори́ть!	Laß mich ausreden!
Дáйте мне вы́сказать мою́ мысль до концá!	Lassen Sie mich meinen Gedanken zu Ende aussprechen!
Егó грóмкий храп не давáл никомý заснýть.	Sein lautes Schnarchen hatte niemand(-en) einschlafen lassen.
Я позвóлил емý уéхать.	Ich ließ ihn wegfahren.
Я никомý не позволя́ю над собóй насмехáться.	Ich lasse niemand(-en) über mich spotten.
Дóктор разреши́л мне встать с постéли.	Der Arzt ließ mich aufstehen.
Он не разреши́л мне идти́ домóй.	Er ließ mich nicht nach Hause gehen.

2. „Lassen“ im Sinne von „veranlassen, anordnen, befehlen“ wird meist durch **заставля́ть/застáвить** vo., **распоряжáться/распоряди́ться** vo., **велéть** (vo.) oder **прикáзывать/приказáть** vo. wiedergegeben:

Во врéмя урóка учи́тель велéл ученикáм стáвить вопрóсы к тéксту.	Während der Stunde ließ der Lehrer die Schüler Fragen zum Text stellen.

---

[1] Пусти́ть vo. /пускáть tritt mit dem Begriff des „Lassens“ außerdem wie folgt auf:

1. „gehen lassen“

Роди́тели пусти́ли детéй в теáтр.	Die Eltern ließen die Kinder ins Theater gehen.
Он пусти́л егó в óтпуск.	Er ließ ihn in Urlaub gehen. Er gab ihm Urlaub.

2. „(her-, hin-)einlassen, durchlassen“

Проводни́к пусти́л пассажи́ров в вагóн-рестора́н.	Der Schaffner ließ die Fahrgäste in den Speisewagen hinein.

3. „fortlassen, freilassen, loslassen“

Мáльчик пусти́л пти́цу на вóлю.	Der Knabe ließ den Vogel frei.

4. „anlassen, in Bewegung setzen“

пусти́ть автомоби́ль	ein Auto anlassen
пусти́ть фейервéрк	ein Feuerwerk abbrennen
пусти́ть змéя	einen Drachen steigen lassen

Auch: пусти́ть слух / пусти́ть сплéтню } ein Gerücht in Umlauf setzen

Он заста́вил его́ сесть.	Er ließ ihn sich setzen.
Врач распоряди́лся просвети́ть больно́го.	Der Arzt ließ den Kranken durchleuchten.
Вели́те разбуди́ть себя́ пора́ньше.	Lassen Sie sich recht früh wecken.
Долг мне вели́т молча́ть об э́том.	Die Pflicht läßt mich darüber schweigen.
Я прикажу́ уве́домить тебя́ об э́том.	Ich werde dich darüber informieren lassen.

3. „Lassen" als Aufforderung zu einer Handlung wird durch den Imperativ der gemeinsamen Handlung (vgl. 363) ausgedrückt:

Не бу́дем теря́ть вре́мени!	Laßt uns keine Zeit verlieren!

4. „Lassen" im Sinne von „sich etwas machen lassen" bleibt vielfach unübersetzt:

Я сшил себе́ костю́м.	Ich habe mir einen Anzug machen lassen.
На́до почини́ть ребёнку боти́нки.	Man muß dem Kind die Schuhe reparieren lassen.
Мне ну́жно постри́чься.	Ich muß mir die Haare schneiden lassen.
Ей хоте́лось бы покра́сить себе́ во́лосы.	Sie möchte sich die Haare färben lassen.

5. „Läßt sich" kann wiedergegeben werden:

a) durch **мо́жно**, das bei einem Adverb ausfallen kann, – verneint: **нельзя́**:

Здесь (мо́жно) прия́тно посиде́ть.	Hier läßt es sich angenehm sitzen.
Э́тот слу́чай тру́дно объясни́ть.	Dieser Fall läßt sich schwer erklären.
Э́то мо́жно себе́ предста́вить.	Das läßt sich denken.
Э́того нельзя́ вы́разить.	Das läßt sich nicht ausdrücken.

b) durch eine Kurzform partizipialen Ursprungs:

Э́то легко́ выполни́мо.	Das läßt sich leicht machen.

c) durch eine unvollendete reflexive Verbform bei Angabe einer Eigenschaft:

Материа́л хорошо́ стира́ется.	Der Stoff läßt sich gut waschen.
Про́волока легко́ гнётся.	Der Draht läßt sich leicht biegen.
Э́тот по́черк тру́дно чита́ется.	Diese Handschrift läßt sich schwer lesen.

d) durch einen Infinitiv:

Э́то легко́ сде́лать.	Das läßt sich leicht machen.

I. Schaltwörter[1]

581

Unter Schaltwörtern versteht man Wörter und Wortverbindungen, die, ohne selbst Satzglieder zu sein, in einen Satz eingeschaltet werden, um die Einstellung des Sprechenden zum Inhalt der von ihm gemachten Aussage zu kennzeichnen. Schaltwörter werden stets durch Kommas vom übrigen Satzganzen abgetrennt.

Во вре́мя кани́кул Бори́с, коне́чно, поéдет в Москвý.	In den Ferien wird Boris selbstverständlich nach Moskau fahren.
Во вре́мя кани́кул Бори́с, ка́жется, поéдет в Москвý.	In den Ferien wird Boris wahrscheinlich nach Moskau fahren.
Во вре́мя кани́кул Бори́с, по слова́м его́ сестры́, поéдет в Москвý.	In den Ferien wird Boris nach Aussage seiner Schwester nach Moskau fahren.

Die meisten Schaltwörter gehen auf Wörter und Wortformen verschiedener Wortarten zurück. Diese selben Formen können dabei gleichzeitig in ihrer ursprünglichen Funktion als Satzglieder in einem Satz auftreten und werden dann nicht durch Kommas abgetrennt, z.B.:

Со́лнце, каза́лось, увели́чилось вдвóе и ста́ло пунцóвым.	**Со́лнце у горизóнта каза́лось огрóмным и пунцóвым.**
(**каза́лось** – Schaltwort)	(**каза́лось** – Teil des Prädikats)
Die Sonne hatte sich anscheinend um das Doppelte vergrößert und hochrot gefärbt.	Die Sonne am Horizont erschien riesengroß und hochrot.

Nach ihrer Bedeutung lassen sich die Schaltwörter in folgende Gruppen einteilen:

1. Schaltwörter, durch die der Sprechende eine Bestätigung der von ihm gemachten Aussage gibt, z.B.:

без сомне́ния	zweifellos, gewiß
безуслóвно	unbedingt, natürlich
бесспóрно	unbestreitbar, bestimmt, zweifelsohne
в са́мом де́ле	wirklich, tatsächlich

[1] Die Schaltwörter mit modaler Bedeutung werden in einigen sowjetischen Grammatiken der russischen Sprache innerhalb der Morphologie als besondere Wortart – als Modalwörter – klassifiziert.

действи́тельно	wirklich, wahrhaftig
коне́чно	gewiß, selbstverständlich
несомне́нно	zweifellos, gewiß
поистине	wahrlich, wahrhaftig
пра́вда	wirklich, wahrhaftig
разуме́ется	selbstverständlich

2. Schaltwörter, durch die der Sprechende die Ungewißheit des Inhalts seiner Aussage kennzeichnet, z. B.:

вероя́тно	wahrscheinlich, vermutlich
по всей вероя́тности	aller Wahrscheinlichkeit nach
ви́димо	anscheinend, augenscheinlich
по-ви́димому	anscheinend, augenscheinlich
возмо́жно	möglicherweise, vielleicht
должно́ быть	wahrscheinlich
знать	*(volkssprachl.)* wohl
ка́жется / **каза́лось**	anscheinend, wahrscheinlich
(как) ви́дно	augenscheinlich, offenbar
мо́жет быть	vielleicht
наве́рно(е) / **ве́рно**	wahrscheinlich
очеви́дно	augenscheinlich, offensichtlich, offenbar
пожа́луй	vielleicht, wohl

3. Schaltwörter, die auf den Urheber des Aussageinhaltes hinweisen, z. B.:

говоря́т	wie man sagt
как говори́тся	wie es heißt, wie man sagt
де́скать / **мол**	... sagt er (sie)... (Einfügung bei Wiedergabe der Worte eines Dritten)
по-мо́ему	meiner Meinung nach, meines Erachtens
по-тво́ему	deiner Meinung nach, deines Erachtens
по мне́нию	nach der Meinung, nach Ansicht
по све́дениям	nach Angaben, nach Mitteilung
по слова́м	nach den Worten, nach Aussage

4. Schaltwörter, die die Art und Weise der Wiedergabe des Aussageinhalts durch den Sprechenden charakterisieren, z. B.:

так сказа́ть	sozusagen
вообще́ говоря́	allgemein gesprochen
и́наче говоря́	anders gesagt
ко́ротко говоря́	kurz gesagt
со́бственно говоря́	eigentlich, im Grunde genommen
открове́нно говоря́	offen gesagt
одни́м сло́вом	mit einem Wort
други́ми слова́ми **ины́ми слова́ми**	mit anderen Worten
с позволе́ния сказа́ть	mit Verlaub zu sagen
гру́бо выража́ясь	grob gesprochen, kurzgefaßt
мя́гко выража́ясь	gelinde gesagt

5. Schaltwörter, die eine durch den Inhalt der Aussage bedingte Gefühlsregung wiedergeben, z. B.:

к сча́стью	zum Glück, glücklicherweise
к несча́стью	zum Unglück, unglücklicherweise
к сожале́нию	leider, bedauerlicherweise
к удивле́нию **к изумле́нию**	zum Erstaunen, erstaunlicherweise
к моему́ удо-во́льствию	zu meiner Freude, Zufriedenheit
к моему́ стыду́	zu meiner Schande
ко всео́бщему восхище́нию	zum allgemeinen Entzücken

6. Schaltwörter, durch die der Sprechende einen inhaltlichen Bezug zwischen Teilen einer Aussage oder zwischen mehreren Aussagen herstellt, z. B.:

впро́чем	übrigens, im übrigen
зна́чит	also, folglich
ита́к	also, somit, folglich
наоборо́т **напро́тив**	hingegen, im Gegenteil
наприме́р	zum Beispiel, beispielsweise
одна́ко	doch, aber, jedoch

следовательно	folglich, also
стало быть	also, daher, deshalb

7. Schaltwörter, durch die der Sprechende die Reihenfolge innerhalb seiner Aussage bzw. Aussagen bezeichnet, z. B.:

во-пе́рвых	erstens
во-вторы́х	zweitens
в-тре́тьих ...	drittens ... usw.
да́лее	weiter, ferner
наконе́ц	endlich, schließlich
в конце́ концо́в	letzten Endes, schließlich und endlich, letztlich

582

II. Schaltsätze[1]

Die Einstellung des Sprechenden zum Inhalt seiner Aussage kann nicht nur durch einzelne eingeschaltete Wörter oder Wendungen, sondern auch durch eingeschaltete Sätze ausgedrückt werden, die man entsprechend Schaltsätze nennt. Schaltsätze werden ebenso wie Schaltwörter durch Kommas – seltener durch Gedankenstriche – vom übrigen Satzganzen abgetrennt.

С ва́ми, я ду́маю, мы уже́ встреча́лись.	Ich glaube, Ihnen bereits begegnet zu sein.
Вы, я ви́жу, уже́ купи́ли э́ту кни́гу.	Wie ich sehe, haben Sie dieses Buch schon gekauft.
Его́ оте́ц – ско́лько я по́мню – провёл не́которое вре́мя за грани́цей.	Soviel ich mich entsinne, hat sein Vater einige Zeit im Ausland verbracht.

[1] Den Schaltsätzen funktionsmäßig nahe stehen eingeschobene Sätze, durch die eine zusätzliche nähere sachliche Erläuterung zur Aussage gegeben wird. Diese erläuternden Sätze werden in der Regel durch Gedankenstriche oder Klammern abgetrennt.

Одна́жды ве́чером (э́то бы́ло в конце́ а́вгуста про́шлого го́да) к нам пришёл ста́рый знако́мый.	Eines Abends — es war Ende August des vorigen Jahres — kam ein alter Bekannter zu uns.

ZEITANGABEN

I. Alter 583

1. Altersangaben werden im Russischen durch den Dativ der Person und die Zahl der Jahre im Nominativ ausgedrückt. Dabei fällt **быть** als Kopula im Präsens aus. Im Futurum steht **бу́дет**, im Präteritum **бы́ло**. Nur in Verbindung mit **оди́н** wird **был**[1] gebraucht.

„Jahr(e)" wird bezeichnet:

a) durch **год** nach 1 und den mit 1 als letztem Glied zusammengesetzten Zahlen, –

b) durch **го́да** nach 2, 3, 4 und den mit 2, 3 oder 4 als letztem Glied zusammengesetzten Zahlen, –

c) durch **лет** nach allen übrigen Zahlen.

PRÄSENS	
Ему́ два́дцать лет.	Er ist 20 Jahre alt.
Моему́ бра́ту три́дцать три го́да.	Mein Bruder ist 33 Jahre alt.
Ба́бушке шестьдеся́т пять лет.	Großmutter ist 65 Jahre alt.
PRÄTERITUM	FUTURUM
Ему́ бы́ло два́дцать лет.	**Ему́ бу́дет два́дцать лет.**
Моему́ бра́ту бы́ло три́дцать три го́да.	**Моему́ бра́ту бу́дет три́дцать три го́да.**
Ба́бушке бы́ло шестьдеся́т пять лет.	**Ба́бушке бу́дет шестьдеся́т пять лет.**

[1] Bei Zusammensetzungen mit оди́н als letztem Glied wählt man im Präteritum gewöhnlich eine umschreibende Ausdrucksweise:

Ему́ шёл два́дцать второ́й год.	Er war 21 Jahre alt.
Ей шёл со́рок второ́й год.	Sie war 41 Jahre alt.

Diese Art der Altersangabe im Präteritum ist freilich auch mit anderen Zahlen möglich:

Ему́ шёл два́дцать тре́тий год, когда́ он око́нчил университе́т.	Er war 22 Jahre alt, als er sein Universitätsstudium abschloß.

2. Als Attribut kann die Altersangabe außer durch ein zusammengesetztes Adjektiv auch durch den Genitiv ausgedrückt werden:

Он молодо́й челове́к двадцати́ лет.	Er ist ein junger Mensch von 20 Jahren.
В ко́мнату вошла́ де́вочка семи́ лет. **В ко́мнату вошла́ семиле́тняя де́вочка.**	Ins Zimmer kam ein siebenjähriges Mädchen.

Soll eine ungefähre Altersangabe bezeichnet werden, so wird das Zahlwort der Jahresbezeichnung nachgestellt, – vgl. (265 d) und S. 521 – :

Он молодо́й челове́к лет двадцати́.	Er ist ein junger Mensch von ungefähr 20 Jahren.
В ко́мнату вошла́ де́вочка лет семи́.	Ins Zimmer kam ein etwa siebenjähriges Mädchen.

II. Uhrzeit

584 1. Die offizielle Wiedergabe der Uhrzeit erfolgt durch einfache Aneinanderreihung von Stunden- und Minutenangabe[1]. „Um" wird durch **в** mit dem Akkusativ ausgedrückt.

	кото́рый час?
1^{00}	**час**
1^{30}	**час три́дцать мину́т**
2^{00}	**два часа́**
3^{15}	**три часа́ пятна́дцать мину́т**
8^{24}	**во́семь часо́в два́дцать четы́ре мину́ты**
10^{45}	**де́сять часо́в со́рок пять мину́т**
13^{11}	**трина́дцать часо́в оди́ннадцать мину́т**
19^{17}	**девятна́дцать часо́в семна́дцать мину́т**
20^{56}	**два́дцать часо́в пятьдеся́т шесть мину́т**
22^{02}	**два́дцать два часа́ две мину́ты**
0^{10}	**ноль часо́в де́сять мину́т**

[1] Im flüchtigen Sprechstil kann die Bezeichnung „Minuten", seltener die Bezeichnung „Stunden" vor allem bei gängigen Minutenangaben (15, 30, 45) ausgelassen werden:
1^{30} час три́дцать
3^{15} три (часа́) пятна́дцать
10^{45} де́сять (часо́в) со́рок пять

в котóром часý?	
um 1^{00}	**в час**
um 1^{30}	**в час три́дцать минýт**
um 2^{00}	**в два часá**
um 3^{15}	**в три часá пятнáдцать минýт**
um 10^{45}	**в дéсять часóв сóрок пять минýт**
um 13^{11}	**в тринáдцать часóв оди́ннадцать минýт**
um 20^{56}	**в двáдцать часóв пятьдеся́т шесть минýт**
um 22^{02}	**в двáдцать два часá две минýты**
um 0^{10}	**в ноль часóв дéсять минýт**

2. In der Umgangssprache ist – soweit es sich nicht um volle Stunden handelt – eine andere Angabe der Uhrzeit üblich: **585**

a) Besonders die runden Minutenzahlen der ersten Stundenhälfte (5, 10, 15, 20, 25, 30) pflegt man auszudrücken durch „soundsoviel Minuten der soundsovielten (Stunde)" – also: Minutenangabe in Verbindung mit dem Genitiv der Ordnungszahl der angebrochenen Stunde. 15 Minuten werden dabei durch **чéтверть** (= Viertel), 30 Minuten durch **полови́на** (= halb) bezeichnet.

„Um" wird wie bei der offiziellen Uhrzeitangabe durch **в** mit dem Akkusativ, im Falle von **полови́на** jedoch durch **в** mit dem Präpositiv wiedergegeben.

пять минýт пéрвого	5 (Minuten) nach zwölf
дéсять минýт четвёртого	10 (Minuten) nach drei
чéтверть пя́того	Viertel fünf, ein Viertel nach vier
двáдцать минýт седьмóго	20 (Minuten) nach sechs
двáдцать пять минýт девя́того	25 Minuten nach acht
полови́на деся́того	halb zehn
в дéсять минýт восьмóго	(um) 10 (Minuten) nach sieben
в двáдцать минýт трéтьего	(um) 20 (Minuten) nach zwei
в чéтверть вторóго	(um) Viertel zwei
в полови́не трéтьего	(um) halb drei

b) Die Minutenangaben der zweiten Stundenhälfte, vor allem der letzten 15 Minuten, drückt man zumeist durch „weniger soundsoviel Minuten soundsoviel (Uhr)" aus, und zwar: – Man zieht die entsprechenden Minutenzahlen mit **без** von der nächsthöheren Stundenzahl ab. 15 Minuten werden dabei durch **чéтверть** (= Viertel) ausgedrückt.

без двадцатú (минýт) семь	20 (Minuten) vor sieben
без десятú (минýт) вóсемь	10 (Minuten) vor acht
без пятú (минýт) пять	5 (Minuten) vor fünf
без чéтверти шесть	Viertel vor sechs
без чéтверти два	Viertel vor zwei

„Um" wird bei Angaben mit **без** nicht bezeichnet, z.B.:

Без двадцатú семь я выхожý из дóма и отправля́юсь на рабóту.	(Um) 20 vor sieben verlasse ich das Haus und begebe mich zur Arbeit.
Я лёг спать без чéтверти час.	Ich legte mich (um) Viertel vor eins schlafen.

III. Datum und Jahr

586

1. Datum

Das Datum wird durch den sächlichen Nominativ Singular der Ordnungszahl in Verbindung mit dem Genitiv des Monatsnamens ausgedrückt Die sächliche Form der Ordnungszahl und der Genitiv des Monatsnamens sind durch den Ausfall des Wortes **числó** = „Zahl, Datum" zu erklären.

пéрвое (числó) января́	der 1. Januar (das 1. Datum des Januar)
пя́тое (числó) áвгуста	der 5. August (das 5. Datum des August)
деся́тое (числó) октября́	der 10. Oktober (das 10. Datum des Oktober)

шесто́е (6, 6-о́е, 6-е[1]) апре́ля	der 6. April
двена́дцатое (12, 12-ое, 12-е) ма́я	der 12. Mai
три́дцать пе́рвое (31, 31-ое, 31-е) ию́ля	der 31. Juli
девятна́дцатое (19, 19-ое, 19-е) сентября́	der 19. September
второ́е (2, 2-о́е, 2-е) декабря́	der 2. Dezember

Auf die Frage „wann" – deutsch „am", nach Angabe des Tages „dem" – wird das Datum durch den sächlichen Genitiv Singular der Ordnungszahl und den Genitiv des Monatsnamens bezeichnet:

пе́рвого (1, 1-ого, 1-го) января́	am 1. Januar
шесто́го (6, 6-о́го, 6-го) апре́ля	am 6. April
двена́дцатого (12, 12-ого, 12-го) ма́я	am 12. Mai
три́дцать пе́рвого (31, 31-ого, 31-го) ию́ля	am 31. Juli
в сре́ду, девятна́дцатого а́вгуста	am Mittwoch, dem 19. August
в понеде́льник, второ́го декабря́	am Montag, dem 2. Dezember

2. Jahr 587

Das Jahr wird im Russischen durch die Ordnungszahl in Verbindung mit **год** bezeichnet:

ты́сяча семьсо́т три́дцать второ́й год (1732, 1732-й год)	das Jahr 1732
ты́сяча восемьсо́т со́рок восьмо́й год (1848, 1848-й год)	das Jahr 1848
ты́сяча девятьсо́т семна́дцатый год (1917, 1917-й год)	das Jahr 1917
ты́сяча девятьсо́т пятьдеся́т пя́тый год (1955, 1955-й год)	das Jahr 1955

„Im Jahre ..." lautet russisch — **в ... году́:**

в ты́сяча семьсо́т три́дцать второ́м году́ (в 1732, 1732-о́м году́)	im Jahre 1732
в ты́сяча восемьсо́т со́рок восьмо́м году́ (в 1848, 1848-о́м году́)	im Jahre 1848

[1] Zur Schreibung in Ziffern wiedergegebener Ordnungszahlen siehe Fußnote 1 auf S. 209.

в ты́сяча девятьсо́т семна́дцатом году́ (в 1917, 1917-ом году́)	im Jahre 1917
в ты́сяча девятьсо́т пятьдеся́т пя́том году́ (в 1955, 1955-ом году́)	im Jahre 1955

588 **3. Datum und Jahr**

In Verbindung mit dem Datum steht die Jahresangabe stets im Genitiv:

пе́рвое ма́я ты́сяча девятьсо́т пя́того го́да	der 1. Mai 1905
пе́рвого ма́я ты́сяча девятьсо́т пя́того го́да	am 1. Mai 1905
двадца́тое сентября́ ты́сяча девятьсо́т пятьдеся́т седьмо́го го́да	der 20. September 1957
двадца́того сентября́ ты́сяча девятьсо́т пятьдеся́т седьмо́го го́да	am 20. September 1957

In Ziffern wird das Datum wie folgt angegeben:

17. 10. 1905	=	17 – X – 1905 г.	bzw.	17/X – 1905 г.
23. 5. 1956	=	23 – V – 1956 г.	bzw.	23/V – 1956 г.
31. 12. 1957	=	31 – XII – 1957 г.	bzw.	31/XII – 1957 г.
1. 4. 1958	=	1 – IV – 1958 г.	bzw.	1/IV – 1958 г.

DIE KONGRUENZ ZWISCHEN SUBJEKT UND PRÄDIKAT

I. Allgemeine Regeln

Unter der Kongruenz zwischen Subjekt und Prädikat versteht man die Übereinstimmung von Subjekt und Prädikat in Person, Numerus, Genus und Kasus. Nach der Form des Prädikats ist diese Übereinstimmung allgemein folgende:

589 **1. Das Verb als Prädikat**

a) Im Präsens bzw. vollendeten Futurum stimmt das verbale Prädikat mit dem Subjekt in Person und Numerus überein.

Übereinstimmung in der Person liegt unmittelbar vor, wenn das Subjekt durch Personalpronomen ausgedrückt wird. Substantive entsprechen der 3. Person.

Я идý в кинó.	Ich gehe ins Kino.
Когдá ты вернёшься?	Wann wirst du zurückkehren?
Ученúк (он) рабóтает.	Der Schüler (er) arbeitet.
Мы изучáем рýсский язы́к.	Wir lernen Russisch.
В прудý плáвают ýтки.	Auf dem Teich schwimmen Enten.

b) Im Präteritum und Konjunktiv stimmen verbales Prädikat und Subjekt im Numerus und im Singular auch im Genus überein.

Ist ein Personalpronomen der 1. oder 2. Person Singular Subjekt des Satzes, so richtet sich das Prädikat nach dem natürlichen Geschlecht der Person, die das Personalpronomen vertritt.

Zum Genus undeklinierbarer Substantive und Abkürzungswörter sowie von Berufsbezeichnungen siehe (107–111, 114).

Отéц приéхал в Берлúн.	Der Vater kam nach Berlin.
Мать готóвила обéд.	Mutter bereitete das Mittagessen.
Сóлнце взошлó над горизóнтом.	Die Sonne ging über dem Horizont auf.
Ребя́та игрáли в садý.	Die Kinder spielten im Garten.
«Я соглáсна», – сказáла онá наконéц.	„Ich bin einverstanden", sagte sie endlich.
Мы э́того не сдéлали бы.	Wir hätten das nicht getan.
Бакý бы́стро рос.	Baku wuchs schnell an.
Дирéктор шкóлы (Áнна Ивáновна Петрóва) ужé пришлá.	Die Direktorin der Schule (Anna Iwanowna Petrowa) ist schon da.

c) Im Imperativ besteht Übereinstimmung nur im Numerus; allerdings wird beim Imperativ in der Regel das Subjekt formal nicht ausgedrückt.

(Ты) Молчú!	Schweige!
Послýшайте (вы) меня́!	Hört auf mich!

Die Übereinstimmung im Numerus fehlt, wenn der Imperativ Singular nicht in Befehlssätzen, sondern in Aussagesätzen auftritt, vgl. (362).

Все говоря́т, а мы молчú.	Alle sprechen, aber wir müssen schweigen.
Опоздáй мы на пять минýт, он бы ушёл.	Hätten wir uns um 5 Minuten verspätet, wäre er weggegangen.

2. Kopula und Prädikatsnomen als Prädikat

590 *a) Kopula*

Für die Übereinstimmung von Subjekt und Kopula gilt allgemein das gleiche wie für die Übereinstimmung von Subjekt und verbalem Prädikat.

Wird das Subjekt durch **э́то** (vgl. 291 b) vertreten, so stimmt die Kopula in Numerus und Genus mit dem Prädikatsnomen überein, z. B.:

Э́то был день неуда́ч.	Das war ein Tag von Mißerfolgen.
Э́то была́ Ната́ша.	Das war Natascha.
Э́то бы́ли ма́льчики и де́вочки из сосе́дней дере́вни.	Das waren Jungen und Mädchen aus dem Nachbardorf.

591 *b) Prädikatsnomen*

Für die Kongruenz zwischen Subjekt und Prädikatsnomen gibt es zwei grundsätzliche Möglichkeiten:

1. volle Übereinstimmung. Volle Übereinstimmung ist vorhanden, wenn das Prädikatsnomen im Nominativ steht. Dabei stimmt das adjektivische Prädikatsnomen mit dem Subjekt in Kasus[1], Numerus und Genus überein; das substantivische Prädikatsnomen entspricht dem Subjekt in Kasus und Numerus, im Falle von Personen vielfach auch im Genus[2].

День был я́ркий, со́лнечный, весёлый.	Es war ein klarer, sonniger und vergnügter Tag.
Вода́ была́ така́я прозра́чная, как стекло́.	Das Wasser war so durchsichtig wie Glas.
Ле́то в э́том году́ бы́ло ра́ннее.	Der Sommer war in diesem Jahr zeitig.
Когда́ он пришёл, мы уже́ бы́ли гото́вы к отъе́зду.	Als er kam, waren wir bereits zur Abfahrt bereit.
Ломоно́сов был сын рыбака́.	Lomonossow war der Sohn eines Fischers.
Повторе́ние – мать уче́ния. (Sprichwort)	etwa: Übung macht den Meister.

---

[1] Hierher gehören auch die Kurzformen, die — historisch gesehen — erstarrte Nominativformen sind.

[2] Bei Personen ist im Genus beispielsweise keine Kongruenz vorhanden, wenn sich eine männliche Berufsbezeichnung auf weibliche Personen bezieht (vgl. 114), z. B.:

Его́ мать — преподава́тель фи́зики.	Seine Mutter ist Physiklehrerin.
А́нна Ива́новна Петро́ва — старе́йший учи́тель на́шей шко́лы.	Anna Iwanowna Petrowa ist die älteste Lehrkraft unserer Schule.

2. teilweise Übereinstimmung. Teilweise Übereinstimmung liegt vor, wenn das Prädikatsnomen im Instrumental steht. Dabei stimmt das adjektivische Prädikatsnomen mit dem Subjekt in Numerus und Genus überein; das substantivische Prädikatsnomen entspricht dem Subjekt im Numerus, im Falle von Personen vielfach auch im Genus.

Скóро сад бýдет зелёным.	Bald wird der Garten grün sein.
Побéда считáется несомнéнной.	Der Sieg gilt als gewiß.
Дéло обещáет быть чрезвычáйно интерéсным.	Die Sache verspricht außerordentlich interessant zu werden.
В э́то врéмя я был студéнтом.	Zu dieser Zeit war ich Student.
Пьéса «Грозá» явля́ется важнéйшим произведéнием А. Н. Островского.	Das Theaterstück „Das Gewitter" ist das wichtigste Werk A. N. Ostrowskis.

II. Besondere Fälle

1. Mehrere Subjekte

Bei Vorhandensein zweier oder mehrerer Subjekte sind folgende Fälle zu beachten:

A. SUBSTANTIVE IM SINGULAR ALS SUBJEKT 592

Besteht das Subjekt eines Satzes aus zwei oder mehreren Substantiven im Singular, so gilt für den Numerus des Prädikats in Abhängigkeit von der Verbindung der Subjekte:

a) Verbindung durch kopulative Konjunktionen oder bloße Intonation

Das Prädikat steht gewöhnlich im Plural, wenn es den Subjekten nachgestellt ist. Es steht immer im Plural, wenn die Subjekte Personen benennen.

Треск и грóхот всю ночь не стихáли.	Das Krachen und Poltern war die ganze Nacht über nicht verstummt.
Брат и сестрá пошли́ в лес за я́годами.	Bruder und Schwester gingen in den Wald, um Beeren zu holen.
В состязáниях учáствовали Вéрнер и Антóн.	An den Wettkämpfen nahmen Werner und Anton teil.

Das Prädikat kann im Singular stehen, wenn die Subjekte Abstrakta sind, wenn das Prädikat den Subjekten voransteht sowie wenn die Subjekte durch **ни ... ни** verbunden sind. Im Genus richtet sich das Prädikat dabei nach dem nächststehenden Subjekt.

Э́та простота́ и я́сность мышле́ния заключа́ет в себе́ зада́тки но́вой жи́зни.	Diese Einfachheit und Klarheit des Denkens enthält die Keime des neuen Lebens.
Прошло́ ле́то, о́сень, зима́.	Es vergingen Sommer, Herbst und Winter.

b) Verbindung durch disjunktive Konjunktionen

Das Prädikat steht häufiger im Singular; allerdings ist auch der Plural möglich.

На лице́ у него́ попереме́нно выступа́л не то́ страх, не то́ тоска́ и доса́да.	Sein Gesicht zeigte abwechselnd bald Furcht, bald Trauer und Ärger.
По́сле обе́да ба́бушка и́ли де́душка води́ли дете́й гуля́ть.	Nach dem Essen führte Großmutter oder Großvater die Kinder spazieren.

c) Verbindung durch adversative Konjunktionen

Das Prädikat steht im Singular.

Не его́ брат, а Бори́с помо́г ему́.	Nicht sein Bruder, sondern Boris hat ihm geholfen.

593 B. SUBSTANTIVE IM SINGULAR UND IM PLURAL ALS SUBJEKT

Besteht das Subjekt eines Satzes aus einem oder mehreren Substantiven im Singular und einem bzw. mehreren Substantiven im Plural, so steht das Prädikat in der Regel im Plural.

Ein Prädikat im Singular ist zuweilen möglich, wenn das Prädikat vorausgeht, das nächstfolgende Subjekt Singularform hat und keine Personen benannt werden.

Bei adversativen Konjunktionen richtet sich das Prädikat in jedem Fall in Numerus (und Genus) nach dem nächststehenden Subjekt.

На конфере́нции вчера́ вы́ступили писа́тели, замести́тель мини́стра культу́ры, журнали́сты и други́е.	Auf der Konferenz sprachen gestern Schriftsteller, der stellvertretende Minister für Kultur, Journalisten und andere.
С у́лицы донёсся весёлый шум и ра́достные во́згласы.	Von der Straße her drangen fröhlicher Lärm und Ausrufe der Freude herein.
Не роди́тели, а ба́бушка пусти́ла дете́й в теа́тр.	Nicht die Eltern, sondern die Großmutter hatte die Kinder ins Theater gehen lassen.

C. PERSONALPRONOMEN ODER PERSONALPRONOMEN UND SUBSTANTIV ALS SUBJEKT 594

Treten zwei Personalpronomen oder ein Personalpronomen und ein Substantiv als Subjekt auf, so steht das Prädikat in der 1. Person Plural, wenn ein Personalpronomen der 1. Person vorhanden ist; es steht in der 2. Person Plural, wenn ein Personalpronomen der 2. Person vorhanden ist. In den übrigen Fällen steht die 3. Person Plural.

Я и ты чита́ем.	Ich und du, wir lesen.
Он и ты чита́ете.	Er und du, ihr lest.
Брат и я за́втра уе́дем.	Mein Bruder und ich werden morgen wegfahren.
Мы и они́ соглаша́емся пойти́.	Wir und sie sind einverstanden zu gehen.
Ты и твоя́ сестра́ в э́том де́ле ничего́ не понима́ете.	Du und deine Schwester verstehen von dieser Sache nichts.
Они́ и прие́зжие ра́но у́тром отпра́вились в го́ры.	Sie und die Fremden sind früh am Morgen in die Berge aufgebrochen.

Zuweilen kann die 3. Person Singular stehen, wenn das Prädikat unmittelbar einem Personalpronomen der 3. Person Singular oder einem Substantiv im Singular folgt.

Ни я, ни он не смо́жет ему́ помо́чь.	Weder ich noch er werden ihm helfen können.

D. VERBINDUNGEN MIT с UND DEM INSTRUMENTAL ALS SUBJEKT 595

Anstelle von **я и** (mit Nominativ), **ты и** (mit Nominativ) braucht man häufig **мы с** (mit Instrumental), **вы с** (mit Instrumental). Ebenso kann einem Substantiv als Subjekt ein zweites Subjekt durch **с** mit dem Instrumental angeschlossen werden. Nach diesen Verbindungen mit **с** und dem Instrumental steht das Prädikat stets im Plural: – nach **мы с** steht die 1. Person Plural, nach **вы с** die 2. Person Plural, in allen übrigen Fällen die 3. Person Plural.

За́втра мы с бра́том пое́дем в Берли́н.	Morgen werden mein Bruder und ich nach Berlin fahren.
Ве́рнер мне сказа́л, что вы с това́рищем вчера́ смотре́ли но́вый сове́тский цветно́й фильм.	Werner sagte mir, daß du und dein Freund sich gestern einen neuen sowjetischen Farbfilm angesehen haben.
В ку́хню вошли́ дед с ма́терью.	In die Küche kamen Großvater und Mutter.

2. Zahlwörter und Zahlwortverbindungen als Subjekt

596

A. ZAHLWÖRTER

Tritt ein Grundzahlwort als Subjekt auf, so steht das Prädikat im Singular, im Präteritum in der sächlichen Form, z.B.:

Пятьдеся́т де́лится на пять.	50 ist durch 5 teilbar.
В ито́ге у меня́ получи́лось два́дцать пять.	Als Endergebnis erhielt ich 25.

Nach Sammelzahlwörtern steht das Prädikat häufiger im Plural. Außerdem gebraucht man gewöhnlich das Prädikat im Plural, wenn das Zahlwort mit einem Attribut verbunden ist.

Тро́е вы́шли из магази́на.	Drei kamen aus dem Laden.
Остальны́е пять прие́дут за́втра.	Die übrigen fünf werden morgen ankommen.

597

B. ZAHLWORTVERBINDUNGEN

a) mit Grundzahlwörtern

α) Ist eine Verbindung von Grundzahlwort und Substantiv Subjekt eines Satzes, so steht das Prädikat in der Regel im Plural, wenn Personen benannt werden[1].

Прие́хали пять но́вых учителе́й.	Es sind fünf neue Lehrer angekommen.

[1] Bei Benennung von Personen kann das Prädikat im Singular (– im Präteritum in der sächlichen Form –) stehen, wenn der Nachdruck der Aussage auf der Zahl liegt. Es muß im Singular stehen, wenn es sich um ungefähre Zahlenangaben handelt sowie wenn vor dem Zahlwort die Adverbien всего́, то́лько stehen.

На сле́дующий день музе́й посети́ло во́семьдесят пять челове́к.	Am nächsten Tag besuchten 85 Menschen das Museum.
Госте́й приходи́ло то́лько тро́е.	Es kamen nur drei Gäste.

Der Singular steht bei Benennung von Personen gewöhnlich auch nach Verben des Seins oder Sich-Befindens.

На углу́ стоя́ло пять челове́к.	An der Ecke standen 5 Menschen.
В столо́вой в одну́ сме́ну сиде́ло сто челове́к.	Im Speisesaal saßen in einem Durchgang 100 Menschen.

Bei Zahlwörtern, die als letztes Glied оди́н enthalten, steht das Prädikat neuerdings in der Regel im Singular. Im Präteritum stimmt das Prädikat dabei im Genus mit оди́н überein.

Был и́збран сто три́дцать оди́н представи́тель.	Es wurden 131 Vertreter gewählt.

Die zuweilen bei оди́н stehende sächliche Singularform des Präteritums gilt als umgangssprachlich (z.B.: На собра́нии прису́тствовало два́дцать оди́н челове́к).

На сцéну выхóдят два актёра.	Die Bühne betreten zwei Schauspieler.
Дéсять ты́сяч молоды́х специали́стов в э́том году́ окóнчили ву́зы.	10000 junge Spezialisten haben in diesem Jahr ihre Hochschulausbildung beendet.

β) In den übrigen Fällen steht nach Verbindungen von Grundzahlwort und Substantiv als Subjekt das Prädikat meist im Singular, – im Präteritum in der sächlichen Form.

В корзи́нке лежáло восемнáдцать яи́ц.	Im Korb lagen 18 Eier.
Зáвтра прибу́дет сто вагóнов ры́бы.	Morgen werden 100 Waggons Fisch eintreffen.
На заседáнии бы́ло прослу́шано пять доклáдов.	Auf der Sitzung wurden fünf Referate gehört.

Bei Verbindungen mit **два (две), три, четы́ре** wird aber im modernen Sprachgebrauch das Pluralprädikat immer mehr bevorzugt. Der Plural steht außerdem, wenn bei der Zahlwortverbindung ein Attribut steht sowie wenn Subjekt und Prädikat in der Wortfolge getrennt sind.

Ужé две телегрáммы пришли́.	Es sind bereits zwei Telegramme angekommen.
Óба э́ти ромáна появи́лись почти́ в однó врéмя.	Diese beiden Romane erschienen fast gleichzeitig.
Пóздно вéчером, почти́ нóчью, подкати́ли к колхóзному амбáру шесть грузовикóв, гру́женных мукóй.	Spät abends, schon fast in der Nacht, fuhren sechs mit Mehl beladene Lastwagen vor dem Kolchosgetreidespeicher vor.

Bei Zeitbezeichnungen ist der Plural möglich, wenn das prädikative Verb Handlungsbedeutung hat.

Незамéтно прохóдит четы́рнадцать дней.	Unmerklich vergehen 14 Tage.

aber:

Двенáдцать лет болéзни сдéлали своё дéло.	12 Jahre Krankheit taten das ihre.

b) mit unbestimmten Zahlwörtern

Nach Verbindungen von unbestimmtem Zahlwort und Substantiv als Subjekt steht das Prädikat zumeist im Singular. Bei **не́сколько** ist jedoch vor allem bei Personen ebensogut der Plural möglich. In Verbindung mit **мно́го** und **ма́ло** ist das Pluralprädikat selten und trägt bisweilen volkssprachlichen Charakter.

Мно́го книг стои́т у меня́ на по́лке.	Viele Bücher stehen bei mir im Regal.
Не́сколько челове́к огляну́лось (огляну́лись).	Einige Menschen sahen sich um.

c) mit Zahlsubstantiven

Nach Verbindungen von Zahlsubstantiv (**четвёрка, пятёрка, дю́жина, па́ра, со́тня, ты́сяча, миллио́н** usw.) und Substantiv als Subjekt steht das Prädikat in der Regel im Singular; im Präteritum stimmt das Prädikat im Genus mit dem Zahlsubstantiv überein[1].

У меня́ возника́ет миллио́н вопро́сов по э́тому по́воду.	Anläßlich dieser Sache tauchen mir eine Million (eine Unmenge) Fragen auf.
Дю́жина я́блок лежа́ла на столе́.	Ein Dutzend Äpfel lag auf dem Tisch.

Nach Zusammensetzungen mit **пол-** (vgl. 277) steht das Prädikat im Singular, im Präteritum in der sächlichen Form; nur in Verbindung mit einem Attribut im Plural wird das Prädikat auch im Plural gebraucht:

Полдо́ма сгоре́ло.	Das halbe Haus ist abgebrannt.
Полго́да, проведённые в дере́вне, прошли́ незаме́тно.	Das halbe Jahr, das man auf dem Lande verbracht hatte, war unmerklich vergangen.

d) mit unbestimmten Mengenbegriffen

Ist ein Substantiv, das eine ungenaue Menge ausdrückt, in Verbindung mit einem Substantiv Subjekt des Satzes, so steht das Prädikat meist im Singular; im Präteritum stimmt es dabei mit dem Mengensubstantiv im Genus überein.

Ми́мо проезжа́ет дли́нная коло́нна грузовико́в.	Eine lange Lastwagenkolonne fährt vorbei.

---

1 Umgangssprachlich kann in Verbindung mit einem Zahlsubstantiv das Prädikat auch in der sächlichen Singularform oder im Plural gebraucht werden:

Сего́дня на заня́тия пришло́ ты́сяча но́вых студе́нтов.	Heute kamen 1000 neue Studenten zum Unterricht.
Яви́лись ты́сяча челове́к.	Es kamen 1000 Menschen.

Мно́жество бы́ло здесь кусто́в с я́годами.	Hier gab es eine Menge von Beerensträuchern.
Большинство́ рабо́чих проголосова́ло за резолю́цию.	Die Mehrheit der Arbeiter stimmte für die Resolution.
Из куста́ взлете́ла ста́я птиц.	Aus dem Strauch hervor flog ein Vogelschwarm auf.

Vor allem in Verbindung mit Personenbezeichnungen kann das Prädikat bei unbestimmten Mengenbegriffen aber auch im Plural stehen.

Большинство́ ученико́в пришли́ в шко́лу во́время.	Die Mehrzahl der Schüler kam pünktlich zur Schule.
На э́том конце́рте вы́ступили ряд изве́стных певцо́в, танцо́ров, чтецо́в.	In diesem Konzert traten eine Reihe bekannter Sänger, Tänzer und Rezitatoren auf.

3. Кто als Subjekt 598

Nach **кто** steht das Prädikat in der Regel im Singular und im Präteritum in der männlichen Form, auch wenn ein Bezug auf mehrere Personen oder eine weibliche Person vorliegt.

Кто э́то сде́лал – студе́нты?	Wer hat das gemacht – die Studenten etwa?
Кто там пришёл – Ма́ша?	Wer ist da gekommen – Mascha vielleicht?

Nur wenn **кто** Relativpronomen ist (vgl. 298), kann das Prädikat bei Bezug auf mehrere Personen bisweilen auch im Plural stehen.

Все мои́ друзья́, кто его́ хорошо́ зна́ли, бы́ли о нём хоро́шего мне́ния.	Alle meine Freunde, die ihn gut kannten, hatten eine gute Meinung von ihm.

4. Die Höflichkeitsform вы 599

Ist die auf eine Person bezogene Höflichkeitsform **вы** Subjekt, so werden die Verbform und die Kurzform als Prädikat im Plural gebraucht; die Langform steht im Singular.

Когда́ вы придёте?	Wann werden Sie kommen?
Как вы любе́зны и ве́жливы!	Wie sind Sie liebenswürdig und zuvorkommend!
Вы, ка́жется, возвраща́лись из пое́здки бо́дрым и здоро́вым.	Wie es scheint, sind Sie gesund und munter von der Reise zurückgekehrt.

VERNEINTE SÄTZE

I. Die Partikeln **не, нет, ни**

600 **1.** **не**

a) **Не** wird als allgemeine Verneinungspartikel[1] vor das speziell verneinte Wort im Satz gesetzt. Bei Verneinung des ganzen Satzes steht **не** unmittelbar vor dem Verb oder dem Prädikatsnomen, bei Vorhandensein eines Hilfsverbs vor diesem.

Я не живу́ в Москве́.	Ich wohne nicht in Moskau.
Не говори́т ли он по-ру́сски?	Spricht er nicht Russisch?

---

[1] Als Verneinungspartikel wird не stets von seinem Beziehungswort getrennt geschrieben.
Mit der Verneinungspartikel не darf das Präfix не- nicht verwechselt werden, das mit dem Wort, mit dem es eine Zusammensetzung eingeht, stets zusammengeschrieben wird.
Für die richtige Schreibung von не in Beziehung zum Folgewort gilt allgemein:

1. Не wird mit dem folgenden Wort zusammengeschrieben, wenn dieses ohne не- nicht gebräuchlich ist, z.B.: непреме́нный „unbedingt", необъя́тный „unermeßlich", необходи́мый „notwendig", несча́стный „unglücklich", ненави́деть „hassen".
2. Не wird mit dem folgenden Substantiv, Adjektiv oder Adverb zusammengeschrieben, wenn es mit diesem einen neuen Begriff bildet, der in den meisten Fällen durch ein synonymes Wort ohne не ersetzt werden kann. (Z. B.: непра́вда = ложь, нездоро́вый челове́к = больно́й челове́к, недалеко́ = бли́зко).
Es wird vom folgenden Substantiv, Adjektiv oder Adverb getrennt geschrieben, wenn im Satz eine Gegenüberstellung erfolgt oder eine solche aus dem Inhalt zu ergänzen ist.

На берегу́ о́зера стои́т невысо́кий дом.	Э́то не высо́кий, а ни́зкий дом.
Am Ufer des Sees steht ein kleines (= niedriges) Haus.	Das ist kein hohes, sondern ein niedriges Haus.
Недалеко́ от шко́лы нахо́дится спорти́вная площа́дка.	От шко́лы до до́ма не далеко́, а бли́зко.
Unweit der Schule befindet sich der Sportplatz.	Von der Schule bis nach Hause ist es nicht weit, sondern nah.

3. Не wird mit den Langformen des Partizips zusammengeschrieben, wenn diese kein Objekt oder keine anderen bestimmenden Zusätze bei sich haben.
Es wird von den Langformen des Partizips getrennt geschrieben, wenn diese ein Objekt oder eine andere nähere Bestimmung bei sich haben sowie wenn eine Gegenüberstellung erfolgt.

Я приня́лся за незако́нченную рабо́ту.	Я не люблю́ пока́зывать не зако́нченные мно́ю рабо́ты.
Ich machte mich an die noch nicht beendete Arbeit.	Ich zeige nicht gern Arbeiten, die ich noch nicht beendet habe.
Он рос в семье́ нелюби́мым ребёнком.	Он рос в семье́ без отца́ и ма́тери, не люби́мый ни дя́дей, ни тётей.
Er wuchs in der Familie als ungeliebtes Kind auf.	Er wuchs in der Familie ohne Vater und Mutter auf, weder vom Onkel noch von der Tante geliebt.

4. Не wird von finiten Verbalformen, von den Kurzformen der Partizipien und von Adverbialpartizipien stets getrennt geschrieben.

Zur Schreibung von не- in indefiniten und negierenden Pronomen und Adverbien siehe (307, 310/11, 462/63).

Погóда не тёплая.	Das Wetter ist nicht warm.
Он не учи́тель, он инженéр.	Er ist nicht Lehrer, er ist Ingenieur.
Я не могу́ зайти́ к вам.	Ich kann nicht zu Ihnen kommen.
Я получи́л письмó не по моему́ домáшнему áдресу.	Ich erhielt den Brief nicht an meine Privatadresse.
Впечатлéние прошлó не скóро.	Der Eindruck verging nicht so schnell.

b) In Verbindung mit hinweisenden Pronomen oder Adverbien tritt **не** in der Bedeutung „nicht richtig, falsch“ auf.

Э́то не та кни́га.	Das ist nicht das richtige Buch.
Вы идёте не туда́ (не в том направлéнии).	Sie gehen nicht richtig (in der falschen Richtung).
Вы не с тогó концá взяли́сь за дéло.	Sie haben die Sache vom falschen Ende angefaßt.

c) **Не** verleiht nicht in jedem Falle verneinenden Sinn; man beachte:

не мочь не / **нельзя́ не**	nicht umhin können
не раз[1]	häufig, des öfteren
покá не	(so lange) bis
чуть не / **едвá не**	fast, beinahe

Я не мог не возражáть.	Ich konnte nicht umhin zu widersprechen.
Не раз я слы́шал э́ти рéчи.	Mehr als einmal habe ich diese Reden gehört.
Я остáнусь, покá он не придёт.	Ich werde bleiben, bis er kommt.
Онá чуть не плáкала.	Sie weinte fast.

2. нет 601

a) **Нет** entspricht deutschem „nein“ in der Antwort. Es wird dabei in der Regel mit der Verneinung des in Frage stehenden Wortes verbunden.

– Вы бы́ли там? – Нет, нé был.	Waren Sie dort? – Nein, ich war nicht dort.

[1] „Kein einziges Mal, überhaupt niemals“ heißt ни рáзу ... не:
Я ни рáзу об э́том не говори́л. — Ich habe kein einziges Mal davon gesprochen.

– Вы э́то там нашли́? – Нет, не там.	Sie haben das dort gefunden? – Nein, dort habe ich es nicht gefunden.

b) **Нет** entspricht deutschem „nicht", das anstelle von wiederholtem verneintem Prädikat steht.

Вы согла́сны и́ли нет?	Sind Sie einverstanden oder nicht?
Все бы́ли утомлены́, а он нет.	Alle waren erschöpft, er aber nicht.

c) **Нет** tritt in der Bedeutung „es ist nicht, es gibt nicht" im Präsens verneint-unpersönlicher Sätze auf, vgl. (605).

Сего́дня у меня́ нет вре́мени.	Heute habe ich keine Zeit.

602 **3. ни**

a) **Ни** tritt in verneinten Sätzen zur Verstärkung der Verneinung im Sinne von „kein einziger, nicht ein einziger" vor Substantiven auf, häufig in Verbindung mit **оди́н**.

Ни одна́ кни́га не поте́ряна.	Kein einziges Buch ist verlorengegangen.
Он не сказа́л ни (одного́) сло́ва.	Er sagte nicht ein einziges Wort.
Я ни (одно́й) копе́йки не истра́тил.	Ich habe auch nicht eine Kopeke ausgegeben.

b) **Ни** bedeutet auch Verstärkung der Verneinung bei Pronomen und Adverbien, mit denen sich **ни** zu sogenannten negierenden Pronomen und Adverbien verbindet (vgl. 307 und 462).

В ко́мнате я никого́ не ви́дел.	Im Zimmer habe ich niemanden gesehen.

c) In Konzessivsätzen steht **ни** nach Pronomen und Adverbien in verallgemeinernder Bedeutung in Wendungen wie

кто бы ни ...	wer auch immer
что бы ни ...	was auch immer
как бы то ни́ было	wie dem auch sein mag
во что́ бы то ни ста́ло	was es auch kosten möge, um jeden Preis
Что бы он ни де́лал, он всегда́ име́ет успе́х.	Was er auch anfängt, er hat immer Erfolg.
Как ни труди́сь, из э́того ничего́ не вы́йдет.	Wie man sich auch anstrengen mag, es wird nichts daraus werden.
Где бы мы ни́ бы́ли, мы всегда́ бу́дем вам писа́ть.	Wo immer wir auch sein mögen, wir werden euch immer schreiben.

d) **Ни** hat selbständig verneinende Bedeutung in Verbindung mit dem Genitiv eines Substantivs in unpersönlichen Sätzen, vgl. die Fußnote auf S. 419 und (605,4).

На не́бе ни о́блачка.	Am Himmel ist kein Wölkchen.

II. Das direkte Objekt nach verneintem transitivem Verb 603

Das von einem transitiven Verb regierte direkte Objekt wird durch den Akkusativ ohne Präposition ausgedrückt. Ist das transitive Verb verneint, so steht das direkte Objekt statt des Akkusativs häufig im Genitiv. Allerdings kann auch der Akkusativ als direktes Objekt nach verneintem transitivem Verb auftreten.

Genitiv und Akkusativ werden als direktes Objekt nach verneintem transitivem Verb teilweise ohne besonderen bedeutungsmäßigen oder syntaktischen Unterschied nebeneinander gebraucht. Der Akkusativ gehört dabei mehr der Umgangssprache an.

Я не люблю́ э́той маши́ны.	Ich mag dieses Auto nicht.
Я не люблю́ э́то ку́шанье.	Ich mag dieses Essen nicht.

In anderen Fällen ist der Gebrauch von Genitiv oder Akkusativ nach verneintem transitivem Verb durch bestimmte – teilweise allerdings einander überschneidende – Faktoren bedingt oder zumindest beeinflußt:

1. Der Genitiv steht in Sätzen mit der sogenannten doppelten Verneinung (vgl. 604):

Я ни копе́йки не истра́тил.	Ich habe nicht eine Kopeke ausgegeben.
Она́ никаки́х шу́ток не понима́ет.	Sie versteht keinerlei Spaß.
Никто́ не ду́мал плохо́го.	Niemand dachte Schlechtes.
Он никогда́ не произноси́л э́того сло́ва.	Er hat dieses Wort nie ausgesprochen.

2. Der Genitiv wird gebraucht, wenn das Objekt partitiven Charakter hat (vgl. auch 540):

Папиро́с она́ ещё не купи́ла.	Zigaretten hat sie noch nicht gekauft.
Почему́ к ко́фе не даю́т са́хару?	Warum reicht man zum Kaffee keinen Zucker?

3. Der Genitiv steht in der Regel nach Verben der sinnlichen Wahrnehmung und der Denk-, Gefühls- und Willensäußerung wie **ви́деть, слы́шать, ду́мать, знать, чу́вствовать, хоте́ть, ждать** sowie nach **име́ть:**

Вы не зна́ете э́тих слов?	Kennen Sie diese Worte nicht?
Я не ви́дел э́того письма́.	Ich habe diesen Brief nicht gesehen.
Он не чу́вствовал жа́лости ни к ней, ни к себе́.	Er fühlte weder für sie, noch für sich selbst Mitleid.
Я не ждал по́езда.	Ich habe nicht auf den Zug gewartet.

4. Der Genitiv wird vorzugsweise bei Substantiven mit abstrakter Bedeutung gebraucht; bei Substantiven mit konkreter Bedeutung steht häufiger der Akkusativ – vor allem bei Personenbezeichnungen und Eigennamen:

Он всё-таки не теря́л наде́жды.	Er hat dennoch die Hoffnung nicht verloren.
Он не скрыва́ет свои́х подозре́ний.	Er verhehlt seinen Verdacht nicht.
Он не нашёл свой нож.	Er hat sein Messer nicht gefunden.
Мы не закры́ли о́кна.	Wir haben die Fenster nicht geschlossen.
Я бо́льше не встреча́л э́ту де́вушку.	Ich bin diesem Mädchen nicht mehr begegnet.
То́нкий слух не обману́л Ве́ру.	Ihr feines Gehör täuschte Vera nicht.

5. Substantive der II. Deklination (auf **-а**, **-я**) stehen als direktes Objekt im Singular nach verneintem transitivem Verb vorzugsweise im Akkusativ, um eine Verwechslung des Genitivs Singular mit dem formgleichen Akkusativ Plural zu vermeiden.

Ты не зна́ешь ска́зку?	Kennst du das Märchen nicht?
Мы ещё не ко́нчили рабо́ту.	Wir haben die Arbeit noch nicht beendet.

6. Der Eindeutigkeit halber wird der Akkusativ auch bevorzugt, wenn im Satz weitere Genitive enthalten sind und wenn das direkte Objekt mit mehreren Attributen verbunden ist.

Никто́ не сообщи́л ему́ пове́стку дня совеща́ния.	Niemand hatte ihm die Tagesordnung der Konferenz mitgeteilt.

7. Der Gebrauch des Genitivs oder Akkusativs kann durch die Wortfolge im Satz gestützt sein: – In der Stellung vor dem verneinten Verb wird das direkte Objekt im Akkusativ bevorzugt.

Мать свою́ он не по́мнил.	Er konnte sich nicht an seine Mutter erinnern.
Обе́д она́ нам не сва́рит.	Sie wird uns kein Mittagessen kochen.

8. Ist das direkte Objekt im verneinten Satz von einem transitiven Infinitiv in Verbindung mit einem Hilfsverb abhängig, so steht das direkte Objekt ebensooft im

Akkusativ wie im Genitiv. Die Verneinung bezieht sich in diesen Fällen häufig nicht so sehr auf das transitive Verb als vielmehr auf das Hilfsverb.

Ему́ не хоте́лось покида́ть го́род.	Er wollte die Stadt nicht verlassen.
Я не могу́ писа́ть сочине́ние (oder: **сочине́ния**).	Ich kann den Aufsatz nicht schreiben.

III. Die sogenannte doppelte Verneinung **604**

1. Die mit **ни-** gebildeten negierenden Pronomen und Adverbien (vgl. 308 u. 462) werden in Sätzen mit verneintem Prädikat gebraucht. Man spricht allgemein von einer doppelten Verneinung. Es handelt sich jedoch nur scheinbar um eine doppelte Verneinung[1]; denn **ни-** drückt – vgl. (602) – in Wirklichkeit nur die Verstärkung der Verneinung aus.

В ко́мнате я никого́ не ви́дел.	Im Zimmer habe ich niemand(-en) gesehen.
Я никаки́х книг не купи́л.	Ich habe keine Bücher gekauft.
В э́том году́ я никуда́ не пое́ду.	In diesem Jahr werde ich nirgendwohin fahren.
Он ника́к не мо́г спра́виться с рабо́той.	Er konnte auf keinerlei Weise mit der Arbeit fertig werden.

2. Sogenannte doppelte – eigentlich verstärkte – Verneinung liegt auch in allen anderen Sätzen mit der Partikel **ни** sowie in Sätzen mit der Konjunktion **ни ... ни** vor:

Не скажу́ ни сло́ва.	Ich werde nicht ein einziges Wort sagen.
Я ни одно́й ве́щи не потеря́л.	Ich habe nicht ein einziges Stück verloren.
Он ни вчера́, ни сего́дня не встре́тил его́.	Er hat ihn weder gestern noch heute getroffen.

IV. Verneint-unpersönliche Sätze **605**

Zuweilen ist mit der Verneinung der Übergang zur unpersönlichen Konstruktion verbunden.

1. Eine verneint-unpersönliche Konstruktion liegt beim Ausdruck der verneinten Existenz und bei der Wiedergabe von „nicht haben" vor (vgl. 571 und 572).
2. Die verneint-unpersönliche Satzkonstruktion mit dem deutschen Subjekt im

[1] Eine echte doppelte Verneinung ist auch im Russischen eine Bejahung: не мочь не, нельзя́ не = „nicht umhin können".

Genitiv kann auch bei verneintem „sein“ und ähnlichen Bedeutungen auftreten[1].

Его́ не́ было в кла́ссе.	Er war nicht in der Klasse.
У нас не́ было госте́й.	Wir hatten keine Gäste.
За́втра не бу́дет дождя́.	Morgen wird es nicht regnen.
Птиц бо́льше не появи́лось.	Es tauchten keine Vögel mehr auf.
Подо́бных мне́ний не существу́ет.	Dergleichen Meinungen gibt es nicht.
Никаки́х возраже́ний не после́довало.	Es erhoben sich keine Einwände.
Не слы́шалось никако́го зву́ка.	Es war kein Laut zu hören.
Препя́тствий не встреча́ется.	Es stehen keine Hindernisse im Wege.
Э́той кни́ги в магази́не не оказа́лось.	Dieses Buch war im Laden nicht aufzutreiben.
У него́ не ста́ло сил.	Seine Kräfte schwanden dahin.

3. Verneint-unpersönliche Konstruktionen sind bisweilen auch mit der sächlichen Kurzform des Partizips des Präteritums Passiv einiger transitiver Verben möglich.

Ещё не полу́чено изве́стий.	Es sind noch keine Nachrichten da.
Не́ было истра́чено ни копе́йки.	Es war keine Kopeke ausgegeben worden.

4. Eine verkürzte verneint-unpersönliche Konstruktion liegt in der Verbindung von **ни** mit einem Genitiv vor. Hier ist **нет** ausgefallen.

На у́лице (нет) ни (одно́й) души́.	Auf der Straße ist auch nicht ein Mensch.
На не́бе ни о́блачка.	Am Himmel ist kein Wölkchen.
О нём ни слу́ху ни ду́ху.	Von ihm ist nichts zu hören.
Ни зву́ка круго́м.	Ringsum ist kein Laut vernehmbar.

---

[1] Hierher gehören u.a. находи́ться, оказа́ться vo., встре́титься vo., появля́ться, пока́зываться, стать vo., существова́ть. Neben den verneint-unpersönlichen Konstruktionen sind – vor allem bei belebten Substantiven – auch verneint-persönliche Konstruktionen möglich, z.B.:

Он не́ был в кла́ссе. – У нас не́ были го́сти. – Пти́цы бо́льше не появи́лись.

Die verneint-persönlichen Konstruktionen treten mehr in der Umgangssprache auf. Dazu können sie im Gegensatz zu den verneint-unpersönlichen einen konkreten Bezug ausdrücken.

Пи́сем не пришло́.	Es sind keinerlei Briefe gekommen.
Пи́сьма не пришли́.	Die (erwarteten) Briefe sind nicht gekommen.

FRAGESÄTZE

Fragesätze können je nach der zu erwartenden Antwort Bestimmungsfragen oder Entscheidungsfragen zum Inhalt haben.

I. Bestimmungsfragen 606

Eine Bestimmungsfrage – auch Ergänzungsfrage genannt – fragt nach einer inhaltlichen Ergänzung oder Präzisierung.

Bestimmungsfragen werden durch Fragepronomen (**кто, что, чей, котóрый, какóй, скóлько**) oder durch Frageadverbien (**когдá, где, кудá, откýда, как, почемý, зачéм, отчегó**) eingeleitet. Ist das Subjekt ein Substantiv, so tritt allgemein ungerade Wortfolge ein.

Кто э́тот человéк?	Wer ist dieser Mann?
Что он дéлает?	Was tut er?
Котóрый тепéрь час?	Wie spät ist es jetzt?
Когдá вы идёте домóй?	Wann gehen Sie nach Hause?
Кудá ведёт э́та дорóга?	Wohin führt dieser Weg?

II. Entscheidungsfragen 607

Eine Entscheidungsfrage bezieht sich auf einen ganzen Satzinhalt und verlangt als Antwort „ja" oder „nein".

Entscheidungsfragen können wie folgt ausgedrückt werden:

1. Eine Entscheidungsfrage kann ein durch Frageintonation gekennzeichneter Aussagesatz sein, z.B.:

Ты идёшь сегóдня в теáтр?	Gehst du heute ins Theater? Du gehst heute ins Theater?
Мать ужé пришлá?	Ist die Mutter schon gekommen?
Я поня́тно говорю́?	Drücke ich mich verständlich aus?

2. Häufig wird eine Entscheidungsfrage gebildet, indem man das in Frage stehende Wort oder Satzglied an den Satzanfang stellt. Bei Vorziehen des Prädikats tritt dabei ungerade Wortfolge (vgl. 620) ein.

Бы́ли вы у него́?	Waren Sie bei ihm?
Э́то он сде́лал?	Hat er das getan?
Твоя́ э́то кни́га?	Ist das dein Buch?
Ско́ро ты бу́дешь гото́в?	Wirst du bald fertig sein?

3. Eine Entscheidungsfrage, die durch Voranstellen des in Frage stehenden Wortes oder Satzgliedes gebildet ist, kann zusätzlich durch die Fragepartikel **ли** gekennzeichnet werden. **Ли** tritt dabei an die zweite Stelle im Fragesatz, also hinter das Wort oder Satzglied, auf das sich die Frage bezieht.

Интере́сна ли э́та игра́?	Ist dieses Spiel interessant?
Далеко́ ли до го́рода?	Ist es weit bis zur Stadt?
Ку́рите ли вы?	Rauchen Sie?
Мно́го ли люде́й бы́ло вчера́ на ры́нке?	Waren gestern viele Menschen auf dem Markt?
Есть ли у вас ключ?	Haben Sie den Schlüssel?
Игра́ете ли вы в те́ннис?	Spielen Sie Tennis?

4. Bei Annahme einer positiven Antwort kann der mit **ли** gebildeten Entscheidungsfrage **не** vorangestellt werden. **Нет ли** fragt nach vermuteter Existenz oder vermutetem Besitz.

Не пошёл ли оте́ц в теа́тр?	Ist der Vater nicht ins Theater gegangen?
Не ты ли э́то сде́лал?	Hast nicht du das gemacht?
Нет ли у вас ключа́?	Haben Sie vielleicht den Schlüssel?

5. Eine Entscheidungsfrage, die Verwunderung oder Zweifel zum Ausdruck bringt, wird durch die Partikeln **ра́зве, неуже́ли** gekennzeichnet. Die Wortfolge entspricht dabei der des Aussagesatzes.

Ра́зве ему́ мо́жно ве́рить?	Kann man ihm denn glauben?
Неуже́ли он бо́лен?	Er ist doch nicht etwa krank?
Неуже́ли э́то так?	Sollte sich das wirklich so verhalten?

Zu indirekten Fragesätzen siehe (618, 3 u. 4).

UNBESTIMMT-PERSÖNLICHE UND ALLGEMEIN-PERSÖNLICHE SÄTZE

Unbestimmt-persönliche Sätze und allgemein-persönliche Sätze sind Sätze ohne Subjekt, deren Prädikat durch eine persönliche Verbform ausgedrückt wird. Sie entsprechen vielfach deutschen Sätzen mit dem unbestimmten Pronomen „man" als Subjekt.

I. Unbestimmt-persönliche Sätze 608

Unbestimmt-persönliche Sätze sind Sätze, deren Aussage sich auf einen unbestimmten, ungenannten, jedoch dem Sprechenden nicht völlig unbekannten handelnden Personenkreis als Subjekt bezieht. Das Prädikat eines unbestimmt-persönlichen Satzes wird durch die 3. Person Plural ausgedrückt.

Здесь говоря́т на всех языка́х.	Hier spricht man alle Sprachen.
О рабо́те конфере́нции мно́го пи́шут в газе́тах.	Über die Arbeit der Konferenz schreibt man viel in den Zeitungen.
Опя́ть бу́дут руга́ть.	Wieder wird man schimpfen.
Мне сообщи́ли прия́тную но́вость.	Man hat mir eine angenehme Neuigkeit mitgeteilt.
Вчера́ на база́ре продава́ли дешёвые фру́кты.	Gestern verkaufte man auf dem Markt billiges Obst.
Его́ зову́т Ива́ном.	Man nennt ihn Iwan. Er heißt Iwan.

Offizielle Anweisungen oder Bekanntmachungen haben häufig die Form unbestimmt-persönlicher Sätze. Im Deutschen wählt man in diesen Fällen zumeist die Wiedergabe durch das unpersönliche Passiv.

Про́сят не кури́ть.	Es wird gebeten, nicht zu rauchen.
Про́сят соблюда́ть тишину́.	Es wird gebeten, nicht zu lärmen.
Здесь продаю́т биле́ты на конце́рты.	Hier werden Konzertkarten verkauft.

Umgangssprachlich kann sich bisweilen der Sprechende einer unbestimmt-persönlichen Konstruktion bedienen, wenn er seiner Bitte oder Aufforderung Nachdruck verleihen will.

– Иди́ же, про́сят тебя́.	„Geh doch, ich bitte dich!"
– Переста́нь, говоря́т тебе́.	„Hör auf, (das) sag' ich dir!"
– Не хочу́ я, говоря́т тебе́.	„Ich will nun mal nicht, das laß dir gesagt sein!"

609 II. Allgemein-persönliche Sätze

Allgemein-persönliche Sätze sind Sätze, deren Aussage allgemein für ein beliebiges ungenanntes handelndes Subjekt gelten kann. Allgemein-persönliche Konstruktionen treten häufig in Sprichwörtern und Redensarten auf.

Das Prädikat eines allgemein-persönlichen Satzes kann ausgedrückt werden:

1. durch die 2. Person Singular, z. B.:

Э́ту кни́гу прочи́тываешь за два часа́.	Dieses Buch liest man in zwei Stunden.
Е́сли ве́село, так и не замеча́ешь, как вре́мя прохо́дит.	Wenn es lustig zugeht, merkt man nicht, wie die Zeit vergeht.
Из пе́сни сло́ва не вы́кинешь. (Sprichwort)	etwa: Im Lied kommt es auf jedes Wort an.
Что посе́ешь, то и пожнёшь. (Sprichwort)	Was man sät, wird man auch ernten.
Слеза́ми го́рю не помо́жешь. (Sprichwort)	etwa: Mit Tränen allein wird man dem Kummer nicht abhelfen.
Вчера́шнего дня не воро́тишь. (Sprichwort)	etwa: Das Rad läßt sich nicht zurückdrehen.

Die 2. Person Singular des vollendeten Futurums enthält bisweilen die modale Bedeutung „können" (vgl. 574, 1 c), z. B.:

Всем не угоди́шь.	Allen kann man es nicht recht machen.
Тут ничего́ не поде́лаешь.	Da kann man nichts machen.
Его́ ника́к не поймёшь.	Ihn kann man einfach nicht verstehen.

In der Umgangssprache können allgemein-persönliche Konstruktionen mit der 2. Person Singular zum Ausdruck der wiederholten Handlung einer bestimmten Person, zumeist des Sprechenden, gebraucht werden. Eine solche wiederholte Handlung in der Vergangenheit wird durch die 2. Person Singular des vollendeten Futurums in Verbindung mit der Partikel **быва́ло** ausgedrückt (vgl. auch 531, B. h).

Ве́чно тебя́ ждёшь.	Immer muß ich auf dich warten.
Ся́дешь быва́ло и начнёшь расска́зывать.	Mitunter setzte ich mich hin und begann zu erzählen.
Жил я тогда́ ра́достно, по-де́тски – проснёшься быва́ло у́тром и запоёшь.	Damals lebte ich froh wie in Kindertagen – ich pflegte morgens zu erwachen und ein Lied anzustimmen.

2. durch den Imperativ Singular, z.B.:

Век живи́, век учи́сь. (Sprichwort)	etwa: Man lernt nie aus.
Сего́дняшней рабо́ты на за́втра не откла́дывай. (Sprichwort)	etwa: Was du heute kannst besorgen, das verschiebe nicht auf morgen.

3. seltener durch die 1. und die 3. Person Plural, z.B.:

Что име́ем, не храни́м, потеря́вши пла́чем. (Sprichwort)	Was wir besitzen, hüten wir nicht; wir weinen aber, wenn wir es verloren haben.
Враго́в не счита́ют, их бьют. (Sprichwort)	Die Feinde zählt man nicht; man schlägt sie.
В лес дров не во́зят. (Sprichwort)	Man fährt kein Holz in den Wald.

Allgemein-persönliche Sätze haben in der Regel kein Subjekt. Zuweilen kann allerdings ein Pronomen als Subjekt zur Verbform treten, ohne daß der verallgemeinernde Sinn verlorengeht.

Опя́ть он не пришёл, ну что ты бу́дешь де́лать?	Schon wieder ist er nicht gekommen. Was soll man da tun?
Охо́тно мы дари́м, что нам не на́добно сами́м. (Sprichwort)	Gern verschenkt man, was man selbst nicht braucht.

UNPERSÖNLICHE SÄTZE

Unpersönliche Sätze sind Sätze ohne (grammatisches) Subjekt, deren Prädikat durch **610**
unpersönliche Formen ausgedrückt wird. Im Deutschen haben solche Sätze häufig das unpersönliche Pronomen „es" oder das unbestimmte Pronomen „man" zum Subjekt.

Света́ет.	Es tagt. Es dämmert.
На́до говори́ть пра́вду.	Man muß die Wahrheit sagen.
Тут мо́жно купа́ться.	Hier kann man baden.

Sind unpersönliche Konstruktionen mit dem Dativ der Person verbunden, so entspricht ihnen im Deutschen in der Regel ein persönlicher Satz.

Тебе́ на́до говори́ть пра́вду.	Du mußt die Wahrheit sagen.

Нам сего́дня ве́село.	Wir sind heute froh gelaunt.
Мнѐ нездоро́вится.	Ich fühle mich nicht wohl.

Nach der Art des Prädikats lassen sich die unpersönlichen Sätze in folgende Gruppen einteilen:

611 **1. Unpersönliche Sätze mit unpersönlichen Verben**

Unter unpersönlichen Verben versteht man Verben, die nicht mit einem Subjekt verbunden werden können und nur in unpersönlicher Form – in der 3. Person Singular des Präsens bzw. vollendeten Futurums oder in der sächlichen Form des Präteritums[1] – auftreten.

Unpersönliche Verben sind u. a.:

a) Verben, die Naturzustände bezeichnen, z. B.:

света́ет	es tagt, es dämmert	
рассвета́ет	es tagt, es dämmert	– vo.: **рассветёт**
вечере́ет	es wird Abend	
смерка́ется	es dämmert, es wird dunkel	– vo.: **сме́ркнется**
моро́зит	es friert	

b) Verben, die einen physischen oder psychischen Zustand eines Menschen bezeichnen:

α) **ему́ везёт**	er hat Glück – vo.: **повезёт**
его́ взорвёт vo.	es wird ihn empören, aus der Fassung bringen
его́ зноби́т	es fröstelt ihn
его́ подмыва́ет	er hat große Lust (zu)
его́ тошни́т	ihm ist übel

Взорвёт, зноби́т, подмыва́ет, тошни́т werden statt des sonst in unpersönlichen Konstruktionen üblichen Dativs der Person mit dem (Genitiv-) Akkusativ der Person verbunden.

[1] Unpersönliche Formen sind zumeist nur im Indikativ vertreten. Im Konjunktiv ist die unpersönliche Form selten; im Imperativ kann sie in der Form mit пусть, пуска́й gebraucht werden.

Пусть рассветёт, тогда́ пое́дем.	Mag es erst Tag werden, dann fahren wir los.

Der Infinitiv eines unpersönlichen Verbs tritt in Verbindung mit начина́ть, стать vo. auf:

Начина́ет рассвета́ть.	Es beginnt zu tagen.
Ста́ло вечере́ть.	Es begann, Abend zu werden.

β) Der innere Zustand eines Menschen bzw. seine Bereitschaft oder Neigung zu einer Handlung werden weiter durch unpersönliche reflexive Verben ausgedrückt, denen meist persönliche nichtreflexive Verben gegenüberstehen (vgl. 339, 2 b).

Ему́ нездоро́вится.	Er fühlt sich nicht wohl.
Мне не ве́рится.	Ich kann nicht glauben, es ist für mich kaum zu glauben.
Уже́ не́сколько неде́ль мне не спало́сь по ноча́м.	Schon einige Wochen konnte ich nachts nicht schlafen.
Нам сего́дня не рабо́тается.	Wir können heute nicht richtig arbeiten.
Ему́ живётся пло́хо.	Es geht ihm schlecht.

c) Verben, die ein Vorhandensein oder einen Mangel ausdrücken, z.B.:

хвата́ет	es reicht aus	– vo.: **хва́тит**
недостаёт	es fehlt, reicht nicht aus	– vo.: **недоста́нет**

Diese Verben werden mit dem Genitiv des Gegenstandes verbunden.

Де́нег хва́тит на всё.	Das Geld wird für alles ausreichen.
На тако́е пла́тье недостаёт материа́ла.	Für ein solches Kleid reicht der Stoff nicht aus.

d) Verben, die ein Müssen oder Wollen ausdrücken (vgl. 575 und 578):

сле́дует	man muß, es ziemt sich	
прихо́дится	man muß	– vo.: **придётся**
ему́ хо́чется	er möchte, er will, er hat Lust	

2. Unpersönliche Sätze mit persönlichen Verben in unpersönlicher Funktion **612**

Eine Reihe von persönlichen Verben kann ohne Bezug zu einem Subjekt in unpersönlicher Funktion gebraucht werden.

Зимо́й ра́но темне́ет. Im Winter wird es zeitig dunkel.	aber:	**Серебро́ темне́ет.** Silber wird dunkel.
На у́лице светле́ет. Draußen wird es hell.		**Взгляд его́ светле́ет.** Sein Blick hellt sich auf.
В уша́х шуми́т. Es klingt in den Ohren.		**Класс шуми́т.** Die Klasse lärmt.
В голове́ звени́т. Im Kopf dröhnt es. Der Kopf dröhnt.		**Колоко́льчик звени́т.** Das Glöckchen tönt.

Transitive Verben dienen in unpersönlichen Konstruktionen häufig zur Wiedergabe von Ereignissen, die aus elementarer Kraft auftreten. Dabei wird das direkte Objekt im Akkusativ, der Urheber im Instrumental bezeichnet.

Доро́гу занесло́ сне́гом.	Der Weg wurde vom Schnee verweht.
Водо́й зали́ло луга́.	Die Wiesen wurden vom Wasser überschwemmt.
Кры́шу снесло́ бу́рей.	Das Dach wurde vom Sturm weggerissen.
Волно́й разби́ло ло́дку.	Das Boot wurde von der Welle zerschlagen.

Die Verben **ве́ять** / vo. **пове́ять** (= wehen), **па́хнуть** (= duften) sowie **нести́** und **тяну́ть** in der Bedeutung „wehen, duften" stehen in unpersönlicher Konstruktion mit dem Instrumental als Objekt.

Па́хнет се́ном над луга́ми.	Es duften die Wiesen nach Heu.
От лип души́стым мёдом тя́нет.	Es duftet von den Linden nach wohlriechendem Honig.
С мо́ря несло́ сыры́м и солёным во́здухом.	Vom Meer her wehte eine feuchte und salzige Luft.

613 3. Unpersönliche Sätze mit prädikativen Adverbien[1]

Unter prädikativen Adverbien versteht man unveränderliche – zumeist mit Adverbien formgleiche – Wörter, die in Verbindung mit den Zeitformen von **быть**[2] als Prädikat in unpersönlichen Sätzen gebraucht werden. (Das Präsens wird durch ein einfaches prädikatives Adverb bezeichnet, das Präteritum durch ein prädikatives Adverb in Verbindung mit **бы́ло**, das Futurum durch ein prädikatives Adverb in Verbindung mit **бу́дет**.)

Prädikative Adverbien treten wie folgt auf:

a) Prädikative Adverbien fallen mit Adverbien auf **-о** zusammen und dienen allgemein zur Bezeichnung eines Zustands:

В ко́мнате жа́рко.	Im Zimmer ist es heiß.
На дворе́ хо́лодно.	Draußen ist es kalt.
Бы́ло уже́ светло́.	Es war schon hell.
Круго́м бы́ло ти́хо.	Ringsum war es still.
Нам сего́дня ве́село.	Wir sind heute froh gelaunt.

[1] Nach Ansicht einiger Grammatiken bilden die prädikativen Adverbien eine besondere Wortart; man bezeichnet die prädikativen Adverbien dabei auch als Zustandswörter oder als Kategorie des Zustands, da sie ganz allgemein einen Zustand benennen.

[2] Anstelle von быть können prädikative Adverbien zuweilen auch mit быва́ть, станови́ться/стать vo., де́латься/сде́латься vo., каза́ться/показа́ться vo., ока́зываться/оказа́ться vo. verbunden werden: В лесу́ оказа́лось темно́. Нельзя́ ста́ло ходи́ть без пальто́.

Ein prädikatives Adverb kann auch im Komparativ stehen.

Бу́дет тепле́е.	Es wird wärmer werden.
Ста́ло ти́ше.	Es wurde leiser.

b) Prädikative Adverbien zum Ausdruck einer sinnlichen Wahrnehmung oder Gefühlsregung sind: **ви́дно** = „es ist zu sehen, man kann sehen"; **слы́шно** = „es ist zu hören, man kann hören"; **жаль** = „es ist bedauerlich, es tut leid"; **бо́льно** = „es tut weh, es tut leid"; **сты́дно** = „es ist eine Schande, beschämend". **Ви́дно, слы́шно, жаль**[1] werden mit dem direkten Objekt im Akkusativ, bei Verneinung mit dem direkten Objekt im Genitiv verbunden; **сты́дно** steht gewöhnlich mit **за** und dem Akkusativ.

Отсю́да хорошо́ слы́шно.	Von hier aus kann man gut hören.
Отсю́да всю дере́вню ви́дно.	Von hier aus ist das ganze Dorf zu sehen.
Со́лнца не ви́дно.	Von der Sonne ist nichts zu sehen.
Мне жаль отца́.	Der Vater tut mir leid.
Мне сты́дно за тебя́.	Ich schäme mich für dich (deiner).

c) Besondere prädikative Adverbien zum Ausdruck der Möglichkeit und der Notwendigkeit sind:

на́до, **ну́жно**	es ist notwendig, man muß
мо́жно	es ist möglich, man kann, man darf
невозмо́жно	es ist unmöglich
необходи́мо	es ist notwendig, es ist unumgänglich
нельзя́	man kann nicht, man darf nicht, es ist unmöglich

Мне на́до торопи́ться.	Ich muß mich beeilen.
Нам ну́жно эконо́мить материа́л.	Wir müssen Material sparen.
Мо́жно кури́ть?	Darf man rauchen?
Здесь нельзя́ кури́ть.	Hier darf man nicht rauchen.
Необходи́мо бы́ло ему́ помо́чь.	Man mußte ihm unbedingt helfen.

d) Wie prädikative Adverbien werden die mit **не-** gebildeten negierenden Adverbien gebraucht (vgl. 462).

Ему́ не́где сесть.	Er weiß nicht, wo er sich hinsetzen soll.
Мне сего́дня не́когда.	Ich habe heute keine Zeit.
Ей не́где бы́ло отдохну́ть.	Sie hatte nirgends Platz zum Ausruhen.

[1] Auch nichtverneintes жаль steht bisweilen mit dem direkten Objekt im Genitiv.

e) Auch Substantive können zu prädikativen Adverbien werden. Sie geben dabei ihr Genus auf und werden im Präteritum mit **было** verbunden.

Пора́ (было) нача́ть рабо́ту.	Es ist (war) Zeit, die Arbeit zu beginnen.
О́чень мне охо́та погуля́ть.	Ich habe große Lust, ein wenig spazierenzugehen.
Мне недосу́г э́тим занима́ться.	Ich habe keine Zeit, mich damit zu beschäftigen.

614 4. Unpersönliche Sätze mit der sächlichen Kurzform des Partizips des Präteritums Passiv

siehe (390, b. 3).

Входи́те, не закры́то!	Treten Sie ein, es ist nicht geschlossen!
В ко́мнате наку́рено.	Das Zimmer ist vollgeraucht.
Уже́ по́слано за врачо́м.	Man hat bereits nach dem Arzt geschickt.
Ему́ прика́зано бы́ло остава́ться до́ма.	Man hatte ihm befohlen, zu Hause zu bleiben.

615 5. Verneint-unpersönliche Sätze

siehe (605).

Его́ не́ было до́ма.	Er war nicht zu Hause.
У меня́ нет кни́жного шка́фа.	Ich habe keinen Bücherschrank.
Ме́жду на́ми нет никако́й ра́зницы.	Zwischen uns ist kein Unterschied.
Для вас в жи́зни нет и не бу́дет препя́тствий.	Für Sie gibt es im Leben keine Hindernisse und wird es auch keine geben.

616 6. Infinitivsätze

Der unabhängige Infinitiv kann in unpersönlichen Konstruktionen in folgenden Bedeutungen auftreten:

a) Der Infinitiv kann ein Sollen, Müssen oder Können ausdrücken, z. B.:

Что же нам де́лать?	Was sollen wir denn tun?
Не сходи́ть ли мне за до́ктором?	Soll ich nicht einen Arzt holen?

Они́ не зна́ли, кого́ спроси́ть.	Sie wußten nicht, wen sie fragen sollten.
Тут мне слеза́ть.	Hier muß ich aussteigen.
Мне за́втра ра́но встава́ть.	Ich muß morgen zeitig aufstehen.
Не жить мне без тебя́.	Ich kann ohne dich nicht leben.
Как ему́ помо́чь?	Wie kann man ihm helfen?

b) Der Infinitiv kann eine kategorische Behauptung oder eine unabänderliche Tatsache ausdrücken, z.B.:

Быть дождю́; быть бу́ре.	Es wird Regen geben; es wird ein Sturm losbrechen.
Не расти́ траве́ по́сле о́сени.	Nach dem Herbst wächst kein Gras mehr.
Не цвести́ цвета́м под сне́гом.	Unter dem Schnee blühen keine Blumen.
«Я зна́ю –	„Ich weiß (genau),
го́род бу́дет,	es wird eine Stadt entstehen,
Я зна́ю –	ich weiß (genau),
са́ду цвесть,	es wird ein Garten erblühen,
Когда́	wenn es
таки́е лю́ди	solche Menschen
В стране́	im Sowjetland gibt!“
в сове́тской	
есть!» (Маяко́вский)	
Не быть войне́!	Es wird keinen Krieg geben.

c) Der Infinitiv kann einen nachdrücklichen Befehl ausdrücken, z.B.:

Встать! Молча́ть!	Aufstehen! Schweigen!
Не шуме́ть!	Nicht lärmen!
Не говори́ть ни сло́ва!	Kein Wort sprechen!

d) In Verbindung mit der Partikel **бы** kann der Infinitiv einen Wunsch, eine Befürchtung oder eine Möglichkeit ausdrücken, z.B.:

Поговори́ть бы с ним!	Man müßte mit ihm sprechen können!
То́лько бы усну́ть!	Wenn man nur einschlafen könnte!
Всё бы нам знать!	Wenn wir doch alles wissen könnten!
Не опозда́ть бы нам!	Wenn wir nur nicht zu spät kommen!
Не простуди́ться бы вам!	Wenn Sie sich nur nicht erkälten!
Быть бы дождю́, ка́бы не ве́тер.	Es könnte regnen, wenn kein Wind wehte.

DIREKTE UND INDIREKTE REDE

617 ## I. Die Form der direkten und der indirekten Rede

Direkte und indirekte Rede sind verschiedene Formen der Wiedergabe gesprochener Rede.

Die direkte Rede gibt die gesprochene Rede in ihrer ursprünglichen Form wieder. Der Urheber der gesprochenen Rede wird dabei in vorangestellten, eingefügten oder nachgestellten Sätzen gekennzeichnet[1].

Я спроси́л: «Как мне пройти́ к вокза́лу?»	Ich fragte: „Wie muß ich zum Bahnhof gehen?“
«Вот мы и до́ма!» – закрича́л Пе́тя.	„Da sind wir zu Hause!“ rief Petja aus.
«Нет, – сказа́ла Ни́на, – я не хочу́ с тобо́й пое́хать».	„Nein“, sagte Nina, „ich will nicht mit dir fahren.“

Die indirekte Rede gibt die gesprochene Rede nur dem Inhalt nach wieder. Die gesprochene Rede nimmt dabei die Form eines Nebensatzes an; den zugehörigen Hauptsatz bildet der den Urheber der Rede kennzeichnende Vorder-, Zwischen- oder Nachsatz der direkten Rede.

Anrede und Interjektionen der direkten Rede fallen bei der Wiedergabe durch die indirekte Rede aus. Dazu tritt bei der Wiedergabe durch die indirekte Rede gegenüber der direkten Rede vielfach ein entsprechender Personenwechsel ein.

Direkte Rede	*Indirekte Rede*
Моя́ сестра́ сказа́ла: «Ве́чером к нам приду́т го́сти». Meine Schwester sagte: „Am Abend werden Gäste zu uns kommen.“	**Моя́ сестра́ сказа́ла, что ве́чером к нам приду́т го́сти.** Meine Schwester sagte, daß am Abend Gäste zu uns kämen.
Мой това́рищ попроси́л: «Дай мне э́ту кни́гу!» Mein Kamerad bat: „Gib mir dieses Buch!“	**Мой това́рищ попроси́л меня́, что́бы я дал ему́ э́ту кни́гу.** Mein Kamerad bat mich, ihm dieses Buch zu geben.
«Куда́ ты так спеши́шь?» – спроси́ла меня́ Та́ня. „Wohin eilst du so?“ fragte mich Tanja.	**Та́ня спроси́ла меня́, куда́ я так спешу́.** Tanja fragte mich, wohin ich so eile.

[1] Zur Zeichensetzung in der direkten Rede siehe (644—645).
Zur Wortfolge im Zwischen- oder Nachsatz bei der direkten Rede siehe (622, f).

II. Die Umwandlung direkter Rede in indirekte Rede

Nicht in allen, aber in den meisten Fällen ist eine Umwandlung direkter Rede in die indirekte Rede möglich.

A. Für die Wahl des Nebensatzes bei der Wiedergabe direkter Rede durch die indirekte Rede gilt allgemein folgendes: 618

1. Ist die direkte Rede ein Aussagesatz, so erfolgt die Wiedergabe in der indirekten Rede durch einen Objektsatz mit der Konjunktion **что** oder mit **бу́дто (бы)**, wenn der Sprecher die Richtigkeit der wiedergegebenen Rede bezweifelt (vgl. 519). In den Objektsätzen mit **что** und **бу́дто** steht dabei der gleiche Modus wie in der entsprechenden direkten Rede (vgl. auch 367).

Direkte Rede	*Indirekte Rede*
Това́рищ сказа́л: «Я подожду́». Der Kamerad sagte: „Ich werde warten."	**Това́рищ сказа́л, что он подождёт.** Der Kamerad sagte, daß er warten werde.
Ты же говори́л мне: «Я э́то сде́лаю для тебя́». Du hast doch zu mir gesagt: „Ich werde das für dich tun."	**Ты же говори́л мне, что ты э́то сде́лаешь для меня́.** Du hast mir doch gesagt, daß du das für mich tun würdest.
Лётчик заяви́л: «По моему́ мне́нию, пого́да са́мая лётная». Der Pilot erklärte: „Meiner Meinung nach ist das beste Flugwetter."	**Лётчик заяви́л, что, по его́ мне́нию, пого́да са́мая лётная.** Der Pilot erklärte, daß seiner Meinung nach das beste Flugwetter sei.
Она́ сказа́ла: «Я могла́ бы предприня́ть э́ту пое́здку». Sie sagte: „Ich könnte diese Reise machen."	**Она́ сказа́ла, что она́ могла́ бы предприня́ть э́ту пое́здку.** Sie sagte, sie könnte diese Reise machen.
Он сказа́л: «Е́сли бы я не́ был бо́лен, я пришёл бы к вам». Er sagte: „Wenn ich nicht krank wäre, würde ich zu euch kommen."	**Он сказа́л, что он пришёл бы к нам, е́сли бы он не́ был бо́лен.** Er sagte, daß er zu uns kommen würde, wenn er nicht krank wäre.

2. Ist die direkte Rede ein Befehl, eine Aufforderung oder eine Bitte im Imperativ, so erfolgt die Wiedergabe in der indirekten Rede durch einen Objektsatz mit **что́бы** und dem Konjunktiv.

Direkte Rede	*Indirekte Rede*
«Приходи́ ко мне!» — сказа́л я това́рищу.	**Я сказа́л това́рищу, что́бы он приходи́л ко мне.**
„Komm her zu mir!" sagte ich zu meinem Kameraden.	Ich sagte zu meinem Kameraden, daß er zu mir herkommen solle.
«Расскажи́ нам ска́зку!» — попроси́ли мы ба́бушку.	**Мы попроси́ли ба́бушку, что́бы она́ рассказа́ла нам ска́зку.**
„Erzähl' uns ein Märchen!" baten wir die Großmutter.	Wir baten die Großmutter, daß sie uns ein Märchen erzählen solle.
Мой това́рищ предложи́л мне: «Пойдёмте в воскресе́нье вме́сте со мной в музе́й!»	**Мой това́рищ предложи́л мне, что́бы я пошёл в воскресе́нье вме́сте с ним в музе́й.**
Mein Kamerad schlug mir vor: „Gehen wir am Sonntag gemeinsam ins Museum!"	Mein Kamerad schlug mir vor, daß ich am Sonntag mit ihm gemeinsam ins Museum gehen solle.

Daneben kann der Imperativ der direkten Rede in der indirekten Rede auch durch den Infinitiv ohne Konjunktion wiedergegeben werden, z.B.:

Мы попроси́ли ба́бушку рассказа́ть нам ска́зку.	Wir baten die Großmutter, uns ein Märchen zu erzählen.
Мой това́рищ предложи́л мне пойти́ в воскресе́нье вме́сте с ним в музе́й.	Mein Kamerad schlug mir vor, am Sonntag gemeinsam mit ihm ins Museum zu gehen.

3. Ist die direkte Rede eine Bestimmungsfrage, so erfolgt die Wiedergabe in der indirekten Rede durch einen indirekten Fragesatz mit dem gleichen Fragepronomen oder -adverb wie in der direkten Rede.

Direkte Rede	*Indirekte Rede*
«Кото́рый час?» — спроси́л я.	**Я спроси́л, кото́рый час.**
„Wie spät ist es?" fragte ich.	Ich fragte, wie spät es sei.
А́нна Ива́новна спроси́ла меня́: «Где вы проводи́ли ле́то?»	**А́нна Ива́новна спроси́ла меня́, где я проводи́л ле́то.**
Anna Iwanowna fragte mich: „Wo haben Sie den Sommer verbracht?"	Anna Iwanowna fragte mich, wo ich den Sommer verbracht habe.
Он спроси́л: «Как мне пройти́ к вокза́лу?»	**Он спроси́л, как ему́ пройти́ к вокза́лу.**
Er fragte: „Wie muß ich zum Bahnhof gehen?"	Er fragte, wie er zum Bahnhof gehen müsse.

4. Ist die direkte Rede eine Entscheidungsfrage, so erfolgt die Wiedergabe in der indirekten Rede durch einen indirekten Fragesatz mit der Fragepartikel **ли** = „ob". **Ли** steht dabei nach dem Wort, auf das sich die Frage bezieht und das gewöhnlich den indirekten Fragesatz einleitet.

Direkte Rede	*Indirekte Rede*
Я спросил моегó дрýга: «Ты ужé знáешь мнóго рýсских слов?»	**Я спросил моегó дрýга, мнóго ли он ужé знáет рýсских слов.**
Ich fragte meinen Freund: „Kennst du schon viele russische Wörter?"	Ich fragte meinen Freund, ob er schon viele russische Wörter kenne.
Я спросил егó: «Скóро (ли) ты бýдешь готóв?»	**Я спросил егó, скóро ли он бýдет готóв.**
Ich fragte ihn: „Wirst du bald fertig sein?"	Ich fragte ihn, ob er bald fertig sein werde.

5. Zuweilen kann die indirekte Rede durch Einschalten von **мол, дéскать** (verkürzt **-де**) – deutsch etwa: „sagt(-e)..." – hervorgehoben werden. **Мол** und **дéскать** werden dabei stets durch Kommas abgetrennt. (Vgl. 581,3.)

Лю́ди говоря́т, что ты, дéскать, сам виновáт.	Man sagt, daß du selbst Schuld habest.
Он постоя́нно спрáшивал самогó себя́, что, мол, э́то знáчит.	Er fragte sich beständig, was das wohl bedeuten könne.

B. Für die Zeitenfolge bei der Umwandlung direkter Rede in die indirekte Rede gilt: **619**

Bei Wiedergabe durch die indirekte Rede wird gewöhnlich die Zeit der direkten Rede beibehalten, z. B.:

Direkte Rede	*Indirekte Rede*
Он сказáл: «Я читáю интерéсную кни́гу».	**Он сказáл, что он читáет интерéсную кни́гу.**
Он сказáл: «Я читáл интерéсную кни́гу».	**Он сказáл, что он читáл интерéсную кни́гу.**
Он сказáл: «Я бýду читáть интерéсную кни́гу».	**Он сказáл, что он бýдет читáть интерéсную кни́гу.**

Ganz selten kann die indirekte Rede abweichend von der zugrunde liegenden direkten Rede im Präteritum stehen, wenn der den Urheber der Rede kennzeichnende Hauptsatz im Präteritum steht. Dieser Gebrauch entspricht aber nicht der literatursprachlichen Norm.

ZUR FOLGE DER SATZGLIEDER

620

1. Allgemeines zur Wortfolge

Wörter und Wortgruppen werden durch das Wirken bestimmter Gesetzmäßigkeiten zu einem Satz verbunden. Diese Gesetzmäßigkeiten kommen in den drei Arten der syntaktischen Verbindung zum Ausdruck: in der Kongruenz, der Rektion und der Anlehnung (der Unterordnung ohne formale Kennzeichen).

Die Gesetzmäßigkeiten der Satzstruktur zeigen sich aber auch in der Aufeinanderfolge der den Satz bildenden Satzglieder.

Wenn von einer Folge der Satzglieder gesprochen wird, so kann darunter eine Folge nur relativer Art verstanden werden (also nicht „an erster, zweiter, dritter Stelle", sondern „vor dem Subjekt", „nach dem Subjekt", „vor dem Prädikat" usw.). Die Folge der Satzglieder bedeutet also ihre Stellung in ihrer Beziehung zueinander.

Für den richtigen Satzbau ist aber nicht nur die Aufeinanderfolge der Satzglieder wichtig, sondern auch die Wortfolge innerhalb zusammengesetzter Satzglieder sowie die Stellung der Hilfswörter, vor allem die der Partikeln, im Satz.

Wie im Deutschen gibt es im Russischen einen „Satzplan", das Schema einer normalen Wortfolge, das sich aus der Folge Subjekt–Prädikat und der Gruppierung der anderen, der nebenrangigen Satzglieder, um diese wesentlichen Satzglieder ergibt. Man nennt diese „normale" Wortfolge die *direkte*. Beispiele dafür:

Класс посети́л музе́й.	Die Klasse besuchte ein Museum.
Мы чита́ли интере́сный расска́з.	Wir lasen eine interessante Erzählung.

Aber unter bestimmten Bedingungen (s. u.) weicht die Wortstellung von dieser Norm ab, z.B.:

Отвеча́ть бу́дет Петро́в.	Antworten wird Petrow.

Man nennt diese Wortstellung die indirekte, „ungerade", auch *Inversion*, vgl. noch:

Er fehlte (Subjekt – Prädikat).
Er war krank; deshalb fehlte *er* (Prädikat – Subjekt).

Es gibt im Russischen keine „freie Wortstellung". Sowohl die Norm als auch die – freilich recht zahlreichen – Abweichungen von der Norm unterliegen bestimmten Gesetzmäßigkeiten und üben grammatische, stilistische und semantische Funktionen aus. In bestimmten Fällen ist nur die Norm möglich. Es sind dies folgende Fälle:

a) Nominativ und Akkusativ des Substantivs weisen die gleiche Form auf. Die Eindeutigkeit verlangt dann die Wortfolge Subjekt – Prädikat – Objekt:

Мать лю́бит дочь.	Die Mutter liebt die Tochter.
Бытие́ определя́ет созна́ние.	Das Sein bestimmt das Bewußtsein.

b) Das Prädikat ist ein Adjektiv in der Langform. Unmißverständlich ist nur die Wortfolge Subjekt–Prädikat:

День я́сный.	Das Wetter ist klar.
(Я́сный день.	Es ist klares Wetter.)

c) Subjekt und Prädikat sind durch Substantive ausgedrückt. An erster Stelle steht dann immer das Subjekt:

Учи́тель – мой брат.	Der Lehrer ist mein Bruder.
Мой брат – учи́тель.	Mein Bruder ist Lehrer.

d) Subjekt oder Prädikat sind Infinitive. Der Infinitiv an erster Stelle ist dann Subjekt, der an zweiter Stelle Prädikat.

Пое́хать на Се́вер бы́ло мое́й давни́шней мечто́й.	In den Norden zu fahren war immer mein Traum.
Его́ мечта́ – пое́хать на Се́вер.	Sein Traum ist es, in den Norden zu fahren.

In den erwähnten Fällen ist aus grammatischen Gründen eine Abweichung von der Norm nicht möglich. In allen übrigen Fällen ist eine Änderung der Wortfolge sehr wohl möglich. Doch ist sie dann stets irgendwie bedingt, z.B. durch die logische Betonung, die die Stellung des Subjekts am Satzende bewirkt:

Экзаменова́л меня́ профе́ссор Ивано́в.	Es examinierte mich Professor Iwanow.
Приходи́л к вам я.	Ich war es, der zu Ihnen kam.
Чита́ет кни́гу Ко́ля.	Das Buch liest Kolja.

Auch die Inversion innerhalb der Wortgruppe Zahlwort-Substantiv ist durch Bedeutungsänderung zu erklären:

Ему́ со́рок лет.	Er ist 40 Jahre alt.
Ему́ лет со́рок.	Er ist ungefähr 40 Jahre alt.
Я был у него́ часо́в в де́сять.	Ich war bei ihm etwa um 10 Uhr.

2. Die Stellung des Subjekts im Satz 621

Die normale, direkte Wortstellung verlangt Voranstellung des Subjekts, Nachstellung des Prädikats:

Се́меро одного́ не ждут.	Sieben warten nicht auf einen.

Das Subjekt wird aber nachgestellt, wenn der Satz mit einem Satzglied beginnt, das das Prädikat näher bestimmt:

В лесу́ бы́ло мно́го гуля́ющих.	Im Walde waren viele Spaziergänger.
В ко́мнате стоя́т стол и два сту́ла.	Im Zimmer stehen ein Tisch und zwei Stühle.

Nachstellung des Subjekts tritt auch ein, wenn das Prädikat die allgemeine Bedeutung des Seins, Beginns, Verlaufs hat:

Наступа́ет дли́нный зи́мний день.	Es beginnt ein langer Wintertag.
Прохо́дит час, друго́й . . .	Es vergeht eine Stunde, eine zweite...

Die logische Betonung des Prädikats bewirkt Inversion desselben; das Subjekt tritt dann an die zweite Stelle:

Не рабо́тал же ты!	Du hast doch gar nicht gearbeitet!
Ску́чный ты стал!	Ach, langweilig bist du geworden!

Wenn das Subjekt logisch betont ist, tritt Inversion ein, d.h. es steht hinter dem Prädikat:

Отвеча́ть бу́дете вы.	Antworten werden Sie.
Како́е огро́мное сча́стье – люби́ть и быть люби́мым!	Was für ein (großes) Glück ist es, zu lieben und geliebt zu werden.

Die logische Betonung wird mitunter nicht nur durch die Inversion und die damit verbundene Intonation gekennzeichnet, sondern es tritt zum Subjekt noch **то́лько, всего́** hinzu:

Опозда́л то́лько оди́н.	Zu spät kam nur einer.
От пожа́ра уцеле́ло всего́ три до́ма.	Vom Brande verschont blieben nur drei Häuser.

622 **3. Die Stellung des Prädikats im Satz**

Die Norm ist Stellung hinter dem Subjekt:

Я живу́ за го́родом.	Ich wohne außerhalb der Stadt.

In folgenden Fällen tritt jedoch Inversion ein:

a) Der Satz beginnt mit einem nebenrangigen Satzglied, das zum Prädikat gehört:

Вдали́ ви́ден кора́бль.	In der Ferne ist ein Schiff zu sehen.

b) Das Prädikat ist ein Verb mit der allgemeinen Bedeutung des Seins, Beginns, Verlaufs:

Прошло́ два часа́.	Es vergingen zwei Stunden.

c) Das Verb kann auch mit konkreterer Bedeutung vorangehen, wenn es sich um eine Schilderung handelt:

Пролете́ли кани́кулы.	Im Nu waren die Ferien vorbei.

d) In den ersten Sätzen eines Berichts, einer Erzählung steht das Prädikat, das in die Situation einführt, ebenfalls vor dem Subjekt:

Прихожу́ я к това́рищу, а у него́ сиди́т Петро́в.	Ich besuche einen Freund und finde bei ihm Petrow.

e) Das logisch betonte, stark emotional gefärbte Prädikat wird vorangestellt:

Ко́нчена моя́ жизнь!	Aus ist mein Leben!
Прекра́сный ю́ноша был мой брат.	Ein Prachtkerl war mein Bruder.

f) Vorangestellt wird mitunter das Prädikat des der direkten Rede nachgestellten oder des in die direkte Rede eingeschobenen Satzes:

— Вот, — сказа́ла она́, — мои́ де́ти.	„Das sind“, sagte sie, „meine Kinder.“

4. Die Stellung des Attributs im Satz 623

Das kongruierende Attribut steht in der Regel vor seinem Substantiv:

Бы́ло жа́ркое ле́то.	Es war ein heißer Sommer.
Я получи́л тре́тью телегра́мму.	Ich erhielt das dritte Telegramm.

Kongruiert aber das Attribut mit einem der indefiniten Pronomen, so wird es nachgestellt; die Wortgruppe erhält den Charakter der Substantivierung (vgl. die deutsche Entsprechung):

Начина́ется что́-то но́вое.	Es beginnt etwas Neues.
Случи́лось что́-то стра́шное.	Etwas Schreckliches ist geschehen.

Stehen mehrere Attribute (Pronomen, Adjektiv) vor einem Substantiv, so steht das Pronomen vor dem Adjektiv:

Я ча́сто гуля́ю по э́тому тени́стому са́ду.	Ich gehe oft in diesem schattigen Garten spazieren.
Твоя́ но́вая кни́га всем понра́вилась.	Dein neues Buch hat allen gefallen.

Ganz am Anfang der Attributreihe stehen **весь, вся́кий** (vgl. dagegen die deutsche Wortstellung):

Вся э́та глу́пая исто́рия повторя́ется изо дня в день.	Diese ganze dumme Geschichte wiederholt sich Tag für Tag.

Die *Inversion* des Attributs besteht darin, daß es nachgestellt oder – von seinem Beziehungswort gelöst – an die Spitze des Satzes gerückt wird. Die Inversion bedeutet Hervorhebung:

Бал – вещь хоро́шая.	Der Ball ist eine famose Sache.
Безво́льный он челове́к!	Ein willenloser Mensch ist er!

Die Inversion kommt auch bei Aufzählungen vor:

Мой оте́ц, челове́к ещё молодо́й и о́чень краси́вый, жени́лся на ней.	Mein Vater, damals ein junger Mann von sehr gutem Aussehen, heiratete sie.

Das nachgestellte Possessivpronomen hat stark emotionalen Charakter:

Ма́ма, ма́ма! Я по́мню ру́ки твои́ с того́ мгнове́нья, как я стал сознава́ть себя́ на све́те.	Ach, Mutter, Mutter! Ich kenne deine Hände, seit ich meines Lebens bewußt bin.

Ein nachgestelltes Demonstrativ- oder Possessivpronomen braucht nicht immer emotionalen Charakter zu haben. Dann steht es enklitisch (ohne Betonung):

Весь день э́тот я провёл до́ма.	Den ganzen Tag verbrachte ich zu Hause.
Конь мой утоми́лся.	Mein Pferd war ermüdet.

In der Literatur des 19. Jahrhunderts findet man recht häufig ein nachgestelltes adjektivisches Attribut:

Колоко́льчик однозву́чный утоми́тельно греми́т.	Ermüdend klingt das eintönige Glöckchen.
Беле́ет па́рус одино́кий в тума́не мо́ря голубо́м. (Ле́рмонтов)	Weiß glänzt ein einsam Segel in des Meeres blauem Dunst.

Das nichtkongruierende Attribut wird gewöhnlich nachgestellt:

Напро́тив был ви́ден дом с кра́сной кры́шей.	Gegenüber war ein Haus mit rotem Dach zu sehen.
К за́втраку по́дали я́йца всмя́тку.	Zum Frühstück gab es weichgekochte Eier.

Hierher gehört auch das im Nebensatz verwendete Relativpronomen, das als Attribut nachgestellt wird:

Э́то инжене́р Кузнецо́в, с сы́ном кото́рого я знако́м.	Das ist Ingenieur Kusnezow, dessen Sohn ich kenne.

Inversion des nichtkongruierenden Attributs tritt bei Gegenüberstellungen ein:

В чёрном переплёте кни́га мне не нра́вится, я возьму́ кни́гу в кра́сном переплёте.	Das Buch im schwarzen Einband gefällt mir nicht; ich nehme das Buch im roten Einband.

Gehören zu einem Substantiv ein kongruierendes und ein nichtkongruierendes Attribut, so sind zwei Wortstellungen möglich:

Вошла́ ху́денькая же́нщина невысо́кого ро́ста. oder: **Вошла́ ху́денькая, невысо́кого ро́ста же́нщина.**	Es trat eine schmächtige, kleine Frau ein.

5. Die Stellung des Objekts im Satz 624

Das direkte Objekt (Substantiv oder Pronomen) steht in der Regel hinter dem regierenden Verb:

Его́ равноду́шие взбеси́ло меня́.	Sein Gleichmut machte mich wild.

Das pronominale Akkusativobjekt kann auch vor dem Verb stehen:

Я ко́е-что́ заме́тил.	Ich habe etwas gemerkt.

Auch das indirekte Objekt sowie das Objekt, das durch einen Infinitiv ausgedrückt wird, wird nachgestellt:

За́суха вреди́т посе́вам.	Die Dürre schadet der Aussaat.
Команди́р приказа́л стреля́ть.	Der Kommandeur befahl zu schießen.

Bei mehreren Objekten steht das direkte vor dem bzw. den anderen[1]:

Он по́дал ру́ку всем прису́тствовавшим.	Er gab allen Anwesenden die Hand.

Die Inversion des Objekts bedeutet logische Betonung:

С тобо́й я бу́ду открове́нен.	Dir gegenüber werde ich offen sein.
Я кни́гу взял, а не тетра́дь.	Ich nahm das Buch, nicht das Heft.

Das von einem Nomen regierte Objekt wird immer nachgestellt:

---

1 Eine Ausnahme bildet der Dativ des Personalpronomens:

Дай мне ру́ку!	Gib mir deine Hand!

Ближáйшая к нáшему гóроду деревня находилась в трёх километрах.	Das unserer Stadt nächstgelegene Dorf war drei Kilometer entfernt.

625 **6. Die Stellung der Adverbialbestimmungen im Satz**

Die Stellung der Adverbialbestimmungen im Satz ist mannigfaltig. Aber auch hier lassen sich Gesetzmäßigkeiten erkennen.

So steht die *Adverbialbestimmung der Art und Weise* vor dem Prädikat:

Они́ вéсело разговáривали мéжду собóй.	Sie unterhielten sich in lustiger Stimmung.
Я егó хорошó знáю.	Ich kenne ihn gut.

Die Stellung dieser Adverbialbestimmung *nach* dem Prädikat hebt hervor:

Áня шла бы́стро, Григóрий едвá поспевáл за нéю.	Anja ging schnell; Grigori konnte kaum Schritt halten.

Die logisch betonte Adverbialbestimmung der Art und Weise kann auch am Anfang des Satzes stehen; dann folgt das (invertierte) Prädikat unmittelbar:

Плóхо провёл я ночь.	Eine schlimme Nacht war es für mich.

Die Adverbialbestimmung der Art und Weise, die durch ein Substantiv oder durch ein von einem Substantiv abgeleitetes Adverb ausgedrückt wird, folgt auf das Prädikat:

Меня́ вы́слушали с больши́м терпéнием.	Man hörte mich mit großer Geduld an.
Я рабóтал нóчью.	Ich arbeitete in der Nacht.
Лóшади шли шáгом.	Die Pferde gingen im Schritt.

Die *Adverbialbestimmungen des Ortes und der Zeit* stehen sowohl *vor* als auch *hinter* dem Prädikat. Dabei ist aber zu beachten, daß auf die vorangehende Bestimmung des Ortes unmittelbar das Prädikat, auf die vorangehende Bestimmung der Zeit das Subjekt folgt:

С зáпада шла тýча.	Vom Westen her nahte eine Wolke.
Пóсле обéда я отдыхáл.	Nach dem Mittagessen erholte ich mich.

Üblich ist jedoch Nachstellung:

Я вошёл в класс.	Ich betrat den Klassenraum.
Я приéхал пóздно нóчью.	Ich traf spät in der Nacht ein.

Sind im Satz beide Bestimmungen enthalten, so ist folgende Wortstellung üblich:

Adv. der Zeit – Subjekt – Prädikat – Adv. des Ortes.

Час спустя́ я верну́лся домо́й.	Nach einer Stunde kehrte ich heim.

Die *Adverbialbestimmungen des Grundes und des Zweckes* stehen normalerweise *vor* dem Prädikat:

Две де́вушки от стра́ха пла́кали.	Zwei Mädchen weinten vor Angst.

Nachgestellt bedeuten sie Hervorhebungen:

Ру́ки у меня́ трясу́тся от сла́бости.	Meine Hände zittern vor Schwäche.
Стара́ться на́до от любви́ к де́лу.	Man muß sich Mühe geben aus Liebe zur Sache.

Der Infinitiv des Zweckes wird, wenn er nicht logisch betont ist, nachgestellt:

Они́ пое́хали осма́тривать «богоуго́дные заведе́ния».	Sie fuhren, „die gottgefälligen Einrichtungen" zu besichtigen.
Мы пошли́ гуля́ть.	Wir gingen spazieren.

Vorangestellter Infinitiv bedeutet Hervorhebung; in der Dichtung wird ihm dadurch emotionale Färbung verliehen:

Мы гуля́ть пошли́.	Spazieren gingen wir.
Мы за сча́стье боро́ться идём.	Für das Glück zu kämpfen, sind wir bereit.

Adverbialbestimmungen, die zu einem Satzglied gehören, das durch ein Substantiv ausgedrückt wird, stehen hinter diesem Substantiv:

Возвраще́ние его́ в Москву́ ...	Seine Rückkehr nach Moskau...
По́сле возвраще́ния его́ в Москву́ ...	Nach seiner Rückkehr nach Moskau...

Nähere Bestimmungen eines Adjektivs oder Adverbs werden gewöhnlich vorangestellt:

Она́ научи́лась ру́сскому языку́ удиви́тельно бы́стро.	Sie hat die russische Sprache erstaunlich schnell erlernt.
В ко́мнате ужа́сно жа́рко.	Im Zimmer ist es furchtbar heiß.
Стоя́ли томи́тельно жа́ркие дни.	Es waren drückend heiße Tage.

Nachgestellt werden sie, wenn sie durch ein Substantiv mit Präposition oder durch einen Vergleich ausgedrückt werden:

Он был слепо́й от приро́ды.	Er war blind von Geburt.
Ночь была́ така́я же ти́хая, как и накану́не.	Die Nacht war ebenso still wie tags zuvor.

626 **7. Die Stellung der Partikeln**

Von den Hilfswörtern, die nicht die Funktion eines Satzgliedes ausüben, erfordern nur die Partikeln eine besondere Betrachtung. Für die anderen Arten der Hilfswörter gilt folgendes:

Die Präpositionen werden vorangestellt: (nur **ра́ди** „wegen", **спустя́** „nach" und **навстре́чу** „entgegen" können vor- oder nachgestellt werden, z.B.: **ра́ди сы́на, сы́на ра́ди**).

Von den Konjunktionen können einige auch nachgestellt werden (**ита́к, оттого́, поэ́тому** u.a.), d.h. sie stehen dann nicht am Anfang des Satzes.

Die Partikeln lassen sich ihrer Stellung nach in drei Gruppen gliedern:

1. *Vor* ihrem Beziehungswort stehen die Partikeln: **да, ну, что за, дава́й, дай, всё, пусть, пуска́й, не, ни, вот, хоть, ещё, хоть бы, хотя́ бы** u. a.

Что за исто́рия?	Was ist das für eine Geschichte!
Хоть бы не опозда́ть!	Wenn man doch wenigstens nicht zu spät käme!
Вот идёт по́езд.	Da kommt der Zug.

2. *Nach*gestellt werden: **же, ли, бы** (im Nebensatz meist vor dem Verb), **-то, -ка, э́то, было:**

Мы прие́дем сего́дня же.	Wir kommen noch heute an.
Иди́те, вас же вызыва́ют.	Gehen Sie, man ruft Sie auf.
Кто э́то кричи́т?	Wer schreit da?
Где э́то ты пропада́л?	Wo stecktest du denn?
Когда́-то он придёт?	Wann er wohl kommen mag?
Спо́й-ка что́-нибудь!	Sing mal etwas!
Он пошёл было, да останови́лся.	Er machte einige Schritte, blieb aber dann stehen.

3. Die dritte Gruppe bilden die Partikeln, deren Wortstellung freier ist: **ведь, уж, уже́, себе́, быва́ло** u. a.

Ведь пра́вда? (Пра́вда ведь?)	Es ist doch wahr?
Уж извини́те!	Entschuldigen Sie schon!
Ра́зве так уж ну́жно?	Ist das denn so notwendig?
А он сиди́т себе́ и ду́мает. **А он себе́ сиди́т и ду́мает.**	Er aber sitzt da, in Gedanken vertieft.
Ся́дет быва́ло и начнёт рас-ска́зывать. **Быва́ло ся́дет и начнёт рас-ска́зывать.**	Mitunter setzte er sich und begann zu erzählen.

ZUR ORTHOGRAPHIE
UND INTERPUNKTION

ZUR GROSS- UND KLEINSCHREIBUNG

Im Russischen ist die Großschreibung grundsätzlich auf Satzanfänge und Namen beschränkt (zum Unterschied vom Deutschen werden also auch Substantive in der Regel klein geschrieben). 627

Im folgenden sind die wichtigsten Regeln zur Schreibung von Namen zusammengestellt.

1. Zur Schreibung der Personennamen und der Rufnamen für Tiere 628

a) Männliche und weibliche Personennamen, Beinamen, Pseudonyme sowie Rufnamen für Tiere werden groß geschrieben, z. B.:

Алекса́ндр Серге́евич Пу́шкин	Alexander Sergejewitsch Puschkin
Ива́н Гро́зный	Iwan der Schreckliche
Пётр Пе́рвый (Пётр I)	Peter I.
Кашта́нка	Kaschtanka (Rufname eines Hundes)
Му́рка	Murka (Rufname einer Katze)

b) Von Personennamen abgeleitete Adjektive werden groß geschrieben:

1. wenn sie in possessiver Bedeutung gebraucht werden und ihr Stamm auf die Suffixe **-ов (-ев)** oder **-ин** auslautet, z. B.:

Ма́рксов «Капита́л»	Marx' „Kapital"
Да́лев слова́рь	das Wörterbuch von Dal

2. wenn sie als Teil einer Bezeichnung durch den entsprechenden Personennamen in Verbindung mit **и́мени** „namens" oder **па́мяти** „zum Andenken an" ersetzt werden könnten, z. B.:

Ломоно́совские чте́ния	Vorlesungen zum Andenken an Lomonossow

In allen übrigen Fällen werden von Personennamen abgeleitete Adjektive klein geschrieben, z. B.:

пу́шкинский стиль	der Stil Puschkins
турге́невские «Запи́ски охо́тника»	Turgenews „Aufzeichnungen eines Jägers"
рентге́новский кабине́т	das Röntgenzimmer

c) Dienstbezeichnungen und Titel werden in der Regel klein geschrieben, z. B.:

мини́стр	der Minister
президе́нт	der Präsident
коро́ль	der König
заслу́женный де́ятель нау́ки	der verdiente Wissenschaftler

Die höchsten Dienstbezeichnungen und Ehrentitel in der UdSSR werden jedoch in allen Teilen groß geschrieben:

Председа́тель Прези́диума Верхо́вного Сове́та СССР	der Vorsitzende des Präsidiums des Obersten Sowjets der UdSSR
Председа́тель Сове́та Мини́стров СССР	der Vorsitzende des Ministerrates der UdSSR
Геро́й Сове́тского Сою́за	Held der Sowjetunion
Геро́й Социалисти́ческого Труда́	Held der Sozialistischen Arbeit
Ма́ршал Сове́тского Сою́за	Marschall der Sowjetunion

629 2. Zur Schreibung der astronomischen und geographischen Namen

a) Astronomische und geographische Namen (einschließlich der Eigennamen für Straßen, Plätze, Gebäude usw.) werden groß geschrieben. Bestehen diese Eigennamen aus mehreren Wörtern, so werden alle Wörter mit Ausnahme der Hilfswörter und der Gattungsnamen (wie **звезда́, гора́, о́стров, мо́ре, река́, пло́щадь, у́лица** usw.) groß geschrieben, z. B.:

Марс	der Mars
Дардане́ллы	die Dardanellen
Сою́з Сове́тских Социалисти́ческих Респу́блик[1]	die Union der Sozialistischen Sowjetrepubliken
Кита́йская Наро́дная Респу́блика[1]	die Chinesische Volksrepublik
Экваториа́льная А́фрика	Äquatorial-Afrika
Се́верный по́люс	der Nordpol
Балка́нский полуо́стров	die Balkanhalbinsel
Балти́йское мо́ре	die Ostsee
о́зеро Байка́л	der Baikalsee
у́лица Го́рького	die Gorkistraße
Кра́сная пло́щадь	der Rote Platz

[1] In den offiziellen Bezeichnungen der Sowjetrepubliken und der Länder der Volksdemokratie wird — abweichend von der obigen Regel — das Wort респу́блика groß geschrieben.

b) Die Bezeichnungen für die Himmelsrichtungen werden in der Regel klein geschrieben, z. B.:

восто́к	der Osten
се́веро-за́пад	der Nordwesten

Werden die Himmelsrichtungen als territoriale Bezeichnungen verwendet, so werden sie jedoch groß geschrieben, z. B.:

языки́ наро́дов Се́вера	die Sprachen der Völker des Nordens

3. Zur Schreibung der Bezeichnungen gesellschaftlicher Institutionen 630

a) Die Bezeichnungen der höchsten gesellschaftlichen Einrichtungen und Organisationen in der UdSSR und die Bezeichnungen einiger internationaler Organisationen werden in allen Teilen groß geschrieben (mit Ausnahme der Hilfswörter und des Wortes **па́ртия**), z. B.:

Центра́льный Комите́т Коммунисти́ческой па́ртии Сове́тского Сою́за	das Zentralkomitee der Kommunistischen Partei der Sowjetunion
Сове́т Мини́стров СССР	der Ministerrat der UdSSR
Верхо́вный Суд СССР	das Oberste Gericht der UdSSR
Сове́тская А́рмия	die Sowjetarmee
Организа́ция Объединённых На́ций	die Organisation der Vereinten Nationen
О́бщество Кра́сного Креста́ и Кра́сного Полуме́сяца	die Gesellschaft des Roten Kreuzes und des Roten Halbmondes

b) Für die Schreibung der anderen zentralen und örtlichen gesellschaftlichen Einrichtungen und Organisationen in der UdSSR gilt folgende Regel:
Das erste Wort und die Eigennamen werden groß, alle anderen Wörter klein geschrieben, z. B.:

Министе́рство иностра́нных дел	das Ministerium für Auswärtige Angelegenheiten
Акаде́мия нау́к СССР	die Akademie der Wissenschaften der UdSSR
Моско́вский госуда́рственный педагоги́ческий институ́т и́мени В. И. Ле́нина	das Moskauer Staatliche Pädagogische Institut „W. I. Lenin"

Ку́йбышевский госуда́рственный теа́тр о́перы и бале́та	das Kuibyschewer Staatliche Opern- und Balletttheater
Ми́нский тра́кторный заво́д	das Minsker Traktorenwerk

631 ## 4. Zur Schreibung der in Anführungszeichen eingeschlossenen Namen und Titel

Für die Schreibung der in Anführungszeichen eingeschlossenen Namen von Betrieben sowie Titel literarischer Erzeugnisse gilt die gleiche Regel wie für (630, b), z. B.:

«Серп и мо́лот»	„Hammer und Sichel" (Name eines Betriebes)
«Комсомо́льская пра́вда»	die „Komsomol-Prawda" (Name einer Zeitung)
«Ти́хий Дон»	„Der stille Don" (Titel eines Buches)
«Го́ре от ума́»	„Verstand schafft Leiden" (Titel einer Komödie)

632 ## 5. Zur Schreibung der Bezeichnungen historischer Ereignisse

Für die Schreibung der Bezeichnungen historischer und bedeutender Ereignisse gilt die gleiche Regel wie für (630, b), z. B.:

Октя́брь	die Oktoberrevolution
Вели́кая Октя́брьская социалисти́ческая револю́ция	die Große Sozialistische Oktoberrevolution
Полта́вская би́тва	die Schlacht bei Poltawa
Пе́рвое ма́я[1]	der Erste Mai
Междунаро́дный же́нский день	der Internationale Frauentag
Но́вый год	Neujahr

---

[1] Wird die Ordnungszahl durch eine Ziffer wiedergegeben, so wird das folgende Wort groß geschrieben, z. B.: 1 Ма́я der Erste Mai.

DIE WICHTIGSTEN ABKÜRZUNGEN

Zu den allgemein gebräuchlichen Abkürzungen[1], die ohne nähere Erläuterung in Druckerzeugnissen aller Art verwendet werden, gehören:

russische Abkürzung	Auflösung der russischen Abkürzung	deutsche Bedeutung	entspr. deutsche Abkürzg.
акад.	акаде́мик	Akademiemitglied	
в.	век (Sing.)	Jahrhundert	Jh.
вв.	века́ (Plur.)	Jahrhundert	Jh.
г.	го́род	Stadt	
г.	год (Sing.)	Jahr	
гг.	го́ды (Plur.)	Jahre	
гр.	граждани́н	Bürger	
доц.	доце́нт	Dozent	Doz.
ж. д.	желе́зная доро́га	Eisenbahn	
ж-д.	железнодоро́жный	Eisenbahn-	
и др.	и други́е	und andere	u. a.
и пр.	и про́чие	und andere	u. a.
и т. д.	и так да́лее	und so weiter	usw.
и т. п.	и тому́ подо́бное	und dergleichen (mehr)	u. dgl. (m.)
им.	и́мени	„namens" *(wird gewöhnlich nicht übersetzt)*	
н. ст.	но́вый стиль	neuer Stil *(der Zeitrechnung)*	n. St.
н. э.	на́шей э́ры	unserer Zeitrechnung	u. Z.
напр.	наприме́р	zum Beispiel	z. B.
о.	о́стров	Insel	
обл.	о́бласть	Gebiet	
оз.	о́зеро	(der) See	
проф.	профе́ссор	Professor	Prof.
см.	смотри́	siehe	s.
ср.	сравни́	vergleiche	vgl.
ст. ст.	ста́рый стиль	alter Stil *(der Zeitrechnung)*	a. St.
стр.	страни́ца	Seite	S.
т.	том (Sing.)	der (Buch-)Band	Bd.
тт.	тома́ (Plur.)	die (Buch-)Bände	Bde.
т. е.	то́ есть	das heißt	d. h.

[1] Diese Abkürzungen, die nur für das Schriftbild Gültigkeit haben, sind nicht mit den Abkürzungswörtern zu verwechseln; vgl. hierzu (203).

ZUR SILBENTRENNUNG

634 Für die Silbentrennung im Russischen gelten vornehmlich folgende Regeln:

1. Ein einzelner Vokalbuchstabe wird n i c h t abgetrennt, z. B.:

ава́рия die Havarie; die Panne:	**ава́-рия**[1]
ака́ция die Akazie:	**ака́-ция**

2. Ein Konsonantbuchstabe wird in der Regel vom folgenden Vokalbuchstaben n i c h t getrennt (siehe jedoch 634, 5), z. B.:

любо́вь die Liebe:	**лю-бо́вь**
ребя́та die Kinder:	**ре-бя́-та**
дя́денька der (liebe) Onkel:	**дя́-день-ка**

3. Zwei gleiche Konsonantbuchstaben werden, wenn sie zwischen Vokalbuchstaben stehen, in der Regel getrennt, z. B.:

жужжа́ть summen:	**жуж-жа́ть**
ма́сса die Masse; die Menge:	**ма́с-са**
пле́нный der Gefangene:	**пле́н-ный**

Anmerkung:

Stehen die beiden gleichen Konsonantbuchstaben jedoch im Wurzel- bzw. im Stammanlaut, so werden sie n i c h t getrennt, z. B.:

поссо́рить vo. entzweien:	**по-ссо́-рить**
нововведе́ние die Neuerung:	**но-во-вве-де́-ние**

4. Die Buchstaben **й, ь, ъ** werden vom davorstehenden Buchstaben n i c h t getrennt, z. B.:

война́ der Krieg:	**вой-на́**
майо́р der Major:	**май-о́р**
большо́й groß:	**боль-шо́й**
подъе́зд die Auffahrt:	**подъ-е́зд**

5. Ein einsilbiges, auf Konsonantbuchstaben ausgehendes Präfix wird gewöhnlich in sich n i c h t getrennt, z. B.:

безу́мный unsinnig, unbesonnen:	**без-у́м-ный**
подписа́ть vo. unterzeichnen, unterschreiben:	**под-пи-са́ть**
разма́х der Schwung; das Ausmaß:	**раз-ма́х**

[1] Die mögliche Trennung eines Wortes wird im folgenden durch das Silbentrennungszeichen — angegeben.

Anmerkung:
Steht jedoch nach dem Präfix der Buchstabe **ы**, so wird dieser Vokalbuchstabe von dem davorstehenden Konsonantbuchstaben nicht getrennt, z.B.:

разыска́ть vo. ausfindig machen:	**ра-зыс-ка́ть**

6. Der einsilbige Teil eines Abkürzungswortes des Silbentyps wird in sich nicht getrennt, z.B.:

госаппара́т der Staatsapparat:	**гос-ап-па-ра́т**
спецоде́жда die Arbeitskleidung:	**спец-оде́-жда, спец-оде́ж-да**

Groß geschriebene Abkürzungswörter des Initialtyps werden nicht getrennt, z.B.:

СССР die UdSSR:	Silbentrennung nicht möglich
ТУ-104 TU 104 (Bezeichnung eines sowjetischen Düsenflugzeuges):	Silbentrennung nicht möglich

Aus den oben angegebenen Regeln ergibt sich, daß zahlreiche Wörter verschieden getrennt werden können; in solchen Fällen ist die Silbentrennung zu bevorzugen, bei der die sprachlichen Bestandteile eines Wortes in sich nicht getrennt werden. **635**

Beispiele für verschiedene Möglichkeiten der Silbentrennung:

би́тва die Schlacht:	**би́т-ва**	**би́-тва**	
шу́мный lärmend:	**шу́м-ный**	**шу́-мный**	
де́тский Kinder-:	**де́т-ский**	**де́тс-кий**	
кла́ссный Schulklassen-:	**кла́сс-ный**	**кла́с-сный**	
сестра́ die Schwester:	**сест-ра́**	**се-стра́**	**сес-тра́**
родство́ die Verwandtschaft:	**род-ство́**	**родст-во́**	**родс-тво́**

ZUM GEBRAUCH DES KOMMAS

Der Gebrauch des Kommas im Russischen entspricht häufig dem Gebrauch im Deutschen.

Im folgenden sind die wichtigsten Fälle zusammengestellt, bei denen die Interpunktion im Russischen nicht mit der im Deutschen üblichen übereinstimmt oder bei denen die Interpunktion gewisse Schwierigkeiten bereitet.

1. Zum Gebrauch des Kommas zwischen nebengeordneten Satzgliedern **636**

Das Komma setzt man in der Regel zwischen nebengeordnete Satzglieder, die durch Konjunktionen wie z.B.

и ..., и	sowohl ... als auch	**ни ..., ни**	weder ... noch
и́ли ..., и́ли	entweder .... oder	**то ..., то**	bald ..., bald

verbunden sind:

И оте́ц, и мать лю́бят игра́ть в ша́хматы.	Sowohl Vater als auch Mutter spielen gern Schach.
Сего́дня я не получи́л ни пи́сем, ни журна́лов.	Heute erhielt ich weder Briefe noch Zeitschriften.

637 2. Zum Gebrauch des Kommas bei attributiven Konstruktionen

Isolierte Attribute, d.h. Adjektive und Partizipialkonstruktionen, die nach ihrem Beziehungswort stehen, werden in Kommas eingeschlossen (vgl. auch 376), z.B.:

Ма́ша, бле́дная и трепе́щущая, подошла́ к отцу́.	Mascha kam bleich und zitternd zum Vater.
В музе́е не́сколько посети́телей, лю́бящих иску́сство, до́лго стоя́ли перед но́вой карти́ной.	Im Museum standen einige kunstliebende Besucher lange Zeit vor dem neuen Bild.
Ленингра́д горди́тся маши́нами, выпуска́емыми его́ заво́дами.	Leningrad ist stolz auf die Maschinen, die in seinen Fabriken hergestellt werden.
Карти́на, нарисо́ванная неизве́стным худо́жником, мне о́чень нра́вится.	Das Bild, das von einem unbekannten Künstler gemalt worden ist, gefällt mir sehr gut.

638 3. Zum Gebrauch des Kommas bei adverbialen Konstruktionen

Ein einfaches, dem prädikativen Verb nachgestelltes Adverbialpartizip wird in der Regel nicht durch Komma abgetrennt, z.B.:

Он лю́бит чита́ть лёжа.	Er liest gern im Liegen.
Мы шли по у́лице разгова́ривая.	Wir gingen die Straße entlang und unterhielten uns.

Eine Adverbialpartizipialkonstruktion wird in Kommas eingeschlossen (vgl. auch 400), z. B.:

Си́дя за столо́м, я чита́л кни́гу.	Ich saß am Tisch und las ein Buch.
Он вы́шел из магази́на, ничего́ не купи́в.	Er verließ den Laden, ohne etwas gekauft zu haben.
Неда́вно, си́дя в авто́бусе, я ви́дел на́шу учи́тельницу.	Neulich, als ich im Omnibus saß, sah ich unsere Lehrerin.

4. Zum Gebrauch des Kommas bei Vergleichen 639

Mit Konjunktionen wie z. B. **как** „wie", **сло́вно** „gleichsam", **чем** „als" eingeleitete Vergleiche werden durch Kommas abgetrennt (vgl. auch 515), z. B.:

Бу́дьте, как до́ма!	Fühlen Sie sich wie zu Hause!
К концу́ охо́ты у́тки, сло́вно на проща́нье, ста́ли поднима́ться це́лыми ста́ями.	Gegen Ende der Jagd begannen die Enten, gleichsam zum Abschied, in ganzen Schwärmen aufzusteigen.
Сего́дня был бо́лее тёплый день, чем вчера́.	Heute war ein wärmerer Tag als gestern.
Москва́ бо́льше, чем Ленингра́д.	Moskau ist größer als Leningrad.

5. Zum Gebrauch des Kommas bei zusammengesetzten subordinierenden Konjunktionen 640

Folgt einem Hauptsatz ein durch eine zusammengesetzte subordinierende Konjunktion eingeleiteter Nebensatz, so steht das Komma in der Regel[1] vor der zusammengesetzten Konjunktion, z. B.:

Ни́на сего́дня не придёт, потому́ что она́ больна́.	Nina wird heute nicht kommen, da sie krank ist.
Я гуля́л, в то вре́мя как други́е игра́ли в ша́хматы.	Ich ging spazieren, während die anderen Schach spielten.

6. Zum Gebrauch des Kommas bei Schaltwörtern und Schaltsätzen 641

Schaltwörter und Schaltsätze werden in Kommas eingeschlossen (vgl. auch 581 und 582), z. B.:

Во вре́мя кани́кул Бори́с, ка́жется, пое́дет в Москву́.	In den Ferien wird Boris wahrscheinlich nach Moskau fahren.
С ва́ми, я ду́маю, мы уже́ встреча́лись.	Ich glaube, Ihnen bereits begegnet zu sein.

---

[1] Mitunter wird der erste Teil einer zusammengesetzten subordinierenden Konjunktion zum Bestandteil des Hauptsatzes; in solchen Fällen setzt man das Komma vor den zweiten Bestandteil der Konjunktion, z. B.:

Он зашёл к това́рищам для того́, что́бы вме́сте с ни́ми отпра́виться на экску́рсию.	Er kam zu seinen Freunden, um sich mit ihnen gemeinsam auf eine Exkursion zu begeben.

Anmerkung:

Mitunter werden Schaltsätze in Gedankenstrichen eingeschlossen, z.B.:

Его́ оте́ц – ско́лько я по́мню – провёл не́которое вре́мя за грани́цей.	Soviel ich mich entsinne, hat sein Vater einige Zeit im Ausland verbracht.

642 7. Zum Gebrauch des Kommas bei Interjektionen

Interjektionen werden in der Regel in Kommas eingeschlossen, z.B.:

Ах, как хорошо́ здесь в лесу́!	Ach, wie schön ist es hier im Wald!
Ну-ну, не серди́сь!	Nun sei doch nicht böse!

643 ZUM GEBRAUCH DES GEDANKENSTRICHES

Im folgenden sind die wichtigsten Anwendungsmöglichkeiten des Gedankenstriches im Russischen zusammengestellt.

1. Der Gedankenstrich steht in einem Satz ohne Kopula zwischen dem Subjekt und dem Prädikat, wenn diese beiden Satzglieder jeweils durch ein Substantiv im Nominativ ausgedrückt werden[1], z.B.:

Дуб – де́рево.	Die Eiche ist ein Baum.
Повторе́ние – мать уче́ния.	Übung macht den Meister.
Длина́ Днепра́ – 2285 кило́метров.	Die Länge des Dnepr beträgt 2285 Kilometer.

Stehen vor dem Prädikat **э́то** (auch: **э́то есть, э́то зна́чит**) oder **вот**, so setzt man den Gedankenstrich vor diese Wörter, z.B.:

«Тиму́р и его́ кома́нда», «Чук и Гек» – э́то кни́ги о сове́тских де́тях.	„Timur und sein Trupp", „Tschuk und Gek" sind Bücher über sowjetische Kinder.
Коммуни́зм – э́то есть Сове́тская власть плюс электрифика́ция всей страны́ (Ле́нин).	Kommunismus ist Sowjetmacht plus Elektrifizierung des ganzen Landes. (Lenin)

2. Der Gedankenstrich steht in einem Satz ohne Kopula zwischen dem Subjekt und dem Prädikat, wenn diese beiden Satzglieder jeweils durch einen Infinitiv ausgedrückt werden oder wenn das Subjekt durch ein Substantiv im Nominativ und das Prädikat durch einen Infinitiv ausgedrückt wird, z.B.:

[1] Steht jedoch vor dem durch ein Substantiv im Nominativ ausgedrückten Prädikat die Partikel не, so wird kein Gedankenstrich gesetzt, z.B.:

Бе́дность не поро́к.	Armut ist kein Laster.

Мно́го знать — ма́ло спать.	Vieles Wissen verleidet das Kissen.
На́ша зада́ча — вы́полнить учё́бную програ́мму.	Es ist unsere Aufgabe, den Lehrplan zu erfüllen.

3. Eine Apposition kann (vornehmlich, wenn sie ausgedehnt ist) in Gedankenstriche eingeschlossen werden, z. B.:

Э́ту желе́зную доро́гу проложи́ли сове́тские лю́ди — рабо́чие, инжене́ры, те́хники.	Diese Eisenbahnlinie bauten Sowjetmenschen – Arbeiter, Ingenieure und Techniker.
Перед дверя́ми клу́ба — широ́кого до́ма — госте́й ожида́ли рабо́чие.	Vor dem Eingang des Klubs – eines breiten Hauses – erwarteten die Arbeiter ihre Gäste.

4. Der Gedankenstrich steht zwischen zwei Wörtern im Sinne „von... bis", z. B.:

перелёты СССР — Аме́рика	die Flüge von der UdSSR nach Amerika
ру́кописи XI — XIV вв.	die Handschriften des 11. bis 14. Jahrhunderts

5. Zur Anwendung des Gedankenstriches bei der Wiedergabe der direkten Rede siehe (644).

ZUR ZEICHENSETZUNG BEI DER DIREKTEN REDE

Zur Kennzeichnung der direkten Rede in der Schrift werden entweder Gedankenstriche oder Anführungszeichen verwendet: **644**

1. Beginnt die direkte Rede mit einem Absatz, so wird vor die direkte Rede ein Gedankenstrich gesetzt, z. B.:

   Во́ва спра́шивает:
   — Кака́я река́ са́мая больша́я в Евро́пе?
   Ма́ша отвеча́ет:
   — Са́мая больша́я река́ в Евро́пе — Во́лга.

2. Beginnt die direkte Rede nicht mit einem Absatz, so wird die direkte Rede in Anführungszeichen eingeschlossen[1], z. B.:

---

[1] Beachte, daß im Russischen die Anführungszeichen am Ende der direkten Rede stets vor Punkt Komma, Semikolon, Doppelpunkt oder Gedankenstrich stehen. Demgegenüber stehen Frage- und Ausrufezeichen, wenn sie sich nur auf die direkte Rede beziehen, vor den Anführungszeichen am Ende der direkten Rede.

Вóва спрáшивает: «Какáя рекá сáмая большáя в Еврóпе?» Мáша отвечáет: «Сáмая большáя рекá в Еврóпе – Вóлга».[1]

645 Häufig steht bei einer direkten Rede ein Hauptsatz, der auf den Sprecher hinweist. Dieser Satz kann:

1. der direkten Rede vorangehen (hinter diesen, der direkten Rede vorangehenden Satz wird ein Doppelpunkt gesetzt), z. B.:

Учи́тель расскáзывал:
– На стрóйке рабóтали сáмые óпытные тéхники и машини́сты.

oder:

Учи́тель расскáзывал: «На стрóйке рабóтали сáмые óпытные тéхники и машини́сты».

2. der direkten Rede folgen (hinter die direkte Rede wird das entsprechende Interpunktionszeichen und dahinter ein Gedankenstrich gesetzt), z. B.:

– На стрóйке рабóтали сáмые óпытные тéхники и машини́сты, – расскáзывал учи́тель.

oder:

«На стрóйке рабóтали сáмые óпытные тéхники и машини́сты», – расскáзывал учи́тель.

3. in die direkte Rede eingeschoben werden (hinter den ersten Teil der direkten Rede wird das entsprechende Satzzeichen und dahinter ein Gedankenstrich gesetzt; hinter den eingeschobenen Satz wird wiederum das entsprechende Satzzeichen und ein Gedankenstrich gesetzt), z. B.:

– Сáмые óпытные тéхники и машини́сты, – расскáзывал учи́тель, – рабóтали на э́той стрóйке.

oder:

«Сáмые óпытные тéхники и машини́сты, – расскáзывал учи́тель, – рабóтали на э́той стрóйке».

---

[1] Folgt eine direkte Rede unmittelbar auf die direkte Rede eines anderen Sprechers, so muß — wenn nicht Absätze gemacht werden (644, 1) — zwischen die in Anführungszeichen eingeschlossenen direkten Reden ein Gedankenstrich gesetzt werden, z. B.:

«Какáя рекá сáмая большáя в Еврóпе?» — «Сáмая большáя рекá в Еврóпе — Вóлга».

Мнóго знать — мáло спать.	Vieles Wissen verleidet das Kissen.
Нáша задáча — вы́полнить учéбную прогрáмму.	Es ist unsere Aufgabe, den Lehrplan zu erfüllen.

3. Eine Apposition kann (vornehmlich, wenn sie ausgedehnt ist) in Gedankenstriche eingeschlossen werden, z. B.:

Э́ту желéзную дорóгу проложи́ли совéтские лю́ди — рабóчие, инженéры, тéхники.	Diese Eisenbahnlinie bauten Sowjetmenschen – Arbeiter, Ingenieure und Techniker.
Перед дверя́ми клу́ба — ширóкого дóма — гостéй ожидáли рабóчие.	Vor dem Eingang des Klubs – eines breiten Hauses – erwarteten die Arbeiter ihre Gäste.

4. Der Gedankenstrich steht zwischen zwei Wörtern im Sinne „von... bis", z. B.:

перелёты СССР — Амéрика	die Flüge von der UdSSR nach Amerika
ру́кописи XI — XIV вв.	die Handschriften des 11. bis 14. Jahrhunderts

5. Zur Anwendung des Gedankenstriches bei der Wiedergabe der direkten Rede siehe (644).

ZUR ZEICHENSETZUNG BEI DER DIREKTEN REDE

Zur Kennzeichnung der direkten Rede in der Schrift werden entweder Gedankenstriche oder Anführungszeichen verwendet: **644**

1. Beginnt die direkte Rede mit einem Absatz, so wird vor die direkte Rede ein Gedankenstrich gesetzt, z. B.:

Вóва спрáшивает:
— Какáя рекá сáмая большáя в Еврóпе?
Мáша отвечáет:
— Сáмая большáя рекá в Еврóпе — Вóлга.

2. Beginnt die direkte Rede nicht mit einem Absatz, so wird die direkte Rede in Anführungszeichen eingeschlossen[1], z. B.:

[1] Beachte, daß im Russischen die Anführungszeichen am Ende der direkten Rede stets vor Punkt Komma, Semikolon, Doppelpunkt oder Gedankenstrich stehen. Demgegenüber stehen Frage- und Ausrufezeichen, wenn sie sich nur auf die direkte Rede beziehen, vor den Anführungszeichen am Ende der direkten Rede.

Вóва спрáшивает: «Какáя рекá сáмая большáя в Еврóпе?» Мáша отвечáет: «Сáмая большáя рекá в Еврóпе – Вóлга».[1]

645 Häufig steht bei einer direkten Rede ein Hauptsatz, der auf den Sprecher hinweist. Dieser Satz kann:

1. der direkten Rede vorangehen (hinter diesen, der direkten Rede vorangehenden Satz wird ein Doppelpunkt gesetzt), z. B.:

   Учи́тель расскáзывал:
   – На стрóйке рабóтали сáмые óпытные тéхники и машини́сты.

   oder:

   Учи́тель расскáзывал: «На стрóйке рабóтали сáмые óпытные тéхники и машини́сты».

2. der direkten Rede folgen (hinter die direkte Rede wird das entsprechende Interpunktionszeichen und dahinter ein Gedankenstrich gesetzt), z. B.:

   – На стрóйке рабóтали сáмые óпытные тéхники и машини́сты, – расскáзывал учи́тель.

   oder:

   «На стрóйке рабóтали сáмые óпытные тéхники и машини́сты», – расскáзывал учи́тель.

3. in die direkte Rede eingeschoben werden (hinter den ersten Teil der direkten Rede wird das entsprechende Satzzeichen und dahinter ein Gedankenstrich gesetzt; hinter den eingeschobenen Satz wird wiederum das entsprechende Satzzeichen und ein Gedankenstrich gesetzt), z. B.:

   – Сáмые óпытные тéхники и машини́сты, – расскáзывал учи́тель, – рабóтали на э́той стрóйке.

   oder:

   «Сáмые óпытные тéхники и машини́сты, – расскáзывал учи́тель, – рабóтали на э́той стрóйке».

[1] Folgt eine direkte Rede unmittelbar auf die direkte Rede eines anderen Sprechers, so muß — wenn nicht Absätze gemacht werden (644, 1) — zwischen die in Anführungszeichen eingeschlossenen direkten Reden ein Gedankenstrich gesetzt werden, z. B.:
«Какáя рекá сáмая большáя в Еврóпе?» — «Сáмая большáя рекá в Еврóпе — Вóлга».

REGISTER
UND LITERATURVERZEICHNIS

REGISTER

Die unbezeichneten Ziffern verweisen auf die Leitzahlen am Seitenrand. Fußnoten sind mit F. bezeichnet, Seitenangaben mit S.

Kursiv gesetzte Wörter im Text eines Stichwortes verweisen auf nähere Angaben zu dem betr. Wort unter einem gesonderten Stichwort.

H

I J

L

M

N

Q

R

S

W

Z

VERZEICHNIS DER BENUTZTEN LITERATUR

Benutzte Literatur in russischer Sprache:

Р. И. Аванесов: Русское литературное произношение. Москва 1954.

Р. И. Аванесов: Фонетика современного русского литературного языка. Москва 1956.

[Р. И. Аванесов, С. И. Ожегов (ред.)]: Русское литературное ударение и произношение. Москва 1955.

Р. И. Аванесов, В. Н. Сидоров: Очерк грамматики русского литературного языка. Москва 1945.

Ф. Агеенко, М. Зарва, [К. И. Былинский (ред.)]: Словарь ударений для работников радио и телевидения. Москва 1960.

Академия наук СССР – Институт русского языка: Словарь русского языка в четырёх томах. Москва 1957–1961.

Академия наук СССР – Институт языкознания: Грамматика русского языка. Тт. I, II_1, II_2, Москва 1953–1954.

С. Г. Бархударов, С. Е. Крючков: Учебник русского языка для 5, 6 и 7 классов средней школы. Чч. 1, 2. Москва 1954.

А. С. Бедняков, А. С. Матийченко: Русский язык – Учебное пособие для нерусских педагогических училищ. Чч. 1, 2. Москва 1954.

Н. А. Бергман, М. Д. Натанзон: Грамматика немецкого языка. Москва 1956.

В. В. Виноградов: Русский язык. Москва-Ленинград 1947.

[В. В. Виноградов (ред.)]: Вопросы синтаксиса современного русского языка. Москва 1950.

[В. В. Виноградов (ред.)]: Современный русский язык – Морфология. Москва 1952.

Е. М. Галкина-Федорук, К. В. Горшкова, Н. М. Шанский: Современный русский язык. Москва 1957.

А. Н. Гвоздев: Очерки по стилистике русского языка. Москва 1955.

А. Н. Гвоздев: Современный русский литературный язык. Чч. I–II. Москва [2]1961.

В. А. Добромыслов, Д. Э. Розенталь: Трудные вопросы грамматики и правописания. Москва 1955.

В. А. Добромыслов, Д. Э. Розенталь: Трудные вопросы грамматики и правописания. Выпуск II. Москва 1960.

А. М. Земский, С. Е. Крючков, М. В. Светлаев: Русский язык – Учебник для педагогических училищ. Чч. 1, 2. Москва 1953–1954.

А. В. Исаченко: Грамматический строй русского языка в сопоставлении с словацким. Морфология чч. I–II. Братислава 1954, 1960.

В. Б. Линднер: Практическая фонетика немецкого языка. Москва 1955.

В. А. Мамонов, Д. Э. Розенталь: Практическая стилистика современного русского языка. Москва 1957.

С. П. Обнорский: Очерки по морфологии русского глагола. Москва 1953.

С. И. Ожегов: Словарь русского языка. Москва [4]1960.

[С. И. Ожегов, А. Б. Шапиро (ред.)]: Орфографический словарь русского языка. Москва 1956.

А. М. Пешковский: Русский синтаксис в научном освещении. Москва 1956.

Правила русской орфографии и пунктуации. Москва 1956.

И. М. Пулькина: Краткий справочник по русской грамматике. Москва 1954.

И. М. Пулькина, Е. Б. Захава-Некрасова, [П. С. Кузнецов (ред.)]: Учебник русского языка для студентов-иностранцев. Москва [2]1960.

Н. С. Рождественский, Н. И. Поспелов: Пособие для практических занятий по русскому языку в национальных педагогических вузах. Москва 1954.

«Русский язык в школе». Jahrgänge 1952–1966.

[Д. Н. Ушаков (ред.)]: Толковый словарь русского языка. Тт. I–IV. Москва 1935–1940.

М. Я. Фёдоров, И. П. Крюкова: Справочник по глагольному управлению в русском языке. Москва 1955.

А. М. Финкель, Н. М. Баженов: Курс современного русского литературного языка. Киев 1960.

Из трудов А. А. Шахматова по современному русскому языку – Учение о частях речи. Москва 1952.

Н. Ю. Шведова: Очерки по синтаксису русской разговорной речи. Москва 1960.

Е. И. Шендельс: Грамматика немецкого языка. Москва 1954.

[Л. Щерба (ред.)]: Грамматика русского языка – Учебник для 5, 6 и 7 классов семилетней и средней школы. Чч. 1, 2. Москва 1946–1947.

Benutzte Literatur in deutscher Sprache:

E. Berneker, M. Vasmer: Russische Grammatik. Göschen, Band 66. Berlin 1947.

[H. H. Bielfeldt (Leitg. u. Red.)]: Russisch-Deutsches Wörterbuch. Berlin 1958.

[H. H. Bielfeldt (Red.)]: Russisch-Deutsches Wörterbuch. Leipzig 1955.

M. Braun: Grundzüge der slawischen Sprachen. Göttingen o. J.

E. Daum, W. Schenk: Die russischen Verben. Leipzig 1954. S. 1–54.

Der Große Duden – Rechtschreibung. Leipzig 1957.

J. Erben: Abriß der deutschen Grammatik. Berlin 1958.

„Fremdsprachenunterricht". Jahrgänge 1957–1966.

O. Hermenau: Methodik des Russischunterrichts in der deutschen demokratischen Schule. 1. Teil. Berlin 1955.

E. Hollmann: Untersuchungen über Aspekt und Aktionsart unter besonderer Berücksichtigung des Altenglischen. Diss. Jena 1937.

W. Jung: Kleine Grammatik der deutschen Sprache. Leipzig 1953.

G. Krotkoff: Taschenbuch der russischen Grammatik. 2. Auflage. Wien o. J.

A. Lamprecht: Grammatik der englischen Sprache. Berlin 1956.

Leitfaden der russischen Grammatik – Ausgearbeitet von einem Lektorenkollektiv der Karl-Marx-Universität Leipzig. Berlin 1955.

L. Marnitz, E. Häusler: Russische Grammatik. Halle 1950.

H. Mulisch: Die russische Sprache der Gegenwart – Morphologie ohne Verb (1. u. 2. Lieferung 1961); Morphologie des Verbs (1959). Manuskriptdruck der Pädagogischen Hochschule Potsdam – Fernstudium der Oberstufenlehrer.

N. Nikolajew: Die russische Sprache der Gegenwart – Syntax (1959). Manuskriptdruck der Pädagogischen Hochschule Potsdam – Fernstudium der Oberstufenlehrer.

K. A. Paffen: Die Hauptregeln der russischen Grammatik. Teil 1 und 2. Halle 1953 bis 1954.

„Russischunterricht". Jahrgänge 1952–1956.

Th. Siebs: Deutsche Hochsprache (Bühnenaussprache). Berlin 1957.

W. Steinitz: Die russische Konjugation. Neu bearbeitete Ausgabe. Berlin 1955.

W. Steinitz: Russische Lautlehre. Berlin ^{3}1961.

R. Trautmann: Kurzgefaßte russische Grammatik. Leipzig 1948.

D. Tschiževskij: Über die Eigenart der russischen Sprache. Halle 1948.